2018

盂县史志编纂委员会办公室 编

山西出版传媒集团

山西经济出版社

图书在版编目（CIP）数据

盂县年鉴. 2018 / 盂县史志编纂委员会办公室编.
— 太原：山西经济出版社，2019.1
ISBN 978-7-5577-0443-8

Ⅰ.①盂… Ⅱ.①盂… Ⅲ.①盂县—2018—年鉴 Ⅳ.①Z522.54

中国版本图书馆CIP数据核字(2019)第005996号

盂县年鉴（2018）
YUXIAN NIANJIAN（2018）

编　　　者：	盂县史志编纂委员会办公室
责任编辑：	熊汉宗
装帧设计：	梁晓荣
出　版　者：	山西出版传媒集团·山西经济出版社
地　　　址：	太原市建设南路21号
邮　　　编：	030012
电　　　话：	0351-4922133（市场部）
	0351-4922085（总编办）
E-mail：	scb@sxjjcb.com（市场部）
	zbs@sxjjcb.com（总编室）
网　　　址：	www.sxjjcb.com
经　销　者：	山西出版传媒集团·山西经济出版社
承　印　者：	山西基因印刷服务有限公司
开　　　本：	889 × 1194mm　　1/16
印　　　张：	24
字　　　数：	530千字
印　　　数：	1-500册
版　　　次：	2019年1月　第1版
印　　　次：	2019年1月　第1次印刷
书　　　号：	ISBN 978-7-5577-0443-8
定　　　价：	198.00元

盂县史志编纂委员会

主　　任： 张其光
副 主 任： 梁海昌　刘志军　武润珍　闫庶民　王建华
　　　　　 王　浩　王会平　亢晓英
委　　员： 万学武　张五太　张东升　赵　涛　赵剑韬
　　　　　 刘家财　张俊禹　孙福厚　苏海玉　崔石头
　　　　　 曹　宇　石景云　韩忠进　冯云生　任永杰
　　　　　 李　敏　庞能芳

《盂县年鉴（2018）》编辑部

主　　编： 崔石头
副 主 编： 王万林
编　　辑： 张青娥　赵平枝　郭　玲　张彦鹏　郝丽花
　　　　　 崔宝琴
特邀编辑： 张广峰
摄　　影： 张志华　梁贵如
审　　稿： 阳泉市地方志办公室

重要会议

2017年2月,中共盂县县委十三届二次全委(扩大)会议暨全县经济工作会议

2017年2月,中共盂县十三届纪律检查委员会第二次全体会议

重要会议

2017年2月,盂县第十六届人民代表大会第二次会议

2017年2月,政协盂县第九届委员会第二次会议

重要会议

2017年2月,盂县监察委员会第一次干部大会

2017年10月,全县正科级干部集体廉政谈话会议

重要会议

2017年10月,盂县召开全县村两委换届工作动员会

2017年7月,县政府召开脱贫攻坚工作推进会

重要会议

2017年11月,盂县召开学习宣传贯彻党的十九大精神宣讲报告会

2017年12月,盂县召开学习宣传贯彻十九大精神暨《中共盂县历史》出版发行座谈会

工作掠影

2017年2月，阳泉市委常委、盂县县委书记李云峰，盂县县长孔禄泉，副县长亢晓英与山西省人民医院副院长苏云星、黄博等人出席"山西省人民医院医疗集团盂县医院"揭牌仪式

2017年5月，县人大常委会主任武润珍（前右3）等视察重点工程项目

2017年5月，县政协主席闫庶民（前右2）等调研重点工程项目

工作掠影

2017年7月,盂县龙华口水库下闸蓄水仪式

盂县2017年国庆惠民直通车启动仪式

工作掠影

2017年2月,山西省盂县梁家寨乡首届河灯民俗文化节

2017年6月,盂县"哈佛杯"首届越野邀请赛

2017年7月,盂县摩旅文化节

工作掠影

2017年8月,盂县上社镇首届休闲垂钓旅游摄影文化节

2017年10月,盂县忠义文化彩灯美食节

2017年10月,盂县下社乡趣味垂钓旅游文化节活动

工程项目

盂县文化中心夜景

2017年7月,盂县文化中心投入使用

工程项目

2017年4月,双阳线改造工程竣工

2017年6月,盂县高神山路三期竣工

2017年12月,盂县水神山南路竣工

工程项目

2017年12月,盂县李宾山路中段通车

2017年7月,龙华口水库下闸蓄水

工程项目

修复改造后的大㭎古村

西潘乡东头村高山景观水稻

编辑说明

- 《盂县年鉴》是中共盂县县委、盂县人民政府主办，盂县史志编纂委员会办公室组织编纂的地方综合性资料工具书，旨在记载盂县经济和社会发展的历史进程，翔实反映全县各领域的新成就、新变化和新经验，为社会各界了解盂县、建设盂县提供服务。

- 本部《盂县年鉴（2018）》为第三部，记事时限为2017年1月1日至2017年12月31日，特载部分可突破时限，以增加时效性。彩页部分下限为2017年12月31日，旨在增强所刊图片的时效性。

- 本版年鉴原则上采用分类编辑的方法。全书设特载、概况、中国共产党盂县委员会、盂县人民代表大会常务委员会、盂县人民政府、中国人民政治协商会议盂县委员会、中国共产党盂县纪律检查委员会、军事、人民（群众）团体及工商联、法治、经济管理、工业、农业、水利、商业贸易、交通邮电、建设环保、财税金融、教育科技、文化体育、卫生计生、社会生活、文物旅游、乡镇社区简况、人物、大事记等26个部类，并设有附录。多数部类根据不同情况，下设类目、分目、细目、条目4个层次，有的条目下还设有子目。条目标题统一用黑体字加【】表示。

- 年鉴稿件均由县直各单位和乡镇提供并审核，主要数据经盂县统计局和供稿单位审核。

- 本年鉴作为地方性史册和信息载体，具有权威性、系统性和资料性等特点。由于时间仓促、编纂者缺乏经验，难免有不尽人意之处，请广大读者及时反馈信息，以便续编时借鉴。

目 录

特 载

全面贯彻落实党的十九大精神 努力建设宜居宜业宜游的区域强县
　　——在县委十三届三次全会（扩大）暨经济和农村工作会议上的讲话 …… 张其光 1

政府工作报告
　　——2018年3月21日在盂县第十六届人民代表大会第三次会议上 ……… 孔禄泉 15

概 况

基本情况 ………………………………… 28
　自然地理 ……………………………… 28
　　位置　境域 ………………………… 28
　　地质　地貌 ………………………… 28
　　气候　水文 ………………………… 29
　　土壤　植被 ………………………… 30
　　自然资源 …………………………… 31
　人口 …………………………………… 32
　　人口状况 …………………………… 32
　民族　宗教 …………………………… 32
　　民族　宗教 ………………………… 32
　行政区划 ……………………………… 33
　　行政区划 …………………………… 33
国民经济和社会发展 …………………… 34
　概况 …………………………………… 34
　农业 …………………………………… 34
　工业 …………………………………… 35
　固定资产投资 ………………………… 36
　商贸　旅游 …………………………… 37
　财税　金融 …………………………… 38
　城乡建设 ……………………………… 39
　交通　邮电 …………………………… 39
　教育　科技 …………………………… 39
　文化　体育 …………………………… 40
　卫生　计生 …………………………… 41
　人民生活和社会保障 ………………… 41
　环境和安全生产 ……………………… 41
机构设置及领导人名录 ………………… 42
　中共盂县委员会 ……………………… 42
　　县委工作部门 ……………………… 42
　中共盂县纪律检查委员会
　　（盂县监察委员会） ………………… 43
　县人大常委会 ………………………… 44
　　人大常委会工作机构 ……………… 44
　县人民政府 …………………………… 44
　　政府部门 …………………………… 45
　　政府参公事业单位 ………………… 50
　　政府机关事业单位 ………………… 50
　政协盂县委员会 ……………………… 53
　　政协工作机构 ……………………… 53
　盂县人民法院 ………………………… 53
　盂县人民检察院 ……………………… 54
　群团单位 ……………………………… 54
　省、市驻盂单位 ……………………… 55
　县营国有企业 ………………………… 58

乡镇 ……………………………………… 59

中国共产党盂县委员会

综合工作 ……………………………………… 64
中共盂县十三届二次全体（扩大）会议
　暨全县经济工作会议 ……………… 64
盂县出台一系列规定 ………………… 64
《盂县深化监察体制改革
　试点实施方案》 …………………… 64
县委转发人大党组《关于加强乡镇人大
　工作和建设的实施意见》 ………… 65
市委巡察组对盂县进行
　巡察工作回头看 …………………… 65
盂县举行"喜迎十九大，健步跟
　党走"活动 ………………………… 65
县委印发《关于进一步贯彻落实中央
　八项规定精神的实施细则》 ……… 65
县委采取多种形式组织学习
　中的十九大报告 …………………… 65
盂县与山西传媒学院、山西工程
　技术学院签订战略合作协议 ……… 66
盂县挂图作战推进18项重点工程 …… 66
盂县县委印发《全面落实县纪委监委向县
　一级党和国家机关派驻纪检监察机构的
　工作方案》和《盂县开展乡镇监察试点
　工作方案》 ………………………… 66
县委办公室党建工作 ………………… 66

组织工作 ……………………………………… 66
概况 …………………………………… 66
"两学一做"常态化制度化学习教育
　和维护核心见诸行动主题教育 …… 67
领导班子和干部队伍建设 …………… 67
基层党建工作 ………………………… 67
重视人才工作 ………………………… 68
加强自身建设 ………………………… 69

宣传工作 ……………………………………… 69
概况 …………………………………… 69
中心组学习 …………………………… 69
十九大精神宣讲 ……………………… 69
"两提一创"大讨论活动 …………… 69
新闻宣传 ……………………………… 69
集中开展外宣战役 …………………… 70
精神文明创建活动 …………………… 70
道德模范评选和推荐 ………………… 70
公共文化服务水平提升 ……………… 70
文艺作品创作 ………………………… 71
非物质遗产保护 ……………………… 71
意识形态工作责任制 ………………… 71
网络安全 ……………………………… 71
宣传队伍建设 ………………………… 71

统战工作 ……………………………………… 72
概况 …………………………………… 72
思想引领 ……………………………… 72
多党合作 ……………………………… 72
民族宗教 ……………………………… 72
非公经济 ……………………………… 73
精准扶贫 ……………………………… 73

机关党的工作 ………………………………… 73
概况 …………………………………… 73
习近平总书记视察山西暨"7·26"
　重要讲话精神报告会 ……………… 74
健步行活动 …………………………… 74
党的十九大精神宣讲 ………………… 74
深入学习贯彻党的十九大精神
　系列知识竞赛 ……………………… 74

老干部工作 …………………………………… 75
老干部党组织建设 …………………… 75
多层面关怀老干部 …………………… 75
"建行杯"阳泉市首届广场舞展演赛
　盂县赛区在县人民广场举行 ……… 75

省委老干部局督查组到盂县县委
　老干部局督查调研"两项活动"
　开展情况 …………………………… 75
组织副县级以上离退休干部健康体检 … 75
"迎盛会，庆重阳"老年书画展开展 …… 76
"玲玉谷"科技示范项目
　2017年总结表彰会 ………………… 76
盂县老年大学举办庆祝书画班
　开班十周年座谈会 ………………… 76

党校工作

培训工作 ……………………………… 76
校外理论宣讲 ………………………… 76
理论研究 ……………………………… 77
教师队伍建设 ………………………… 77
深化推进"两学一做"学习教育常态化 … 77
党性教育基地建设 …………………… 77
积极参加市县级活动，丰富教职
　工业余生活 ………………………… 78

史志工作 ……………………………… 78

《盂县年鉴（2012—2017）》初稿完成 … 78
《中国共产党盂县历史（1931—2012）》
　出版 ………………………………… 78
《盂县史志》第十七和十八辑出版 …… 78
县委党史研究室被评为全省
　党史部门先进集体 ………………… 78

盂县人民代表大会
常务委员会

综合工作 ……………………………… 80

十六届二次会议 ……………………… 80
县人大常委历次会议 ………………… 80

依法履职 ……………………………… 81

人事任免 ……………………………… 81
环境状况和环境保护目标完成情况视察 … 81
备耕春种调研 ………………………… 81

县重点工程项目建设情况视察 ……… 81
北部四乡镇率先发展全域旅游议案视察 … 82
全域旅游进展情况汇报 ……………… 82
《中华人民共和国土地管理法》
　执法检查 …………………………… 82
乡镇人大工作和建设情况调研 ……… 82
乡镇人大主席会 ……………………… 82
武润珍调研香河治理工程和
　李宾山路建设工地 ………………… 82
县人大代表外出学习培训 …………… 82
张燕萍视察教育工作 ………………… 83
党组中心组（扩大）学习会 …………… 83
孙金明调研盂县乡镇人大工作和
　建设情况 …………………………… 83
省人大常委会到盂县督查调研
　有关文件实施情况 ………………… 83
盂县上半年经济、计划执行与
　预算执行情况视察 ………………… 83
王旭明调研盂县脱贫攻坚工作 ……… 83
周然到盂县调研 ……………………… 84
盂县创建国家卫生县城工作调研 …… 84
全县环境卫生和创卫工作视察 ……… 84
视察代表建议和意见办理情况调研 … 84
第五期"法治讲堂" …………………… 84
扶贫村调研 …………………………… 85
城市总体规划修编征求意见会 ……… 85
脱贫攻坚工作调研和指导 …………… 85
乡镇和城镇办事处人大机构建设 …… 85
教育体制改革情况视察 ……………… 85
法、检两院司法体制改革和
　司法行为调研 ……………………… 85
张建欣到盂县调研 …………………… 85
基层人大建设与工作调研 …………… 85
第六期"法治讲堂" …………………… 86
财政预算调整工作座谈会 …………… 86

· 3 ·

乡镇（社区）人大工作座谈会 ……… 86	人才交流与服务 ……………… 94
阳泉市市县（区）人大常委会	企业军转干部解困 ……………… 94
座谈会在孙家庄镇王炭咀村召开 … 86	职称评聘 ………………………… 94
重点议案办理情况 ……………… 86	工资改革 ………………………… 94
重点督办建议 …………………… 86	乡镇工作补贴 …………………… 95
宣传工作 …………………………… 87	遗属生活困难补助 ……………… 96
县人大网及微信公众平台正式开通 … 87	退休审批 ………………………… 97
全县人大宣传工作会议召开 …… 87	**机构编制与管理** ……………………… 97

盂县人民政府

综合工作 …………………………… 88	概况 ……………………………… 97
概述 ……………………………… 88	控编减编工作 …………………… 98
产业多元化发展 ………………… 88	编制工作行政审批制度改革 …… 98
"三农"工作和脱贫攻坚工作 …… 88	"减证便民"专项行动 …………… 98
城乡面貌提品增色 ……………… 89	监察体制改革试点工作 ………… 98
对外开放 ………………………… 89	机构编制云平台建设 …………… 99
社会稳定 ………………………… 89	**行政审批工作** ………………………… 99
人民生活改善 …………………… 89	行政审批服务水平提升 ………… 99
生态文明建设 …………………… 90	行政审批服务新格局 …………… 99
民主法治建设 …………………… 90	全面推行商事制度改革 ………… 99
政府办公室工作概况 …………… 90	优化民生事项服务办理 ………… 100
办文工作 ………………………… 91	**民政工作** ……………………………… 100
办会督查工作 …………………… 91	概况 ……………………………… 100
政府信息公开工作 ……………… 92	撤并行政村试点工作 …………… 100
法治工作 ………………………… 92	村（社区）委员会换届选举工作 … 100
重点工程 ………………………… 92	优抚安置双拥工作 ……………… 101
应急工作 ………………………… 92	**信访工作** ……………………………… 101
金融工作 ………………………… 92	概况 ……………………………… 101
外事侨务工作 …………………… 93	优化服务环境 …………………… 102
贫困村驻村帮扶工作 …………… 93	信访维稳工作双周推进专题会议 … 102
人事工作 …………………………… 93	突发群体性事件应对处置机制 … 102
概况 ……………………………… 93	**统计工作** ……………………………… 102
人事管理 ………………………… 93	概况 ……………………………… 102
公务员及机关事业单位人员录（聘） 93	基本单位名录库维护 …………… 102
人事制度改革 …………………… 94	"四上企业"联网直报 …………… 102
	第三次全国农业普查 …………… 103
	农村"一套表"联网直报 ………… 103

城乡一体化住户调查 …… 103
盂县经济社会发展主要考核指标 …… 103
经济运行监测报告 …… 103
固定资产投资改革 …… 103
在岗职工平均工资调查 …… 104
月度劳动力调查 …… 104
文化产业调查 …… 104
人口抽样调查 …… 104
粮食产量实割实测工作 …… 104
区域经济转型升级考评 …… 105
一套表调查单位清查 …… 105

安全生产

概况 …… 105
安全生产大检查 …… 106
安全技术管理 …… 106
企业标准化建设 …… 107
全民安全 …… 107
安全生产从业人员素质提升工作 …… 107
污染防治 …… 108

机关事务管理

概况 …… 108
公共机构节能工作 …… 108
办公用房督查 …… 109
精准扶贫 …… 109
规范食堂管理 …… 109
车辆后勤服务 …… 109
服务"三圣寺"的修复保护工作 …… 110
环境美化 …… 110
文化中心后勤保障工作 …… 110
微型消防站建设及管理工作 …… 110

中国人民政治协商会议盂县委员会

中国人民政治协商会议盂县委员会 …… 111
　政协盂县九届二次会议 …… 111

　政治建设 …… 111
　能力建设 …… 112
　协商民主 …… 112
　团结联谊 …… 113

中国共产党盂县纪律检查委员会（盂县监察委员会）

综合工作

概况 …… 115
宣传教育工作 …… 115
干部队伍建设 …… 115
县纪委十三届二次全会召开 …… 116
任建华到盂县调研 …… 116
张国栋到盂县调研 …… 116
贾东光到县纪委监委调研 …… 116
王会平到西潘乡庄头村调研 …… 116
"树清廉家风·建最美家庭"
　主题演讲比赛 …… 117
盂县扶贫领域监督执纪问责工作推进会 …… 117

监察体制改革

监察体制改革试点 …… 117
王会平当选盂县监察委员会主任 …… 118
盂县监察委员会召开第一次干部大会 …… 118
部分省市县区纪委到盂县学习
　考察监察体制改革试点工作 …… 119

纪律审查工作

腐败惩治 …… 119
巩固拓展中央八项规定 …… 119
扶贫领域不正之风和腐败问题专项治理 …… 119
县委巡察工作 …… 120

军　事

盂县人民武装部 …… 121
　概况 …… 121

"迎新年励初心起新程"活动 ………… 121
处置火情 ………………………………… 121
"争创安全年活动" ……………………… 121
"威武军人·杰出校友"荣誉墙设立 …… 121
张家垴女子民兵班整组 ………………… 122
"中国梦 强军梦"红色诗歌朗诵会 …… 122
"八一"军事日活动 ……………………… 122
预定新兵役前训练 ……………………… 122
"武装骨干、进村入户"理论集训 ……… 123
《解放军报》记者采访盂县武装骨干 … 123
电影文学剧本《初心》研讨会 ………… 123
主题党日活动 …………………………… 123

武警盂县中队

概况 ……………………………………… 123
支部班子建设 …………………………… 123
"五防一体化"建设 ……………………… 124
军事训练 ………………………………… 125
从严治警 ………………………………… 125
后勤建设 ………………………………… 126

人民（群众）团体及工商联

盂县总工会

概况 ……………………………………… 128
工会改革创新 …………………………… 128
"五小"创新竞赛 ………………………… 128
"安康杯"竞赛 …………………………… 129
"五一"评选表彰 ………………………… 129
维权机制建设 …………………………… 129
工会组织建设 …………………………… 129
职工之家建设 …………………………… 130
女职工工作 ……………………………… 130
帮扶救助工作 …………………………… 131
工会经费审查审计监督工作 …………… 131

中国共产主义青年团盂县委员会 …… 131

概况 ……………………………………… 131

共青团改革工作 ………………………… 132
青年志愿者工作 ………………………… 132
打造"青年之家"青少年综合服务平台 … 132
"青春喜迎十九大·不忘初心跟党走"
　主题系列活动 ………………………… 133
"农商杯"盂县青年创新创业大赛 …… 133

盂县妇女联合会 …………………………… 133

概况 ……………………………………… 133
纪念"三八"国际妇女节107周年大会 … 134
"小手牵大手·文明一起走"
　系列活动启动仪式 …………………… 134
"环境大整治·巾帼在行动"
　城乡环境卫生综合整治 ……………… 134
首届盂县妇女文化艺术作品展 ………… 134
阳泉市首届广场舞盂县专场展演赛 …… 134
喜庆"六一"系列活动 …………………… 134
"树清廉家风·建最美家庭"演讲比赛 … 135
"555"工作法完成乡（镇）
　妇联组织区域化建设 ………………… 135
山西省农村巾帼领头雁盂县专场培训班 … 135
"1234"家庭教育工作 …………………… 136
"圆梦中国人·巾帼故事汇"
　宣讲活动盂县专场 …………………… 136
光明公益行·送福暖民心 ……………… 136
妇联信息化建设办公设备
　首次送达乡（镇） …………………… 136
帮扶困境儿童·播撒阳光雨露 ………… 136
"春蕾助学·秋季圆梦" ………………… 137
"巾帼心向党·喜迎十九大"
　红歌展演活动 ………………………… 137
巾帼脱贫家政服务培训班 ……………… 137
盂县妇联改革 …………………………… 137

盂县科学技术协会 ……………………… 138

概况 ……………………………………… 138
科普活动 ………………………………… 138

青少年科普 ……………………… 139
　　科普信息化 ……………………… 140
　　乡村科普 e 站建设 ……………… 140
　　"省级创新驱动助力工程示范县"打造 … 140
　　科普下乡宣传活动 ……………… 140
　　农村实用技术培训 ……………… 140
盂县文学艺术界联合会 ……………… 141
　　文艺志愿活动 …………………… 141
　　重点文艺展览 …………………… 141
　　开展文学笔会和讲座 …………… 141
　　县曲艺家协会召开第三次会员代表大会 … 141
盂县残疾人联合会 …………………… 142
　　概况 ……………………………… 142
　　民生工程 ………………………… 142
　　扶贫工程 ………………………… 143
　　残疾人救助 ……………………… 143
盂县工商业联合会 …………………… 143
　　概况 ……………………………… 143
　　民营企业"百企帮百村"活动 …… 143
　　"与爱同行"公益活动 …………… 143
　　北京盂县企业商会成立 ………… 144
　　盂县工商联获全国、全省"五好"
　　　工商联称号 …………………… 144
　　政银企对接会议 ………………… 144

法　治

政法委工作 …………………………… 145
　　概况 ……………………………… 145
　　法治盂县建设 …………………… 145
　　政法队伍建设 …………………… 145
　　社会治安重点整治 ……………… 146
　　平安盂县建设 …………………… 146
综治工作 ……………………………… 146
　　概况 ……………………………… 146
　　重大节点维稳 …………………… 146
　　国家安全工作 …………………… 146
　　信访维稳工作 …………………… 147
　　社会治安防控体系建设 ………… 147
　　矛盾纠纷排查化解 ……………… 147
　　基层基础工作 …………………… 148
　　铁路护路联防 …………………… 148
　　网格化精细化管理 ……………… 148
法　院 ………………………………… 149
　　概况 ……………………………… 149
　　涉诉信访工作 …………………… 149
　　信息化建设 ……………………… 150
　　司法公开 ………………………… 150
　　诉讼服务机制 …………………… 150
　　司法职能 ………………………… 150
　　司法改革 ………………………… 150
　　队伍建设 ………………………… 151
　　接受监督 ………………………… 151
检　察 ………………………………… 151
　　概况 ……………………………… 151
　　服务大局 ………………………… 151
　　刑事检察 ………………………… 152
　　诉讼监督 ………………………… 152
　　控告申诉 ………………………… 153
　　未成年人检察 …………………… 153
　　县检察院改革 …………………… 153
　　检务公开 ………………………… 154
　　检察队伍建设 …………………… 154
公　安 ………………………………… 155
　　概况 ……………………………… 155
　　十九大安保 ……………………… 155
　　治安隐患排查整治 ……………… 155
　　"飓风大扫毒"行动 ……………… 155
　　道路交通整治 …………………… 155
　　客运秩序整治 …………………… 155
　　重点单位安全守护 ……………… 155

执法规范化建设 …………………… 156
　　警务实战化建设 …………………… 156
消　防 ………………………………… 156
　　概况 ………………………………… 156
　　十九大消防安保 …………………… 157
　　消防安全检查 ……………………… 157
　　宣传教育 …………………………… 157
　　隧道突发事故应急演练 …………… 157
司　法 ………………………………… 157
　　概况 ………………………………… 157
　　"七五"普法 ……………………… 158
　　法治文化建设 ……………………… 158
　　法律援助 …………………………… 158
　　社区矫正 …………………………… 159
　　安置帮教 …………………………… 159
　　人民调解 …………………………… 159
　　司法所规范化建设 ………………… 160

经济管理

发展和改革 …………………………… 161
　　概况 ………………………………… 161
　　国省资金争取 ……………………… 161
　　项目储备 …………………………… 161
　　项目审批效率提高 ………………… 161
　　经济运行监测 ……………………… 161
　　价格监察预警 ……………………… 161
　　重点民生工程 ……………………… 162
国土资源管理 ………………………… 162
　　概况 ………………………………… 162
　　高标准基本农田建设 ……………… 163
　　不动产登记 ………………………… 163
　　精准扶贫工作 ……………………… 163
　　呼亚民赴盂县调研打击非法
　　　违法采矿工作 …………………… 164
　　基本农田划定工作验收 …………… 164

　　"问题地图"排查整治 …………… 164
　　农村集体"两权"地籍调查成果
　　　通过验收 ………………………… 164
工商和质量监督管理 ………………… 165
　　概况 ………………………………… 165
　　非法经营成品油专项整治 ………… 166
　　"五粮液"系列酒类市场专项检查 … 166
　　新增两件山西省著名商标 ………… 166
　　知识产权宣传周活动 ……………… 166
　　"无传销县"创建工作 …………… 166
　　个体工商户登记制度改革试点工作 … 166
　　"双随机、一公开"工作 ………… 167
　　优化营商环境 ……………………… 167
　　特种设备安全监察 ………………… 167
　　质量标准化工作 …………………… 168
　　综合执法能力提升 ………………… 168
　　中国共产党盂县非公有制
　　　企业委员会成立 ………………… 168
　　省级文明单位创建 ………………… 168
审计管理 ……………………………… 168
　　概况 ………………………………… 168
　　财政审计 …………………………… 169
　　专项审计 …………………………… 169
　　政策措施贯彻落实跟踪审计 ……… 170
　　固定资产投资审计 ………………… 170
　　经济责任审计 ……………………… 170
　　巡察工作和扶贫领域专项检查工作 … 171
招商引资 ……………………………… 171
　　概况 ………………………………… 171
　　北京盂县企业商会筹建成立 ……… 171
　　参加论坛大会　达成合作意向 …… 171
　　两亿元投资项目开工落地 ………… 171
信息工作 ……………………………… 172
　　《盂县发布》信息推送 …………… 172
　　互联网新闻报道 …………………… 172

政务信息公开 …… 172

中小企业管理 …… 172
概况 …… 172
政策扶持力度加大 …… 173
企业改制 …… 173
助保贷业务 …… 173
中小企业获省市资金扶持 …… 173
干部联系民营企业工作 …… 173

工 业

综合工作 …… 174
概况 …… 174
电子商务 …… 175
"一区三园"建设 …… 175
取缔"地条钢"专项行动 …… 175

煤炭工业 …… 175
山西晋盂煤业（集团）有限公司概况 …… 175
安全管理 …… 176
重点工程 …… 176
转型项目 …… 176
环保工作 …… 177
辅助产业拓展 …… 177
健全和落实企业管理制度 …… 177
发挥党建突出作用 …… 177
晋盂煤业集团公司下属企业概况 …… 178

电力工业 …… 179
概况 …… 179
电网建设 …… 179
经营管理 …… 180
安全生产 …… 180
电力运行与电力市场 …… 180
科技与信息化 …… 181

轻工业 …… 181
盂县城镇集体工业企业联合社
完善企业改制工作 …… 181

生态环境保护建设 …… 181

农 业

综合工作 …… 182
概况 …… 182
农业支持保护补贴资金发放 …… 182
秸秆综合利用试点工作 …… 182
粮食绿色高产创建项目 …… 182
农业供给侧结构性改革 …… 182
蔬菜工程建设项目 …… 183
食用菌产业 …… 183
中药材产业 …… 183
水果产业 …… 183
牧草改良 …… 183
"三品"产品认证及发展"三品"面积 …… 184
1000亩道地中药材规范化种植项目 …… 184
退耕还林项目 …… 184
休闲农业与乡村旅游 …… 184
农产品质量安全水平提升 …… 184
改善农村人居环境 …… 185
农业系统信访工作 …… 185

农村经营管理 …… 185
农村土地确权颁证 …… 185
村级财务审计 …… 185
农民专业合作社示范社规范化建设 …… 186

脱贫攻坚 …… 186
工作概况 …… 186
"8311"产业扶贫工程建设 …… 186
脱贫攻坚"四种组织模式" …… 186
农业产业结构调整与脱贫攻坚相结合 …… 187
中药材特色产业扶贫 …… 187
生态环境建设与脱贫攻坚相结合 …… 187
财政倾斜、金融创新与脱贫攻坚相结合 …… 188
实施光伏扶贫项目 …… 188
乡村旅游扶贫项目 …… 188

电商扶贫 …………………………… 188
　　贫困人口动态调整 ………………… 188
　　行业扶贫 …………………………… 189
　　易地扶贫搬迁 ……………………… 189
　　驻村帮扶工作 ……………………… 190
养殖业 …………………………………… 190
　　概况 ………………………………… 190
　　畜产品质量监管 …………………… 190
　　防疫消毒措施到位 ………………… 190
　　畜禽粪污治理 ……………………… 190
　　秸秆资源化饲料化利用 …………… 191
林　业 …………………………………… 191
　　概况 ………………………………… 191
　　"五个一批"林业扶贫工程 ………… 191
　　森林资源安全 ……………………… 191
　　护林防火 …………………………… 192
农业机械 ………………………………… 192
　　概况 ………………………………… 192
　　农机购置补贴 ……………………… 192
　　农机安全生产态势平稳 …………… 193
　　农机推广培训工作 ………………… 193

水　利

水利工程 ………………………………… 194
　　饮水安全巩固提升 ………………… 194
　　节水型社会建设 …………………… 194
　　完成乌河河道治理工程设计 ……… 194
　　水库移民后期扶持工程建设 ……… 194
　　龙华口水电站大坝枢纽工程 ……… 194
　　龙华口水库下闸蓄水 ……………… 194
水务管理 ………………………………… 195
　　河长制工作 ………………………… 195
　　水务企业 …………………………… 195

商业　贸易

粮食工作 ………………………………… 196
　　概况 ………………………………… 196
　　盂县粮食局概况 …………………… 196
　　地方粮食储备落实 ………………… 196
　　种粮积极性保护 …………………… 196
　　粮食执法检查加强 ………………… 196
石油经销 ………………………………… 197
　　中国石化盂县石油分公司概况 …… 197
　　液位仪应用系统全面启用 ………… 197
　　双层罐改造启动 …………………… 197
　　油品置换升级工作 ………………… 197
供销合作商业 …………………………… 197
　　盂县供销社联合社概况 …………… 197
　　构建与农民结成利益共同体 ……… 197
　　供销社综合服务能力提升 ………… 198
　　农村电子商务 ……………………… 198
　　供销网点体系建设 ………………… 198
烟草专卖 ………………………………… 198
　　盂县烟草专卖局概况 ……………… 198
　　卷烟营销 …………………………… 198
　　卷烟市场监管 ……………………… 198
　　"五好"建设 ………………………… 199

交通　邮电

交　通 …………………………………… 200
　　铁路 ………………………………… 200
　　　概况 ……………………………… 200
　　　"盂县号"高铁冠名专列首发 …… 200
　　　阳大铁路杏村隧道单边贯通 …… 200
　　公路 ………………………………… 200
　　　概况 ……………………………… 200
　　　扶贫工作成效大 ………………… 201

文明创建与信息宣传工作 …………… 201
环境卫生整治行动 …………………… 201
交通基础设施建设 …………………… 202
"四好农村路"建设 …………………… 202
行业服务水平提升 …………………… 202
安全生产管理 ………………………… 202
公路建设"挂图作战" ………………… 202
全县首条PPP公路开工建设 ………… 203
科技治超实现道路完好率达九成以上 203
运输管理 ……………………………… 203
《盂县交通年鉴（2017）》编纂出版 203
通用机场项目对接会 ………………… 204
旅游直通车惠民活动 ………………… 204
盂县公路管理段概况 ………………… 204
整章建制工作 ………………………… 204
安全生产基础加强 …………………… 204
机械设备管理工作 …………………… 204
应急抢险能力提升 …………………… 205
公路养护 ……………………………… 205
"三基"建设 …………………………… 205
职工教育培训 ………………………… 205
阳泉公路分局北区应急指挥中心成立 205
盂县东公路段概况 …………………… 206
养护管理水平提升 …………………… 206
路况质量提升 ………………………… 206
公路通行环境整治 …………………… 206
路政管理工作 ………………………… 206
工作管理效能提升 …………………… 206
创新发展 ……………………………… 207
保障煤矿生产安全 …………………… 207
煤矿建设推进 ………………………… 207
多元产业化推进 ……………………… 207
企业管控力强化 ……………………… 207
邮电 …………………………………… 208
  邮政 ………………………………… 208

中国邮政集团公司山西省
　　盂县分公司概况 ………………… 208
基础建设 ……………………………… 208
"三供一业"建设 ……………………… 208
传统业务稳步推进 …………………… 209
电信 …………………………………… 209
中国移动盂县分公司概况 …………… 209
中国联合网络通信有限公司
　　盂县分公司概况 ………………… 209
服务提升 ……………………………… 209
移动网络 ……………………………… 209
固网网络 ……………………………… 210
"高速宽带"全光网络建设 …………… 210
中国电信股份有限公司盂县分公司概况 210

建设　环保

城乡建设 ……………………………… 211
  综合工作 …………………………… 211
    概况 ……………………………… 211
    棚户区改造 ……………………… 211
    "去库存"工作 …………………… 211
    信访源头化解 …………………… 212
  城市建设 …………………………… 212
    文化中心广场路建成通车 ……… 212
    书香广场绿化工程 ……………… 212
    秀水河生态治理项目签订战略
　　　合作框架协议 ………………… 213
    集中供热扩容和环保提标改造工程 … 213
    环卫保洁工作 …………………… 213
    园林绿化管护 …………………… 213
    路灯管护 ………………………… 213
    市政建管 ………………………… 213
  施工建设 …………………………… 214
    安全监管 ………………………… 214
    质量监管 ………………………… 214

扬尘整治 …………………… 214
　　规范两个市场 ………………… 214
村镇建设 …………………………… 215
　　农村危房改造 ………………… 215
　　乡村清洁工作 ………………… 215
　　传统村落保护 ………………… 215
　　绿色村庄、特色小镇创建 …… 215
　　农村生活垃圾治理示范县建设项目 … 215
房地产业 …………………………… 216
　　保障性住房分配 ……………… 216
城市管理 …………………………… 216
　　盂县城镇管理监察执法大队概况 … 216
　　拆违拆临 ……………………… 216
　　"门前三包"落实 ……………… 216
　　便民市场设立 ………………… 216
　　户外广告整治 ………………… 216
　　餐饮业油烟排放治理 ………… 216
　　站前广场营运秩序治理 ……… 216
重点工程 …………………………… 217
　　高城山路改造工程 …………… 217
　　永店坡老城棚户区
　　　综改项目（李宾山路）…… 217
　　盂县龙华口水电站工程 ……… 217
　　盂县电厂2×100万千瓦发电项目 … 217
　　新建中医院建设项目 ………… 218
　　水神山路工程 ………………… 218
　　盂县文化中心建设工程 ……… 218
　　省道双阳线元吉至东蒋路面改造工程　218
　　省道双阳线盂县过境（交口至西小坪）
　　　公路改建工程 ……………… 219
　　省道盂榆线盂县绕城公路
　　　（西南外环）项目 ………… 219
　　盂县香河滨水空间环境
　　　综合治理工程 ……………… 219
　　盂县中岚电子信息产业园 …… 220

　　盂县永店坡老城棚户区综合
　　　改造项目安置房 …………… 220
　　东外环绕城公路（乌玉—牛村—石店）
　　　建设项目 …………………… 221
　　秀水河滨河地区综合整治建设项目 … 221
环境保护 …………………………… 221
综合工作 …………………………… 221
　　概况 …………………………… 221
　　行政审批 ……………………… 222
　　环保治理资金投入 …………… 222
　　环境税税源调查 ……………… 222
　　中高考期间禁噪工作 ………… 222
　　中央环保督察组交办盂县
　　　群众反映问题办结情况 …… 222
　　环保部强化督查组交办盂县现场
　　　督查发现问题办结情况 …… 223
环境质量 …………………………… 223
　　大气环境质量 ………………… 223
　　水环境质量 …………………… 223
环境治理 …………………………… 223
　　污染减排 ……………………… 223
　　专项整治 ……………………… 223
　　违法"散乱污"企业取缔 ……… 224
　　县城建成区燃煤锅炉淘汰取缔 … 224
　　应急减排措施落实 …………… 224
　　挥发性有机物（VOCs）综合治理 … 224
　　矿山生态恢复治理试点示范工程 … 224
　　工业污染源全面达标排放计划实施 … 225
　　水环境保护工作 ……………… 225
　　污染源监控系统平台建成投运 … 225
环境执法 …………………………… 225
　　环境违法行为查处 …………… 225
　　环境监察执法 ………………… 225
　　环境监测工作 ………………… 225

财税金融

- 财　政 …………………………………… 226
  - 概况 …………………………………… 226
  - 财政收支 ……………………………… 226
  - 扶贫资金下拨 ………………………… 226
  - 民生支出 ……………………………… 226
  - "三基建设"投入 …………………… 226
  - 政府采购 ……………………………… 226
  - 政府购买融资规范整治 ……………… 227
  - 预算绩效管理 ………………………… 227
  - 票据电子化改革 ……………………… 227
  - 国库管理制度改革 …………………… 227
  - 社会资本投入引导 …………………… 227
- 税　务 …………………………………… 227
  - 国家税务 ……………………………… 227
    - 概况 ………………………………… 227
    - 组织收入 …………………………… 227
    - 征收管理 …………………………… 228
    - 依法治税 …………………………… 228
    - 纳税服务 …………………………… 228
    - 基层建设 …………………………… 228
  - 地方税务 ……………………………… 228
    - 概况 ………………………………… 228
    - 企业简易注销登记改革 …………… 229
    - 税收宣传 …………………………… 229
    - "一人通办"窗口开通 …………… 229
    - 创优营商环境 ……………………… 229
    - 水资源税开征 ……………………… 229
    - 入企服务 …………………………… 229
- 金　融 …………………………………… 230
  - 银行业 ………………………………… 230
    - 中国人民银行盂县支行概况 ……… 230
    - 支持县域经济发展 ………………… 230
    - 金融扶贫工作 ……………………… 230
    - 金融领域风险防控工作 …………… 230
    - 金融管理和服务水平提升 ………… 231
    - 金融知识普及工作 ………………… 231
    - 阳泉银监分局盂县监管办事处概况 … 231
    - 小微企业金融服务暨银税互动督导 … 231
    - 基础金融服务 ……………………… 232
    - 减费让利落实 ……………………… 232
    - 银行风险防范化解 ………………… 232
    - 中国工商银行盂县支行概况 ……… 232
    - 金融扶贫工作 ……………………… 233
    - "工银融安 e 信" ………………… 233
    - 工行盂县支行获"中国工商银行
      五星级服务网点"称号 …………… 233
    - 中国农业银行盂县支行概况 ……… 233
    - 精准扶贫小额贷款 ………………… 233
    - 采煤沉陷区拆迁补偿资金发放 …… 233
    - 住房公积金委托贷款实现零突破 … 234
    - 郭婧嵘荣膺中国农业银行
      "五一劳动奖章" ………………… 234
    - 城乡医保代收费工作 ……………… 234
    - 中国银行股份有限公司盂县支行概况 … 234
    - 盂县裕光煤电贷款项目 …………… 235
    - 智能柜台上线 ……………………… 235
    - 中国建设银行股份有限公司
      盂县支行概况 ……………………… 235
    - 社会保障卡制卡发卡业务 ………… 235
    - 阳泉市商业银行盂县支行概况 …… 235
    - 盂县农商银行概况 ………………… 235
    - 移动营销平台建设启动会 ………… 236
    - 金融新品发布暨产业精准
      扶贫款发放大会 …………………… 236
    - "小盂儿"金服驿站正式营业 …… 236
    - 中国邮政储蓄银行股份有限公司
      盂县支行概况 ……………………… 236

全市首笔E捷贷贷款业务发放 ……… 236
三农金融事业部挂牌成立 ………… 237
保险业 …………………………………… 237
人保财险盂县支公司概况 ………… 237
接受人行盂县支行执法检查 ……… 237
人寿保险盂县支公司概况 ………… 237
建档立卡贫困人员保险办理 ……… 237
新市场保险业务开拓 ……………… 238

教育　科技

教育 …………………………………… 239
　综合工作 …………………………… 239
　　概况 ……………………………… 239
　　思政工作 ………………………… 239
　　心理健康教育 …………………… 239
　　宣传教育 ………………………… 239
　　体卫艺工作 ……………………… 239
　　特色校园文化创建 ……………… 240
　　青少年活动中心校外活动资源拓展 … 240
　　教育脱贫 ………………………… 240
　　暖心煤发放 ……………………… 240
　学前教育 …………………………… 240
　　概况 ……………………………… 240
　　新改扩建幼儿园 ………………… 240
　　普惠性民办幼儿园 ……………… 240
　　逸夫幼儿园"十三五"课题申报成功 … 240
　基础教育 …………………………… 241
　　概况 ……………………………… 241
　　义务教育优质均衡发展 ………… 241
　　招生考试 ………………………… 241
　　学生资助 ………………………… 241
　　盂县第一中学概况 ……………… 241
　　阳泉市高中阶段公开课举行 …… 241
　　盂县一中图书馆获评省一级图书馆 … 242
　职业教育 …………………………… 242

盂县职业中学概况 ………………… 242
教师教学水平和教学能力全面提高 … 242
养成教育活动 ……………………… 243
专业设置 …………………………… 243
学生实践能力提高 ………………… 243
农村富余劳动力转移培训 ………… 243
盂县教师进修学校概况 …………… 243
新教师岗前培训 …………………… 243
信息技术应用能力提升项目评估 … 244
民办教育 …………………………… 244
　概况 ……………………………… 244
教学教研 …………………………… 244
　概况 ……………………………… 244
　"1+2+2"教研模式 ……………… 244
　"联合体"教研模式 …………… 244
　中小学考试工作 ………………… 245
　省级名师送教下乡 ……………… 245
教师队伍 …………………………… 245
　教师队伍建设 …………………… 245
　开展普通话普及调查 …………… 245
　暑期教师培训 …………………… 245
　中小学学科带头人和骨干教师
　　评审及续聘考核工作 ………… 245
　"国培"送教下乡活动 ………… 246
　骨干教师赴济南参加高效学习研讨会 … 246
成人教育 …………………………… 246
　盂县农广校概况 ………………… 246
　学历教育 ………………………… 246
　田间学校建设 …………………… 246
　实用技术培训 …………………… 246
　新型职业农民培育 ……………… 246
　师资库建设 ……………………… 247
科学技术 ……………………………… 247
　综合工作 ………………………… 247
　　概况 …………………………… 247

科技孵化体系建设 …… 247
高新技术产业发展 …… 247
农业科技示范基地建设 …… 248
知识产权 …… 248
　知识产权保护 …… 248
科技管理 …… 248
　科技管理水平 …… 248
　科技宣传培训 …… 249
地震 …… 249
　概况 …… 249
　监测预报 …… 249
　抗震设防管理 …… 249
　震害救援 …… 249
　"三网一员"建设管理 …… 250
　地震科普宣传 …… 250
气象 …… 250
　气象设施 …… 250
　春季气象服务 …… 250
　高考期间气象服务 …… 251
　农业气象服务队伍建设 …… 251
　汛期气象服务 …… 251
　决策气象服务网络建设 …… 251
　"星耀摩旅清凉盂县"摩旅
　　文化节气象服务 …… 252
　人工增雨防雹 …… 252
　科普宣传 …… 252

文化　体育

文化 …… 254
　综合工作 …… 254
　　概况 …… 254
　　"三节"群众文化活动 …… 254
　　文化惠民工程 …… 255
　　文化遗产日宣传 …… 255
　　盂县文化中心落成 …… 255

《盂县桃仁月饼》入选
　省级"非遗"项目 …… 256
"非遗"项目展示展演 …… 256
电影事业 …… 256
全民阅读活动 …… 256
展览活动 …… 256
文化培训工作 …… 256
农家书屋出版物配送 …… 257
孙映曙获"全国优秀农家书屋
　管理员"称号 …… 257
乌河文化研讨会 …… 257
盂县乌河民俗文化研讨会 …… 257
文学艺术 …… 257
　文学 …… 257
　　冀玉泰诗作入选《中华诗词》 …… 257
　　阳泉市第五届文学艺术创作奖 …… 257
　书法　美术 …… 258
　　书法作品参展 …… 258
　　篆刻作品获奖 …… 258
　　美术作品获奖展出 …… 258
　音乐　曲艺　戏剧 …… 259
　　音乐作品获奖 …… 259
　　歌曲演唱获奖 …… 259
　　曲艺表演 …… 259
　　"免费送戏下乡" …… 259
　　晋剧《木兰从军》获优秀剧目展演奖 …… 259
　民间艺术 …… 259
　　根艺作品获奖 …… 259
　　剪纸作品获奖 …… 260
　　面塑作品展 …… 260
群众文化 …… 260
　"百花迎春"群众文艺汇演 …… 260
　"群星风采"广场文化活动 …… 260
图书 …… 260
　概况 …… 260

节日活动 …………………………………… 260
举办"七进"活动 …………………………… 261
政治读物发行 ……………………………… 261
青年志愿者活动 …………………………… 261
开设校园书店 ……………………………… 261
档案 ……………………………………………… 261
概况 ………………………………………… 261
"6·9"国际档案日宣传活动 ……………… 261
新建档案馆搬迁 …………………………… 262
档案行政执法检查 ………………………… 262
档案主题展览 ……………………………… 262
档案微信公众平台开通 …………………… 262
新闻 报纸 ……………………………………… 262
大米入选全省五年成就篇 ………………… 262
中央电视台新闻直播西潘乡
东头村高山景观水稻 …………………… 262
对外宣传活动 ……………………………… 262
《新盂县》改版 …………………………… 262
新盂县手机客户端开通上线 ……………… 263
"两提一创"大讨论活动 …………………… 263
广播 电视 ……………………………………… 263
概况 ………………………………………… 263
《我读》栏目 ……………………………… 263
"星耀摩旅清凉盂县"跟踪报道 …………… 264
"安全生产大家谈"栏目 …………………… 264
更换新台标 ………………………………… 264
广播电视台完成新址搬迁 ………………… 264
第十六届"阳泉新闻奖"评选 ……………… 264
"全域旅游"系列宣传 ……………………… 264
高城山转播台设备升级 …………………… 265
体育 ……………………………………………… 265
概况 ………………………………………… 265
群众体育 …………………………………… 265
全民健身工程建设 ………………………… 265
体育产业 …………………………………… 266

卫生 计生

卫生 ……………………………………………… 267
综合工作 ……………………………………… 267
概况 ………………………………………… 267
医药卫生体制改革 ………………………… 267
"人才强卫"战略实施 ……………………… 267
医疗联合体筹建 …………………………… 267
分级诊疗运行情况 ………………………… 268
医疗服务管理 ………………………………… 268
"平安医院"创建 …………………………… 268
盂县人民医院 ……………………………… 268
基层医疗卫生机构建设 …………………… 269
家庭医生签约服务 ………………………… 269
卫生监督 ……………………………………… 270
公共场所卫生监督 ………………………… 270
学校卫生监督管理 ………………………… 270
传染病防治卫生监督 ……………………… 270
打击无证行医和依法执业专项工作 …… 270
疾病控制 ……………………………………… 270
基本公共卫生 ……………………………… 270
建档服务 …………………………………… 271
疾控经常性工作监测 ……………………… 271
妇幼保健 ……………………………………… 271
"两癌"筛查 ………………………………… 271
艾滋病、梅毒、乙肝母婴传播项目检测 271
农村孕产妇住院分娩补助 ………………… 271
孕产妇增补叶酸预防神经管
缺陷项目情况 …………………………… 271
新生儿疾病筛查情况 ……………………… 271
产前筛查情况 ……………………………… 272
免费孕前优生健康检查进展情况 ……… 272
孕产妇保健 ………………………………… 272
7岁以下儿童保健 ………………………… 272

健康扶贫工作 …………………… 272
应急抢救 …………………………… 272
　　卫生应急和控制工作 …………… 272
食品药品管理 ……………………… 272
　　概况 ……………………………… 272
　　盂县获"山西省食品安全示范县"称号 … 273
　　食药安全风险隐患排查整治 …… 273
　　"双随机一公开"监管工作 …… 273
　　食品安全保障工作 ……………… 274
　　环境卫生集中整治 ……………… 274
　　执法人员学习培训 ……………… 274
　　食品药品宣传活动 ……………… 275
　　食品安全监督抽检 ……………… 275
　　药械不良反应（事件）监测 …… 275
　　投诉举报系统中心 ……………… 275
人口和计划生育 …………………… 276
　　人口和计划生育指标完成情况 … 276
　　计生家庭"4+2"奖励扶助对象 … 276
　　计划生育目标责任管理 ………… 276

社会生活

人民生活 …………………………… 277
　　概况 ……………………………… 277
　　城镇居民生活 …………………… 277
　　农民生活 ………………………… 277
社会保障 …………………………… 278
　　社会保险 ………………………… 278
　　　城镇职工基本养老保险 ……… 278
　　　医疗生育保险 ………………… 278
　　　失业保险 ……………………… 278
　　　工伤保险 ……………………… 278
　　　城乡居民基本养老保险（农保）… 279
　　　机关事业养老保险 …………… 279
　　　"源头化解"专项行动 ……… 279
　　　劳动就业 ……………………… 279

　　　劳动就业与劳务输出 ………… 279
　　信访仲裁 ………………………… 280
　　　劳动监察与劳动仲裁工作 …… 280
　　救助救济 ………………………… 280
　　　城乡社会救助工作 …………… 280
　　社会福利 ………………………… 280
　　　发展农村养老服务事业 ……… 280
　　　公积金归集 …………………… 280

文物　旅游

文　物 ……………………………… 281
　　概述 ……………………………… 281
　　不可移动文物维修保护 ………… 281
　　地下文物考古发掘抢救工作 …… 281
　　文物捐赠 ………………………… 281
旅　游 ……………………………… 281
　　概述 ……………………………… 281
　　全域旅游规划编制完成 ………… 282
　　旅游公共设施建设 ……………… 282
　　县域综改和景区机制创新工作 … 282
　　首届"忠义文化彩灯美食节" … 283
　　文化创意节庆活动 ……………… 283
　　"旅游＋""＋旅游"模式
　　　助力盂县旅游 ………………… 283
　　旅游市场秩序综合监管 ………… 284

乡镇、社区简况

秀水镇 ……………………………… 285
　　概况 ……………………………… 285
　　东兰村整体拆迁改造项目 ……… 285
　　乡村旅游初步规划 ……………… 285
　　经济发展 ………………………… 285
　　安全管理 ………………………… 286
　　信访维稳工作 …………………… 286
　　"两个责任"落实 ……………… 286

环境整治 …………………………… 286
　　党建工作 …………………………… 286
孙家庄镇 ……………………………… 287
　　概况 ………………………………… 287
　　党的建设 …………………………… 287
　　现代农业发展 ……………………… 287
　　重点工程建设 ……………………… 288
　　环境卫生综合整治 ………………… 288
　　民生工程 …………………………… 288
　　安全生产 …………………………… 288
　　全域旅游发展 ……………………… 289
　　美丽乡村王炭咀 …………………… 289
路家村镇 ……………………………… 289
　　概况 ………………………………… 289
　　全域旅游 …………………………… 290
　　十里一条街提质改造 ……………… 290
　　清洁美丽工程 ……………………… 290
　　安全生产 …………………………… 290
　　重点项目建设 ……………………… 290
　　采煤沉陷区治理 …………………… 291
　　光伏太阳能示范区建设 …………… 291
　　天然气入户工程 …………………… 291
　　获批省级特色小镇 ………………… 291
南娄镇 ………………………………… 291
　　概况 ………………………………… 291
　　生态建设 …………………………… 292
　　城乡环境卫生综合整治 …………… 292
　　全域旅游发展 ……………………… 292
　　土地承包经营权确权颁证 ………… 292
　　城镇建设 …………………………… 292
　　工业经济转型发展 ………………… 292
　　现代农业建设 ……………………… 293
　　社会管理创新 ……………………… 293
　　光伏发电项目 ……………………… 293
牛村镇 ………………………………… 293

　　概况 ………………………………… 293
　　环保工作 …………………………… 294
　　信访稳定 …………………………… 294
　　安全生产 …………………………… 294
　　环境卫生整治 ……………………… 294
　　重点项目 …………………………… 295
　　三农工作 …………………………… 295
　　民生工作 …………………………… 295
　　党建工作 …………………………… 295
苌池镇 ………………………………… 296
　　概况 ………………………………… 296
　　全域旅游发展 ……………………… 296
　　农业发展 …………………………… 296
　　民生政策落实 ……………………… 297
　　环境卫生综合整治 ………………… 297
　　安全生产 …………………………… 297
　　环境保护综合整治 ………………… 297
　　交通工作 …………………………… 298
　　武装工作 …………………………… 298
上社镇 ………………………………… 298
　　概况 ………………………………… 298
　　环保专项检查 ……………………… 298
　　信访稳定工作 ……………………… 298
　　安全生产 …………………………… 298
　　首届休闲垂钓旅游摄影文化节 …… 299
　　环境卫生综合整治 ………………… 299
　　民生工程 …………………………… 299
　　土地复垫工程 ……………………… 299
　　基础设施建设 ……………………… 300
　　水利设施建设 ……………………… 300
　　养殖业发展 ………………………… 300
　　昶生万养殖专业合作社 …………… 300
　　种植业推广 ………………………… 300
　　脱贫攻坚 …………………………… 300
　　金融扶贫 …………………………… 300

屋顶分布式光伏发电项目 …………… 301
佛堂村亨通水业有限公司 …………… 301
山西谷味天农业开发公司 …………… 301

西烟镇 …………………………………… 301
概况 ……………………………………… 301
重点工程建设 …………………………… 301
脱贫攻坚工作 …………………………… 301
扶贫产业项目发展 ……………………… 302
"三农"工作 …………………………… 302
环境综合整治 …………………………… 303
生态环保工作 …………………………… 303
安全生产 ………………………………… 303
社会事业发展 …………………………… 303
"两委"换届工作 ……………………… 303
"三基建设"推进 ……………………… 304
主题教育活动 …………………………… 304
群团工作 ………………………………… 304
武装工作 ………………………………… 304

仙人乡 …………………………………… 305
概况 ……………………………………… 305
党建工作 ………………………………… 305
换届工作 ………………………………… 305
脱贫攻坚工作 …………………………… 305
土地承包经营权确权颁证 ……………… 306
里山南全国越野跑邀请赛 ……………… 306
民生工程 ………………………………… 306
安全生产 ………………………………… 307
信访工作 ………………………………… 307
环保工作 ………………………………… 307
环境卫生改善 …………………………… 307
护林防火工作 …………………………… 308

北下庄乡 ………………………………… 308
概况 ……………………………………… 308
脱贫攻坚 ………………………………… 308
全域旅游景区建设 ……………………… 308

光伏领跑者项目 ………………………… 308
乱石泉应急抗旱水源水毁修复工程 …… 309
环境卫生综合整治 ……………………… 309
山洪灾害防御演练 ……………………… 309
万兴茶叶公司开业 ……………………… 309
阴山河文化广场免费开放 ……………… 309
社会治安综合治理 ……………………… 309
三基建设 ………………………………… 310
李俊凤获"山西十大孝星"称号 ……… 310

下社乡 …………………………………… 310
概况 ……………………………………… 310
移民搬迁安置 …………………………… 311
脱贫攻坚 ………………………………… 311
全域旅游 ………………………………… 311
环境卫生整治 …………………………… 311
村支两委换届 …………………………… 311
基层党建工作 …………………………… 312

梁家寨乡 ………………………………… 312
概况 ……………………………………… 312
首届河灯民俗文化节 …………………… 312
"七彩纸鸢燃灯艾泉"清明大型河灯会 312
大米古村旅游开发建设 ………………… 313
晋农之窗博览园建成运营 ……………… 313
"树清廉家风·建最美家庭"
　　主题演讲比赛 ……………………… 313
水彩画写生基地 ………………………… 313
党性教育基地挂牌 ……………………… 313
大型真人秀节目《全民冲刺》
　　在大米古村开机拍摄 ……………… 313
环境卫生综合整治 ……………………… 313
山水梁家寨女子民兵班宣讲"十九大" … 314
第二届柿子文化旅游节 ………………… 314
社会治安综合治理 ……………………… 314
民生领域 ………………………………… 314
脱贫攻坚 ………………………………… 315

西潘乡 ……………………………… 315
　概况 ……………………………… 315
　现代农业提质增效 ……………… 315
　党建工作 ………………………… 315
　惠民工程（项目）建设 ………… 316
　信访矛盾化解 …………………… 316
　产业转型项目 …………………… 316
　脱贫攻坚 ………………………… 317
　"第一书记"工作开展 …………… 317
　稻香田园综合体项目 …………… 318
　"三晋臻水"山泉水厂落成投产 … 318
东梁乡 ……………………………… 318
　概况 ……………………………… 318
　现代农业发展 …………………… 318
　基础设施改善 …………………… 319
　环境卫生综合整治 ……………… 319
　文化事业发展 …………………… 319
　民生工程 ………………………… 319
　安全生产 ………………………… 319
　社会管理 ………………………… 320
　脱贫攻坚工作 …………………… 320
盂县城镇社区办事处 ……………… 320
　概况 ……………………………… 320
　庆"三八"活动 …………………… 320
　"两学一做"学习教育
　　知识竞赛活动 ………………… 321
　"领头雁"延伸培训班 …………… 321
　任红梅到社区调研 ……………… 321
　"迎国庆庆中秋"活动 …………… 321
　省民政厅领导到社区调研 ……… 321
　社区"两委"换届 ………………… 321
　精准扶贫工作 …………………… 322

人　物

人物传略 …………………………… 323

　王元寿 …………………………… 323
　韩文平 …………………………… 324
人物简介 …………………………… 325
　李文元 …………………………… 325
　岳昱辉 …………………………… 326
　胡金毛 …………………………… 327
　郭婧嵘 …………………………… 327
获厅级部门奖励和获博士学位人物简况 … 328
　张磊 ……………………………… 328
　李俊凤 …………………………… 328
　康荣道 …………………………… 328
　崔新平 …………………………… 328
　孙逊 ……………………………… 328
　贾华亮 …………………………… 328
　崔新敏 …………………………… 328
人物名表 …………………………… 329
　2017年度盂县副县以上领导人名表 … 329
　2017年度盂县籍晋升副厅、副师职级
　　以上领导干部名表 …………… 331
　2017年度盂县晋升高级职称人士名表 … 331

大事记

盂县2017年大事记 ………………… 333

附　录

重要地方文件目录 ………………… 337
　中共盂县委员会 ………………… 337
　盂县人大常委会 ………………… 339
　盂县人民政府 …………………… 341
　政协盂县委员会 ………………… 342
2017年度盂县专利申请一览表（45项） 343
2017年度盂县授权专利一览表（16项） 345
2017年度盂县部分著述存目 ……… 346

特 载

全面贯彻落实党的十九大精神
努力建设宜居宜业宜游的区域强县

——在县委十三届三次全会（扩大）暨
经济和农村工作会议上的讲话
（2018年3月9日）

市委常委、县委书记　张其光

同志们：

这次会议的主要任务是，深入学习贯彻党的十九大精神、中央、省市委经济工作会议和中央、省委农村工作会议精神，总结2017年工作，分析当前形势，安排部署2018年乃至今后一段时期的工作。下面，我讲两方面的意见。

一、2017年工作回顾

2017年，县委深入学习贯彻党的十九大精神，以习近平新时代中国特色社会主义思想为指导，紧紧围绕省委"一个指引、两手硬"重大思路和要求，在市委的坚强领导下，团结带领全县党员干部群众，用非常之力、下恒久之功，抓项目、抓改革、抓落实、抓作风、抓党建和反腐败工作，全县各项工作呈现出蓬勃发展的良好局面。

县域经济发展取得新进展。我们践行新发展理念，迎难而上，砥砺前行，全县经济呈现出稳中有进、稳中向好的良好局面。综合经济实力再上台阶。地区生产总值增长3.9%，一般公共预算收入增长6.6%，固定资产投资规模持续扩大，增长6.3%。招商引资质量有所提升，共签约项目25项，外来资金到位40.7亿元，签约项目投资额、落地率、开工率等多项指标均位居全市第一，为全县经济发展注入强劲动力。综合能源体系加快构建。煤炭企业标准化矿井建设步伐加快，常顺、皇后2座煤矿申请国家一级质量标准化矿井，东坪、石店、跃进等7座煤矿建成国家二级质量标准化矿井。多年来为之努力的山西裕光煤电盂县电厂2×100万千瓦发电项目手续全部办结，顺利推进，成为新的战略支撑点。615兆瓦光电、120兆瓦风电并网发电，45兆瓦煤层气发电项目加快建设，以火电、光电、风电、煤层气发电构成的综合能源体系正在形成。开发区基础建设扎实推进。下大力气整体搬迁东兰村，新建水神山南路，连通盂县南高速口和阳泉北站，形成开发区南北通畅的区位优势，两个亿元项目在园区开工建设。全域旅游开启新篇章。编制全域旅游发展规划和北部四乡镇连片开发规划，着力打造"山水大崬梁家寨、藏山一个有故事的地方、水神山报国寺名山名寺名僧、北国风光雁子崖"四大旅游板块，强化多种媒体外宣，开展了摩旅文化节、忠义文化彩灯美食节、水神山文化节、柿子文化节、红薯文化节、垂钓节等形式多样的文化旅游活动，旅游事业步入良性发展轨道。"三农"工作取得新成效。积极调整种植结构，杂粮种植面积年增20%，总面积达到12万亩。粮食总产量达到14.4万吨，再创历史新高。大力培育特色产业，央视新闻频道专题报道西潘乡东头村700多亩有机水稻收割场景。康泰来食用菌、谷味天小杂粮、启耀中药材等一批农产品加工龙头企业不断发展壮大，省级农业产业化龙头企业达到8家。落实脱贫攻坚责任制，提出"五清单两标准"工作法，创新产业扶贫"四种模式"，全年共实现21个贫困村整村脱贫，2980人摘掉穷帽，脱贫攻坚再战再胜。

全面深化改革实现新突破。狠抓关键性改革，破解发展难题，推出了一批具有实践意义和盂县特色的改革任务。稳步推进监察体制改革试点工作，健全完善内控机制，建立全县监察对象综合信息数据库，成功办理全市改革试点以来首例职务犯罪案件，圆满完成县纪委监委派驻机构全覆盖和乡镇监察试点工作，改革试点工作走在全省前列，多家单位深入我县进行考察学习。进一步加大信访改革力度，再造信访流程、完善信访机制、强化责任落实，全年进京非访、赴省、到市上访人次，分别下降50%、44%、39%，全县信访形势进一步好转。加快县乡医疗卫生体制改革，在省人民医院托管县人民医院基础上，成立了"1+21+2"的医疗集团，省县乡三级医疗机构联动服务模式初步形成，全县人民享受到了更加优质、便捷、价廉的医疗卫生服务。

人民生活水平得到新提升。始终把民生改善作为一切工作的出发点和落脚点。全年民生财政支出创历史新高，达到15.1亿元，占一般预算支出的78.7%，同比增长10.3%。持续改善城乡基础设施，全面完成高城山路二期、李宾山路中段、水神山南路建设，香河县城段综合治理工程加快推进。持续开展城乡环境卫生综合整治，路面清扫保洁率达到100%，拆除违建1.1万平方米，城乡环境"脏乱差"的问题得到有效解决。重点推进棚户区综合改造，累计投入16亿元，完成拆迁4200余户。全面提升医疗卫生服务机构标准化规范化水平，完成4所乡镇卫生院标准化建设，县中医院新建大楼主体工程全部完工。努力办好人民满意的教育，县财政专门拿出600万元用于支持推动高中教育改革，提高教学质量。教育优质均衡试点县工作扎实推进，成为全省三个试点县中唯一通过验收的县份。稳步提升社会保障水平，城乡低保等民生保障政策有效落实。千方百计扩大就业，为700多名下岗职工、困难大学生提供公益岗位。全力保障"舌尖上的安全"，荣获首批"山西省食品安全示范县"称号。安全生产形势持续好转，全县工矿商贸等重点行业实现零死亡。全面加强生态环保工作，坚决取缔"散乱污"企业，扎实推进"煤改气""煤改电"工作，县城环境空气质量综合指数位居全市第一。

管党治党不断开创新局面。以永远在路上的恒心和韧劲，推动全面从严治党向纵深发展。把学习宣传十九大精神作为首要政治任务，紧紧围绕"学懂弄通做实"要求，各级领导带头学习宣讲，推动了十九大精神往实里学、向深处悟。持续开展"一带头三榜样""四好三光荣"活动，增强了广大干部群众热爱家乡、建设家乡的思想自觉和行动自觉。加大"三基建设"

注：1亩≈666.7平方米。

投入力度，全年累计投入2800余万元，14个乡镇的"五小"建设全部达标，各乡镇运转经费增加到63万元，村主干报酬提高到2.45万元，基层干部办公食宿条件得到明显改善。持续增强农村党组织的"造血"功能，417个村集体经济实现"破零"，超额完成市下达的任务。圆满完成村（社区）"两委"换届工作，为实施乡村振兴战略提供了组织保障和人才支持。持续推进正风肃纪反腐，准确运用监督执纪"四种形态"，驰而不息纠正"四风"，查处违反中央八项规定精神案件14案14人，从严查办扶贫领域问题线索，立结案28件，处分党员干部36人，起到了"查处一案，教育一片"的良好效果，实现了党内政治生态持久的风清气正。

一年多的不懈努力，我们办成了一些多年想办而没有办成的难事，盂县的城乡面貌、干部作风、社会风气、对外形象发生了显著改变。这些改变，是习近平新时代中国特色社会主义思想指导的结果，是省委、市委坚强领导的结果，是县委、县政府团结带领全县人民一点一滴、一件一件干出来的。这些改变，得到了人民群众和县内外的广泛认可，鼓舞了党员干部干事创业的信心和决心，进一步提升了县委县政府在人民群众中的威信。在座的各位是重要的亲历者、实践者和贡献者。在这里，我代表县四套班子向在座的同志们、向全县广大干部群众，向所有关心支持盂县发展的各界人士，表示衷心的感谢和崇高的敬意！

今年是改革开放40周年。40年来，历届县委、县政府团结带领全县广大干部群众，毫不动摇地以经济建设为中心，解放思想、苦干实干，地区生产总值、财政收入从1978年的0.7亿元、0.1亿元，分别增长到2017年的127.9亿元、13.7亿元，经济总量、综合实力实现了历史性跨越；毫不动摇地加强和改善民生，全县城镇居民可支配收入、农民人均纯收入从1978年的588.6元、152.2元，分别增长到2017年的29431元、12937元，人民生活水平显著提升；毫不动摇地加强基础设施建设，城乡公路里程达到1980多千米，建城区面积达到22平方千米，公共服务能力明显提高，高速高铁实现从无到有，群众出行更加方便快捷；毫不动摇地深化改革，发展活力明显增强，开放水平不断提高。40年的接续奋斗和巨大成就，为我们今后的发展打下了雄厚的物质基础，也为我们继续推进改革开放积累了宝贵的精神财富。

同时我们也要清醒地看到，与发达地区相比，与中央、省市委部署要求相比，与人民群众日益增长的美好生活需要相比，我县发展不平衡不充分的问题非常突出。2017年全县人均GDP和人均可支配收入分别为39739元、18849元，仅相当于全国的66.6%和73.6%，均处于全国的中下游水平，经济发展和人民生活水平还比较低；2017年三次产业比例为3.0∶60.7∶36.3，第三产业占比偏低，较2016年同期仅提高了0.14个百分点，经济结构明显不合理；煤炭增加值占全部工业增加值的79.4%，非煤产业增加值占比为20.6%，非煤产业和服务业发展滞后，发展后劲严重不足。

逆水行舟，不进则退。就我县收入在全省排名来看，2010年一般公共预算收入和农民人均纯收入分别位居第23位和20位，2017年下降到了第48位和33位，下降趋势明显。与全省22个非国家扶贫开发工作重点县中的煤炭大县比，以排名一直靠前的孝义为例，2010年孝义的地区生产总值和一般公共预算收入为258.9亿元和16.5亿元，分别是我县的2.7倍和2.6倍，到2017年孝义达到了438.9亿元和20.9亿元，分别是我县的3.4倍和3.7倍，可以看出，几年间我们与人家的差距越拉越大。

注：GDP是指国内生产总值。

与邻近县份比,县域面积与我县相当的平山县,2017年一般公共预算收入为12.3亿元,是我们的2.2倍;县域面积和人口比我们都少的寿阳县为8.2亿元,是我们的1.4倍,差距显而易见。在阳泉市内比,平定和郊区这几年正在迅速崛起,2017年平定县的地区生产总值突破了百亿元大关,和我县的差距越来越小。我们离标兵越来越远,追兵离我们越来越近。面对这样的困境、这样的压力,在座的每一位同志都应该有一种如坐针毡的危机感和泰山压顶的紧迫感。我们决不能夜郎自大,继续关起门来在阳泉当"老大"。

从差距来找问题,我们可以发现,长期积累的一些矛盾和问题,一直没有得到有效解决,影响和制约了我们的发展。

在经济发展方面:一是转型发展任重道远。2017年,全县煤炭产业税收占全部税收的65.9%。可以看出,"一煤独大"造成的结构性体制性素质性问题依然突出,现代装备制造业几乎为零,实体经济发展还面临很多困难。产业规划不足、定位不准、园区建设滞后,缺乏具有牵引带动作用的大项目好项目,工业基本上还是"老祖宗经济",实现新旧动能转换还需长期奋斗。二是现代农业发展滞后。种植结构单一、养殖规模较小、加工体系不完善,拿不出叫得响的农业品牌,专业型技术型实用型人才匮乏,农业基本上还是靠天吃饭的"老天爷经济",由"大"变"强"还有很长一段路要走。三是现代服务业还处于起步阶段。第三产业缺乏科学规划,旅游业基本上只是简单的"门票经济",创新创意不足,没有形成产业链;商贸网点以门市房居多,酒店娱乐等服务业档次不高,消费外流现象严重;现代金融业、电子商务、物流配送还未广泛推开,一些现代服务领域还处于空白。

在民生事业方面:一是城市建设欠账较大。规划引领意识不强,规划体系不完善,规划执行不到位;公园、广场、绿地、公厕等便民服务场所和设施较为落后;城区内涝、交通拥堵、停车难等问题还未得到彻底解决;城市管理水平滞后,城中村未批先建、批少建多等现象屡禁不止,棚户区改造任务艰巨,尤其是城乡垃圾处理能力较差。二是底线工作存在薄弱环节。面对新的形势和挑战,总体安全观还树的不牢;地质灾害治理、国企改制、征地拆迁等遗留问题,没有得到妥善解决,信访隐患依然存在;生态环境比较脆弱,私挖滥采造成的生态破坏还没有得到修复,"小散乱污"企业还没有彻底铲除,城乡环境卫生综合整治虽初见成效,但稍有松懈就会出现反复;脱贫攻坚任务艰巨,"三支队伍"帮扶、扶贫政策宣传教育等工作仍做得不够。

在干部人才方面:一是干部队伍建设有待加强。进入新时代,对上级有关政策文件学习思考不够,争取政策不主动,落实工作不积极,对转型发展没有从长远考虑,视野不宽、格局不大。由于种种原因,目前我县干部结构有些老化,部分岗位没有调整到位,一些干部产生了"船到码头车到站"的思想,责任意识、进取意识、规矩意识出现一定程度的弱化退化。二是人才匮乏。长期以来,只重视矿产的价值,不重视人才的作用,没有优惠的政策、优厚的条件、优良的环境,留又留不住人,引又引不进来,人才外流严重。本土人才培育也不够,各行各业的人才严重缺乏。就拿我县长期倚重的煤炭行业来说,干了这么多年,真正懂经营、会管理的专业人才也后继乏人。

看不到差距是最大的差距,意识不到落后是最大的落后,找不到问题是最大的问题。对这些问题,我们要高度重视,进一步采取有力措施加以解决。从现在开始到2020年全面建成小康社会,还有不到3年的时间,全县党员干部必须认清形势、正视问题,按照新时代高质量发展的要求,找准思路、奋起直追,尽快打开全县发展的新局面，向组织和全县人民交出一份满意的答卷。

二、2018年工作安排

2018年是全面贯彻党的十九大精神的开局之年，是改革开放40周年，是决胜全面建成小康社会、实施"十三五"规划承上启下的关键一年，做好今年工作意义重大。为此，我们要始终做到"六个坚定不移"。

一是坚定不移维护以习近平同志为核心的党中央权威和集中统一领导。中国特色社会主义最本质的特征和制度的最大优势就是中国共产党领导。党的十八大以来，我们之所以能取得历史性成就、发生历史性变革，最根本在于有以习近平同志为核心的党中央的坚强领导，有习近平新时代中国特色社会主义思想的科学指引。全县上下要高举中国特色社会主义伟大旗帜，始终维护习总书记的核心地位，坚持党中央的集中统一领导，做到思想上充分信赖、政治上坚决维护、组织上自觉服从、感情上深刻认同、行动上始终跟随，自觉地向习总书记看齐，向党中央看齐，向党的路线方针政策看齐，推动习近平新时代中国特色社会主义思想在盂县形成生动实践。

二是坚定不移把握稳中求进工作总基调。稳中求进工作总基调是治国理政的重要原则，要长期坚持。对我县来讲，稳中求进就是要稳住基本面，开创新局面。"稳"就是要确保经济运行要稳，社会大局要稳，安全形势要稳，资源和土地秩序要稳，社会舆情要稳。"进"就是要确保各项经济指标要进，转型升级要进，发展的质量效益要进，改革创新要进，干部队伍的能力素质要进。要正确看待"稳"与"进"的辩证关系，不稳进不了，不进也稳不住。我们既反对消极求稳、不思进取，也决不急功近利、搞政绩工程。要尊重客观规律，顺势而为，善作善成，扎实推进。

三是坚定不移加快推进转型发展。要抓住京津冀协同发展和建设雄安新区的历史机遇，挖掘我县的比较优势，用好后发优势，打造新的竞争优势。要坚持高起点、高标准制定产业战略规划、引进和培育一批"大而强""小而美""绿而优"的产业项目，加快构建现代产业体系，推动经济高质量发展。要牢固树立新发展理念，顺应能源革命要求，抓好减量置换和减量重组，提高煤炭的清洁高效开发利用水平，优化升级传统产业；要紧紧抓住河北南网缺电的难得契机，加快跟进盂县电厂二期建设，大力发展风电、光电、煤层气发电、生物质发电等新能源产业，努力把电力产业做优做强；要实施创新驱动战略，加快推进科技孵化载体建设，推动大众创业万众创新；要以乡村振兴战略为统领，坚持质量兴农、绿色兴农，推进农业特色化、精细化、功能化发展；要抓住我省锻造"黄河、长城、太行"三大旅游板块机遇，大力发展文旅、康养产业，进一步叫响"仇犹故里·忠义藏山·清凉盂县"旅游品牌，抓紧补齐服务业发展短板。

四是坚定不移全面深化改革。要扎实推进重点领域和关键环节的改革，统筹推进各领域各方面改革。要按照中央深化党和国家机构改革的部署要求，增强改革的系统性、整体性、协同性，做好机构改革的谋划和组织实施。要把深化供改与综改结合起来，抓住市场倒逼的历史机遇，用好用足政策红利。要紧紧抓住国企国资改革的关键"窗口期"，有序推进县属商贸流通国有企业改革。要落实好开发区"三化三制"改革任务，彻底理顺管理体制和利益分配机制。要深入推进农村集体产权制度改革，深化农村土地制度改革四大任务，落实好农村土地承包期限再延长30年的政策、全面完成农村土地确权、完善农村"三权分置"制度、推行集体建设用地入市，进一步增加农民财产性收入。要深化"放管服效"改革,全面推行网上审批和并联审批改革,力争做到"只进一扇门""最多跑一次"。全面推行企业投资项目承诺制改革,加快推进"证照分离",实现"照后减证"。要努力打造一批改革亮点,进一步激发内生动力。

五是坚定不移践行以人民为中心的发展思想。 要把群众最关切最盼望的事一件一件解决好。优先发展教育事业,继续加大对中小学的投入奖励力度,培养名师、打造名校。要以人口规模合理布局幼儿园和中小学,补齐农村学前教育、义务教育短板。要全面加强职业教育,引进高等教育,培养一批职业新人和高等人才,努力建设教育强县。要健全完善社会保障体系,实施全民参保登记计划,推动法定人员社保全覆盖。要加大对贫困人口、特殊群体、弱势群体帮扶力度。要加强城市基础设施建设,继续改善城乡居民居住、工作、出行环境,加大城中村、棚户区改造力度,确保安置房按时交付使用,加快建立多主体供给、多渠道保障、租购并举的住房制度。要千方百计促进就业和增收,确保城乡居民收入稳步提高。要着力提升医疗服务水平,进一步巩固县人民医院托管改革成果,全面提升乡镇卫生院所医疗服务水平,确保新建县中医院提档升级今年投入使用。我们要多办利民实事,多解民生难事,努力让全县人民怀着满满的幸福感、获得感、安全感和全国人民一道,迈进质量高、成色足的全面小康社会。

六是坚定不移全面从严治党。 要扎实开展好"不忘初心、牢记使命"主题教育,严肃党内政治生活。党委(党组)书记要扛起主体责任,真正做到守土有责、守土尽责,推动管党治党真正严起来、实起来、硬起来。班子成员要认真履行"一岗双责",全体党员要加强党性锻炼,把对党忠诚、为党分忧、为党尽职、为民造福作为根本政治担当,永葆共产党人的政治本色。要努力打造"政治过硬、本领高强"的干部队伍,进一步端正选人用人导向,旗帜鲜明地支持和保护干事创业的干部。要按照习总书记抓基层打基础是"长远之计和固本之策"的要求,从严从实抓好"三基建设"。要牢牢扛起党风廉政建设和反腐斗争的主体责任和监督责任,持续正风肃纪反腐,始终保持反腐败的高压态势。要进一步深化监察体制改革,把制度优势不断转化为治理效能。要严肃查处群众身边的不正之风和腐败问题,严格落实"八项规定"精神,严防"四风"反弹回潮。

这"六个坚定不移"是对过去工作的体会,也是我们今后工作必须长期遵循的原则。我们要倍加珍惜,毫不动摇地贯彻落实好,并在实践中不断丰富和完善。

(一)关于经济工作

今年经济工作的总体要求是:全面贯彻党的十九大精神,以习近平新时代中国特色社会主义思想为指导,加强党对经济工作的领导,坚持稳中求进工作总基调,坚持新发展理念,紧扣社会主要矛盾变化,按照高质量发展的要求,统筹推进"五位一体"总体布局和协调推进"四个全面"战略布局,紧紧围绕全省建设"示范区""排头兵""新高地"目标要求,坚持把深化供给侧结构性改革与深化转型综改试验区建设结合起来,作为经济工作的主线,抓规划、干项目、用人才、守底线,统筹推进稳增长、促改革、调结构、惠民生、防风险各项工作,大力推进改革开放,推动质量变革、效率变革、动力变革,在打好防范化解重大风险、精准脱贫、污染防治等攻坚战方面取得扎实进展,引导和稳定预期,加强和改善民生,促进经济社会持续健康发展,努力把盂县建设成为宜居宜业宜游的区域强县。

按照总体要求,我们确定今年的主要指标是:全县地区生产总值增长6.5%;规模以上工业增加值增长6%;全社会固定资产投资增长9%;社会消费品零售总额增长7%;一般公共预算收入增长10%；城乡居民人均可支配收入分别增长6.5%和6.5%以上；城镇登记失业率控制在4.2%以内。各项约束性指标，要不折不扣完成省、市下达任务。

今年要重点抓好以下四方面工作：

抓规划。规划是引领县域经济发展的发动机。今年我们要抓好六个规划的落地实施。一是完成城乡总体规划。要结合社会各界的意见建议，以及省住建厅组织的专家和相关部门的审查意见，进一步修改完善规划成果，尽快上报市人民政府审批，力争早日公布实施。二是完成产业战略规划。产业战略规划是我县调整产业结构、实现转型发展的指导性纲领。这在我县尚属空白，是我们的短板。要借助省发改委聘请的专家团队，专门为我县制定产业战略规划。我们将要求规划设计团队紧紧结合盂县实际，利用盂县独有的资源、区位、生态等优势来编制规划，为构建盂县现代化经济体系提供有力支撑。三是完成乡村振兴规划。要按照乡村振兴战略提出的"产业兴旺、生态宜居、乡风文明、治理有效、生活富裕"总要求，紧扣实际、谋划长远、精准定位，编制完成乡村振兴规划，打造成可落地、可示范、可操作的规划样本。四是完成全域旅游规划。目前，全域旅游发展规划和北部四乡镇连片开发规划已基本编制完成，到了最后的关键阶段。要在充分听取专家论证后，再次广泛征求意见，对规划进行再讨论、再提升、再完善，让规划更加科学合理，更具引领性、指导性和操作性。五是完善各项基础设施规划。要在加快完善县域路网规划的基础上，制定好供水、供气、供电、供暖、排污、通信等基础设施专项规划，从长远统筹考虑海绵城市、智慧城市建设和地下空间开发利用，加快形成完善的公共服务和基础设施网络，按照现代城市标准来谋划实施。六是完成各类园区发展规划。工业、农业、科技等园区规划，要尽快明确功能定位，与其他规划搞好对接，综合兼顾当前和未来发展需求，坚持原则性，强化可操作性，为打造我县产业集聚区、经济社会发展新高地提供坚强保障。

以上六个规划今年要全部编制完成、落地落实。要树立科学规划理念，严格划定城市开发边界、永久基本农田保护、生态保护"三条红线"，划定"城镇、农业、生态"三个空间，明确划定禁建区、限建区和适建区。要以我省编制山西深度融入京津冀协同发展规划、新一轮城乡总体规划为契机，及时向上对接，争取更多有利政策和发展空间。要强化国土空间规划对各专项规划的指导约束作用，推进"多规合一"，实现各个规划有机融合。要严格执行规划，尊重规划的权威性，避免"纸上画画、墙上挂挂"，以"一张蓝图绘到底"的精神组织好规划实施，描绘好盂县的美好未来。

干项目。没有项目再好的蓝图也变不成现实。今年要以全省深入开展"转型项目建设年"活动为契机，全力实施好22项重点工程项目。保证完工的11项：①省道盂榆线盂县绕城公路工程（西南外环）②李宾山路南北段工程③东外环绕城公路工程（乌玉—牛村段）主体完工④省道双阳线盂县过境交口至西小坪公路改建工程（西北外环）主体完工⑤秀水东街（秀水桥—东坪巷）路面修复工程⑥省道双阳线（双山—东庄头）灾毁修复工程⑦双阳线与藏山路平交路口改造及藏山游园建设工程⑧运煤专线（南娄—乌玉段）路面修复工程⑨香河县城段滨水空间综合治理工程主体完工⑩县城北棚户区（城中村）综合改造项目2000户⑪下庄移民新村搬迁工程；抓紧建设的2项：①裕光煤电盂县电厂2×100万千瓦发电项目②开发区中岚电子信息产业园项目；必须开工的4项：①G239线盂县过境东宋至滴水崖段（原二级路）公路改建工程②坤宁煤业120万吨现代化矿井项目③太行1号国家观光旅游公路盂县段30千米主线建设工程④龙华口水库库区生态治理工程；重点推进的5项：①阳泉北高校园区项目②金龙街全线改造工程③县城供热管网提升改造工程④乌河流域治理工程⑤秀水河县城段滨水空间综合治理项目。

今年确定的22项重点工程项目，投资巨大，任务繁重，涵盖了产业、教育、交通、城建、水利、旅游等各个领域，其中棚户区改造、供热管网提升、"两河"治理、城市街道改造等项目，都是广大人民群众多年来翘首以盼的，与人民群众生产生活息息相关，对我县发展具有战略意义和现实意义。要做好项目前期规划，全面梳理制约项目建设的堵点、痛点和难点，对症下药出好方，努力做到量力而行、尽力而为，避免出现"半拉子工程"；要继续坚持县级领导、责任部门包保制度，县四套班子领导要带头积极帮扶企业，相关部门要深入基层一线现场解决问题；要坚持每周召开挂图作战会议，确保工程项目按时序进度推进；要坚决打击恶意阻工扰工行为，努力营造"六最"营商环境；要坚持任务到人、责任到岗，明确时限、明确要求，以钉钉子精神狠抓落实，确保重点工程项目如期完工；要把握国家政策导向和资金导向，立足产业规划和发展目标，加强项目储备，及早谋划一批优质转型项目，为经济发展打基础、增后劲。

用人才。 没有人才再好的项目也干不成。要重点用好六方面的人才。一是"上请"专家学者。邀请国内外知名专家学者来盂进行专题讲座授课，解读政策精神，传播先进理念，打破思维定式，掀起头脑风暴。聘请各类专家学者和技术型实用型人才担任发展咨询顾问，为县委县政府决策部署把脉导航。二是"下挖"实用人才。大力实施乡土人才培育工程，出台奖励办法，对乡土优秀人才给地位、给荣誉、给待遇，在项目、资金、技术、用地等方面给予政策倾斜和扶持，培育一批懂技术、会管理的创业典型。对政治素质好、技术能力强的，要及时纳入党组织和村级后备干部重点培养对象。三是"内用"基层干部。要制定和完善一系列培养、选拔、使用和管理基层干部的相关政策和具体措施，更加注重干部在基层一线的经历和实际工作中的表现，在选拔和任用领导干部时要向基层一线倾斜，使基层一线成为培养干部的主阵地。要大胆选拔使用对群众有感情，工作有思路、有激情、有作为的优秀年轻干部，全面打造一支有担当、能成事的"生力军"。四是"外招"在外乡贤。要实施人才回归工程，以求贤若渴的姿态，创新激励机制，搭建服务平台，开辟"绿色通道"，通过亲情回引、政策回引、定向回引，引导和激励在外工作的能人、青年才俊、企业家、行业带头人回家乡投资兴业、提供服务。五是"近补"职业新人。转型发展需要大量的职业技能人才，要在全社会弘扬新时代工匠精神，营造重视技能人才的良好环境，大力推进技能人才队伍建设。加强技工教育和职业培训，强化校企合作，努力培养一支适应产业发展方向、规模宏大、门类齐全、素质优良的高技能职业人才队伍。六是"远育"未来学子。孩子是最大的财富，教育是最好的投资。要用发展眼光和战略观点抓好教育，做实基础教育，重视智力投资，厚植创新基因，培养和造就接续奋斗的未来人才。要培养学生从小热爱家乡、建设家乡的品德，长大成才后为家乡发展出智出力。

人才是第一资源，是关系我县未来发展的决定性因素。我们必须大胆引进人才，着力培养人才，放手使用人才，真正激发人才活力，助推盂县成为创新创业创富的人才高地。

守底线。 只有牢牢守住底线，才能夯实发展基础。抓好安全生产工作。要增强红线意识，树牢底线思维，如履薄冰、如临深渊，克服麻痹思想和侥幸心理，强化工作举措，狠抓安全生产。认真落实省委"三个坚决防止"的要求，坚持从零开始、向零奋斗，以实施全国遏制重特大事故试点城市建设为契机，统筹做好各行业、各领域安全生产工作。要严格落实"党政同责、一岗双责、失职追责"要求，着力解决企业主体责任不落实、安全隐患较多、监管体制机制不健全等问题。加大隐患排查治理，严打私挖滥采，构建起长效机制，推动安全生产形势持续好转。巩固信访稳定良好局面。要进一步深化信访体制机制改革，健全信访稳定工作机制，深入开展"矛盾纠纷大排查大化解""重点信访问题源头化解""信访突出问题大整治"等专项行动，及时预防和化解各类群体性问题，切实巩固信访工作来之不易的良好局面。要完善社会治安防控体系，全面加强社会面防控，持续开展扫黑除恶、严打整治等专项行动，依法打击各类违法犯罪活动，打造共建共治共享的社会治理格局。打好污染防治攻坚战。要按照"四铁"要求，抓好大气、水、土壤污染防治，重点是打赢蓝天保卫战。严格实行网格化监管，坚决取缔"散乱污"企业，确保不反弹。深化重点领域、重点行业、重点企业污染治理，持续开展"控煤、治污、管车、降尘"等专项整治，推进"铁腕治污"常态化。持续强化污染整治力度，全面完成中央、省市环保督察反馈问题整改。始终保持环保严打高压态势，对破坏生态、污染环境行为零容忍、出重拳。全面落实生态环保责任制，科学制定方案，解决私挖滥采遗留问题，持续强化生态修复治理，切实抓好采煤沉陷区、采空区、煤矸石山的生态环境治理修复，全力守护绿色生态。打好脱贫攻坚战。2018年率先实现整体脱贫，是我们要全力实现的奋斗目标。要端正思想认识，进一步发挥好"三支队伍"作用。要注重扶贫同扶志、扶智相结合，把提高脱贫质量放在首位。要多措并举，突出产业扶贫、易地搬迁扶贫、金融扶贫等工作重点。要重点开展扶贫领域腐败和作风问题专项治理，对弄虚作假，搞数字脱贫的坚决严肃查处。近期我们将召开全县脱贫攻坚大会，对具体工作进行安排部署。全县上下要始终把群众的冷暖挂在心上，把脱贫的责任扛在肩上，把攻坚的任务抓在手上，以"赶考"的精神，加紧"补课"，迎接"大考"，确保脱贫攻坚决战决胜，让脱贫攻坚的成果得到人民认可、经得起历史检验。

同志们，今年我县经济工作的任务已经明确，就是要抓好6个规划，干好22项重点工程，用好6方面人才，守住4条底线。抓好规划就是绘制蓝图，干好项目就是抓好施工，用好人才就是补齐短板，守住底线就是加固底板，这四个方面是辩证统一的。检验我们今年的工作是不是取得了实效，关键就看这四方面干成了没有、干好了没有。要科学地绘蓝图，精心地抓施工，用心地补短板，坚决地守底板。邓小平同志讲过：不干，半点马克思主义也没有。我们要真抓实干，抓就要抓实，干就要干好，用就要用好，守就要守住，抓而不实等于没抓，干而不成不如不干，只有干成了才有用，老百姓才会有获得感。

（二）关于农村工作

进入新时代，党中央向全党全国发出了实施乡村振兴战略的总动员令，为我们做好"三农"工作指明了方向。下面，结合我县实际，就实施乡村振兴战略的一些认识问题，谈几点意见。

一要把握好城市与乡村的关系，加快城乡融合发展。40年的改革开放，我县在城乡统筹方面取得了较大进展，但目前各种要素更多的还是向城市流动，造成了农村人口的流失，乡村的落后。要改变这种状况，关键要推动城乡要素合理流动，促进各种要素"上山下乡"。一是财政资金"上山下乡"。要积极发挥财政资金的引领作用，通过购买服务、贷款贴息、设立产业发展基金等方式，带动更多的资本投向乡村。要推进农业信贷担保体系建设，通过财政担保费率补贴补助和以奖代补等，加大对新型农业经营主体的支持力度。二是金融支持"上山下乡"。要发挥县农商银行服务三农"主力军"作用，加大涉农贷款的投放力度，重点对农村基础设施、农业龙头企业给予支持。做实"三农"金融基层网点，搭建政银企对接平台，促进涉农项目的融资对接。三是工商资本"上山下乡"。要研究制定我县鼓励和支持工商资本"上山下乡"的实施细则，围绕乡村振兴提出各类企业投向"三农"的产业指导目录，围绕特色农产品深加工上一批好项目。要发挥对口帮扶企业在推进贫困村基础设施建设、产业提升、转移就业、扶危解困等方面的积极作用，持续抓出成效。有关部门要搞好服务，搭建平台，优化投资环境，遵循市场规律，让更多的工商资本在乡村振兴中大有作为。四是社会力量"上山下乡"。要汇集全社会力量，建立有效激励机制，以乡情乡愁为纽带，吸引支持企业家、党政干部、专家学者、医生教师、技能人才等，通过各种方式建设家乡。

二要把握好农民与土地的关系，释放乡村改革活力。农民与土地的关系是深化农村改革的主线，也是实施乡村振兴战略的重要政策问题。一要落实保持农村土地承包关系稳定并长久不变的政策。落实好第二轮土地承包到期后再延长30年政策，处理好农民和土地之间的关系，坚持农村土地集体所有，坚持家庭经营基础性地位，坚持稳定土地承包关系，做好相关政策和法律宣传工作，完善配套措施，把这一政策落实好，确保农民享有更加稳定有保障的土地权益。二要深化农村土地制度改革。在实施好农村土地承包经营权确权颁证的基础上，持续深化农村承包土地"三权分置"改革，依法赋予农民对承包地的占有、使用、收益、流转权能，更好地用活土地经营权。中央提出，要完善农民闲置宅基地和闲置农房的政策，探索宅基地所有权、资格权、使用权"三权分置"，这是个难得的机遇和契机。要搞好谋划，在征地制度改革方面，解决土地增值收益长期"取之于农，用之于城"的问题，破解"农村的地自己用不上、用不好"的困局。三要推进农村集体产权制度改革。要持续抓好农村集体产权制度改革试点工作，按照中央部署适时在全县推开，重点抓好清产核资、身份确认、股份量化工作，推动资源变资产、资金变股金、农民变股东，建立符合市场经济要求的集体经济运行新机制，确保集体资产保值增值，确保农民收益。

三要把握好数量与质量的关系，推动农业高质量发展。当前，我国农业正由传统农业向现代农业升级，由增产导向向提质导向转变，由追求数量向追求质量效益转型。盂县要由农业大县向农业强县迈进，就必须深入推进农业供给侧结构性改革，不断提高农业综合效益和竞争力。一要突出特色。要推进特色农业提质增效，大力发展城郊农业、高端高效农业、精品功能农业等新产业新业态，推动我县的农业进一步向特色农业转变。要因地制宜，结合我县"有水无地""有地无水"的地域特点，大力发展有机旱作农业，"良种""良法"双管齐下，逐步形成北部以种植核桃，西部以种植小杂粮、食用菌和中药材，东部以种植红薯、设施蔬菜，南部以城郊型农业为主的现代农业产业带。二要打造品牌。要加强农产品质量安全追溯体系建设，健全农产品质量和食品安全监管体制，重点培育一批区域公用品牌、企业品牌，既要把核桃、小杂粮、月饼等传统品牌做大做强，也要把红薯、柿子、中药材等区域新品牌叫响叫亮。三要融合发展。当前我县的种养业产出低、加工业链条短、服务业不充分，而且这三个产业融通不够，农民就业门路狭窄，增收乏力。要进一步发挥龙头企业和农业合作社的带动作用，注重农产品就地加工转化。大力开发农业旅游，加快红金云、尖山茶品等旅游商品开发和包装推广力度，推进农村一二三产业融合发展。同时，也要鼓励企业和农户形成利益共同体，让农民充分参与和分享融合发展带来的红利。

四要把握好开发与保护的关系，努力建设美丽宜居乡村。乡村振兴必须秉持尊重自然、顺应自然、保护自然的生态文明价值观，坚持节约资源、保护环境，着力推进乡村绿色发展。一要树立以绿色生态为导向的发展方向。切实改变过去过度依赖资源消耗的发展模式，把乡村生态优势转化为发展的生态经济优势。在这里特别强调，各有关部门和乡镇要把好关、守好门，决不允许出现打着乡村振兴的旗号来搞跑马圈地、私挖滥采、破坏生态环境、损害国家和群众利益的行为。二要不断改善城乡生态和人居环境。今年要新建"四好农村路"110千米，实现贫困村通硬化路全覆盖。持续开展城乡环境综合整治活动，大力整治农村生活污水无序排放及河沟渠污水偷排行为，大力清理农村和城乡接合部积存垃圾，全面推进农村垃圾收容工作，建立农村垃圾收集、转运、填埋基本工作体系，确保2019年全面完成农村垃圾治理示范县重点工程建设任务，实现城乡环卫一体化全覆盖。三要突出生态环境治理和保护。今年要争取完成2万亩营造林任务和乌河流域最后一期的生态修复与保护。开展"百村创建，百村整治"活动，着力创建100个休闲养生、文化旅游、农耕体验、绿色生态等不同类型、不同特点的县级美丽宜居示范村，在此基础上争创省级美丽宜居示范村；要下大力气整治100个环境卫生治理后进村，以治污、治乱、治街、治路、治违"五治"为抓手，对环境卫生、河道沟渠、违章建筑进行全面整治，通过抓两头带中间，发挥示范带动效应，实现"村容村貌、街容街貌、户容户貌"明显改善。

五要把握好物质与精神的关系，大力培育文明乡风。实施乡村振兴战略不能光看农民口袋里票子有多少，更要看农民精神风貌怎么样。一要深入发掘乡村背后的故事和文化基因，运用现代手段，保留原始风貌和生态肌理，保护乡土文化特色，保护乡村社会价值体系和情感记忆，使乡村成为守望乡愁的重要依托。二要完善乡村文化基础设施，推进文化站、文化广场、农家书屋等一系列惠民工程的建设，丰富群众的文化生活，推动乡风文明的传播，将乡村建设成为农民群众的精神家园、人文家园、和谐家园。三要大力推进农村精神文明建设，弘扬优秀传统文化和文明风尚，建立完善村规民约、成立村民议事会、道德评议会、禁赌禁毒会、红白理事会等"一约四会"组织，开展移风易俗、弘扬时代新风行动，唱响主旋律，育成新风尚，让乡村真正成为一片净土。

六要把握好党建与治理的关系，充分发挥基层党组织的战斗堡垒作用。要按照"三治（自治、法治、德治）结合"的要求，进一步深化拓展农村"三基建设"。一要加强农村基层党组织建设。强化农村党组织政治功能，充分发挥农村基层党组织的战斗堡垒作用和核心作用，建立向软弱涣散村、集体经济薄弱村党组织选派第一书记工作长效机制，持续整顿软弱涣散村党组织，引导高校毕业生、农民工、机关企事业单位优秀党员干部到村任职。二要深化村民自治实践。不断完善和拓展"六议两公开"制度，真正实现民事民议、民事民办、民事民管。大力发挥农村共产党员先锋模范作用，高度重视农业农村干部的培养、配备、使用，充分发挥村集体和农民的主体作用。三要努力提高法治德治水平。要广泛开展"送法下乡"活动，在农民中普及必备法律知识，改进和加强法律援助活动。深入开展扫黑除恶专项行动，严厉打击农村黑恶势力、宗族势力。要充分发挥德治礼序、乡规民约的作用，引导农民爱党爱国、向上向善、孝老爱亲、忠义守信、勤俭持家，广泛开展道德模范、盂县好人等评选表彰活动，形成共建共享的乡村文明新秩序。

同志们，我们必须清醒地看到，一段时期以来，由于我们对煤炭资源严重依赖，对农村重视不够、投入不足，"三农"工作已经落在了后面。全县上下要充分认识实施乡村振兴战略的重要性和紧迫性，坚持把解决好"三农"问题摆在重中之重位置，让农业成为有奔头的产业，让农村成为安居乐业的美丽家园，让农民成为有吸引力的职业，奋力推动盂县乡村振兴走在全省前列。

（三）关于党建党务工作

党的十九大从党和国家事业发展全局出发，提出了新时代党的建设总要求，对推动全面从严治党向纵深发展做出新部署。全县各级党组织和广大党员干部要牢牢把握党的建设总要求，推动全面从严治党向纵深发展。一要加强党的全面领导。党的十八大以来，之所以能够取得巨大成就，根本就在于我们党的正确领导、坚强领导。全县各级党组织要不断提高把方向、谋大局、定政策、促改革的能力，使党的领导体现在各个领域各个方面，确保党始终总揽全局、协调各方。二要全面加强党的建设。要把政治建设摆在首位，不断提高党内政治生活的政治性、时代性、原则性和战斗性。全县各级党组织要坚持以上率下，树牢"抓好党建是本职、不抓党建是失职、抓不好党建是不称职"的理念，真正扛起抓党建的政治责任。三要坚持全面从严治党。要深刻领会习总书记关于全面从严治党必须持之以恒、毫不动摇的重要论断，不断强化全面从严治党的政治责任感和历史使命感，以永远在路上的韧劲和执着，持之以恒正风肃纪反腐，推动党风政风持续好转。

纪检监察工作。 要强化监督检查、推动党的十九大精神全面贯彻落实。把政治建设摆在首位，聚焦解决"七个有之"等问题，严明党的政治纪律和政治规矩。牢牢把握"三步走"战略、"八个围绕"目标，着力构建"党统一指挥、全面覆盖、权威高效"的监督体系，进一步深化监察体制改革试点工作。巩固拓展落实中央八项规定精神成果，抓住"关键少数"，精准持续发力，坚决纠正"四风"。坚持无禁区、全覆盖、零容忍，坚持重遏制、强高压、长震慑，精准发现、精准惩处、精准施治，用反腐败压倒性态势夺取压倒性胜利。严惩群众身边的不正之风和腐败问题，深化扶贫领域监督执纪问责工作，坚决惩治涉黑腐败及黑恶势力"保护伞"，打通全面从严治党"最后一千米"。聚焦巡察重点，强化成果运用，进一步发挥巡察利剑震慑作用。

组织工作。 要以"不忘初心、牢记使命"主题教育为抓手，教育引导全县广大党员干部坚决维护以习近平同志为核心的党中央权威和集中统一领导。以政治建设为统领，以建设忠诚干净担当干部队伍为根本，注重人岗相适，坚持严管厚爱，加强完善干部激励机制，努力形成正气充盈的政治生态。坚持制定人才引进、人才使用、生活待遇等方面的政策和措施，出台《盂县优秀人才奖励扶持办法》，建立全县人才信息库，营造尊重人才、见贤思齐的良好环境。以抓党建促脱贫攻坚、促乡村振兴为目标，深入推进"三基建设"，继续提升乡镇"五小"和村级场所建设水平，全部消除村级集体经济"空壳村"，集体经济年收益5万元以上村达到50%。以提升组织力为重点，持续整顿软弱涣散党组织，探索试行"党支部一本通"，努力提升基层党建工作标准化、规范化水平。开展好科级干部专题轮训，分级抓好"领头雁"、党员和党务骨干集中培训，以及各类专业化能力培训。

宣传工作。 要继续组织开展好十九大精神的学习宣传。结合纪念改革开放四十周年，开展各类研讨活动，开阔干部视野、创新学习思路。围绕县委县政府中心工作，加大外宣力度，讲好盂县故事，树立美好形象。以培育和践行社会主义核心价值观为根本，重点打造我县社会主义核心价值观一条街和主题公园。加强农村基层文化设施换档升级，健全和完善公共文化服务体系建设。以"中国精神·中国梦"主题文艺创作工程为重点，努力推出一批文艺精品。

统战工作。要全面贯彻落实全国统战部长会议精神，充分发挥统战优势，凝聚人心、汇聚力量，服务县域经济发展。注重思想政治引领，持续构建"亲""清"新型政商关系，有效引导非公经济代表人士特别是年轻一代落实新发展理念，投身转型发展。全面贯彻党的宗教工作基本方针，着力破解宗教领域重点难点问题，把水神山报国寺打造成知名品牌。进一步加强党外知识分子特别是新的社会阶层人士统战工作，支持党外知识分子和新的社会阶层人士创新创业。

政法综治工作。要深入贯彻总体国家安全观，坚决维护政治安全，努力做到"三个防控好"。全面加强和创新社会治理，进一步提升平安盂县建设水平。深化司法体制改革，统筹推进法治盂县建设。加快政法综治智能化建设，做好基础设施改造升级、信息资源互通融合、各类实战平台建设和理念机制模式创新。夯实基层综治工作基础，压实五级综治责任制、实行网格精细化管理、加快城乡雪亮工程建设和强化基层综治组织和综治中心阵地建设。

（四）强化保障，狠抓落实

抓落实是党的政治路线、思想路线、群众路线的根本要求，也是衡量领导干部党性和政绩观的重要标志。要完成今年的目标任务，首要是统一思想，重点在干部带头，关键要狠抓落实。

一要振奋精神，凝聚合力。实现"宜居宜业宜游的区域强县"目标，离不开每个层级、每个人的合力担当、共同努力。做到六个坚定不移、抓好六项规划、干好二十二个重点项目、用好六类人才、守住四条底线、实施乡村振兴、加强党的全面领导、全面加强党的建设、推动全面从严治党向纵深发展，任务艰巨，时不我待。全县各单位各部门要进一步解放思想，强化忧患意识、危机意识、责任意识和进取意识，特别是全体党员干部要切实解决好"入党为什么、当官做什么、为后人留什么"的问题，自觉把思想和行动统一到县委县政府的决策部署上来，以更宽的视野、更高的标准、更硬的措施、更大的力度、更强的韧劲，凝神聚力、真抓实干，确保实现第一季度"开门红"，确保全年各项工作任务圆满完成。

二要以上率下，转变作风。我们常说："群众看干部、干部看班子、班子看班长"。今天参会的人员，你们的一言一行，事关一个单位的形象，影响一个地方的风气。大家要带好头、做好示范、起好表率、抓好引导。县级领导作为全县干部的"关键少数"，要以身作则、率先垂范，形成"头雁效应"，以自身的良好形象来抓班子、带队伍、促发展。要敢于直面矛盾和问题，善于化解矛盾和问题，拿出实实在在的举措，以钉钉子精神把分管工作抓紧抓实、抓出成效。乡科级干部是我们盂县干部的中流砥柱，盂县各项工作的开展需要大家具体推动实施。今天会后，各乡镇和部门要及时召开会议，进一步统一思想，以时不我待、只争朝夕的精神，以饱满的热情、旺盛的斗志和优良的作风，敢作敢为、善做善为，迅速调整工作状态，确保干部职工身回岗位，心进工作，为加快本部门本地区发展，思对策、想良方、出实招、做贡献。新当选的村支"两委"换出了新气象，换出了战斗力。如何才能更好地承担起肩上的重任，我送大家四句话：一要当好"明白人"，政治上要清醒，提高贯彻落实中央、省市县委决策部署的能力，把党支部建成坚强的战斗堡垒；二要当好"带头人"，思路上要清晰，找准符合村情的发展路子，抓好村集体经济发展，建设美丽乡村；三要当好"挑担人"，勇挑重担、担当负责，抓好环境卫生、脱贫攻坚等工作，把好维护社会稳定的第一道闸门；四要当好"清白人"，作风上要清廉，不做亏心事，决策要民主，村务要公开，树立起党员干部的良好形象。

三要完善机制，细化方案。 制度机制管全面、管长远，工作举措只有形成了制度，才能产生深远影响。原有制度要坚持好。挂图作战制度、信访和城乡环境卫生综合整治工作双周会议制度、例会制度、周报制度、"七必看七必问七必查"制度、包保制度等一系列长效工作机制，加快了工作的推动，激发了大家的干事热情，促进了全县各项工作的落实，一定要继续坚持。各项工作要列出方案。全县各级各部门要按照会议确定的各项工作任务，尽快制定实施方案，明确牵头单位、责任领导，列出"任务书"、排出"时间表"、划定"路线图"，所有定下来的事情都要抓住不放、盯住不让、记住不忘，定一件、干一件、成一件、老百姓认可一件，确保各项决策部署有效落地落实。

同志们，新时代是奋斗者的时代，幸福都是奋斗出来的。让我们更加紧密地团结在以习近平同志为核心的党中央周围，以党的十九大精神为指引，不忘初心、牢记使命，埋头苦干、锐意进取，为把盂县建设成为宜居宜业宜游的区域强县而努力奋斗！

政府工作报告

——2018年3月21日在盂县第十六届人民代表大会第三次会议上

县长　孔禄泉

各位代表：

现在，我代表县人民政府向大会报告工作，请予审议，并请各位政协委员和其他列席人员提出意见。

一、2017年工作回顾

2017年是我县发展进程中极不平凡的一年。全县上下在县委的坚强领导下，深入学习贯彻党的十九大精神，以习近平新时代中国特色社会主义思想为指引，认真贯彻落实中央、省、市的大政方针和决策部署，推出一系列重大举措，推进一系列重大工作，实施一系列重大工程，谋办一系列民生大事，统筹抓好稳增长、促改革、调结构、惠民生、防风险等各项工作，一些长期想解决而没有解决的难题得到有效解决，一些过去想办而没有办成的大事圆满完成，全县转型发展的趋势性、转折性、标志性变化明显增多，经济呈现稳中有进、稳中向好、稳中提质的良好态势。

（一）**综合协调统筹施策，经济实现平稳发展**。主动适应、把握和引领经济发展新常态，坚持每月6日的财税工作会议、9日的经济运行分析会议、10日的开发区建设推进会议、每周五的重点工程项目挂图作战和脱贫攻坚推进会议，并对重点工程实行包保，对重点企业、民营企业联系扶持，适时把握经济走势，强化经济运行分析，分类实施定向协调、相机协调、精准协调，着力解决经济运行中存在的困难和问题，经济发展步入由"疲"转"兴"的发展轨道。2017年，全县生产总值完成127.9亿元，同比增长3.9%；规模以上工业增加值完成65.5亿元，同比增长3.5%；固定资产投资完成74.2亿元，同比增长6.3%；一般公共预算收入完成5.7亿元，同比增长6.6%；社会消费品零售总额完成51.5亿元，同比增长5.8%；城镇居民和农村居民人均可支配收入分别达到29431元、12937元，同比分别增长6.2%、6.3%。各项约束性指标均超额完成省、市下达任务。

（二）**全力推进产业转型，多元化雏形初步呈现**。坚持发展新兴产业和改造提升传统产业并重的方针，着力优化经济结构，努力提高供给体系质量和效率。"三去一降一补"统筹推进。退出煤炭落后产能60万吨，化解房地产库存1630套、达19万平方米，全县金融机构不良贷款率下降0.24%，规上企业每百元主营业务收入成本同比下降6.8元，用于脱贫攻坚、基础设施、社会民生、生态环保等资金投入明显增加，补短板力度不断加大。煤炭产业提质增效。路家村、辰通煤业完成升级改造，常顺、皇后煤业初验申请国家一级质量标准化矿井，煤炭产业实现利税同比增长102%。电力产业快速发展。事关我县未来发展的重要转型项目——山西裕光煤电盂县 2×100 万千瓦燃煤发电项目全面开工，采煤沉陷区 500 兆瓦光伏发电示范基地建设并网发电，跃进煤业瓦斯发电项目并轨营运，力宇煤层气上社发电项目完成基础建设。全域旅游发展良好。重点景区景点基础建设完成投资 8000 万元，功能和形象全面得到了提升；摩旅文化节、水神山旅游文化节、国庆黄金周旅游惠民活动以及各种乡村旅游文化创意活动各具特色，旅游总收入同比增长 26.7%。高科技电子信息填补产业空白。深圳馨晋商集成电路封装测试项目开工建设，北京镭创高度激光显示项目落户我县。传统产业加快改造。耐材重组积极推进，煤焦产业延伸发展，工业总产值同比分别增长 66.9% 和 85.8%。新型业态积极催生。物流、快递、电子商务等现代服务业多领域拓展，第三产业增加值同比增长 5.2%。大众创业、万众创新日益浓厚，全年新增中小微企业 428 家，新增各类市场主体 2860 户。

（三）扎实做好"三农"工作，脱贫攻坚再战再胜。全县粮食总产量达到 1.44 亿千克，创历史新高。核桃、蔬菜、小杂粮、中药材、食用菌、优质水果等规模种植稳步提升。肉羊、肉牛、生猪、蛋鸡等规模化养殖不断壮大。孙家庄、谷味天等农产品加工引申拓展，全县特色农产品加工收入达到 12.2 亿元，全县农业增加值同比增长 6.3%。农业基础进一步夯实，新增耕地 470 亩，完成高标准基本农田建设 3200 亩，全面解决了 42 个村、1.5 万人饮水安全问题。农机化作业水平不断提高，全程农业机械化率达到 70% 以上。金玉米、藏山翠谷等休闲农业多点呈现。王炭咀、东头村等绿色村庄多层推进。农村生活垃圾治理省级示范县创建深入开展，城乡人居环境得到了明显改善。脱贫攻坚成效显著，全县 1290 户、2980 人稳定脱贫，21 个贫困村实现整村脱贫。

（四）城镇化建设重点突破，城乡面貌提品增色。县文化中心建成投入使用。高城山路全线贯通。李宾山路中段和水神山南路建成通车。藏山游园公路建设完成主体。县城西南外环、西北外环、东外环全面开工建设。省道双阳线路面改造竣工通车。永店坡老城棚户区、西关棚户区综合改造完成 3990 户，北关、南村、北村、秀水四个片区拆迁安置房建设进展顺利。香河滨水空间环境综合治理工程有序展开。龙华口水库下闸蓄水。书香广场全面建成。县城集中供热环保提标改造全面完成，城南热源厂扩容工程竣工投运，新增供热面积 80 万平方米。新建县城公交首末站、停靠站 16 个，公交车实现了新能源全覆盖。完成县乡公路大中修工程 19.6 千米，完成各类农村公路建设 98.8 千米。以保洁、治违、治污为重点的城乡环境综合整治持续发力。孙家庄、西烟、南娄、牛村、路家村等特色小城镇建设，闫家沟、郭家坪、垴上等美丽宜居示范村创建，大崇等传统古村落保护开发整体推进。县城形象和承载功能、乡村环境面貌和公共服务能力得到了全面提升。

（五）改革创新纵深推进，对外开放多边实施。县经济技术开发区建设取得突破，区域规模、产业定位等前期可研通过省、市评审，"三化三制"改革有序推进，市政府下达的"121"目标超额完成。"放管服效"改革不断深化，"多证合一、一照一码"和"证照分离"商事制度改革稳步推进，"六最"营商环境多层营造。国企国资改革全方位推进，县五交化公司破产改制、县建筑公司资产转让有序推进，自来水厂、夫城口水电站公司化改制和华美服装厂民营化改制顺利完成。农村改革深入进行，土地确权颁证基本完成，18 个小弱散贫行政村撤并试点工作圆满完成。科技创新、金融创新有力有效，县科技孵化器提升认定为省级科技孵化器，全年申报发明专利 12 件；组建盂县国有投资集团，大崟温泉度假区在省文化旅游板成功挂牌。开放引进成效明显，全年累计签约项目25项，签约资金122亿元，外来资金到位40.7亿元，各项指标均稳居全市前列。

（六）着力抓好安全维稳，社会保持和谐稳定。 严格坚持"三管三必管"和"三个坚决防止"要求，深入开展安全生产大检查和隐患排查治理，全年共查处、整改各类安全隐患3870条，煤炭行业杜绝了死亡事故；非煤矿山和危化、冶金等工贸行业杜绝了一般以上安全生产事故。始终保持严厉打击私挖滥采的高压态势，在重点区域设立电子监控系统，建立无人机巡察机制，实行"四长"联合执法，有力地维护了我县正常的矿业秩序。创新加强社会治理，扎实开展信访问题源头化解专项行动，深入推进"雪亮工程""飓风大扫毒"和"三打两收两控一整治"等"平安盂县"建设，有力维护了我县社会的和谐稳定。

（七）协调发展社会事业，人民生活持续改善。 在财力紧张的情况下，民生支出持续加大，占到一般公共预算支出的78.7%，同比增长10.3%。就业再就业稳定扩大，新增城镇就业人员4020人，失业人员实现再就业2100人，转移农村剩余劳动力4190人，城镇登记失业率牢牢控制在3.4%。社会保障水平稳步提高，城乡居民医保实现市级统筹全覆盖，机关事业养老保险完善提速，新建20个农村老年人日间照料中心。义务教育优质均衡试点县建设向前推进，4所幼儿园改扩建工程完成主体，"改薄"工程全面完成。卫计食药创新提升，县人民医院由省人民医院成功托管，新建中医院门诊住院大楼顺利完工，食品药品安全监管进一步加强，保障了人民食药安全。文化事业繁荣发展，全民健身广泛开展，全年举办文化惠民演出150场，免费送戏下乡140场，流动舞台进乡村等群众性文化活动向基层延伸。

（八）从严治理环境污染，生态文明有效提升。 持续开展环境治理攻坚行动，取缔整改"散乱污"企业107家，停限产整改企业30家，拆改建城区供热、茶浴炉等燃煤小锅炉，开展储煤场全封闭治理。对全县26条主要河流实行河长制管理。跃进、东坪煤业矿井水处理项目建成投运。完成农村煤改气管网入户15300户，完成县城和县城周边集中供热改造4000户。县城优良天数达到291天，稳居全市第一。大力实施造林绿化等生态治理工程，全年完成各类造林面积3万亩，"四旁"植树180万株；完成水土流失治理3.4万亩；复垦治理矿产卫片图斑土地3300亩，生态环境更加宜居，绿色发展多层展现。

（九）依法履行政府职能，民主法治全面加强。 坚持依法行政，严格执行县人大及其常委会的决议决定，主动接受人大、政协监督，全年共办理人大代表建议105件，政协委员提案83件。严格落实政府系统全面从严治党主体责任，认真执行中央"八项规定"精神，扎实开展"两学一做"和"维护核心、见诸行动"主题教育，深入推进反腐败斗争。加强国防动员和"双拥"工作。积极支持工会、妇联、共青团、工商联等发挥作用。强化预算资金管理，加大审计监督力度，严控"三公"经费支出，驰而不息反对"四风"。"13710"信息督办系统覆盖全县各乡镇和政府系统各部门，构建了横向到边、纵向到底的抓落实体系。同时，统计、信息、地震、档案、史志、残联、气象、宗教、法治等各项工作均取得了很好的成绩。

各位代表，事非经过不知难。一年的砥砺奋进，一年的成绩收获，靠的是以习近平同志为核心的党中央的英明领导，靠的是习近平新时代中国特色社会主义思想的正确指引，是县委坚强领导，县人大、县政协和社会各界有效监督、大力支持，全县上下勠力同心、拼搏奋进的结果！在此，我代表县人民政府，向全县人民，向各民主党派、工商联和无党派人士，向各位人大代表、政协委员，向驻盂部队、武警官兵、政法干警、人民团体，向所有关心支持参与我县改革发展的各界朋友，表示衷心的感谢和崇高的敬意！

安不忘危，兴不忘忧。在肯定成绩的同时，我们也清醒认识到，我县发展仍面临不少困难和挑战，工作中还有许多问题和不足。集中表现为：发展不平衡不充分的问题依然突出，距离人民群众日益增长的美好生活的需要还有不小差距，长期积累的"一煤独大"的结构性矛盾、"一股独大"的体制性弊端和创新不足的素质性障碍远未从根本上解决；实体经济质量效益不高，传统产业优势不强，新兴产业发展不足，新旧动能转换不快，民营经济发展不足；思想解放程度不够，改革开放步子不快，营商环境还不优越；"三农"基础还很薄弱，脱贫攻坚任务艰巨；生态环保问题突出，可持续发展短板较多；民生事业仍有欠账，安全生产和社会治理还有许多薄弱环节。政府职能转变还不到位，"放管服效"改革亟待深化，一些干部服务意识和法治意识不强、工作作风不实、担当精神不够，少数干部不作为、慢作为、乱作为和不会为、不善为的现象依然存在，等等。对此，我们一定要以对人民高度负责的精神，以不畏艰难的勇气、坚韧不拔的意志，采取有力举措，切实加以解决，尽心竭力做好工作，使人民政府不负人民重托！

二、2018年工作安排

今年是全面贯彻党的十九大精神的开局之年，是改革开放40周年，是决胜全面建成小康、实施"十三五"规划承上启下的关键一年，做好今年的政府工作意义重大。

综合分析面临的形势，我国经济发展已经进入新时代，基本特征是经济已由高速增长阶段转向高质量发展阶段。当前，我县正处于爬坡过坎的关键时期、转型发展的攻坚时期，面临许多困难挑战。同时，我们更要看到面临的诸多有利条件和发展机遇。今年，中央在积极的财政政策中，将对地方一般性转移支付增长10.9%；在稳健中性的货币政策中，将引导资金更多投向小微企业、"三农"和贫困地区；在企业重组土地增值税、契税等到期优惠政策中，将为企业和个人减税8000多亿元，促进实体经济转型升级。同时，国务院《关于支持山西进一步深化改革促进资源型经济转型发展的意见》，山西资源型经济转型已经全面上升为国家战略，释放的政策红利将惠及包括我县在内的资源型经济县份。这些都为我们加快转型升级、实现高质量发展带来难得机遇。还有就是，我县作为产煤大县，煤炭价格有望在合理水平上保持相对稳定。加之几年来产业转型累积的趋势性、转折性、标志性和成果性积极变化，为我们展现了新的发展前景。特别是我们有全县30余万勤劳智慧的人民群众，为实现高质量发展汇聚了磅礴力量。我们要坚持目标导向、问题导向，以功成不必在我的境界，趋利避害，抢抓机遇，用非常之功，下恒久之力，锐意进取，乘势竞争，就一定能够走出一条宜居宜业宜游区域强县的新路子。

今年政府工作的总体要求是：全面贯彻党的十九大精神，以习近平新时代中国特色社会主义思想为指导，在县委坚强领导下，坚持稳中求进工作总基调，坚持新发展理念，紧扣社会主要矛盾变化，按照高质量发展的要求，统筹推进"五位一体"总体布局和协调推进"四个全面"战略布局，围绕全省建设"示范区""排头兵""新高地"目标要求和全市总体部署，坚持把深化供给侧结构性改革与深化转型综改试验区建设结合起来，作为经济工作的主线，认真贯彻落实县委十三届三次全会（扩大）暨经济和农村工作会议精神，抓规划、干项目、用人才、守底线，聚焦构建"四大板块"，突出抓好"七个着力",统筹推进稳增长、促改革、调结构、惠民生、防风险各项工作,大力推进改革开放,推动质量变革、效率变革、动力变革,在打好防范化解重大风险、精准脱贫、污染防治等攻坚战方面取得扎实进展,引导和稳定预期,加强和改善民生,促进经济社会持续健康发展,努力把盂县建设成为宜居宜业宜游区域强县。

主要预期目标是:全县地区生产总值增长6.5%;规模以上工业增加值增长6%;全社会固定资产投资增长9%;社会消费品零售总额增长7%;一般公共预算收入增长10%;城乡居民人均可支配收入分别增长6.5%和6.5%以上;城镇登记失业率控制在4.2%以内。

约束性指标是:万元地区生产总值能耗降低率、万元生产总值二氧化碳排放量、二氧化硫、化学需氧量、粉尘排放量等约束性指标,待省、市确定后,分解下达执行,必须不折不扣完成。

以上目标是按照高质量发展要求,立足我县全面小康和转型发展阶段性特征确定的,综合考虑了速度、效益、结构、动力四个维度的同步协调、相互支撑,同时为转型发展留足空间。

各位代表,确立经济社会发展目标需要有骨架支点,实现美好梦想需要路径落点。在推进全年经济社会发展中,要把打造清洁能源集聚园区、现代特色农业大县、全域旅游文化名县、晋东物流集散中心"四大板块"作为主攻方向,加快产业转型升级;把22项重点工程作为重要引擎,充分发挥投资这驾马车对经济增长的拉动作用,力促经济运行在合理区间。

在22项重点工程中,当年保证完成的11项:香河县城段滨水空间综合治理主体工程,李宾山路南北段工程,秀水东街路面修复工程,县城北棚户区城中村2000户综合改造工程,双阳线与藏山路平交路口改造及藏山游园建设工程,县城西南外环(省道盂榆线绕城公路)建设工程,县城西北外环(省道双阳线西小坪—交口)改建主体工程,县城东外环(乌玉—牛村)公路主体工程,省道双阳线(双山—东庄头)灾毁修复工程,运煤专线(南娄—乌玉)路面修复工程,下庄移民新村搬迁工程;抓紧建设的2项(山西裕光煤电盂县2×100万千瓦燃煤发电项目,开发区中岚电子信息产业园项目);必须开工的4项:坤宁煤业120万吨现代化矿井建设工程,太行1号国家观光旅游公路盂县段建设工程,239国道盂县过境(东宋—滴水崖)公路改建工程,龙华口水库库区生态治理工程;重点推进的5项:阳泉北高校园区项目,秀水河县城段滨水空间综合治理项目,金龙街全线改造工程,县城供热管网提升改造工程,乌河流域治理工程。

围绕上述总体要求、目标任务、主攻方向和重点工程,要突出抓好"七个着力",务求取得实质成效。

(一)以打造"四大板块"为主攻方向,加快产业转型升级,着力构建现代经济体系

在推进过程中,要紧紧围绕破解结构性失衡难题,以培育多元化产业支撑为目标,以发展现代产业集群为新的空间组织形式,做到纲举目张、带动全局。

打造清洁能源集聚园区,要重点培育三大优势产业集群

培育现代煤炭产业集群。按照全省打造能源革命"排头兵"的目标,着力推进煤炭绿色低碳高效开发利用。年内重点抓好坤宁煤业120万吨现代化矿井建设。辰通煤业转产验收。完成晋盂煤运洗配煤中心建设,拓展高精度煤炭洗选加工。推进皇后、常顺煤业国家一级质量标准化矿井建设,提升煤炭先进产能占比。

培育现代电力产业集群。坚持火电、风电、光伏发电和煤层气发电综合发展方针,加快山西裕光煤电盂县2×100万千瓦燃煤发电项目建设进度，年内投资突破30亿元，主要厂房建设完成主体，两台锅炉钢结构封顶，厂内用电具备送电条件。盂县电厂——河北南网500千伏外送电通道项目建成投运。推进中广核风电场西潘一期工程和力宇、辰通煤层气瓦斯发电项目建设。启动申宝利2×15兆瓦国家"百个城镇"生物质热电联产县域清洁供热示范项目。

培育潜力传统产业集群。完成晋盂煤业集团收购整合西小坪耀森耐火材料公司，创新开发高质耐火砖、海绵砖等新型建筑材料，再造耐材产业新优势。推进中石鼎鑫120万吨高活性氧化钙项目建设，培育激活化工产业。由晋盂煤业集团牵头，整合开发铝矾土等非煤矿山，提高铝矾土等非煤矿山开发利用能力。

打造现代特色农业大县，要重点培育六大优势产业集群

坚持质量兴农、绿色兴农、品牌强农，突出旱作农业、优质杂粮、功能食品三大特色，深入推进农业供给侧结构性改革，提升农业竞争能力。

培育优质粮食产业集群。大力实施优质粮食工程，发展粮食产业经济，粮食种植面积稳定在50万亩左右。深入实施耕地质量提升和化肥减量增效工作，培育引进优良品种，推广渗水地膜技术和玉米全程机械化项目，提升有机旱作农业产出水平，使粮食生产稳定在1亿千克以上。要严格落实粮食安全责任制，藏粮于地、藏粮于技，确保粮食安全。

培育优质小杂粮产业集群。积极发展小米、莜麦、荞麦、豆类、马铃薯、红薯等种植和加工，加快推进孙家庄、谷味天等小杂粮加工基地建设，发挥龙头效应。实施农业标准化战略和品牌建设工程，延伸产业链开发，着力打造知名品牌。

培育优质畜牧产业集群。积极发展肉牛、肉羊、生猪及禽类养殖和加工，支持新瑞利邦、鑫兴生猪、富安养殖、汇荣养殖等龙头企业进一步做大做强，推进规模健康养殖和精深加工。

培育优质蔬菜产业集群。积极发展食用菌、茄果类、叶菜类等蔬菜种植和加工，突出反季节蔬菜优势，支持康泰来、西南蔬菜、三维农业等蔬菜种植扩大产出，提质增效。

培育优质干果水果产业集群。积极发展核桃、柿子和优质水果种植，支持建平核桃、辰厚种植、新光种植、蕊晶水果、玉宝苹果等专业合作社创新体制，集约发展。

培育优质中药材产业集群。积极发展黄芪、桔梗、柴胡、板蓝根等中药材产业，支持林森源、启耀等中药材种植拓展种类，以质取胜。

打造全域旅游文化名县，要突出文化旅游融合发展

按照全域旅游理念和"旅游+""+旅游"的思路，念好"安、顺、诚、特、需、愉"六字要诀，打响"仇犹故里、忠义藏山、清凉盂县"的特色旅游品牌，扎实推进全省旅游重点县建设。

抓好规划引领。完善出台《盂县全域旅游发展规划》和《盂县北部四乡镇连片旅游专项规划》，以北部四乡镇为突破，带动全县文化旅游产业高质量全面发展。

抓好景区建设。突出大项目建设、大企业运作，依托晋盂煤业集团组建山西高宸文化旅游发展有限公司，搭建旅游发展新平台。在完善提升盂县东旅游集散中心的同时，谋划搞好以东梁、梁家寨为支点的盂县西、北两个旅游集散中心，形成东、西、北呼应贯通的旅游服务网络。统筹推进梁家寨生态旅游区、水神山景区二期、龙华口水库库区生态治理工程、奕丰生态园和藏山景区玻璃滑道及空中观光栈道等重点景区景点建设。积极发展垴上村农耕体验、藏山翠谷采摘农庄、骆驼道古村文化、王炭咀农家乐等有特色、叫得响的乡村旅游项目。同时，以提升温泉度假区为引领，以养心、养生、养老为发展方向，积极发展集旅游、康复、保健于一体的康养产业，助推发展全域旅游。

抓好旅游公路建设。以"快旅慢游深体验"的现代旅游交通理念为导向，根据省里统一部署，启动开工太行1号国家观光旅游公路盂县段建设工程。启动实施六岭关、龙台山、玉泉山、尖山、藏山翠谷、里独头烈士陵园6条旅游公路建设。积极争取将省道345公路调整为旅游专用公路，努力构建干线串联、支连线循环、面上成网的"城景通、景景通"的全县旅游线路一张网。

抓好文化融入。我县是历史文化名县，素有忠义崇文的传统基因和广泛的社会基础。在旅游景区景点中，以藏山为代表的忠义文化、以大汖为代表的民俗文化、以里独头为代表的红色文化特色鲜明；在民间传统文化中，以牛斗虎、武术社火等为代表的省级非物质文化遗产多彩纷呈。我们要采用制作文化旅游商品、丰富文学艺术创作等多种形式，将文化创意与景区开发融为一体同步打造。要加大文物活化利用，加快推动非遗和演艺进景区，打造高品质文化旅游演艺产品，打好特色文化旅游牌，提升景区景点的内涵品质，从而收到既传承历史文化、又推进旅游业发展的双重效应。

抓好活动助推。进一步谋划搞好五一、国庆和"5·19"中国旅游日等重要假日旅游惠民大型活动。进一步围绕"仇犹故里、忠义藏山、清凉盂县"宣传主题，多层次用好新媒体、互联网、高铁冠名等便捷高效的传播途径，全方位搞好旅游推介宣传，打造盂县旅游的靓丽名片。

打造晋东物流集散中心，要分层多面立体推进

充分依托我县交通区位优势，谋划发展以煤炭、农副产品、矿产品和外来物资储存转运于一体的公铁联运、信息联通、物贸联动的现代物流体系。积极对接北京铁路局，盘活阳泉北货场。加快发展电子商务，主动对接阳泉智能物联应用基地试点项目，谋划发展电商平台和龙头企业。今年，要重点抓好盂县煤炭物流集散中心、铝矾土交易中心、晋盂物资供应中心建设，加快现代物流业发展。

各位代表，实现高质量发展、建设区域强县，根本出路在于加快资源型经济转型升级。我们要横下一条心，不当"煤老大"，进一步坚定"必须转""加快转"的决心和信心，聚焦"四大板块"集中发力，着力构建我县现代经济体系的"四梁八柱"，坚实走出资源型经济转型发展的盂县路径！

（二）以开发区建设为突破，深度推进改革开放，着力抓好项目建设

抓好经济技术开发区建设，是深化转型综改试验区建设的战略突破口。我们要以此为带动，全力推进平台再聚力、产业再聚焦、项目再聚集、改革再深化、开放再扩大。

倾力抓好项目建设。深入开展"转型项目建设年活动"。今年确定的22项重点工程项目中，涉及产业、城建、水利、教育等多个领域，事关经济社会发展大局，要统筹谋划、分类实施，举全县之力抓紧抓好。在项目建设中，要全面推行企业投资项目承诺制改革试点工作，建立"五统一"机制，着力提升项目前期效率。要狠抓项目落地，对于确定的项目，千方百计提高开工率。到4月底，续建项目全部复工，新建项目开工40%。项目主管部门和相关单位要"进工地、到一线、解难题"，从严打击"恶意阻工扰工"等行为，以政府的担当为项目单位排忧解难。

创新推进开发区建设。按照把开发区建成"改革创新的主战场，转型升级的新引擎，招商引资的大平台，优化环境的承载体"的目标，遵循"对标一流、创新引领、市场趋向、管理现代、产业为本、带动全域"的发展方针，着力打造项目建设、转型发展的支撑平台。年内完成经济技术开发区设区批复工作。引申推进"三化三制"改革。已经进入中岚电子产业园开工建设的深圳馨晋商集成电路封装测试项目建成投产，北京镭创高度激光显示项目迁址入园。统筹抓好牛村固废综合利用循环经济产业园、孙家庄新兴产业园"九通一平"基础建设，全年新打造1平方千米建设用地、1平方千米路网建设，新引进2个5亿元以上新兴转型项目。

大力开展招商引资。按照全省构建对外开放"新高地"的目标，充分依托我县交通区位优势，紧跟产业和科技变革细分趋势，把握国家政策导向和资金投向，主动对接京津冀、环渤海、太原石家庄和雄安新区"四大经济圈"，差异化承接产业梯度转移。要积极谋划、精心包装优质招商项目，实施精准招商、专业招商、以商招商。要加强项目储备，实行动态调度、滚动管理，形成边建设边补充的良性循环。要织优我县晋东地区对外开放"东大门"，在着力优化县城硬环境的同时，更要克服长期形成的资源型经济眼睛向内的习惯，针对性开展"学开放、促开放、抓开放"教育，弘扬开放文化，激活开放基因，在全县上下真正形成亲商、爱商、富商、安商的良好环境，让人们愿意投资、放心发展。要谋划争取对外开放"大通道"，抢抓我省建设太原至雄安新区高速公路的机遇，积极争取路经我县，并设立出入口。要把招商引资和招才引智结合起来，引得来人才，留得住人才。要认真落实招商引资激励机制，今年要对各乡镇和县直部门下达分解招商引资任务，对完成和超额完成招商引资任务的乡镇和部门给予奖励，力争全年合同签约项目29个，协议利用外来资金112亿元，外来到位资金41亿元。

深化"放管服效"改革。围绕营造"六最"营商环境，下决心解决存在的"事项进驻不彻底""审批授权不到位"等问题，探索推行"一枚印章管审批、一个中心全覆盖"。要大力推行网上审批和并联审批，努力让"数据多跑路，让群众和企业少跑腿"。要进一步引深推进"多证合一、一照一码""证照分离"和"双随机一公开"为重点的商事制度改革，全力打造审批最少、流程最优、体制最顺、机制最活、效率最高、服务最好的"六最"营商环境。

引申国企国资改革。紧紧抓住当前难得的"窗口期"，着力推进"五个一批"。也就是通过混合所有制改革发展一批、国有股退出放开搞活一批、深化完善改革一批、加快内部改革一批和清理退出一批"僵尸"企业。晋盂煤业集团等国有企业要针对企业负债过高的问题，以债转股为突破，建立现代企业制度。完成县五交化公司破产改制、县建筑公司资产转让改制工作。

壮大发展民营经济。认真落实国家和省市促进民营经济发展的各项政策措施。按照"非禁即入"的原则，破除信贷、招投标等方面的歧视性制约和各种隐性障碍。要构建"亲""清"新型政商关系，坦荡真诚同民营企业家接触交往，真心实意帮助民营企业解决生产经营中遇到的困难和问题。大力实施中小微企业成长工程，推动"限下变限上""规下变规上"，促进更多企业"个转企""小升规"，不断提升民营经济在全县经济总量中的占比。

强化创优金融服务。要深化产融结合，引导商业银行、社会资本有序流向实体产业、实体企业，防止资金"脱实向虚"，尤其要解决好中小企业和项目融资难、融资贵、担保难等问题。加大金融产品和服务创新力度，积极开发"科创贷""文创贷"等新产品。积极推动优质企业在中小板和创业板上市、在"新三板"挂牌，利用资本市场进行直接融资。

加快推进科技创新。抓好"双创"大楼项目建设，支持服务大众创业、万众创新。强化产学研合作，加大对重点项目的科技立项和科技成果鉴定服务工作,积极支持科技型中小微企业成长发展。全年发明专利申请不低于15件。

各位代表,改革开放即将走过40个春秋,当前发展和改革高度融合,唯改革者进,唯创新者强。我们要以壮士断腕的勇气、凤凰涅槃的决心,敢于向积存多年的顽瘴痼疾开刀,敢于触及深层次利益和矛盾,以改革创新的新作为放大转型发展的新空间,唱响更加精彩的盂县故事!

(三)以提高质量优化功能为导向,加快新型城镇化建设,着力推进城乡一体化进程

继续按照中心县城、特色小镇、美丽乡村"三位一体"的思路,城乡联动,产城融合,优化功能,美化环境,推动新型城镇化高质量发展。

坚持高端化打造中心县城。突出宜居宜业宜游定位,完成《盂县城乡总体规划(2018—2035)》修编工作。要把城乡基础设施建设作为提升公共服务能力、加快城乡一体化的中心环节。对于今年确定完成的香河县城段滨水空间综合治理主体工程、李宾山路南北段工程、秀水东街路面修复工程、县城北棚户区城中村2000户综合改造工程、双阳线与藏山路平交路口改造及藏山游园建设工程、县城西南外环(省道盂榆线绕城公路)建设工程、县城西北外环(省道双阳线西小坪—交口)改建主体工程、县城东外环(乌玉—牛村)绕城公路主体工程、省道双阳线(双山—东庄头)灾毁修复工程、运煤专线(南娄—乌玉)路面修复工程、下庄移民新村搬迁工程,要不折不扣按时间按进度完成。对于重点推进的阳泉北高校园区项目、秀水河县城段滨水空间综合治理项目、金龙街全线改造工程、县城供热管网提升改造工程、乌河流域治理工程,要精心组织,下大力气推进工程建设进度。

坚持多样化建设特色小镇。把孙家庄、西烟、梁家寨、牛村、南娄、路家村作为特色小镇建设的重点。孙家庄镇要加快与县城的同城化步伐和"孙家庄新兴产业园"平台建设;西烟镇要围绕省级特色小城镇建设要求,加快打造西部经济文化重镇;梁家寨乡要加快整体生态旅游水乡建设;牛村镇要加快新型载能基地建设,南娄镇、路家村镇要加快清洁能源基地建设,推进产业集聚、人口集聚、功能集聚。

坚持个性化培育美丽乡村。引申推进省级农村生活垃圾治理示范县创建工作,完成1个生活垃圾卫生填埋场改造和3个生活垃圾卫生填埋场、10个生活垃圾中转站建设。推进农村"厕所革命",探索粪污有效处理或资源化利用的途径方法。完善农村道路、水、电、气、暖、通信等基础设施。今年,要重点抓好102千米农村公路建设工程。实施贫困村饮水安全巩固提升工程建设,提高5660人饮水安全水平。在闫家沟、郭家坪、垴上已经进入省级美丽宜居示范村行列的基础上,再选择一批向省里申报,拓展示范村创建工作,努力打造"看得见山,望得见水,记得住乡愁"的幸福家园。

各位代表,城镇化是现代化的必由之路。城乡建设的好坏,事关对外形象、事关转型发展、关乎全县人民的生活质量,是最大的结构调整。我们要以促进人的城镇化为核心、提高质量为导向,既重"面子",也重"里子",全面提升建设和管理水平,努力使我们的城镇更加宜居宜业,更加充满活力!

(四)以实施乡村振兴战略为抓手,扎实做好"三农"工作,着力加快全面小康

实施乡村振兴战略是新时代做好"三农"工作的总抓手。要坚持"三农"工作重中之重地位不动摇,推进农业全面转型升级、农村全面繁荣进步、农民全面富裕发展。

坚持规划引领和政策支持。按照"产业兴旺、生态宜居、乡风文明、治理有效、生活富裕"的总体要求,年内完成《盂县乡村振兴总体规划(2018—2022)》编制工作。今年,各乡镇都要因地制宜选择一些试点村，先行先试，典型引路，积累经验。政策支持方面，要突出城乡融合，构建城乡要素合理流动新机制，吸引各路人才"上山下乡"，引导工商资本"上山下乡"，推进公共资源"上山下乡"，形成人往基层走、钱往基层投、政策往基层倾斜的新一轮"上山下乡"热潮。今年，县财政要进一步加大支农力度。要加强乡村干部能力和素质建设，全年培训乡镇农技员、农民技术员和科技示范户要达到3000人次。

全力打好精准脱贫攻坚战。提升特色产业脱贫，抓好贫困村主导产业发展，提高特色农业、光伏、电商、乡村旅游等产业带贫增收能力。推进易地搬迁脱贫，统筹解决好"人、钱、地、房、树、村、稳"七个问题。推进生态建设脱贫，重点实施好新一轮退耕还林和干果经济林提质增效。提高保障水平脱贫，进一步落实教育扶贫资助政策，深入推进健康扶贫"双签约"，实施"三保险三救助"健康立卡贫困人口医疗保障帮扶制度，有效解决因病致贫和支出型贫困问题。激发内生动力脱贫，注重扶贫与扶志、扶智相结合，引导贫困人口转变观念、掌握技能、提升素质，避免贫困人口走入"福利陷阱"，增强自我发展能力。要严格责任，强化监督，保证质量，让脱贫得到群众认可，经得起历史检验，确保年底全县剩余的18个贫困村、427户贫困户、914名贫困人口全部稳定脱贫。

引申推进"三农"改革。落实农村土地承包关系稳定并长期不变政策，全面完成土地确权颁证工作。积极探索农村集体土地所有权、承包权、经营权"三权分置"和农用地、宅基地、农村集体经营性建设用地"三块地"改革，推进土地流转。推进农村集体产权制度改革，10月底前完成清产核资、规范资产管理等工作，发展股份合作等多种形式的合作与联合，探索农村集体经济新的实现形式和运行机制。深化林权、水权制度改革。

大力培育新型农业经营主体。要注重聚焦产业、企业、企业家和鼓励支持大中专毕业生到农村创业就业，加快形成以专业大户、家庭农场、农民合作社等为主的规模生产经营格局；推广华北奕丰现代农业产业园发展模式，多层面推进园区式发展。支持龙头企业与农户建立紧密利益联结机制，通过就业带动、保底分红、股份合作等多种形式，让农民合理分享产业链增值效益。提高供销社、农用社服务"三农"水平，加快推进农村电子商务惠农工程，建立健全覆盖全县的电子商务网络，推进"工业品下乡"和"农产品进城"双向流通。

各位代表，我县作为传统的农业大县，盂县要强，农业必须强；盂县要美，农村必须美；盂县要富，农民必须富，我们要举全县之力和全社会之力，下足"绣花"功夫，发扬"工匠"精神，奋力开启新时代盂县"三农"工作新航程！

（五）以增进民生福祉为目标，协调发展社会事业，着力保障改善民生

"民惟邦本，本固邦宁"。要始终把人民利益摆在至高无上的地位，多办利民实事，多解民生难事，努力补齐民生短板。

着力促进就业创业。以提高劳动力素质为根本，启动实施全民技能提升工程。统筹做好高校毕业生、农村转移劳动力、"4050"人员、退役军人等重点群体就业工作。加大就业专项资金支持、失业保险基金帮扶和企业主体责任落实力度。完善农民工工资保证金、欠薪应急周转金等工资支付保障制度。

筑牢社会保障网络。完善机关事业单位人员、城镇职工、城乡居民基本养老保险制度，落实被征地农民参加基本养老保险政策，健全各类社会保障待遇正常调整机制。新建20个农村老年人日间照料中心，继续提高农村五保供养标准和城乡低保补差标准。加大医疗救助和临时救助力度，探索支出型贫困救助模式，进一步完善社会救助体系。

办好人民满意教育。"教化之行，兴于学校"。要坚持百年大计，教育为本，进一步推进全省义务教育优质均衡试点县建设，在全省率先实现优质均衡教育目标。加强教师队伍建设和教育基础建设，在编制内配强配齐教师队伍，在建城区内各启动新建1至2所幼儿园和小学。继续投资600万元，支持高中教育改革，努力发展公平而有质量的教育，让每位仇犹学子都有平等机会通过教育改变自身命运、成就人生梦想。

实施健康盂县工程。全面深化公立医院综合改革，推进县乡医疗卫生机构一体化改革。加强基层医疗卫生服务机构标准化规范化建设，提高疾病预防控制能力。进一步加强食药监管，保障人民群众食药安全。强化"三医联动"长效机制，努力为人民提供全方位、全生命周期的健康服务。新建中医院投入使用。

提升文化服务水平。培育和践行社会主义核心价值观，深入实施公民道德建设工程。进一步加强乡镇文化站和村文化室建设。积极推进文化馆、图书馆总分馆制试点工作。进一步开展送电影下乡、送戏下乡和流动舞台专场演出等文化惠民活动，创新拓展群众性文化体育活动的方式和内涵。加强文艺精品创作，多层面促进文化繁荣。

改善住房保障能力。坚持"房子是用来住的，不是用来炒的"，加强保障性住房建设管理。统筹抓好县城棚户区改造和农村危房改造。进一步做好房地产去库存工作，促进房地产市场平稳健康发展。大力发展住房租赁市场特别是长期租赁，加快建立多主体供应、多渠道保障、租购并举的住房制度，保障性住房体系要覆盖所有困难群众。

支持国防动员和民兵预备役建设，做好"双拥"工作。发展妇女、儿童、老龄、残疾人等事业。做好地震、史志、档案、科普、气象、民族宗教等工作。

各位代表，人民对美好生活的向往就是我们的奋斗目标。我们要始终忧民之所忧、乐民之所乐，以"天下大事，必作于细"的态度做实做细做好民生工作，努力让人民群众享有更多的获得感、幸福感、安全感！

（六）以治污增绿修复治理为重点，推进生态文明建设，着力打造美丽盂县

坚持治污、增绿、修复、治理多管齐下，努力提供更多优质生态产品，坚决打好新时代生态环境保护攻坚战。

铁腕治理大气污染。进一步巩固大气污染综合治理成果，坚决杜绝"散乱污"企业死灰复燃。加大散煤整治力度，持续推行储煤场、物料堆场全封闭改造。抓好保留取暖燃煤锅炉特别排放限值工作。强化扬尘治理，严格落实货运车辆禁限行措施。从严落实错峰生产。搞好第二次全国污染源普查工作。

综合实施清水行动。坚持饮用水、地下水、流域水、黑臭水、污废水"五水同治"。全面落实河长制责任。继续抓好工业点源深度治理，全面完成直排企业污水处理设施建设和提标改造工程。完善规模化畜禽养殖场区粪污治理设施。推进排污许可制度改革。

扎实推进净土行动。加快上社和上社二景煤业矿山生态恢复治理试点工程建设。开展土壤环境质量调查，建立土壤污染档案，加强土壤污染源日常环境监管，严防矿产资源开发污染土壤，强化工业废物处理处置。许可内露天矿山企业要严格实行边开采边治理。推进东西垴生态恢复治理工程。完成乌河流域小流域综合治理工程。

坚持保护监管并重。严格落实自然保护区、湿地保护区管理各项规定，筑牢生态安全屏障。健全自然资源资产产权制度，建立市场化、多元化生态补偿机制。强化严格执法和日常监督，严厉打击超标排污、违法排污行为。

大力开展植树造林。继续推进太行山绿化、京津冀防护林、县城内高速公路两侧绿化工程,全年完成荒山造林2万亩,义务植树90万株,乡村道路绿化70千米,四旁植树80万株,并高标准打造10个生态园林村。

各位代表,只有恢复绿水青山,才能使绿水青山变成金山银山。我们要以最坚定的决心、最严格的制度、最有力的措施,严守红线,寸土不让,像保护生命一样保护生态环境,携手共建天蓝、地绿、水清的宜居盂县!

(七)以共建共治共享为路径,防风险抓安全强治理,着力维护社会稳定

安全维稳只有进行时,没有完成时。要明确各方责任,强化保障措施,把各项工作做实做好。

打好防范化解重大风险攻坚战。认真做好重点领域金融风险防范和处置,防控金融风险。防范化解企业违约,推动不良贷款清收。规范金融秩序,惩戒失信行为,打击非法集资,净化金融生态。进一步健全机制、创新方法,切实加强融资监管。要下大力气防范政府债务风险,加强政府债务管理,严控增量、化解存量,防止隐性债务发生。

坚持不懈抓好安全生产。坚持以"铁的担当尽责、铁的手腕治患、铁的心肠问责、铁的办法治本","从零开始,向零奋斗",持之以恒抓好安全生产各项工作,把减少一般事故、防止意外事故、杜绝重特大事故作为底线要求贯穿安全生产全过程。要压紧压实安全责任,做到安全责任、投入、培训、管理、应急救援"五到位"。加大"四不两直"检查力度,抓好隐患排查治理。要创新安全管理机制。特别要实施"四个清单",强化安全管理,严格安全执法,严肃责任追究,促进企业合法合规生产经营。继续保持打击私挖滥采的高压态势,确保全县正常的矿业秩序。切实加强护林防火,保护林木生态安全。

创新加强社会治理。高度重视社会矛盾化解工作,进一步完善县、乡、村三级矛盾纠纷多元调解机制,加强公共法律服务体系建设,做好征地拆迁、企地矛盾、劳动关系、医患纠纷、交通事故、环境保护等领域的矛盾纠纷化解工作和社会风险评估机制,妥善处理各类事件。强力推进"雪亮工程",及时化解突出治安问题,依法开展扫黑除恶专项斗争,严厉打击各种刑事犯罪活动,全方位打造"平安盂县"。

各位代表,安全维稳是我们必须牢牢坚守的底线。特别在当前转型综改的攻坚期,我们更要牢固树立底线思维,穷尽各种可能的情况,覆盖容易忽视的细节,做到做事有度、处事有方、保障有力,为实现高质量发展创造和谐稳定的社会环境!

三、加强政府自身建设

新时代新使命对政府自身建设提出了新的更高的要求。要以政治建设为统领,坚持以人民为中心的发展思想,牢固树立"四个意识",增强"四个自信",自觉维护以习近平同志为核心的党中央权威和集中领导,始终在政治立场、政治方向、政治原则、政治道路上同以习近平同志为核心的党中央保持高度一致,建设让党放心、让人民满意的人民政府。

加强服务政府建设。"利民之事,丝发必兴;厉民之事,毫末必去"。各级政府及其工作人员要始终"以百姓之心为心",不忘初心、牢记使命,不忘根本、才知来去,不忘恩情、饮水思源,时刻把群众的安危冷暖挂在心上。要继续深入推进"两学一做"学习教育常态化制度化,用习近平新时代中国特色社会主义思想武装头脑、指导实践、推动发展。要以"解放思想、完善思路,聚力推动转型发展"为题,开展深度调研，不断创新完善发展思路。要进一步转变政府职能，适应"放管服效"改革要求，尽快从审批、发证、收费中转过身来，变管理为服务，把工作重心用在创新制度举措、帮助基层解难、推动高质量发展上来，真正做到一切为了人民，一切依靠人民。

加强法治政府建设。强化法治思维和法治意识，坚持"法无授权不可为、法定职责必须为"，把政府工作全面纳入法治轨道。认真执行县人大及其常委会的决议决定，认真办理人大代表建议和政协提案，主动接受人大法律监督、政协民主监督及司法监督、群众监督和舆论监督。坚持依法决策，完善重大决策制度。强化行政执法监督，做好行政复议和行政应诉工作。加强审计监督，推进审计监督全覆盖。发挥好政府法律顾问作用。要全面推进政务公开，保障人民群众的知情权、参与权、表达权、监督权。凡涉及公众利益的重大事项，都要深入听取各方面的意见和建议，真正体现人民意愿。

加强效能政府建设。"时间不等人，容不得有半点懈怠"。要不断提升履职本领，着力解决"不会为"问题，增强"善作为"能力。各级政府及其部门要围绕确定的目标任务，制定出时间表、路线图、优先序、责任书，做到细针密缝，精益求精，提高工作的标准化和精准化水平。要充分认识"开会＋不落实＝零，部署工作＋不督促检查＝零，抓住不落实的事＋追究不落实的人＝落实"，充分发挥政府"13710"工作平台作用，紧盯不落实的事，问责不落实的人，严查不作为的人，脚踏实地，久久为功，以钉钉子精神确保每一项工作、每一条措施落到实处。

加强担当政府建设。"为官避事平生耻，重任千钧惟担当"。改革发展的一切成就，都是干出来的。各级政府及其工作人员为人民干事是天职、不干事是失职，要以事业为重、工作为先、创业为荣，切实把全部心思和精力用在履职尽责上，遇到难事不推，见到矛盾不躲，解决问题不拖。要旗帜鲜明给积极干事者撑腰鼓劲，为担当的干部担当，为负责的干部负责。要对庸政懒政者严肃问责，决不允许表态多调门高、行动少落实差，决不允许占着位子不干事，积极引导激发广大干部求真务实，干字当头，真正干出实打实的新业绩，干出群众的好口碑，干出奋发有为的新局面。

加强廉洁政府建设。"清平者，政化之美也；枉滥者，乱败之恶也"。各级政府要严格落实全面从严治党要求，坚决贯彻执行中央八项规定及实施细则精神和省、市有关要求，严格遵守政治纪律、组织纪律、廉洁纪律、群众纪律、工作纪律和生活纪律，驰而不息纠正"四风"，深化廉政风险防控，深入推进党风廉政建设和反腐败斗争。要坚持过紧日子，执守简朴，力戒浮夸，严控一般性支出，把有限的财力更多用于为发展增添后劲、为民生雪中送炭。政府广大工作人员要廉洁修身、勤勉尽责，干干净净为人民做事，决不辜负人民公仆的称号。

各位代表，要幸福就要奋斗。把蓝图变为现实，是一场新的长征。新时代开启新征程，新征程呼唤新作为。团结凝聚力量，实干创造未来，让我们更加紧密地团结在以习近平同志为核心的党中央周围，在县委的坚强领导下，锐意进取，埋头苦干，奋力谱写新时代宜居宜业宜游区域强县的盂县篇章！

概 况

基本情况

自然地理

【位置 境域】 盂县位于太行山中段、山西省东部。地理坐标为北纬37°57′—38°31′，东经112°55′—113°49′。东与河北省平山县、井陉县接壤，西与山西省阳曲县相交，南与寿阳县、阳泉市郊区毗连，北与五台县、定襄县为邻。

县境四面环山，地势呈西南高、东北低之势。北部崇山峻岭，东部高山深谷，西部为山间平地，中南部为丘陵地带。最高海拔1803.6米，最低海拔392米。东西长75千米，南北宽63千米，总面积为2514.38平方千米，占全省总面积的0.63%。

境内交通便利，阳石（阳泉市至五台县石盆口）、双阳（平山县双山经盂县至阳曲县）等公路通过县城；阳五（阳泉市至五台县）、太阳（太原市至阳泉市）高速公路在县境设有出入口。朔黄铁路途经县域北部，在梁家寨乡滴流磴村设有货运站；石太客运专线横跨境域东西，阳泉北站距县城2.5千米。县城距北京市450千米，距太原市108千米，距石家庄市156千米，距阳泉市40千米，距阳曲县76千米，距寿阳县42千米，距五台县136千米，距太原武宿机场110千米。 （崔石头）

【地质 地貌】 地质 盂县地质构造较为复杂，出露地层有元古代震旦纪（P1—E），古生代寒武纪（P2—0），石炭纪（P2—C），二叠纪（P2—P）。其基底岩层是古老的变质岩系，通称为前震旦系。

震旦纪变质岩地层，一般下部沉积为砾岩和砂岩。中上部沉积为矽质灰岩、白云岩和花岗片麻岩。分布在侯庄、独头、肖家汇、大水头、柳沟、关地连线以北至县界。主要矿藏有铜矿、磁矿、黄铁矿、闪锌岩矿、磷矿、水晶、长石、石棉、云母、大理石等。

寒武纪石灰岩地层，下统为紫红色砂岩、页岩，中统为鳔状灰岩，上统为竹叶状灰岩。分布在芦辛庄、连巅、神泉、田家庄、白家庄、麻河驿连线以北，接震旦纪南界。矿藏有磷矿、白云岩等。

奥陶纪灰岩地层，下统为白云质灰岩、灰岩及页岩组成；中统为蓝灰色灰岩及豹皮灰岩；上统志留纪泥盆纪缺失。奥陶纪灰岩在盂县出露广泛，横贯中部，面积约1245平方千米，占全县总面积的50%。分布在上曹、西南管、北庄、古咀、洪塘、曲曲城、东山连线以北至寒武纪南界。矿藏有铁矿、泥龙灰岩、石膏等。

石炭二叠纪地层，为主要含煤地层，由灰色、黑灰色页岩、砂质页岩、砂岩、煤层组成，煤层一般有三至五层，分部在县境南部之清城、路家村、拦掌、孙家庄、牛村等地带，以南至县界。蕴藏煤、山西式铁矿、黄铁矿、锰铁矿、铝土矿等。

盂县大地构造性质属地台型。基底岩层（太古界及元古界），经受太古代末期的五台运动古隆起台控制，且处其南部。元古界地层为一单斜构造，倾向大致西南。区内构造主要分布有火层岩侵入、穿插，形成基岩、岩墙、岩脉等，构造近似南北走向，白藏、鹤山以北一带地区多见。古生界地层也为单斜构造，倾向大致东南。其内相间有若干北向斜褶曲，这些向斜褶产生了断裂带，构造线方向近东西，构造颇为复杂。

此外，非构造运动之灰岩溶洞（如万花洞、如来洞等），在大厚层灰岩区比较发育；煤系地层之柱状陷落（无煤柱）也较发育。

地貌　盂县地处山西省东部山区的中北段，即五台山东南缘、太行山中段西麓系舟山脉呈西南—东北向，斜贯西部。县境四围群山环抱，境内山脉纵横，地势呈西南高东北低之势，白马山横亘东西，管头山、七东山纵列南北。海拔在900米—1500米，最高海拔1803.6米（苌池镇水岭上村南3千米处的坪塔梁），最低海拔392米（梁家寨乡闫家庄村滹沱河谷底）。中南部低山丘陵，东北部高山深谷，西部山间盆地。山地约占总面积的74%，丘陵约占16%，平川约占10%。

全县以山地为主，有西烟川、苌池川、城坪川3个山间盆地。城南丘陵地带，属石炭二叠纪，地下煤、铁等矿藏资源丰富。地表、地下水源充足，土地肥沃，人口稠密，交通便利，自然条件较好。境内河流皆属滹沱河水系，主要河流有北部的滹沱河、龙华河，西部的乌河，南部的罗河、冷泉河、香河、秀水河、招山河、阴山河，东部的黑砚水河。地貌形态属低山—中山类型，具体分为四类型。一是剥蚀构造地形，主要分布于车轮、兴道、上卜头村以北的龙华河、滹沱河及乌河下段沿岸。绝对标高1000米—1800米，切割深度约为200米至500米。山脊多呈锯齿状，山顶为尖顶状或圆顶状。河谷横断面多呈"V"字形。二是侵蚀溶蚀构造地形，位于车轮、兴道、上卜头村以南及盂城、西烟盆地周围。呈平缓开阔的背向斜褶曲，并有一些正逆断层。山脊多呈锯齿状，山顶为尖顶状，山坡呈阶梯状。山谷横断面多呈较宽广的"V"字形。地表岩溶景观并不发育。三是剥蚀侵蚀构造地形，流水侵蚀是此类地貌的主导营力，风化剥蚀作用有明显表现，局部地段受断裂构造影响，分布于盂城盆地东南及西南边，海拔标高800米—1400米，浅—中等切割。山脊多呈线状起伏，山顶平坦，山坡呈凸坡状。中等切割区的河谷横断面呈"V"字形，浅切割区呈底部较宽的"V"字形。四是侵蚀堆积地形，有河谷阶地、黄土丘陵及山间盆地三种类型。河谷阶地主要分布于滹沱河、温河及较大的支流沿岸。以不对称的一级阶地为主，二元结构明显。黄土丘陵区分布于基岩山区与河谷盆地之间，宽2至4千米。侵蚀冲沟颇为发育，呈树枝状，中等切割，向源侵蚀已达基岩面上。冲沟横断面呈"V"字形。盆地内地势较为平坦，冲沟不太发育，一般切割深度在5米—10米内。边山沟常发育有规模不等的洪积扇。

（崔石头）

【气候　水文】　气候　2017年，盂县主要气候特点是：冬季无严寒，夏季无酷暑。降水时空分布不均，全年降水偏多近6成，易造成洪涝、滑坡、泥石流等灾害。冬夏秋季偏多，春季偏少，全年出现4次暴雨、1次大暴雨、1次大雪。年初干旱较重，年末少雨雪空气干燥。年内出现局地暴雨、大风、雾霾、雷击等自然灾害发生。

年内，全县年平均气温10.4℃，极端低温-15.8℃（2017年1月30日），极端高温37.1℃（2017年5月28日）。盂县地面年平均温度为12.9℃。平均无霜期日数为199天。初霜冻在10月29日前后，最早初霜出现在10月29日。由于全县地域差别，局部气候特征略有差异。土壤结冻深度8（11月30日）—39（2月12日）厘米之间。盂县气温呈非连续的增暖趋势。

以稳定通过0℃的积温为主导指标，以稳定通过10℃的积温为辅导指标，盂县可分为包括梁家寨、下社、上社等乡镇及西潘乡的大部分地区，即滹沱河流域和龙华河、乌河下游的温热气候区；包括秀水、孙家庄、牛村、路家村、北下庄等乡镇及芪池镇和南娄镇的大部分地区的温和气候区；包括白马山和管头梁两侧的仙人乡、北下庄乡、西潘乡中部，芪池、孙家庄北部，南娄西北部的温凉气候区及包括西烟、东梁一带及西潘和王村的少部分地区的温寒气候区域。

盂县全年偏西风较多。冬春常刮西北风，夏季多刮东南风。风速时间分布表现为3—4月和11—12月最大，7—9月最小。年平均风速2.5米/秒，8月份仅达1.6米/秒。12月份平均风速达3.1米/秒。出现7级以上大风天有8次，8级以上大风天有1天（5月5日）。

水文　2017年，盂县境内年降水总量507.5毫米。一次性降水最多的是2017年10月9日，达到55.5毫米。

县境日光资源丰富，3—6月日照充足。7—8月雨量多，日照少。春季气温较低，达到3℃以上，表示冬去春来；平均气温稳定在20℃以上时，表示夏季到来；平均气温稳定降到20℃以下时，表示秋季来临；平均气温稳定下降到-3℃以下时，表示冬季来临。本县的四季区分大体上是：3月25日到6月25日为春季，约93天；6月26日到8月9日为夏季，约45天；8月10日到11月8日为秋季，约91天；11月9日到下年的3月24日为冬季，约136天。属于冬季时长而寒冷干燥，夏季短促而多雨，春秋温和而相近。

盂县年蒸发量为1881.3毫米，蒸发率（蒸发量与降水量之比值）为3.6，属轻半干旱地区。

（崔石头）

【土壤　植被】　土壤　2017年，全县土壤面积为1930平方千米，占总面积的79%。土壤分为两个土类，6个亚类，24个土属，66个土种。其分布情况是，褐土类遍布全县，面积191015.9公顷（2865239亩），占土壤面积的98.7%。其中淋溶褐土分布在海拔1470米至2000米之间的围尖山、坪塔梁一带，面积1734公顷（26010亩），占土壤面积的0.9%；粗骨性褐土分布在海拔570米—1250米之间的北部中低山区和城关、土塔等地，面积5393.3公顷，占土壤面积的2.8%，山地褐土是最大的一个亚类，分布在全县广大中低山区，面积15337.3公顷（2300615亩），占土壤面积的95%。在其下部较平缓的山坡沟谷中，有少量耕地，面积7282.4公顷（109236亩），占总耕地面积的20%。褐土性土壤分布在海拔1000米至1300米的丘陵地上，多属耕作悠久的农田，侵蚀切割，水土流失严重，面积23719.6公顷（355794亩），占土壤面积的12.3%，占总耕地面积的70.1%。淡褐土分布在海拔950米至1200米的西烟、盂城、芪池等山间盆地和残垣地带，为盂县的主要产粮区，面积6794.7公顷（101920亩），占土壤面积的3.5%，占总耕地面积的20%。另一个土类草甸土，只有一个亚类——浅色草甸土，它是受地下水影响的隐域性土壤，分布在滹沱河、龙华河、乌河、温河的河漫滩及一级阶地，多为耕地，面积为2500.6公顷（37509亩），占土壤面积的1.3%，占总耕地面积的7.4%。根据成土母质及耕作与否，亚类以下分为24个土属。成土母质有黄土质、石灰岩质、砂页岩质、花岗片麻岩质、红黄土质、黄土状、沟淤、堆垫等8种，堆垫土在盂县较为特殊，面积达27660.7公顷（414910亩），占总耕地面积的82.8%。土属以下的66个土种是根据土体厚度、表层质地、砾石含量、障碍层次等因素划分的。

盂县土壤质地大部分为中壤和轻壤，分别占土壤面积的53.7%和35.1%。盂县境域土壤除小部分植被较好，有机质含量较高的土壤表层结构较好外，大部分土壤结构较差，其主要类型有：块状结构、柱状结构、片状结构、团粒结构、屑粒结构等。

植被　盂县的自然植被类型繁多，具体表现在垂直地带性和区域性的变化上，这种变化与气候的垂直带和气候的区域性变化相吻合。从垂直分布看，由高海拔到低海拔，植被类型的变化分别为：从1200米—2000米划分中低山乔灌草本植被；850米—1200米划分为黄土丘陵区旱生草本植被；850米以下沿河阶地相低洼处划分为喜湿性温生草本植被。在同一海拔高度上，由于坡向干湿的差异，植被类型也有所不同。从地域上看，自然森林分布于中、低山区的阴坡，以针叶乔木为主，相间阔叶林，玉泉山、诸龙山、管头梁等地十分明显；中、低山区的阳坡面，主要以旱生灌草为主；中、低山区下部，以灌丛为主；黄土丘陵区和山间盆地以旱生草本为主。本县分布较广的植被类型是灌丛草本带，包括全县中低山区，海拔分布在1000米—2000米的地带。

　　主要植被群落，乔木有成片的油松、山杨、白桦、椴木相间的自然森林；灌丛有黄玫瑰、虎椿子、醋柳、柞灌及零星的山桃等；草本有无茫雀斑、披碱草、驴干杭、二色故枝子等。在河谷阶地和低洼处，自然植被仅长于河畔、渠道、路边、地埂和尚未开垦的非耕地上，有青蒿、水蓼、水稗、河黑豆、芦苇、苍耳、灰菜、荆三枝、狗尾草等草本植物。　　（崔石头）

【**自然资源**】　土地资源　2017年末，全县土地总面积为2514.4平方千米。其中耕地面积37345公顷，占总面积的4.90%，比上年减少0.3%；园地面积890.27公顷，占总面积的0.36%；林地面积79798.59公顷，占总面积的31.74%；草地面积61991.1公顷，占总面积的24.65%；城镇村及工矿用地8073.51公顷，占总面积的3.21%；交通运输用地2913.85公顷，占总面积的1.16%；水域及水利设施用地1733.9公顷，占总面积的0.69%；其他用地58571.06公顷，占总面积的23.29%。全县耕地面积中，水浇地有1050公顷，占总耕地的2.83%，比上年减少0.8%；旱地有36407.65公顷，占总耕地的97.17%；坡度为15度以上的耕地4269.49公顷，占总耕地的11.4%。全县人均耕地面积为1.8亩，是全市人均耕地面积0.83亩的2.2倍。

　　矿产资源　2017年末，盂县发现矿藏资源32种。主要有煤、铁、铜、磷、铀、石棉、水晶、铝土、长石、云母、硅石、刚玉、硫铁、硅铁、磁铁、锆沙、大理石、花岗石、重金石、白云岩、冰洲石、氧化铁、耐火黏土、蛭石、尼龙灰岩等。其中盂县煤田属山西沁水煤田的北部边缘，煤系地层主要为上石炭纪太原统和下二叠纪山西统，含煤系数10%左右，煤系地层总面积325平方千米。全县煤炭总储量37.28亿吨。2016年底，保有储量11.9亿吨。全县煤炭年生产能力为2040万吨，按平均回采率40%计算，全县煤炭可采储量服务年限约25年。铝矾土资源总储量大约6677万吨。占全市保有储量（8700万吨）的76.7%。本县境内的铁矿分布较广，总储量约在10亿吨以上。其中，磁黄铁矿总储量200万吨，是一种诸元素组成的矿石，除含有铁矿外，还有铜和镍元素。本县有开采价值的石材主要有花岗石、大理石、石灰石、白云岩。花岗石：资源丰富，品种较多，总储量700万立方米。大理石：主要分布在县北部山区的古老变质岩系地层中，主要花色品种有赤、橙、黄、绿、青、白、紫7大系列，20多个花色品种，全县地质储量达17.33亿立方米，仅南北河东岸和龙华河西岸（简称东西两条矿带），地质储量就达12.4亿立方米。耐火黏土，分布在县南部和东部的煤区边缘，储量约20亿吨，已大量采用。

　　水资源　盂县的地表水主要在滹沱河、温河两大水系，共较大河流12条，沉域面积1960平方千米，常流河多年平均径流量21950立方米。滹沱河系由滹沱河、龙华河、乌河组成，发源于繁峙县横涧乡，流经繁峙县、代县、原平市、忻州市、五台县、定襄县，由岭子底进入盂县。入境后，自西向东流经盂县北部的下社乡和梁家寨乡。于阎家庄村东0.7千米处的界牌石出境，进入河北省平山县境内。龙华河属海河四级支流，发源与盂县上王村南掌沟的管头梁东麓，由南向北流经苌池镇、上社镇、下社乡。在下社乡北会里村西北的龙华口注入滹沱河。乌河属海河四级支流，发源于阳曲县境内的两岭山，自盂县东蒋村西南0.3千米处入境，由南向北流经盂县的东梁乡、西烟镇、西潘乡，在下社乡枣园村西北注入滹沱河。温河两大水系由秀水河、香河、招山河、磊石沟河、阴山河组成。温河西源发源于南娄镇西南庄村西的方山东麓。北源（阴山河）发源与北下庄乡西麻河驿村，两河在盂县温池汇合后称温河，经郊区的辛庄、平定的巨城至磨河滩村与桃河相汇。两大水系受自然降水控制较强，季节性变化较大。

盂县境内水文地质条件较为复杂，根据地下水的赋存空间、地层岩性和地下水类型等特征，可将地下水分为4类；即：主要分布于西烟和县城两盆地及河谷地带的松散岩类孔隙水，主要分布于县城盆地及阳盂公路两侧的碎屑岩夹碳酸岩类裂隙水，主要分布于盂县的中南部及西烟盆地周围的碳酸盐类裂隙岩溶水以及主要分布于北部的变质岩地区的变质岩类裂隙水。

地热水资源　主要分布于梁家寨乡大崔家庄寺平安村附近一带。主要有寺平安村西热矿水分布区、大崔家庄村南热矿水分布区、豹川口村东热矿水分布区。补给来源主要是大气降水和地表水通过松散层孔隙水和熔岩裂隙渗入地下深处，在深处加温后，在静压力的作用下，沿导水断裂与裂隙上升，于地形相对低凹的河谷地段溢出地表形成泉。地下热矿泉水化学类型为 Cl-Na 型水，矿化度0.8克/升，水温44℃—53℃，PH（酸碱度）=7.71—8.18。

生物资源　境内的植物资源较为丰富。森林树种知名者有427种。其中，乔木82种，山川杂树68种，果树112种，特种经济树9种，灌木138种，藤蔓18种。松、柏、杨、柳、榆、桦等为主要用材林。核桃、花椒、柿、果树等为主要经济林。盂县已确认的中草药材309种，其中省列重点普查品种109种。在药材品种中，盂县的桔梗最为有名。花卉品种有99种，其中木本的39种，草本的有60种。

全县有各类野生动物154种。其中兽类有34种。鸟类有67种。爬行类有13种。鱼类有7种。两栖类有3种。昆虫类有20种。多足类2种。蛛形类有2种。软体动物有一种。完成涉及3个村的地质灾害搬迁263户。（崔石头）

人　口

【人口状况】2017年末，盂县常住人口322798人，比上年增加1851人。总人口中，男性人口167666人，占总人口的51.9%；女性人口155132人，占总人口的48.1%。全年出生人口3149人，人口出生率9.78‰，比上年上升1.78‰；死亡人口1298人，死亡率4.03‰，比上年下降10.7‰。人口自然增长率5.75‰，比上年上升2.85‰。

分城乡看，全县总户数133790户，其中农户（乡村总户数）106884户，非农户33423户。全县城镇常住人口137591人，比上年末增加4993人。农村常住村人口185207人，比上年末减少3142人。

（崔石头）

民族　宗教

【民族　宗教】民族　2017年底全县共有汉族、蒙古族、壮族、彝族、苗族、土家族、侗族、布依族、瑶族、仫佬族、傈僳族、满族、毛南族、黎族、哈尼族、水族、傣族、朝鲜族共18个民族。其中汉族人口占全县总人口的99.8%；

17个少数民族人口为560人，占本地区人口总数的0.18%。盂县秀水镇的东白水村是全省唯一的蒙古族聚居村。

宗教 2017年底，全县共有依法批准的宗教活动场所11处。其中佛教8处，道教活动点1处，基督教活动点2处。另外有宗教活动筹备点4处，其中佛教2处，基督教活动点2处。全县信教人数3.17万人，其中，佛教3万人，道教700人，基督教1000人。（崔石头）

行政区划

【行政区划】 至2017年末，盂县辖8镇6乡，443个村民委员会（2017年村委会换届前，撤并村委会10个）。设城镇社区办事处1个，有10个居民委员会。（崔石头）

盂县2017年乡镇和城镇办事处情况一览表

表1

乡镇（城镇办事处）	所辖行政村（社区）	备注
秀水镇（30个村民委员会）	西关、南关、北关、东关北村、东关南村、秀水、东园、水泉、南坪、水车湾、小横沟、大横沟、西兰、东兰、中兰、泥河、上南庄、下南庄、南庄沟、秦村、姜村、刘村、贺村、东白水、南白水、西白水、东城武、西城武、北庄、东寨	镇政府驻地 东关北村
孙家庄镇（31个村民委员会）	孙家庄、二郎庙、西崖底、常家沟、郭家坪、大吉、西吉、东吉、马乡、高家庄、降香坪、古咀、石店、神头、南河南、乌玉、东坪、土塔、沟西、刘家坡、洪庄、王炭咀、阳坡、石辉坪、禅房、石门子、后峪沟、西孟北、东孟北、紫牛庄、白家村	镇政府驻地 孙家庄
路家村镇（34个村民委员会）	路家村、东杨家沟、闫家沟、西杜、东杜、上乌纱、下乌纱、金辰、刘家村、观沟、石坡垴、苗家庄、兴寨、皇后、河源、清城、西沟、前杨家坪、后杨家坪、周家沟、东沟、胡家沟、贾家沟、赵家垴、傅家垴、南沟、贾家垴、张家垴、滴水崖、庄只上、寨垴、青崖头、大黄沟、榆林垴	镇政府驻地 路家村
南娄镇（44个村民委员会）	南娄、北娄、拦掌、西垴、东垴、鹿峪、涧沟、漆树、陈家沟、南上社、许家沟、杨家沟、坡头、北上社、大贤、大沟、王家湾、秀寨、下曹、东宋、西宋、香河、旋坪、纸匠、南河、上曹、西教场、马举、郭村、秋子峪、观音堂、王子台、西南管、东南管、小坪梁、东小坪、西小坪、南小坪、白道、路家峪口、管头、门贤岭、石佛、武家庄	镇政府驻地 南娄
牛村镇（33个村民委员会）	牛村、杏村、教场、骆驼岩、磁窑坡、后元吉、前元吉、洪塘、石圪塘、牛家村、河下、石崖只、温池、桑园、河东、东山、南流、沟东、东水沟、曲曲城、北沟、杨家庄、北韩庄、大岭、大洼沟、南下庄、小岩沟、井沟、西山头、千峰岭、白土坡、西林江、石窑峪	镇政府驻地 牛村
苌池镇（39个村民委员会）	东苌池、西苌池、南苌池、西掌、南庄只、北庄只、韩庄只、小独头、神泉、普贤、藏山、柏石、红崖底、田家庄、张家庄、上罗、罗坪、下罗、鏊子坡、红土坡、卧龙坡、芝角、陈家庄、窨子沟、河口、段家山、下王、上王、大连巅、小连巅、北连巅、水岭底、和安、大围、桥上、南兴道、中兴道、北兴道、东兴道	镇政府驻地 东苌池
上社镇（46个村民委员会）	上社、宋家庄、佛堂、胡家庄、中庄只、上庄、刘家庄、白藏、下鹤山北村、下鹤山南村、上鹤山、大水头、秋林、车箱、西湾、张城堡、柳沟、中南、中北、大西沟、黄沙口、回岭只、青崖只、窄门只、榆林坪、芦牙沟、下石塘、上石塘、熊坪、小峪、北木口、南北河、榆林只、车轮、北大峪、肖家汇、柴庄、北教场、磨盘、刘家沟、店上、赵家沟、邀童来、外独头、里独头、魏家沟	镇政府驻地 上社

续表

乡镇（城镇办事处）	所辖行政村（社区）	备 注
西烟镇（45个村民委员会）	东村、西村、南村、北村、乌耳庄、山河、南头、石灰掌、后河东、前河东、王甫庄、洪镇、脉坡、龙王头、南刘咀、青龙坡、黄龙凹、龙潮湾、赵家梁、袁梁、盆子掌、尚家沟、西邢、东邢、白家庄、岭南、上东坡、下东坡、尧上、上文、峡掌、大湾、泉子、北刘咀、南社、北社、薛梨沟、木来凹、山凹掌、南贝子、黑石窑、侯党、麻地掌、杏树坡、腰道湾	镇政府驻地西村
仙人乡（32个村民委员会）	仙人、岭底、石窑沟、石圪泽、东庄、北坡、交口、东会里、西峪、山北、庄只、石跪、乱窑、岭西岩、七里峪、里山南、外山南、石谷梁、杨树凹、东庄头、刁王崖、东阳坡、石宝、垴上、张庄、狮子神、张万、又道沟、水占、沙井、嘴上、烧磁窑	乡政府驻地交口村
北下庄乡（22个村民委员会）	北下庄、后川、尧子门、东麻河驿、西麻河驿、箭河、围沟、东坡头、石旧都、郑家沟、老石神、张家山、榆林铺、西井、王家庄、东木口、獐儿坪、洞沟、崔家庄、西关头、东关头、香草坪	乡政府驻地北下庄村
下社乡（20个村民委员会）	下社、樊家汇、上细腰、下细腰、碾子坪、河西、泽泊、乔家庄、沟子口、下庄、会里、庄里、夫城口、牛郎湾、枣园、孙家口、里千口、七东、贾家峪、王家滩	乡政府驻地下社村
梁家寨乡（30个村民委员会）	梁家寨、御枣口、沙湖滩、张家坪、豹川、大崔家庄、灯花、猫铺、独自口、鳌头、蔡家坪、滴流磴、小崔家庄、椿树底、长一铺、骆驼道、北峪口、活川口、檀山沟、檀山坪、邢家庄、王只、石家塔、阎家庄、黄树岩、青家岔、对王只、双枣铺、吉古堂、赵家岔	乡政府驻地大崔家庄村
西潘乡（25个村民委员会）	西潘、东潘、南羊圈、高庄、羊泉、石家庄、李庄、侯庄、中庄、上卜头、铜炉、潘家汇、尧子坪、宋庄、李家庄、桥耳、进圭、南进圭、东头、南峪、沟掌、均才、庄头、白石、车谷	乡政府驻地西潘村
东梁乡（12个村民委员会）	东梁、西梁、南蒋、北蒋、温家山、辛庄、小湖、河底、阳坪望、寺家坪、岑峰、石窑	乡政府驻地东梁村
盂县城镇社区办事处（10个社区）	锦隆社区、富春园社区、桥沟社区、香苑社区、花园社区、裕新苑社区、红楼社区、桃园社区、阳光社区、金龙社区	办事处驻地东关街

国民经济和社会发展

【概况】 2017年，盂县经济运行呈现出稳中有进、稳中有转、稳中向好的势头。GDP总量实现预期，农业生产喜获丰收，工业经济运行平稳，财政收入强势回暖，金融存贷趋于合理，消费市场持续活跃，投资环境理性回归，人民生活水平进一步提高，社会保持和谐稳定，全县经济社会发展取得新成就。

2017年，全县生产总值完成122.9亿元，比上年增长3.9%。其中，第一产业增加值38682万元，增长5.9%；第二产业增加值725609万元，增长3.2%；第三产业增加值464683万元，增长5.2%。三次产业结构为3.1∶59.1∶37.8。人均地区生产总值38179元，增长3.5元，增长3.5%。城镇居民人均可支配收入29431元，增长6.2%；农村居民人均可支配收入12937元，增长6.3%。
（崔石头）

【农业】 2017年，盂县农作物播种面积保持在2.8万公顷，比上年减少1010公顷，下降3.5%。其中，粮食作物播种面积2.74万公顷，下降2.7%；夏粮播种面积320公顷，增长2.6公顷；秋粮种植面积2.7万公顷，减少765公顷，下降2.7%；油料播种面积18公顷，减少27.9公顷，下降60.8%；蔬菜及食用菌种植面积554

公顷，增加86公顷，增长18.3%；中药材种植面积178公顷，增加11公顷，增长6.5%；全县省级休闲农业示范点达到8个。

2017年末，全县粮食总产量达14.4万吨，增产790吨，较上年增长0.6%；其中夏粮产量1123吨，增长2.8%，秋粮产量14.3万吨，增长0.5%；油料产量38吨，下降58.5%；蔬菜及食用菌产量22042吨，下降2.9%；园林水果产量3133吨，增长3.1%；核桃产量3270吨。

2017年末，全县大牲畜存栏496头，较上年减少152头，下降23.5%。其中牛存栏5454头，下降6.2%，全年累计出栏1981头，增长38%；全县生猪存栏5.69万头，增长1.4%，累计出栏7.12万头；年末羊存栏7.52万只，下降21.5%。累计出栏4.81万只，增长34.4%；家禽存栏45.28万只，下降13.9%；家兔存栏0.5万只，减少0.5万只，下降50%。

全年肉类总产量6729吨，同比增长13.1%。其中猪肉总产量为5343吨，增长8.7%；牛肉总产量267吨，增长47.1%；羊肉总产量722吨，增长34.5%；牛奶产量5吨，下降28.6%；禽肉产量313.4吨；禽蛋总产量6930吨，下降7.8%。

2017年，大力实施造林绿化等生态治理工程，全年完成造林面积1681公顷，增长241%；其中人工造林1614公顷。年末实有封山育林面积1107倾，四旁植树180万株，育林面积1200公顷。年末果园面积258公顷，比上年减少6公顷，下降2.3%；核桃种植面积达到20万亩。年末，林地面积79541.29公顷，全县森林覆盖率达29.23%。

新增节水灌溉面积141.3公顷，完成水土流域治理22.6平方千米，新建抗旱应急水源工程和农村饮水安全工程32余处。

年末，盂县农业机械总动力182292千瓦。有大中型拖拉机1638台，小型拖拉机5695台，手扶拖拉机4543台，拖拉机配套农具7210部。机械耕地面积21095公顷，司比增长8.3%；机械播种面积21610公顷，机械收获面积10549公顷，分别比上年增长5.6%和4.8%。其中：玉米机械播种面积20287公顷，机械收获面积9200公顷，全县农机化经营总收入达到9001万元，实现利润3601万元。全程农业机械化率达到70%以上。

2017年，全县农业总产值7.84亿元，同比增加5.2%。其中，农业产值4.53亿元，增加2.6%；林业产值7082万元，增加12.3%；牧业产值2.29亿元，增加9.1%；渔业产值226万元，减少2.6%；服务业产值2884万元，增加2.0%。

（崔石头）

【工业】 2017年末，全县规模以上工业总产值完成173.8亿元，同比增长11.4%。其中规模以上工业企业增加值完成65.54亿元，比上年增长3.5%。从分行业产值完成情况看：煤炭行业完成工业总产值520157万元，增长5.4%；炼焦炭行业完成13220万元，占工业总产值的6.5%，增长64.5%；冶金行业完成2187万元，下降77.4%；电力行业完成11215万元，增长22.1%；其他行业完成总产值108629万元，下降24.8%。

全县规模以上工业企业27个，与上年持平。规模以上工业企业产品销售收入完成947726万元，同比降低20.2%；实现利税95186亿元，下降5.6%；其中，实现利润总额25883万元，增长16.2%。实现税金69303万元，下降11.8%。

全社会原煤产量765.04万吨，比上年下降16.0%。洗煤产量766.21万吨，下降33.3%；耐火材料制品产量30.36万吨，增长173.1%；焦炭产量74.8万吨，增长7.9%；软饮料产量1164.99万吨，下降89.9%。家具产量21862件，下降2.6%；石灰产量56.1万吨，增长13.7%；发电量36116.11万千瓦时，增长23.9%。

全年规模以上工业综合能源消费量折标准煤26.18万吨,增长13.2%。其中:原煤消费10.49万吨,库存0.56万吨;洗精煤(炼焦)96.95万吨,库存9.06万吨;天然气(气态)消费2250万立方米;汽油消费705.34吨;柴油消费1667.62吨;电力消费42923.3万千瓦时。万元规模以上工业增加值能耗为0.42吨标准煤。

主要耗能工业企业单位产品能源消耗主要有:吨原煤生产综合能耗2.7千克标准煤/吨,下降15.36%;炼焦工序单位能耗147.74千克标准煤/吨,下降3.64%。

全年全县全社会用电总量76223.7万千瓦小时,增长11.2%。其中,第一产业用电2014.65万千瓦小时,占全社会用电量2.6%;第二产业用电49694.8万千瓦小时,占65.2%,其中工业用电47990.5万千瓦小时;第三产业用电12168.9万千瓦小时,占16.0%;城乡居民生活用电12345.3千瓦小时,占16.2%。

(崔石头)

【固定资产投资】2017年,全县固定资产投资完成74.24亿元,比上年增长6.3%,其中,国有固定资产投资完成72.79亿元,同比增长7.7%。

在全社会固定资产投资中,按投资行业划分:农、林、牧、渔业投资12907万元;采矿业投资1185万元;制造业投资5210万元;电力、热力、燃气及水的生产和供应投资582640万元;交通运输、仓储和邮电业投资30035万元;房地产业投资16400万元;水利、环境和公共设施管理业投资73732万元;居民服务和其他服务业投资3612万元;卫生和社会工作投资187万元;文化、体育和娱乐业投资2000万元。按产业划分:第一产业投资1.29亿元,比上年下降93.23%;第二产业投资58.9亿元,比上年增长154.14%;第三产业投资12.6亿元,比上年下降63.69%。在第三产业投资中,基础建设投资完成7.66亿元,占第三产业投资额的60.78%,其他房地产占比13.02%,其他占比26.2%。按控股类型分,国有经济控股投资48.2亿元;集体控股投资4477万元,私人控股3.89亿元;其他投资20.24亿元。

全年固定资产投资(不含房地产)项目51个,建成投产(不含房地产)项目27个,项目建成投产率为52.9%;新增固定资产203264万元。

全年房地产开发投资完成投资14.44亿元,同比下降34.9%。按工程用途分,商品住宅投资11144万元,同比增长19.69%;商业营业用房投资2666万元,同比下降60.02%。

2017年住宅竣工232套,其中90平方米以下的36套,144平方米以上49套。竣工价值7969万元,其中住宅竣工价值63025万元。商品房销售额19732万元,其中住宅销售额

2017年盂县房地产开发和销售主要指标完成情况一览表

表2

指标	单位	绝对数	比上年增长%
投资完成额	万元	14440	−34.9
其中:住宅	万元	11144	—
房屋施工面积	万平方米	395509	2.5
其中:住宅	万平方米	294161	—
房屋新开工面积	万平方米	104851	39.4
其中:住宅	万平方米	59697	—

续表

指　标	单　位	绝对数	比上年增长%
房屋竣工面积	万平方米	28462	-70.1
其中：住宅	万平方米	27334	—
商品房销售面积	万平方米	71552	-19.2
其中：住宅	万平方米	63024	3.1
待售面积	万平方米	1510	-77.6
其中：住宅	万平方米	1510	-68.2

7681万元；期房销售额12051万元，其中住宅销售额8901万元；商品住宅销售668套，现房销售215套，期房销售451套。

从项目情况看：施工项目51个（其中，上年结转8个，本年新开工43个），计划总投资1905581万元。其中：5000万元以上投资项目15个，计划投资1812618万元；5000万元以下项目36个，计划投资92963万元。本年完成项目27个，5000万元以上的4个，5000万元以下的23个。

从项目资金情况看：2017年全年到位资金447660万元，占投资总额的60.3%，其中，国家预算资金14128万元，国内贷款195971万元，自筹资金165897万元。 （崔石头）

【商贸　旅游】 在商业贸易方面，2017年，全县社会消费品零售总额实现51.47亿元，较上年同期增长5.8%，全市排名第四。

按规模分：限额以上企业零售额15.55亿元，与上年比下降3.2%；限额以下企业零售额35.91亿元，增长10.2%。限额以上批发零售业零售额为15.37亿元，较上年同期下降3.3%。

按区域划分：城镇零售额429928万元，同比增长6.4%；乡村零售额8.48亿元，同比增长3.1%。

按消费形态分：餐饮收入3.67亿元，同比增速13.1%；商品销售47.8亿元，同比增长5.3%。

按行业划分：批发业2.74亿元，比上年增长2.5%；零售业4.5亿元，增长5.4%；住宿

2017年盂县限额以上单位商品零售额及增速表

表3　　　　　　　　　　　　　　　　　　　　　　　　　　　　　　　　　　　　单位：万元、%

指　标	绝对数	比上年增长
粮油、食品	36803	-14.1
饮料类	10897	-0.9
烟酒类	17634	16.1
服装、鞋帽、纺织品类	44624	-3.8
化妆品类	281	31.8
金银珠宝类	2226	-8.7
日用品类	6748	-13.2

续表

指 标	绝对数	比上年增长
五金电料类	203	-47.4
家用电器和音像器材类	3955	-45.8
中西药品类	3326	-10.6
文化办公用品类	110	-12.2
石油及制品类	1758	40.5
汽车类	6707	143.6
其他类	18450	5.5

业零售额0.52亿元，同比增长16.6%；餐饮业零售额3.15亿元，同比增长12.6%。

在对外经济方面，全年外贸进出口总额745.64万美元，增长16.1%，其中，出口额744.4万美元，增长1.5%，进口额1.23万美元。全年全县签约招商项目25个；合同签约协议利用外来资金122.02亿元，外来资金到位49.7亿元。

在旅游发展方面，全县全域旅游发展规划和北部四乡镇连片开发规划编制基本完成。加大旅游文化品牌宣传推介，继续举办了五一和国庆黄金周旅游直通车惠民活动，摩旅比赛，贡灯、仙人乡第一届"荣威杯"国际越野赛、梁家寨首届河灯节、上社垂钓节、秀水采摘节等，仅藏山、大汖温泉两处景点就接待游客39余万人次，实现旅游总收入达到3628万元。

按照旅游统计口径计算，2017年，全县旅游总收入比上年增长26%；截至年末，星级宾馆达到3个，旅行社3个，A级旅游景区（点）3个。

（崔石头）

2017年盂县旅游设施情况表

表4

指标	单位	绝对值（单位）
星级宾馆	个	3
旅行社	个	3
A级旅游景区（点）	个	3
AAAA级景区（点）	个	2

【财税　金融】2017年，盂县财政总收入累计完成13.71亿元，同比增长33.42%，完成年计划的121.62%；公共财政收入完成5.7亿元，同比增长6.6%%。其中，税收收入43911万元，同比增长41.3%，国内增值税、企业所得税、个人所得税、资源税和城建税共计完成税收34628万元，增速分别为增长40.1%、增长80.4%、增长49.6%、增长58.1%和增长10.6%。

从税收种类看：增值税（含营改增）完成2.19亿元，增长40.1%；企业所得税完成3277万元，增长80.4%；个人所得税完成1180万元，增长49.6%；资源税完成6775万元，增长58.1%；城市维护建设税完成1540万元，增长10.6%；房产税完成2052万元，增长1.8%；印花税完成1055万元，增长57.2%；城镇土地使用税完成2226万元，增长70.7%；土地增值税375万元，减少8.1%；车船税收入1438万元，增长6.1%；耕地占用税完成1201万元，增长151.8%；契税完成936万元，下降2.9%。

非税收入1.31亿元，比上年下降41.6%。其中，专项收入4416万元，增长68%；行政事业性收费收入1898万元，增长2.2%；罚没收入1717万元，减少24.8%；国有资产有偿使用收入4930万元，减少67.6%；其他收入111万元，减少70.6%。

2017年，全县公共预算支出191563万元，增长8.11%。其中，公共服务支出16502元，增长14.88%；公共安全支出9949万元，下降0.93%；科学技术支出608万元，增长3.44%；教育支出40314万元，增长3.44%；社会保障和就业支出29008万元，下降1.46%；医疗卫生与计生支出23193万元，下降0.52%；节能环保支出3762万元，增长0.53%；城乡社区支出11099万元，增长9.1%；文化体育与传媒支出4527万元，增长42%；农林水事务支出21659万元，同比增长0.25%；交通运输支出4656万元，下降7.95%；保障性住房支出9588万元，增长9.89%；粮油储支出778万元，增长9.89%。

2017年末，全县金融机构各项存款余额达230.54亿元，比年初增加7.23亿元，增长3.2%。其中储蓄存款余额187.13亿元，比年初增加14.39亿元，增长8.3%；各项贷款余额125.81亿元，比年初增加2.83亿元，增长2.3%。

（崔石头）

2017年末盂县金融机构本外币存贷款及其增长速度

表5　　　　　　　　　　单位：万元、%

指标	年末数	比年初增长
各项存款余额	2305488	3.2
其中：住户存款	1871282	8.3
非金融企业存款	217083	-40.7
各项贷款余额	1258146	2.3
其中：住户贷款	130271	19.9
非金融企业及机关团体贷款	1127875	0.6

【城乡建设】2017年末，盂县的城镇化率由2016年的41.3%上升为42.6%，提高1.3个百分点。城市绿化率由2016年的34.4%，提高到34.5%。全年房屋施工面积395509平方米，比上年的385918平方米增长2.5%。其中，本年新开工面积104851平方米，比上年的75196平方米增长39.4%。竣工面积28462平方米，比上年的95260平方米减少70.1%。房屋销售面积71552平方米，比上年的88519平方米减少19.2%。其中：住宅销售63024平方米，比上年的61142平方米增长3.1%；商业营业用房销售6000平方米，比上年的16544平方米下降63.7%；其他销售面积2528平方米，比上年的10833平方米下降76.7%；房屋待售面积1510平方米，比上年的6741平方米下降77.6%。其中：住宅待售面积1510平方米，比上年的4741平方米下降68.2%。全年共完成农村贫困家庭危房改造任务271户，改造农村厕所650多座，争取上级投资50万元，1个美丽乡村试点村建设取得了明显成效。建成3个农村公共浴室，每个资助20万元。（崔石头）

【交通　邮电】2017年底，盂县交通运输、仓储和邮政业实现增加值60484万元，同比增长6.1%。公路通车里程1986.5千米，公路密度91.42千米/百平方千米。完成110千米村通水泥路提质工程。

年末全县汽车保有量达到44284辆，其中出租车总数202辆，公交车总数30辆，货车保有量6514辆。公交车周转量900万人次，长途班车12.05万人次，客运量383万人次，客运周转量10750万人千米；货运量1953万吨，货物周转量73684万吨千米。

全年完成邮电业务总量17444万元。其中，邮政业务总量2146万元，收入126.68万元；电信业务总量15298万元，收入126.68万元；移动电话用户年末达到273739户，增长11.1%，其中4G移动电话用户年末达54532户。全县互联网接入用户达73928户，增长25.8%。（崔石头）

【教育　科技】2017年底，盂县有学校116个，与上年持平；其中，普通高中2个，职业高中1个，初中18个，小学94个（其中包括新增的特殊教育学校1所），私立学校1所。

全县共有在校学生36255人，比上年增加1067人。其中，职业高中424人，减少74人；普通高中5723人，减少21人；初中8707人，增加660人；小学20819人，增加6人；私立学校582人，增加46人。

全县有教职工3042人，比上年增加44人。专任教师2952人，比上年增加88人。其中，职业中学65人；普通高中446人，比上年增加11人；初中920人，比上年增加12人；小学1440人，比上年增加58人；私立学校81人，比上年增加7人。全县75所学校共配备校警175名。

2017年，全县共招生8786人。其中，职业高中招生136人，比上年增加23人；普通高中招生1713人，比上年减少233人；初中招生3432人，比上年增加467人；小学招生3505人，比上年减少37人。

2017年，本年毕业生8436人。其中，职业高中毕业209人，比上年增加7人；普通高中毕业2154人，比上年减少156人；初中毕业2678人，比上年减少134人，初中毕业生升学率94.2%；小学毕业3395人，比上年增加435人。

（崔石头）

2017年盂县各类教育发展情况统计表

表6　　　　　　　　　　　　　　单位：人

指　标	招生数	在校生数	毕业生
普通高中	1713	5723	2154
职业高中	136	424	209
初　中	3432	8707	2678
小　学	3505	20819	3395
私立学校		582	
合　计	8786	36255	8436

全县有幼儿园91个，比上年减少2所。在园幼儿人数5881人，比上年减少80人；幼儿园教职工242人，其中幼儿专任教师133人，比去年减少25人。

全县共有寄宿制学校27所，寄宿生8005人，减少6%。本年高中毕业生考入高等院校学生963人，中等职业教育覆盖率89.4%。

科学技术方面，2017年，盂县研究与试验发展经费支出608万元，申请各项专利45项，有效发明专利累计拥有量16件，科技项目14项，省市县投入科技三项费70万元。到2017年底已有20户商家落地科技孵化基地。

（崔石头）

【文化　体育】 2017年，建筑面积达2万平方米的县文化中心建成投入使用。年末，全县有艺术表演团体4个，人员124个，演出500场次，观众300千人次，总收入374.4万元；有艺术表演场所1个，从业人员24个；有群众艺术馆、文化馆1个，从业人员11个；有乡文化站14个，从业人员22人；村文化室400多个；有公共图书馆1个，从业人员10个，藏书87369千册，建筑面积3600平方米，其中，书库800平方米，阅览室440平方米；有广播电台1座，电视发射台和转播台1座。广播综合人口覆盖率70%，电视综合人口覆盖率80%，有线广播电视用户21918户，广播电视有线网络互联网实际用户5584户，有线广播电视传输干线网总长1090千米，有线广播电视收视费收入450万元全年电视剧播出3650部/集。报纸《新盂县》发行量达到83万份。送电影下乡453场，为群众举办消夏晚会、送戏下乡和公演电影等多种类型的群众性文化惠民演出，丰富了城乡居民文化娱乐生活。

体育事业方面，2017年，盂县有从事体育工作的固定职工12人，其中，专职教练员8人，其他人员4人。本年批准等级裁判人员5人，二级5人，体校在校学生12人，其中，中专12人。2017年，盂县向省体育局争取了南娄镇全民健身广场项目资金，对全县14个乡镇

453个行政村的体育器材进行了排查，制定和采取了相应措施进行了补救。县级各机关、厂矿、学校、乡镇、农村全年共组织大、中、小型运动竞赛750余次，其中，乡镇和农村组织的不同项目的大、中、小型运动竞赛达470余次。参加体育活动的人口达到12800余人（次）。参加县外体育竞赛5次。（崔石头）

【卫生 计生】 2017年末，盂县共有卫生机构451个（含诊所）。其中，医院2个，包括综合医院1个，中医院1个；基层医疗卫生机构525个。包括乡镇卫生院14个，村卫生所431个，诊所66个，卫生所、医务室10个；专业公共卫生机构4个，包括疾病防控中心1个；妇幼医院1个；计划生育服务中心1个；卫生监督所1个。

编制床位737张，实有949张；编制人数1043人，在岗职工1850人。卫生技术人员1089人。其中，职业（助理）医师458人（其中执业医师354人），注册护士433人，药师（士）145人，技师（士）43人（其中检验师26人）。其他技术人员534人，管理人员34人，工勤技能人员130人。县人民医院完成托管改革，新建县中医院主体工程已经完成。全县14个乡镇的21.56万农民参加了合作医疗，并实现了省内就医及时结算。

2017年，通过积极宣传修改后的计生条例，落实新的人口政策，为育龄妇女生育二胎提供优质服务，在确保出生人口素质的同时，人口自然增长率维持在3.93‰左右。（崔石头）

【人民生活和社会保障】 2017年，盂县城镇居民人均可支配收入达到29431元，比上年增加1718元，增长6.2%；城镇居民人均现金消费支出13544元，增长了28%。农民人均可支配收入达到12937元，同比增加767元，增长6.3%；农民人均现金消费支出6013元，比上年增长0.3%。

2017年，全年新增就业4026人。转移农村劳动力4194人。年末城镇登记失业率为3.47%，低于市控指标4.2%。全面提高了城乡低保、农村五保、城镇居民医保、新农合等财政补助标准，完成城乡医疗保险一体化，实现应保尽保。全年实现脱贫1295户、2980人，超额完成了上级下达的脱贫任务。

年末，参加城镇职工养老保险35854人，比上年增加5665人；其中，参加机关事业养老保险9670人，参加企业养老保险23123人，参加城乡居民养老保险144160人，与上年持平；参加城镇医疗保险34033人，比上年减少372人；参加工伤保险51027人，比上年增加210人；参加失业保险22515人，比上年减少3人；参加生育保险28025万人，与上年持平。全县最低工资标准为1500元。

2017年，全县得到政府最低生活保障救济21776人次。其中，城市最低生活保障对象6691人，比上年增加359人；农村最低生活保障对象15085人，比上年增加731人；2797人纳入农村五保供养；全县共发放最低保障资金6261.8万元，其中城镇2380.5万元，农村3811.5万元。比上年增加988.8万元。

年末，全县有敬老院14个，有职工66人，床位数942张，供养327人；共有日间照料中心145个，其中，当年新建20个；有救助站1个，床位10张，收容4人；国家重点优抚对象1825人，发放补贴919万元；医疗救助23822人，金额722.3万元；全年为53名孤儿发放补贴38.9万元，507位高龄老人发放津贴44.7万元；全年接收社会捐赠款4.34万元。

（崔石头）

【环境和安全生产】 2017年，复垦治理矿产卫片图斑土地3300亩。2017年末，盂县林地面积79541.29公顷，全县森林覆盖率29.23%。生态环境更加宜居，绿色发展多层展现。持续开展环境治理攻坚行动，取缔整改"散乱污"企业107家，停限产整改企业30家，拆改建城区供热、茶浴炉等燃煤小锅炉，开展储煤场全封闭治理。对全县26条主要河流实行河长制管理。跃进、东坪煤业矿井水处理项目建成投运。完成农村煤改气管网入户15300户，完成县城和县城周边集中供热改造4000户。

2017年，全县（县城）大气环境质量达标（优良）天数291天，达标天数比例79.7%，稳居全市第一。PM2.5平均浓度49微克/立方米，与上年持平；PM10平均浓度94微克/立方米，同比下降13%；空气质量综合指数5.63，同比下降6%。全县二氧化硫、氮氧化物、化学需氧量、氨氮排放量分别下降5.5%、2.5%、7.5%、7.45%。

全年各类自然灾害造成直接经济损失2566.77万元；农作物受灾面积3878.7公顷，其中，绝收204.4公顷。

全年共发生生产安全事故24起，与上年持平；死亡26人，减少5人，下降16.13%。全县煤炭百万吨死亡率为零。（崔石头）

机构设置及领导人名录

中共盂县委员会

书　记	李云峰（12月免，洪洞县人）
	张其光（12月任）
副书记	孔禄泉
	李宏革
常　委	李云峰（12月免，洪洞县人）
	张其光（12月任）
	孔禄泉
	李宏革
	刘志军
	高建琴
	刘淑英（女）
	王建华
	王浩
	王会平
	刘计平

县委工作部门

县委办

主　任	张五太
副主任	高宝忠（主任科员）
	张东升（4月免）
	王曦明（10月免）
	代玉清
	罗树东（2月任）

"610"办专职副主任
　　　　　马淑琴（女）

组织部

部　长	刘志军
副部长	张彦桢（兼）
	杨志玲（女，兼）
	郑陆星（正科组织员）
	高　峰（4月免，东白水村人）
	郝来银（2月兼经济和社会组织工委书记）
	梁保祥（10月任）

县委人才工作领导组办公室

主　任	梁保祥（10月免）

县委组织部电教中心

主　任	陈俊杰

县委考核办公室

专职副主任　（缺任）

县经济和社会组织工委

书　记	郝来银（2月兼任）
副书记	李龙飞（7月任）

宣传部

部　长	王浩
副部长	石景云（兼）
	刘峰
	张华（女）

县精神文明办公室
  主 任 韩廷锴（4月任）
统战部
  部 长 高建琴
  副部长 冯云生（兼宗教局局长、
        主任科员）
        梁志宏（7月免）
  主任科员 梁志宏（7月任）
  副主任科员 李巧红（女，10月任）
政法委
  书 记 刘淑英（女）
  副书记 韩忠进（主任科员）
        郝志强（4月免，正科）
  综治办副主任
        牛京平
  主任科员 杨永卫
编 办
  主 任 高 峰（4月任，东白水村人）
  副主任 高 原
机关工委
  书 记 郝志强（4月任）
  副书记 杨建义（主任科员）
        谢亮斌
  纪检书记 李恒泽
老干局
  局 长 杨志玲（女）
  副局长 高献瑞（正科）
        韩黄印
  主任科员 郭武珍
对台办
  主 任 张东升（兼，4月免）
        李慧军（4月任）
  副主任 刘春芳（女）
        李月红（女）
信访局
  局 长 梁爱成
  副局长 李晋明

        辛 圣
党 校
  校 长 李宏革（兼）
  副校长 张善谋
        尹俊臣
新闻中心
  主 任 胡元学
  副主任 赵东芳（女）
  副主任科员 王 嘉（女）
史志办
  主 任 崔石头
  副主任 王万林
新盂县编辑部
  社 长 石景云
  总 编 张爱保
  副主编 李龙飞（7月免）
        张 芬（女）
县委信息化中心
  主 任 荣 峰（2月任）
  副主任 荣 峰（2月免）
        罗树东（2月免）

中共盂县纪律检查委员会
（盂县监察委员会）

纪检委（县监察委员会）
  （2月成立县监察委员会，与中共盂县纪律检查委员会合署办公）
  书 记 王会平（2月，兼任
        县监察委主任）
  副书记 刘 宇（2月，兼任
        县监察委副主任）
        崔计文（2月，兼任
        县监察委副主任）
  纪委常委（专职）
        赵东红
        郭彩霞（女）

　　　　　　　刘军华
　　　　　　　路晋源
县监委主任　　王会平（2月，兼任）
县监委副主任
　　　　　　　刘　宇（2月兼任）
　　　　　　　崔计文（2月兼任）
县监委委员　　赵东红（2月兼任）
　　　　　　　崔青海（2月任）
　　　　　　　王永斌（2月任）
　　　　　　　路晋源（2月兼任）
县纪委监委室主任
　　　　　　　李斌和
　　　　　　　张世平（7月免）
　　　　　　　郭咏梅（女）
　　　　　　　张溶清
　　　　　　　张巨元
　　　　　　　梁福义
　　　　　　　曹　耀（10月免）
　　　　　　　闫崇善
　　　　　　　李俊宏
　　　　　　　王海生
正科检查员　　赵东红
　　　　　　　李斌和
　　　　　　　许芝萍（女）
　　　　　　　郭彩霞（女）
副科检查员　　王文娟（女）

县委巡察办
主　　任　　刘军华（4月任）
副主任　　　韩爱荣（女，4月任）

县人大常委会

党组书记　主　任
　　　　　　　武润珍
党组副书记　副主任
　　　　　　　李俊林
副主任　　　张燕萍（女，非党）

党组成员　副主任
　　　　　　　崔学跃
　　　　　　　韩忠义

人大常委会工作机构

办公室
党组书记　主　任
　　　　　　　张东升（4月任）
副主任　　　李慧军（4月免）
主任科员　　陈文菊（女，10月任）
副主任科员　陈文菊（女，10月免）
财经委
主　　任　　石永生
人事委
主　　任　　冯贵生
农工委
主　　任　　王　正
城环委
主　　任　　宋彩英（女）
教科委
主　　任　　侯晓文（女）
法工委
主　　任　　（缺任）
副主任　　　姜鹏军

县人民政府

党组书记　县　长
　　　　　　　孔禄泉
党组副书记　常务副县长
　　　　　　　王建华
副县长　　　石文斌
党组成员　副县长
　　　　　　　亢晓英（女）
　　　　　　　高尚明
　　　　　　　杨慧文

郭方恺

郭　岚（女，挂职，12月免）

政府部门

政府办

　　党组书记　主　任

　　　　　赵　涛

　　党组成员　副主任

　　　　　李建国

　　　　　罗鹏飞

　　　　　赵建红（7月免）

　　　　　王斌杰（7月任）

县政府应急办

　　主　任　　赵　涛（兼）

　　副主任　　闫锐红

　　重点办主任　周永宁

　　主任科员　　侯望明

　　副主任科员　刘晓丽（女）

发改局

　　局　长　　韩忠义（2月免）

　　党组书记　局　长

　　　　　刘家财（2月任）

　　党组成员　副局长

　　　　　韩　涛（兼）

　　　　　史玉宝（4月免）

　　　　　张志勇

　　　　　赵彦青

　　党组成员　纪检书记

　　　　　李靖军

　　转型办专职副主任

　　　　　张翠平（女，4月免）

　　主任科员　史玉宝（4月任）

　　副主任科员　韩丽娟（女）

经信局

　　党组书记　局　长

　　　　　张俊禹

　　党组成员　副局长

　　　　　韩存志（兼主任科员）

　　　　　王秀平（正科）

　　　　　陈海元（10月免）

　　　　　白纯冰

　　党组成员　纪检书记

　　　　　王建华（女，8月免）

　　党组成员　总工程师

　　　　　檀素川（10月免）

粮食局

　　党组书记　局　长

　　　　　韩宝明

　　党组成员　副局长

　　　　　刘志平（正科）

　　　　　李怀亮

　　党组成员　纪检组长

　　　　　郝书云（兼主任科员）

教育局

　　党组书记　局　长

　　　　　石永义

　　党组成员　副局长

　　　　　周云霞（女，8月免）

　　　　　王　舰

　　　　　郑少华

　　党组成员　纪检书记

　　　　　张宝龙

　　副主任科员　牛润厚

科技局

　　党组书记　局　长

　　　　　鄢宝明

　　党组成员　副局长

　　　　　赵　炯

　　　　　王　虹

　　党组成员　纪检组长

　　　　　崔贵文

　　副主任科员　胡淑英（女）

　　　　　侯宝清

公安局
　　党委书记　局　长
　　　　　　　杨慧文（副县长兼任）
　　政　委　　（缺任）
　　党委委员　副局长
　　　　　　　杨永生
　　　　　　　梁平晓
　　　　　　　李爱义
　　　　　　　石建军
　　　　　　　师原兵（挂职）
　　党委委员　纪检书记
　　　　　　　赵利峰
　　党委委员　潘祺睿
　　　　　　　张玉林
　　公安局刑侦大队大队长（缺任）
　　教导员　　赵林虎
　　治安大队大队长
　　　　　　　史瑞军
　　教导员　　邢永贵
　　交警队队长　高占元
　　指导员　　康东贵
　　副队长　　赵海平
　　　　　　　邢建平
　　公安局正科级侦查员
　　　　　　　杨永生　梁平晓　石建军
　　　　　　　赵海平　邢剑平　陈计生
　　副科级侦查员
　　　　　　　李彦华　段义康　刘志斌
　　　　　　　李文元　赵宪武　张晓华
　　　　　　　郝军荣　宋虹桥　代志宏
　　　　　　　霍朱平　张俊海　王建文
　　　　　　　刘银锁　崔　春　张俊洪
　　　　　　　李永军　赵鸿文　赵耀明
　　　　　　　李有明　赵振礼　王丽萍（女）
　　　　　　　杨爱明　王万明　魏瑞贤
　　　　　　　郝永旺　刘艳红（女）
　　　　　　　杨晓琴（女）高锁才　张海亮

　　派出所正科级所长
　　　　　　　李志明　赵学峰　李爱义（兼）
　　派出所副科级所长
　　　　　　　崔五虎　付建斌　杨惠明
　　　　　　　刘永生　陈宝珍　曹永进
　　　　　　　刘宝珍　胡志国　王福明
　　　　　　　王军峰　赵永进　王翊军
　　　　　　　李宏有　张万银　董成俊
　　　　　　　韩万斌　尹兰星　范克旺
　　　　　　　付保华　石继珠　杨秀斌
　　　　　　　李怀泉　柳长青
监察局
　　（2017年2月，成立县监察委后，撤销县监察局）
　　局　　长　赵红卫（2月免）
　　副局长　　赵东红（2月免）
　　　　　　　郑玉娟（女，2月免）
　　　　　　　刘军华（2月免）
民政局
　　党组书记　局　长
　　　　　　　孙福厚
　　党组成员　副局长
　　　　　　　武俊志（正科）
　　　　　　　武志明
　　党组成员　纪检组长
　　　　　　　邢学科
　　副主任科员　李永芳（女）
　　　　　　　李俊清（女）
司法局
　　党组书记　局　长
　　　　　　　史春生
　　党组成员　副局长
　　　　　　　赵学斌（正科）
　　　　　　　王　伟
　　　　　　　王兴旺
　　党组成员　纪检书记
　　　　　　　姜世文

党组成员　政治部主任

　　韩明清

副主任科员　高书平

　　牛彩英（女）

财政局

党组书记　局　长

　　万学武（县政协副主席兼任）

党组成员　副局长

　　李　谨（主任科员）

　　刘三平

　　田望喜

党组成员　纪检组长

　　赵金珠

党组成员　总会计师

　　赵　晓

副主任科员　高兰英（女）

　　刘兴旺

人社局

党组书记　局　长

　　张彦桢

党组成员　副局长

　　赵兰明（正科，10月免）

　　陈晋成

　　赵　平（女）

　　李建忠

党组成员　纪检组长

　　郭永明

副主任科员　张丽生

　　白金万

住建局

局　长　　刘家财（2月免）

党组书记　局　长

　　张智勇（2月任，北庄村人）

党组成员　副局长

　　张永计（正科）

　　王永军（主任科员）

　　荣周峰（4月免）

　　李瑞明

党组成员　纪检组长

　　孙建荣

党组成员　总工程师

　　邢德军

环保局

局　长　　魏峰德（7月免）

党组书记　局　长

　　杨献东（7月任）

党组成员　副局长

　　贾贵书（正科）

　　郭永胜（主任科员）

党组成员　纪检组长

　　刘秋新

主任科员　王彦鸿

交通运输局

党组书记　局　长

　　胡俊卿

党组成员　副局长

　　段建斌（兼治超办主任）

　　张彦卿（正科）

　　刘永志

党组成员　纪检组长

　　周馥壮（女，8月免）

党组成员　总工程师

　　李俊虎

副主任科员　刘　凤（女）

水务局

党组书记　局　长

　　韩新亮

党组成员　副局长

　　孙雷英（正科）

　　牛彦海（副团）

　　武存跃

党组成员　纪检组长

　　秦建明（7月免）

总工程师　（缺任）

农　委
　　主　任　　崔学跃（兼，2月免）
　　党组书记　郭方恺（7月兼任）
　　党组成员　副主任
　　　　　　张　峰（正科）
　　　　　　高贵春
　　　　　　孙爱寿
　　　　　　侯军明
　　党组成员　纪检组长
　　　　　　侯　红（女）
　　党组成员　农艺师
　　　　　　杨石印
　　副主任科员　石建生

县扶贫开发办公室
　　（7月成立，为副科级内设机构）
　　主　任　　韩永胜（7月任）

林业局
　　党组书记　局　长
　　　　　　武岐山
　　党组成员　副局长
　　　　　　朱永红（主任科员）
　　　　　　韩贵成（主任科员）
　　　　　　杨志才（主任科员）
　　党组成员　纪检书记
　　　　　　李世瑞（7月免）
　　　　　　张世平（7月任）
　　党组成员　总程师工
　　　　　　李世瑞（7月任）

文化局
　　党组书记　局　长
　　　　　　张瑞峰
　　党组成员　副局长
　　　　　　龚贵东（正科）
　　　　　　王建军（正科）
　　　　　　李志俊
　　党组成员　纪检组长
　　　　　　谢志斌

卫生计生局
　　党组书记　局　长
　　　　　　翟学军
　　党组成员　副局长
　　　　　　侯学科（正科）
　　　　　　韩新生（正科）
　　　　　　闫瑞平
　　党组成员　纪检组长
　　　　　　张海峰
　　主任科员　路文绩
　　　　　　常　青（女）
　　副主任科员　刘　敏（女）

食药局
　　局　长　　张智勇（2月免，北庄村人）
　　党组书记　局　长
　　　　　　张智军（2月任）
　　党组成员　副局长
　　　　　　翟建平（女）
　　　　　　李军毅（7月任）
　　党组成员　纪检组长
　　　　　　郭向阳
　　主任科员　王家章
　　正科级干部　高学红

审计局
　　党组书记　局　长
　　　　　　杨中献
　　党组成员　副局长
　　　　　　赵宏波
　　　　　　刘丽芳（女）
　　　　　　刘宏峰
　　党组成员　纪检组长
　　　　　　崔玉平
　　党组成员　总审计师
　　　　　　李文德
　　副主任科员　赵荣生

统计局
　　党组书记　局　长

苏海玉

党组成员　副局长
　　　　　庞秀峰
　　　　　石其凤（女，10月免）

党组成员　纪检组长
　　　　　张勇慧

党组成员　总统计师
　　　　　田月梅（女，10月免）

主任科员　石其凤（女，10月任）
　　　　　田月梅（女，10月任）

副主任科员　杨卫华

安监局

局　　长　（缺任）（县长助理李志刚主持工作至2017年7月）

党组书记　高尚明（2017年7月兼任）

党组成员　副局长
　　　　　梁元印（副县）
　　　　　魏　忠
　　　　　陈小峰

党组成员　纪检书记
　　　　　王全才（正科）

党组成员　总　工
　　　　　张向华

工商质检局

1. 原工商局

局　　长　（缺任）

党组副书记　刘连海（至2月机构合并）

党组成员　副局长
　　　　　潘彦芳（女，主持全局工作至2017年2月）
　　　　　李学青（至2月机构合并）
　　　　　张晓红（女，至2月机构合并）

党组成员　刘恩义（至2月机构合并）
　　　　　李佳骅（至2月机构合并）

党组成员　纪检书记
　　　　　王丽萍（女，至2月机构合并）

非公工委专职副书记
　　　　　王　锦（女，至2月机构合并）

副主任科员　王书平
　　　　　宋俊英
　　　　　王小英（女）
　　　　　王奋勇

副科级所长　胡永福
　　　　　胡晋生

2. 质监局

党组书记　局　长
　　　　　张志军（2月免）

党组成员　副局长
　　　　　武巨才（至2月机构合并）
　　　　　赵向丽（女，至2月机构合并）
　　　　　闫　帆（至2月机构合并）

党组成员　纪检书记
　　　　　张拥军（至2月机构合并）

3. 工商质检局

党组书记　局　长
　　　　　潘彦芳（女，2月任）

副 局 长　李学青　张晓红　武巨才
　　　　　赵向丽　李佳骅　闫　帆

纪检书记　王丽萍（女）
　　　　　张拥军

非公工委专职副书记
　　　　　王　锦（女）

主任科员　刘连海
　　　　　刘恩义

副主任科员　王书平
　　　　　宋俊英
　　　　　王小英（女）
　　　　　王奋勇

副科级所长　胡永福
　　　　　胡晋生

政府参公事业单位

文物旅游局
　　局　长　　王智荣
　　副局长　　高　峰（主任科员，祁县人）

县供销社
　　党组书记　主　任
　　　　　　　赵保红
　　党组成员　副主任
　　　　　　　韩立新（主任科员）
　　　　　　　李建喜
　　党组成员　纪检书记
　　　　　　　代晋鹏
　　副主任科员　郑庆龙

档案局
　　党组书记　局　长
　　　　　　　曹　宇
　　党组成员　副局长
　　　　　　　米俊武（正科）
　　　　　　　王　丽（女）
　　副主任科员　杨　将

地震局
　　局　长　　闫建军
　　副局长　　韩永和
　　副主任科员　赵　军

电教中心
　　主　任　　陈俊杰
　　副主任科员　刘学峰
　　　　　　　韩爱荣（女，4月免）

事业单位登记局
　　局　长　　郭志伟

规划设计管理处
　　主　任　　侯晋峰（4月免）
　　　　　　　王培明（4月任）
　　副主任　　张　军（主任科员）

畜牧中心
　　主　任　　张利兵
　　副主任　　王国栋
　　畜牧师　　王全生

计生协会办公室
　　主　任　　赵旭红（女）

盂县红十字会
　　专职副会长　杨凤娟（女，10月任）

政府机关事业单位

治超办
　　主　任　　段建斌（兼）
　　副主任　　闫跃光

盂县产业集聚区管理中心（7月成立）
　　主　任　　鄢宝明（兼，7月任）

1.原阳泉北站新城区管委会
　　主　任　　张忠亮
　　副主任　　李小明（4月免）
　　　　　　　郑晓宁（7月免）

2.原西小坪管委会
　　副主任　　郭爱全
　　　　　　　田莉华（女）

龙华口水库筹建处
　　党组书记　主　任
　　　　　　　王建明
　　党组成员　副主任
　　　　　　　侯东升
　　　　　　　张碰明

梁家寨温泉管委会
　　主　任　　张铭德（兼）

行政审批中心
　　主　任　　付海川
　　副主任　　韩书对

机关事务局（接待办）
　　党组书记　局　长
　　　　　　　苏建斌
　　党组成员　副局长

　　　　　段爱军（兼，县接待办主任）
　　　　　许利民（兼，盂县宾馆经理）
广播电视台
　　党组书记　台　长
　　　　　张　瑞（女）
　　党组成员　总　编
　　　　　武海青
　　党组成员　副台长
　　　　　刘小如
　　　　　武永健
　　支部书记　（缺任）
　　支部副书记　马明一
　　党组成员　纪检书记
　　　　　代丽芬（女）
城镇社区服务中心
　　党工委书记　主　任
　　　　　崔丽芬（女）
　　党工委副书记
　　　　　曹东升
　　副主任　高培云（女）
　　　　　张　芳（女）
　　　　　侯　强
　　武装部长　崔永新
城镇联社
　　党委书记　主　任
　　　　　韩志平
　　副主任　刘富华
　　　　　张云寿
招商局
　　局　长　韩　涛（县发改局副局长兼任）
　　副局长　王志强
经济信息中心
　　主　任　朱建宏（11月去世）
　　副主任　王千文
民企服务中心
　　（中小企业服务中心）
　　主　任　武秋元
　　副主任　侯爱元（10月免）
　　　　　宋　锴
　　　　　韩永生（10月任）
农机中心
　　局　长　冀月春
　　副局长　梁林秀（女）
　　　　　李　斌
农广校盂县分校
　　校　长　崔海青
　　副校长　史彦志
宾　馆
　　经　理　许利民
　　支部书记　常　勇
　　副经理　赵志刚
　　　　　王　平（女）
县城镇管理监察执法大队
　　大队长　杨献东（7月免）
　　　　　侯宝军（7月任）
　　副大队长　侯宝军（7月免）
　　　　　武文斌（7月免）
　　　　　赵永峰（7月任）
房屋征收与补偿管理办公室
　　主　任　王培民（4月免）
　　　　　庞永传（4月任）
　　副主任　郭彤林
　　　　　秦　锐
国有资产管理中心
　　主　任　王永焱
政府采购中心
　　主　任　王瑞籽
人才开发交流中心
　　主　任　韩利民（7月免）
劳动服务公司
　　副经理　胡志刚
城镇职工养老保险中心
　　主　任　张瑞霞（女）

医疗保险中心
  主　任　　武中平
失业保险中心
  主　任　　赵向东
农村养老保险
  主　任　　赵福生
环卫所
  所　长　　尹瑞青
房管所
  所　长　　赵春生（10月任）
建筑市场管理中心
  主　任　　郑　委
园林管理处
  主　任　　李小军（7月免）
      梁海帆（10月任）
水资源管理办公室
  主　任　　王斌杰（4月免）
      邢旭宁（7月任）
农村经济管理站
  主　任　　张　毅
农业行政执法大队
  队　长　　赵明双
文化市场执法队
  队　长　　路瑞红（女）
农村社会经济调查队
  主　任　　韩培林
安监培训中心
  主　任　　张　胜
矿山救护队
  主　任　　韩明华（10月免）
质量技术监督检验测试所
  所　长　　毛新明
人民医院
  院　长　　荣命生（1月免）
      任侯奴（1月任）
  总支书记　荣长泰
  副院长　　李云惠
      李云峰（盂县人）
      郭方敏（4月任）
中医院
  院　长　　张东明
  党支部书记　刘惠芬（女）
妇幼保健计划生育服务中心（妇幼保健院）
  主　任　　杨尚斌
卫生监督所
  所　长　　李俊才
一　中
  校　长　　罗建国
  总支书记　张之斌
  总支副书记兼副校长
      郝会珍
  副校长　　赵建新
      韩鹤林
      王贵平（女）
二　中
  校　长　　田健民
  书　记　　付阳明
三　中
  校　长　　李秀兵
  支部书记　（缺任）
  副书记　　韩国平
  副校长　　韩国印
      古建恒
      崔林虎
职业中学
  书记兼校长　侯宪文
  副校长　　刘　丹
      尹耀文
      崔彦龙
进修校
  校　长　　张天龙
  书　记　　吴俊卿
  副校长　　王建明
      武计林

刘卫峰

教育督导室

　　正科级督学　付新文

　　副科级督学　李宝华（女）

梁家寨温泉疗养院

　　院　　长　　（缺任）

公证处

　　主　　任　　毕宝瑞

政协盂县委员会

党组书记　主　席

　　　　　　闫庶民

党组副书记　副主席

　　　　　　张铭德

副主席　　　王红雁（女，非党）

党组成员　　副主席

　　　　　　万学武

副主席　　　马淑英（女，非党）

秘书长　　　潘志宏（4月免）

　　　　　　赵剑韬（4月任）

政协工作机构

办公室

　　主　　任　　潘志宏（4月免）

　　　　　　　　赵剑韬（4月任）

　　副主任　　　蔺建宏

　　主任科员　　李怀明

　　　　　　　　王　优（女，10月任）

　　副主任科员　王　优（女，10月免）

经济委

　　主　　任　　王孝生（4月免）

学习委

　　主　　任　　马淑英（女，4月免）

　　　　　　　　韩石虎（4月任）

专门委

　　主　　任　　张秀清

文史委

　　主　　任　　李忠红

盂县人民法院

党组书记　院　长

　　　　　　武绍晋

党组成员　常务副院长

　　　　　　李晨生（正科）

党组成员　副院长

　　　　　　杨瑞明（正科级审判员）

　　　　　　李志瑞（正科级审判员）

党组成员　纪检组长

　　　　　　孙慧涛（正科级审判员）

党组成员　政治部主任

　　　　　　郭占宝（副科级领寻职务）

专职审判委员会委员

　　　　　　韩秀萍（女）

　　　　　　侯翠红（女）

执行局长　　张进步（正科级非领导职务）

法警队长　　李润保（副科级）

正科级庭长　亢建新（正科级审判员）

副科级庭长　王建勇（副科级审判员）

　　　　　　康明全（副科级审判员）

　　　　　　张渭清（副科级审判员）

　　　　　　侯光锋（副科级审判员）

　　　　　　李　玲（女，副科级审判员）

政治处副主任

　　　　　　付良英（副科级审判员）

执行局副局长

　　　　　　柳春林（副主任科员）

副科级审判员

　　　　　　侯有亮

盂县人民检察院

党组书记　检察长
　　　　　贾建胜（12月免）
党组书记　代检察长
　　　　　姚建强（12月任）
党组副书记　常务副检察长
　　　　　崔建军
党组成员　副检察长
　　　　　王建军
　　　　　秦建勇
党组成员　纪检书记
　　　　　郑　重
党组成员　政治部主任
　　　　　王友爱
案管中心主任
　　　　　周红梅（女）
正科级检察员
　　　　　王友爱
　　　　　龚景春
　　　　　刘玉明
副科级检察员
　　　　　王瑞琴　魏新文　赵文敏
　　　　　尹兰芳　赵书平　王瑞明
主任科员　郑　重
副主任科员　尹志强

群团单位

总工会
主　席　　马　俊（兼，4月免）
党组书记　主　席
　　　　　李宏革（4月兼任）
党组成员　副主席
　　　　　王崇佑（常务，正科）
　　　　　韩俊宏（正科）
经审委主任　王翠青（女）

团县委
党组书记　书　记
　　　　　李　敏（女）
党组成员　副书记
　　　　　付　亮（兼少工委主任）
　　　　　李　玲（女）

妇联会
主　任　　亢晓英（女，兼任，2月免）
党组书记　主　席
　　　　　庞能芳（女，2月任）
党组成员　副主任
　　　　　邢晓英（女）

工商联
党组书记　副主席
　　　　　李春天（常务，兼，驻会）
主　席　　李昕泽（民营企业家）
党组成员　副主席
　　　　　郭俊果（女，驻会，主任科员）

文　联
党组书记　主　席
　　　　　侯宝德
党组成员　副主席
　　　　　李彦青（女）
　　　　　胡海斌

残　联
党组书记　理事长
　　　　　赵保和
党组成员　副理事长
　　　　　宋宝森
副理事长　郑慧芳（女，主任科员）

科　协
主　席　　张燕萍（女，兼，4月免）
　　　　　张翠平（女，4月任）
党组成员　副主席
　　　　　张晓萍（女）
　　　　　高　伟

副主任科员　李志军

省、市驻盂单位

县国土局

党组书记　局　长
　　　　贾宝青
党组成员　副局长
　　　　崔中和（7月免）
　　　　韩志刚（7月免）
　　　　吕海生（7月任）
　　　　腾继鹏（6月任）
党组成员　总支副书记
　　　　王林寿
党组成员　纪检组长
　　　　腾继鹏（6月免）
　　　　李维清（7月任）
党组成员　总工程师
　　　　张雪峰
党组成员　执法监察大队队长
　　　　罗全明
主任科员　崔中和（7月任）
　　　　韩志刚（7月任）

盂县国税局

局　长　　李喜元（2月免）
　　　　岳昱辉（2月任）
党组书记　岳昱辉（5月任）
党组成员　副局长
　　　　王计和
　　　　樊　毅
　　　　季梦军
　　　　吴晓东
党组成员　纪检组长
　　　　郭建首（9月免）
　　　　凌怀强（9月任）

盂县地方税务局

党组书记　局　长
　　　　曹　涛
党组成员　副局长
　　　　孟建国
　　　　郭俊才
　　　　李玉晶
党组成员　纪检组长
　　　　赵文华
稽查局局长　张学民
直属一分局局长
　　　　刘丽芳（女）
直属二分局局长
　　　　吴　凡
第一税务所所长
　　　　刘秋华
第二税务所所长
　　　　张宏斌
秀水税务所所长
　　　　荣有奇
南娄税务所所长
　　　　韩志扬
路家村税务所所长
　　　　张俊文

盂县气象局

局　长　　程　鹏
副局长　　付东生

盂县煤运公司

党委副书记　执行董事　经理
　　　　杨　军
党委书记　苏建平（10月任）
副经理　　李元章
　　　　王　捷
　　　　李玉金（9月免）
　　　　白继科
　　　　杨世武
工会主席　李兰保（11月免）
　　　　戴文忠（11月任）
纪委书记　戴文忠（11月免）

　　　　　　霍　懿（11月任）
　　总会计师　杜晋平
国网盂县供电公司（盂县电业局）
　　经　理　党委副书记
　　　　　　刘守斌（3月免）
　　　　　　魏　鑫（3月任）
　　党委书记　副经理
　　　　　　魏　鑫（3月免）
　　　　　　岳劲春（3月任）
　　副经理　　武月德
　　　　　　薛东升
　　纪委书记　工会主席
　　　　　　张　宁（3月免）
　　　　　　魏晓勇（3月任）
中国邮政集团公司山西省盂县分公司
　　书记兼总经理
　　　　　　白建鹏（5月免）
　　　　　　冯海仲（5月任，11月免）
　　　　　　郭　建（11月任）
　　副总经理　王文华
中国联合网络通信有限公司盂县分公司
　　总经理　　张银虎（12月免）
　　　　　　王文光（12月任）
　　副总经理　郑先国（12月免）
　　　　　　梁俊兵（5月免）
　　　　　　张　汇
　　　　　　李泽渊（12月任）
中国移动通讯集团山西有限公司盂县分公司
　　经　理　　杨　杰（2月免）
　　　　　　王朝阳（2月任）
　　副经理　　程玉龙
盂县电信分公司
　　经　理　　韩庆年（8月免）
　　　　　　武　政（8月任，副科
　　　　　　主持工作）
　　政企营销中心经理
　　　　　　赵培华（副科）

盂县药材公司
　　书　记　　李俊文
　　经　理　　籍润太
　　副经理　　邢献书
　　　　　　胡荣艳（女）
盂县烟草专卖局（盂县卷烟营销部）
　　局　长（经理）
　　　　　　高亚杰
　　副经理　　张学会（7月免）
　　　　　　梁利军（7月任）
　　副局长　　张智勇（南茌池村人）
盂县石油公司
　　经　理　　王　军
　　副经理　　王淑琴（女）
　　　　　　武星振
　　经理助理　雷　温
银监会阳泉分局盂县办事处
　　主　任　　郭万珍
中国人民银行盂县支行
　　党组书记　行　长
　　　　　　王海北
　　副行长　　工会主席
　　　　　　刘良锐
　　纪检组长　总稽核
　　　　　　韩建林
中国工商银行股份有限公司盂县支行
　　行　长　　张新宇
　　副行长　　郝志坚（9月免）
　　　　　　曹彩虹（女）
　　　　　　李　娟（女）
中国农业银行盂县支行
　　盂县支行党委书记　行　长
　　　　　　王文军
　　纪委书记　副行长
　　　　　　武志军
　　副行长　　郭建军
　　　　　　张玉珠

中国建设银行股份有限公司盂县支行
  行　　长　　余　杰（10月免）
       孙小莉（女，10月任）
  副 行 长　　王改英（女）
  正科级客户经理
       刘建国　庞慧芳（女）

中国银行股份有限公司盂县支行
  支行行长　　武守忠
       杨海俊（6月任）
       石永生（6月任）
  盂县西关支行行长
       张春花（女，副科）

阳泉市商业银行盂县支行
  行　　长　　孟　静（女）
  副 行 长　　姚　玲（女，2月免）
       贾星良（1月免）
       韩　波（4月任）

盂县农商银行
  党委书记　董事长
       耿立涛
  党委副书记　行　长
       刘怀兵
  纪检书记　监事长
       曹　志
  副 行 长　　韩向军
       陈　葆
       李　君
  工会主席　　张育林
  行长助理　　刘文平

中国邮政储蓄银行股份有限公司盂县支行
  行　　长　　朱永盛（11月免）
       耿永明（11月任）
  副 行 长　　吴峰丽（女，11月任）
  行长助理　　吴峰丽（女，11月免）

中国人寿保险股份有限公司盂县支公司
  经　　理　　苏建新
  副 经 理　　马宇升
       韩昊锦

中国人民财产保险股份有限公司盂县支公司
  经　　理　　梁永杰
  副 经 理　　张国春
       刘文斌
       赵　琳
  经理助理　　武　敬（2月免）
       王瑞萍（2月任）

盂县新华书店
  经　　理　　王金鑫
  副 经 理　　白海银
       冯　芳（女）
       荣春红

盂县公路管理段
  段　　长　　刘晋华（3月免）
       胡四兵（3月任）
  党支部书记　禹水清（2017年3月免）
  党支部副书记
       张丽芸（女，3月任）
  副 段 长　　赵志刚
       常　青
  技术主管　　郑巧鱼（女）

盂县东公路段
  党支部书记兼段长
       胡四兵（3月免）
  段　　长　　李瑞平（3月任）
  党支部书记　张克勤（3月任）
  副 段 长　　张雪松
       郭斌林
       赵　忠（3月免）
       方　伟（3月任）
  副段长兼技术主管
       王小琦（3月免）

盂县上社超限监测站
  党支部书记　站　长
       李瑞平（3月免）
  副 站 长　　张卫庆（3月免）

党支部副书记　主持全面工作副站长
　　　　　　　　杨建涛（3月任）
　　纪检委员　副站长
　　　　　　　　吴智江
盂县梁家寨超限监测站
　　党支部书记　站　长
　　　　　　　　施李琳（女，3月免）
　　党支部副书记　副站长
　　　　　　　　邢俊红（3月免）
　　　　　　　　梁海军（3月任）
　　副站长　　梁海军（至3月）
　　　　　　　　邢俊红（3月任）
盂县沙井超限监测站
　　党支部书记　站　长
　　　　　　　　蒋　叶（3月免）
　　党支部副书记　副站长（主持工作）
　　　　　　　　张卫庆（3月任）
　　副站长　　刘国强
　　　　　　　　李树勇
盂县交口超限监测站
　　站　长　　贾沛良（3月免）
　　　　　　　　孙慧勇（3月任）
　　党支部副书记
　　　　　　　　张丽芸（3月免）
　　副站长　　宋志勇
盂县东梁超限监测站
　　站　长　　赵晋生（3月免）
　　　　　　　　禹水清（3月任）
　　党支部书记　刘向东
　　党支部副书记　副站长
　　　　　　　　马　军
　　副站长　　张润军（3月免）
阳泉交通运输执法局盂县分局
　　局　长　　崔志如
　　书　记　　王建成
　　副局长　　张学功
　　　　　　　　牛文革

《阳泉日报》驻盂县记者站
　　站　长　　孙学君
阳泉北站
　　站　长　　高近兵
　　党总支书记　李沁萍（女）
　　副站长　　张凤义
　　　　　　　　门婷婷（女）
　　　　　　　　陈利英（女）吕晓青
　　　　　　　　高冠群（7月任）
　　　　　　　　李东部（7月任）

县营国有企业

晋盂煤业
　　党委书记　董事长
　　　　　　　　韩爱忠
　　党委副书记　董事　矿业公司董事长
　　　　　　　　武俊才
　　党委副书记　赵彦海
　　党委委员　董事　总经理
　　　　　　　　张志平
　　党委委员　董事　副总经理
　　　　　　　　冀永东
　　副总经理　古宝文
　　　　　　　　王保军
　　　　　　　　张彦兵
　　纪检书记　高建国
　　总工程师　赵建忠
　　工会主席　史学云
　　监事会主席　（缺任）
　　董事　跃进煤业董事长
　　　　　　　　王怀宝
　　董事　石店煤业董事长
　　　　　　　　张志生
　　董事　东坪煤业董事长
　　　　　　　　史向军
　　晋盂煤业集团总经理助理

　　　　　　崔进印 赵学文
　　　　　　王东海 王建国
东坪煤业有限公司
　　董事长　　史向军
　　党委（总支）书记
　　　　　　赵喜珠
　　总经理　　刘亮俊
石店煤业有限公司
　　董事长　　张志生
　　总经理　　贾瑞军
　　党委书记　赵建铭
跃进煤业有限公司
　　董事长　总经理
　　　　　　王怀宝
　　党委书记　张　翼
国投公司
　　（2017年2月成立盂县国有资产投资有限公司）
　　董事长　　苏喜峰（2月任）
　　董　事　　赵建红（7月任）
　　　　　　赵彦军（7月任）
　　　　　　郑文军（7月任）
　　外部董事　高　斌（7月任）
　　监　事　　刘红峰（7月任）
　　　　　　韩书平（7月任）
　　　　　　田望喜（7月任）
　　　　　　杨文瑞（7月任）
　　　　　　赵鹏宇（7月任）

乡　镇

秀水镇
　　党　委
　　书　记　　高尚明（2月免）
　　（缺任）（2月至10月，李佩斯主持全面工作）
　　　　　　郭永进（10月任）

　　副书记　　李佩斯（10月免）
　　　　　　王曒明（10月任）
　　　　　　崔陈平（女）
　　纪委书记　武俊明
　　组织委员　李巧红（女，10月免）
　　　　　　崔锦丽（女，10月任）
　　武装部长　李建伟
　　人　大
　　主　席　　李　杰
　　政　府
　　镇　长　　李佩斯（10月免）
　　　　　　王曒明（10月任）
　　副镇长　　张建生
　　　　　　郭天成
　　　　　　崔建跃
　　　　　　蔺晓峰
　　挂职副镇长　李　杰（7月免）
　　　　　　高庆昆（7月任）
　　主任科员　王志强
　　副主任科员　李志文
孙家庄镇
　　党　委
　　书　记　　郭永进（10月免）
　　　　　　李佩斯（10月任）
　　党委副书记　赵剑韬（4月免）
　　　　　　闫东慧
　　挂职副书记　王泉峰（7月免）
　　纪委书记　吕宜斌
　　组织委员　施变英（女）
　　武装部长　郭俊青
　　人　大
　　主　席　　刘宝才
　　政　府
　　镇　长　　赵剑韬（4月免）
　　　　　　闫东慧（10月任）

副镇长	张来福			刘明远（4月任）
	刘玉泉		挂职副书记	张　洁（7月免）
	吕海生（4月免）		纪委书记	李海云
	韩利民（7月任）		组织委员	路二红
	石建忠		武装部长	闫润仓

路家村镇

党　委

书　记　李瑞峰

党委副书记　刘智华

　　　　　胡　波（7月免）

　　　　　王光明（7月任）

挂职副书记　闫晋东（7月免）

纪委书记　王先才

组织委员　赵建生（7月免）

武装部长　郑晓宁（7月任）

人　大

主　席　李虎翼

副镇长　李泽峰

　　　　李锐红

　　　　曹小林

　　　　杨小军

主任科员　刘丽萍（女）

　　　　　赵建新

　　　　　王艳萍（女）

　　　　　侯元和

政　府

镇　长　刘智华

南娄镇

党　委

书　记　郭方恺（2月免）

　　　　张俊虎（10月任）

党委副书记　张俊虎（2月至10月主持全面工作，10月免）

　　　　　曹　耀（10月任）

　　　　　张林元（4月免）

人　大

主　席　田晋中（4月免）

　　　　张振彦（5月任）

政　府

镇　长　张俊虎（5月免）

　　　　曹　耀（10月任）

副镇长　韩文军

　　　　张振彦（5月免）

　　　　赵晋阳

　　　　白　琳（女，5月任）

主任科员　李向龙

牛村镇

党　委

书　记　郭　华

党委副书记　闫福善

　　　　　张进军

纪委书记　张静波

组织委员　韩改卿（女）

武装部长　张爱军

人　大

主　席　高万喜

政　府

镇　长　闫福善

副镇长　付晓丽（女）

　　　　潘新元

　　　　郝向东

　　　　杨国华

挂职副镇长　王保忠（7月免）

主任科员　蔺建伟

　　　　　许　彦（女）

芦池镇

　　党　委

　　书　记　　　韩志勇
　　党委副书记　韩秀山
　　　　　　　　付建宾
　　纪委书记　　贾积财
　　组织委员　　田　野
　　武装部长　　吴海军

　　人　大

　　主　席　　　胡慧军

　　政　府

　　镇　长　　　韩秀山
　　副镇长　　　荣建明
　　　　　　　　杨瑞星
　　　　　　　　高　岩
　　　　　　　　韩爱英（女）
　　挂职副镇长　赵　晶（7月免）
　　主任科员　　王青果（女）
　　　　　　　　梁金荷（女）
　　副主任科员　梁凤彦
　　　　　　　　曹贵娥（女）

上社镇

　　党　委

　　书　记　　　王俊德
　　党委副书记　刘继红
　　　　　　　　罗东明
　　纪委书记　　秦利平
　　组织委员　　齐婷萍（女）
　　武装部长　　武文斌（7月任）

　　人　大

　　主　席　　　李忠明

　　政　府

　　镇　长　　　刘继红
　　副镇长　　　李国瑞
　　　　　　　　白满堂
　　　　　　　　冯全林
　　　　　　　　崔昶华（女）
　　挂职副镇长　范议及（7月免）
　　主任科员　　郑晋宝

西烟镇

　　党　委

　　书　记　　　高彦青
　　党委副书记　李国华
　　　　　　　　王光明（7月免）
　　　　　　　　张彦平（10月任）
　　纪委书记　　刘杰锋
　　组织委员　　任淑芳（女）
　　武装部长　　尚凤鸣

　　人　大

　　主　席　　　张宇伟

　　政　府

　　镇　长　　　李国华
　　副乡长　　　高永成
　　　　　　　　齐泽峰
　　　　　　　　孙文娟
　　　　　　　　韩永胜（7月免）
　　挂职副镇长　杨　旭（7月免）
　　主任科员　　史金萍（女）

仙人乡

　　党　委

　　书　记　　　闫东红
　　党委副书记　李华青
　　　　　　　　李忠勇
　　纪委书记　　孙建军
　　组织委员　　杨晓艳（女）
　　武装部长　　郭海兵

　　人　大

　　主　席　　　刘建军

　　政　府

　　乡　长　　　李华青

副　乡	侯志平		武装部长	李小军（7月任）
	赵晋军		人　大	
	李生如		主　席	任建明
	张泽伟		政　府	
挂职副乡长	王瑞杰（7月免）		乡　长	韩安昌
主任科员	秦志宏		副乡长	陈　赟
	刘军平			梁俊宏
	王建梅（女）			韩新文
副主任科员	李俊花（女）		挂职副乡长	李雪枫（7月免）

北下庄乡

梁家寨乡

党　委			党　委	
书　记	王玉红		书　记	付全珍
党委副书记	贾庭志		党委副书记	郑云峰
	刘达伟		纪委书记	刘　波
纪委书记	赵金泉		组织委员	赵志岗
组织委员	郝月英（女）		武装部长	郭倩娜（女）
武装部长	李雪峰		人　大	
人　大			主　席	张海涛
主　席	荣毅志		政　府	
政　府			乡　长	王雪梅（女，非党）
乡　长	贾庭志		副乡长	胡慧军
副乡长	张彦军			韩海娥（女）
	魏宝寿			李宝富
	刘秀芳（女）			李瑞中
	荣文霞（女）		挂职副乡长	王利铭（7月免）
挂职副乡	李宝刚（7月免）		主任科员	刘素梅（女）
主任科员	刘良义		副主任科员	梁俊文
副主任科员	吕红梅（女）			

下社乡

西潘乡

党　委			党　委	
书　记	杨晓卫		书　记	侯秀英（女）
党委副书记	韩安昌		党委副书记	张利锋
	王军海			韩国宝
纪委书记	李伟明		挂职副书记	侯德刚（7月免）
组织委员	（缺任）		纪委书记	张建平
			组织委员	李宝红

武装部长　胡宝著
人　大
主　席　代建华
政　府
乡　长　张利锋
副乡长　宋宏武
　　　　孙向荣
　　　　孟　婷（女，非党）
主任科员　韩宝荣
东梁乡
党　委
书　记　李东亮
党委副书记　武香萍（女）
　　　　李新宇

纪委书记　武丽华（女）
组织委员　崔玉国
武装部长　刘明远（4月免）
人　大
主　席　张建强
政　府
乡　长　武香萍（女）
副乡长　韩国华
　　　　侯爱金
　　　　张　楠
　　　　贺怀杰
挂职副乡长　吕怀宗（7月免）
主任科员　刘兰香（女）

中国共产党盂县委员会

综合工作

【中共盂县十三届二次全体（扩大）会议暨全县经济工作会议】 2017年2月13日，盂县召开十三届二次全体（扩大）会议暨全县经济工作会议，会议对2016年县委常委会的工作进行回顾和总结，对2017年的工作进行部署。市委常委、县委书记李云峰代表常委会做工作报告。报告肯定全县2016年取得的长足进步，指明工作中的不足和短板，并对2017年的工作提出明确要求。李云峰强调，认清形势，明确任务，适应、把握、引领经济新常态，用新的理念指导新的发展，坚持稳中求进工作总基调，深化供给侧结构性改革。全年全县经济工作总要求：深入贯彻习近平总书记系列重要讲话精神和治国理政新理念新思想新战略，认真落实省委"一个指引、两手硬"重大思路和要求以及省十一次党代会提出的治晋理政总方略，重点做好煤与非煤两篇文章，发展现代农业与现代服务业，推动全域旅游与文化创意融合发展，加快中心县城建设与特色小镇建设和美丽乡村的建设，实现产业转型升级、经济浴火重生，努力把盂县建设成为宜居宜业宜游、服务阳泉发展的首善之区，力争使盂县早日跨入全省十强县，以优异的成绩迎接党的十九大胜利召开。全年全县主要经济指标为：2017年要重点做好制订"四张蓝图"（城市发展规划、县城路网规划、一区三园规划、全域旅游规划），加快"一区三园"（经济技术开发区、牛村煤电化工业园、山西中岚国际物流园、山西鑫磊循环经济产业园）建设，培育经济新动能，发展现代特色农业，推进"全域旅游"、抓好重点工程项目，发展民生事业、全力"攻坚克难"等九方面的工作。同时，还对党建党务工作进行了安排部署。县委副书记、县长孔禄泉对2018年以及今后一段时期的工作从七个方面进行了安排部署。

（闫建国）

【盂县出台一系列规定】 2月20日，经县委常委会研究，县委印发《关于在全县各级建立例会和工作周报制度的有关要求》《关于县四套班子领导下乡镇到基层调研时"必看必问必查"的规定》《关于党员干部严守纪律履职尽责的十二条规定》。规定明确了具体要求和保障落实的措施，要求四套班子、党员领导干部带头执行，以保证县委县政府各项工作落到实处。

（闫建国）

【《盂县深化监察体制改革试点实施方案》】 3月23日，盂县县委印发《盂县深化监察体制改革试点实施方案》，从指导思想、目标任务、实施步骤、工作要求等四个方面做出了明确规定。实施方案决定，成立县监察委员会，由县人民代表大会产生。确定了县监察委员会的职能和监督对象；明确了县监察委员会的职责，县监察委员会惩治腐败、调查职务违法犯罪行为的极限手段，县检察委员会与司法机关的协调衔接机制，县监察委员会的监督制约机制。按照"转吏开局、平稳过渡、足部深化"的要求和市委、县委的统一安排，成立县深化监察体制改革试点工作小组及办公室，负责试点工作的组织实施。具体开展调查摸底、制定试点方案、制定"三定"方案建议、落实工作保障、制定流程制度、做好人事工作、正式挂牌运行、推进融合提高等实施步骤。同时，还强调要加强组织领导,确保全县试点工作整体有序推进;强化协作配合,圆满完成盂县深化监察体制改革试点各项工作任务;严把政策界限,确保中央和省委、市委关于试点工作的各项部署要求得到精准有效落实;严明工作纪律,为试点工作统筹、有序、平稳推进提供坚强纪律保证。

（闫建国）

【县委转发人大党组《关于加强乡镇人大工作和建设的实施意见》】 2017年5月19日,盂县县委转发《中共盂县人大常委会党组关于加强乡镇人大工作和建设的实施意见》。文件要求深刻认识加强乡镇人大工作和建设的重要性,支持乡镇人大依法行使各项职权,加强和改进乡镇人大代表工作,加强乡镇人大自身建设和对现在人大工作的联系和指导。 （闫建国）

【市委巡察组对盂县进行巡察工作回头看】 6月6日,市委巡察组进驻盂县,开始对盂县开展一个半月的巡察工作回头看,将巡察对象延伸到乡镇和县直机关。其间,市委巡察组通过听取工作汇报、进行民主测评、个别谈话座谈、查阅相关资料、接待群众来访以及深入实地察看、明察暗访等方式对县直单位和乡镇领导班子履职情况进行全面了解。6月6日上午,盂县全体副县级以上领导和科级单位一把手在县委西二楼召开巡察工作动员会,市委副书记、县委书记李云峰做了重要讲话,要求各部门各单位全力配合巡察组的工作,认真对待巡察工作中发现的问题,及时制定整改方案,推进工作落实。7月21日,市委巡察组返回阳泉,向市委汇报对盂县的巡察工作情况。10月16日,盂县召开有副县级以上领导和科级单位一把手参加的巡察工作意见反馈会,市委巡察组全体成员出席会议,组长高锦孝进行了意见反馈,指出了发现在党的领导、党的建设、全面从严治党、上一轮巡察发现的问题整改情况等4方面问题,提出了意见建议,并提供了巡察反馈问题清单、责任清单、整改清单。市委副书记、县委书记李云峰做了表态讲话,要求全县相关单位和部门,要坚持问题导向,主动对号入座,积极进行整改。 （闫建国）

【盂县举行"喜迎十九大,健步跟党走"活动】 6月30日,盂县举行"喜迎十九大,健步跟党走"活动。来自全县各级党政机关、企事业单位共2000余人在县四套班子领导李云峰、孔禄泉、李宏革、武润珍、闫庶民等的带领下,大家手举党旗,阔步向前。从新建成的高城山路出发,经迎宾大道、水神山路,最后到达新落成的文化中心,在文化中心广场,参加活动的全体人员合影留念。 （闫建国）

【县委印发《关于进一步贯彻落实中央八项规定精神的实施细则》】 10月20日,县委印发《关于进一步贯彻落实中央八项规定精神的实施细则》,全面改进调查研究,精简会议活动和文件简报,改进新闻报道,规范因公出国活动,加强公务用车管理,规范办公用房,例行勤俭节约,加强干部自律,推动工程落实。

（闫建国）

【县委采取多种形式组织学习党的十九大报告】 从11月9日开始,盂县县委采取多种方式,组织学习党的十九大报告,贯彻党的十九大精神,推动党的十九大报告深入人心。11月9日,县委中心组专题学习习近平总书记在党的十九大上所作的报告。县四套班子领导及副县级以上领导参加学习,通过学习全面解读习近平总书记所作的报告。10月29日,市委书记陈永奇赴盂县北下庄乡调研时宣讲党的十九大精神,市委副书记、县委书记李云峰,县委副书记李宏革,县委常委、宣传部部长王浩等参加宣讲活动。11月15日,市委常委、市秘书长巩成来盂宣讲十九大报告。市委副书记、县委书记李云峰,县四套班子领导参加宣讲活动。11月23日,市委宣讲团在县文化中心举行党的十九大精神专题报告会,县委组织县四套班子领导及全县副科级以上干部收看报告会。在开展学习中，县委常委班子带头学习十九大精神、中央省市系列会议精神、领导重要讲话精神共12次，中心组集体学习17次。全县大力开展十九大精神进企业、进农村、进机关、进校园、进社区活动，县四套班子领导带头深入基层宣讲50余次；组建14支宣讲小分队深入全县32个党工委开展宣讲，推动学懂、弄通、做实党的十九大精神，收到显著成效。

（闫建国）

【孟县与山西传媒学院、山西工程技术学院签订战略合作协议】 2017年，县委、县政府积极联系省内外高校和科研院所，探求政府与企业及高校和科研院所之间的深层次合作。12月1日，孟县与山西传媒学院、山西工程技术学院签订了战略合作协议，初步拟定由政府统筹征地，企业参与建设，高校负责运营的合作框架，产教融合、校企合作模式正在形成。

（闫建国）

【孟县挂图作战推进18项重点工程】 2017年初，孟县确立文化中心、龙华口水库下闸蓄水、高城山路、省道双阳线路面改造工程、新建中医院、李宾山路、水神山路、孟县香河滨水空间环境综合治理工程、中岚物流园、孟县电厂2×100万千瓦发电项目、西北外环、东外环、孟县秀水河改造等18项对孟县经济社会发展具有战略意义和重大影响的重点工程项目。2017年，坚持每周召开由县委主要领导主持的挂图作战会议，全年共召开41次，研究解决存在问题，督促指导工作进度，现场进行办公，各项工程推进顺利，文化中心、高城山路、新建中医院、李宾山路、水神山路、龙华口水库等一批工程项目顺利完工。（闫建国）

【孟县县委印发《全面落实县纪委监委向县一级党和国家机关派驻纪检监察机构的工作方案》和《孟县开展乡镇监察试点工作方案》】 12月26日，孟县县委印发《全面落实县纪委监委向县一级党和国家机关派驻纪检监察机构的工作方案》和《孟县开展乡镇监察试点工作方案》。两个工作方案分别从指导思想和基本原则、领导体制和职责权限、机构设置和监督范围、机构编制和基本保障（工作关系和人员编制）、组织领导和工作要求等方面做出了明确规定。

（闫建国）

【县委办公室党建工作】 2017年，县委办公室通过推进"两学一做"教育常态化制度化，开展"维护核心见诸行动"主题教育活动，积极创建学习型领导班子和服务型机关，不断创新工作思路，进一步提高服务领导、服务基层、服务群众的综合水平，在理论学习、职能职责发挥、服务县委中心工作等方面均取得了一定的成绩，有效地保证了县委各项工作的高效运转。7月17日至26日，每天晚上8点整，市委副书记、县委书记李云峰、县委副书记李宏革与县委办公室全体干部职工，在县委二楼会议室集体观看中央电视台一套播出的系列专题片《将改革进行到底》。增强了办公室工作人员的政治意识和政治素质，为办公室工作人员增强责任意识，提高服务能力，起到了积极作用。

（闫建国）

组织工作

【概况】 2017年，全县组织工作在党的十九大精神指引下，坚决贯彻中央和省市县委的要求，聚焦新时代，履行新使命，围绕中心工作、服务发展大局，在两学一做、三基建设、干部队伍、人才工作等方面形成了整体提升、全面加强的新气象新格局，全县各级党组织和广大党员干部不忘初心，见诸行动，用忠诚、干净、担当抒写了党建情怀，较好地把从严治党要求贯彻到组织工作各个方面，为推动孟县经济社会发展提供了坚强的组织保证。截至年底，全县共有32个基层党工委。其中，14个乡镇党委、18个县直党工委。全县共有党员18727名，其中，女党员3047名，农村党员9862名。（李丽琴）

【"两学一做"常态化制度化学习教育和维护核心见诸行动主题教育】 2017年,县委组织部采取多种形式,开展了"两学一做"常态化制度化学习教育和维护核心见诸行动主题教育活动。一是认真落实8+5重点安排,突出实效和特色,拉出任务单,列出明细表,明确28个重点学习篇目,形成有"盂县特色"的工作方案。二是坚持知行合一,深入开展"一带头,三榜样"(我是党员我带头,在家庭做传承家庭美德、建设良好家风的好榜样;在单位做履职尽责、甘于担当奉献的好榜样,在社会做崇善文明公约、自觉遵纪守法的好榜样)活动。三是创新党员先锋行,号召县乡机关和领导干部带头参加志愿服务,联系走访困难户,圆梦"微心愿"。四是命名4个县级党性教育基地,在各行业各领域培树"两学一做"常态化制度化示范点63个,做到书记好党课、党员好故事、支部好案例,涌现出了一批先进典型。五是开展"学党章、强党性"知识大练兵,举办"主题党日"集中温誓词、跟党健步走、我和党旗合个影等活动。六是在农村开展了以"亮明身份、不忘初心"为主题的活动,有9576户"农村党员户"挂牌亮身份。七是在企业生产一线创建党员先锋岗等有意义的活动。

(郝来银 刘学峰)

【领导班子和干部队伍建设】 2017年,县委组织部积极加强领导班子和干部队伍建设。首先,坚持科学选人用人标准。坚持落实"好干部"要求,突出政治标准,全面加强对干部的选育用管,着力打造政治过硬、专业突出、能担负起领导和推动转型发展重任的干部队伍。及时发现和选树好干事创业的典范,以好的用人导向,为干事创业者"提气""点赞",共调整干部6批,涉及科级干部107人,平职调整39人,提拔37人,免职31人。其中,选拔重用40岁以下科级干部15名,占提拔总数的40%,其中35岁以下11名,改善了科级干部队伍年龄结构。其次,不断强化各类干部能力素质。坚持用习近平新时代中国特色社会主义思想武装党员干部,分领域、分类别抓好各级党员和各类干部学习培训。培训乡镇领导干部146名,培训农村"领头雁"810名,组织170余名乡村干部到其他县区学习。培训下派挂职干部101名、第一书记60名。规范非公有制党建,培训新型领域党务骨干110名。围绕产业转型、县城规划、全域旅游、美丽乡村建设等重点任务,适时组织开展各类专业化培训500余人次,进一步增强工作本领,推动了事业发展。第三,有效提升干部监督管理水平。深入研究新时代干部管理工作特点和规律,把管政治、管思想、管作风、管纪律统一起来,发挥党委(党组)作用,坚持抓早抓小抓预防,常念"紧箍咒"、勤打"预防针",时刻扭紧干部思想上"螺丝钉",结合巡视巡察、述职考评、个人有关事项报告等情况,运用好谈心谈话、提醒函询诫勉等手段,切实扎紧制度笼子。积极改进目标责任考核,分8个组全面完成对14个乡镇83个县直单位的年度目标责任考核工作。健全干部日常考核办法,推进干部综合评价体系改革,继续完善科级干部"正负面清单"台账制度,为全面客观的评价干部、动态发展的管理干部、公平公正的使用干部提供参考依据。

(郑陆星 何伟)

【基层党建工作】 2017年,县委组织部狠抓基层党建工作,完成村级组织换届。高标准整顿39个软弱涣散村,攻坚28个换届重点难点村,撤并10个行政村,对60个贫困村党组织书记集中分析评价,全面开展村干部经济责任审计,严格党组织换届"八个不能"(具有下列情况的人员不能确定为村或社区党组织班子成员候选人:受到撤销党内职务及以上处分未满两年的;正在被纪委监委立案审查的;涉嫌"村霸"五种情形之一的;近三年内在民主评议党员中被评为不合格党员的；信奉邪教、搞迷信活动或参与非正常上访被有关部门查处不满三年的；长期外出不能正常履行职责的；被人民法院确定为失信被执行人的；选举前不按规定签订遵守换届纪律承诺书的等）村委会换届"六个不能（有下列情形的人员，不能确定为村委会成员候选人或竞选人：1.被判处刑罚或者刑满释放或缓刑期满未满5年的；2.受到撤销党内职务及以上处分未满2年的；3.涉嫌"村霸"五种情形之一的；4.涉黑涉恶受处理未满5年的以及加入邪教组织的；5.丧失行为能力的；6.选举前不按规定签订竞选纪律承诺书的）六个不宜"（有下列情形的人员，不宜确定为村委会成员候选人或竞选人：1.正在被纪委监委立案审查的；2.因嫖娼、吸毒、扰乱公共秩序等受到行政拘留未满5年的；3.信奉邪教、搞迷信活动、参与赌博造成恶劣影响，并被公安机关查处未满5年的；4.参与到非接待场所上访干扰正常生产和工作秩序的活动，被有关部门查处未满5年的；5.换届期间拉帮结派干扰选举，以谣言、非法大或小字报、暴力威胁等不正当行为干预选民正常表达选举意志，被有关部门查证的；6.长期外出不能正常履行职责的）要求，制定"双查一审双备案"（乡镇初查、纪委等六部门联查、换届办最终审核，换届办、各乡镇备案制度）资格审查办法，坚持强化组织领导、严肃换届纪律、严格资格审查、提升换届质量、注重分类指导、加强舆论宣传"六个贯穿始终"，村（社区）"两委"换届工作平稳有序任务兜底，共产生"两委"成员2789名，其中高中以上文化占25％，45周岁以下占26％，连任比例过半，共有45名本土回归人才当选为村（社区）"两委"主干，基本上达到了选优配强的效果。二是规范基层支部建设。坚持党的一切工作到支部的鲜明导向，注重抓两头带中间，全面推行"三四五六"

工作法，机关党建提效能，农村党建促脱贫，国企党建进章程，非公党建全覆盖，选派党建指导员170余名，建立223个非公有制和社会组织党组织，两类支部上交党费全额返还；补贴资金缺乏的39个贫困村和10个社区党支部开展党的活动。健全抓党建促脱贫帮扶机制，涌现出了一批优秀驻村干部和"第一书记"。以基层组织全面加强带动基础工作全面进步基本能力全面提升，通过党的建设规范化引领推动业务工作规范化，在各行各业按要求规范编制"一目录三个手册"，分领域实施五大培训工程，全面推行限时办结制、服务承诺制等制度，落实13710工作督办制度，切实优化了办公环境，提升了工作效能。三是加强乡村基础保障。弥补基础欠账短板，加大人力财力物力倾注，管好用好选派挂职干部，省市县配套经费专款专用。县级财力加大保障，基层干部学习、办公、食宿条件明显改善，14个乡镇的"五小"建设水平有力提升，村主干报酬不断提升，投入经费用于村级场所改扩建村集体经济试点工作。以抓党建促脱贫为契机，注重"扶贫""扶智""输血""造血"并重，加大村级集体经济"破零"攻坚，实现"破零"村417个村，占所有行政村92％，空壳村占比降低了近50个百分点，增强了农村党组织的造血功能。

（郝来银　崔银环）

【重视人才工作】 2017年，县委组织部启动"三基建设优才计划"，助推发展活力。充实乡镇力量，给各乡镇配备了乡镇长金融助理。探索构建了驻村干部和第一书记394管理机制。实施县乡青年干部人才储备，建立完善干部电子数据库，选拔培养35周岁以下优秀年轻干部50名，登记县籍在外人才140名，培养农村本土人才（后备干部）723名，为推动全县经济社会发展储备强有力的人才智力支持。

（梁保祥　刘　敏）

【加强自身建设】 2017年，县委组织部加强组织部门和组工干部政治建设，带头树牢"四个意识"、坚定"四个自信"，自觉用习近平新时代中国特色社会主义思想武装头脑、指导实践、推动工作。修订完善《县委组织部机关考勤制度》《县委组织部党内政治生活制度》等22项制度，积极参加志愿服务活动，践行社会主义核心价值观，成功创建市级文明单位。着力培养"说、写、做、担"综合素质能力强的组工干部。年内获全省党建研究重点课题优秀成果奖、全市十九大知识竞赛组织奖，组工信息全市月排位均在前3名。依托"盂县党建"网站和微信公众号、组工微信群、党建微信群、党员干部远程教育等新平台，促进内部学习交流，提高组织工作效率和质量。

(郝来银 李丽琴)

宣传工作

【概况】 2017年，盂县县委宣传部在县委的正确领导下，以迎接、学习、宣传、贯彻党的十九大精神为主线，履职尽责、开拓创新，充分发挥了思想引领、舆论推动、精神激励和文化支撑的重要作用。其间，举办了盂县2017年"三节"群众文化活动和盂县2017年春节文艺汇演，及"放河灯祈福、赏大众美景"梁家寨首届河灯民俗文化节。组织开展了盂县2017年"五一"旅游假日省市媒体采风活动。此外，盂县文化中心举行落成典礼仪式，文化中心正式启用，并举办了"星耀摩旅 清凉盂县"——2017摩托人阳泉盛典盂县摩旅文化节。

(何润川)

【中心组学习】 2017年，县委中心组围绕学习贯彻党的十九大精神，深入推进"两学一做"学习教育常态化制度化等，共学习12次。十九大闭幕后，中心组第一时间进行了专题学习，率先在全县掀起了学习宣传贯彻党的十九大精神热潮。

(何润川)

【十九大精神宣讲】 2017年，制定了《盂县学习宣传贯彻党的十九大精神宣讲工作方案》，组织了县委宣讲团，从11月27日到12月5日赴各乡镇及县直18个党工委进行宣讲党的十九大精神，协调配合市委宣讲团、山西工程技术学院来盂送党课12次，邀请县四套班子领导和党校教师为基层送党课78次，宣讲与授课进机关、进农村、进企业、进学校、进军营、进社区做到了全覆盖，掀起了全县学习贯彻党的十九大精神的热潮。深入开展维护核心、见诸行动主题教育宣传，组织全县18个党工委和14个乡镇党委开展习近平总书记视察山西暨"7·26"重要讲话精神集中宣讲。

(何润川)

【"两提一创"大讨论活动】 3月3日，盂县宣传系统"两提一创"（提高标准、提升能力、争创一流）大讨论活动正式启动，7月21日进行了阶段性总结。其间，盂县县委宣传部共进行集中学习讨论13次，召开支部组织生活会3次。认真开展了"三走三对照"（走上去、走出去、走下去。对表对标计划、对标计划表及对标推进表）"班子成员谈发展促落实""三承诺两争优"（依据职责书写承诺、面向群众公开承诺、立足岗位践行承诺，争做优秀共产党员、争做优秀宣传工作者）等系列活动。深入到盂县广播电视台、盂县文化中心、盂县忠义文化园、盂县在线、盂县广播电视发射台等单位、企业学习参观交流。针对在活动中暴露出不足和问题，突出问题导向，认真总结经验，精心制定了《整改方案》，建立了问题清单，切实巩固了大讨论活动成果。

(何润川)

【新闻宣传】 2017年，《新盂县》全年出版55期，刊登稿件2000余条，报纸发行覆盖全市，达17000余份；盂县电视台对内宣传完成自采稿件2800余条。为迎接党的十九大的胜利召开，全县主流媒体开设了《"撸起袖子加油干"

以实际行动贯彻落实习总书记视察山西重要讲话精神》专栏，全面展示十八大以来的工作成就，为迎接党的十九大召开营造了良好舆论氛围。积极贯彻落实县委十三届二次全会（扩大）暨全县经济工作会议、县人大政协会议精神，播出专题报道98条，配发评论6篇。围绕县委、县政府中心工作，《新盂县》在一版显要位置开设专栏，报道各乡镇、各部门推进落实工作的进展情况；结合转方式、调结构这一主线，开设了经济纵横、三农天地等专栏，报道盂县各行业应对市场发展的新做法、好经验。《盂县新闻》先后开设"看目标、明任务、创新局、抓落实""聚焦重点工程""加强环境整治共创美好盂县""打响城乡环境卫生整治攻坚战""盂县是我家、文明靠大家"等栏目。

（何润川）

【集中开展外宣战役】 2017年，盂县外宣工作组织了5次集中宣传战役，有重点、有选题地邀请中央、省、市媒体记者到盂县采访。全县在国家级媒体发稿28条（含网络），其中中央电视台重点报道3次；省级媒体刊发82条，其中《山西日报》25条；市级289条，市报一版及其他版面重点稿件49条，在市台播出《盂县新闻》80期400条，均按进度、超计划完成预定目标。其中：《"盂县号"高铁专列昨日首发》《对照清单有的放矢——盂县"挂图作战"按下项目建设"快进键"》，砥砺奋进的五年重点工程·记者在一线《小县城里的新地标》等报道在省市主要报刊头版或重要版面刊发。2017年10月，中央电视台新闻频道喜迎十九大特别节目《还看今朝》山西篇——山西如此多娇，盂县大㟨村以全省3000余处古村保护及变化的代表入选并播出，报道了大㟨村古村保护情况，时长达1分35秒；十九大召开前夕，中央电视台新闻频道《金秋十月》两次直播了盂县西潘乡东头村景观水稻丰收场面；央视七套《乡土》栏目、中国农业影视制作中心摄制组一行应邀走进盂县，深入部分重点景区、乡村旅游点采风录制。这些报道面向全国，展现了盂县在十八大以来发展取得的光辉成就，传播了盂县的美好形象。

（何润川）

【精神文明创建活动】 2017年，全县深入贯彻落实《关于进一步加强社会主义精神文明建设的指导意见》，把核心价值观体现到了市民公约、村规民约、学生守则等各行各业规章规范中。县文明办制定了《"四好三光荣"实施方案（征求意见稿）》，县委宣传部、县文联举办了"四好三光荣"主题有奖征文活动和摄影展。推动文明创建工作，组织了"争当文明盂县人 共创国家卫生城"主题宣传活动，积极选送参加全市青少年红色经典诵读大赛并荣获一等奖。进一步引深创建活动，牛村镇温池村成功申报为国家级文明村，对2017年度县级文明单位、村镇、社区进行了集中考核验收。

（何润川）

【道德模范评选和推荐】 2017年，盂县李俊凤荣获"山西省十大孝星"奖，张春燕代表山西参加了由中央人民广播电台主办的全国"名嘴王"比赛，并获得银奖。积极开展第五届阳泉道德模范评选表彰的相关推荐工作和"盂县第二届道德模范"评选活动。

（何润川）

【公共文化服务水平提升】 7月1日，盂县文化中心建设项目全部完工，并举办了盂县文化中心项目启用仪式——"2017星耀摩旅清凉盂县"全国摩托比赛活动。县文化馆、图书馆积极推开总分馆制试点工作，盂县"三馆一院"建设已经走在全市前列。全年送电影下乡5556场，安全播放率100%。"政府购买群众受益"送戏下乡132场，超额完成32场，安全演出率100%。成功组织举办了"三节"文化活动、4·23全民阅读活动、五一假期旅游直通车惠民演出活动、"盂县文化中心"书写笔会、"铭记历史 开创未来"喜迎十九大图文展等群众文化活动。积极推进文化旅游产业发展，举办了梁家寨乡首届"祈福放灯情系滹沱"河灯民俗文化节及第二届柿子文化旅游节、大㮈温泉清明节河灯会、"五一"小长假忠义文化节乡村文艺展演及山西盂县5·19"中国旅游日"主题活动启动仪式，国庆黄金周组织了"喜迎十九大，共筑中国梦"国庆文化黄金周全域旅游惠民演出活动，分别在盂县东、阳泉北站、华北奕丰生态园、藏山景区等处组织各类文化活动72场，各乡镇组织各类文化活动78场，国庆黄金周期间共组织各类文化活动150场，参与活动人员达到2000余人次，受益群众4万人次以上。

（何润川）

【文艺作品创作】 2017年，全县相继出版4部文艺类书籍，分别是县诗词楹联学会会员张云曾的《云曾诗词集》、张兴文所著的《也说盂县城》、指尖的散文集《最后的照相簿》；县音协主席孙二将创作的音乐作品44件。其中，《点赞黄河》等3首歌曲参加了文化部中国大众音乐协会举办的全国"唱响中国"2017第二届大型音乐展演盛典，并获金奖（中国文化艺术人才库、中国音业加网主办）。同时，由孙二将作曲的《生死相依》，报送参加了山西省"五个一工程"歌曲征歌申报比赛。县音协副主席郭俊福获山西省第十三届中国文艺展示优秀指导教师奖；1月12日，由阳泉广播电视台传媒公司摄制，以盂县"慰安妇"受难妇女为原型的电影《大寒》在全国院线上映。出版《藏山》杂志4期，刊发了120人次的近200余篇小说、散文、诗词楹联、报告文学等不同体裁的作品，共计40多万字；冀玉泰的诗作"看中国歼—20首秀珠海航展"在《中华诗词》2017第二期发表，并受到专家好评；5月，在全省联咏太行精神、吕梁精神、右玉精神千人千联书法作品展中，郑玉春获奖，刘永生、张志华、崔强、石秀山书法作品入展；中国作协"文学照亮生活"大讲堂走进盂县，邀请中国作协名誉会员、作家叶广岑做题为《走进历史的褶皱》的讲座，引起热烈反响；"春节联欢文艺汇演"全部节目参加阳泉市每年一度的"百花迎春"文艺汇演评审，分别获得金奖2个、银奖3个、铜奖4个、优秀创作奖2个；晋剧《木兰从军》参加山西首届艺术节，并参加了山西省第十五届戏剧"杏花奖"评选，获得优秀剧目展演奖。

（何润川）

【非物质遗产保护】 6月10日，在县人民广场举办了"盂县2017年中国文化遗产日宣传活动"。完成《盂县桃仁月饼》申报专题片拍摄，《盂县牛斗虎》《盂县武术社火》两个省级项目传承基地授予传承基地牌匾，完成《盂县乡村文化记忆分布区域主要脉络普查要点》，明确主要普查方向。对14个乡镇文化员进行业务培训，重点培训乡村文化记忆普查、文化站、室效能考评等业务工作。《牛斗虎》《龙腾》参加首届山西艺术节街头展演。

（何润川）

【意识形态工作责任制】 2017年，县委意识形态工作领导小组按照主管主办责任和属地管理原则，认真落实意识形态工作责任制，制定了《党委（党组）意识形态责任制实施方案》；成员小组分别成立了意识形态工作领导小组。在理论学习、舆论、社会主义核心价值观、宣传、文化、党建六方面加强了建设，全年没有发生大的意识形态事件。

（何润川）

【网络安全】 2017年，经市县审批同意，正式成立了盂县互联网信息办公室，编制三名事业人员，完善了盂县网络应急管理体系，全面提升了网络舆情应对处置能力。7月份，县委理论中心组全体参加了《网络安全法》专题学习。

（何润川）

【宣传队伍建设】 2017年，组织系统干部职工认真学习党的十九大精神、习近平新时代中国特色社会主义思想、习近平总书记系列重要讲话精神，进一步增强"四个意识"，坚决拥护核心。认真开展推进"两学一做"制度化、经常化和维护核心，见诸行动主题教育活动。健全和完善"一课三会"制度。定期组织各支部召开党员大会、支委会和党小组会。系统党委领导带头为全体党员上了党课；各支部召开了民主生活会，对照班子和班子成员存在的问题进行检讨，收到良好效果。抓好党费收缴工作，每位党员做到了党费按时足额上缴。以落实主体责任为重点加强党风廉政责任制建设，组织各单位班子成员和党员干部学习传达县委关于《党员干部严肃纪律履职尽责的十二条规定》和县纪委关于严格执行中央八项规定的相关文件，严格政治纪律、严格政治规矩、强化责任落实、严格上下班考勤制度、严格请销假制度、严格值班制度、严肃八小时内外生活纪律。

（何润川）

统战工作

【概况】 2017年，盂县县委统战部在县委的坚强领导下，在市委统战部的精心指导下，认真贯彻落实中央、省委统战工作会议及全市、全县党务工作会议精神，以开展"两学一做"学习教育常态化制度化为载体，围绕全县中心工作，强化思想引领，狠抓责任落实，充分发挥统一战线"连心桥、思想库、监督岗、助推器、减压阀"的作用，不断巩固和发展统一战线团结、奋进、开拓、活跃的新局面。加强教育，注重引导，统战成员的思想政治基础更加巩固：组织举办了党外干部、民主党派、非公有制经济人士、民族宗教界人士专题学习会8次；加强协商、扩大民主，多党合作事业不断向前推进。帮助民盟、民建和九三学社三个党派小组解决办公室和基层调研中存在的问题；加强服务，强化管理，民族宗教团结和谐更加稳定：继续完善金龙社区少数民族服务站建设，重点为流动少数民族群众提供政策咨询、就业咨询、子女上学入园、法律援助等服务；多措并举，综合施策，非公有制经济健康发展有了新的突破：通过与盂县9家银行金融机构对接，45家企业初步达成贷款意向的企业项目共18项，资金达12.5亿元；围绕中心，服务大局，统一战线的作用得到充分显现：组织64个民营企业对接60个贫困村，配合中国侨联医务专家在上社镇为202名贫困人口进行了义诊。

（吕晓芳）

【思想引领】 2017年，组织举办了党外干部、民主党派、非公经济人士、民族宗教界人士专题学习会8次，专题学习了十九大和省、市、县党代会精神。以清城红二十五军成立地、张家垴惨案纪念馆和位于梁家寨乡活川口村的盂县抗战斗争展览馆三处统一战线爱国主义教育基地为依托，开展爱国主义教育。对全县宗教界、少数民族界、民主党派成员和海外华侨界中的困难群众进行慰问。

（吕晓芳）

【多党合作】 2017年，帮助盂县已有的民盟、民建和九三学社三个党派小组解决办公室和基层调研中存在的问题。九三学社社员赵瑞被九三学社中央委员会授予中国特色社会主义学习实践活动先进个人，民盟省委授予盂县金港酒店为全省盟员之家。围绕县委县政府确定的"全域旅游""精准脱贫"和"县城规划"以及事关全县经济发展和社会进步的全局性问题，通过人大议案、政协提案和专题建议等形式，撰写各类建议意见200余条。做好党外干部的培养选拔使用工作，推荐选拔三名副科级党外干部。组织机关干部参加全省新社会阶层人士调查工作培训会，对全县新的社会阶层人士进行了摸底，完成了新社会阶层人士数据库汇总统计工作。

（吕晓芳）

【民族宗教】 2017年，继续完善金龙社区少数民族服务站建设，重点为流动少数民族群众提供政策咨询、就业咨询、子女上学入园、法律援助等服务。同时重点关注关心在盂务工的回族人员的动向和生活，积极帮助他们解决遇到的困难和问题，向上级部门首次为在盂务工的回族人员争取到了清真食品补助金。开展民族团结进步创建活动，大力支持少数民族传统文化建设。县逸夫小学被省市授予民族团结进步示范单位，在民运会上，东白水摔跤队获得了一项团体二等奖、两项个人二等奖和三项个人三等奖的好成绩。开展"全民国家安全教育日"活动。开展以"规范"为主题的"和谐寺观教堂"创建活动，对各宗教活动场所存在的安全隐患逐一进行排查整改。配合上级部门在报国寺召开了全省第三届佛教诗经交流会和全市佛教协会第三次代表大会，在报国寺创建了报国书画院、设立了水神山景区摄影基地，开展了"大美水神山"摄影大赛。对民间信仰数据进行收集汇总。通过到太原实地考察蒙古风情园项目，引进了新的管理理念和运作模式，推进东白水民族风情园建设。

（吕晓芳）

【非公经济】 2017年，组织年轻民营企业家参加理想信念电视电话会。积极推进政银企对接，促进银企互利合作、共同发展，缓解县中小微企业融资难题，通过与县9家银行金融机构对接，县45家企业初步达成贷款意向的企业项目共18项，资金达12.5亿元。开展"同心、与爱同行"系列公益活动，组织多家民营企业为环卫工人捐赠了消暑用品，为困难学生捐赠了书籍、文具和慰问金。燕莎鑫帝城一期住宅楼全面完工、山西大夛温泉大酒店有限公司成功开板挂牌山西"文化旅游板"，成为全省首批、全市首家挂牌"新四板"的旅游企业、海蓝环保公司实现了小升规、永恒工艺厂产品远销欧美、凯通商贸公司推出凯通E购App、康泰来公司在美国建立分厂、腾瑞商贸五金超市正式动工。

（吕晓芳）

【精准扶贫】 2017年，开展"百企帮百村"精准扶贫推进活动，组织64个民营企业对接60个贫困村，以项目对接扶贫、种养殖扶贫、卫生扶贫、旅游扶贫、教育扶贫、实物扶贫、商贸扶贫等形式多样的帮扶方式，配合中国侨联医务专家在上社镇为202名贫困人口进行了义诊。帮助报国寺举办了水神山旅游文化节，在"星耀摩旅 清凉盂县"摩旅文化节期间组织15家民企赞助物资30多万元，帮助民盟会员成立了县旅游影像协会，先后两次组织十几家民营企业慰问重点工程一线工人。充分利用周末和节假日，走上大街小巷义务清扫卫生、整理摩托自行车。

（吕晓芳）

机关党的工作

【概况】 中国共产党盂县直属机关工作委员会，2017年底在职干部职工5人，其中书记1人，副书记2人，内设综合办公室。机关工委下辖党总支12个，党支部93个（其中直属支部33个），1433名党员，其中女党员271名，大专以上文化党员598名，离退休党员343名。工委的主要职能是领导所属基层党组织搞好党的思想，组织和作风建设，做好对所属党员的管理教育工作，不断提高党组织的战斗力和凝聚力，负责考察和审批所属各级党委和直属单位的总支和支部书记，副书记及纪检书记、副书记；指导所属各党组织实施对党员特别是党员领导干部的监督，及时向县委反映部、局、委，办领导班子、领导干部的情况。

2017年，县直机关工委在县委、县政府的正确领导下，以党的十九大精神为指针，以深入学习习近平总书记系列重要讲话精神和开展"两学一做"学习教育为统领；以增强"四种意识"（政治意识、大局意识、核心意识、看齐意识）践行"五大理念"（创新、协调、绿色、开放、共享）为行动指南，以认真履行"建设队伍、服务中心"的职能要求和努力践行全面从严治党新常态和作风建设新常态为宗旨，开拓创新，锐意进取；知难而进，迎难而上，切实抓好县直机关党的建设，努力使机关党建工作水平科学化、合理化、现实化，为把盂县建设成为宜居宜业宜游，服务阳泉发展的首善之区提供了坚强有力的政治保证和组织保证。2017年盂县直属机关工委被授予县级文明单位。

（杨建义）

【习近平总书记视察山西暨"7·26"重要讲话精神报告会】 2017年9月12日，县直属机关工委举办习近平总书记视察山西暨"7·26"重要讲话精神报告会。县直机关工委各党组织负责人100余人参加报告会。会议传达了县委宣传部、县直属机关工委《关于开展习近平总书记视察山西暨"7·26"重要讲话精神集中宣讲活动的通知》。报告会上，党校资深讲师与机关工委书记就深刻认识习近平总书记"7·26"重要讲话精神的意义、准确把握习近平总书记"7·26"讲话精神实质、坚定中国特色社会主义道路自信等方面内容进行了宣讲。会议指出，习近平总书记的讲话站在历史和时代的高度，深刻洞察和把握世界发展大势和当代中国现实，深刻阐述了党的十八大以来党和国家事业发生的历史性变革，深刻阐述了新的历史重大理论和实践问题，深刻阐明了未来一个时期党和国家事业发展的大政方针和行动纲领，提出了一系列新的重要思想、重要观点、重大判断、重大举措，为在新的历史条件下进行伟大斗争、建设伟大工程、推进伟大事业、实现伟大梦想提供了科学指南，具有很强的思想性、战略性、前瞻性、指导性。会议要求，县直各单位要在深刻领会上下功夫，把总书记讲话精神学深学透、入心入脑，用讲话精神指导工作。要在学用结合上下功夫，把学习成果体现在维护核心、见诸行动上，体现在"三基建设"的提升上，体现在文明单位的创建上，体现在扶贫攻坚上，以实际行动迎接党的十九大胜利召开。

（杨建义）

【健步行活动】 为庆祝中华人民共和国成立68周年，迎接党的十九大胜利召开。9月30日，由县直机关工委、县总工会主办的"喜迎十九大，健步跟党走"活动在高城山路隆重举行。市委副书记、县委书记李云峰，县长孔禄泉，县委副书记李宏革，县人大常委会主任武润珍，县政协主席闫庶民等县四套班子领导，与各乡镇、城镇办党工委书记及乡镇长、山西晋盂建设投资有限公司的领导班子成员、工委县属各局委办党政负责人及县机关工委部分党员500余人参加了此次活动。活动结束后，所有人员在县文化中心与国旗党旗集体合影。通过此次活动，进一步激发广大干部干事创业、奋发向上的积极性；努力营造"凝心聚力提精神、见诸行动促跨越、加强组织添活力"的良好氛围。

（杨建义）

【党的十九大精神宣讲】 2017年11月30日，县直机关工委邀请县委宣讲团成员、县委党校高级讲师武国锐宣讲党的十九大精神。宣讲中，武国锐从党的十九大的主题、主要成果、习近平新时代中国特色社会主义思想、过去五年的工作和历史变革等方面对党的十九大精神进行全面解读。通过学习，县直机关党委干部纷纷表示，要把认真学习贯彻党的十九大精神作为首要政治工作任务，将在党的十九大精神学习活动中发挥带头作用，高标准、严要求，带头开展学习，认真学思践悟，以高度的政治责任感和使命感，奋发有为的精神状态，扎扎实实抓好十九大精神的贯彻落实。

（杨建义）

【深入学习贯彻党的十九大精神系列知识竞赛】 2017年12月18日，按照县委的要求和县维护核心、见诸行动主题教育办公室的安排，县直机关工委在县机关党组织中开展"深入学习贯彻党的十九大精神系列知识竞赛"活动。县委副书记李宏革出席活动。此次竞赛共有来自盂县各部门、各单位组织的28支代表队共84人参加竞赛。知识竞赛分为必答题、共答题、抢答题、风险题四轮竞赛，进行决赛和预赛两场竞赛。

（杨建义）

老干部工作

【老干部党组织建设】 2017年，县老干局结合"三基建设"部署要求，加强离退休干部党组织建设。县老干局积极探索在离退休干部集中居住地、活动学习场所、兴趣爱好团体、社团组织中建立基层党组织或临时党组织，以利于离退休干部党员更好地参加学习教育、过好组织生活。丰富离退休干部党组织活动形式和内容，开展离退休干部党组织"两学一做"学习教育常态化制度化活动，对局下属的离退休干部党支部在老年大学教室开展学习教育活动，发放学习教育资料，增强组织活动的吸引力、感染力。组织下属老干部党支部书记参加县直机关工委党组织书记培训班，推荐县公安局离退休党支部书记李斌科参加省委老干部局主办的全省离退休干部党支部书记培训等，切实加强了离退休干部党支部领头雁的政治思想建设。落实了离退休干部党支部党费留成和党支部经费补助。 （赵云飞）

【多层面关怀老干部】 2017年，县老干局坚持老干部重大节日走访慰问制度，认真做好离退休干部及遗孀慰问活动。春节期间由县四大班子领导带队，局全体干部职工分4个组，陪同县领导对51名曾担任过县级以上的离退休老领导及14名遗孀前往家中走访慰问。在对离退休干部特困帮扶上，县政府拨出5万元的专项经费，对50名困难离退休干部及遗孀进行了帮扶慰问，局班子成员还对离世的8名离休干部到其家中参加遗体告别。重阳节期间，局领导班子成员对县易地安置离休干部丁振文、晋肇祥进行了走访慰问，为其送去了党的十九大精神解读和慰问品。日常工作中坚持"六必访"（节日寿辰必访、生病住院必访、遇到困难必访、丧葬吊唁必访、反映问题必访、新领导上任必访），特别注重帮助老同志解决"两个待遇"（政治待遇、生活待遇）落实中存在的一些具体问题。 （赵云飞）

【"建行杯"阳泉市首届广场舞展演赛盂县赛区在县人民广场举行】 2017年4月27日，由阳泉市妇女联合会、阳泉市体育局、阳泉市委老干部局主办，盂县妇女联合会、盂县县委老干部局承办，中国建设银行股份有限公司阳泉分行协办的以"巾帼心向党、喜迎十九大"为主题的"建行杯"阳泉市首届广场舞展演赛盂县赛区在县人民广场举行。参加本次比赛的共有13支队伍，分别来自农村、乡镇和社区。这次专场展演比赛经过指定舞蹈和自选舞蹈两轮的综合评比，来自牛村镇白土坡村快乐舞蹈队以9.78分获得比赛第一名，孙家庄镇东坪舞韵舞蹈队、城镇社区办事处快乐健身舞蹈队获得第二名，仙人乡文艺宣传队、南娄镇拦掌英姿广场舞队、秀水镇南关村爱心姐妹团队获得第三名。梦之韵模特协会等7支代表队获得优秀奖。 （赵云飞）

【省委老干部局督查组到盂县县委老干部局督查调研"两项活动"开展情况】 2017年5月10日，省委老干部局督查组就盂县离退休干部"畅谈十八大以来变化，展望十九大胜利召开"活动和"建言十九大"活动开展情况进行督查调研。督查组听取了盂县县委老干部局就盂县十八大以来开展的"畅谈、建言"系列活动情况汇报，与老同志们进行亲切座谈，倾听了老干部代表对"两项活动"的想法。督查组组长、省委老干部局副局长岳卫东指出，老同志是党的重要的执政资源，希望广大老干部继续发挥作用，在家庭、社区、支部等场所宣传中央精神，继续为党和人民事业增添正能量；盂县老干部局也要营造氛围，抓宣传，抓学习，将"两项活动"与弘扬正能量活动结合起来，开展好老干部管理与服务工作。 （赵云飞）

【组织副县级以上离退休干部健康体检】 2017

年8月24日至25日，盂县县委老干部局组织副县级以上离退休干部进行健康体检。组织老干部健康体检是老干部局年度工作的重要内容，是深化"两学一做"学习教育常态化制度化开展系列活动之一，体现了县委、县政府对老干部工作的支持和对老干部的关心。健康体检可以使老干部老有所医、健康快乐生活，以良好的精神状态继续为我县经济发展、社会事业发展献计献策，发挥余热。在上年体检项目的基础上，又新增了甲胎蛋白和癌胚抗原两个项目。

（赵云飞）

【"迎盛会，庆重阳"老年书画展开展】2017年10月26日，由盂县县委组织部、县委老干部局主办，县老年大学、老年书画研究会承办的"迎盛会，庆重阳"老年书画展亮相盂县县城街头。这次书画展是盂县老年书画研究会成立、县老年大学书画班开办以来的第十届老年书画展，精选了盂县老年朋友的一百余幅书画作品，展示了十年来老年大学教育教学的成果，所展作品风格更为多样，题材更为广泛，技法技巧也更为娴熟，充分展现了老年人迎佳节的喜悦之情和豁达乐观、积极向上的精神风貌。

（赵云飞）

【"玲玉谷"科技示范项目2017年总结表彰会】2017年11月1日上午，盂县县委老干部局在县宾馆举办"玲玉谷"科技示范项目2017年总结表彰会。"玲玉谷"科技示范项目是盂县离休干部祁恕芳申请并进行推广的。2017年该项目推广谷子种植面积166.8公顷，且获得了大丰收。祁恕芳离休之前就痴迷种子的研究，现虽已是耄耋之年，仍然坚持在农技推广一线，将种子的研究和推广作为毕生追求，不为名、不为利，默默服务百姓。

（赵云飞）

【盂县老年大学举办庆祝书画班开班十周年座谈会】2017年12月27日上午，盂县老年大学举办庆祝书画班开班十周年座谈会，县委老干部局领导班子成员参加会议。十年间，盂县老年大学教师和学员作品参加全国性书画展12次，选送作品64件，入展36件，获奖14人次；参加省级书画展10次，入展作品59件，获奖16人次；参加市级书画展18次，参展作品共计450件，获奖累计68人次。

（赵云飞）

党校工作

【培训工作】2017年，中共盂县县委党校认真落实县委关于干部培训工作的要求，强化教学，狠抓管理，充分发挥党校作为培训轮训党员、干部和公务员的主渠道和主阵地作用。3月20日至3月28日，举行了三期共计9天的盂县农村领头雁培训，培训人数达809人。3月29日，进行农村"第一书记"培训，培训人数达96人。4月11日至4月12日，进行了为期两天的非公经济培训，培训人数达120人。9月18日，举行山西省农村巾帼领头雁盂县专场培训。9月27日，与县委组织部联合举办山西省选派到盂县乡镇挂职帮助工作干部培训会，为期三天，培训人数达101人。

此外，中共盂县县委党校还积极开展延伸培训，主要有：民政局转业军人培训、邮政储蓄银行党员培训、市妇联梁家寨全域旅游培训、县农商银行党员迎"七一"培训、县秀水镇西关村党员干部培训、牛村镇"领头雁"延伸培训、秀水镇"领头雁"延伸培训、梁家寨乡"领头雁"延伸培训、团县委迎"七一"学习系列讲话培训、县机关工委基层党组织书记培训班、县纪委迎"七一"党员干部培训以及进机关、去乡镇、进农村和企事业培训8000余人。据统计，全年校内培训、外出讲课培训及宣讲十九大报告受训人数达二万五千余人。

（张善谋 尹俊臣）

【校外理论宣讲】在十九大胜利召开之后，中共盂县县委党校迅速掀起学习十九大精神的热潮，并积极参与全县关于学习宣传贯彻党的十九大精神的系列活动。对外在各个党工委进行宣传，对内全校全体教职工都充分认识到学习宣传贯彻党的十九大精神的重大意义，全面准确地领会了党的十九大精神，深刻领会了习近平新时代中国特色社会主义思想的历史地位和丰富内涵。11月16日，张善谋、韩爱国、武国锐参加县直机关工委党组织书记贯彻学习党的十九大精神知识考试，并担任贯彻学习党的十九大精神知识竞赛仲裁。为深入学习宣传贯彻党的十九大精神，切实把全县广大党员和人民群众的思想统一到党的十九大确定的各项任务上来，根据中央、省委和市委精神，按照县委印发的《中共盂县县委关于认真学习宣传贯彻党的十九大精神的实施意见》安排，中共盂县县委党校全体师生进行宣讲，于11月27日至12月5日进行为期9天的集中宣讲工作，本次党的十九大宣讲工作覆盖盂县27个党工委，此外校领导和教师还到东坪、跃进煤矿等单位和仙人乡沙井村、牛村镇大岭村以及富春园社区进行了宣讲。

（张善谋 赵文杰）

【理论研究】 2017年，按照习近平总书记指出的党校要聚焦党和国家中心工作、党委和政府重大决策部署、社会热点难点问题进行深入研究，及时反映重要思想理论动态，提出有价值的决策建议，中共盂县县委党校积极开展科研活动，深入调研，推出了一些科研成果。由该校教师撰稿提供的《望山听泉，不是美丽的传说》《县级党校理论教育要坚持"四结合"的原则》《阴山河畔，神话家乡，钟灵毓秀北下庄》《做好山水大文章，打造旅游新名片》《以"全域＋全民"旅游推动盂县经济大发展》《破解农村集体经济发展难题》《关于建立居民小区党的基层组织的思考》，在《新盂县》公开发表并被中国人民大学编撰的《求是创新》优秀征文入选。

（张善谋 尹俊臣）

【教师队伍建设】 2017年，中共盂县县委党校领导十分注重提高教师素质，特别是县委副书记、党校校长李宏革多次指出加强教师培训的重要性。5月10日至11日全体教师到市委党校参加为期两天的党校系统师资培训，5月21日至5月27日全体教师参加中国人民大学组织的党的理论教育与党性教育专题研修班（延安）参加培训，10月29日至11月6日派十名教师参加中国人民大学组织的深入学习贯彻党的十九大精神专题研修班培训班（第一期）参加培训。培训期间保证时间，保证经费，以全面提高教师的教学水平，每位教师回到单位都要把学习的过程、收获、体会同全体教职工分享。通过学习培训和锻炼，教师拓宽了视野，增加了教学的信息量，增强了教学的针对性和适用性。

（张善谋 赵文杰）

【深化推进"两学一做"学习教育常态化】 推进"两学一做"学习教育常态化制度化，是坚持政治建党、思想建党、组织建党、制度治党紧密结合的有力抓手，是不断加强党的思想政治建设的有效途径，对于确保全党更加紧密地团结在以习近平同志为核心的党中央周围，不断开创中国特色社会主义事业新局面具有重大而深远的意义。8月29日，该校韩爱国、史智宇参加阳泉市学习习近平总书记视察山西暨"7·26"重要讲话精神理论骨干培训班，并在秀水镇政法系统、机关工委、宣传系统对习近平总书记视察山西暨"7·26"重要讲话精神进行宣讲；9月25日，该校张善谋、史智宇参与盂县"两学一做"常态化制度化维护核心见诸行动知识竞赛活动并担任仲裁。

（张善谋 尹俊臣）

【党性教育基地建设】 2017年6月30日，盂县举行党性教育基地揭牌（授牌）仪式。县委、县纪委和县委组织部领导，同机关工委基层党组织书记、县委党校领导和全体教师、部分乡镇党委书记、农村党支部书记、各乡镇各党工委组织委员以及基层党员干部和群众代表共计160人参加授牌仪式。县委副书记、县委党校校长李宏革，县委常委、组织部部长刘志军亲自为孙家庄镇王炭咀村党性教育基地进行揭牌，并对路家村镇张家垴村、梁家寨乡、西潘乡进圭村三个教育基地进行授牌。同时李宏革、刘志军分别发表讲话，并带领全体人员参观了廉政教育长廊。 （张善谋 赵文杰）

【积极参加市县级活动，丰富教职工业余生活】2017年，中共盂县县委党校十分重视并积极参与市县级举办的各项活动。9月26日，为了进一步弘扬以爱国主义为核心的民族精神、践行社会主义核心价值观、激发广大党员干部的爱国热情，县委号召在全体党员中开展"喜迎国庆、国旗飞扬"活动，该校全体教职工在新文化广场国旗党旗前合影留念，为营造喜庆、欢乐的国庆氛围，根据《中华人民共和国国旗法》规定，在建国68周年到来之际，办公室充分利用有利条件做好国旗悬挂工作，让全校教职工感到国庆的氛围，为我们伟大的祖国祝福。9月30日，全体党员统一着装，手举国旗党旗，参加县委组织的"健步走"活动。为丰富教职工的业余生活，校领导鼓励大家积极参加市委党校校园文化艺术节。在以"阳泉，我可爱的家乡"的主题的摄影展中，党校教师武国锐和韩爱国的摄影作品分获一等奖和三等奖；在以"辉煌的历程，不朽的丰碑"的主题的朗诵比赛中，史智宇和王家敏分获二等奖和三等奖；10月16日，该校王芳、王家敏、赵文杰参加全市党校系统"喜迎十九大·颂歌献给党"红歌会演活动，表演节目《洪湖水浪打浪》《党啊，我亲爱的母亲！》，并获得优秀组织奖。多姿多彩的业余文化活动的开展，深受教职工的欢迎，使教职工在紧张和繁重的工作之余，得到更多的乐趣。 （张善谋 尹俊臣 赵文杰）

史志工作

【《盂县年鉴（2012—2017）》初稿完成】2017年3月22日，《盂县年鉴（2012—2017）》编纂工作正式启动。盂县史志办编纂人员多次召开会议，专题研究年鉴编纂事宜，将资料的收集整理任务分篇、分类、按部门分派到人，各负其责。经过整理和编辑，到10月底，编撰出约90万字的初稿。报送阳泉市地方志办公室审核，已评审通过。11月13日，受县史志办委托，县政府采购中心组织该书的承印招标采购工作。依照相关程序，完成招标工作，确定承印单位。 （郝丽花）

【《中国共产党盂县历史（1931—2012）》出版】2017年12月，《中国共产党盂县历史（1931—2012）》正式出版发行。该书由中共盂县县委党史研究室组织编写，是一部政治性与学术性都很强的大型地方党史著作。比较集中和系统地反映1931年盂（县）崞（县）定（襄）五（台）四县中心县委创立至2012年底81年间，盂县人民在中国共产党的领导下进行革命、建设和改革开放的光辉历程。全书分上下两册，设十四编，53章，近100万字，由中共党史出版社出版发行。 （郝丽花）

【《盂县史志》第十七和十八辑出版】2017年，盂县史志办编纂出版《盂县史志》第十七辑和第十八辑，分别由赵平枝和张青娥负责。以宣传县委十三届二次扩大会议精神、介绍全县开展的重点工程和推介盂县旅游资源为主要内容，为编撰党史和地方志积累了15万字的资料，同时也为贯彻落实盂县县委、县政府的工作思路，提供正能量，做出史志工作者应有的贡献。 （郝丽花）

【县委党史研究室被评为全省党史部门先进集体】2017年，中共盂县县委党史研究室被山西省人力资源和社会保障厅、中共山西省委党史办公室评为全省党史部门先进集体。多年来,盂县史志办人员编制少,工作任务多。一套人马,两块牌子,担负研究和编写盂县党史和地方志的工作重任。在完成地方志工作任务的同时,经过五年的努力工作,于2017年12月,出版发行了大型地方党史巨著——《中国共产党盂县历史(1931—2012)》,为充分发挥党的历史以史为鉴、资政育人的作用提供了坚实的平台。

(郝丽花)

盂县人民代表大会常务委员会

综合工作

【十六届二次会议】 2017年2月16日至18日，盂县第十六届人民代表大会第二次会议在县红旗剧院召开。出席代表155名，政协盂县第九届委员会第二次会议全体委员列席了会议。会议听取并审议县人大常委会工作报告和县人民政府、县人民法院、县人民检察院工作报告；听取和审议2016年国民经济和社会发展计划执行情况与2017年计划及县人民政府关于盂县2016年总预算和县本级预算执行情况及2017年总预算和县本级预算的报告，并通过上述报告的相应决议。选举产生了县监察委员会主任1名：王会平；盂县出席阳泉市第十五届人民代表大会代表63名：一度、马莉（女）、王丽君（女）、王丽琴（女）、王和平、王俊德、王铁梅（女）、王梅芳（女）、王雪梅（女）、孔禄泉、邓宝柱、古英（女）、石建忠、史小梅（女）、付庄虎、付新文、白平、邢晓慧（女）、吕昌政、刘志军、刘志勇、刘林娣（女）、刘奇瑞、闫亮、李云峰、李文竹（女）、李华青、李佩斯、李贵林、李富义、李瑞峰、杨军、杨美红（女）、张磊、张志平、张树青（女）、张根全、张瑞霞（女）、张翠平（女）、陈明华、武香萍（女）、武润珍、呼亚民、郑清明、郑慧芳（女）、房学景、赵琪、赵子炳、赵丽萍（女）、赵建红（女）、郝金科、胡宏明、胡变梅（女）、南秀斌、贾凯丽（女）、徐献、高彦青、郭华、崔永新、梁芳（女）、梁海帆、董一兵、樊如珍。会议期间，共收到代表提出的议案29件，建议、批评和意见56件，大会将29件议案全部转为建议案处理。　　（张东升　姜鹏军）

【县人大常委历次会议】 2017年，县人大共召开7次常委会，具体内容列表说明如下。

　　（张东升　姜鹏军）

2017年盂县人大常委会会议一览表

表7

时　间	名　称	内　容
2017年2月10日	十六届第四次会议	会议听取审议了县人民政府关于县十六届人大一次会议大会议案、代表建议办理情况的报告，审议通过了县人大常委会2017年工作要点（草案）、决定了召开县十六届人大二次会议的有关事宜，会议决定了有关人事任命
2017年2月18日	十六届第五次会议	会议决定了有关人事任免
2017年5月19日	十六届第六次会议	会议听取和审议了县人民政府关于"全域旅游"议案办理情况的报告，听取和审议了县人民政府关于2016年度环境状况和环境保护目标完成情况的报告，会议决定了有关人事任命
2017年7月31日	十六届第七次会议	会议听取和审议了县人民政府关于2017年上半年国民经济和社会发展计划执行情况的报告，听取和审议了县人民政府关于2017年上半年全县预算执行情况的报告，会议决定了有关人事任免

续表

时 间	名 称	内 容
2017年9月26日	十六届第八次会议	会议听取和审议了县人民政府关于创建国家级卫生县城暨开展城乡环境卫生整治工作情况的报告；会议审议通过了县人民政府关于《盂县禁止燃放烟花爆竹管理规定（草案）》和《关于盂县秋冬季大气污染天气机动车交通管理限行规定（草案）》，听取和审议了县人民政府关于十六届人大二次会议建议和意见办理情况的报告，审议通过了《盂县人大代表年度履职考评办法（试行）（草案）》
2017年12月8日	十六届第九次会议	会议审查和批准了县人民政府关于2016年县本级财政决算草案的报告，听取和审议了县人民政府关于2016年度县本级预算执行及其他财政收支的审计工作报告，会议决定了有关人事任免
2017年12月28日	十六届第十次会议	会议听取和审议了县人民政府关于盂县2017年财政预算调整草案的报告，决定了有关人事任命

依法履职

【人事任免】 2017年2月16日至18日，县第十六届人民代表大会第二次会议全体代表大会选举产生县监察委员会的领导人1名，王会平当选首任县监察委员会主任。2月18日，县人大五次常委会召开，任命县监察委员会副主任2名，委员4名；5月19日，县人大六次常委会召开，任命人大工作机构工作人员1名；7月31日，县人大七次常委会召开，任命人大工作机构工作人员6名，县政府组成部门工作人员15名，县法院工作人员1名；12月28日，县人大十次常委会召开，任命县检察院副检察长1名（代理县人民检察院检察长1名）。

（冯贵生 姜鹏军）

【环境状况和环境保护目标完成情况视察】 4月12日，市人大常委会副主任张永忠带领部分常委会组成人员和市人大代表，通过实地调研、召开座谈会等方式，视察阳泉市2016年度环境状况和环境保护目标完成情况。视察组一行我县中信焦化有限公司进行调研。

（姜鹏军 王 飞）

【备耕春种调研】 2017年4月28日，阳泉市人大常委会副主任吕昌政带领市人大农村委和市农委有关人员，深入盂县路家村镇南沟村盂县裕康种植有限公司（中药材连翘种植基地）、盂县生产资料公司、苌池镇河口村盂县河榆种植专业合作社（中药材种植基地）、苌池镇南苌池村就全市备耕春种情况进行专题调研，并召开座谈会。县人大常委会主任武润珍、副主任崔学跃、副县长郭方恺陪同调研或参加座谈会。

调研组一行走访部分农户，了解农资市场价格、质量、储备情况、农业基础设施建设情况、农业科技服务到位情况，并围绕备耕春种开展联动的情况，以及农业种植结构调整、农民的种植意向和当前农业生产情况进行详组询问。

（姜鹏军 王 飞）

【县重点工程项目建设情况视察】 2017年5月3日，县人大常委会主任武润珍、副三任李俊林、崔学跃、韩忠义带领部分常委会组成人员，调研部分重点工程项目建设情况。副县长石文斌陪同视察。视察组一行先后深入香河治理工程、省道榆线盂县绕城公路工程（西南外环）、中岚国际物流园项目、山西阳泉市采煤沉陷区光伏领跑技术基地项目、县2×100万千瓦发电项目、县文化中心、高城山路三期建设工地、永店坡棚户区综改项目等重点工程，就项目建设情况进行调研，详细了解重点工程项目推进中存在的具体问题。

（姜鹏军 王 飞）

【北部四乡镇率先发展全域旅游议案视察】 2017年5月11日，县人大常委会副主任张燕萍、崔学跃带领部分常委会组成人员对北部四乡镇（苌池镇、上社镇、下社乡、梁家寨乡）率先发展全域旅游议案进行视察。视察组一行先后深入藏山翠谷采摘园、藏山景区、梁家寨晋农之窗博览园等景区，通过实地调研、听取汇报、召开座谈会等方式了解北部乡镇旅游景区发展情况。

（姜鹏军 王 飞）

【全域旅游进展情况汇报】 2017年5月17日，县人大常委会组织召开座谈会，听取县全域旅游进展情况和县十六届人大一次会议上提出的《关于在北部乡镇率先发展全域旅游》议案的办理情况。会上，副县长郭岚、县旅游局负责人汇报了盂县打造全域旅游进展情况，规划编制单位介绍了《我县全域旅游总体规划》和《盂县北部四乡镇连片旅游发展专项规划》编制情况，苌池镇、上社乡、下社乡、梁家寨乡负责人先后就各乡镇在发展旅游方面的进展情况、存在的困难问题、下一步工作打算进行汇报。

（姜鹏军 王 飞）

【《中华人民共和国土地管理法》执法检查】 2017年6月1日，县人大常委会副主任崔学跃带领市、县两级人大代表就《中华人民共和国土地管理法》执法检查相关准备工作进行视察。崔学跃一行先后到西城武村在建加油站、上社镇北教场村土地开发项目、上社镇磨盘村石料加工厂等地，通过实地查看、听取汇报、召开座谈会等方式了解《土地管理法》执法检查相关准备工作。

（姜鹏军 王 飞）

【乡镇人大工作和建设情况调研】 2017年6月7日，县人大常委会主任武润珍、副主任李俊林带领有关委室人员先后深入仙人乡、牛村镇、孙家庄镇调研乡镇人大工作和建设情况。调研中，武润珍实地察看了各乡镇人大代表活动联络室建设和使用情况，并对乡镇人大各项工作开展情况进行深入细致的了解。

（姜鹏军 王 飞）

【乡镇人大主席会】 2017年6月9日，县人大常委会召开乡镇人大主席会，听取上半年基层人大工作汇报，安排部署下半年工作任务。县人大常委会副主任李俊林主持会议，县人大常委会副主任张燕萍、崔学跃、韩忠义，各工委负责人以及各乡镇人大主席参加会议。会上，各乡镇人大、城镇办就2017年上半年人大工作情况、下半年工作打算及对人大工作的建议进行了汇报；县人大常委会副主任及各工委主任进行点评发言。

（姜鹏军 王 飞）

【武润珍调研香河治理工程和李宾山路建设工地】 2017年6月15日上午，县人大常委会主任武润珍、副主任韩忠义到县城香河治理工程沿线和李宾山路永店坡段建设工地进行现场督促调研。随后在县城投公司项目部进行座谈。在听取城投公司汇报后，武润珍指出：香河治理工程和李宾山路建设工程是县委2017年确定的18项重点工程的重中之重，也是惠及全县百姓的民生工程、民心工程，对于缓解县城交通、提升县城品味和形象，推进"全域旅游"打造，具有十分重要的意义。要攻坚克难、全力以赴、统筹调度、科学施工，确保保质保量按时完成建设任务。

（姜鹏军 王 飞）

【县人大代表外出学习培训】 为进一步提高县人大代表的履职能力和工作水平，6月11日至16日，县人大常委会组织部分县人大代赴全国人大会议中心参加2017地方人大代表和干部培训班，县人大常委会副主任李俊林、崔学跃带队参加培训。此次培训重点围绕认真做好人大代表履职工作、加强地方人大常委会建设、国民经济社会发展改革形势、迈向民族伟大复兴的中国国际战略、人大制度与人大工作、加强县乡人大工作建设等内容，培训中心邀请北京市人大制度理论研究会副会长、北京市人大常委会副秘书长、中央党校国际战略研究院副院长等进行授课。
（姜鹏军　王　飞）

【张燕萍视察教育工作】 2017年6月27日，县人大常委会副主任张燕萍带领部分常委会组成人员对县教育工作进行视察。副县长亢晓英一同视察。视察组一行先后察看了县四中、县第三实验小学、牛村中学、牛村小学的校园建设、设施设备、师资配备、教育教学质量等情况，通过实地察看、听取汇报、召开座谈会等方式了解县教育工作。
（姜鹏军　王　飞）

【党组中心组（扩大）学习会】 2017年6月27日，县人大常委会召开党组中心组（扩大）学习会，会议传达了习近平总书记在山西考察时的重要讲话精神，学习了习近平在深度贫困地区脱贫攻坚座谈会上的讲话精神，学习了省委常委（扩大）会议传达学习习近平总书记视察山西重要讲话精神的精神，并就抓好贯彻落实作出布署。
（姜鹏军　王　飞）

【孙金明调研盂县乡镇人大工作和建设情况】 2017年7月12日上午，阳泉市人大常委会副主任孙金明带领市人大及各县区人大常委会有关人员到盂县就乡镇人大工作和建设情况进行调研。县人大常委会主任武润珍、副主任李俊林陪同调研。孙金明一行先后到仙人乡政府、牛村镇后元吉村、孙家庄镇石辉坪村、孙家庄镇政府察看了乡镇人大工作、代表活动室建设、基层人大信息化建设等情况，通过查阅资料、观看视频、听取介绍、召开座谈会，全面了解盂县乡镇人大工作和建设情况。
（姜鹏军　王　飞）

【省人大常委会到盂县督查调研有关文件实施情况】 为贯彻全国人大常委会推进县乡人大工作和建设经验交流会精神，进一步推动中发〔2015〕18号文件和晋发〔2015〕24号文件贯彻落实，7月17日，由省人大常委会委员、民宗侨外工委主任李东福带队的省人大常委会第四调研组一行到盂县，就贯彻落实情况进行督查调研。市委副书记、县委书记李云峰，市人大常委会主任王旭明，副主任孙金明，县长孔禄泉，县人大常委会主任武润珍，副主任李俊林、崔学跃、韩忠义陪同调研。李东福一行先后深入县人大常委会机关、孙家庄镇王炭咀村人大代表活动室、华北奕丰生态园等地，实地查看了解县乡人大工作实际、人大规范化建设、办公场所配备和县乡代表工作等情况。了解县乡人大工作存在的主要困难和问题。
（姜鹏军　王　飞）

【盂县上半年经济、计划执行与预算执行情况视察】 2017年7月27日，县人大常委会主任武润珍带队视察盂县2017年上半年国民经济和社会发展计划执行情况与2017年上半年全县预算执行情况进行调研。县人大常委会副主任李俊林、韩忠义参加调研。副县长、县公安局局长杨慧文，县政协副主席万学武一同调研。会上，县发改局、财政局分别汇报了2017年上半年国民经济和社会发展计划执行情况、2017年上半年全县预算执行情况。与会人员围绕报告内容进行座谈讨论。（姜鹏军　王　飞）

【王旭明调研盂县脱贫攻坚工作】 2017年8月15日，市人大常委会主任王旭明、副主任吕昌政，秘书长张利军带领部分市人大常委会委员和市人大代表，来到盂县专题调研脱贫攻坚工作。县委副书记李宏革，县人大常委会主任武润珍、副主任崔学跃，副县长郭方恺一同调研。王旭明一行先后到梁家寨乡猫铺村、长一铺村、骆驼道村和上社镇佛堂村、魏家沟村、外独头村，实地查看扶贫项目建设、扶贫措施落实以及环境卫生整治等情况。查阅扶贫工作台账和档案资料，对建档立卡动态调整、扶贫资金使用管理等情况进行深入了解，并同合作社负责人、产业发展大户、村干部以及村民进行座谈，听取和征求各方面的意见建议，了解和掌握农村脱贫攻坚工作现状和工作中存在的

突出问题。　　　　　　　　（姜鹏军　王　飞）

【周然到盂县调研】 2017年8月3日，由省人大常委会副主任周然带队的省人大调研组一行到盂县，就《山西省食品小作坊小经营店小摊点管理条例（草案）》、公共文化服务体系建设情况进行立法调研和专题调研。调研中，周然一行先后到秀水西街焙可摩尔烘焙专家、运杰超市、千千晨晨食品厂，通过实地查看、听取相关负责人汇报、与店主交谈、翻阅台账等方式，具体了解食品小作坊小经营店小摊点监管的主要做法、成效和监管中存在的突出问题，广泛征求解决问题的意见建议、食品小作坊小经营店小摊点界定标准的意见建议、监管制度设计的意见建议，对盂县关于食品小作坊小经营店小摊点管理工作给予肯定。

（姜鹏军　王　飞）

【盂县创建国家卫生县城工作调研】 2017年8月18日，市人大常委会组织部分常委会委员和教科委委员，到盂县就创建国家卫生县城工作进行调研。副市长潘海燕，县人大常委会副主任李俊林，副县长、县公安局局长杨慧文一同调研。调研组一行先后深入县文化中心、高城山路三期、香河改造路段、裕新苑社区，通过实地查看、听取汇报等方式详细了解盂县创建国家卫生县城工作进展情况。

（姜鹏军　王　飞）

【全县环境卫生和创卫工作视察】 2017年8月31日，县人大常委会主任武润珍，副主任李俊林、韩忠义带领部分人大代表以及相关部门负责人，对全县环境卫生和创卫工作进行视察。副县长、县公安局局长杨慧文一同视察。代表先后视察了步行商业街，秀水镇南坪村，牛村镇河东村，南娄镇南娄村、北娄村等地的环境整治情况，并听取了有关负责人关于环境卫生和创卫工作情况的汇报。自全县城乡环境卫生和交通秩序联合督查以来，县城区域内车辆乱停放行为得到有效遏制，店外经营和占道经营日趋减少，垃圾清理和存放规范有序，乱贴小广告行为明显好转；乡村环境卫生大力改善，四堆问题明显减少、城乡环境卫生和交通秩序明显改善，为盂县创建国家卫生县城打奠定良好的基础。

（姜鹏军　王　飞）

【视察代表建议和意见办理情况调研】 2017年9月14日，县人大常委会组织人大常委会组成人员和部分代表深入全县重点工程项目建设工地，就十六届人大二次会议代表建议和意见办理情况进行视察调研。县人大常委会主任武润珍，副主任李俊林、崔学跃、韩忠义，县委常委、常务副县长王建华，副县长石文斌参加视察调研。

视察调研中，武润珍一行先后到省道盂榆线盂县绕城公路、香河综合治理建设工地、秀水村南村棚户区安置房、李宾山路、中岚物流园、2×100万千瓦电厂、新建中医院综合大楼、文化中心、高城山路和北关安置房等重点工程项目工地，通过实地查看和听取汇报的方式，详细了解项目推进情况和存在的困难问题。

（姜鹏军　王　飞）

【第五期"法治讲堂"】 2017年9月26日，县人大常委会举办第五期"法治讲堂"。县人大常委会主任武润珍，副主任张燕萍、崔学跃及常委会其他组成人员，县人大常委会机关全体干部、各乡镇人大主席参加学习。法治讲堂邀请阳泉市委党校基础理论教研室讲师、律师杨珍君老师进行专题授课。讲座从《中华人民共和国各级人民代表大会常务委员会监督法》的立法过程、监督中存在的问题等四个方面系统阐述人大常委会监督的对象、内容、范围和形式。从深刻领会监督法精神实质、准确把握人大常委会监督的形式和内容、贯彻实施好监督法的重要性等多个角度，对今后县人大常委会如何依法行使监督职能，加强和改进监督工作，增强监督实效等方面提出指导性意见。

（姜鹏军　王　飞）

【扶贫村调研】 2017年10月17日，县人大常委会主任武润珍、副主任李俊林带领机关各委室负责人深入西潘乡西潘村进行扶贫调研。包户党员干部入户走访贫困群众，了解困难原因，帮助解决实际困难和问题。随后与乡村两级进行座谈，共同研究解决促进低收入群众脱贫问题，并要求乡村两级切实为群众排忧解困，让群众感受党的关怀和温暖，引导广大群众以饱满的热情和喜悦的心情迎接党的十九大胜利召开。 （姜鹏军 王 飞）

【城市总体规划修编征求意见会】 2017年10月25日下午，盂县城市总体规划协调推进领导小组召集有关成员单位召开会议，贯彻落实24日县委县城总体规划协调推进会议精神，对路网、学校、医院、产业园区等规划布局进行研讨和再对接。领导小组组长、县人大常委会主任武润珍主持了会议。 （姜鹏军 王 飞）

【脱贫攻坚工作调研和指导】 2017年10月31日，县人大常委会副主任李俊林、韩忠义带领县扶贫办一行，先后到西烟镇洪镇村、尧上村、北流嘴村，对上周县人大视察西烟镇脱贫攻坚时发现的三卡一牌一手册等脱贫攻坚资料不全、不实进行调研和指导。 （姜鹏军 王 飞）

【乡镇和城镇办事处人大机构建设】 2017年11月1日，按照县人大常委会党组会议和主任会议的统一安排，县人大召开专题会议，认真贯彻落实省委推进县乡人大建设会议精神，宣布各乡镇和城镇办事处15名人大专职工作人员。会上，县人社局副局长李建忠宣读各乡镇和城镇办事处新任职的人大专职工作人员名单。人大专职工作人员主要协助人大主席召集主持主席团会议，组织视察调研活动，搜集民意，向有关机关和部门传达人民群众的意见和要求，更好地做好乡镇人大工作。

（姜鹏军 王 飞）

【教育体制改革情况视察】 2017年11月1日，县人大常委会组织部分常委会组成人员和人大代表，视察全县教育体制改革情况。县人大常委会副主任张燕萍参加视察，副县长亢晓英陪同视察。视察组一行先后到路家村镇刁家沟村小学、孙家庄镇中学和县第五实验小学，通过实地视察、听取学校负责人汇报等形式，了解教育体制改革工作进展情况。

（姜鹏军 王 飞）

【法、检两院司法体制改革和司法行为调研】 2017年11月9日，县人大常委会副主任韩忠义带领部分县人大常委会委员以及市、县人大代表组成调研组对盂县人民法院、人民检察院司法体制改革工作情况进行调研。调研组一行先后对法检两院的诉讼服务中心、接访室、办案区、控告申诉接待大厅等办公场所进行参观。并分别听取法院和检察院负责人关于司法体制改革工作的情况汇报以及在司法体制改革中存在的困难问题。 （姜鹏军 王 飞）

【张建欣到盂县调研】 2017年11月16日，省人大常委会副主任张建欣带领调研组，到盂县调研指导工作。市委副书记、盂县县委书记李云峰，市人大常委会副主任张宝明，副市长李君，县人大常委会主任武润珍，县委常委、常务副县长王建华，县人大常委会副主任崔学跃，县政协副主席万学武等领导陪同调研并出席座谈会。这次调研是贯彻省委关于在全省开展"万名干部大调研"决策部署的具体行动。调研组一行先后深入盂县文化中心、山西裕光煤电盂县电厂项目、华北奕丰生态园、孙家庄镇人大代表活动室实地查看。每到一处，调研组成员都认真听取相关负责人的汇报，详细了解盂县建设资源型经济转型发展良好法治环境、加快立法步伐、加大重大领域项目建设及资金安排使用情况支持和监督力度、服务全省经济转型升级等方面的情况。 （姜鹏军 王 飞）

【基层人大建设与工作调研】 2017年11月22日上午，县人大常委会主任武润珍、副主任李俊林到上社镇就基层人大建设与工作进行调研。武润珍一行查看代表活动室和人大网络平台建设与运行情况。武主任要求，按照新时代对人大工作的新要求，完善代表活动室和基层人大网建设，加强乡镇人大工作，充分利用"两个平台"（代表活动室和人大网络平台），搞好代表活动，做好代表联系群众工作。11月23日下午，到路家村镇就基层人大工作与建设情况进行调研，查看路家村十里一条街改造工程进展情况，并与党政负责人进行座谈。

（姜鹏军　王　飞）

【第六期"法治讲堂"】 2017年12月8日，县人大常委会举办第六期"法治讲堂"。县人大常委会主任武润珍主持会议。县人大常委会副主任张燕萍、李俊林、崔学跃、韩忠义及常委会其他组成人员，县人大常委会机关全体干部、各乡镇人大主席参加学习。法治讲堂邀请省人大常委会副秘书长张世文进行专题授课。讲座从深刻认识十九大的重要意义，全面把握十九大主要精神；深刻领会十九大关于民主政治建设的部署要求，进一步明确人大工作的目标任务；准确把握县人大的职能定位，依法行使好县人大及其常委会的各项职权三方面，结合人大工作实际，对党的十九大精神进行解读，对民主法治建设和发挥人大职权做了权威讲解。

（姜鹏军　王　飞）

【财政预算调整工作座谈会】 2017年12月25日，县人大常委会召开财政预算调整工作座谈会，县人大常委会主任武润珍、副主任张燕萍、李俊林、崔学跃、韩忠义及常委会组成人员参加座谈会。县委常委、常务副县长王建华，县政协副主席、财政局局长万学武出席座谈会。会议听取了县政协副主席、财政局局长万学武关于2017年财政预算调整有关情况汇报。在认真听取汇报后，与会人员就预算调整情况进行了认真分析和深入探讨。（姜鹏军　王　飞）

【乡镇（社区）人大工作座谈会】 2017年12月28日上午，县人大召开乡镇（社区）人大工作座谈会。县人大常委会主任武润珍，县人大常委会副主任张燕萍、李俊林、崔学跃参加座谈会。座谈会上，14个乡镇人大和城镇办事处分别汇报2017年人大工作，并就2018年度人大工作谈了各自想法和打算。

（姜鹏军　王　飞）

【阳泉市市县（区）人大常委会座谈会在孙家庄镇王炭咀村召开】 2017年12月29日，阳泉市县（区）人大常委会主任座谈会在孙家庄镇王炭咀村召开。会议期间，与会人员实地察看了王炭咀村人大代表培训基地、华北奕丰生态园、路家村镇闫家沟村人大代表之家建设情况。市人大常委会副主任孙金明、吕昌政、刘志强、张永忠出席会议。县人大常委会主任武润珍，副主任张燕萍、李俊林、崔学跃陪同调研。　（姜鹏军　王　飞）

【重点议案办理情况】 盂县第十六届人民代表大会第一次会议，决定将付全珍等代表提出的《关于在北部乡镇率先发展全域旅游的议案》列为大会议案后。县政府高度重视办理工作，围绕"推进创建全域旅游，建设宜居宜业宜游盂县"的工作目标和"一年搞规划、二年打基础、三年见成效、五年大变样"的发展思路，努力把做大做强旅游产业作为调结构促转型的战略性支柱产业来培育和扶持。至2017年底，已完成《盂县全域旅游发展规划》和《盂县北部四乡镇连片旅游专项规划》的编制。公共服务和基础建设方面：先后投入8000余万元用于宣传促销和旅游基础设施建设，二年打基础取得初步成效。

（侯晓文）

【重点督办建议】 县十六届二次会议将8件建议列为大会的重点督办建议，分别是：冯贵生代表提出的《关于加快2×100万千瓦发电项目建设的建议》和《关于尽快完善县文化中心工程技术的建议》，梁姝芳代表提出的《关于加强秀水河、香河综合治理的建议》，王正代表提出的《关于龙华口水电站尽快下闸蓄水的建议》，韩爱忠代表提出的《关于加快中岚国际物流园项目建设进度的建议》，胡金毛代表提出的《关于对南村、北关、北村、秀水村棚户区进行综合改造的建议》，王永明代表提出的《关于县城高城山路、李宾山路、迎宾大道尽快竣工通车的建议》，杨文生代表提出的《关于建设我县西南外环、东外环、西北外环道路工程的建议》。

（冯贵生）

宣传工作

【县人大网及微信公众平台正式开通】 2017年7月1日，盂县人大网（http://www.yxpc.gov.cn/），在县人大常委会的关心支持下，县人大常委会办公室经过三个多月的精心筹备，正式开通。

盂县人大网，图文并茂，内容新颖，知识点多面广，是人大工作者和广大干部群众学习人大知识，了解人大工作动态的良师益友。网站设首页、人大要闻、组织机构、上级人大、代表工作等栏目。公众通过网站可以及时了解县人大及其常委会在监督工作、人事任免、代表工作、乡（镇）人大工作等方面的信息，查询有关法律法规和人民代表大会制度知识。该网站的建设，目的是充分利用网络优势，以文字、图片等多种形式，实现宣传人大制度、公开人大工作、引导公民有序参与、提升人大权威，发挥人大作用，进一步加大县、乡人大的宣传面，让县、乡人大工作动态及人大理论知识能及时展现。县人大网站的建立，开创了盂县人大宣传工作的新局面，创新了人大宣传工作的平台。

（姜鹏军 王 飞）

【全县人大宣传工作会议召开】 2017年9月7日，县人大召开宣传工作会议。会议贯彻落实全市人大宣传工作会议精神，对盂县人大宣传工作进行安排部署。县人大常委会副主任李俊林主持会议并讲话，各乡镇人大主席、县人大宣传工作通讯员、新闻单位特邀通讯员参加会议。会议向县人大宣传工作通讯员颁发聘用证书，并对各乡镇人大主席和网络管理员进行培训。

（姜鹏军 王 飞）

盂县人民政府

综合工作

【概述】 2017年，在中共盂县县委的坚强领导下，盂县人民政府深入学习贯彻党的十九大精神，以习近平新时代中国特色社会主义思想为指引，认真贯彻落实中央、省、市的大政方针和决策部署，推出一系列重大举措，推进一系列重大工作，实施一系列重大工程，谋办一系列民生大事，统筹抓好稳增长、促改革、调结构、惠民生、防风险等各项工作，一些长期想解决而没有解决的难题得到有效解决，一些过去想办而没有办成的大事圆满完成，全县转型发展的趋势性、转折性、标志性变化明显增多，经济呈现稳中有进、稳中向好、稳中提质的良好态势。全县生产总值完成127.9亿元，同比增长3.9%；规模以上工业增加值完成65.5亿元，同比增长3.5%；固定资产投资完成74.2亿元，同比增长6.3%；一般公共预算收入完成5.7亿元，同比增长6.6%；社会消费品零售总额完成51.5亿元，同比增长5.8%；城镇居民和农村居民人均可支配收入分别达到29431元、12937元，同比分别增长6.2%、6.3%。各项约束性指标均超额完成省、市下达任务。

（李昌龙）

【产业多元化发展】 坚持发展新兴产业和改造提升传统产业并重的方针，着力优化经济结构，努力提高供给体系质量和效率，"三去一降一补"统筹推进。退出煤炭落后产能60万吨，化解房地产库存1630套、达19万平方米，全县金融机构不良贷款率下降0.24%，规上企业每百元主营业务收入成本同比下降6.8元，用于脱贫攻坚、基础设施、社会民生、生态环保等资金投入明显增加，补短板力度不断加大。煤炭产业提质增效。路家村、辰通煤业完成升级改造，常顺、皇后煤业初验申请国家一级质量标准化矿井，煤炭产业实现利税同比增长102%。电力产业快速发展。事关全县未来发展的重要转型项目——山西裕光煤电盂县2×100万千瓦燃煤发电项目全面开工，采煤沉陷区500兆瓦光伏发电示范基地建设并网发电，跃进煤业瓦斯发电项目并轨营运，力宇煤层气上社发电项目完成基础建设。全域旅游发展良好。重点景区景点基础建设完成投资8000万元，功能和形象全面得到了提升；摩旅文化节、水神山旅游文化节、国庆黄金周旅游惠民活动以及各种乡村旅游文化创意活动各具特色，旅游总收入同比增长26.7%。高科技电子信息填补产业空白。深圳馨晋商集成电路封装测试项目开工建设，北京镭创高度激光显示项目落户盂县。传统产业加快改造。耐材重组积极推进，煤焦产业延伸发展，工业总产值同比分别增长66.9%和85.8%。新型业态积极催生。物流、快递、电子商务等现代服务业多领域拓展，第三产业增加值同比增长5.2%。大众创业、万众创新日益浓厚，全年新增中小微企业428家，新增各类市场主体2860户。

（李昌龙）

【"三农"工作和脱贫攻坚工作】 全年全县粮食总产量达到1.44亿千克，创历史新高。核桃、蔬菜、小杂粮、中药材、食用菌、优质水果等规模种植稳步提升。肉羊、肉牛、生猪、蛋鸡等规模化养殖不断壮大。孙家庄、谷味天等农产品加工引申拓展，全县特色农产品加工收入达到12.2亿元，全县农业增加值同比增长

6.3%。农业基础进一步夯实,新增耕地31公顷,完成高标准基本农田建设213公顷,全面解决了42个村、1.5万人饮水安全问题。农机化作业水平不断提高,全程农业机械化率达到70%以上。金玉米、藏山翠谷等休闲农业多点呈现。王炭咀、东头村等绿色村庄多层推进。农村生活垃圾治理省级示范县创建深入开展,城乡人居环境得到了明显改善。脱贫攻坚成效显著,全县1290户、2980人稳定脱贫,21个贫困村实现整村脱贫。 (李昌龙)

【城乡面貌提品增色】 2017年,县文化中心建成投入使用。高城山路全线贯通。李宾山路中段和水神山南路建成通车。藏山游园公路建设完成主体。县城西南外环、西北外环、东外环全面开工建设。省道双阳线路面改造竣工通车。永店坡老城棚户区、西关棚户区综合改造完成3990户,北关、南村、北村、秀水四个片区拆迁安置房建设进展顺利。香河滨水空间环境综合治理工程有序展开。龙华口水库下闸蓄水。书香广场全面建成。县城集中供热环保提标改造全面完成,城南热源厂扩容工程竣工投运,新增供热面积80万平方米。新建县城公交首末站、停靠站16个,公交车实现了新能源全覆盖。完成县乡公路大中修工程19.6千米,完成各类农村公路建设98.8千米。以保洁、治违、治污为重点的城乡环境综合整治持续发力。孙家庄、西烟、南娄、牛村、路家村等特色小城镇建设,闫家沟、郭家坪、坮上等美丽宜居示范村创建,大崇等传统古村落保护开发整体推进。县城形象和承载功能、乡村环境面貌和公共服务能力得到了全面提升。 (李昌龙)

【对外开放】 2017年,县经济技术开发区建设取得突破,区域规模、产业定位等前期可研通过省、市评审,"三化三制"改革有序推进,市政府下达的"121"目标超额完成。"放管服效"改革不断深化,"多证合一、一照一码"和"证照分离"商事制度改革稳步推进,"六最"(审批最少、流程最优、体制最顺、机制最活、效率最高、服务最优)营商环境多层营造。国企国资改革全方位推进,县五交化公司破产改制、县建筑公司资产转让有序推进,自来水厂、夫城口水电站公司化改制和华美服装厂民营化改制顺利完成。农村改革深入进行,土地确权颁证基本完成,18个小弱散贫行政村撤并试点工作圆满完成。科技创新、金融创新有力有效,县科技孵化器提升认定为省级科技孵化器,全年申报发明专利12件;组建盂县国有投资集团,大崇温泉度假区在省文化旅游板成功挂牌。开放引进成效明显,全年累计签约项目25项,签约资金122亿元,外来资金到位40.7亿元,各项指标均稳居全市前列。 (李昌龙)

【社会稳定】 2017年,全县严格坚持"三管三必管"和"三个坚决防止"要求,深入开展安全生产大检查和隐患排查治理,全年共查处、整改各类安全隐患3870条,煤炭行业杜绝了死亡事故;非煤矿山和危化、冶金等工贸行业杜绝了一般以上安全生产事故。始终保持严厉打击私挖滥采的高压态势,在重点区域设立电子监控系统,建立无人机巡察机制,实行"四长"联合执法,有力地维护了盂县正常的矿业秩序。创新加强社会治理,扎实开展信访问题源头化解专项行动,深入推进"雪亮工程""飓风大扫毒"和"三打两收两控一整治"等"平安盂县"建设,有力维护了我县社会的和谐稳定。

(李昌龙)

【人民生活改善】 2017年,在财力紧张的情况下,民生支出持续加大,占到一般公共预算支出的78.7%,同比增长10.3%。就业再就业稳定扩大,新增城镇就业人员4020人,失业人员实现再就业2100人,转移农村剩余劳动力4190人,城镇登记失业率控制在3.4%。社会保障水平稳步提高,城乡居民医保实现市级统筹全覆盖,机关事业养老保险完善提速,新建20个农村老年人日间照料中心。义务教育优质均衡试点县建设向前推进，4所幼儿园改扩建工程完成主体，"改薄"工程全面完成。卫计食药创新提升，县人民医院由省人民医院成功托管，新建中医院门诊住院大楼顺利完工，食品药品安全监管进一步加强，保障了人民食药安全。文化事业繁荣发展，全民健身广泛开展，全年举办文化惠民演出150场，免费送戏下乡140场，流动舞台进乡村等群众性文化活动向基层延伸。

（李昌龙）

【生态文明建设】 2017年，全县持续开展环境治理攻坚行动，取缔整改"散乱污"企业107家，停限产整改企业30家，拆改建城区供热、茶浴炉等燃煤小锅炉，开展储煤场全封闭治理。对全县26条主要河流实行河长制管理。跃进、东坪煤业矿井水处理项目建成投运。完成农村煤改气管网入户15300户，完成县城和县城周边集中供热改造4000户。县城优良天数达到291天，稳居全市第一。大力实施造林绿化等生态治理工程，全年完成各类造林面积2000公顷、"四旁"植树180万株；完成水土流失治理2267公顷；复垦治理矿产卫片图斑土地3300亩，生态环境更加宜居，绿色发展多层展现。

（李昌龙）

【民主法治建设】 2017年，全县严格执行县人大及其常委会的决议决定，主动接受人大、政协监督，全年共办理人大代表建议105件，政协委员提案83件。严格落实政府系统全面从严治党主体责任，认真执行中央"八项规定"精神，扎实开展"两学一做"和"维护核心、见诸行动"主题教育，深入推进反腐败斗争。加强国防动员和"双拥"工作。积极支持工会、妇联、共青团、工商联等发挥作用。强化预算资金管理，加大审计监督力度，严控"三公"经费支出，驰而不息反对"四风"。"13710"信息督办系统覆盖全县各乡镇和政府系统各部门，构建了横向到边、纵向到底的抓落实体系。同时，统计、信息、地震、档案、史志、残联、气象、宗教、法治等各项工作均取得了很好的成绩。

（李昌龙）

【政府办公室工作概况】 2017年，县政府办公室在县委、县政府的正确领导下，认真贯彻落实习近平总书记系列重要讲话精神，紧紧围绕县委、县政府中心工作，通过加强政治理论学习、自身建设、党风廉政建设和行政效能建设，切实转变工作作风，充分发挥"第一参谋助手""大服务员""高效督办员"职能，确保了中央、省、市、县决策部署落地和县政府高效运转，较好地完成了各项工作任务。在理论学习和思想建设方面：按照县委县政府部署，积极推进"两学一做"学习教育常态化制度化、开展维护核心见诸行动主题教育、十九大精神学习，通过集中学习、自学等方式，认真组织原原本本、逐字逐句学习党章党规、习近平总书记系列重要讲话精神和十九大报告，并组织撰写学习笔记、心得体会，不断增强了广大党员干部维护核心的思想自觉、政治自觉、行动自觉，把维护核心落实到行动上、融入工作中，打牢了开展工作的思想政治基础。在机关党组织自身建设方面。按照县委安排，强化"三基建设"，完成了机关党组组建，及时对党支部成员进行了调整，全面落实管党治党主体责任。认真坚持"三会一课"制度，领导干部严格落实"双重"组织生活制度，带头在支部讲党课。认真执行领导干部一岗双责制度，带动全办党员干部按时参加党的各种组织生活，在各项工作中发挥了战斗堡垒作用。加强党员科学化管理，认真做好党员信息维护和党内统计工作，坚持按期缴纳党费，基层组织战斗力显著增强。在加强党风廉政建设。严格落实党风廉政建设党组主体责任，注重源头治理，强化整风肃纪，在党员干部中深入开展《中国共产党廉洁自律准则》《中国共产党纪律处分条例》和《中国共产党问责条例》学习教育，引导党员干部树立正确的人生观、价值观，弘扬了廉洁从政主旋律，营造了机关廉政文化氛围，增强了干部职工拒腐防变的能力和自觉性。切实加强廉政风险防控，扎紧制度"笼子"，做到用制度管人、管事、管财、管物，从源头上杜绝了不良现象和违纪违法事件发生。在加强行政效能建设方面。强化制度执行，严肃办公室干部落实上班签到、请销假、外出报备等制度；教育引导干部职工牢固树立"一盘棋"思想，强化团结协作意识，增强团结协作能力，加强工作时效，促进良性竞争，激发了干事创业的激情，形成了工作上立说立行，说了就做的作风；组织全体干部职工不断学习新技能，积累新经验，提高业务工作能力，提升政策知识水平，增强了综合协调和完成各项工作目标任务的能力，进一步提升了机关形象。

（李昌龙）

【办文工作】 2017年，县政府办公室及时高效地完成了各级领导交办的文字综合任务，以文辅政水平和领导满意度不断提高。全年，共起草领导讲话、汇报材料等各类重要文稿150余篇。审定县政府主要领导政务活动新闻稿件20余篇。牵头有关部门起草、审定《盂县深化综合行政执法体制改革实施方案》《盂县加快推进多层次资本市场发展的实施细则》《盂县加快推进义务教育优质均衡发展的实施方案》等政策性文件80余件。发挥信息载体作用和服务功能，及时、准确、全面地为县政府领导提供有价值的信息，编发《盂县政务信息》200期、《昨日要情》230期。整理上报县政府周报49期，月报10期。严格执行《党政机关公文处理工作条例》，强化精品意识，严把公文报送传批、草拟、送审签发、复核和缮印等关口，确保了政府公文高效运转、准确规范。共制发县政府及县政府办文件216件，函265件，编发各类会议纪要76期，没有出现一例退文现象。进一步健全完善公文运转登记、传阅制度，公文传办规范有序，公文管理去向清楚、传办及时，全年共签收、传阅省市来文1628件。进一步强化档案管理和办公室全体人员保密知识宣传，档案管理不断规范，全员保密意识不断增强，没有发生涉密文件丢失和管理不善等泄密问题。

（李昌龙）

【办会督查工作】 2017年，县政府办公室统筹协调筹备各类会议、活动，不断强化会议协调，优化会议议程，讲究会议效果。完善办理工作规程。共承办全县性大会15次，政府常务会议21次，专题会议68次，电视电话会议51次，协调通知政府各类会议50余次。在办会过程中，坚持简朴周密、严谨细致，做到了会前周密筹备、会中精心组织、会后认真落实，且严格控制会议时间、规模和参会范围，会风会纪不断好转，受到各级领导的好评。全面落实执行"13710"工作制度，推动工作见人见事，见根见效。制定出台了《盂县人民政府系统"13710"工作制度实施办法》，组织14个乡镇及有关政府职能部门办公室主任进行了专业培训，专门设立了"13710"工作办公室，抽调专人负责，24小时值守，全面承担政府系统"13710"工作制度执行过程中的有关工作任务。加快"13710"电子督办平台建设，通过电子政务外网和阳泉市经济信息中心提供的VPN两种渠道使46家单位接入"13710"督办系统，包括14个乡镇和32个县直政府单位，并如期实现了省市县乡"13710"督办系统无障碍对接。截至年底，通过"13710"工作系统办理的事项累计57项，其中省市系统交办事项8项，全县纳入系统督办49件，已全部办结，并取得良好成效。"13710"工作制度成为县抓落实的利器，在督查实践中逐步释放威力。继续围绕全县中心工作、重点项目、领导批示和群众反映的带倾向性、苗头性、群体性的热点、难点问题等开展专项督查，配合中央、省、市督察组开展了环保、安全专项督查，全年共督办各类事项14项，其中利用30天时间全力转办中央第二环保督察组转办案件38件，后续转办环保部大气污染防治强化督查组转办案件10件，办结率达100%，真正做到了个个有着落，事事有答复，件件有回音。抓好随手拍、省长信箱、市长信箱、县长信箱等群众反映问题的答复办理，截至年底，协调配合上级督查453次，接收并办理随手拍事项9件，办理省长信箱问题9件、市长信箱问题5件、县长信箱问题104件。　　　　　　（李昌龙）

【政府信息公开工作】　全年县政府办进一步细化了信息公开目录，完善了公开的范围和内容。及时将与经济社会发展和群众生活密切相关的政府信息进行公开，以政府信息公开带动办事公开，以办事公开带动便民服务。全年共在县政府网站公开政府文件60余件。（李昌龙）

【法治工作】　2017年，县政府办公室抓牢交办、督办两个关键环节，积极协调各承办部门认真办理县人大代表建议和政协提案，加强对承办单位办理工作的全程监督，着力提高办理质量，促进了办理工作的顺利开展。全年全县政府系统接到县人大、县政协交办的代表建议和政协提案共计187件，已全部答复完毕，答复率为100%。其中已经办理和正在办理的建议、提案占到总数的81.3%；列入规划或计划，需分阶段落实和解决的建议、提案占总数的18.2%；由于条件限制，暂时无法办理的仅占总数的0.5%，较好地完成了各项办理工作任务，实实在在地解决了一些事关人民群众生产生活的热点难点问题，有力促进经济社会全面发展。紧紧围绕全县目标任务，坚持以法治思维和方式推动工作。创新依法行政机制，着力当好政府法律顾问参谋，规范行政执法行为，履行政府法治各项职责，着力营造支撑和服务转型发展的法治环境。聘请了2所律师事务所担任政府法律顾问，对重大决策、重要规范性文件、非诉讼案件等请法律顾问参与讨论研究。截至年底，共审核政府及部门重要文件文稿11件，审查修改投资协议合同（协议）5件，清理失效的规范性文件69件，修改规范性文件4件，受理办理行政复议案件11件，积极应诉行政诉讼案件5件，为经济社会事业发展提供了坚强的法律保障。　　　　　　（李昌龙）

【重点工程】　2017年，全县93项重点工程全部建立档案，跟踪管理，及时收集、统计项目进展及存在问题。对18项挂图作战重点项目，每周汇总情况，为县领导召开挂图作战会议提供决策依据。积极协调有关部门及项目单位及时解决工程建设重点问题，定期通报工程进展情况，促进加快工程建设，18项重点工程全部达到了年度建设目标。　　　　　　（李昌龙）

【应急工作】　2017年，县政府办严格执行应急值守制度，规范24小时双人值班值守，做好突发事件信息登记、整理、研判、报送等工作，发挥了全县应急管理枢纽的作用。推动应急预案体系规范化建设，指导督促各乡镇、各有关部门做好应急预案编制修订工作，全县编制、修订县级专项预案5大类25个，部门预案4大类40个，预案编制、修订、审核、备案工作逐步走向制度化、规范化。继续加强应急预案演练，组织实施地震应急演练1次，消防演练1次，森林火灾处置演练2次，累计演练人数为1000余人，有效检验了预案应急反应机制。稳步推进应急救援队伍建设，已登记各类应急救援队伍20余支、1000余人，并充实了应急物资、应急通信工具、医疗器具、救灾物资等应急装备、器材。全年全县共发生一般突发事件2起，上报值班信息5期，全部都得到了及时有效处置，全县应急处置能力进一步提升。（李昌龙）

【金融工作】　2017年，县政府办牵头组建了盂县国有资产投资（集团）有限公司，打造了全县国有控股的投融资平台。创新金融扶贫模式，出台了《盂县"五位一体"金融扶贫工作实施方案》《盂县扶贫小额信贷风险补偿金管理办法》，助推了全县脱贫攻坚工作。拓宽融资渠道，促进晋盂建设投资有限公司积极与国开行、农发行面对面对接，以政府购买服务模式融集专项信贷资金，协调推进了中岚国际物流园、香河、秀水河综合治理等工程项目以PPP模式规范实施，确保了重点工程项目加快推进。建立金融工作联席会议制度，搭建"政银企"信息沟通平台，促进了金融业与实体经济深度融合。加强金融风险防控，制定了《打击恶意逃废金融企业债务专项行动实施方案》和《防范和化解企业担保链风险专项行动实施方案》，建立了风险预警机制。积极鼓励和引导企业通过资本市场实现资源优化配置和制度创新，盂县大汖温泉度假区成功开板挂牌山西"文化旅游板"，成为全省首批、全市首家挂牌"新四板"的旅游企业。

（李昌龙）

【外事侨务工作】 2017年，全县开展侨情普查，对盂县海外华人华侨、归侨、侨眷侨属、留学人员信息进行了统计上报，共普查侨务工作对象11人，其中华人华侨、归侨、侨眷侨属9人。并对2018年因公出国计划进行了统计上报。与市外侨办加强合作，推荐了山西"年年有盂"核桃仁休闲茶点等特色商品作为与归侨侨眷联络联谊的接待展示产品，融合侨务资源服务经济社会建设，增进亲情乡谊，促进合作发展。

（李昌龙）

【贫困村驻村帮扶工作】 2017年，县政府办认真抓好仙人乡垴上村驻村帮扶工作，及时与该村进行了对接，并多次入村调研摸底，结合该村产业发展、贫困户生活就业等情况，帮助制定了《2017年度垴上村防返贫方案》。按照精准扶贫要求，确立机关10名干部职工与该村16户贫困户建立了结对帮扶机制，每周派包村联络员赴村协调解决问题。其间，结对帮扶干部多次入村向贫困户了解情况、宣传政策、宣讲十九大精神。同时，大力支持垴上村发展特色红薯产业、乡村旅游。"国庆黄金周"期间，协调县级媒体大力宣传垴上乡村旅游，协助举办红叶节、红薯节，助推旅游经济。积极发挥协调优势，争取县文化局乡村文化建设资金2万元，用于村文化设施建设；争取县住建局小铲车1辆，用于乡村清洁工程建设。在"10·17"全国扶贫日，开展送温暖活动，动员石店煤矿为村集体捐赠煤炭5吨。

（李昌龙）

人事工作

【概况】 2017年，县人社局在县委、县政府的坚强领导和市人社局的指导下，紧紧围绕县委、县政府确定的工作目标，始终坚持以人民为中心、着力改善民生、促进社会和谐、维护社会稳定，全县民生工程和社会保障工作得到健康长足的发展并取得了显著成效。

（郭莉达）

【人事管理】 2017年，全县人事工作认真贯彻实施《公务员法》，人事工作紧扣县域经济社会发展大局，创新载体，强化职能，为建设宜居宜业宜游和谐盂县提供了人才保障和智力支撑。一是坚持日常考核与年度考核相结合，日常考核重点是工作任务完成情况和出勤情况，并会同县委考核办进行年度考核；积极稳妥地推进事业单位岗位设置管理实施工作，抓好专业技术人才队伍建设工作，加强专业技术人员培训学习，组织相关人员报名参加国家及省相关考试；完善职称评聘制度，从资格审查、评委会建设管理、评审程序、证书管理等有一整套规章制度，从而保障了评审结果的公开、公平、公正，赢得了广大专业技术人员的认可和信任。二是积极推进工资福利和事业单位绩效工资的实施。三是负责政府系统非领导人员人事档案管理和大中专毕业生人事档案代理。

（李建忠 许锡敏 贾薇）

【公务员及机关事业单位人员录（聘）】 2017年，在政府系统招录工作中，严格执行《公务员法》和"凡进必考"的规定，把好政府系统公务员和事业单位工作人员招聘工作"入口关"。通过依照法规、公开招聘、严格程序、

认真把关共招录机关公务员12名，招录事业人员35名。　　　　（李建忠　许锡敏　贾　薇）

【人事制度改革】 2017年，县人社局在人事制度改革方面主要做了以下工作。完成2016年年度考核工作。对盂县25个行政机关、6个参公单位、14个乡镇政府、200个事业单位的7662名人员进行了年度考核登记。更新公务员数据库。在一年多的公务员信息采集和统计工作中，重点确保了人员信息完整、准确，并做好了数据安全工作。到12月底，完成了重新进行公务员信息采集和统计工作，并上报市人社局有关科室。加强机关事业单位工作人员参保登记审核工作。2017年5月，开始启动机关事业单位工作人员参保登记工作后，共审核了7662名在职人员的档案信息，为全县机关事业养老保险参保工作顺利推进提供了真实可信的基础信息。做好公务员和公务员集体表彰工作。根据省人民政府《关于表彰山西省人民满意的公务员和人民满意的公务员集体的决定》文件精神，省人民政府对盂县申报的西烟镇政府进行了表彰，西烟镇政府获得了"山西省人民满意的公务员集体"称号。

（李建忠　许锡敏　贾　薇）

【人才交流与服务】 2017年，全县积极推进人才强县战略，不断加强人才交流服务中心和职业介绍中心平台建设。一是积极组织各用人单位参加省、市组织的人才招聘大会。全年共组织用人单位参加省、市招聘会2次，签订协议215人次。二是实行人事代理。积极做好人事代理的宣传和咨询工作，同时为人事代理人员办理档案调转、人事关系转移、人事代理合同续订、职称申报、档案工资调整、出具政审等服务工作。全年共办理人事代理916人。三是积极落实大学生创业引领计划，实施大学生"七补一贷"（大学生办理个体工商执照，3年内的登记、证照、管理类行政收费由财政补贴；大学生创办小微企业，2年内享受50%的财政补贴；大学生从事个体或小微企业的，补贴3年的社保；对高校毕业生给予不超过6个月，每人不超5000元的创业实训补贴；对大学生创业实体场地给予一次性补贴；凡带动3人以上就业的，一次性给予3000元的创业就业补贴；大学生进创园区创业的，每人每户给予5万—10万元的创业园区补贴；大学生自主创业的，可申请10万元的小额贷款）创业优惠政策。2017年，县人才中心设立高校就业见习基地39家，为85名未就业高校毕业生安置了就业见习岗位；第一批政府购买基层人员共有20人平稳转岗；第二批37名省政府购买基层大学生在乡镇社保岗位就业；累计安排94名困难大学生在公益岗位就业。四是全年争取上级就业专项资金1500万元，为全县大学生、下岗失业人员两大群体累计安排700多人实现就业，有效缓解了全县困难群体就业压力。

（李建忠　许锡敏　贾　薇）

【企业军转干部解困】 2017年，全县健全企业军转干部解困工作长效机制，确保帮扶解困资金足额到位。安排企业退休军转干20人，县财政支出共计27.88万元。在保证军转干部工资待遇水平的基础上，开展走访慰问活动，得到了军转干部的认可。

（李建忠　许锡敏　贾　薇）

【职称评聘】 2017年，县人社局坚持落实和完善专业技术人员资格评聘政策，服务全县经济社会发展。年内，申报高级职称人员26人，中级申报7人，初级21人，总计54人。在职称评聘工作中，严格执行程序，做好各类职称的资格审查和材料上报工作，加强岗位设置比例的筛查力度。做好年度衔接、专业技术人员信息库的修改完善、各类证书的审核发放、职称申报评审等各项工作。

（李建忠　许锡敏　贾　薇）

【工资改革】 2017年，县人社局认真执行有关工资改革的政策，主要做了以下工作。国家机关和参照公务员管理的事业单位工资制度。公务员及参照公务员管理的事业单位管理人员实行职级工资制，其基本工资构成为职务工资和级别工资两项；机关技术工人实行岗位技术等级工资制，其基本工资构成为岗位工资和技术等级（职务）工资两项；机关普工实行岗位工资制。事业单位工资制度。事业单位实行岗位绩效工资制度，事业单位工作人员基本工资构成为岗位工资和薪级工资两项，其中教师和护士的基本工资还包含其岗位工资和薪级工资标准提高的10%部分。企业工资制度。从2002年以来，企业工资仍然按照山西省政府《关于深化国有集体企业产权制度改革的实施意见》精神执行，企业职工置换身份后，其城镇户籍人员、农合工人员转入原社区和原户籍所在地管理，国有集体单位和工资自然消失。

（李建忠　许锡敏　贾　薇）

【乡镇工作补贴】　为加强基层干部队伍建设，稳定基层工作队伍，鼓励人员向基层流动。根据《山西省人力资源和社会保障厅、山西省财政厅关于乡镇机关事业单位工作人员实行乡镇工作补贴的实施意见》精神，盂县实行乡镇补贴。2015年补贴标准：乡镇工作时间10年以下的（不含10年），每人每月200元；

2017年机关人员规范津贴补贴标准一览表

表8

职务	标准（元/月）						
	在职人员					退休人员	离休人员
	原标准	减少额度	现标准			现标准	现标准
			合计	工作性津贴	生活性补贴		
厅级正职	3820	355	3465	1386	2079	3045	3915
厅级副职	3320	320	3000	1200	1800	2660	3420
处级正职	2870	285	2585	1034	1551	2310	2970
处级副职	2470	255	2215	886	1329	1995	2565
科级正职	2200	225	1975	790	1185	1771	2277
科级副职	2040	195	1845	738	1107	1631	2097
科员	1900	165	1735	694	1041	1505	1935
办事员	1830	145	1685	674	1011	1435	1845
技师	2160	210	1950	780	1170	1729	
高级工	1890	185	1705	682	1023	1519	
中级工	1840	160	1680	672	1008	1456	
初级工	1780	140	1640	656	984	1393	
普通工	1780	140	1640	656	984	1393	

注：根据阳人社发〔2016〕84号文件制表。

满10年不满20年的，每人每月260元；满20年不满30年的，每人每月320元；满30年及以上的，每人每月400元。条件艰苦偏远的乡镇：东梁乡、上社镇、北下庄乡、仙人乡、西烟镇、西潘乡、下社乡和梁家寨乡工作补贴在以上标准的基础上，每人每月再增加50元。2017年补贴标准：在原规定范围基础上，每月按职务（职级、岗位、技术等级）加发乡镇工作补贴，标准为：乡科级正职及以上职务200元、乡科级副职（含中级及以上专业技术职务、技师及以上职务）150元、科员及以下职务（含助理级及以下专业技术职务、高级工及以下技术等级）100元。

（李建忠　许锡敏　贾　薇）

【遗属生活困难补助】 2017年，对遗属生活困难补助标准进行了调整：离休干部去世后其配偶补助标准为每人每月750元。其他人员遗属标准为每人每月168元。年内，机关事业单位共审批遗属困难生活补助13户。

（李建忠　许锡敏　贾　薇）

2017年事业单位绩效工资参考标准一览表

表9

岗位（职务）类别	在职人员补贴标准（元/月）				退休人员补贴标准	离休人员补贴标准
	职级	绩效工资总量	基础性绩效标准	奖励性绩效标准		
管理岗位	厅级正职	3465	2426	1039	3045	3915
	厅级副职	3000	2100	900	2660	3420
	处级正职	2585	1810	775	2310	2970
	处级副职	2215	1551	664	1995	2565
	科级正职	1975	1383	592	1771	2277
	科级副职	1845	1292	553	1631	2097
	科员	1735	1215	520	1505	1935
	办事员	1685	1180	505	1435	1845
专业技术岗位	正高级	2725	1908	817	2485	3195
	副高级	2200	1540	660	1995	2640
	中级	2025	1418	607	1771	2277
	助理级	1735	1215	520	1505	1977
	员级	1685	1180	505	1435	1977
工勤技能岗位	技师	1950	1365	585	1729	
	高级工	1705	1194	511	1519	
	中级工	1680	1176	504	1456	
	初级工	1640	1148	492	1393	
	普通工	1640	1148	492	1393	

注：根据阳人社发〔2017〕53号文件制表。

2017年离退休人员增加生活补贴标准表

表10　　　　　　　　　　　　　　　　　　　　　　　　　　　　　　　　　　　　　单位：元/月

岗位类别	离退休前岗位	增加生活费标准	
		退休	离休
专业技术	正高	225	285
	副高	95	125
	中级	161	207
	助理级	315	207
	技术员级	245	207
管理	正处	270	340
	副处	95	125
	正科	161	207
	副科	161	207
	科员	315	405
	办事员	245	315
工勤	技师	139	
	高级工	179	
	中级工	266	
	初级工	243	
	普通工	243	

【退休审批】 2017年，机关和事业单位共审批退休301人。其中1人病退。企业单位完成信息认定262人，审批正常退休299人，符合病退条件退休17人，特殊工种退休85人。

（李建忠　许锡敏　贾　薇）

机构编制与管理

【概况】 盂县机构编制委员会办公室为盂县机构编制委员会的常设办事机构。既是县委的工作机构，又是县政府的工作机构，为正科级建制，具体负责全县行政管理体制和机构改革以及机构编制的日常管理工作。下属盂县事业单位登记管理局（参照公务员管理）和盂县机构编制电子政务中心（财政拨款事业单位）两个单位。

2017年，盂县编办按照上级机构编制部门和县委、县政府的总体工作部署，结合全县机构和人员编制管理工作的实际情况，全面贯彻党的十九大精神，认真落实县委第十三次党代会、县委十三届二次全会精神，严格执行上级关于机构编制管理的方针、政策和法律法规，进一步加强全县机构编制的监督管理和控制；全面深化行政审批制度改革，着力推动简政放权、坚持放管结合、优化服务；继续抓好政府职能转变和机构改革工作，扎实推动综合行政执法体制改革工作，积极探索文化旅游行政体制改革、开发区管理体制改革、县乡医疗机构一体化改革；及时为各单位新发、换发法人证书，不断提高事业单位法人网上登记工作的质量和效率；围绕县委县政府重点工作任务，通过成立机构、调整编制、配备专职工作人员等，为县委县政府科学施策提供了体制机制保障；牢牢把握党建工作重心，深入开展"两学一做"学习教育常态化制度化建设，组织全办人员进行"党的十九大"专题学习，筑牢新时代理论基础。

（王 琦）

【控编减编工作】 2017年，按照中央及省市严格控制机构编制的精神，县编办严格执行机构编制报批程序，坚决杜绝一切擅自设立机构、增加编制、提高规格、增设职数的行为；严格执行控编减编方案，按照中央及省市关于控编减编工作的指示精神，认真落实事业单位控编减编三年计划，年内全县完成事业单位减编任务72名，三年共完成减编任务387名，完成省、市下达的事业单位减编任务。全县机关事业单位的机构、编制均没有增加，严格遵守了新建机构"撤一建一"，编制内部调整的原则。

（王 琦）

【编制工作行政审批制度改革】 2017年，盂县编办紧紧围绕转变政府职能，对照上级要求，及时调整权责清单，优化公共服务流程，加强事中事后监管，不断推动行政审批制度改革落到实处。在具体工作中，县编办全面贯彻执行省政府、市政府有关取消、下放和调整行政审批事项的文件精神，对照全县行政权力事项清单，经过与各单位逐项进行讨论核实，形成了初步意见，并报县政府审定后发文公布，有序推进了行政审批制度改革。全县共承接上级下放审批事项16项，取消52项（其中部分取消2项）。对129项行政职权事项进行了动态调整，其中，取消76项，调整39项，承接5项，合并9项。对编制节能评估报告书和安全设施设计及安全专篇编制2项中介服务事项进行了清理规范。

（王 琦）

【"减证便民"专项行动】 7月，按照县政府关于优化营商环境专项行动的统一安排，县编办承担"减证便民"专项行动的推进。县编办通过认真调研、部门沟通、研究讨论，制定了《关于印发〈盂县减证便民专项行动实施方案〉的通知》，并对涉及的财政、安监等33个有审批职能的相关单位的业务负责人进行了专题培训，提高了专项行动的指导性、实践性和操作性。在具体工作推进中，县编办按照专项行动工作程序，对各部门上报的行政审批事项前置申请材料、年检事项清理意见，与县政府各部门经过多次沟通交流、反复研究讨论、仔细斟酌修改，经过审核汇总后，在全县减证便民专项行动中，涉及审批事项前置申请材料共1405条，保留1314条，取消91条；年检事项涉及6个部门，共10条，保留9条，取消1条，并形成减证便民专项行动工作报告报县政府办、县法治办审查，保证了这一简政放权重大举措全面有序开展，为促进我县经济社会持续健康发展奠定了制度基础。

（王 琦）

【监察体制改革试点工作】 2017年，在全面深化监察体制改革试点工作中，县编办承担着职能整合、机构设置、编制及人员划转、领导职数配备等重要的基础性工作。为顺利推进监察体制改革，县编办高度重视，深入调研，上下沟通，积极推进县级监察体制改革试点工作。一是摸清底数，打好基础。县编办对县监察委员会组建后的职能融合、内设机构设置、职能运行、相关人员划转等事项与纪检、监察、县人民检察院进行了深入的研究探讨，对涉及的县纪委机关及县检察院涉及划转的三个机构（反贪污贿赂局、反渎职侵权局、职务犯罪预防科）的机构设置、编制划分、人员配备进行了认真细致的摸底、核实，在规定的时间内及时准确地向省市进行了汇总上报。二是拟定"三定"，优化结构。县编办初步拟定了县纪委县监察委员会的"三定"规定，对新组建的监察委员会的职能配置进行了科学合理的界定，对原有内设机构按照省市要求进行了调整，加强了案管、案件审理和执纪监督、执纪审查部门的编制配备力量。三是划转人员，增强力量。根据省、市关于纪委监委派驻纪检监察机构全覆盖的有关文件精神，县编办对县纪委监委派驻纪检监察机构全覆盖和开展乡镇监察试点工作涉及的机构编制事项提交县编委会并审议通过，为实现县纪委监委派驻纪检监察组全覆盖和加强乡镇监察力度提供了体制机制保障。

（王琦）

【**机构编制云平台建设**】 2017年9月14日，阳泉市编办召开了机构编制云平台建设动员培训会，要求2017年底完成"三定方案"等的录入工作。会后，县编办迅速行动，成立了由编办主任任组长，事业登记局、电子政务中心骨干人员为成员的专门工作小组，为确保工作顺利开展提供了组织保障。按照工作要求，县编办对全县所有机关事业单位的基本情况、"三定方案"、历史沿革文件、权责清单等档案文件全部进行了PDF扫描，建立了电子档案，为确保云平台基础数据完整准确上传提供了技术支撑。面对云平台建设时间紧，任务重，县编办合理分工，科学规划工作进度，严控时间节点，严格保密纪律，确保了云平台基础数据录入质量和传输安全。截至年底，完成310个机关事业单位的"三定"方案、历史沿革录入，完成3198项权责清单录入，圆满完成了机构编制云平台建设基础数据建设工作。

（王琦）

行政审批工作

【**行政审批服务水平提升**】 2017年，县政府制定出台了营造"六最"营商环境实施方案和行动计划，统筹推进行政审批制度改革工作。县行政审批服务中心认真贯彻落实县政府部署要求，把打造审批最少、流程最优、体制最顺、机制最活、效率最高、服务最好的"六最"营商环境作为优化行政审批服务的主线，着力实施审批提速、服务提质、监督提效的"三提工程"，着力深化行政审批制度改革，行政审批服务水平得到进一步优化。 （付海川 牛彦斌）

【**行政审批服务新格局**】 盂县行政审批服务中心按照省、市、县政务平台标准化建设的总体要求，积极推进"两集中、两到位"，努力创新审批服务管理体制，着力打造"四条龙"（即以工商质监、发改、国土、环保、安监、国税等部门集中审批服务为依托，初步形成了服务企业转型发展一条龙；以林业、水务、畜牧和农廉中心等部门集中审批服务为依托，初步形成了服务现代特色农业发展一条龙；以规划、住建、地震等部门集中审批服务为依托，初步形成了服务新型城镇化建设一条龙；以公安、民政、人社、卫计、文体、食药、中国人保等部门集中审批服务为依托，初步形成了民生服务事项办理一条龙）集中审批服务新格局。2017年，共有县工商质监、民政、人社、文体、食药、发改、卫计、环保、国土、安监、国税、林业、水务、畜牧、规划、住建、地震、科技、农廉中心和中国人保盂县分公司等20个具有行政审批服务职能的县直部门和金融单位在县行政审批服务中心设立办事窗口，初步形成了服务企业转型发展、服务现代特色农业、服务新型城镇化建设、服务民计民生的"四条龙"集中审批服务新格局。 （付海川 牛彦斌）

【**全面推行商事制度改革**】 2017年，盂县行政审批服务中心相关办事窗口全面推行"多证合一、一照一码"和"证照分离"为重点的商事制度改革。对新办企业名称核准、企业登记推行了全程电子化网上办理，实现了市场主体办理登记"零见面"、电子营业执照"无介质"。在改革推进过程中，特别对新办企业住所（经营场所）登记大力度简化相关手续，实行了住所（经营场所）申报承诺制，企业登记由原来的7个工作日缩短至1个工作日，申报材料齐全的情况实现了即收即办，当场办结。同时，对退出市场的企业主体在无债权债务的情况下，实行了简易注销登记，多层面降低了就业创业门槛，提高了办事效率。（付海川　牛彦斌）

【优化民生事项服务办理】 年内，新型农村合作医疗和城镇居民医保实现省外各大城市易地就医结算，进一步方便了群众就医。婚姻登记实行颁证宣誓仪式，体现婚姻登记的庄严性；取消婚姻登记工本费，减少群众办事费用。食品经营许可证件办理实现了申请、受理、办结"一站式"服务；网吧、KTV经营许可全部实现了网上办理。人社局养老保险窗口全年完成企业养老保险基金征缴1.9亿元，超额完成市下任务8000万元，确保了企业离退休人员的工资发放。（付海川　牛彦斌）

民政工作

【概况】 盂县民政局负责基层政权建设；负责优待抚恤、烈士褒扬、拥军优属、退伍军人和军队离退休干部的接收安置；负责城乡居民最低生活保障、城乡居民医疗救助、临时救助、流浪乞讨人员救助管理、农村救灾、社会福利事业；负责行政区划和地名管理、婚姻登记管理、殡葬改革管理、民间组织管理和老龄工作。2017年，在县委县政府坚强领导下，在上级民政部门大力支持、指导下，全县民政系统干部职工坚持"民政为民、民政爱民"的工作理念，充分发挥民政在兜底保障民生、基层社会治理、支持国防建设、提供公共服务等方面的职能作用，牢牢把握涉军信访专项行动、脱贫攻坚两线合一、目标责任考核、三基建设和全面从严治党等各项重点工作，强化统筹协调，深化改革创新，各项工作任务圆满完成。（王　伟）

【撤并行政村试点工作】 2017年，为深入贯彻落实中央、省、市、县全面加强"三基"建设要求，加快推进全县农村基层组织建设，盂县制定了《盂县撤并行政村试点工作实施方案》，并部署实施。立足全县村级布局实际，尽可能做好小村、弱村、散村、贫困村的整合撤并，重点撤并户籍人口在100人以下的行政村，鼓励撤并100—200人的村。积极稳妥、因地制宜推进行政村撤并工作，加强农村基层组织建设，激发农村改革发展活力，逐步建立以中心村为基础的城乡经济社会一体化发展新格局。

试点乡镇依据国家现行的有关法律法规，遵循相关程序规定，周密安排，精心组织，重点撤并户籍人口在100人以下的行政村，路家村镇等7个乡镇结合各自实际，完成了撤并行政村试点工作，并经县政府同意将18个村撤并为8个村。路家村镇高家沟、营房沟、红涧沟、杨家峪四村合并为一村，撤并后村名为"河源村"，办公地址定在现杨家峪村。北下庄乡下榆林铺村并入上榆林铺村，撤并后村名为"榆林铺村"。南娄镇园子沟村并入陈家沟村，撤并后村名为"陈家沟村"。西烟镇苏家岭村并入东邢村，撤并后村名为"东邢村"；细河村并入北社村，撤并后村名为"北社村"。西潘乡郑沟村并入上卜头村，撤并后村名为"上卜头村"。上社镇大西里村、大西外村合并，撤并后村名为"大西沟村"，办公地址定在现大西外村。仙人乡角雨村并入垴上村，撤并后村名为"垴上村"。撤并后，全县有建制村443个。（王　伟）

【村（社区）委员会换届选举工作】 县委、县政府高度重视新一轮村（社区）"两委"换届工作，2017年10月24日召开全县动员会议，第十一届村民委员会换届选举和第六届居委会换届选举全面展开，换届工作统筹谋划、合理安排、科学推进。全县涉及换届的共453个村（社区），包括行政村443个、10个社区居委会。

到年底，全县451个村（居）完成村（居）委换届。共产生村（居）委成员1366名，其中主任440名、副主任364名、委员562名。在当选的主任中，连任的243名、女性17名。在当选的全部村（居）委人员中，女性453名，文化程度高中及高中以上的300名，年龄45岁以下的453名。村书记、主任"一肩挑"的村66个，"两委"交叉任职人数137名。

这次村"两委"换届基本上达到了选优配强的效果。年龄结构适中，文化结构增强，体现了"两委"班子逐步自我"转型升级"。鼓励推选妇女进入村"两委"班子，体现了妇女参选的积极性，达到了村均一名妇女干部的目标。连任比例过半，体现了上届多数村"两委"班子工作得到群众认可。积极推进"两委"交叉任职，体现"两委"班子和谐。鼓励本土人才参选，体现坚持"一好双强""三有三带"标准，村干部队伍带领群众致富本领进一步增强，共有45名本土回归人才当选为村（社区）"两委"主干。

（王 伟）

【优抚安置双拥工作】 全面落实各项优抚政策。全年全县发放重点优抚对象抚恤补助资金共计1825人892.812万元，发放义务兵优待金248人671.13435万元，发放退役军人一次性自主就业补助110人、174万元。

积极做好公祭日活动前期协调和筹备，9月30日上午，全县党政军机关及社会各界代表在里独头陵园隆重集会，公祭活动顺利进行。

采取入乡镇集中办理、特殊对象上门服务的形式，超额完成了优抚对象数据核查任务。

春节、八一期间开展拥军优属慰问活动，深入军营慰问驻地官兵，走访慰问军休干部。八一期间向1505位重点优抚对象发放慰问金75.25万元。

组织开展了退役军人职业技能培训，委托市级培训机构议定了代培事项，21人参加了从2017年12月30日开始为期130天的培训。

落实军休干部"两个待遇"。对全县军休干部8人、遗属1人，重要节日开展走访慰问和座谈活动，工资、补助等待遇都做到了按时足额发放。

（王 伟）

信访工作

【概况】 2017年，在县委、县政府的正确领导下，信访工作紧紧围绕市委副书记、县委书记李云峰在县委十三届二次全会（扩大）暨全县经济工作会议上提出的"秩序好转、存量减少、增量没有"的目标和县长孔禄泉在2017年政府工作报告中关于"着力创新社会治理"方面的要求，坚定不移推进信访综合改革，打好信访维稳攻坚战，逐步完善了矛盾纠纷排查、领导接访下访、包案调处化解、教育疏导稳控、信息预警研判、突发情况处置、严处违法上访等7个方面工作机制，全力维护群众合法权益和社会和谐稳定，信访工作取得了明显成效。

年内，县信访局进一步畅通信访渠道、规范信访秩序，强化源头排查、做好预防预测，全力化解积案、实现控新治旧。规范信访行为、严惩违法上访，实施多方联动、筑牢稳控体系，开展了基层涉纪领域专项行动和源头信访问题专项行动（部分军队退役人员、城乡建设领域、企业拖欠社保问题）以及"突出信访问题大整治"活动。全年进京非正常上访3人次，同比下降50%；赴省集体上访7批次75人次，同比批次、人次分别下降30%、56%；到市集体上访12批次186人次，同比下降45%、53%，来县上访1304批次4985人次，同比批次人次分别下降59%、51%。信访秩序明显好转，来县上访虽仍在高位运行，重复访占比较大，但信访形势总体平稳可控，越级上访得到有效控制，信访总量和群体性上访显著下降。特别是在全国省市"两会""一带一路高峰论坛""党的十九大"等重要敏感时期，认真排查，明确重点，落实稳控责任，确保没有发生大规模进京赴省到市聚集，没有发生个人极端事件，没有发生因信访问题引发的负面炒作。

（赵宝红 李晋明）

【优化服务环境】 2017年，在信访大厅推行了"四个一"（一张笑脸、一声问候、一把椅子、一杯热水）和"五个心"（热心、爱心、诚心、细心、耐心）的温馨工作法，全面提升服务水平，密切干群关系，使上访群众一进大厅不仅感到环境舒适，而且觉得暖人暖心，减少消除了激动、怨恨、忧愁情结。同时为了教育、疏导、服务好群众，在大厅开设公示专栏，对上访流程、文明上访的温馨提示、处置违法上访行为案例以及县级接访领导日期等进行滚动式公示。通过作风的转变和周到的服务，赢得了群众的理解，信访大厅接访有序、秩序井然。

（赵宝红 李晋明）

【信访维稳工作双周推进专题会议】 为了深入推进盂县的信访综合改革和巩固改革成果，促进信访案件的有效化解，切实实现"治旧控新"目标，全力维护和谐稳定的社会环境，经2017年6月14日县委常委会研究决定同意，盂县建立信访维稳工作双周推进专题会议制度，召集人为县委副书记，参加人为县级包案领导和涉案责任单位一把手，议题主要是信访积案的化解，重点信访不稳定因素的研判分析，突发性信访案件的处置，中央、省、市、县交办的重点信访案件的研判、处置、答复等。通过双周会议推动，促进了盂县信访积案的化解，维护了社会稳定。

（赵宝红 李晋明）

【突发群体性事件应对处置机制】 2017年，盂县信访局建立突发群体性事件应对处置机制。如果发生突发性紧急情况时，及时启动工作预案，多方联动、快速反应、妥善应对、依法处置，将事件解决在萌芽状态，消除不稳定隐患，确保不造成不良影响。

（赵宝红 李晋明）

统计工作

【概况】 2017年，盂县统计系统围绕全县经济工作会议精神和政府工作报告提出的盂县经济社会发展总体目标和发展蓝图，全面做好大型普查、调查和常规统计工作任务，进一步做好统计监测和经济预警，提供统计分析和咨询建议，开展了基本单位名录库维护、"四上企业"联网直报、第三次全国农业普查、农村"一套表"联网直报、城乡一体化住户调查、固定资产投资改革、在岗职工平均工资调查、月度劳动力调查、文化产业调查、人口抽样调查、粮食产量实割实测工作、一套表调查单位清查等具体工作，为全年目标的顺利实现提供准确可信的统计数据。

（贾军伟）

【基本单位名录库维护】 2017年，县统计局结合推进"五证合一""一照一码"登记制度改革，从基本单位名录库入手，每季度根据从工商、国税、地税、编办、民政收集的单位新增、变更、注销等信息进行更新维护。同时对"四下"企业进行月度入库，年度入库、退库手续审核等。县区审核完需提交市局、省局审批，层层审批合格后方可升规入库，然后报数。截至年底，全县基本单位名录库共有单位5079家，其中法人单位有3802家，产业单位有1277家。

（贾军伟）

【"四上企业"联网直报】 2017年，全县"四上"企业共64家，其中：规模以上工业企业27家，资质以上建筑企业2家，重点服务业企业9家，限额以上商业企业26家（其中：批发零售企业15家，住宿餐饮企业11家）。全部由企业统计人员通过国家统计局联网直报平台，以月报、季报、年报的方式，在企业报表终端直接上报相关数据。各专业人员通过加强与企业的沟通联系，确保达到规模的企业能够及时入库，对上报数据进行跟踪指导，同时开展进度监测和质量审核，并为县委、县政府提供经济发展建议。

（贾军伟）

【第三次全国农业普查】 2017年1月1日，县农业普查领导小组及其办公室在苌池镇东苌池村举办了全县第三次全国农业普查入户访问正式登记启动仪式。县政府副县长郭方恺、县农普领导小组副组长、县统计局局长苏海玉、苌池镇农普领导小组组长、镇长韩秀山、东苌池村普查人员以及县乡农普办人员出席了本次启动活动。认真遵照省农普办《关于进一步核实农业普查登记对象的通知》文件要求，积极组织全县普查人员对所有普查区、普查小区的普查对象数量，逐一进行比对核实，确保农业普查登记对象不重不漏。在各级党委、政府的大力支持与配合下，盂县如期完成了全县14个乡镇农业经营户、规模户和农业经营单位的农普数据验收工作。县普查办认真按照上级统一要求，积极核实每一批次省普查办反馈数据信息，指导各乡镇开展农业普查数据核实与错误更正工作。圆满完成农业普查的正式登记、数据上报和质量审核阶段工作。

（贾军伟）

【农村"一套表"联网直报】 2017年，全县14个乡镇的453个行政村全部实现农村统计报表的村级联网直报，涵盖农业生产条件、乡村基本情况、畜牧业生产以及设施农业和规模养殖等各个方面的调查工作。县农调队各专业继续加强与乡镇和村级调查员的沟通和配合，深入基层进行业务上的指导，解决基层统计人员的实际困难，确保此项工作的正常进行。

（贾军伟）

【城乡一体化住户调查】 2017年，城乡一体化调查工作涉及盂县10个调查小区，97户调查户。其中：城镇居民50户，145人。农村居民47户，137人。通过收集居民收入支出等数据并进行数据录入、审核改错后上报，最终由省、市逐级反馈城乡居民收入数据。城乡一体化住户调查每五年轮换一次，新一轮住户调查样本是事关盂县全面建成小康社会的科学评断和2018年—2022年5年居民收支等重要数据的主要依据。盂县严格按照调查样本轮换工作的要求，认真完成了样本框信息核实、调查小区拆分、绘制小区图、摸底调查等工作，11月1日新样本户正在试记账。县统计局对新样本调查户采用现场指导记账的方法，做到高标准、高起点，打好基础，减少漏记现象的发生。12月1日新样本户正式运行，开始记账。

（贾军伟）

【盂县经济社会发展主要考核指标】 2017年，根据县政府安排，结合市政府对盂县经济社会等方面考核指标情况，由统计局牵头，涉及25个县直有关部门，对盂县综合经济和社会事业等方面所体现的35项主要指标，采用月报方式进行收集汇总，每月5日将从各单位收集回来的各项数据汇总整理后提供县委、县政府。为主要领导及时掌握全县经济社会发展现状及走势并进行宏观决策提供准确、详尽的数据资料。

（贾军伟）

【经济运行监测报告】 2017年，根据全县经济总体运行情况，以季度收集财政、金融、交通、电信等相关部门和本局各专业相关数据，核算GDP及三次产业构成情况，对经济运行进行监测和预警，并按照县委、县政府工作需要开展统计分析，全年共撰写经济运行监测报告7期，为全县宏观决策提供统计预警和咨询建议。

（贾军伟）

【固定资产投资改革】 根据国家统计局投资统计改革工作要求，在执行原投资统计制度的基础上开展投资统计改革先行先试工作，实行"双轨运行"，即形象进度法和财务支出法同时运行。2017年3月（报送1—2月数据时），仍按原投资统计制度（形象进度法）进行报送，4月开始按改革后投资统计制度（双轨运行）进行试点上报。报送范围包括全县所有500万元以上在库投资项目，采用月报、半年报、年报的形式上报投资报表一是500万—5000万元投资项目：每月月初通过直报平台进行形象进度法数据上报，每月下旬通过联网直报门户入口进行财务支出法数据上报；二是5000元以上投资项目：每月1日—18日上报，期间分别进行双轨报表。专业人员每月认真审核投资项目的入库材料，在月初做好500万—5000万元投资项目的入库工作，15日之前整理上报5000万元以上投资项目的入库材料，并进行及时跟进与反馈。每月初、年初进行数据结转工作。投资项目确认投产后，年底进行一次性退库。 （贾军伟）

【在岗职工平均工资调查】 调查工作涉及全县300家报表单位，其中私营单位61家、非私营单位239家。在非私营单位中，"四上"单位65家，"四下"单位174家，采用季度、年报的形式，分别对"四上""四下"和全部非私营单位的全部从业人员、劳动报酬总额指标进行统计汇总，计算全县季度、年度在岗职工平均工资数据。根据上级统计部门安排，2017年在部分有条件的企业单位开展劳动工资电子台账试点工作，目的是为全面推行劳动工资联网直报工作提供经验借鉴。通过对企业统计员开展业务培训，同时县局专业人员现场进行报表业务指导，发现个别企业因电脑操作系统不兼容或设备老化等原因不能正常上报，县局已将情况反馈上级统计部门，待程序进一步简化和完善后继续推广。 （贾军伟）

【月度劳动力调查】 为及时准确反映山西省城乡劳动力资源、就业和失业人口的总量、结构和分布情况，为政府准确判断就业形势、制定和调整就业政策、改善宏观调控，加强就业服务提供依据，省政府决定从2017年7月至2020年6月开展月度劳动力调查。调查涉及盂县3个乡镇的6个村。统计局会同人社局每月抽取6个调查小区的120户居民对居民所从事职业、工作时间、劳动报酬以及就业、失业等情况开展调查。 （贾军伟）

【文化产业调查】 根据县委宣传部工作安排，为做好盂县文化产业顶层设计基础工作，推动文化产业加快成为转型的新引擎新支柱，摸清文化产业发展基本状况，了解和掌握文化产业分布状况和特点，统计局制定了《盂县文化产业普查调查工作方案》。本次普查调查采用一次性普查的方法，通过专业普查、社会普查、社会申报、行业申报等方式，对省统计局反馈的2016年度在盂县境内主要从事文化产品生产、销售和提供文化产业服务的158家单位及个人展开调查，经核实，只有113家单位正常营业。从11月份正式启动文化产业普查调查工作以来，盂县及时召开动员会，对有关单位人员进行了业务培训，对上报数据进行逐一核实，各项调查工作现已全面铺开。 （贾军伟）

【人口抽样调查】 一年一度的人口抽样调查工作是为了摸清全县当年的出生、死亡以及流动人口等变动情况。10月，县统计局组织调查员开展业务培训、绘制调查小区地图，填写户主姓名底册等工作。11月1日零时正式入户登记工作已全面展开，进展顺利，据初步统计，此次调查共涉及盂县13个乡镇和城镇办事处的28个调查小区，人口7686人。 （贾军伟）

【粮食产量实割实测工作】 2017年，按照全省调查方案要求及各个阶段的工作流程，结合盂县实际，县统计局精心组织，周密安排，在所涉乡镇统计站与粮食抽样样本村辅助调查员的配合下，通过分组分期入村访户的形式，收集10个样本村今年的基本情况、10个抽中村民小组的分户农作物播种地块数量、种植面积、种植作物、分布格局以及相关农作物生产情况等资料，经过测量、实割、标注、分装、晾晒、脱粒、称重、测水分杂质等环节取得每一样本地块的实测数据，对10个样本点所取得调查数据统一汇总推算盂县粮食产量数据。经初步测算，2017年全县粮食总产量大致与上年持平。

（贾军伟）

【区域经济转型升级考评】 根据省市关于做好区域经济转型升级考评工作的通知要求，2017年起，从产业转型、创新驱动、资源环境、增长质量四个方面对县区发展质量进行量化考核。此项工作在县考核领导组统一领导下，县考核办、发改局、统计局牵头，各相关责任部门配合开展，县统计局承担数据的收集汇总和上报。为切实做好考评工作，县政府下发了《关于做好全县区域经济转型升级考评工作的通知》的文件，要求各相关部门明确专人负责此项工作，同时邀请省、市调查监测中心专家对各部门相关人员开展业务培训，为盂县区域经济转型升级考评工作的顺利开展奠定了坚实的基础。

（贾军伟）

【一套表调查单位清查】 2017年，根据省、市统计局开展一套表调查单位全面清查工作的安排，县统计局及时召开会议进行安排部署，各专业及时将省市清查工作要求传达到一套表调查单位，要求各报表企业立即对基层基础工作开展自查，进一步规范和完善基层报表，建立统计台账。在各相关企业开展全面自查的基础上，县统计局组织工业、能源、投资、商业、服务业等专业人员，以专业分组，对一套表企业进行了一次全面的清查，同时配合省、市统计局对被抽中企业进行实地核查，主要从统计数据来源，是否建立统计台账，是否存在虚报、瞒报统计数据的违法行为等方面进行了全面细致的检查，对检查出来的问题当场对企业负责人进行反馈，要求限期整改，同时要求县统计局各专业科室对企业整改情况进行督促和跟进，到年底圆满完成了清查任务。

（贾军伟）

安全生产

【概况】 2017年，全县安监系统围绕贯彻落实党的十八大、十八届历次全会和党十九大精神，立足科学发展、安全发展，认真贯彻落实县委、县政府关于安全生产工作的重要指示精神，牢固树立红线意识，坚持问题导向，强化源头管控，突出风险防范，创新监管举措，扎实推进重点工作落实，为全县煤炭经济快速复苏和安全生产持续健康发展做出了积极的贡献。

全年主要指标完成情况是：原煤产销情况：2017年复工复产煤矿9座，1—12月份煤炭产量为604.5万吨，销售量为611.8万吨，库存原煤30.5万吨，实现工业总产值21.7亿元。安全控制指标：全县煤矿杜绝了死亡事故，有效遏制了重特大事故，煤矿百万吨死亡率和死亡人数为零；非煤矿山、危险化学品、冶金工贸等行业杜绝了生产安全事故。发生一起死亡事故：2017年5月28日，新洋国际电力集团有限公司山西盂县刘家坡工地8#地块W方阵发生一起物体打击事故，造成1人死亡。重点工程项目建设进度：山西盂县路家村煤业集团有限公司通过联合竣工验收，3月21日领取安全生产许可证，11月30日经过复产验收已转为生产矿井；山西盂县辰通煤业集团有限公司已按设计完成全部工程，进入联合试运行，预计2018年转为生产矿井；玉泉因村矿纠纷处于停建状态。

在做好业务工作的基础上，局班子成员多次深入扶贫村实地调研，召开现场会，扶贫队员驻村入户，积极协调解决多年来困扰村民的饮水难、通话难、出行难等民生难题。局领导、包村干部、党员自愿发起"送温暖、献爱心"活动，共计捐款4200元、棉衣、棉被80余件，对贫困户进行了资助；筹集米、面、油等生活物资用品对帮扶村的2名老党员、4个贫困户进行了慰问；集中报道，广泛宣传，为养蜂、养牛农户的加工产品进一步打开销路；为消除安全隐患，方便村民出行，由高副县长、局领导班子及机关事业单位党员干部18人组成自愿团队，对所包的乱窑村水毁路段进行了抢修；组织石店煤矿医疗队，对帮扶村开展了送医、送药爱心义诊活动，免费对30余户、60余人进行了体检；由县安监局有关工作人员组成的精准扶贫工作队，对帮扶村所处地理位置、资源及周边环境进行了历时两周的考察勘测，为下一步开发旅游资源提供了依据。为解决两个村通讯信号弱、不稳定的问题，协调网通、移动相关工作人员进行了实地调研。采取相关措施，有力地促进了所包村的精准扶贫工作。

年内，县安监局还按照职能范畴，对应上级行业管理机构设置，对原内设机构进行了增设和变更。由原来的非煤矿山股、危险化学品股、八行业股、综合股、协调股分别变更为安全监管一科、安全监管二科、安全监管三科、安全监管四科、安全监管五科，新增科室有：重点工程监管科、行政许可科，山西省煤炭安全纠察队盂县分队加挂盂县安全生产监督执法大队职能。

（刘有林）

【安全生产大检查】根据县政府统一部署，按照"全覆盖、零容忍、严执法、重实效"的总要求，盂县安监局先后组织开展各类安全生产大检查行动，在开展安全检查工作中，全年累计出动检查人员3950余人次，检查企业940余家，下达各类执法文书390余份，查处各类隐患3873条，现场整改3258条，限期整改615条，均无重大安全隐患，隐患整改率为100%。

全面推进落实"党政同责""一岗双责""五级五覆盖"等安全责任制度，抓住"守规矩、尊指令"两个根本，坚持以"说清楚、日排查、严管理、不放过、销账号、讲规程、拉警钟"为主要手段，将安全监管检查用法律法规和行业标准"一把尺子"量到底，以"四铁"精神从严执法。先后对检查发现的路家村煤业、大贤煤业、秀南煤业的违规生产行为坚决停下来盯紧盯牢，重处重罚；对新洋国际电力集团有限公司1人事故和举报志诚石料厂证照不全擅自违规生产，严格按程序调查，严格执行处理决定；2017年累计执行行政处罚83万元，在全县安全生产领域起到震慑作用。

（赵志忠）

【安全技术管理】2017年，县安监局加强技术指导，促进全县安全工作。

坚持总工例会制度。定期研究煤矿技术管理工作和采掘运行情况，加强矿井生产建设期间的地质勘查，全面开展井田范围内的瓦斯、水、火等隐蔽致灾因素普查。

加强通风瓦斯管理。严格执行"通风可靠、抽采达标、监控有效、管理到位"的瓦斯防治"十六字方针"，基本做到了矿井通风系统合理，瓦斯抽采系统运行完好，抽采指标达到规定要求，监测监控运行正常，报警及时断电可靠，制度、人员制定、管理到位。狠抓"红线不可跨越"管理原则。"煤矿瓦斯防治十条禁令""加强煤矿瓦斯八项规定""加强煤矿瓦斯防治工作的若干规定"、瓦斯防治"十条禁令"和"十二条规定"，严守"四道防线"，建立了以总工程师（技术副矿长）为首的瓦斯治理责任体系，煤矿统一按照国家1029标准安装了矿井安全监测监控系统，实现了系统装备齐全，数据传输准确，报警断电符合要求，对瓦斯超限坚持24小时在线监控和事故分析制度。

强化防治水管理。严格遵循"物探先行、钻探跟进、化探验证"的原则，坚持"有掘必探、钻探留痕、见痕掘进、班班确认"，严格执行探放水现场的"四单五签字"制度，对建设矿井的单孔验收必须增加煤矿监理方签字，以达到"六方签字"。对生产建设矿井按水患等级分类监管,加大了对煤矿企业探水单、单孔验收单、安全确认移交单、准掘单等现场管理执行情况的检查力度。在"十排查十整治"煤矿防治水专项整治工作的基础上,推广煤矿防治水分区管理,并分区制定针对性的水害防治措施。9座生产建设矿井已分别同有资质单位签订了合同,经过前期编制、论证、专家评审,已全部按要求完成"三区"划分报告,并经主体批复。按照市局年度工作安排,全县正常生产建设矿井全部安装完成了探水监控视频,在掘进钻探时实现了可视化管理。本年度正常生产建设的9座煤矿共计开工22个掘进头安装19个视频监控,实现所有水患矿井掘进工作面视频监控100%覆盖。

开展隐蔽致灾因素普查治理。对煤矿整合后井上区域(裂隙)、井下采空区、老窑区以及历年关闭矿井井口进行了全面认真细致的排查,对各矿水文地质图、井上下对照图、巷道布置图、采掘工程平面图,通风系统图等一系列图纸资料进行了补充,做到了心中有数、翔实可信,为顺利完成各种图纸交换作业奠定基础。扎实开展年度瓦斯等级鉴定(测定)工作,重点监测各煤矿瓦斯、二氧化碳等有害气体及煤尘的实时数据,与煤矿主体和企业管理人员协同做好降低瓦斯、二氧化碳等有害气体浓度、防尘喷雾等具体工作。严格按照有关规定,加强煤矿物探、化探、钻探工作,对检查发现的淋头水必须进行水质化验,根据化验结果进行分析研判,同时对各煤矿井下是否存在密闭火区、密闭巷道进行重点检查。 (崔建忠)

【企业标准化建设】 2017年,县安监局始终把贯彻行业标准作为规范企业生产建设行为的重要手段强力推进。对照相关行业标准,在煤矿、非煤矿山、危险化学品、烟花爆竹、工贸冶金等重点行业,以标准化达标建设、"知责履责"、作业规程、岗位责任、职业健康防护、劳动用工"五统一"、应急救援管理等作为规范企业生产建设的"基础网",采取安全体检、专家会诊、复产复建验收、安全评价等手段严格把关,重点督促,稳步推进。

2017年度,煤矿行业先后有东坪、石店、跃进、辰通、路家村、大贤、秀南、皇后、常顺等9家企业通过复产复建验收、其中:2家申请国家一级质量标准化矿井(经过初验合格)、7家煤矿通过省厅二级煤矿质量标准化达标验收并公示。非煤矿山行业有5家企业完成三级标准化达标验收,4家企业通过环保审批,恢复生产。危险化学品和烟花爆竹行业有21家烟花爆竹企业领取了零售许可证、23家危险化学品经营企业完成经营许可证年检换证。冶金工贸行业有1家企业经整改已通过设计审查和安全验收,4家企业正按安全设施设计审查意见进行整改,准备验收。 (李剑波)

【全民安全】 安全生产关系到人民群众生命财产安全,关系到每一位职工、每一个家庭、每一个企业,安全宣传教育是全社会共同关注的热点、焦点。为此,县安监局加强全民安全生产意识的宣传教育,以安全生产知识"七进"为手段,通过发放传单、粘贴标语、制作图版、现场讲解、安监网站、电视媒体等多种方法,开展了知识竞赛、宣传报道、培训考核、"人人话安全"、宣传周、宣传月等多种形式的安全生产宣传教育活动,逐步普及提升了全民安全生产的意识。 (赵荣生)

【安全生产从业人员素质提升工作】 2017年,县安监局持续推进安全生产从业人员安全生产技术培训,按照年度培训计划,局属培训中心共培(复)训各类人员7837人,其中:煤矿各类人员培(复)训6752人;从业人员5723人;煤矿B类安全生产管理人员培训班2期115人,复训班3期90人;十大工种培(复)训681人;特有工种新培231人;非煤矿山、危险化学品、加油加气站等地面企业从业人员、特种作业人员、职业健康知识培训共计1185人。通过开展各种活动累计发放《中华人民共和国安全生产法》《中华人民共和国职业病防治法》《山西省安全生产条例》及本局编印录制的《安全预防教育常识》《安全事故案例》等相关纸质、卡片及影像资料8400余份。为进一步提高应急救援水平，通过日常监督检查对全县各类企业建立完善安全生产综合应急救援队伍、完善应急物资储备、应急预案体系，建立统一指挥、反应迅速、协调有序、运转高效的应急处置机制进行了督促和指导，严格执行领导在岗带班、应急值守，切实提高预防和处置各类突发事件的能力。全年组织参与燃气泄漏事故、出租公司反劫持、高速路隧道救援等相关应急演练14次，指导和督促完成13家非煤行业企业进行了应急预案的编制、评审和备案，各行业从业人员技术素质和自保互保能力得到提升。

（胡政军）

【污染防治】 2017年，县安监局以劣质煤管控为抓手，开展了双百日攻坚行动，同时配合"煤改气""煤改电"强化民用散煤替代管控，助力全县环境质量改善。按照县政府2017年环境质量要求，对煤矿自用燃煤热水锅炉和分散燃煤采暖锅炉全部实施清零，其中常顺、皇后、玉泉、石店、东坪、跃进、路家村、辰通8家全部取消燃煤锅炉，对路家村、大贤、秀南分散燃煤采暖锅炉实现脱硫除尘等锅炉改造，符合排放标准，彻底消除燃煤锅炉污染问题。对县境内所有储煤场进行"拉网式"排查，依法清理取缔无证照及不符合布点规划的储煤场，对符合要求的全面进行备案。强化散煤质量控制，对散煤质量不符合规定要求的、散煤装卸和储存等环节达不到环保要求的，以及向"高污染燃料禁燃区"和"禁煤区"销售劣质散煤的储煤场依法处置。对保留的储煤场全面完成改造，按照环保要求依法规范，实施全封闭管理。贯彻落实省、市有关规定，限制销售灰分高于16%、硫分高于1%的散煤销售。

（吕云飞）

机关事务管理

【概况】 2017年，盂县机关事务管理局紧紧围绕县委、县政府的中心工作，以开展"两学一做"学习教育活动为载体，认真学习贯彻党的十九大精神，按照加强学习、与时俱进、开拓创新、团结奋进，切实转变服务理念，不断加强队伍建设，扎实推进后勤服务保障各项工作高效开展，创造性地完成了各项服务保障工作，在节能宣传、微型消防站建设、精准扶贫、综治工作、省级文物——"三圣寺"的修复保护等方面工作取得了显著成效。

（薛志华）

【公共机构节能工作】 2017年节能宣传周期间，县机关事务管理局围绕6月份主题为"节能有我、绿色共享"的节能宣传活动，采取形式多样的宣传方式展开，各科室工作人员积极参与，将宣传活动延伸和渗透到日常工作中，扩展到公务车辆管理、食堂、维修等各个层面。还将宣传活动常态化，加大社会宣传力度，诸如机关、社区、商场、学校、建筑工地、幼儿园、文化中心广场及火车站等地方进行了广泛宣传，宣传周期间总计发放各类宣传册、宣传画等宣传资料及环保袋、环保笔和围裙等物品4000余份。倡导广大职工干部及市民从现在做起，从身边小事做起，自觉树立良好的节能意识，养成良好的行为习惯，在全社会倡导"全民节能、绿色低碳"的生活风尚，广泛营造了"节能领跑、绿色发展"的浓厚氛围。同时以节能宣传周活动为契机，认真做好公共机构节能工作，加强对机关大院、学校、医院等重点用能单位的节能管理，认真宣传贯彻《国务院公共机构节能条例》，定期监督和检查公共机构节能和能源利用情况，圆满完成年度目标任务。

（薛志华）

【办公用房督查】 2017年，为进一步做好盂县办公用房管理工作，按照省、市、县相关的要求，机关事务管理局严控用房标准，落实用房规定，规范用房管理，对党政机关办公用房实行集中统一管理、统一权属、统一规划、统一配置、统一处置，严格按照规定整改超标准办公用房。并对各乡镇、党政机关各单位办公用房面积开展检查，检查是否存在超面积使用、豪华装修、虚假整改等问题。日常及节假日，认真安排部署，就相关单位办公用房进行清查汇总并建档整理。

（薛志华）

【精准扶贫】 2017年，机关事务管理局扶贫地点为仙人乡山北村，为做好该村的帮扶工作，在基础设施、文化教育、送温暖、产业扶贫、医疗卫生、人力资源等方面进行帮扶。资金及物资折款直接投入共计5.36万元。在基础设施方面，为山北村委会院面进行了整修，对墙壁进行了粉刷；为村委会捐赠了沙发，粉刷了办公室；为幼儿园安装了3台空调。带领帮扶点仙人乡山北中心小学、幼儿园师生，前往中共第一城——阳泉市狮脑山爱国主义教育基地，重温革命历史，缅怀革命先烈。为灯光不足的村文化广场增设安装了2个射灯，并悬挂了多条彩带。局长苏建斌对自己结对帮扶的3户贫困户，自掏腰包400元购买并分别赠送了面粉、食用油等慰问品。对上中学的该单亲家庭孩子赠予了200元助学金。给贫困户王中云家中送去了部分家具，帮他收拾院子，整修水泵线路，自己出资1400元帮他安装新窗口，更换新街门，硬化破损的院面。带领扶贫人员，送去棉被、棉衣、米面油等物资。在医药卫生方面，利用村委会两间闲置办公室，改造为盂县机关事务管理局驻山北村爱心理发室、爱心义诊室。每隔20天组织理发师前往山北村为村民义务理发，全年共理发600余人次。同时和县妇女儿童医院医务人员，为村民进行义诊，给需要用药者赠送药品，累计爱心义诊300余人次。同时开展了扶贫结对帮扶培训、师资培训、资料整理培训等多方面培训30余次。全局结对帮扶人员均数次入户慰问，宣讲十九大精神及扶贫政策，捐赠钱物进行切实有效的帮扶，取得了良好的效果，提高了贫困户的满意度。在2017年度县直帮扶单位脱贫攻坚工作考核中获得优秀等次。

（薛志华）

【规范食堂管理】 2017年，机关事务管理局秉承以人为本的服务理念，在食品安全、食堂卫生、菜肴品质、人员管理、服务水平等方面不断加强管理。同时，规范了用餐人员管理，不定期向各单位征集意见、建议并积极改善，受到各单位的一致好评。

（薛志华）

【车辆后勤服务】 为深入贯彻落实公车制度改革的有关精神，进一步规范公务车辆的使用，加快推进公务用车制度改革，2017年，机关事务管理局成立了公务用车服务平台，由原来的仅服务于四大班子扩展为现在服务多家单位，集中管理，统一调配，按各单位的需求在规定范围内分配车辆，即用少辆公车服务多家单位，力求降低成本、节约经费、高效运转、全力保障。为进一步做好公务用车管理，机关事务管理局建立了一套有效的公务用车信息化管理系统，在现使用的公务用车上安装GPS卫星定位系统，加强对定点加油、定点保险、定点维修的监管力度，加大对车辆集中管理、统一调度，车辆单车核算、定期统计，从而有效地降低了运行成本。公务用车调度管理系统平台通过系统平台24小时全天候对公务用车进行监控、调度、提醒、报警、考核、统计等，调度人员可以在服务平台的调度大屏幕上，清楚了解到全部公务车辆的实时状态，包括当前实时位置、行驶速度、报警情况、用车审批、违规出车、车辆回站情况、偏离预定线路、偏离预

定区域等，有利于规范管理。自公务用车平台成立以来，运行情况良好。（薛志华）

【服务"三圣寺"的修复保护工作】 为进一步做好省级文物——"三圣寺"的修复保护工作，2017年4月15日，将与之紧临的配电室变压器搬迁。8月19日对配电室进行拆除。8月25日，拆除三圣寺邻近的车辆后勤服务中心和维修中心门窗，腾置了室内物品，随后对紧邻的维修中心、车辆后勤服务中心进行了拆除。施工项目严格按照要求做到围挡、苫盖、硬化、洒水、冲洗等五个100％采取抑尘措施，利用省级拨付的专项修缮资金，进行一系列抢救性修缮，修缮项目主要包括板门格扇装修、地面铺砌、殿顶揭瓦重铺等。（薛志华）

【环境美化】 为响应盂县创建国家卫生县城的号召，贯彻落实县委、县政府相关会议精神，县机关事务局在履行好党政机关大院及各辖区管理、服务、保障职能的同时，注重修缮、美化政府大院内外环境，立足本职，进一步加大创卫工作力度。9月3日—10日，组织人员对党政机关大院西侧外围墙（红楼巷）进行清理修整，具体内容包括：修补破损墙面，整改零乱网线，清理杂草，粉刷墙壁，并喷涂"盂县是我家，创建国家卫生县城靠大家"标语，进一步倡导"创卫工作，人人参与"。在此期间，多次与邻近商铺逐户沟通，就西侧、南侧沿街门面房墙壁进行粉刷，劝导其讲究卫生，保持店面情节大方，统一思想，凝聚共识，牢记"盂县是我家，创卫靠大家"，合力促进盂县城乡卫生整治工作，为盂县的可持续发展提供有力的保障。针对档案局搬迁后腾退的库房，机关事务局因地制宜，对其进行相应改造，安装暖气片，涂刷墙壁，修缮天花板，安装照明线及暗线管等，打造为"全域旅游展览馆"。展览馆通过"古建筑旅游""舌尖上的盂县"等图板分版块展示，彰显出了"盂县人文地理"的文化印记和底蕴。（薛志华）

【文化中心后勤保障工作】 年内，根据县政府关于接管文化中心后勤保障的有关要求，机关事务局先后组织保洁、保安人员前往盂县文化中心，对中心广场、后院、停车场等环境卫生清理，同时组织人员对院面、各办公室面积测量、登记、建档。由于文化中心规模大，前去休闲散步、健身锻炼的人员较多，车流量大，每晚还组织安保人员前去值勤，加大管理、规范车辆出入及停放秩序。维修人员全面熟悉文化中心楼内外的水路、电路、管道、发电机、监控、电梯、消防等设施设备。学习中央空调、室外LED大屏幕、广场喷泉、监控、消防等设施设备的正确使用及管理办法；每日检查、跟踪、查找建筑施工中工程不完善地方，做好水电暖保障、设施设备维修维护、消防安全隐患排查等各项工作。（薛志华）

【微型消防站建设及管理工作】 为做好消防安全工作，2017年，县机关事务局在政府大院西北角建设微型消防基地，将原先设置于西寺大殿内的微型消防站搬迁入内，并进一步完善配置。为全面履行消防站的职责义务，经常组织消防应急队员深入所辖区域开展防火巡查、检查，重点检查各区域消防设施、器材是否完整好用；安全出口、疏散通道是否畅通等有无违章情况等内容。除定点执勤任务外，还巡查了政府周边商铺、道路等消防安全情况，共检查50多家，发现问题100余条，分别进行了现场整改和限期整改。其次，还经常组织消防队员开展灭火和应急疏散演练，并组织人员，走上街头，深入社区、广场、商铺、超市、学校等地，发放各类消防宣传资料3000余份。11月9日，组织消防应急分队、女子消防应急分队及消防宣传员等50余人到文化中心参加了县消防大队举行的"关注消防，平安你我""119"消防宣传月活动启动仪式。（薛志华）

中国人民政治协商会议盂县委员会

中国人民政治协商会议盂县委员会

【政协盂县九届二次会议】 2017年2月15日至2月17日，政协盂县第九届委员会第二次会议在县城举行，会期3天。出席会议的委员158人，省、市政协委员、历届退下来的县政协主席、副主席、县副科级以上单位负责人、县工商联负责人以及其他特邀人员115人列席了会议。大会的主要议程是：1.听取和审议政协盂县第九届委员会常务委员会工作报告；2.听取和审议政协盂县第九届委员会常务委员会关于九届一次会议以来提案工作情况的报告；3.听取并讨论县委领导同志的讲话；4.列席盂县第十六届人大第二次会议，听取并讨论《政府工作报告》及其他报告；5.通过县政协九届二次会议有关决议。会议期间，县政协副主席张铭德向大会做工作报告，县政协副主席马淑英向大会做《政协盂县第九届委员会常务委员会关于九届一次会议以来提案工作情况的报告》。市委常委、县委书记李云峰到会并做了重要讲话。会议期间，县政协委员围绕盂县工作大局和人民群众关心的热点难点问题，认真履行政治协商、民主监督、参政议政职能，积极为"把盂县建设成为宜居宜业宜游、服务阳泉发展的首善之区，力争进入山西省十强县"凝心聚力、献计出力。

（李忠宏）

【政治建设】 2017年，盂县政协始终把思想政治建设放在首要位置，团结和带领广大政协委员，加强理论学习，提高政治站位，汇聚力量，凝聚共识，自觉在思想上政治上行动上与以习近平为核心的中共中央保持高度一致。一是在学习宣传贯彻党的十九大精神中凝聚共识。通过常委会议、主席会议、党组（扩大）会议以及举办培训班、报告会、座谈会等多种形式，深刻领会党的十九大提出的一系列新的重要思想、重要观点、重大判断、重大举措，准确把握党的十九大对政协工作提出的新任务、新要求，坚决把思想和行动统一到党的十九大精神上来，统一到中央和省委、市委、县委相关部署要求上来，牢固树立"四个意识"，坚定"四个自信"，不断提高县政协常委会和广大政协委员的思想理论水平。二是在深入开展维护核心、见诸行动主题教育中凝聚共识。认真贯彻落实县委关于推进"两学一做"学习教育常态化制度化，开展维护核心、见诸行动主题教育的安排部署。以落实（十化一体）工作机制为具体抓手，自觉筑牢思想根基、践行合格标准、抓好排查整改、扛起责任担当。充分发挥县政协党组在政协组织中的领导核心作用，始终做到与县委中心工作同轴运转、同向推进。深入推进"党员先锋行"主题实践系列活动，深化"我是党员我带头，树三个榜样"活动、开展共产党员先锋岗创建活动、开展党员志愿服务活动、拍摄微视频、征文等一系列实践活动。三是在扎实推进协商议政、咨政建言中凝聚共识。圆满召开政协盂县九届二次会议，委员通过大会发言、小组讨论、撰写提案、反映社情民意信息等形式，深入协商议政，提出建设性意见建议，收到提案87件，审查立案86件，收到社情民意23件；2017年县政协共召开常委会议6次，其中2次常委会议就全县18项重点工程项目推进和脱贫攻坚推进情况进行专题协商、议政建言；召开主席会议12次，及时对全县重大决策部署进行专题协商式监督，对县政协重点工作做出安排部署，审议通过调研报告4篇；召开各类座谈会5次，围绕全县重点工程建设、精准扶贫、"散乱污"企业治理、城乡环境卫生整治、提案办理情况进行座谈、建言献策。

（李忠宏）

【能力建设】 2017年，县政协及其常委会加强委员队伍建设，加快推进履行职能的制度化、规范化、程序化建设。一是积极加强履职能力建设。先后组织40余名政协委员参加全国和省、市政协以及市委、市委统战部组织的学习培训；组织70余名政协委员参加脱贫攻坚和"散乱污"企业治理视察调研前的相关政策知识培训；坚持为委员订阅政协报刊等学习资料，严格按照委员年度履职考核细则进行考核。二是突出抓好专委会建设。配齐配强专委会班子队伍，发挥专委会联系界别紧密的优势，为常委会与委员沟通搭建桥梁。组织界别委员开展专题小组活动，深入调查研究，反映社情民意信息。发挥政协文史资料工作"存史、资政、团结、育人"的功能，编辑出版《仇犹文化探研》和第17期《盂县人文》刊物。启动《盂县政协志》编撰工作，有序开展前期资料收集整理工作。三是强化制度机制建设。深入推进"三基建设"，制定完善政协机关各项规章制度、明确工作职责和工作流程，推进工作的制度化、规范化、程序化。组建了委员微信群，通过微信平台学习交流，上下沟通。严格执行每周学习例会和工作周报制度、领导干部下乡到基层"七必问七必看七必查"以及关于党员干部严肃履职尽责的十二条规定。政协领导按照县委安排包乡镇、包信访、包企业、包重点工程项目和旅游项目、包扶贫村、包环保六项专项整治的要求，经常深入基层调查研究，帮助解决实际问题。四是深入推进党风廉政建设。落实全面从严治党要求，严格落实主体责任和"一岗双责"；严格执行党章党规，重视加强党风廉政建设教育，引导党员委员和机关党员干部自觉做到忠诚干净担当、务实清廉有为；严格落实中央八项规定精神，制定《政协盂县委员会党组贯彻落实中央八项规定精神实施细则》，驰而不息反对和纠正"四风"。牢固树立"四个意识"，坚定"四个自信"，切实把纪律和规矩挺在前面。始终做到内强素质，外塑形象，努力打造政治型、学习型、服务型、创新型、效能型政协组织队伍。五是全力推进脱贫攻坚工作。为切实完成好政协机关帮扶七东村的脱贫攻坚任务，多次组织机关干部进村入户、了解情况，制定脱贫计划、研究具体措施、完善相关资料、组织捐款捐物。帮助该村领导干部多方考察、理清思路、争取资金，发展养鹅扶贫产业项，全年除1户易地搬迁外，该村贫困户全部实现脱贫。

（李忠宏）

【协商民主】 2017年，县政协及其常委会按照"围绕中心、服务大局、提高质量、讲求实效"的工作方针，紧紧围绕中央大政方针和省、市、县委决策部署，组织引导广大政协委员、政协各参加单位和各专门委员会，积极通过深入开展视察调研，扎实做好提案和社情民意信息工作，不断提升政治协商、民主监督和参政议政的实效。开展多层次、多领域、多形式的调查研究和建言献策活动。

围绕中央大政方针及省市县决策部署开展调研。组织50余名政协委员分四个调研组，先后深入梁家寨乡、仙人乡、上社镇、西烟镇等8个乡镇，就脱贫攻坚推进落实情况开展为期近一个月的民主监督性视察调研。共调研贫困村36个，低收入村12个，走访贫困户210户、456人，形成《关于民主监督性视察调研脱贫攻坚情况报告》；组织委员深入苌池镇、路家村镇、孙家庄镇，就县"散乱污"企业治理情况进行专题视察调研，形成《关于我县"散乱污"企业治理情况视察调研报告》。二是围绕县委县政府中心工作、重点工作开展调研。聚焦全县18项重点工程项目建设，组织政协常委、委员对香河综合治理工程、盂县电厂2×100万千瓦发电项目、新建中医院工程、盂县文化中心项目等进行视察调研；召开常委会议听取有关部门项目推进情况通报，组织委员大会发言，邀请县领导和有关部门负责人进行专题协商，形成《关于全县重点工程项目的视察调研报告》；围绕城乡环境卫生整治，组织政协委员深入路家村镇、孙家庄镇、秀水镇、双阳线以及县爱卫办开展视察调研。三是围绕政协履职提效开展调研。出台了《关于加强和改进专题调查研究工作的实施意见》，调查研究的导向更加明确，效果更加明显；组织委员围绕九届二次会议所列提案；深入县科普教育基地、县信访局、中岚国际物流园、王炭咀村等地进行专题视察调研，点对点督办提案。先后配合全国政协提案委完成就修订提案审查工作细则和推进提案公开工作在县的调研，配合省政协完成就推进民营经济发展在我县的专题视察调研，配合市政协完成就精准扶贫、公立医院综合改革、农民增收和重点路网工程、开发区建设等在我县的专题视察调研。

扎实做好提案和社情民意信息工作。一是提升提案质量。组织委员通过撰写提案开展民主监督，九届二次会议期间，共审查立案86件，参与提案的委员144人，占委员总数的87.3%，委员参政议政的自觉性和积极性明显增强，提案数量和质量进一步提升。6件提案被遴选为县委县政府领导领办、县政协领导督办的重点提案。二是反映社情民意。常委会把握政策导向，聚焦民生热点，共报送县领导社情民意信息12期。按照全国政协信息报送参考选题，上报省市政协信息17篇，其中3篇信息被省政协转送采纳。专门研究制定了《反映社情民意信息工作考评表彰方案》，10名委员受到表彰奖励。三是拓展监督渠道。制定《关于加强和改进人民政协民主监督工作的实施意见》，进一步完善民主监督机制。组织委员参加市人大立法调研座谈会、盂县全域旅游规划座谈会、《县城区土地级别和基准地价（2017）》修订更新成果听证会。先后组织40余名委员参与我县城乡环境卫生综合整治督查和考核评比工作，进一步拓展民主监督渠道。（李忠宏）

【团结联谊】 常委会始终牢牢把握团结和民主两大主题，最大限度凝聚人心、协调关系、促进和谐。1.加强联谊搭建平台。以专委会为依托，开展形式多样的委员界别联谊活动，促进不同界别委员之间的沟通交流。民建盂县活动小组在农作物秸秆综合利用方面加强调查研究和技术研发，撰写了有价值的提案和社情民意信息，受到县政府和民建阳泉市委的高度重视。县政协参加了市政协组织的社情民意工作交流会、提案办理工作交流会、文史资料工作交流会，加强了对外联谊，增进了交流与合作。2.凝聚服务中心合力。积极组织委员参与我县招商引资、重点工程建设、脱贫攻坚、环境保护、城乡环境卫生整治等重点工作，建净言、献良策、出实招。重阳节前夕，组织政协委员走进下社乡枣园、七东村，开展"宣传贯彻十九大，重阳扶贫送温暖"为主题的扶贫系列活动，送去了党和政府以及社会各界人士的关怀和温暖。3.凝聚共识，为促进团结营造氛围。动员党员委员带头开展"一带头三榜样"活动。组织政协委员参加市政协、市委统战部等部门联合举办的"喜迎十九大，同心促发展"征文活动，我县政协获得"优秀组织奖"，6名委员获得三等奖，2名委员获得优秀奖。参加县直机关工委举办的"深入贯彻学习党的十九大精神系列知识竞赛活动"。

（李忠宏）

2017年盂县政协九届委员会常委会议一览表

表11

会议名称	会议内容	召开时间
九届三次常委会议	讨论通过县政协九届二次会议召开日期（草案）；讨论通过县政协九届二次会议议程及日程（草案）；讨论通过县政协九届二次会议逐日执行主席名单（草案）；讨论通过县政协九届二次会议秘书长及副秘书长名单（草案）；讨论通过县政协九届二次提案审查委员会名单（草案）；讨论通过县政协九届二次会议列席人员名单（草案）；讨论通过县政协九届二次会议秘书处及办事机构人员名单（草案）；讨论通过政协盂县第九届委员会常务委员会工作报告（草案）；讨论通过政协盂县第九届委员会常务委员会关于九届一次以来提案工作情况的报告（草案）；讨论通过县政协九届二次会议常委会工作报告报告人及提案工作报告报告人（草案）；安排会前视察。	2017年2月10日
九届四次常委会议	讨论通过政协盂县第九届委员会常务委员会第二次会议政治决议（草案）；讨论通过县政协九届二次会议常委会工作报告的决议（草案）；讨论通过县政协九届二次会议关于九届一次会议以来提案工作情况报告的决议（草案）。	2017年2月16日
九届五次常委会议	对县政协九届二次会议提案情况进行说明；对县政协九届二次会议提案进行交办；提案办理单位代表发言；郭方恺副县长讲话；传达学习阳泉市"两会"精神。	2017年4月13日
九届六次常委会议	观看秀水河治理规划、龙华口水库旅游规划专题片；听取县政府全县重点工程项目推进落实情况的通报；进行大会发言和协商讨论；副县长郭方恺讲话；有关人事任免；万学武副主席对2017年社情民意信息报送工作进行再安排；闫庶民主席讲话。	2017年5月19日
九届七次常委会议	学习传达习近平总书记在山西重要讲话精神、全省干部大会和全县干部大会精神；听取县政府脱贫攻坚推进落实情况的通报；就县政协组织的民主监督性视察调研脱贫攻坚进行大会发言；副县长郭方恺讲话；总结上半年县政协工作，安排下半年工作；对反映社情民意信息工作进行通报和再安排；审议通过其他事项；闫庶民主席讲话。	2017年7月21日
九届八次常委会议	听取县委党校张善谋副校长宣讲党的十九大精神；张铭德副主席传达学习《中共中央关于认真学习宣传党的十九大精神的决定》、省委、市委有关通知精神；王红雁副主席传达学习全国政协、省政协、市政协《关于学习宣传贯彻中国共产党第十九次全国代表大会精神的决议》；审议通过《政协盂县委员会常务委员会关于学习宣传贯彻中国共产党第十九次全国代表大会精神的决议》（草案）；张铭德副主席讲话。	2017年11月28日

中国共产党盂县纪律检查委员会（盂县监察委员会）

综合工作

【概况】 中共盂县纪律检查委员会为正科级行政单位，与县监察委员会合署办公，一套机构，两个机关名称，在市纪委监委和县委的双重领导下工作，履行纪检、监察两项职能。县纪委监委机关设办公室、宣传部、党风政风监督室、信访室、案件监督管理室、第一至第四执纪监督室、第一至第三执纪审查（调查）室、案件审理室等13个内设机构和县纪委监委培训（审计）中心1个直属事业单位。在全县设置12个派驻纪检监察组，14个乡镇各设置2名乡镇监察员，对全县14个乡镇和138个部门和单位进行监督。

2017年，县纪委监委在市纪委监委和县委的正确领导下，准确把握党的十九大提出的理论观点和战略部署，不忘初心、牢记使命，履职尽责、勇于担当，始终保持惩治腐败的高压态势，进一步加大整治群众身边腐败问题力度，驰而不息落实中央八项规定精神，全面加强作风建设和纪律建设，以永不懈怠的精神状态和一往无前的奋斗姿态，推动全面从严治党不断向基层延伸，全县纪检监察工作不断取得新成效。（张彦斌）

【宣传教育工作】 2017年，全县纪检系统多举措贯彻党的十九大精神。一是广泛开展了十九大精神宣讲活动。邀请中纪委宣传部负责人做了廉政教育专题宣讲，全县550余名科级以上党员领导干部听取了报告。同时，县纪委监委班子成员、室主任深入基层，面对面向群众宣讲了十九大精神和党的惠民政策。二是利用主流媒体大力宣传纪检监察干部精神风貌。在县电视台开设了"乡镇纪委书记谈体会"专栏，组织各乡镇纪委书记，围绕贯彻落实十九大精神，谈认识、谈打算、谈做。三是集中开展了学习落实十九大精神专题活动。组织全县纪检监察干部，采取撰写心得体会、召开座谈会、知识测试等形式，认真学习领会十九大精神。

多层次开展警示教育。组织全县14个乡镇、70余个部门和单位的党员干部集中收看了警示教育片，受教育人数达1万余人次；利用农村基层的典型案例，组织全县1350名农村干部，分3批次，集中开展了警示教育；在县电视台开设了《廉政经纬》专题栏目，选取不同类型违纪典型案例，制作专题节目，全年共播出65期。多形式营造清正廉洁氛围。深入贯彻落实习近平总书记关于"注重家庭、注重家教、注重家风"的重要讲话精神，组织全县50支代表队开展了"树清廉家风、创最美家庭"主题演讲比赛；以"弘扬廉政文化，营造廉洁氛围"为主题，在孙家庄镇王炭咀村打造了廉政文化长廊，并组织全县500余名农村干部进行了参观学习，收到了良好效果。（张彦斌）

【干部队伍建设】 2017年，全县纪检系统坚持以上率下，带头树立良好纪检干部形象。县纪委监委班子成员带头深入基层，通过召开座谈会、走访联系点等方式，就扶贫领域不正之风和腐败问题，广泛开展了调研活动，并形成了专题调研报告。年内，结合"两学一做"学习教育常态化制度化建设，全体班子成员认真开展了讲党课活动，并参加了"两学一做"主题活动。

强化学习培训，提升能力素质。在2016年全员集中培训的基础上，认真贯彻落实省纪委监委"全员培训年"部署要求，坚持周五下午集中学习制度，在市县范围内邀请业内行家里手，对全县纪检监察干部进行了业务集中培训。培训的内容包括"两准则四条例"、监督执纪工作规则、"4个一"工作制度、职务犯罪实体规范和程序规范、案件调查审查技巧等等，全年共开展集中培训39次，召开半月工作例会24次。

严明纪律规矩，严防"灯下黑"。全县纪检监察干部严格落实外出报备、个人重大事项报告制度，严格执行省纪委监委的"三条禁令"，不断加强自身建设，强化自我监督。坚持严字当头，加大监督力度，用铁的纪律打造过硬队伍，坚决防止"灯下黑"。年内，县纪委监委共受理纪检监察干部问题线索4件，立案查处1人，谈话函询4人。（张彦斌）

【县纪委十三届二次全会召开】 2017年2月13日，中国共产党盂县第十三届纪律检查委员会第二次全体会议召开，市委常委、县委书记李云峰出席会议并做了重要讲话，县委常委、县纪委书记王会平做题为《忠诚履行职责、全面从严治党、为实现"三宜一区"目标提供坚强保证》的报告。（张彦斌）

【任建华到盂县调研】 2017年2月20日，省委常委、省纪委书记、省监委主任任建华深入盂县部分重点工程项目、乡镇、县信访大厅和新成立的县监察委员会进行调研。任建华强调，要提高政治站位，树牢"四个意识"，按照省委书记骆惠宁同志在省纪委十一届二次全会上提出的"三个警惕""三个进一步"的要求，落实管党治党责任，强化监督执纪问责，全面构建良好政治生态，为各项事业的发展和打赢脱贫攻坚战提供有力保障。要扎实推进监察体制改革试点工作，在挂牌转隶的基础上，强化人员思想融合和工作机制磨合，加强自我监督，自觉接受党内和社会监督，树起严格自律的标杆，努力打造一支让党放心、人民信赖的纪检监察铁军。（张彦斌）

【张国栋到盂县调研】 2017年6月28日，《中国纪检监察》杂志社主题采访部副主任张国栋一行调研盂县监察体制改革试点工作推进情况。省纪委宣传部副部长刘夏平，市纪委常委、市监委委员要旗，市纪委宣传部部长石文亮陪同调研。县委常委、县纪委书记、县监委主任王会平就盂县监察体制改革试点工作主要做法、取得成效、存在问题和下一步打算做了详细汇报。要旗表示，盂县监察体制改革试点工作启动实施以来，县委县政府高度重视，转隶开局良好，融合优势互补，工作大力推进，改革试点各项工作取得了明显成效。张国栋对盂县监察体制改革试点工作表示肯定，并就信访工作情况、传导压力情况及盂县监委成立后办理的两起职务犯罪案件情况和与会人员进行了详细了解。（张彦斌）

【贾东光到县纪委监委调研】 2017年6月15日，省纪委信访大厅主任贾东光一行督导检查调研盂县纪检监察机关信访举报工作，市纪委副书记、监委副主任谭伟中陪同督导检查调研。贾东光一行听取了盂县县委常委、县纪委书记、县监委主任王会平关于涉纪领域稳定风险源头化解工作情况汇报，就落实信访事项党委主体责任、监委受理信访范围、强化信访事项分析研判以及加大解决教育帮扶力度、确保"案结事了"等方面提出相关要求。随后，贾东光一行前往盂县孙家庄镇、牛村镇实地督导检查调研涉纪信访稳定源头化解工作，针对性提出工作意见建议，并就做好2017年村"两委"换届有关工作提出具体要求。（张彦斌）

【王会平到西潘乡庄头村调研】 2017年6月8

日，盂县县委常委、县纪委书记、县监委主任王会平带领县林业、交通、水利、扶贫办等单位负责人到县纪委监委对口帮扶村西潘乡庄头村检查指导工作，副县长郭方恺陪同检查。王会平详细询问庄头村集体经济、村民生产生活以及贫困户基本情况，听取驻村干部扶贫工作汇报，仔细了解扶贫工作遇到的困难问题并提出相关建议。王会平要求，驻村干部和村委干部要在精准扶贫上下功夫，统一思想，上下齐心，坚定信心，通力合作，真扶贫、不搞花架子，充分结合贫困村的实际情况，努力为贫困户办实事、做好事，积极推动产业发展并建立健全长效机制，探索出一条可持续发展的产业支撑脱贫攻坚新路子，真正帮助贫困村、贫困户实现脱贫致富。随后，王会平一行对乌河、滹沱河沿线河道治理、防洪防汛以及环境保护等工作进行了实地调研，并提出相关工作要求。

（张彦斌）

【"树清廉家风·建最美家庭"主题演讲比赛】2017年6月27日，由盂县纪委主办、县妇联协办的"树清廉家风·建最美家庭"主题演讲比赛决赛在盂县剧院举行。县委常委、县纪委书记、县监委主任王会平，县委常委、组织部部长刘志军，县委常委、宣传部部长王浩观看了比赛。经过激烈角逐，由梁家寨乡选手郭倩娜获得一等奖，其余17名选手分获二三等奖和优秀奖。苌池镇纪委、县农委等6家单位获优秀组织奖。

（张彦斌）

【盂县扶贫领域监督执纪问责工作推进会】2017年7月12日，盂县纪委监委召开盂县扶贫领域监督执纪问责工作推进会，县委常委、县纪委书记、县监委主任王会平出席会议并讲话，副县长郭方恺，各乡镇党委书记、乡镇长、纪委书记，分管扶贫工作的副乡镇长，农委、财政、住建等相关职能部门负责人和纪委书记（纪检组长），机关班子成员、室主任共计90余人参加会议。王会平要求，全县各乡镇、相关职能部门要提高政治站位和政治觉悟，把传达学习习近平总书记重要讲话精神和扶贫领域监督执纪问责工作电视电话会议精神作为一项政治任务，抓紧抓好。全县纪检监察机关要结合"两学一做"学习教育常态化制度化，敢于担当，勇于负责，真正把监督执纪问责的责任扛起来，以扎实有效的举措、求真务实的作风，切实做好扶贫领域监督执纪问责各项工作。

（张彦斌）

监察体制改革

【监察体制改革试点】2017年全市监察体制改革试点工作开展以来，盂县县委、县纪委高度重视，在思想上、政治上、行动上与党中央保持高度一致，紧跟省、市工作部署，切实扛起政治责任、主体责任和专责责任。县委主要负责人认真落实"施工队长"职责，重点工作亲自部署、重要问题亲自协调，先后6次主持县委常委会进行研究，不断深化动员和做出改革部署；县改革试点工作小组先后10次召开会议，及时协调解决重要问题。县纪委细致谋划、具体操作，先后16次召开专题会议研究机构编制、人员转隶、科室设置等工作，扎实做好改革试点工作的组织实施和具体落实。2月19日，盂县监察委员会正式挂牌成立，并召开第一次干部大会。

根据省、市纪委监委"4个1"工作制度，分别从具体操作层面对受理范围、线索处置、谈话函询、初步核实、立案审查、案件审理和监督管理等关键环节逐一进行梳理细化；对赋予监委的12项审查措施的使用和55种常用文书进行了细化规范，并根据办案实际，自制了11种文书；按照有利于研判"树木"与"森林"关系、监督与执纪分离、乡镇与县直分开、同一类型放在一起的原则，执纪监督和执纪审查部门分设，着力构建执纪监督、执纪审查、案件审理相互协调、相互制约的工作机制；按照省纪委监委关于同志式、初核、走读式、立案审查四类谈话场所分类建设的要求，全面完成了谈话场所改造；对全县1400余个单位、近4万名人员的基本情况逐一进行摸底建档，并建立了综合信息大数据库，为监察全覆盖落地生根、发挥实效夯实了基础。

围绕省委书记骆惠宁在全省进一步深化监察体制改革试点工作会议上提出的八大深化任务，针对监察机关全面履行职能职责，完善监委内控机制、加强自身建设等方面提出具体问题和具体举措。认真落实省、市纪委监委的安排部署，扎实开展乡镇监察和派驻监察试点工作，14个乡镇全部配备了2名派驻监察员和1名乡镇纪委副书记；撤销原来30家县直单位纪检组，设立12个派驻纪检监察组，对全县138家部门和单位开展监督执纪问责和监督调查工作。针对省改革试点工作第六评估小组反馈的6个方面39个问题，进行深入分析和研究，制定出台整改方案，详细列出问题清单，逐一狠抓整改落实。针对案卷整理装订不统一、不规范，部分案件的程序性文件和手续不齐全等问题，组织相关人员召开座谈会，在广泛征求意见的基础上，对各类方案、笔录模板、办案注意事项等进行了统一规范。对照省纪委监委机关"4个1"工作制度新旧版本，逐字逐句逐条对照，学习研究，结合日常工作实际，制定了线索处置为了结、暂存待查、谈话函询后予以了结、初核后予以了结等12类案件办理程序性模板，为执纪审查提供了有力的制度保障。

县监察委员会成立以来，县纪委监委共查处涉嫌职务违法和职务犯罪的案件2起。特别是县国土资源局地产公司（地产中心）原会计、非党公职人员高欣星，迫于形势压力和对自己所犯错误的认识，去年5月24日，主动到县监委投案自首，交代了挪用公款的犯罪事实，成为阳泉市市县两级监察委员会成立后办理的第一起职务犯罪案件。

（张彦斌）

【王会平当选盂县监察委员会主任】 2月18日，盂县第十六届人民代表大会第二次会议选举。同日，盂县第十六届人大常委会第五次会议通过盂县监察委员会副主任、委员的任命：刘宇、崔计文为盂县监察委员会副主任；赵东红、崔青海、王永斌、路晋源为盂县监察委员会委员。

（张彦斌）

【盂县监察委员会召开第一次干部大会】 2月19日，盂县监察委员会召开第一次干部大会。市纪委副书记谭伟中出席会议并讲话。市委常委、县委书记、县深化监察体制改革试点工作小组组长李云峰出席会议并讲话。李云峰在讲话中阐述了深化监察体制改革的重大意义。指出，县监察委员会的成立，只是试点工作迈出的第一步。要坚守政治站位，深入学习贯彻十八届六中全会和中央纪委七次全会以及省、市纪委全会精神，特别是认真落实省委书记骆惠宁关于"四个准确把握""三个警惕""三个进一步"和省委常委、省纪委书记任建华关于坚持标本兼治，持续精准发力，推动全面从严治党向纵深发展的总体要求，抓好转隶融合，完善内部机制，提升反腐成效，确保完成改革试点任务。李云峰强调，"打铁还需自身硬"，纪检监察机关必须把加强自身建设放在十分突出的位置，不断强化纪检监察干部"责任、作风、能力"建设，自觉践行忠诚干净担当。要强化学习，大胆实践，努力提高履职能力，创造一流工作业绩，交上一份合格答卷。

谭伟中在讲话中指出，盂县县委坚决贯彻落实中央决策部署，按照省委、市委统一安排，切实扛起主体责任，积极推进监察体制改革试点工作，取得阶段性成果。谭伟中要求，县委要继续落实好主体责任，县委书记要负总责，切实当好"施工队长"；县纪委要担好专责，抓好试点工作方案的组织实施和具体落实；县试点工作小组各成员单位要讲政治、顾大局，各负其责，精心筹划，协同做好相关工作，确保试点任务圆满完成。

市纪委常委李贵亮，县领导李宏革、贾建胜出席会议。县委常委、县纪委书记、县监察委员会主任、县深化监察体制改革试点工作小组副组长兼办公室主任王会平主持会议。

（张彦斌）

【部分省市县区纪委到盂县学习考察监察体制改革试点工作】 2017年9月6日，黑龙江省佳木斯市纪委到盂县纪委监委学习考察监察体制改革试点工作。11月9日，河北省沧州市纪委来盂县纪委监委学习考察监察体制改革试点工作。11月10日，湖南省怀化市纪委来盂县纪委监委学习考察监察体制改革试点工作。11月16日，河北省保定市徐水区纪委来盂县纪委监委学习考察监察体制改革试点工作；同日，石家庄市新华区区委、区纪委来盂县纪委监委学习考察监察体制改革试点工作。

（张彦斌）

纪律审查工作

【腐败惩治】 2017年，县纪委监委先后召开35次执纪监督专题会议，分类处置问题线索135件，实现了问题线索动态"清零"。2017年，全县处分141名党员干部，无一提出申诉。此外，县纪委监委宣布科级干部处分决定时，要求受处分人员单位召开专题民主生活会，受处分人员在会上做深刻检查，其他班子成员对照检查，谈体会、谈认识，收到一人受处分、多人受教育的良好效果。全年共参加专题民主生活会18次。

准确把握并充分运用"四种形态"。2017年，全县共处理违规违纪党员干部451人次。其中，第一种形态处理304人次、占67.4%；第二种形态处分99人次、占21.9%；第三种形态处分46人次、占10.2%；第四种形态追究法律责任2人次、占0.5%。"四种形态"的充分使用，收到了扶歪树、治病树、拔烂树的治理成效，体现了管党治党"全面"和"从严"的有机统一。

巩固反腐败高压态势。2017年，县纪委监委立案101件，同比增长2.02%。结案99件，给予党纪政务处分141人。同时，公检法机关移送案件线索41件，给予35人党纪政务处分或组织处理，并对一批典型案例进行了点名道姓通报曝光。特别是监委成立后连续查处了职务犯罪案件2案2人，起到震慑效果。

（张彦斌）

【巩固拓展中央八项规定】 2017年，县纪委监委制定了《关于进一步贯彻落实中央八项规定精神实施细则》，用制度巩固拓展落实中央"八项规定"精神成果。同时，紧盯违规公务用车、违规公款送礼、大办婚丧喜庆事宜、违规发放津补贴等"四风"问题，积极组织开展监督检查。全年先后开展专项监督检查3轮，涉及单位68个。对检查中发现的问题，发现一起严查一起。全年共查处违反中央八项规定精神问题线索14案14人。特别是对群众现场举报的"四风"问题，采取快速掌握现场证据、快速完成调查取证、快速做出处分决定的方式。

（张彦斌）

【扶贫领域不正之风和腐败问题专项治理】 2017年，县纪委监委成立了12个专项检查组，深入8个乡镇、60个贫困村、384个贫困户，对扶贫政策落地、扶贫项目实施、扶贫资金使用、领导责任落实等进行了全面检查，对检查发现的55个问题，督促有关部门及时做了纠正和处理；同时，建立了专项台账，对多年来扶贫资金使用情况、项目实施情况、"三支队伍"履职情况，特别是对2015年以来受理的扶贫领域问题线索进行"大起底"和"回头看"，对43件问题线索的处置方式、办理部门、进展情况实行"滚动式"管理，做到了底数清、情况明；此外，还充分发挥县委巡察优势，使扶贫领域实现了巡察全覆盖。全年对扶贫领域43件问题线索和市、县巡察移交的37件问题线索进行了严肃查办，共立结案28件，处分党员干部36人，并对2起扶贫领域典型问题进行通报曝光。　　　　　　　　（张彦斌）

【县委巡察工作】 2017年，县纪委监委对2个乡镇、4个国有企业开展了巡察，共发现问题86项203个，移交线索16件，要求相关单位做好巡察整改工作。按照省委、市委要求，严格按照"四个对照"深入查摆问题，共制订整改措施53条，明确责任单位14个，责任领导15名。2017年，全县有县处级领导的15家单位，分别召开了巡察整改"回头看"专题民主生活会；全县87家相关单位，全部按要求完成了"回头看"整改工作，并完善落实了中央八项规定精神实施细则。成立了扶贫领域专项巡察组，深入8个乡镇、53个贫困村、187个贫困户，走访群众260人，发现扶贫领域17项83个问题，移交线索31件，有力遏制了扶贫领域违纪违规问题的发生。　　　　　（张彦斌）

军 事

盂县人民武装部

【概况】 2017年，盂县人武部认真贯彻军分区党委和县委决策部署，围绕"迎接十九大召开、学习贯彻十九大精神"这条主线，紧跟调整改革的新形势、新要求，按照"积极着眼军队改革新使命、精确找准后备力量新定位、着力开创国防动员新局面"的"三新"工作思路，扎实抓好各项工作有力落实，人武部全面建设水平在聚焦强军目标中实现了新的进步。7月，进行了体制编制改革。年底，人武部作为阳泉军分区遴选出的唯一一个先进单位接受山西省军区考核验收，被表彰为全省"先进人民武装部"。此外，人武部还被省军区表彰为"安全稳定工作先进单位""新闻宣传先进单位"。 （刘志平）

【"迎新年励初心起新程"活动】 2017年初，县人武部组织官兵开展"迎新年、励初心、起新程"活动。通过徒步行军拉练、高唱强军战歌、重温红色历史、军事技能考核、搭设帐篷野炊等活动，锤炼官兵意志，激发练兵热情，激励官兵不忘初心，继续前进，走好强军新征程。在红二十四军纪念馆，官兵缅怀先烈，进一步坚定共产党人的信仰和理想。活动中，人武部还组织官兵进行射击、跑步比赛，在宿营地搭设帐篷、进行野炊等日常技能训练，提高随行应急应战任务能力。 （王 嫣）

【处置火情】 2017年1月27日，县人武部迅速出动，成功处置辖区内的3起火情。27日11时20分、12时45分和15时，县人武部分别接到位于南娄镇上曹村与纸匠村交界处、秀水镇南湾大桥西侧、南娄镇中兰村的3起火情。接到通知后，民兵常备应急分队按照就近原则立即赶赴现场。经过对现场情况分析判断后，首先堵截火势蔓延的主要方向，逐渐向中间合围，防止过火面积扩大，避免造成更大损失。由于处置迅速，火情扑救明火时间均未超过30分钟。17时30分，辖区内无明火和大的火灾隐患。 （邢子辉）

【"争创安全年活动"】 2017年4月，为坚决贯彻中央军委关于做好安全稳定工作的一系列决策部署，严格落实上级《关于开展全军安全大检查的通知》精神，县人武部开展"争创安全年活动"。活动中，通过军营广播、LED大屏每日滚动播放安全内容、制订安全隐患排查一览表7个要素，加强安全管理。同时，县人武部党委还深入分析安全形势，集中开展安全教育、扎实组织安全训练、反复排查安全隐患、过细做好问题整改，以严格的安全管理带动和促进其他工作的顺利开展，成效明显。 （赵 鑫）

【"威武军人·杰出校友"荣誉墙设立】 西杜小学是阳泉军分区捐资兴建的"八一"希望小学。2017年5月26日，按照军分区国防教育工作部署，县人武部会同路家村镇联校，在该校设立了阳泉市第一块"威武军人·杰出校友"荣誉墙，为军地共建国防教育示范学校迈出了坚实的步伐。活动中，县人武部领导到西杜八一希望小学讲解国防知识，增强国防观念，鼓励学生向这些威武军人、杰出校友和优秀学子学习，把自己锻炼成对国家、对社会有用的人才。同时，为增强学生国防意识、国防观念，县人武部和县教育局联合发文、联合行动,在全县各类学校全面展开威武军人、杰出校友荣誉墙建设,通过活动增强学生的国防意识和国防观念,提高国防教育普及率。　　　　　　　　（赵　鑫）

【张家垴女子民兵班整组】 2017年5月29日,盂县路家村镇张家垴女子民兵班整组仪式在路家村镇张家垴村委会举行。盂县县委副书记李宏革,人武部领导仪式上,为张家垴女子民兵班新任班长张洁授旗。张家垴女子民兵班集体重温《中国民兵誓词》。军地领导对张家垴女子民兵班所做的工作表示肯定,并对民兵班今后的工作提出了更高的要求,希望民兵班,在新任班长张洁的带领下,牢记"听党指挥、能打胜仗、作风优良"的强军目标,继承和发扬前辈张爱英、班长郭倩娜的优良作风,认真学习国防理论、提高政治素养,苦练军事基本技能、提高业务素质。仪式结束后,还指导女子民兵班战士进行军姿、军容、步伐的基本训练。
　　　　　　　　　　　　　　（赵　鑫）

【"中国梦　强军梦"红色诗歌朗诵会】 2017年8月1日,由盂县人武部主办,盂县播音朗诵会协办的庆祝建军90周年暨"中国梦 强军梦"庆八一红色经典诗歌朗诵会在人武部举行。盂县县委副书记李宏革,人武部领导出席本次活动。朗诵会在群体朗诵的《中国军队中国军人》中拉开帷幕,分为永不磨灭的历史、舍生取义的冲锋片、继往开来的胜利篇3部分。其中,情景剧《十送红军》再现革命先辈为建立新中国,不惜生命,前赴后继跟党走的情景,《七律·长征》唱出了红军克服艰难险阻、跨越千山万水的勇气和意志。16篇红色经典朗诵,重温中国共产党带领中国人民走过的伟大历程。最后,朗诵会在《没有共产党就没有新中国》的大合唱中结束。　　　　　　　　　（王　嫣）

【"八一"军事日活动】 2017年8月2日,为进一步推进全民国防教育和双拥共建工作深入开展,阳泉市委副书记、盂县县委书记李云峰,盂县县委副书记、县长孔禄泉,县委副书记李宏革,县人大常委会主任武润珍,县政协主席闫庶民等盂县四套班子领导在盂县忠义拓展实践教育基地参加"八一"军事日活动。活动中,县四套班子领导身穿迷彩服,走过"青云路",踏上"聚贤桥",徒步攀登上盂县文笔山之巅,意在增强自身能力,发扬纪律严明。之后,召开盂县县委理论中心组学习会,会上,盂县四套班子领导集中学习《中共山西省委关于深入学习贯彻习近平总书记视察山西重要讲话精神的实施意见》,阳泉市委副书记、盂县县委书记李云峰要求盂县四套班子领导不能单纯学习,学习要思考,思考要联系实际。县长孔禄泉传达学习了阳泉市委常委会议精神,强调盂县四套班子领导要牢固树立"四个意识",切实增强"四个自信",自觉在思想上、政治上、行动上与党中央保持高度一致。县委副书记李宏革传达学习了纪念建军90周年会议精神。
　　　　　　　　　　　　　　（赵　鑫）

【预定新兵役前训练】 为帮助预征青年充分做好从军心理准备,打牢入伍思想根基,坚定强军报国信念,2017年9月7日至9日,县人武部组织99名预定新兵,在忠义拓展实践教育基地进行为期3天的新兵役前训练。军分区相关领导到现场视察并指导工作。人武部政委出席开训动员会并做重要讲话。这次役前训练,应征青年全员参加、全面排查、全程淘汰,真实体验部队生活、感受部队氛围。在开展队列、体能、文化测试以及思想教育常规项目基础上,拓展参观见学、紧急集合训练、利用间歇时间学习军歌等内容,并实行全封闭管理。此外,训练期间严格落实部队一日生活制度、"三大条令",组织开展《中华人民共和国宪法》《中华人民共和国国防法》《中华人民共和国兵役法》等专题教育,在确保训练效果的同时,提升素质教育水平。　　　　　　（王　嫣）

【"武装骨干、进村入户"理论集训】 2017年10月18日至24日，县人武部组织各乡镇专武干部进行"党的创新理论武装骨干、进村入户"理论集训第一阶段集中学习。其间，全体参训人员集中收看了十九大开幕、闭幕式，认真学习党的十九大报告主要精神要义，并对各乡镇专武干部和民兵骨干进行了"十九大精神理论测试"。同时，县人武部政委就此次活动的内容、含义进行专题辅导，并对以后工作的开展提出新举措、新思路。 （王 嫣）

【《解放军报》记者采访盂县武装骨干】 2017年11月3日，《解放军报》记者裴贤专程驱车赶到山西省盂县梁家寨乡，实地采访乡武装部组织女子民兵班进村入户宣讲十九大精神情况。党的十九大召开以来，盂县人武部以"武装骨干、进村入户"活动为载体，组织各乡镇和企业专武干部同步收看、跟进学习、深入讨论，力求先学一步、多学一些、学深一层。专门组织"基层官兵群众关心的问题汇报交流会"，坚持问题导向，共同梳理热点，集体在十九大报告中找答案，真正学懂、弄通、做实。在此基础上，分头深入田间地头、村前街后，向基层民兵和群众宣讲大政方针、惠民政策，把党、政府和军队的声音，把习总书记的关怀，及时送到老百姓心坎上，让十九大精神家喻户晓，人人明白。 （王 嫣）

【电影文学剧本《初心》研讨会】 2017年11月14日上午，由阳泉日报社、阳泉市作家协会、盂县人武部主办的电影文学作品《初心》研讨会在县人武部六楼召开。阳泉市委宣传部常务副部长史玉宝，县委常委、盂县人武部政委出席会议。电影文学剧本《初心》是由阳泉日报社和盂县武装部组织，王伟、杨抱仁共同创作的以红二十四军为背景的电影文学剧本。讲述了86年前红二十四军创建至兵败过程中所发生的可歌可泣的故事，意在使红二十四军将士的事迹得到更广范围的关注，带动更多的人共同挖掘、还原这段历史。 （赵 鑫）

【主题党日活动】 2017年11月20日，盂县人武部组织现役干部和各乡镇、企业专武干部开展主题党日活动，重温入党誓词。县人武部政委带领全体党员宣读入党誓词，并共同学习《党章》，就《党章》中修改部分重点进行串讲。之后，组织全体党员观看《沙场点兵》纪录片、参观国防教育广场、发放"武装骨干、进村入户"大礼包和进村入户宣传用品等。 （王 嫣）

武警盂县中队

【概况】 2017年，盂县武警中队以支队党委扩大会议精神为指导，以"建强班子、加强队伍、固强基础、注重精细"为工作思路，把"忠诚、团结、勤奋、创新"的队训和"忠诚纯洁、真诚团结、勤奋敬业、追求卓越"的队风贯穿于全年的工作任务中，强化岗位意识，树牢中心意识，加强全面建设，在党支部班子建设上，加强支部统筹、分析、解决问题能力的提升；在抓执勤战备工作上，加强正规执勤秩序和战备制度落实的提升；在抓军事训练突破上，加强"实战化"研究实现干部骨干队伍能力的提升；在抓安全管理规范上，加强制度落实和经常性基础性工作标准质量的提升，高标准实现"三个确保"，为武警部队"两个维护"的使命任务提供有力支撑。 （宋 科）

【支部班子建设】 2017年，盂县武警中队党支部以"两学一做"教育以及主题教育活动为牵引不断加强自身建设，从"三个注重"入手，严格组织生活制度，加强党员教育管理，不断提高党支部"三个能力"，充分发挥了党支部战斗堡垒作用。

注重开展组织生活。利用党日活动时间及业余时间扎实开展各项组织生活，组织支部全体党员原原本本学党章，学习贯彻习近平总书记系列重要讲话精神，围绕"两学一做"开展民主讨论，形成讨论稿及学习心得体会，激发全体党员"四讲四有"的政治觉悟，有效发挥党员模范带头作用，以实际行动投身改革强军实践，做一名合格党员。利用组织生活加强理论学习和业务本领学习，提高支部成员的业务水平和议事决策的能力。适时召开支部党员大会以及党支部委员会，运用组织生活制度推进党支部班子建设。

注重加强风气建设。广泛开展马克思主义学习和民主集中制学习研讨，召开专题民主生活会，开展批评与自我批评，思想作风更加纯正。在技术学兵、学员苗子培养、入党积极分子等敏感性问题上支部班子坚持按照班排推荐、武警委员会研究、党支部讨论的步骤实施，做到了公平、公正、公开。近两年以来发展多名党员和团员，并推荐多名技术学兵和集训人员。通过开展"金点子"活动，发挥官兵主体作用，为中队建设提出合理化建议和意见，利用多种途径搜集官兵意见数百余条，涉及风气建设、士官队伍建设、执勤工作、教育管理、后勤保障5个方面。

注重两大群众组织和"三支队伍"的建设。中队党支部注重加强两大群众组织的领导，充分发挥其桥梁和纽带作用，实现了组织健全、制度落实、活动经常、作用明显。军人委员会科学合理安排部队春节、"五一"劳动节、端午节、中秋节、国庆节等节假日的文体娱乐活动和伙食保障等，团支部组织开展"五四"青年节、学习雷锋、纪念建党96周年、纪念红军长征81周年等影响感召团员青年的活动，将广大官兵紧紧团结在党支部周围。

（李强）

【"五防一体化"建设】 2017年，盂县武警中队全体官兵牢固树立中心观念，把执勤工作当成"饭碗"工程，时刻不松懈、深入贯彻新"十六字"执勤思路，着眼建成"战斗哨、规范哨、稳固哨"，严格正规组勤管勤。

开展执勤隐患排查治理工作。中队根据执勤制度开展执勤隐患自查，结合总队、支队检查出的执勤隐患，积极协调目标单位采取有效措施治理整改多处执勤隐患。全年，监墙内外共更换30余个照明灯具，新增照明灯具20余个，基本实现"照明白昼化"。恢复了2号哨探照灯正常照明及子弹安全箱开启的灵敏度、清理了监区内15吨堆放不合理的燃煤、解决监区内高秆作物8块、监墙哨视线盲区2处、东北监墙表皮裂缝1处等在总队挂账的问题，共投入资金3万余元。以"广西集训""古交会议"指示要求为依据，中队党支部高度重视，积极组织官兵进行深刻剖析，与目标单位联合组织了隐患排查，经过协调监区内警戒线不明显、劳务犯人与监舍关押犯人区分不清、稍微观察死角的广角镜损坏、目标单位电话不通、监区内部报警声音不清晰等问题已列入看守所整改计划。特别是在总队、支队领导的督导帮助下，与目标单位一起向驻地政府申请监墙、值班室改造经费，为执勤隐患彻底改造和执勤"六化建设"达标奠定基础。

扭住岗位练兵和落实制度加强勤务管控。注重全面提高哨兵单独执勤和处置能力，在新兵下连、老兵复退、任务转换、敏感时期、勤训轮换等时机，对执勤人员开展岗前培训、专勤专训，重点突出岗位训练、环节训练、技能训练、方案讲解等环节，有效提高了官兵的组勤、执勤能力，全年持续抓好勤务工作。坚持执勤八项制度，坚持执勤日讲评、周汇总、月评比，深化"广西集训""古交会议"精神贯彻落实，重点加强监门执勤协同和探讨执勤方式优化改革，提高执勤管理质量效益。

执勤战备向"实战化"聚焦。坚持使命任务牵引，围绕"一句话命令加补充指示"的快捷指挥要求，修订完善中队战备方案。严格战备制度、强化战备意识、加强警地协同，加强战备设施建设和日常战备工作，在重要敏感期、节假日组织战备演练，达到平均每月一次。结合总部、总队战备工作集训精神，努力实现战备工作"三化"要求。针对新修改执勤方案的实际，中队每周组织学习一次方案、不间断进行方案演练，通过经常抓、反复练、不断研，提高了官兵处置应急突发执勤情况的能力。尤其是在敏感期，中队官兵牢固树立"暴恐就在身边、战斗随时打响"的敏感意识，及时开展针对性教育和训练多次进行夜间紧急集合和震慑性方案演练，确保遇有情况能拉得出、打得赢。

（宋　科）

【军事训练】 2017年，盂县武警中队推进军事训练实战化，中队党支部高度重视，在全体官兵中凝聚共识，确立训练标准，研究创新方法，在支队年初军事训练动员部署会议精神统领下和每月军事训练指导下，全面安排部署，聚焦警官指挥和部队作战，扎实抓好"学研训考评"，促进战斗力生成与提高。

训练注重贴近执勤"实战化"。依据《军事训练与考核大纲》和年度军事训练计划，中队以专勤专训模式为依托，结合执勤岗位需求，依照"一哨多情，一情多案"的思路，加大哨位处置训练，提高执勤目标安全系数。突出"三员一兵一组一班"协同配合练习，持续抓好执勤训练。

警官和士官训练贴近任务实际。按照官兵分训、士官组训的原则，中队干部在随队训练的基础上，重点进行了指挥技能、技战术和体能训练。士官以"四会"为标准，重点进行了武器操作、专业技能、组训能力的培训，有效提高了干部骨干的综合指挥能力。

多措并举活跃训练氛围。训练中注重开展军事民主、岗位练兵、训练竞赛等活动，并利用"小比武、小讲评、小活动、小动员"等方法有效激发了官兵的训练热情，营造了热爱训练、苦练本领的良好氛围。实行军事训练排名登记，激发官兵参训内动力。所有战士们都敢于挑战，敢于吃苦，通过不断训练，他们的综合素质得到了大幅度提升。

（宋　科）

【从严治警】 2017年，盂县武警中队认真贯彻"三个根本性转变"要求，坚持依法从严治警，依法规范部队运行，确保"八个规范"在末端有效落实。中队从"统一思想、正规秩序、严格标准、严抓养成、保证中心、确保安全"六个方面入手，将规范秩序和确保安全有机统一起来，严格依法从严治警，突出精细化管理，狠抓官兵的意志品质和作风养成，中队秩序得到规范，安全稳定也得到了相应的保证。在军队调整改革期间，把脉官兵思想动态及时教育引导，把建设士官人才队伍与提高部队正规化管理水平有机结合。一是稳步提升正规化建设质量。抓好调整改革期间部队管理，根据官兵思想动态搞好针对性教育引导，明确刚性要求和纪律约束。加强日常管理，精细规范养成，以条令条例和规章制度的刚性落实提高部队正规化建设质量。严格落实"治车、治酒"制度和密切官兵关系双六条（官兵关系是军队内部关系的基础。中国人民解放军军官、文职干部和士兵，必须按照官兵一致的原则，互相尊重，互相爱护，互相帮助，同心协力地完成任务。军官、文职干部对士兵应当做到：1.严格管理，耐心说服，关心士兵的成长和进步，2.了解士兵的情况，妥善解决与士兵的矛盾，3.尊重士兵的民主权利，不压制民主，不打击报复，不打骂、体罚和侮辱士兵，4.不收受士兵的钱物，不侵占士兵的利益，5.以身作则，公道正派，对待士兵一视同仁，6.关心士兵生活、安全和健康，照顾伤病员，热情接待来队的士兵亲属。士兵对军官和文职干部应当做到：1.尊重军官和文职干部，2.忠诚老实，主动汇报思想，3.犯有过失时，诚恳接受批评，勇于承认并坚决改正错误，4.不当面顶撞，不背后议论，不搞极端民主化，5.照顾军官、文职干部和有病的同志，不搞绝对平均主义，6.关心连队建设，爱护集体荣誉，积极协助军官和文职干部做好各项工作。），严格执行手机使用管理规定，对违反规定的人员，发现一起处理一起，将法规纪律和条令条例挺在前面，对待问题绝不姑息迁就。抓好执勤训练各项制度落实，促进条令法规在各个工作领域贯彻落实。二是狠抓部队作风养成。在年初和老兵复退两个阶段开展作风纪律整顿活动，开展基层风气专项整治活动，维护纪律严肃性。加强法规纪律教育、规范行为举止、组织队列训练、营造学习氛围，中队全体官兵条令意识、法规意识得到加强，作风纪律更加严明。中队坚持依法治警加强人员管控和手机使用管理，通过严明纪律促进作风养成。三是夯实安全发展基础。中队紧跟总队、支队抓安创安思路，抓好"八安七问"安全责任体系落实，坚持依法创安。注重发挥安全制度机制作用，尤其抓好八个方面安全基本工作规范落实，运用制度抓安全工作，以基础工作的落实堵塞安全漏洞。结合安全大检查活动、"百日安全竞赛"活动以及每月预防工作重点提示，认真组织安全风险评估。坚持软硬件结合，软件上宣传安全理念、普及安全常识、强化安全意识；硬件上实现了营区全时封闭、硬隐患及时治理、薄弱点全面加固，有效确保了安全无事故。四是依法加强士官队伍建设。积极适应部队调整改革新形势，针对当前士官队伍建设出现的新情况、新问题，依据《中国人民解放军士官管理规定》，进一步加强士官队伍的正规化管理。中队坚持利用军人大会、队务会、班务会等行政组织，将士官管理纳入编制，形成制度。抓好对士官的法规教育，增强法纪观念，要把学习各种规章制度纳入教育训练内容，将学习的时间、内容、标准做出规范，严格组织检查，使软指标变为硬任务。结合支队开展士官教育整训活动，组织士官进行对照检查，让士官摆正"兵"位。每年至少进行2次士官队伍建设专题研讨，帮助士官克服事业心不强、责任心淡化、履行职责不好、自身要求不严等问题，始终保持士兵本色，做到资历长了标准不降，角色变了服从意识不变。

（宋　科）

【后勤建设】 2017年，盂县武警中队积极开展军队后勤建设。

聚焦战备保障，加强后勤实战化建设。贯彻"多能一体、有效维稳"战略要求和"三化"要求，着眼形成系统配套的保障单元，用好现有物资器材，落实应急野战食品管理要求，强化兵力集结、遂行任务、现地保障等各个环节独立保障能力。年内，每年各级、本级平均拉动应急班出动20余次，战备物资和野战食品保障不断成熟完善。加强后勤训练"八落实"，开展"一专多能、一兵多用"岗位练兵活动，加强人装结合、战地野炊、野外宿营、自救互救等基础课目训练。

着眼服务官兵，提高后勤保障质量。推进现代警营饮食文化建设，巩固"伙食精细管理年"活动成果，全面落实"两个一"和"466"要求。注重加强对后勤队伍的培训力度，2017年以来，中队推荐多人参加支队组织的炊事员、司务长、驾驶员集训或复训，定期组织炊事员、理发员到地方饭店、理发店学习，定期组织业务考核，不断提高其业务技能，确保当前有人员可用，后继有人才储备。拓展融合保障模式，做好官兵医疗卫生服务。进一步完善与盂县人民医院的对口医疗协议，形成对口支援常态机制。严格落实卫生防病措施和卫生管理制度，坚持上好卫生和心理健康课，及时落实巡诊等制度，加强卫生检查和监督，有效培养了中队官兵良好的卫生习惯，坚决杜绝了传染病流行、食物中毒等事件的发生。

注重科学管理，提高经费、物资和伙食规范化管理。贯彻依法从严治军方针，依法从严抓后勤规范化管理，深化专项清理整治成果，增强法规制度刚性和约束力，提高后勤建设法治化和科学化水平。合理地制订年度后勤保障工作计划，严格控制了经费预算、审批和研究使用等关口，重大经费经党支部把关，接受上级检查监督和群众监督，保证钱花在刀刃上。在物资维护管理方面，中队坚持"平时大维护，每月小维修"和支队提出的"事事有人抓，物物有人管"的思路，严格落实责任制，对营产营具及时维护维修，确保了使用方便。建立了食谱制度，灵活调整伙食搭配，翻新改进菜谱，尽量让不同地域的官兵都能吃上自己的家乡菜。

尽力解决难题，不断改变官兵生活环境。为创造一个拴心留人的生活环境，中队先后通过协调政府、共建单位、自行改造等方式，改善官兵生活环境和营区。更换楼道内应急避险指示灯，确保官兵生活方便和行动安全；整理和铺设线路改造晾衣房和南楼楼道照明设施，在浴室安装了两台浴霸以保障战士在冬季洗上热水澡；南楼外墙由于建筑设计原因在雨水较多季节从楼顶沿外墙洇水，造成外墙皮脱落和涂料冲刷，中队不等不靠，科学计划，统一粉刷南楼外墙和楼道内墙壁；疏通了下水管道，安装了冲水水箱，及时维修、更换损坏的卫生间隔板和门扇等；安装净水设备，保障官兵喝上净化水，改造了供水管道，安装了冷热双水龙头，方便官兵冬季用水。对各类设备器材进行定期检查，聘请地方专业人员来队维修，保证设施装备运行良好。

（宋　科）

人民（群众）团体及工商联

盂县总工会

【概况】 2017年，盂县总工会深入学习贯彻党的十九大精神、习近平总书记视察山西重要讲话精神，围绕省总工会、市总工会和县委、县政府下达的重要工作和目标任务，以增强基层工会活力为抓手，以工会改革为重点，着力服务基层，竭力维护稳定，倾力构建和谐，努力维权尽责，不断提升工会工作的科学化水平，各项工作都取得好的进步。2017年，在全省"五小"竞赛活动中，被山西省总工会、团省委、省科学技术协会授予优秀组织奖。同年，通过了市文明委"文明单位"的复查验收。截至年底，全县共成立工会组织425个，覆盖法人单位1132个，会员43713人（其中农民工会员20282人）。建会率和入会率均达到100%，全部按"三同时"原则建立工会经审会。2017年创建星级工会4家，分别是牛村镇、大汖温泉景区、盂县第三实验小学校和常顺煤业有限公司。连续7年组织各基层工会开展"安康杯"竞赛活动，参赛单位159个、参赛职工35520余名。至年底，全县共签订工资集体合同60份，覆盖企业233家，职工20055人。企事业单位民主管理建制率达95%以上，共建立各类职工（代表）大会制度184个，覆盖企事业单位558家。2017年，在圣天越集团公司、盂县第三实验小学建成2家女职工爱心妈咪小屋，均被市总工会授予五星级爱心妈咪小屋称号。大力推行女职工权益保护专项集体合同制度，全县共签订女职工权益保护专项集体合同55份，覆盖企事业单位255家，整体签订率达98%。广泛开展职工技术比武，技能大赛，培养造就知识型、技术型、创新型职工队伍。大力弘扬劳模精神，劳动精神，工匠精神，督促企业依法依规保障职工教育培训经费，确保70%以上用于一线职工教育，加强职工活动中心，职工书屋等阵地建设。

（张东晓）

【工会改革创新】 2017年，为深入贯彻中央和省委党的群团工作会议精神，按照省总工会、市总工会改革的安排部署，县总工会在深入调研的基础上，广泛听取各方面的意见，制订完善了《盂县总工会改革实施方案》讨论稿，经县委审议通过，方案于2017年11月以县委办文件出台。根据方案，要逐步改革工会组织体制、管理模式、运行机制和活动方式，全面加强工会组织"三基"建设，保持和增强工会工作和工会组织的政治性、先进性、群众性，努力克服"机关化、行政化、贵族化、娱乐化"现象，更好地发挥党联系职工群众的桥梁纽带作用、更好地服务大局、服务职工、服务基层。

（韩小龙）

【"五小"创新竞赛】 2017年，县总工会围绕省、市总工会的工作部署和县委、县政府的工作目标，把"五小"（小发明、小创造、小革新、小设计、小建议）创新竞赛作为动员组织全县职工开展建功立业、推动全县转型发展创新发展的切入点和着力点，采取有力措施，全面推进"五小"创新竞赛扎实有效开展。

5月，县总工会和晋盂煤业（集团）有限公司联合举办了第二届"晋盂杯"职工技能大赛，共有下属9个子公司的110名选手，参加了井下电钳工、地面电焊工、瓦斯员接风筒、厨师刀工、心肺复苏等8个项目（工种）的比赛。大赛分别设置一、二、三等奖，经过角逐，共有48名选手分别获得奖项。2017年，全县有35个企事业单位开展了75个工种（项目）的技术比武活动，参赛人数达1550余人。至年底，全县共有企事业单位598个，有94个企事业单位参赛，参赛职工达14876余名。有26个企事业单位征集"五小"竞赛成果92项，实施完成并投入运行的92项，直接创造经济效益580万元。向市总工会申报"五小"优秀项目成果20项，其中有15项成果被市总工会等部门评为全市五小竞赛优秀成果一等奖4个、二等奖3个、三等奖8个。向省总工会申报"五小"优秀项目成果3项，其中山西太钢鑫磊资源有限公司完成的《高温风机变频柜散热系统》和《窑尾旁通阀控制系统》两项成果被省总工会等部门评为全省五小竞赛优秀成果三等奖。

（张东晓）

【"安康杯"竞赛】 2017年，县总工会继续组织各基层工会开展"安康杯"竞赛活动，到2017年，参赛单位159个、参赛职工35520余名。参赛单位实现了全年各类事故平稳下降，重特大事故和严重职业伤害得到有效控制，职业危害状况明显改善。组织600余名一线职工参加全省职工职业安全健康知识竞赛答题活动。6月28日，由县总工会、晋盂煤业（集团）有限公司联合主办，县跃进煤业有限公司承办，在跃进煤业有限公司举行2017年"安康杯"知识竞赛活动，共有各类企业6支代表队参赛并获奖。

（张东晓 代智德）

【"五一"评选表彰】 2017年，按照省劳动竞赛委员会、省总工会，市劳动竞赛委员会、市总工会的安排部署，县总工会精心组织、认真实施，在规定的时间内完成劳模和先进集体的推荐、筛选、初评、审核、资料汇总、填报报送等工作。最终审报"山西省五一劳动奖章"1名，"阳泉市五一劳动奖状"3个，"阳泉市五一劳动奖章"17名，"阳泉市工人先锋号"5个。

（张东晓）

【维权机制建设】 2017年，县总工会始终将维护职工合法权益作为工会工作的重中之重，切实加强平等协商集体合同制度和职工（代表）大会制度两个维权机制建设，以构建和谐劳动关系为主线，探索新时期、新形势、新常态下职工民主管理新途径，维护广大职工切身利益和合法权益不受侵害的同时，促进企事业单位的健康有序发展。

推进工资集体协商，构建和谐劳动关系。通过开展"集体合同与工资集体协商月""百日攻坚"等专项活动，采取以点带面、集中要约、约谈、考核、职工参与度和满意度测评等方式，扩大工资集体协商覆盖面，维护企业劳动关系和谐稳定，实现职工企业互利共赢。至2017年底，全县共签订工资集体合同60份，覆盖企业233家，职工20055人。其中单独签订47份，覆盖职工16281人；区域性合同8份，覆盖企业106家，覆盖职工2272人；行业性合同5份，覆盖企业80家，覆盖职工1502人。

加强民主管理制度建设，助推企业健康发展。以"职代会星级竞赛""点对点"互促共进活动为载体，以"一图一本一目录"为蓝本，坚持把提高企事业民主管理建制率作为企事业民主管理工作的基本任务，建制率达95%以上。重点加强了公司制企业职工董监事制度建设，全县52家公司制企业建立职工董监事制度，进一步畅通职工源头参与企业民主管理，维护职工合法权益的通道。

（逯本宏）

【工会组织建设】 2017年，县总工会按照"扩大覆盖面、增强凝聚力"的要求，坚持建会、建制、建家并重，注重抓基层、强基础、增活力，取得点上突破、量上增加、质上提升，工会基层组织建设工作成效明显，基层工会活力不断增强。通过实施组建工会集中行动，依法推进非公有制经济组织、社会组织、各类新型群体，新阶层的工会组建，最广泛的把广大职工，特别是农民工、新生代职工、灵活就业职工吸引到工会组织。2017年新成立工会组织5个，分别是山西省烟草公司阳泉盂县营销部工会委员会、哈德拖普华亨山西耐磨铸业有限公司工会委员会、山西伊涵箱包有限公司工会、中国农业发展银行盂县支行工会和盂县不动产登记中心工会，新增会员182人。帮助和指导盂县汇民村镇银行、盂县公路管理段、盂县煤运公司、盂县国税局、盂县通达出租汽车有限公司等单位进行工会换届选举。截至年底，全县共成立工会组织425个，覆盖法人单位1132个，会员43713人（其中农民工会员20282人）。

（韩小龙）

【职工之家建设】 2017年，县总工会坚持不懈加强基层组织、基础工作、基本能力的"三基建设"，努力使工会基层组织全面加强、基础工作全面进步、基本能力全面提升，不断筑牢工会工作的基层基础，激发基层工会活力，让基层工会真正建起来、转起来、活起来。以"开展星级工会创建活动，打造模范职工之家"为载体，以建设"六有"（有依法选举的工会主席，建设心系职工、善于维权、开拓进取的骨干队伍；有独立健全的组织机构，完善工会委员会、经费审查委员会、女职工委员会等组织；有服务职工的活动载体，满足职工的多样化需求；有健全完善的制度机制，实现工会工作的群众化、民主化、制度化、法治化；有自主管理的工会经费，真正用于服务职工和工会活动；有会员满意的工作绩效，切实让职工群众感受到工会是"职工之家"）工会为目标、扎实开展建会、建制、建家"三位一体"的创建活动，不断提高基层工会规范化建设水平，不断增强工会组织的吸引力和凝聚力，最大限度地把广大职工群众组织到工会中来，进一步塑造工会在职工群众和社会中的新形象。

在资金紧张的情况下，县总工会对基层工会给予经费上的扶持，用于场地建设，办公用品购置，并协助基层工会争取行政对工会经费的大力支持。开设图书室，添置健身器材，开展各种文体活动。共创建模范职工之家25个，先进职工之家91个，合格职工之家490个；其中盂县石店煤业工会被评为全国模范职工之家，盂县通达出租公司"的士标兵"车队工会小组评为全国模范职工小家，东坪煤业工会等5家工会被评为全省五星级工会，南娄镇总工会等4家工会被评为省"六有"工会，盂县北下庄乡工会等18家工会被评为全市五星级工会。2016年打造的星级工会中，申报"山西省模范职工小家"1个，"山西省先进乡镇工会"1家。模范职工之家数量，质量标准名列全市各县区之首。2017年创建星级工会4家，分别是牛村镇、大汖温泉景区、盂县第三实验小学校和常顺煤业有限公司。

（韩小龙）

【女职工工作】 2017年，县总工会组织开展女职工维权行动月活动，以维护女职工的合法权益和特殊利益相关法律法规宣传为重点，开展一系列宣传活动。2017年是《女职工劳动保护特别规定》颁布实施5周年，《山西省女职工劳动保护条例》颁布实施2周年。按照市总工会安排，县总工会对女职工人数相对集中的教育、卫生、煤炭等行业领域，涉及国有企业、非公有制企业、机关事业单位等不同形式的经济组织等各类单位，就全县落实《山西省女职工劳动保护条例》情况进行调研，被调查的118家单位（公有56家、非公4家、机关事业58家）职工总数16893人，女职工总数为6020人，能正常运转，效益较好，能正常发放工资。

组织全县女职工参加省总工会开展的"推动供给侧结构性改革、促进创业就业"首届全省职工手工艺品展评活动，共选送14件作品，其中，2件剪纸作品获得二等奖。"六一"期间，开展调查摸底并上报市总女工部，对全县10名单亲困难女职工的子女进行救助，并为困难企业石店煤业幼儿园发放救助资金。2017年在圣天越集团公司、盂县第三实验小学建成2家"女职工爱心妈咪小屋",均被市总授予五星级"爱心妈咪小屋"称号。

(张秀丽)

【帮扶救助工作】 2017年,县总工会把帮扶工作作为工会品牌工作来抓,扎实开展"关心关爱"主题实践活动,形成"寒冬送温暖,盛夏送清凉,初春帮就业,金秋忙助学"的长效帮扶机制。

"两节"期间共为全县313名困难职工进行救助,救助资金18万元。职工大病医疗互助工作的开展,有效地缓解职工看病难、看病贵的问题。县总工会向市总工会申了18名因"大病重病"致困的职工,并对他们进行救助。第12期大病医疗互助共补偿患者207人次,补偿金33.39万元,第13期大病医疗互助金缴纳单位215家,职工1.8万人,金额91.81万元。"夏送清凉"活动中,为在建的香河治理工程、省道盂榆线西南外环等18项重点工程和在建的阳大铁路、光伏发电獐儿坪山北电站2项重点工程建设场地的一线工人和部分企业的一线工人送去冰糖、白糖、绿豆等各类防暑降温用品,总价值8万余元。"金秋助学"活动中,对全县59名考入二本以上大学的困难职工子女.每人发放助学金3000元,共计17.7万元。

(王倩娴)

【工会经费审查审计监督工作】 2017年,县总工会聘请阳泉市博丰会计师事务所的有关审计人员组成审计组,完成对县总工会经费收支预算执行情况的审查审计工作,出具审计意见书,督促县总工会财务部落实整改,保障工会经费的正确合理使用。完成10家乡镇工会的回访审计,在各单位自查的基础上,配合市总工会完成对县人民医院、县四中2家"女职工爱心妈咪小屋"专项资金的审计。

(刘计平)

中国共产主义青年团盂县委员会

【概况】 2017年,中国共产主义青年团盂县委员会按照"打牢思想基础、服务经济发展、做好青年事务、巩固基层组织"的工作要求,充分履行组织青年、引导青年、服务青年、维护青年合法权益四项基本职能,各项工作有序推进。

加强思想政治引领,推进青春导航行动。培育践行社会主义核心价值观,深化"我的中国梦"主题教育活动;集中开展"青春喜迎十九大·不忘初心跟党走"主题系列活动100余场;运用新媒体手段,推进网上共青团建设,初步建成以团属微博微信矩阵为载体,以青年之声、青年之家等为平台,以网评员、网宣员、网络文明志愿者为支撑的立体"网上共青团"工作模式。

鼓励创新创业创优,深化青春创业和青春建功行动。主办2017年"农商杯"盂县青年创新创业大赛,推进青年创业小额贷款,并与人社部门合作加强贴息保障工作;深化各领域优秀青年选树活动,激励广大青年立足本职岗位、争创一流业绩;建设美丽家园,开展保护母亲河行动,共认领750株油松,种植25亩青年林;服务经济发展大局,深化青年志愿者工作,开展各类青年志愿服务313场。

优化成长成才环境,维护青少年合法权益。牵头召开预防青少年违法犯罪暨重点青少年群体工作推进会,确定盂县社会治安重点风险隐患、重点青少年安全稳定风险隐患、共青团系统安全稳定风险隐患排查整治及报送机制;开展"面对面"活动8场,"12355"阳光行动9场,青少年心理沙盘辅导2场,法治讲座和寒暑假安全自护教育12000人次,创建5家青少年维权岗;继续开展"真情助困"系列活动,希望工程"圆梦行动"和"大病救助",

"圆梦微心愿"活动，"爱心彩虹"公益影院，关爱弱势青少年群体。

夯实基础，加强共青团自身建设。加强青少年综合服务平台建设，推进基层团组织阵地建设；严控入团比例，认真落实"三会两制一课"，加强团员意识形态教育；深化改革攻坚工作，打造团建示范点，持续开展"一学一做"教育实践活动，推动落实"1+100""4+1"工作机制，开展各项主题活动；加大全团带队工作力度，完善阵地建设，夯实少先队基础，开展少先队活动课评比，推动少年儿童健康成长。

全面从严治团。部署在全县共青团员中集中开展"一学一做"教育实践，全面推进改革攻坚、从严治团各项工作；在团干部队伍建设上从严治团，定期开展教育活动，落实联系青年工作；把好团员入口关，严格执行发展团员标准，严肃入团纪律，理顺理清团员档案、团费、团组织关系的有关工作。（周灵慧）

【共青团改革工作】2017年，为深入贯彻党的十九大精神、团十七届六中全会精神，认真贯彻落实团市委"五横十纵"改革路径，进一步提高全县基层团建工作整体水平，团县委出台《加强基层团组织建设实施方案》《"青年之家"建设实施方案》《关于加强全县团员发展和管理工作的通知》《基层团建示范点创建活动的实施方案》等一系列规章制度，进一步规范了基层团组织建设，为各级团组织有序发展提供坚实的制度保障。开展"我的中国梦"主题教育活动、"青春喜迎十九大 不忘初心跟党走"主题系列活动、盂县青年创新创业大赛、盂县城乡卫生交通综合整治志愿服务行动等活动，引导广大青年热爱祖国、热爱家乡、热爱人民，树立正确的价值观，培养对党和社会主义祖国的朴素感情；持续开展"学习总书记讲话 做合格共青团员"教育实践活动，把好团员入口关，严格执行发展团员标准，严肃入团纪律，落实"三会两制一课"制度，继续推动落实"1+100""4+1"工作机制，全面推进改革攻坚、从严治团各项工作；打造东梁乡团委、牛村镇后元吉村团支部为全县团建示范点，配套设施逐步完善，实现线上线下的有机结合，以便更好地服务青年；推进线上建设"网上共青团"工程和线下建设青少年之家。通过以上措施，积极推动改革深入实践。（周灵慧）

【青年志愿者工作】2017年春节前后，团县委开展"青春志愿行，温暖回家路"春运志愿服务，组织青年志愿者在阳泉北站为乘客提供引导咨询、秩序维护、搀扶老人、应急救援等志愿服务。召集40名志愿者参加了为期5天的盂县2017年"五一"小长假旅游直通车志愿服务行动，为到盂县的旅客提供咨询、购票、引导、讲解等志愿服务。开展"5·19"中国旅游日惠游盂县宣传志愿活动，在阳泉北站和藏山风景区向出站旅客和游客宣传盂县丰富的旅游资源，为散客提供咨询服务，并通过扫描二维码的方式赠送景区券等礼品。端午节期间，为工作在香河河道改造、文化中心、中医院等重点工程一线的工人送去猪肉、绿豆、冰糖、西瓜、毛巾、粽子、霍香水、清凉油等防暑降温慰问品。开展"星耀摩旅·清凉盂县"2017年摩旅文化节志愿活动，50名青年志愿者在盂县文化中心会场为大会主办方及全国各地的摩托车爱好者提供服务，同时在文化节的11个景点安排志愿者为到访的摩友提供引导、认证服务。根据县第十三次党代会上提出的"卫生整治人民战争，环境污染治理攻坚战"要求，按照"一半一"即一周一次常效行动、半月一次专项行动、一月一次集中行动的要求，组建61支志愿队伍，共开展志愿行动295次，共计3000余人次参加行动。通过建立微信群，发布志愿信息，反映发现问题，达到消息互通有无、互相激励、共同谋划的效果。（周灵慧）

【打造"青年之家"青少年综合服务平台】2017年，为扎实推进基层服务型团组织建设，使团的组织网络、工作力量、服务项目在青少年身边实现有形化、日常化，盂县团县委在凯通时尚广场设立"青年之家"综合服务平台。结合五盂县广大青少年的需求和凯通时尚广场实际情况，凯通"青年之家"综合服务平台设立各类服务项目：通过开展新团员入团宣誓仪式、传统文化宣讲、员工才艺展示、志愿服务、技能培训、青年岗位能手评选等活动，加强文化建设和思想引导，引导青年树立正确的世界观、人生观和价值观；团县委与凯通商贸有限公司签订青年就业创业见习基地合同，为应届大中专毕业生、已毕业未就业大中专毕业生、下岗失业青年和青年农民工四类青年群体提供岗位见习的机会；推介青年志愿者社会公益项目，招募一批有热情、有专长的志愿者，设立便民志愿服务点，开展志愿服务活动；开展"爱心彩虹公益影院""微心愿"报名及认领、红领巾爱心卖场等关爱项目；组织青年开展交友联谊群体活动，帮助青年搭建情感交流平台，拓宽青年生活圈，展示盂县青年的良好形象；探索贴近青年新方式，吸引青年粉丝，扩大青年覆盖面，使更多的青年了解、参与到团的活动中来。 （周灵慧）

【"青春喜迎十九大·不忘初心跟党走"主题系列活动】 2017年，团县委在学雷锋日、"五四""六一"等纪念日或节日期间集中开展"青春喜迎十九大·不忘初心跟党走"主题系列活动，包括盂县纪念五四运动98周年暨"不忘初心跟党走"主题团日活动，"弘扬法治、共创平安"法治宣传活动，"小手拉大手 共创宜居环境"活动，"助力创卫新工程·展现青春正能量""五四志愿集中行动"，"青春喜迎十九大不·忘初心跟党走"知识竞赛、"爱心彩虹"公益影院免费观影活动、国学道德文化讲座等100余场。同时，各乡镇、学校、县直单位团组织通过开展入团宣誓、演讲、歌咏、文艺汇演、评比表彰、专栏宣传等活动迎"五四"、庆节日。通过一系列主题活动，增强青年社会责任感和历史使命感，牢记自己的神圣使命，敢于有梦、敢于追梦、勤于圆梦。
（周灵慧）

【"农商杯"盂县青年创新创业大赛】 2017年，团县委联合县发改局、县经信局、县科技局等6家单位共同主办2017年"农商杯"盂县青年创新创业大赛，发掘盂县青年创业创新潜力，弘扬创业精神，激发青年创业热情，营造良好的创业环境，提高创新创业能力，展示青春创业风采，帮助勇于创业、善于创业的青年人才脱颖而出，搭建我县创业青年展示成长发展的平台。参加赛3的25个项目涉及农林、畜牧、水产、食品、信息技术和电子商务、材料、文化创意和服务咨询等多个领域，最终忠义拓展实践教育基地、凯通E购等10个项目脱颖而出，晋级决赛。此次大赛历时两个月，经过初赛、进阶训练营、决赛三个阶段，通过比赛打造出盂县青年创新创业的交流平台，发现培育了一批走在"大众创业、万众创新"前列的青年创新创业人才，在全社会营造了理解、重视、支持创新创业的良好氛围。 （周灵慧）

盂县妇女联合会

【概况】 2017年，盂县妇女联合会学习贯彻党的十九大精神，认真落实妇联系统改革的重要指示，始终坚持妇联工作的正确政治方向，抓住推进妇联"两学一做"学习教育常态化制度化、开展维护核心见诸行动主题教育活动契机，围绕"巾帼心向党·喜迎十九大"的时代主题，坚定热爱党、听党话、跟党走的理想信念，团结带领全县妇女群众凝心聚力促发展、维护权益保稳定、巾帼脱贫惠民生、聚焦家风说传承、提升素质强队伍，妇联改革见实效，形成"妇女工作创特色，妇女儿童普受惠"的局面。至年底，乡（镇）妇联组织14个，机关事业单位妇委会47个，企业女职工委员会20个，村妇联会453个，两新妇女组织28个，团体会员3个，基本形成横向到边、纵向到底、条块结合、全面覆盖的新时期妇女组织网络。

（杨红波）

【纪念"三八"国际妇女节107周年大会】 2017年3月1日，盂县召开纪念"三八"国际劳动妇女节107周年大会。县相关领导及各乡镇妇联主席、县直各部门、城镇社区办事处、企事业单位、两新组织、巾帼志愿者团队等妇女组织负责人和县妇联全体干部，共160余人参加会议。会上，县妇联主席庞能芳在总结2016年工作的基础上，对2017年的全县妇女工作做出安排。

（杨红波）

【"小手牵大手·文明一起走"系列活动启动仪式】 2017年3月7日，县妇联、县教育局、县政府妇儿工委办公室联合举办的"小手牵大手·文明一起走"系列活动启动仪式在县实验小学举行。少先队员代表宣读"小手拉大手文明一起走"倡议书，家长代表和孩子共同手签承诺书，进行文明仪式宣誓，唱响红领巾文明歌。活动还将开展"我爱祖国，逐梦前行"未成年人主题教育，"崇德守礼，文明有我"未成年人文明礼仪养成教育，"快乐阅读，品味书香"未成年人读书教育等系列活动，让每一个教师、学生和家长都参与到"小手拉大手·文明一起走"活动中。

（杨红波）

【"环境大整治·巾帼在行动"城乡环境卫生综合整治】 2017年3月8日，县、乡、村三级妇女组织统一时间开展"环境大整治·巾帼在行动"城乡环境卫生综合整治行动。各乡（镇）妇联、县直各单位妇女组织、城镇社区办事处妇联、两新妇女组织、巾帼爱心志愿者团队等分区域、分地点、分任务发放倡议书，清扫路边垃圾、整理停放车辆、清除粘贴小广告等，以实际行动对城乡环境卫生进行综合整治。特别是"五四"青年节，县妇联机关党员干部参加"环境整治创卫、巾帼行动争先""五四助力创卫环境集中整治"行动，分别在县人民广场和金龙西街广场开展"家风、家训、家教"宣传咨询活动，共向过往群众发放《人人行动起来·共建美好家园》城乡环境整治倡议书、《中华人民共和国妇女权益保障法》《中华人民共和国未成年人保护法》等宣传资料3000余份，《创建廉洁家庭教育读本》《家庭助廉警句格言》《家风家训手册》《治家格言》等口袋书500余册。

（杨红波）

【首届盂县妇女文化艺术作品展】 2017年3月21日上午，盂县妇女文化艺术作品展在县文化馆正式开展。县委副书记李宏革、副县长亢晓英参观展览。此次展览共展出各行各业收集到的200余件作品，既有剪纸、刺绣、面塑、编织、布艺、十字绣、串珠饰品等精品"女红"，也有家风家训廉政文化为主题的书法、绘画作品，更有"巧娘"谢变良精心剪出的15米长的"二十四孝图"和赵氏孤儿历史人文故事全景。

（杨红波）

【阳泉市首届广场舞盂县专场展演赛】 2017年4月27日，纪念建市七十周年阳泉市首届广场舞盂县专场展演赛在县人民广场拉开帷幕。盂县仙人乡文艺宣传队、上社镇舞蹈队等13支参赛队伍，为大家奉献一场美丽向上、魅力四射、精彩绝伦的视觉盛宴，共同唱响"巾帼心向党·喜迎十九大"的时代主旋律。

（杨红波）

【喜庆"六一"系列活动】 2017年5月24日下午，县政府妇女儿童工作委员会召开全委（扩大）会议，安排部署2017年庆祝"六一"系列活动。县政府副县长、妇女儿童工作委员会主任亢晓英出席会议。会议宣读盂县人民政府妇女儿童工作委员会《关于庆祝2017年"六一"国际儿童节的通知》和"六一"慰问活动分组名单。5月25日上午，阳泉市政协副主席杨勇带领市政府妇儿工委组织的慰问组到盂县北下庄中心小学慰问少年儿童。市政协秘书长焦文录，县政协主席闫庶民，副县长、县政府妇儿工委主任亢晓英以及市委宣传部、市科协、市环保局等14个单位负责人参加活动，市政府妇儿工委慰问组向学校赠送慰问金3.9万元；5月26日，县政府妇儿工委组织协调66个单位和民营企业负责人，前往有贫困村的7个乡（镇）慰问少年儿童，深入山区学校看望慰问少年儿童及教职员工，并与师生共庆"六一"国际儿童节。6月1日，由县政府妇女儿童工作委员会主办，以"儿童心向党·喜迎十九大"为主题的庆祝"六一"国际儿童节主会场活动在县第二实验小学举行。市委常委、县委书记李云峰，县人大常委会主任武润珍，县政府副县长、妇儿工委主任亢晓英及县自来水公司，县畜牧业发展中心等单位负责人参加活动。市、县领导与少年儿童共庆"六一"。同日，县委副书记李宏革、县政协主席闫庶民，副县长郭岚带领县机关事务管理局、县人民医院、县人民法院等单位负责人到职工幼儿园，给孩子送去节日的礼物和慰问金。此次庆"六一"捐资助教献爱心活动共为全县的少年儿童小朋友捐款达27万余元，捐赠物品价值达3万余元，价值11万元读书卡。6月10日，盂县妇女联合会、盂县教育局、盂县人民政府妇女儿童工作委员会办公室，共同举办"践行四好三光荣·争做文明美少年"主题演讲比赛。

（杨红波）

【"树清廉家风·建最美家庭"演讲比赛】2017年，盂县纪委机关、县妇联、县广播电视台联合举办"树清廉家风、建最美家庭"主题演讲比赛。各乡镇和县直各单位的68名参赛者通过3场预赛决出的18名选手参加决赛。参赛选手围绕"树清廉家风·建最美家庭"的主题，从不同角度、不同层面诠释对倡导清廉家风、传承廉洁家教的认识和体会。经过激烈角逐，梁家寨乡的郭倩娜获得决赛第一名，其余17名选手分获二、三等奖和优秀奖，梁家寨乡、苌池镇、县交通运输局、县卫计局、县农委、晋盂煤业等单位获优秀组织奖。（杨红波）

【"555"工作法完成乡（镇）妇联组织区域化建设】2017年，县妇联坚持"党建引领妇建"，遵循"试点先行，以点带面，整体推进"的工作原则，把工作重心下移、前移、深移，派出妇联专职干部"小分队"分赴14个乡镇，全方位采取"五抓五不五见效"的"555"工作法（通过抓政策宣传、把握正确方向不偏离，思想引领教育见实效；抓责任落实，执委成员不掉队，履职聚焦主业见实效；抓选人任用、严格程序不违规，素质能力提升见实效；抓妇女之家，创建标准不降低，妇女阵地建设见实效；抓时间节点，覆盖区域不漏项，基层妇联创新见实效)，助推秀水镇、南娄镇、路家村镇、苌池镇、东梁乡妇女代表大会的胜利召开，孙家庄镇、牛村镇、仙人乡、北下庄乡、上社镇、下社乡、梁家寨乡、西烟镇、西潘乡等妇联第六届五次执委会议的召开，盂县乡（镇）妇联组织区域化建设任务完成。孙家庄镇王炭咀村"妇女之家"党性教育活动、牛村镇后元吉村妇女互助小组、量子猫科技馆亲子兴趣课等妇联创新拓建方式，都使改革落实于基层、见效于基层、受益于基层，进一步增强妇联组织的吸引力、凝聚力、影响力。（杨红波）

【山西省农村巾帼领头雁盂县专场培训班】2017年9月15日，山西省农村巾帼领头雁盂县专场培训班在天海二部八楼会议室开班。县委副书记李宏革出席开班仪式并讲话。县妇联主席庞能芳做动员讲话，副主席邢晓英主持会议。全县各乡（镇）、村（社区）妇联干部、女能手、巾帼志愿者代表、村支"两委"女委员、村"妇女之家"负责人共计260余人参加培训。讲座特邀县委党校副校长、高级讲师张善谋，对习近平总书记视察山西重要讲话精神解读的专题讲座，县委党校高级讲师张建平，对如何抓住家庭助廉特色活动助推村"两委"女委员争做清正廉洁女村干部的诠释，县委党校高级讲师史智宇对2017年中央一号文件聚集"三农"政策、土地确权知识、参选参政相关知识的解读，引起了参训学员的共鸣，大家受益匪浅。

（杨红波）

【"1234"家庭教育工作】 "1234"家教工作新方法（"1"即明确家庭教育发展目标；"2"即健全家庭教育组织机构，开展"家庭·家教·家风"主题活动；"3"即家庭教育工作骨干培训提升整体素质，"妇女之家"全覆盖宣讲走进"女性文化大学堂"，家庭教育示范基地主题活动丰富多彩各具特色；"4"即建立家教管理者、理论研究者、社会志愿者、媒体宣传者四支家庭教育工作专业队伍），开展"家风·家训·家教"巡回专题讲座"六进"活动350场，最大限度地发挥家庭教育在价值引导、道德教化、培育新风、传承文明等方面的特殊作用，落细落小落实到家庭教育全过程。深入开展春蕾计划、恒爱行动、留守流动儿童结对关爱行动、绿丝带保护我们的孩子、女童保护等社会公益救助活动，积极向上争取项目，努力拓宽资助渠道，充分调动社会各界爱心人士"献爱心、送温暖"慰问热情，采取基层救助、定向救助、接力救助的"三救助"方法，结对扶助达80%以上。通达出租汽车有限公司、盂县跨世纪书社、尊爵纽约婚纱摄影等民营个体商户和一大批女性企业家及社会爱心人士携手传承传递社会公益的道德力量。

（杨红波）

【"圆梦中国人·巾帼故事汇"宣讲活动盂县专场】 2017年9月7日，阳泉市女性文化学堂——"圆梦中国人·巾帼故事汇"宣讲活动盂县专场在县红旗影剧院开讲。县、乡（社区）妇联干部、县直单位妇女组织负责人、两新妇女组织代表、"妇女之家"部分代表200余名妇女现场聆听，参会妇女群众分别领到《家庭美德手册》《中华人民共和国反家庭暴力法》口袋书。获"全国巾帼文明岗"的国税局开发区税务分局宣讲代表韩泽陆、"山西省三八红旗手"获得者——市体校高级体操教练贾海英以及获"三晋最美家庭"提名奖，市县"最美家庭"称号的资深节目主持人、公益爱心人士史翠兰从注重家庭、注重家教、注重家风的不同角度，爱岗敬业、追求新知、提升品位、磨炼意志、开拓创新、勇于争先的不同层面，爱党爱国爱家、汇集真善美，凝聚正能量、传承好家风、宣传好典型的最美故事等不同领域，为大家讲述女性文化经典特色课。

（杨红波）

【光明公益行·送福暖民心】 由中国妇女发展基金会主办，山西省妇女儿童发展基金会承办，盂县妇联协办的"光明公益行"盂县活动于2017年11月8日上午在西潘乡进圭村正式启动。医疗实施单位太原爱尔眼科医院先后深入西潘乡、西烟镇、仙人乡、上社镇、苌池镇等7个偏远乡（镇）的30个村为60岁以上的老年人进行30场1200余人次眼病的免费筛查，共查出适应症110例、白内障79例、胬肉31例、眼底疾病5例，并对白内障患者免费手术治疗。上社镇佛堂村建档立卡贫困户一家三人均患先天性白内障眼疾，医院特别为其申请项目外免费救治，成为"光明公益行"盂县活动项目外的最大受益者。

（杨红波）

【妇联信息化建设办公设备首次送达乡（镇）】 2017年，县妇联根据《山西省妇联改革方案》继续实施非贫困县基层妇联信息化建设补助项目，解决乡镇基层妇联信息化建设设备不足的问题。省、市、县妇联共同携手通过政府集中采购，将妇联"互联网+"大礼包（即一台电脑、一台扫描仪、一台数码相机、一台传真一体机）送达乡（镇）。孙家庄镇妇联、路家村镇妇联、牛村镇妇联、北下庄乡妇联首批领到盂县乡（镇）妇联信息化建设办公设备，改变以往乡（镇）"一人无屋少设备"的旧状。

（杨红波）

【帮扶困境儿童·播撒阳光雨露】 2017年，县、乡、村三级妇联组织开展困境儿童摸底工作，并及时向市民政局救助站申报50名困境未成年人。市民政局救助站与县妇联先后深入孙家庄镇、西潘乡、上社镇、北下庄乡、苌池镇等13个乡镇实地与受助儿童的监护人面对面的交流走访，详细询问了解儿童身心发展状况和生活学习情况，并为每位儿童送去500元慰问金以及书包、文具等学习用品，鼓励困境儿童家庭自立自强，用勇气和信心去战胜生活上的困难。

（杨红波）

【"春蕾助学·秋季圆梦"】 2017年盂县妇联携手省内外民营企业和社会爱心人士共同开展"春蕾助学·秋季圆梦"公益行动。天津爱心企业家高野先生将西烟镇实地走访筛选出的12名单亲特困儿童当年首批"爱心善款"22000元划拨到西烟镇青龙坡小学，以实际行动支持全县的"春蕾助学"工作。阳泉天元家用电器有限责任公司为西潘乡、牛村镇、北下庄乡、苌池镇等部分偏远山区的29名特困单亲儿童发放每人200元，共计5800元的助学金和学习文化用品。通达出租汽车有限公司、盂县跨世纪书社、尊爵纽约婚纱摄影等民营个体商户和一大批女性企业家及社会爱心人士踊跃参与的"春蕾计划"助学爱心捐赠，力争让每个孩子都能拥有幸福快乐的童年，共享同一片蓝天，共圆美丽的读书梦。

（杨红波）

【"巾帼心向党·喜迎十九大"红歌展演活动】 2017年，为庆祝中国共产党建党96周年，县、乡、村三级妇联组织开展以"巾帼心向党·喜迎十九大"为主题的系列庆祝活动。7月8日，县妇联抓住上王村传统庙会的契机，以"巾帼心向党·喜迎十九大"红歌展演的形式，12支巾帼者队伍的妇女演唱《五星红旗》《红梅赞》《南泥湾》等红歌大联唱，抒发对党的赞美和热爱；表演《开门红》《老两口学毛选》《亲疙瘩下河洗衣裳》等舞蹈，歌颂对党的感恩和自豪；歌伴舞《走向复兴》《舞动中国》《祝福中国》等彰显广大妇女群众热爱党、听党话、跟党走。《没有共产党就没有新中国》台上台下红歌大合唱，引起全场观众的共鸣震撼。

（杨红波）

【巾帼脱贫家政服务培训班】 2017年10月17日，由县妇联、县人力资源与社会保障局、县城镇办事处联合举办，全县60名低收入家庭妇女经过一个月完成家庭营养餐制作、居家清洁、儿童看护、婴儿科学喂养、日常护理、产妇科学哺乳及体型恢复指导、老年人生活护理等方面理论学习和实践训练，于10月31日进行了职业资格鉴定考试，考试合格取得相关职业技能资格证书。妇女家政创业就业并举、培训服务齐抓的妇女发展思路，成为推进"巾帼脱贫行动"的有效抓手。

（杨红波）

【盂县妇联改革】 2017年，县妇联做到"五个坚持"（坚持党的领导，坚持党建带妇建，坚持问题导向，坚持对标先进，坚持密切联系群众），把基层妇联选聘兼职副主席工作作为延伸妇女工作手臂的一个创新举措，印发《关于县、乡（镇）两级妇联选配兼职副主席的实施方案》。通过多种形式，广泛宣传妇联聘任兼职副主席的目的、意义、工作职责及聘任条件。按照坚持公开、平等、竞争、择优的原则，通过"推审访选培"五步工作法（宣传发动推荐人选、相关部门资格审查、走访基层考察谈话、选人任用组织确定、业务技能提升培训），真正把愿做妇联工作、能做妇联工作、会做妇联工作的同志吸纳到妇联干部队伍中来；真正把思想政治素质好、有专业（管理）特长、群众威信高、热爱妇女儿童工作的优秀妇女人才吸纳到基层妇联组织；真正把综合素质好、年富力强、发展潜力大的优秀女性人才选进乡（镇）妇联班子。尤其注重从女性民间艺术传承人、科技致富女带头人、公益事业热心人、巾帼志愿队伍负责人、女大学生村干部、创业创新女性等妇女精英中吸纳人才，从源头保证兼职副主席、执委的代表性、多样性、优秀性，充分发挥她们的优势和特长，不断激发基层妇联组织的生机和活力，在全社会形成巾帼人人不让须眉、女性个个争当先锋的创业创新氛围。仙人乡新任的兼职副主席、北坡村剪纸艺人"巧娘"谢变良，县妇联兼职副主席，女企业家协会会长、量子猫科学馆负责人刘林娣，山西盂县西部乌河川畔东头村帮助18户贫困户增收受益的"巾帼脱贫示范基地""会改联"新任村妇联执委——盂县东淼农业开发有限公司女法人李鑫凤，县妇联兼职副主席、热心公益事业的"白玫瑰"健康美业有限公司的巾帼领头人王芳总经理，"巾帼不让须眉"带动广大妇女尝试发展果树种植、吸收部分贫困户加入专业合作社、首次举办桃杏花采摘节的县乡（镇）妇联区域化建设选任的上社镇兼职副主席、下鹤山北村专业合作社"领头雁"张瑞平，盂县科协主席、县妇联执委"盂县是我家·创卫靠大家"的巾帼志愿者总队队长张翠平都是妇联改革巾帼建功的佼佼者，受到了社会各界的一致赞誉。

（杨红波）

盂县科学技术协会

【概况】 2017年，盂县科学技术协会深入贯彻党的十九大精神和习近平总书记视察山西重要讲话精神，在县委、县政府的正确领导下，在上级科协的指导下，认真贯彻落实《中华人民共和国科学技术科普法》《全民科学素质行动计划纲要》和省、市科协关于科普工作的安排部署，认真组织开展科普宣传、科技咨询、教育培训、科普信息化建设、精准扶贫、新技术推广应用、青少年科技创新大赛等活动，坚持以科普惠农项目为带动，巩固科普示范基地建设成果，全面提升科普宣传在基层的覆盖面。全年，科协组织宣传活动共计20余次，发放各种宣传资料4万余份，受教育人数达10万余人次，为推动全县的科技进步、经济繁荣、素质提高和社会发展做出努力，科普活动取得显著成效。

（郭素芳）

【科普活动】 2017年正月十四，县科协开展"创新发展 科技引领"元宵节科普宣传活动，活动期间县科协联合县卫生、农业、林业、环保、水务、气象、科技等部门组织开展"科技之春"大众化科普宣传活动，参与人数1500余人次，发放各类科普图书、资料达2000余册份。活动特别印制内容涉及科技前沿、食品安全、科学饮食、核桃树栽培技术、大棚蔬菜种植技术、玉米新品种推广和技术指导等科学生产生活宣传书册和传单近万余份。活动旨在通过宣传进一步在全社会广大群众中营造弘扬科学精神，传播科学思想，推广先进新品种、新技术，从而推动全民科学素质的提升与科技致富的进程。

3月至4月，县科协联合农业、林业、卫生、教育、科技等有关单位下乡镇、进社区、入学校组织开展科技咨询、科普培训、科普宣传等"科技、文化、卫生"三下乡系列服务活动。5月30日，县科协组织全县科技工作者代表召开盂县"全国科技工作者日"座谈会，并对优秀科技工作者和老科技工作者代表进行走访慰问。

5月12日上午，根据盂县县委统一部署，县科协配合县科技局、县民政局、县环保局、县卫生局、县国土局、县消防支队等多家单位在县城人民广场举办"5·12"防灾减灾日主题科普宣传活动。现场共展出展板挂图《传播减灾知识 提升减灾能力》15幅，发放《防御地质灾害 守护美好家园》《移风易俗树新风 文明行动来推动》科普手册1000余份、科普彩页宣传材料2000余份。此次活动的开展，普及防灾减灾科普知识，大力提升社会公众的防灾减灾意识。

6月20日和7月1日，县科协先后到秀水镇南村传统文化庙会和北下庄乡后川村传统庙会举办科普咨询宣传活动。两次宣传内容涉及环境保护、健康养生、生活科学、农村科学养殖技术等多方面实用科技信息和科技助力精准扶贫政策宣传与咨询。共计发放宣传图册3000余份，放置展板20块。

开展"全国科普日"活动。9月13日上午，盂县2017年"全国科普日"暨第十四届"科普三晋"系列宣传活动启动仪式在县城人民广场举行。县委常委、统战部部长高建琴，县人大常委会副主任崔学跃；县政协副主席王红雁，出席启动仪式并在现场发放宣传资料，参加启动仪式的单位有县科技局、县卫生局、县环保局、县林业局、县教育局等16家单位以及盂县秀水镇科丰种养协会、盂县北下庄乡核桃种植专业技术协会、盂县量子猫科学馆、盂县科普志愿者代表队等科普社团队伍。山西省科技馆的科普宣传队伍受邀到启动仪式现场，为大家进行科普剧表演，并走进盂县实验小学课堂，为小学生进行科普实验。盂县科技、农业、环保、水利、教育、医疗卫生等相关部门以展览展示、咨询讲解、健康义诊等形式，重点围绕绿色发展、环境保护、健康养生等群众关切的问题解疑释惑，破除愚昧滋生的土壤，宣传"创新、协调、绿色、开放、共享"的发展理念。省科协的科普大篷车带到的20件科普展品，通过体验，让参与群众直观感受前沿科技的原理。本次活动参与人数达到1000余人，发放各类宣传资料和图书达到6000余册份。

（郭素芳）

【青少年科普】 为提高青少年科学素质，培养青少年科学兴趣，增强青少年创新意识和实践能力，2017年6月，县科协举办青少年科技创新大赛表彰活动，对上年度参加阳泉市科技创新大赛取得优异成绩的获奖学生和学校颁发证书和奖品。其中科幻绘画中6名学生获二等奖，34名学生获三等奖，3名学生获宋庆龄少年儿童发明科技绘画奖；实验小学和第三实验小学两所学校获优秀组织奖。10月，开展以"体验·创新·成长"为主题的阳泉市青少年科技创新大赛作品征集活动。活动中共征集到科幻绘画作品721幅、科技创意竞赛项目2个、科技实践活动项目3个、科技创新成果竞赛8个。

为培养学生的科学兴趣和探究能力，6月，组织盂县第四实验小学200名学生到盂县气象教育实践基地观摩学习，由气象专家引领观摩监测风向、风速、气温、湿度和雨量等仪器，为学生讲解气候的变化对人体健康、人类生存的影响，讲解气象播报、气候变化同生活、生产密切关系，教育孩子从小热爱地球，关爱环境。

为深入贯彻《全民科学素质行动计划纲要》9月，县科协在量子猫科学馆举办"山西省科普教育基地"揭牌仪式暨量子猫科学馆联动开放日，县逸夫小学50余名学生走进量子猫科学馆参观海洋植物标本、植物从种子到成熟生长过程标本、由蝌蚪到青蛙演变过程标本；走进科学实验室参观了解3D打印机工作原理、机械传动工作原理、电磁通过切割互相转化科学原理等。走进创客空间通过观察、思考、亲自动手组装成品。通过活动激发学生对知识的科学的热爱和探究。

9月13日全国科普日期间，县科协聘请省科技流动馆在县城旧人民广场、展出20余件小型化互动展品，有声光体验、电磁转换、数字生活、能量转化等内容，科技馆的工作人员还为县实验小学200名学生表演生动的科普剧；同时还在实验小学开展"山西省科技馆科技进校园活动"，600余名师生零距离感悟、体验科技演示。

为加强对青少年科技辅导员的培训，5月，县科协组织盂县第四中学、盂县第四实验小学、盂县逸夫实验小学3所青少年科学体验活动推广示范单位的3名科技教师赴省参加骨干教师培训。11月，组织盂县第四实验小学、路家村镇阎家沟小学2名科技辅导员参加省科技教育培训。通过系统的培训和学习，科技辅导员对青少年科技教育理论、校园科普的重要性、科技创新工作的重要性有了新的认识，通过与外界科技辅导员党的学习交流，开阔科技辅导员的眼界、提高他们对青少年的教育理念，增强科普业务水平。（郭素芳）

【科普信息化】 2017年7月，按照上级加强网络科普平台创建的精神，县科协推进盂县科协微信服务平台的建设，加大网络科普信息的整编和全民普及水平，让大家通过添加盂县科普公众号获得科普知识，实现网络科普的雏形构建；创建科普宣传专栏加大与县级新闻视听媒体的合作，设置通俗易懂的视听科普节目，从而提升大家的科学素质。（郭素芳）

【乡村科普e站建设】 为提高全省全民科学素质，助力精准扶贫工作，不断塑造美好形象、逐步实现振兴崛起，县科协认真贯彻实施国家"基层科普行动计划"，县科协于2017年6，开始积极组织申报"农村科普e站"项目，先后有北下庄乡富达康核桃产业协会、盂县后元吉村有机功能农业促进会、盂县丰润农场被列为项目建设单位。该项目以加强自身建设为抓手，以技术培训、推广、科普宣传为主要手段，以增加会员、农民收入、做大做强特色产业为目标，助力精准扶贫工作、为产业发展壮大服务，取得显著的经济社会效益。（郭素芳）

【"省级创新驱动助力工程示范县"打造】 2017年，盂县被确定为"全省创新驱动助力工程示范县"。12月，县科协把"专家学会服务站"的创办和运行，作为"全省创新驱动助力工程示范县"项目来抓，挖掘县域内农业转型和调产项目，引进省级学会专家的加盟和指导，以科学规划、科技指导和咨询服务为基础模式，从而拉动地域主导经济的转产和调产，实现在全县的推广和应用，同时以专家学会服务站的创办经验和成果，加大对县级层面企业、学校、专业学会、专业协会和乡村与省内外专家学者、科研人员和科技工作者的沟通与合作，为新农村科技发展、企业转型、学校科普、技术推广交流新产品、新品种推广应用，以及产业转型升级和经济发展服务，从而抓实、做强科技增产增收致富的品牌型产业。（郭素芳）

【科普下乡宣传活动】 2017年9月21日，由盂县科协主席张翠平带领科协工作人员深入北下庄乡下榆林铺村进行科普宣传活动。活动聚焦破除阻碍社会科学发展的愚昧思想和行为，广泛宣传绿色低碳、环境保护、食品安全、防灾减灾等科普知识。展出科普展板知识挂图16张，内容分为精准扶贫政策宣传、科学破除迷信两个部分。现场散发《防震减灾知识问答》《食品安全就在身边》《居民用电知识手册》等科普宣传资料，同时为村民详细讲解和传达国家各项农村惠民政策，扩大科普宣传范围，全面提升广大农村群众的科学素养。（郭素芳）

【农村实用技术培训】 玉露香梨种植培训。为更好地带领村民发展果树经济林扶贫产业项目，加快村民增收致富的步伐，8月10日，县科协和上社镇千树种植专业技术协会特邀县果树种植技术中心主任韩润峰，技术员王建华到上社镇刘家沟村开展玉露香梨种植现场培训会，培训内容包括梨树品种的选择、土肥水管理、病虫害防治、整形修剪等，20余人参与培训，并对他们提出的问题做一一讲解，提高种植户的技术水平。

核桃扩大种植培训。9月21日，由县科协普及部组织，北下庄乡核桃种植协会邀请核桃种植技术专家陈建明在后川村委会议室开展核桃提质增效综合管理技术培训，北下庄乡20余名协会会员代表参加培训。培训现场，专家为种植户讲解盂县核桃发展的前景及存在的问题，从宏观上介绍核桃林发展的方向，同时为他们讲解核桃林的综合管理，深入浅出地阐明核桃园管理中的水、肥、修剪、病虫防治、越冬防寒管理各个环节的重要性,并且向种植户传授每个环节的做法及如何取得最好效果。

(郭素芳)

盂县文学艺术界联合会

【文艺志愿活动】 2017年1月15日,盂县文学艺术界联合会组织书法、诗联志愿者20余人,与县老年大学书法爱好者一起,在南关国学翰林堂幼儿园为秀水镇南关村民开展"书春送福"活动,书写春联500余副。

4月上旬,县音乐家协会主席孙二将组织会员参加市统战部、民族宗教局庆祝阳泉市解放70周年的配乐诗朗诵节目。县音协副主席武靖宇和会员辅导排练盂县公安干警合唱团参加阳泉市合唱比赛,并组织会员志愿为广场舞蹈培训骨干。

8月30日至9月底,由县文联、县音乐家协会、鸿雁社区歌舞团联合举办的"喜迎十九大,歌舞送农家"系列文化惠民演出活动,分别走进南娄镇北上社村、西潘乡李庄村、北下庄乡后川村、下社乡里独头村,县音协的文艺工作者和文艺爱好者到山庄窝铺,表演自编自演的节目。

(李彦青)

【重点文艺展览】 2017年元旦期间,县美协在盂县文化馆展厅举办美术作品精品展。

1月19日,由县舞蹈家协会主办,盂县在线承办"山水盂县,放飞梦想"第四届网络春晚。节目有歌舞、小品、魔术、器乐表演、朗诵等,内容丰富,形式多样,异彩纷呈。

春节期间,县书协、美协联合举办"丹青雅韵"盂县2017年迎春书画作品展。

2月11日至12日元宵佳节期间,县文联、县诗联学会在县人民广场举办对对联活动。28日,召开总结表彰会,经过认真评选,对获奖的20名楹联爱好者的35条优秀对句进行表彰。同月25日至27日,县摄协在梁家寨乡首届河灯民俗文化节期间,在大崔家村举办"仇犹故里、忠义藏山、清凉盂县"走基层巡回摄影展。

7月1日,盂县文化中心落成之际,县书法家协会、县美术家协会、县文化馆联合举办盂县书画作品佳作展,参展作品多是从历年来盂县作者参加市级以上展览的入选及获奖作品中遴选出来的佳作,共展出书法作品84件,美术作品59件,其中国画51件、油画6件、水墨水粉画2件。县委宣传部主办,县文联、县摄影家协会承办的践行"四好三光荣"争做文明盂县人摄影展也同时开展,展出摄影作品70余幅。

9月28日,由县文联主办,县书法、美术家协会、县人民文化馆承办的"喜迎十九大·翰墨颂中华"盂县美术、书法作品展在县文化中心展厅开展。共展出书法作品81件、美术作品40件。

10月1日,由县委宣传部、县文联主办,县摄影家协会承办的"喜迎十九大,大美盂县风光撷萃"摄影展在县文化馆开展。影展共精选出80幅摄影精品。

12月30日,美协在盂县文化中心展览厅举办县2017年写生画展,展出作品120幅。

(李彦青)

【开展文学笔会和讲座】 2017年4月27日,指尖文学创作座谈会召开,有50余名盂县作协会员参加。会上,中国作家协会会员、赵树理文学奖获得者指尖讲述了她的创作经历、创作经验和方法。

11月9日,中国作协"文学照亮生活"全民公益大讲堂暨优秀文学作品诵读会第九讲在盂县举行。著名作家叶广芩为600余名基层作家、文学爱好者做题为《走进历史的皱褶》的讲座。随后举行优秀文学作品诵读会,文学爱好者朗诵叶广芩、张石山、刘慈欣、指尖4位作家的作品节选。

(李彦青)

【县曲艺家协会召开第三次会员代表大会】 2017年3月30日,盂县曲艺家协会召开第三次会员代表大会。会上，选举产生新一届领导班子，张春燕当选新一届主席。会议要求，全县曲艺工作者要充分挖掘整理和保护盂县优秀的曲艺遗产；要经常性地深入生活，在生活实践中捕捉创作灵感，汲取丰富素材；要充分发挥曲艺界老前辈引领作用，通过联络、沟通、召开座谈会等形式，着力培养造就一批曲艺领域的领军人物和年轻的专业人才，努力发展壮大盂县的曲艺队伍。

（李彦青）

盂县残疾人联合会

【概况】 2017年，盂县残疾人联合会以党的十九大精神为指导，以贯彻落实山西省《关于加快推进残疾人小康进程的实施意见》为目标，围绕省、市残联工作任务和县委、县政府总体工作思路，把残疾人工作与总书记十九大报告提出的"发展残疾人事业，加强残疾康复服务"要求紧密结合起来，在脱贫攻坚、民生保障和残疾人康复服务方面精准发力，求实创新，勇于担当，扎实做好兜底线、补短板、保民生。年内，盂县残联大力做好各项政府民生实事，为残疾人提供精准康复服务，扎实推进残疾人各项扶贫工作。同时开展好各项宣传活动。3月3日，第十八个全国"爱耳日"之际，县残联开展以"防聋治聋，精准服务"为主题的宣传活动，在公共区域张贴"爱耳日"宣传海报，为过往行人散发宣传资料。5月19日，全国第二十七次"全国助残日"，盂县残联以"推进残疾预防，健康成就小康"为主题，认真组织"全国助残日"活动，活动当天，盂县残联全体工作人员到新建的特教学校，看望特教学校的残疾学生，为他们发放适合的训练器械。

（闫竹梅）

【民生工程】 2017年，县残联为16名初筛阳性的0—6岁儿童提供复筛和残疾诊断服务项目。按照省、市残联下发的康复项目实施方案要求，县残联第一时间召开由各乡镇理事长和专职委员参加的工作会议，就在全县范围内全面开展0—6岁残疾儿童摸底工作。成立理事长任组长的领导小组并及时与县卫计委联合出台《关于做好2017年省政府民生实事0—6岁儿童残疾初筛和复筛项目工作的通知》，以及《盂县0—6岁儿童残疾筛查工作实施方案》；确定盂县妇幼保健和计划生育服务中心为复筛定点机构。由于时间紧，任务重，县残联采取由各乡镇专职委员和村康复协调员直接进村入户对疑似残疾儿童进行初筛的方式，对全县疑似儿童进行地毯式筛查，残联领导干部多次走访疑似残疾儿童家庭，进行入户调查，亲自与家属沟通，不断宣传，讲解康复效果，经过大量细致的工作，按规定时间完成16人的筛查任务数，完成率达到100%。

县残联加强办证程序的规范化管理，严格按照残疾人证评定流程、评定原则和等级评定标准来评定核发残疾人证。坚决杜绝办理不符合残疾标准的"人情证""关系证""照顾证"，严防假冒、伪造残疾人证，真正做到零差错、零积压、零投诉。2017年，省政府把为疑似残疾人提供免费残疾评定列为民生实事，更大程度的为残疾人办理残疾证提供便利，全年共为170名疑似残疾人提供免费残疾评定。

在政府主导、残联牵头，各有关部门密切配合下，县政府出台下发《盂县残疾人精准康复服务行动实施方案（2016—2020年）》，成立以县政府分管领导为组长的领导小组，为全县残疾人精准康复工作提供组织保障。并召开工作培训会议，加强对精准康复工作的技术指导，组织协调卫计、教育等有关部门，联合盂县人民医院、市妇幼保健院、市第三人民医院、市康复中心等定点康复机构，组织有关视力、听力、言语、肢体、智力、精神和康复服务方面的专家，为全县残疾人精准康复服务工作提供专业的技术指导，同时指导残疾人康复评估机构、康复服务机构开展评估和康复服务工作，对实施过程中遇到的困难和问题，提出有针对性的意见和建议，研究解决办法，为全县残疾人精准康复服务工作的推进保驾护航。全县有基本康复服务需求人数为1251人，完成率70%，完成省残联下达的工作任务。（闫竹梅）

【扶贫工程】 2017年，县残联和乡镇残联组成的农村基层党组织助残扶贫工程攻坚领导小组，为开展农村基层党组织助残扶贫工程工作提供坚实保障。

由乡镇残联对建档立卡残疾贫困户、残疾贫困人口进行摸底核查，根据《实施方案》贫中选贫，确定13户帮扶对象，并进行严格审核后，党组织与帮扶人签订帮扶协议。县残联检查验收后将3000元帮扶资金打入帮扶对象个人账户。

农村贫困残疾人实用技术培训项目。为了进一步提高全县农村贫困残疾人劳动素质和职业技能，激发更多残疾人自主创业的热情，为残疾人自主创业打下良好的基础。县残联于2017年7月7日邀请2名果树方面的专家对各乡镇推荐的由建档立卡贫困户中选出的符合条件并有就业意愿的29名农村贫困残疾人及其家属进行实用技术培训。通过培训，让这些农村贫困残疾人能够掌握一定的种植养殖知识，也能够为他们解决一些平时劳作时容易遇到的实际问题，实现科学管理，科学养殖，不盲目、不盲从、真正实现增收、创收，为农村贫困残疾人脱贫提供理论保证。（闫竹梅）

【残疾人救助】 为一、二级重度残疾人发放护理补贴，是关乎残疾人切身利益的扶贫项目。为实施好此项工作，县残联按照"村不漏户，户不漏人"的工作要求，深入到各乡镇（社区）对全县持证重度残疾人进行全面的调查摸底，从而掌握重度残疾人的基本概况，并力争做到符合领取条件的残疾人全部发放护理补贴。至10月底，完成对所收集资料进行汇总审核，通过审核的重度残疾人1794人，农户重度残疾人每人每年900元，非农户残疾人每人每年1200元，共发放金额166.12万元，12月底，通过农商行金融代理机构"一卡（折）通"，直接把重度残疾人护理补贴款拨付到个人账户。

（闫竹梅）

盂县工商业联合会

【概况】 2017年，盂县工商联在县委、县政府的正确领导下，认真贯彻落实中央、省委、市委统战工作会议及全市、全县党务工作会议精神，结合开展民营企业家守法诚信教育实践活动及县级工商联"五好"创建等工作，充分发挥职能优势作用，认真践行"两个健康"工作主题，深入开展民营企业"百企帮百村"活动、"与爱同行"公益活动、精准扶贫活动、服务全县重点工程活动、"两学一做"学习常态化活动、走进贫困村"十个一"活动，用于公益事业的资金达到100余万元，投入贫困村的项目的资金达到数千万元，较好地完成各项工作目标任务，获得省"五好"工商联和全国"五好"工商联称号。

（刘志萍）

【民营企业"百企帮百村"活动】 2017年，盂县工商联（总商会）组织60余家民营企业实现与60个贫困村实现无缝对接，率先在全市实现帮扶对象全覆盖、帮扶方式全覆盖、党代表、人大代表、政协委员、工商联班子成员全覆盖，总计投入资金数千万元，嫁接小型项目42个，安排劳动力就业近万人。

（刘志萍）

【"与爱同行"公益活动】 2017年，县工商联组织民营企业慰问西潘乡进圭中心小学、下社枣园小学、孙家庄镇西吉小学等，捐款捐物数万元；盂县工商联（总商会）会员企业、太原盂县商会先后慰问盂县环卫工人，捐款捐物数10万元；组织民营企业慰问全县11个重点工程的一线工人，捐助各种慰问物资4

万余元。　　　　　　　　　　（刘志萍）

【北京盂县企业商会成立】 2017年9月16日，在县委、县政府的领导和关怀下，在北京市阳泉企业商会的大力协助下，经过与会代表的共同努力，完成北京盂县企业商会的选举工作，产生新的一届领导班子，为盂县招商引资，引进人才，旅游推介奠定坚实的基础。（刘志萍）

【盂县工商联获全国、全省"五好"工商联称号】 2017年，盂县工商联在县委、县政府的坚强领导和省、市工商联的大力指导下，紧扣促进"两个健康"发展工作主题，严格按照《全国工商联会员发展和组织建设规划（2013—2017）》的高标准、高要求和高质量，以"领导班子好、会员发展好、商会建设好、作用发挥好、工作保障好"的"五好"创建工作为引领，坚持问题导向、实践导向和基层导向，履职尽责，主动适应新形势，落实新要求，不断开拓新领域，围绕中心，服务大局，取得比较好的成绩，为全县经济社会发展凝聚了积极力量，做出应有的贡献，被全国工商联和省工商联授予全国、全省"五好"工商联称号。　　（刘志萍）

【政银企对接会议】 2017年5月21日，县政府召开政银企对接会议，县委常委、统战部部长高建琴，副县长郭岚出席会议，盂县工商联（总商会）、太原市盂县商会、人民银行盂县支行、盂县金融机构、部分县直单位及省市驻盂单位、县重点企业的主要负责人参加会议。共有45家企业参加会议，通过与县9家银行金融机构对接，初步达成贷款意向的企业、项目共18项，资金达12.5亿元。县委、县政府召开政银企对接会，目的就是通过政府搭台，邀请太原盂县商会、县金融界、企业界和各有关部门的负责人，共同分析当前企业生产中遇到的困难和问题，共同商讨破解企业融资难题、加快发展的良策，共同研制银企合作机制，增强银企合作，促进全县企业和金融事业共同发展。

（刘志萍）

法 治

政法委工作

【概况】 2017年,盂县县委政法委认真落实中央、省、市委政法工作会议的安排部署,主动适应形势新变化,切实增强工作前瞻性、主动性,以十九大维稳安保工作为主线,狠抓平安盂县、法治盂县和过硬队伍三项建设,开展政法工作。全县政法各部门以维护稳定,服务大局为目标,在县委的统一领导下,牢固树立"一盘棋"的工作意识,牢记使命,奋力拼搏,政法综工作取得新成绩,展现了盂县新时期政法工作驾驭社会稳定局势的能力。年内,盂县公安局监管大队大队长兼看守所主持工作副所长李文元被公安部授予"全国优秀人民警察"荣誉称号,盂县人民法院审判员孙逊被山西省高级人民法院授予个人三等功,盂县人民法院执行员贾华亮被山西省高级人民法院授予个人嘉奖。 (王建平)

【法治盂县建设】 大力推进司法体制改革。2017年,按照全省要求,县政法各部门圆满完成各项司法体制改革任务。全县18名法官、11名检察官参加员额制遴选,做到择优选人,整合到位;县公证处完成从行政体制向事业体制的转变工作;反贪、反渎、预防三个部门支持配合监察体制改革试点工作,完成了转隶工作任务。大力实行警务、检务、审务公开,紧紧围绕建设法治盂县的目标,牢牢把握促进社会公平正义这一价值追求,始终把严格规范公正文明执法作为政法工作的生命线,进一步深化执法规范化建设,不断提升政法机关依法履职能力和执法公信力。大力推进法治惠民。以开展"一村一警""一村一法律顾问"联系走访活动为契机,选派政法干警和律师深入基层、深入企业,为群众提供面对面的优质法律服务,发挥巡回法庭、警务室、司法所等基层政法派出机构的作用,为偏远山区群众诉讼提供方便,实现就地办案、就地解决纷争;为贫困群众提供免费法律服务,实现法律援助无缝隙、全覆盖。大力推进"七五"普法进程。持续深入开展以法律进机关、进乡村、进社区、进学校、进企业、进单位为内容的法律"六进"活动,全力推进"谁执法谁普法"工作机制落实,普遍建立法律顾问制度,在县委县政府及其所属部门和各级人民团体共61家单位中建立法律顾问制度。开展法治文化阵地建设工作,推进行政执法部门执法规范化,提高全民学法、知法、懂法、守法、用法自觉性。

(王建平)

【政法队伍建设】 2017年,政法各部门强化思想政治建设,认真学习宣传贯彻党的十九大会议精神,推进"两学一做"学习教育常态化、制度化;开展"维护核心见诸行动""把纪律挺在前面"等主题教育活动,加强对政法干警的经常性教育,广大政法干警进一步坚定了理想信念;打牢"高举旗帜、听党指挥、忠诚使命"思想基础,政法干警的政治意识、大局意识、核心意识、看齐意识得到增强,个别干警工作中存在的冷硬横推、吃拿卡要、粗暴执法、欺压群众等顽症痼疾得到有效遏制,维护了政法队伍的良好形象。二是强化能力素质建设。按照"干什么、练什么""缺什么、补什么"的原则,组织政法干警分层分类开展"学、练、训、比"活动，积极参加上级和本单位组织的年度培训，并将此项活动纳入了年度综合考核体系，使广大政法干警在实践历练中提高能力、增强本领，进一步提高政法队伍维护社会稳定、应对突发事件、化解复杂问题的能力。

（王建平）

【社会治安重点整治】 2017年，政法各部门始终保持对各类违法犯罪活动的高压态势，适时开展"三打两收两控一整治""飓风大扫毒""六六"专项行动等一系列严打工程。扎实开展社会安全稳定风险隐患大排查大整治专项行动，重点开展社会治安"六项整治""城中村"专项整治，开展打击非法采矿整治、食品药品打假整治、消防安全整治、安全生产隐患排查整治、危险物品安全整治、寄递物流专项整治、交通安全管理集中整治、铁路护路安全整治、阳泉北站客运秩序专项整治、环保领域矛盾纠纷集中排查化解等专项行动，各类违法犯罪得到有效遏制。全县公众安全感满意度得分175.8，在全市排名第3，全省排名第69，全县社会治安形势持续稳定。

（王建平）

【平安盂县建设】 2017年，政法各部门坚持深入推进不同层次的平安创建活动，拓展创建范围，提升创建标准，在广泛开展创建平安家庭、平安单位、平安工（矿）区、平安村（社区）、平安乡镇、平安盂县为主要内容的"六安联创"的基础上，深化平安医院、平安校园、平安企业、平安线路、平安景区等基层平安创建工作。利用各种形式开展以"平安盂县"建设为重点的政法综治宣传和铁路护路宣传。以小平安促进大平安、以基层平安促进全县平安，确保平安建设顺应群众意愿，符合群众要求。

（王建平）

综治工作

【概况】 2017年，盂县的社会治安综治治理工作，在县委、县政府的正确领导下和上级综治部门的精心指导下，紧紧围绕维护全县社会政治稳定这个目标，健全落实综治领导责任制，下大力气抓好社会治安综合治理各项措施的落实，主动适应社会治安形势新变化，持续推进平安盂县建设，运用各种手段对社会治安实行综合治理，形成了各级各部门充分发挥职能作用，各负其责、齐抓共管的良好局面。全县政法综治各项工作成效明显。经省市检查验收，盂县的综治工作迈入了省市先进行列。

（王建平）

【重大节点维稳】 2017年，盂县的综治工作坚持讲政治，守底线，竭尽全力做好党的十九大和各项安保工作。精心组织开展了"迎接十九大，全警保平安"1+8行动，召开了誓师大会和再动员大会。全面筑牢"六大体系"，进一步做好"六项工作"，重点防范"三个卡口"，全警出动，全民参与，圆满完成了党的十九大、"三节两会""一带一路"高峰论坛、金砖国家峰会等重大敏感节点安保工作，实现了省委提出的"三个坚决防止""三个不发生"的工作目标。充分发挥了盂县环京"护城河"和山西"东大门"的作用，得到了上级的肯定。

（王建平）

【国家安全工作】 2017年，盂县综治工作扎实开展反恐反邪教反渗透反间谍斗争，组织全县各级国安办开展了"国家安全人民防线实战演练"，推动国家安全工作日常化、实战化，积极开展了国安知识宣传，加强对情报信息的搜集与梳理，对可能影响社会稳定的11类重点群体和人员进行了全面排查稳控，登记造册，做到了及时预警和防范控制。共搜集上报各类有价值情报信息1190条，核查群体情报线索400余人次。严防各类群体性事件、暴力恐怖事件和"法轮功"等非法邪教组织的捣乱破坏活动，在全县形成了国家安全防范人人有责的良好氛围。

（王建平）

【信访维稳工作】 2017年，全县各级各部门始终将信访维稳工作作为重点工作和底线工程来抓，进一步深化"规范信访秩序，倡导理性维权"专项活动，组织开展了"三无乡镇"（无进京非访、无群体性信访、无因信访问题引发的极端事件）创建运动，积极探索信访、调解和法律服务中心"三合一"（积极探索信访、调解和法律服务中心"三合一做法"）做法，严格落实了"三到位"（严格落实了合理诉求依法依规解决到位，诉求无理的思想教育到位，生活确有困难的帮扶救助到位）的要求，同时组织开展了驻京信访维稳、治理信访突出问题专项行动、重大信访问题源头化解等一系列专项行动，确保了全县信访维稳工作的根本好转。2017年全县进京非访3人次，比上年下降50%，赴省集体上访批次人次同比分别下降30%和56%。到市集体上访批次人次比上年分别下降45%和53%。到县上访批次人次比上年分别下降42%和49%。同时对进京赴省非访甚至滋事闹事、长期上访谋利、无理缠访闹访的85人进行了依法查处，对涉军等重点人员开展法纪诫勉、教育谈话151人次。与此同时按照"五包"（包掌握情况、包解决问题、包教育转化、包稳控管理、包依法处置）的要求，扎实开展了涉法涉诉集中清理专项活动，县政法各部门排查化解各类涉法涉诉信访案件12件，有力地维护了正常信访秩序，信访形势极大好转，基本摘掉了信访大县的帽子。全县实现了重大节点和敏感时段"零非访""零滞留"的目标。

（王建平）

【社会治安防控体系建设】 2017年，县委县政府高度重视平安防范体系建设，采取走出去、请进来等多种方式，以深入推进"雪亮工程"建设为龙头，扎实推进立体化社会治安防控体系建设，加强了公共安全视频网的建设，对矿产资源保护区、河道、出省卡口等重点部位加大了监控力度。在阳泉北站、盂县汽车站、信访局等部位安装了人脸识别视频监控系统5套，在盂县东、南高速口以及水神山北路安装电子围栏系统3套，并投入使用。全县县城、农村（社区）、重点单位、重点部位、公共复杂场所共安装公共视频探头6854个（套），社会视频监控达到13450个，在"平安盂县"建设中发挥了有效作用。以整治治安秩序，解决影响人民群众安全感的突出治安问题为重点，加强了重点行业和人员的治安防控网建设。有效遏制社会不安全、不稳定因素，提升全县公共安全感和满意度。以应对处理突发事件为重点，加强了县城和县城周边治安防控网建设，对县城社会面和城乡接合部进行了常态化治安管理。以自防自治为重点，加强了机关企（事）业单位内部治安防控网建设，确保重点单位和要害部位全部纳入重点防控范围。以整治农村社会治安为重点，加强了乡镇、村（社区）治安防控网建设，构建多种形式的治安防范网络，确保一方平安。以确保石太高铁盂县段安全畅通为重点，加强铁路护路联防防控网建设，加大宣传、排查、整治力度，适时开展巡查看护，实现了石太高铁盂县段零事故零伤亡。

（王建平）

【矛盾纠纷排查化解】 2017年，盂县综治工作探索建立多元化解矛盾纠纷调解机制，进一步推进矛盾纠纷排查工作，健全了人民调解网络。以县、乡、村三级调解组织的法治化、制度化、规范化建设为重点，大力开展了规范化调委会创建工作。继续狠抓组织、制度、工作、场所、经费、报酬"六落实"，全县共有各级人民调解组织486个，其中乡镇（城镇办事处）人民调解委员会15个，村（社区）人民调解委员会463个，专业性、行业性人民调解委员会6个，企业人民调解委员会2个，共有人民调解员1442人。继续发挥人大代表、政协委员、律师、专家的权威作用，继续发挥工会、共青团、妇联及各类协会组织的职能作用，继续发挥社区"和事佬"、农村老党员的"草根"作用，形成调解矛盾的合力。推动"诉、检、警、政、访"五调对接，促进多元调解工作高效运行。在扎实做好传统六大领域（征地拆迁、劳动关系、村矿企业矛盾、医患关系、交通事故、环境污染）矛排工作的基础上，协调推进物业、旅游、保险等新型行业和领域的矛盾纠纷排查化解工作，形成协同联动的多元化"大调解"工作格局。全县各级各部门共排查矛盾纠纷2600余起，调解2390起，调解率达92%。

（王建平）

【基层基础工作】 2017年，盂县调整充实了县乡综治组织，全县14个乡镇配齐了综治办专职副主任，并明确了乡镇武装部长为综治办兼职副主任，每个乡镇配齐了1名综治专职干事。结合村（支）两委换届，加强了对村党支部、村民委员会、治保会、民调会、治安巡逻队、网格长等人员的学习培训工作。同时加大综治各项经费的支持保障力度，确保了综治工作有人抓、有人管、有钱办事。强化三级综治中心标准化建设工作。县综治中心由政法委书记担任综治中心主任，落实了县社会服务管理指导中心6名工作人员，并任命了指导中心主任；明确各乡镇党委书记为综治中心主任，党委副书记为常务副主任。三级综治中心累计投入110余万元用于阵地设施建设。县、乡（镇）、村三级综治中心已全部更换综治中心标牌。县综治中心规范了"三厅两室"，乡级规范了"一厅三室"，村级"四室"建设逐步完成。三级综治中心共接待群众1.5万人次，化解各类矛盾纠纷3000余次，心理服务疏导和危机干预20人次。财政落实网格长（员）补助272万元，并形成绩效考核奖励机制；网格长（员）配备4G智能手机831部，落实手机通信费66.5万元；落实县乡综治经费45万元，优先综治信息平台运行。

（王建平）

【铁路护路联防】 2017年，盂县护路办坚持"六路"工作思路，明确以确保石太高速铁路绝对安全为中心工作，尤其是党的十九大期间铁路安全保卫工作为重点，切实加强铁路沿线治安防控体系建设，以陆地协作齐抓共管为基础，突出抓好高速铁路反暴力恐怖工作，在高铁沿线扎实开展了爱路护路宣传教育、涉路矛盾排查化解、铁路治安重点整治、夯实基层护路组织、加强护路信息化建设等工作，坚持创新工作理念，强化陆地协作联防，全面提升护路联防工作水平，全力确保石太高速客运专线的绝对安全，通过扎实工作盂县的护路联防工作得到了省铁路护路联防领导组的认可，2017年12月授予"2013—2017年铁路护路联防工作先进单位"。

（王建平）

【网格化精细化管理】 2017年，盂县综治中心建立了日巡查、周汇报、月通报制度，形成了"12345+1"工作法，即：网格长必须每日掌握本网格内的治安状况并形成手机上报，网格内确保两名网格员必须每日巡查到重点区域、重点人员，并将情况上报网格长，三日内网格长将网格员巡查结果汇总上报村级综治中心，四日内村级综治中心将巡查结果上报乡级综治中心，周五乡级综治中心对辖区内综治工作进行分析研判后汇报县综治中心，每月县、乡综治中心对下级综治中心工作开展情况进行一次排名考核通报。2017年，全县三级中心通过信息平台受理各类事件49983件，有效处置上报事件45296件，有效处置率90.6%。上报事件数和处置数全市排名第3名，全省排名第16名。强化了督促检查工作。按照一周一报、一月一汇报、一季一例会、半年一督查、年底兑总现的要求，县综治委对全县各乡镇、各相关单位进行了半年、全年两次综治检查，现场发现问题，明确整改时限，形成检查通报，对在抓综治工作中出现重大问题的相关单位给予一票否决和黄牌警告，对相关责任人进行了诫勉谈话，起到

了积极的警示和推动作用。　　（王建平）

法　院

【概况】 2017年，盂县人民法院围绕"上水平创一流"的工作目标，坚持"司法为民、公正司法"的工作主线，忠实履行宪法法律赋予的职责。在法官人数减少、案件数量增加的情况下，员额法官人均结案172.56件，同比上升80%。全年受理各类案件2997件，其中，新收案件2622件，审结、执结案件2761件，结案率为92.13%，同比增长3.14%，创历史新高。切实做好涉诉信访工作，加快推进信息化建设，着力构建阳光司法体制，落实便民利民措施，积极参与社会治理，坚持党的绝对领导，加强队伍建设，自觉接受监督，切实改进法院工作。

刑事案件审判　全年受理各类刑事案件259件，审理结案250件，判处罪犯258人，结案率96.53%。依法严惩严重危害人民群众安全犯罪，对全县突出的抢劫、盗窃、诈骗等侵财犯罪，破坏矿产与土地资源犯罪，黄赌毒等犯罪进行重点打击，共判处案件77件，判处罪犯128人，其中依法判决了"7.27"妨害公务、非法采矿案件，震慑私挖乱采犯罪行为，有效维护社会稳定。全年共审理涉毒品案件34件，判处39人，有效遏制毒品犯罪的蔓延势头。严惩腐败犯罪，积极配合和支持县监察委员会改革，探索和创新监委会与法院案件衔接程序，审理赵某涉嫌职务侵占案、高某挪用公款案等。

民商事案件审判　面对经济发展新常态对审判工作的新要求，盂县人民法院全面加强司法服务。全年受理各类民商事案件1783件，审理结案1580件，结案率88.61%。审结婚姻、继承、赡养等家事纠纷案件343件；审结劳动争议案件140件，切实保护劳动者和用人单位的合法权益；加大金融债权司法保护力度，优化金融法治环境，稳妥审理涉及金融借款、民间借贷等合同纠纷案件708件；依法维护农民合法权益，审结土地承包流转等涉农案件9件；妥善审理盂县境内"11.21"京昆高速重特大交通事故，审理该事故相关案件19件，涉及本地及外地当事人110人，涉及保险公司58家，审判法官克服一案多人多地、传唤到庭困难等难题，理清错综复杂的法律关系、交叉叠加的利益诉求，当事人普遍息诉服判，取得了较好的法律效果和社会效果。

案件执行　全年受理执行案件862件，全部执行和阶段性执行结案838件，结案率97.22%，执结标的额7092.7万元。对拒不申报财产和拒不履行法律文书的自然人317人、法人34个纳入失信被执行人名单，其中32名予以公开曝光。利用执行查控系统和传统查询方法查询1153人次、查询到财产线索500余条、金额2000余万元、车辆50余辆、房产24处，利用网络司法拍卖房产3套，涉案标的602.7万元。全年采取查封、扣押、冻结、划拨等强制措施1402次，对拒不履行的被执行人，司法拘留15人次，以拒执罪移送1案1人，震慑和促使一大批"老赖"主动履行义务。积极开展涉民生案件专项活动，依法保障弱势群体的合法权益。开展"涉企合同执行难"整治、涉金融案件、"执行攻坚跨年大行动"专项活动，优化营商环境。　　　　（荣　薇）

【涉诉信访工作】 2017年，县法院始终把涉诉信访工作作为维护社会稳定的政治任务来抓，着力化解信访案件。全年共化解各类涉诉信访案件18件，建立信访工作领导责任制，严格落实一把手负总责、分管领导具体负责、庭室负责人一岗双责制度。实行"大接访"制度，畅通申诉渠道，坚持院长每日接访与每月15日集中接访相结合。坚持重心下移，深入群众，现场接待，使信访工作接地气，近民情。全年院领导接待来访群众40余人200余次。积极参与全县信访接待工作，对信访人员进行答疑解惑，引导其正确、理性的维护自身权益。

（荣 薇）

【信息化建设】 2017年，县法院按照最高人民法院建设"智慧法院"要求，着力推进信息化建设，促进司法规范化，全面落实"网上办案"，实现同步录入管理、流程节点控制、网上公文流转和审批核准、电子签章、电子卷宗及时扫描同步归档、质效实时展现"六大目标"。所有办案人员执行"全业务网上办理""全流程依法公开""全方位智能服务"，案件从进入办案系统开始，严格按照网上办案流程进行立案、排期开庭、制作法律文书等，所有工作实现线上线下同步，所有工作成果集中在线上体现。利用网上办案流程节点管控，对审判执行工作进行全程动态监督。完善6个数字化法庭标准化建设，新增的12个法庭也即将投入使用，增加科技法庭存储量，配备电子档案服务器，配置照相打印机，增购10台打印机、10台笔记本电脑，建设标准化机房，建立执行指挥中心、执行查控中心、失信被执行人查询等执行信息公开平台，新建功能完善的执行指挥中心也即将投入使用。县法院档案室对库存案卷档案进行电子化处理，扫描生成历年案卷电子档案1.5万余册75万多页。 （荣 薇）

【司法公开】 2017年，县法院着力构建阳光司法体制，扎实推进数字化法庭、审判流程公开平台、裁判文书公开平台、执行信息公开平台、庭审直播平台的"一庭四平台"建设。全面录入审判流程信息公开网案件2997件。在中国裁判文书网公开生效裁判文书2068份，上网公开率74.9%。对全部执行案件流程、执行措施的实施和执行异议的处理等卷宗情况登录执行公开网查询。在中国庭审公开网庭审直播案件118场，直播占比4.27%。录音录像案件298次，平均录音录像率为10.79%。 （荣 薇）

【诉讼服务机制】 2017年，盂县法院围绕"一站式"服务建设，不断提升诉讼服务水平，完善诉讼服务机制，落实便民利民措施。立足实际，完善服务质量，让每一名到法院的当事人都能够找到准确的办事窗口。配置电子显示屏、信息查询系统，充分运用信息技术为当事人提供方便。进一步加强诉讼指导，通过诉讼指南、风险告知、廉政监督卡等形式，引导当事人正确行使诉权。加大司法救助力度，年内先后为35案64名困难当事人发放司法救助金42.9万元，依法为困难当事人缓交、减交诉讼费34.82万元，让经济困难的群众打得起官司。为适应人民群众诉讼需求，扩建700平方米诉讼服务中心即将投入使用。 （荣 薇）

【司法职能】 2017年，县法院不断延伸司法职能，积极参与社会治理，推动多元纠纷化解机制建设，积极参与人民调解、行政调解、司法调解"三位一体"大调解体系构建，引导当事人就地、就近选择合理方式解决纠纷，全年诉前调解化解矛盾45件，有效地减少当事人诉累，节约诉讼资源。延伸司法触角，通过法院网站、微博及时向社会宣传法院工作动态、普及法律知识、告知诉讼程序等事项，让普法宣传真正走到百姓身边。与妇联、教育部门配合，开展"法在身边""三八节""12·4"国家宪法日等法律宣传活动，发送宣传资料2000余份，有力推动社会治理法治化进程。配合县委对全县农村村支两委换届候选人进行资格审查。

（荣 薇）

【司法改革】 2017年是落实司法体制改革的开局之年，县法院有序推进以司法责任制为重点的司法体制改革，努力构建权责明晰、监管有效、保障有力的司法权运行新机制。为适应新的司法责任制需要，由第一批入额的17名法官组建刑事、民事、执行、行政审监团队，建立新型审判权运行机制，取消案件领导审批，确立法官、合议庭办案主体地位，落实"让审理者裁判，让裁判者负责"的司法责任制。已审结案件直接由独任法官、合议庭裁判的案件占案件总数的98%以上，提交审判委员会讨论案件数量较改革前大幅下降。在已审结案件中，入额法官一线办案率达到100%，院庭长办案725件，占案件总数的26%。扎实推进司法人员分类管理，完成首批入额法官单独职务序列评定，年底完成人财物统一上划工作。

（荣 薇）

【队伍建设】 2017年，县法院按照习近平总书记提出的"五个过硬"要求，狠抓干警思想政治、纪律作风、业务能力建设，队伍素质有效提升。加强思想政治教育，锻造队伍"政治过硬"。组织干警认真学习、深刻领会党的十九大精神的丰富内涵和核心要义，切实用习近平新时代中国特色社会主义思想武装头脑。加强纪律作风建设，打造队伍"纪律过硬、责任过硬、作风过硬"。坚决执行中央八项规定精神，持之以恒纠正"四风"。加强司法能力建设，打造队伍"业务过硬"。开展庭审观摩、裁判文书评查、书记员岗位练兵等活动，组织干警参加上级法院的各类培训18人次，将干部在线教育等学习情况纳入年度考核内容并定期通报，使干警政治学习、业务学习能力不断提高。

（荣 薇）

【接受监督】 县法院始终把自觉接受人大、政协监督作为公正司法的重要保障，认真负责地向人大及其常委会报告工作，加强与人大代表、政协委员的日常联络。2017年，院领导两次到基层片区征求人大代表对法院工作的意见建议。主动接受县人大常委会对法院司法体制改革工作落实情况的专项视察。接受政协民主监督，完善接受民主监督机制，及时向政协通报法院工作情况。对照代表委员们提出的意见建议，认真查找工作上的不足、作风上的差距，进一步加强和改进各项工作。依法接受检察机关法律监督，办理检察建议3件，积极配合检察机关履行诉讼监督职责，邀请检察院列席审判委员会参与讨论案件。依法开展人民陪审员工作，加大人民陪审员参审力度。适用普通程序案件中，人民陪审员参与案件审理2123人次。广泛接受社会舆论监督，使盂县法院各项工作在全面有序的监督下不断改进。

（荣 薇）

检 察

【概况】 2017年，盂县人民检察院在县委和上级检察机关的领导下，在县人大及其常委会的监督和县政府、县政协及社会各界的关心支持下，深入学习贯彻党的十八大、十九大精神和习近平新时代中国特色社会主义思想，认真落实县委部署和县十六届人大二次会议决议，坚持在经济社会发展大局中谋划和推进检察工作，忠实履行宪法和法律赋予的职责，强化法律监督，深化监察体制改革和司法体制改革，深入推进以审判为中心的刑事诉讼制度改革，狠抓队伍建设，各项检察工作取得新进展。全院现有五个内设机构，分别是政治部、综合保障部、刑事检察部、民事行政检察部、检察业务管理监督部。2017年，盂县人民检察院被最高人民检察院授予第九届"全国检察机关文明接待室"称号，连续六届获此殊荣；顺利通过"省级精神文明单位"复核验收，蝉联五届该荣誉称号；盂县人民检察院公益诉讼工作走在全市基层检察院前列。

（侯建明）

【服务大局】 2017年，县检察院着力维护稳定、促进发展、保障民生，持续提升检察工作与县委中心工作融合度。一是坚决贯彻县委决策部署，出台《关于充分发挥检察职能服务保障宜居宜业宜游、服务阳泉发展的首善之区建设的工作意见》，着力在产业转型升级、创新驱动发展、城镇化建设、保障和改善民生等方面发挥检察监督的司法保障作用；积极落实《依法保障和促进非公有制经济健康发展的实施方案》，首批深入10个民营和小微企业帮助排忧解难，主动为非公有制经济发展营造公平正义的司法环境与务实高效的政务环境；组织全县25个职能单位和14个乡镇的数据报备专员进行"阳光百姓工程"培训，督促申报涉农资金审核项目158件。二是积极服务保障法治化营商环境建设。依法提起公诉组织领导传销活动、合同诈骗、信用卡诈骗、骗取贷款、非法吸收公众存款等破坏市场经济秩序犯罪案件19件19人；利用行贿犯罪档案查询系统，向有关单位提供查询服务368次，有效促进检察机关法律监督与行政执法、行业监管的优势互补和力量整合，形成遏制和防范权钱交易、以权谋私等贿赂犯罪的合力，进一步推动全县社会诚信体系建设。三是积极服务保障生态文明建设。把妥善办理破坏环境资源刑事案件，依法惩治环境污染犯罪作为服务盂县生态文明建设的重要发力点，办理非法采伐国家重点保护植物犯罪案件5件8人。四是促进提升社会治理法治化水平。积极参与全县社会治安防控体系建设，将检察职能向化解社会矛盾、修复社会关系、推动社会治理等方面延伸。对主观恶性不大、犯罪情节轻微的初偶犯、过失犯，决定不批准逮捕22人，决定不提起公诉26人；开展捕后羁押必要性审查，建议办案机关对4名无继续羁押必要的犯罪嫌疑人变更了强制措施；参加"国家司法救助推进年"活动，对6名救助申请人发放司法救助金1.7万元。全面落实"谁执法谁普法"责任制，持续做好检察官以案释法工作，深入乡镇开展法治宣传28次。注重结合办案过程中发现的问题，针对性地对食品药品安全、社会管理、社区矫正等领域存在的漏洞发出检察建议12份，采纳率100%。（侯建明）

【刑事检察】 2017年，县检察院依法打击各类刑事犯罪，毫不动摇把维护国家安全和社会稳定作为新时代检察工作的首要任务，充分履行审查逮捕和提起公诉职能，全年受理侦查机关提请批准逮捕案件145件217人，经审查批准逮捕98件145人，同比分别下降9.3%和2.7%；受理移送审查起诉案件249件345人，经审查决定提起公诉222件292人，同比分别上升49%和36.5%。出庭支持公诉225件305人。依法严厉打击故意杀人、故意伤害、非法拘禁、拐卖儿童、强奸及"两抢一盗"等犯罪案件61件100人；依法严厉打击吸毒、开设赌场、走私贩卖运输制造毒品、容留他人吸毒等犯罪案件37件44人；依法严厉打击寻衅滋事、交通肇事、非法行医、制造假药等破坏市场经济秩序犯罪案件50件73人。
（侯建明）

【诉讼监督】 2017年，县检察院准确把握检察机关宪法定位，加强和规范诉讼监督工作，保障和促进宪法和法律统一正确实施，努力让人民群众在每一个司法案件中都感受到公平正义。一是强化刑事侦查活动和刑事审判监督。全面履行侦查监督职责，监督侦查机关应当立案而不立案17件、不应当立案而立案8件；纠正漏捕后起诉7人，追捕后判决5人；向侦查机关发出《纠正违法通知书》7份；健全提前介入公安机关侦查工作机制，提前介入重大疑难复杂案件5件。大力加强审判监督，追诉漏犯14人，追诉漏罪11人；向法院提出量刑建议217件，法院采纳200件；坚持对法院的一审判决进行审查，构建以抗诉为中心的刑事审判监督格局，加强对案件定性不当、量刑严重失衡、审判程序违法等情形的监督，提出刑事抗诉4件，发出纠正违法通知书2份。二是强化刑事执行检察监督。扎实开展违法减刑、假释、暂予监外执行专项监督，针对被监督部门的各类违法情形发出《纠正违法通知书》36份；针对刑事执行活动违法违规情形发出《纠正违法通知书》14份；受理羁押必要性审查案件4件，检察建议被采纳4件；切实加大监外执行违法和财产刑执行监督力度，发出《纠正监外执行违法通知书》12份，发出《纠正财产刑执行违法通知书》6份。三是全面加强民事行政检察监督。重点聚焦环境、教育、就业、医疗、居住、公共安全等民生领域强化民事行政诉讼监督，审查办理再审案件1件，民事审判监督案件7件，民事执行监督案件14件，支持起诉9件，息诉2件，督促起诉10件，纠正执行活动违法1件；针对县法院扣押冻结程序违法、送达文书超期、当事人提交材料不规范等问题，发出检察建议23份，县法院均采纳并整改回复；专项抽查国土局、住建局、食药局等行政机关执法案卷87卷，发出督促履职检察建议10份，均已回复；全面开展公益诉讼工作，发现案件线索30件，立案并办理7件，公益诉讼工作走在全市检察系统第一方阵。（侯建明）

【控告申诉】 2017年，县检察院坚持网络化预警、规范化办理、多元化处置，建立健全司法办案风险评估和预警处置机制，扎实推进涉法涉诉信访改革工作。及时就地解决上访群众合法合理诉求，有效化解信访风险，引导群众依法反映诉求，对36件可能引发不稳定风险的重大敏感案件，逐案落实领导包案和化解责任，做好风险预警防范和矛盾化解工作，成功稳控22件、化解14件。（侯建明）

【未成年人检察】 2017年，县检察院积极推行"捕诉监防一体化"工作模式，坚持"教育为主，惩罚为辅"原则，实行少捕、慎诉、少监禁，尽最大可能促使涉罪未成年人悔过自新，回归社会。严格落实成年人到场、犯罪记录封存、分案起诉等特别程序，最大限度对未成年人落实司法保护。共受理未成年人刑事案件4件6人，审查起诉6件8人；依法严惩侵害未成年人犯罪，受理此类案件8件9人。开展以"防治校园欺凌，护航未成年人成长"为主题的"检察开放日"活动并召开新闻发布会；深入盂县第二实验小学、盂县上社中学、盂县二中开展未成年人法治教育宣传活动，助力校园平安建设。（侯建明）

【县检察院改革】 2017年，县检察院坚持把改革创新作为推动事业发展的关键一招，大胆探索，攻坚克难，各项改革任务落地见效。一是积极配合监察体制改革试点工作，实现"检监"无缝对接。做好职务犯罪举报线索移交和未办结案件清理工作，按时向县纪委监委转隶12人，移交相关执法办案设备、公务用车以及办公用品，为监察体制改革试点工作有效开展提供必要的人员和硬件保障。在办理首例职务犯罪案件中，克服现有办案系统配置不完善、不匹配，而且无经验可资借鉴的实际困难，从案件受理、审查证据、讯问犯罪嫌疑人全程同步录音录像，到做出逮捕决定仅用了一天时间，全年办理的两件职务犯罪案件均被做出有罪判决，标志着盂县监察体制改革试点工作迈出坚实的步伐，走在全市"检监"合力反腐、协调办案的最前列。二是全面开展司法责任制改革，提高司法质效。扎实推进人员分类管理改革，打牢落实司法责任的主体基础。通过"考核、考试、答辩"遴选并报经省检察院任命员额检察官11名，全部配备到一线办案；认真执行领导干部办案制度，4名入额院领导带头办案104件；细化办案授权清单，建立检察人员司法档案；推进检察官职务套改和薪酬制度改革，建立检察官业绩考核机制。同步推进内设机构改革，将13个科室整合为5大部，积极构建以员额检察官为核心的新型办案组织，组建检察官办案组6个；严格执行"随机分案为主、指定分案为辅"的案件承办机制，研究制定各部门工作运行规则和流程图，对岗位职责、工作模式、运行流程进一步充实细化，保障检察工作在新机制下平稳运行。着力完善办案工作和监管模式，探索实行刑事案件捕诉整合模式，坚持突出检察官办案主体地位与加强监督制约相结合的原则，积极构建立体监督制约格局，"谁办案谁负责，谁决定谁负责"的司法办案责任制得到落实，各项司法责任制改革任务取得了阶段性成效。三是深入推进以审判为中心的刑事诉讼制度改革，促进司法公正。充分发挥诉前主导、审前过滤功能，完善驻公安检察室机制，健全公安机关办理重大疑难案件听取检察机关意见、检察机关提前介入引导侦查制度，加强对诉前案件事实、证据的审查把关，依法排除非法证据，对不构成犯罪或证据不足的案件不捕45人、不诉19人。加强出庭公诉工作，推行案件繁简分流、轻微刑事案件快速办理、认罪认罚从宽处理的办案机制，合理配置司法资源，提高办案效率。（侯建明）

【检务公开】 2017年，县检察院自觉主动将各项工作置于监督之下，努力做到让人民监督权力，让权力在阳光下运行。一是自觉接受人大监督。实行党组成员定点联系人大代表制度，就司法体制改革、监察体制改革、规范司法行为等工作情况向县人大常委会做专项报告，按照审议意见认真改进工作。邀请人大代表视察办公办案场所，参加审查逮捕、公诉案件公开审查、案情通报、检察开放日、新闻发布会等活动8次，办理代表建议、人大常委会交办案件12件，定期编送《检察信息》通报工作情况，听取意见建议。二是主动接受政协和社会各界监督。主动向政协和民主党派、无党派人士通报工作情况，邀请政协委员视察检察工作，认真听取意见建议。全面落实人民监督员制度，邀请人民监督员参加执法检查、案件质量评查等活动，监督"十一类案件或事项"10件10人。三是努力打造阳光检察。加强"两微一端"平台和盂县检察网站建设，以案件信息公开为核心深化检务公开。全年公开法律文书279份、程序性信息567条，发布重要案件信息12条，进一步增强检察工作透明度，努力做到以公开促公正，提升检察公信力。（侯建明）

【检察队伍建设】 2017年，县检察院按照习总书记提出的增强"八种本领"要求，努力打造政治过硬、业务过硬、责任过硬、纪律过硬、作风过硬的检察队伍。一是突出抓好政治思想建设。把学习宣传贯彻好党的十九大精神作为首要政治任务，制订《学习宣传贯彻党的十九大精神实施方案》，依托党组理论学习中心组、党支部"三会一课"组织学习宣讲，广泛利用专家辅导授课、座谈研讨、个人自学、答题竞赛等多种形式，引导广大党员深入领会习近平新时代中国特色社会主义政法思想的精髓实质、核心要义，始终在政治立场、政治方向、政治原则、政治道路上同党中央保持高度一致，坚决维护党中央权威和集中统一领导，确保检察工作始终沿着正确方向前进。扎实推进"两学一做"学习教育常态化制度化，全面贯彻新时代党的建设总要求，顺利通过"省级精神文明单位"复核验收。二是大力加强履职能力建设。坚持人才兴检，围绕习近平总书记提出的"六个能力建设"，搭建多元教育培训平台，突出加强实战训练和岗位练兵，以一线检察人员和业务骨干为重点，开展公诉辩论、侦讯模拟、庭审观摩等实务技能培训12次，以考促学、以赛促训，切实提高干警综合素能。积极探索案件质量评查"案件化办理"新模式，规范案件质量评查程序，强化对司法办案的监督制约。加大科技强检工作力度，有序推进案件监督管理大数据平台、办公自动化和司法警务管理平台、刑事执行检察智能辅助平台和行贿犯罪档案查询信息库建设，推进检察工作信息化，不断提升检察工作规范化水平和办公、办案效率。三是高度重视党风廉政建设。牢固树立"四个意识"，以省市院开展巡视巡察工作为契机，组织排查廉政风险点35个，制定廉政风险防控措施17条，绘制权力运行流程图12张，开展各类检务督查18次，形成一级抓一级、层层抓落实的党风廉政建设格局。以"规范司法行为、提升司法公信"主题文化建设活动为抓手，持续推进规范司法行为专项整治，健全检察权运行制约和监督体系，强化监督执纪问责，促进干警清正、队伍清廉、司法清明。

（侯建明）

公 安

【概况】 2017年，盂县公安局在县委、县政府和上级公安机关的坚强领导下，主动担当、积极作为，以"现在、立刻、马上"为常态，坚持问题导向，强化底线思维，深入推进"平安盂县"建设，精心组织开展"飓风大扫毒""迎接十九大，全警保平安"1+8行动、冬季严打整治维护稳定行动等一系列专项行动，始终保持对各类违法犯罪活动的高压态势，圆满完成党的十九大、"三节两会（两会：全国人民代表大会、全国政治协商会议；三节：元旦、春节、元宵）""五一""一带一路"高峰论坛、端午、"金砖国家"峰会、国庆、中秋和村委换届等重大敏感节点的安保工作，确保全县社会治安大局的持续稳定。县公安局有9个集体、25名个人受到公安部、省、市、县表彰，信访科被公安部授予"全国优秀公安基层单位"，李文元被公安部授予"全国优秀人民警察"称号，赵林虎在"迎接十九大，全警保平安"1+8行动中成绩突出，被省公安厅荣记个人二等功，县公安局在2016年度全省群众安全感满意度测评中排名全市第一，并被省公安厅荣记集体二等功。

（武 丹）

【十九大安保】 2017年，在十九大安保工作期间，盂县公安局共出动警力7450人次，车辆546辆次，在阳泉北站、闫家庄和交口检查站，检查车辆17867辆次，检查人员416599人次。为推动公安检查站规范化、常态化建设，县局交口检查站在全市率先完成市级公安检查站改造建设任务。

（武 丹）

【治安隐患排查整治】 2017年，治安部门紧紧结合全局工作实际，扎实做好工矿区、出租房屋、"九小场所"（"九小"场所是指小学校或幼儿园、小医院、小商店、小餐饮场所、小旅馆、小歌舞娱乐场所、小网吧、小美容洗浴场所、小生产加工企业的总称）的社会治安专项治理，在全县范围内组织开展大清查。共出动警力2764余人次，车辆619辆次，检查场所共2182家次。

（武 丹）

【"飓风大扫毒"行动】 2017年，县公安局将禁毒工作作为一项事关全局的重点工作来抓，把深入推进"飓风大扫毒"专项行动作为确保社会大局稳定的龙头性工作，反复强调，多次部署，形成主要领导负总责，分管领导亲自抓，办案单位具体抓的良好工作局面。见面率、建档率全市排名第一，在全市率先完成专项行动各项目标任务。涉毒人员被大量收戒管控，盂县治安形势持续好转，全局刑事立案同比下降24.4%，侵财发案同比下降30.2%。

（武 丹）

【道路交通整治】 2017年，盂县交警部门与相关警种在全县范围内出动警力3200余人次，连续开展集中整治行动50余次，共查处各类交通违法行为52066起。在大气污染防治工作中，交警部门认真落实有关车辆限行规定，开展集中行动56次，出动人员5270余人次，警车300余辆次，深入建设工地、公路工地以及各类工矿企共7家，下达整改通知书50余份，教育1000余人次，355辆黄标车全部淘汰。

（武 丹）

【客运秩序整治】 2017年，在阳泉北站客运秩序整治工作中，县公安局联合有关部门发布《关于开展阳泉北站客运秩序专项整治的通告》，组织交警、防暴、孙家庄派出所、巡防警力根据各自职责，加强与各职能部门的沟通协调。通过集中整治，盂县阳泉北站的交通秩序明显规范，市容市貌明显改善。

（武 丹）

【重点单位安全守护】 2017年，县公安局认真贯彻落实《企业事业单位内部治安保卫条例》，组织政府机关、企事业单位落实人防、物防、技防措施，加强重点单位、要害部位的安全守护，对党政首脑机关、金融网点、水、电、油、气、热、寄递物流等事关国计民生和公共安全的重点单位、要害部位开展安全大检查，出动警力300人次、出动车辆100辆次、检查单位187家次。在寄递物流专项整治中，县公安局积极会同邮政管理局、交通局等主管单位对快递、物流企业开展"地毯式"全面细致的安全大检查，严格落实"实名收寄""开包验视""过机安检"三个100%安检制度，从源头上杜绝危险物品流入寄递渠道。在易制爆危险化学品和寄递物流专项整治行动中排名全市第一。

（武 丹）

【执法规范化建设】 2017年，县公安局通过案件质量评查工作，加强日常执法监督，按照省公安厅、市公安局有关要求，县局法治大队下发行政、刑事执法质量考评表，对全局行政、刑事案件从接处警、受理案件、不予受理、立案、不予立案、办结、未办结、采取强制措施、起诉等环节对案件进行全盘摸底。法治大队采取日常考评与月评、年中、年度考评相结合方法，前移监督关口，注重日常执法考评。对于日常考评中发现的问题，实行一周案件审核通报制，随时纠正，突出强调事前、事中监督，将执法中的各类程序违法等错误纠正在萌芽状态。在2017年省公安厅对县局的执法质量考评工作中，县公安局执法工作名列全市第一。在配合监察体制改革工作中，县公安局法治部门作为公安机关支持配合监察委员会查办案件工作的牵头单位，先后两次利用日常法治培训，对全体参训民警进行相关知识培训，使全体参训民警明确在协助看护留置、技术调查、现场勘验检查、追逃与限制出境、查封扣押搜查等方面的支持配合措施。6月13日，县公安局根据市公安局统一安排，抽调民警10批30余人次配合市监委工作。

（武 丹）

【警务实战化建设】 2017年，县公安局指挥中心认真落实公安部《公安机关110报警服务台接处警工作规定》和日常工作制度，制订出台《负面清单制度》，修订完善《请销假制度》《接警员接警质量等级评定制度》《盂县公安局指挥中心工作绩效考评办法》《盂县公安局指挥中心会议制度》，进一步严格工作要求，强化日常管理，确保接警规范、指挥顺畅、调度有序。11月7日至12月8日，县公安局对科所队长和办案骨干进行封闭培训，全面提升了广大公安民警的思想政治素质、法律素养和实战能力。12月，指挥中心组织全体接警员到市公安局指挥中心跟班培训，进一步增强指挥中心服务实战水平。

（武 丹）

消 防

【概况】 2017年，按照全省、全市安排部署的各项消防安全专项整治工作要求，盂县公安消防大队及时制订工作方案、组织召开专题会议进行动员部署。先后组织开展汗蒸、洗浴、桑拿、足疗类人员密集场所消防安全、文物古建筑消防安全、居民住宅社区、小区消防安全、人员密集场所消防安全专项检查、金融系统消防安全专项检查、消防安全大排查大整治、高层建筑消防安全综合治理、电气火灾综合治理等一系列专项整治行动，强势推进火灾隐患排查整治工作。日常监督检查工作中，执法人员严格落实"每日一查"制度和"四个一律"刚性执法原则，紧盯人员密集场所、易燃易爆场所、文物古建筑、高层地下建筑等场所，集中时间、集中力量、集中精力，积极采取错时检查、联合检查、突击夜查等多种消防监督检查方式，重点整治消防合法性手续不全、建筑消防设施故障、违章用火用电、锁闭或堵塞安全出口、消防安全责任不落实五类重点问题，始终保持严惩火患的高压态势，有效遏制火灾事故苗头，确保全县消防安全形势稳定。年内，共检查社会单位1744家，发现火灾隐患或违法行为2945处，督促整改火灾隐患或违法行为3014处，责令"三停"单位36家，临时查封单位24家，重大火灾隐患单位1家。

2017年，共接警出动31次，出动车辆53车次，出动警力406人次，其中，抢险救援20起，抢救被困人员13人，火灾扑救11起，直接财产损失19.21万元，无人员伤亡。与2016年同期相比，火灾起数下降56%，直接财产损失下降68.5%。

（黄建强）

【十九大消防安保】 2017年，十九大消防安保工作期间，消防大队全体官兵在县公安局的统一领导下，全心投入、全力以赴，牢固树立"万无一失、一失万无"的底线思维，坚持最高标准、最严举措，紧盯核心要害，消除盲区死角，紧贴形势需求，加大宣传力度，分片流动执勤，聚焦安保打赢，激发官兵士气，强化战时标准，圆满完成党的十九大消防安全保卫工作，荣获全市"迎接十九大，全警保平安"1+8行动先进集体称号。

（黄建强）

【消防安全检查】 2017年，县消防大队联合安监、住建、城镇社区办事处等部门在全县范围内开展了居民住宅社区、小区消防安全专项检查，共检查物业管理单位8家，发现隐患24处，整改隐患15处，提请县政府印发"三查三清"公告并进行张贴和电视广播宣传，随后组织辖区内10家社区消防安全责任人和14家物业管理企业消防安全负责人召开集中约谈暨消防培训会议，并签订《消防安全保证书》；联合宗教、文物旅游等部门开展文物古建筑消防安全专项整治，共检查文物古建筑单位6家，发现火灾隐患25处，立即整改火灾隐患4处，组织文物古建筑单位消防安全责任人、管理人召开培训会议；联合安监局开展易燃易爆危险品场所消防安全专项整治，对全县范围内67家易燃易爆单位进行全面排查，发现隐患198处。

（黄建强）

【宣传教育】 2017年，消防大队坚持宣传培训紧贴整治、紧跟火情的工作思路，组织开展大宣传、大培训、大约谈。在阳泉北站、辖区重点单位、社区、高层建筑等场所和垃圾桶广告等位置，张贴"全民消防我代言"消防公益宣传海报共计800余张；多次进行实地勘察、测量，多方协调落实广告宣传最佳位置，并聘请专业广告公司精心设计，在县城人民旧广场和水神山路建成两条"消防宣传示范街"；依托移动短信平台发送消防安全常识20余万条，利用微博、微信发送消防安全提示1万余条次，广播电视台播放公益广告2000余条次，播放滚动字幕5000余条次，利用大型户外LED屏播放消防安全知识；专门派员深入辖区住宅小区、电动车销售点、县城街道等地张贴《关于加强全县电动车消防安全管理的通告》，进一步提高广大人民群众对消防安全知识的知晓率。11月9日，在盂县文化中心举行盂县2017年"关注消防，平安你我"119消防宣传月活动启动仪式。

（黄建强）

【隧道突发事故应急演练】 为切实提高处置隧道突发事件能力，协调各单位之间的快速反应能力，维护全县社会稳定，2017年4月27日上午，盂县公安消防大队与高速公路交警、路政、120急救中心等部门在阳泉西环高速檀树岩隧道进行隧道车辆火灾事故灭火救援实战演练。县政府副县长、县公安局局长杨慧文现场观摩指导了此次演练，并对演练情况进行了点评。

（黄建强）

司　法

【概况】 2017年，盂县司法局扎实开展法治宣传、人民调解、社区矫正和安置帮教、法律援助、律师公证和基层法律服务工作，为把盂县建成宜居宜业宜游、服务阳泉发展首善之区创造良好法治环境。全年共组织宣传活动100余场次，发放各类宣传资料8万余份，受教育人数10万余人次。在县委、县政府及其所属部门和各相关部门共61家单位中建立法律顾问制度，实现全覆盖，有效提升依法行政、依法办事的意识和能力。公证处共办理各类公证事项305件，其中，民事类公证192件，经济类公证113件，公证法律援助2件。全县在矫社区服刑人员145人，无脱管、漏管现象发生，总体矫正情况良好，在册安置帮教人员共556人，2017年共衔接刑释解教人员151人，衔接率达100%。法律援助中心共办理援助案件72件，其中，刑事案件19件，民事案件53件，受援人总数799人次，包括咨询987人次，代书50件，挽回经济损失100余万元。律师事务所共代理民事诉讼53件，刑事诉讼14件，法律援助7件，代书300件。各级调解组织调解各类纠纷1082件，涉及人数2300余人，调解成功1053件，较好地维护了全县的和谐稳定。

年内，县司法局立足"法律事务咨询、矛盾纠纷化解、困难群众维权、法律服务指引和提供"的功能定位，出台《关于加快推进公共法律服务实体平台建设的实施方案》，以县、乡镇（城镇办事处）平台建设为重点，统筹整合公共法律服务资源，打造综合性、一站式服务型窗口。深入贯彻落实全国公证工作会议和全省司法行政工作座谈会精神，加快公证体制改革步伐，9月底完成从行政体制向事业体制的转变。在做好案件代理工作的同时，为满足信访群众法律服务需求，合理疏导信访矛盾，缓解政府信访压力，继续完善律师参与信访工作机制，充分发挥律师的参谋作用，积极解决信访问题。

（赵学纬）

【"七五"普法】 2017年，盂县十六届人大常委会第三次会议通过了《盂县人大常委会关于开展第七个五年法治宣传教育的决议》。1月10日，县委、县政府召开了全县法治宣传教育工作会议，全面回顾总结"六五"普法工作，安排部署"七五"普法工作。认真抓好普法任务落实，制订《2017年全县普法依法治理工作要点》。深入推动落实"谁执法谁普法"工作机制，制订下发《关于实行国家机关"谁执法谁普法"普法责任制的意见》，落实谁执法谁负责的普法责任。积极探索在全县范围内推动落实"谁主管谁普法""谁执法谁普法"的工作机制。2017年10月，启动全县无纸化学法用法考试系统，114家单位，2310名国家工作人员注册开通无纸化学法用法考试系统网络平台，11月30日至12月8日进行在线考试。

（赵学纬）

【法治文化建设】 2017年，盂县司法局加强领导干部法治宣传教育，印发《关于做好2017年全县国家工作人员学法用法工作的通知》；加强青少年法治宣传教育，全县155所中小学全部配齐法治副校长，在开学之际上好"法治一堂课"；加强农民法治宣传教育，继续实行农村"订单"普法。利用税法宣传日、综治宣传日、三八妇女维权周、"全国国家安全教育日""3·15""6·15""6·26"及农村传统庙会等开展形式多样的法治宣传活动。12月4日，县司法局紧扣"学习贯彻党的十九大精神 维护宪法权威"主题，组织县直30余家单位共620余人在县城人民广场举办大型法治集中宣传活动，并面对国旗进行集体宣誓。此次活动共展出宣传面板80多块，提供咨询服务200余人次，发放宪法知识小册子及宣传资料近3万份。

（赵学纬）

【法律援助】 2017年，县司法局坚持"应援尽援"工作原则，建立县、乡、村三级联动的工作格局及自下而上的农村法律援助网络，构建法律援助绿色快捷通道，将军人军属、农村"三留守"人员、残疾人等特殊群体纳入重点援助对象。进一步放宽经济困难标准，降低法律援助门槛，使法律援助惠及困难群体。年内，县司法局一方面加强宣传，不断扩大法律援助知晓率；另一方面积极组织人员学习法律援助条件质量评估和条件技能培训，开展专业律师结对帮扶法律援助站等活动，使全县法律援助站工作得到快速发展。5月举办村级联络员培训班，进一步加强基层法律援助服务能力。

(赵学纬)

【社区矫正】 2017年，县司法局按照《社区矫正实施办法》要求对入矫环节进行细化，严把入门关，通过摸底核查、走访了解，协助乡镇司法所组织开展公益劳动和集中培训教育，全面了解掌握社区矫正对策现状，加强思想道德教育和法纪教育，有效遏制和预防矫正对象重新违法犯罪。强化管理实现教育管理信息化，借助社区矫正信息管理系统，对社区矫正对象GPS手机定位监控，实行乡镇司法所日常监管、县局随机抽查，发现定位异常及时核实汇报情况，有效防止社区矫正人员脱管、漏管现象发生。巩固深化与公安、检察、法院等部门的衔接、教育、执法以及考察等联动机制，努力搭建资源共享、快速反应、协调联动的无缝衔接平台。定期召开公、检、法、司联席会议，通报全县社区矫正工作情况，研究探讨工作中存在的问题与难点。协调审判机关，认真做好对可能判处管制、缓刑人员的审前调查工作，提前介入、掌握信息，做到底数清、情况明，确保衔接准备到位和人员交接到位，杜绝脱漏管现象发生；协调检察机关，加强执法监督工作，落实检查监督机制，保障社区矫正工作在执行环节各项措施落到实处；协调公安机关做好此类人员在矫期间的联合管控工作，发现矫正对象在矫期间失联、脱漏管，及时提请公安机关进行追逃，防止再次发生违法犯罪行为。打造常态化督查通报机制。不定期组织专门力量到各司法所开展社区矫正工作执法检查，对执法检查有关情况以文件精神进行通报。9月26日，省检察院、省司法厅社区矫正执法检查组对县社区矫正人员管理情况进行专项检查，认为盂县社区矫正工作认真落实了省级相关文件精神并结合自身实际创新了工作模式。截至年底，累计接收社区服刑人员616人，累计解除矫正471人，目前在矫社区服刑人员145人，其中，暂于监外执行人员3人，缓刑140人，假释人员1人，管制人员1人，无脱管、漏管现象发生，总体矫正情况良好；共接受委托调查评估案件116件，出具社区矫正调查评估意见书116份，评估意见采纳率达100%。

(赵学纬)

【安置帮教】 2017年，县司法局继续完善刑释解教人员安置帮教工作信息化管理，健全县乡村三级安置帮教网络，加大排查"三假"（假姓名、假地址、假身份），"三无"（无家可归、无业可就、无亲可投）和人户分离的刑释解教人员，将登记在册刑释解教人员全部纳入信息化管理，做到衔接、帮教和回访三个100%，实现无缝隙衔接管理，严格落实重点帮教对象"必接必送"措施，全年共实地接送重点刑满释放人员4人。年内，在哈德托普华亨（山西）耐磨铸业有限公司成立过渡安置基地，积极为刑释解教人员自食其力创造条件，使其最大限度得到安置。截至年底，哈德托普华亨（山西）耐磨铸业有限公司累计接收刑释解教人员960人，解除安置帮教404人，目前在册安置帮教人员共有556人，2017年，县司法局共衔接刑释解教人员151人，衔接率达100%。(赵学纬)

【人民调解】 2017年，以县、乡、村三级调解组织的法治化、制度化、规范化建设为重点，县司法局大力开展规范化调委会创建工作。继续狠抓组织、制度、工作、场所、经费、报酬"六落实"，全县共有各级人民调解委员会486个，其中，乡镇（城镇办事处）人民调解委员会15个，村（社区）人民调解委员会463个，专业性、行业性人民调解委员会6个，企业人民调解委员会2个，共有人民调解员1702人。2017年上社镇上社村人民调委会被授予"全国模范调委会"称号。

进一步推进人民调解工作规范化建设，规范人民调解工作程序。加强人民调解员业务培训，上半年对15个乡镇（城镇办事处）司法助理员、村（社区）调解员共计1400余人进行人民调解业务培训，有效提高基层人民调解员的能力素质。通过开展"防控风险，服务发展"化解矛盾纠纷专项攻坚活动，开展矛盾纠纷大排查大化解活动，重点排查征地补偿、拆迁安置、土地纠纷、建筑领域拖欠农民工工资、医患纠纷、村务管理、债务纠纷、涉法涉诉等案件可能引发的不稳定因素和群体性事件苗头隐患。
（赵学纬）

【司法所规范化建设】 根据省司法厅文件精神，2017年，县司法局将牛村司法所、孙家庄司法所纳入第八批省级规范化司法所创建工作范围，制订下发《关于开展好规范化司法所建设的通知》，成立司法所规范化建设领导小组，将司法所规范化建设工作纳入局班子会议重要议事日程，纳入目标管理考核内容之一。严格执行省司法厅提出的组织机构正规化、干部队伍专业化、业务工作法治化、所务管理制度化、基础设施标准化等"五化建设"标准，为司法所配备电脑、打复印一体机、录音笔、档案柜、书柜、办公桌椅、调解桌椅、沙发等，开通互联网和司法专网，并对办公室、档案室、接待室、调解室工作上墙制度进行统一规划、设计、定做、悬挂。业务建设方面相继出台基层司法所人民调解、法律服务、社区矫正、安置帮教、普法依法治理、法治宣传、法律援助等工作措施办法。10月，牛村司法所、孙家庄司法所通过省级规范化司法所检查验收。
（赵学纬）

经济管理

发展和改革

【概况】 2017年,盂县发改局贯彻县委、县政府加快建设"两宜一区十强县"的要求,按照"当好参谋、谋划全局、深化改革、协调作战、调节运行、管理投资、依法治价、管线安全"的发展改革工作要求,强化宏观调控下的综合协调职能,为把盂县建设成为宜居、宜业、宜游,服务阳泉发展的首善之区做出不懈努力。年内,经发改局审批、核准和备案的项目共303项,较上年同期219项增加84项,总投资104.42亿元,较上年总投资38.81亿元增加65.61亿元。 （陈燕栋）

【国省资金争取】 2017年,盂县发改局有11个项目争取到上级各类资金共1.84亿元,较上年(1.67亿元)增长10%。其中,棚户区改造争取到上级资金2800万元,在全省排名第1。县发改局通过大力争取上级资金,有力的配合县委、县政府提升盂县基础设施和人居环境改善,建设宜居宜业宜游盂县。 （陈燕栋）

【项目储备】 2017年,盂县发改局根据县委、县政府对全县重点工程项目"挂图作战"的安排部署,利用项目库资源优势与各部门、各乡镇深入挖掘,超前谋划新项目,项目储备数量和质量有新的提高。一是实施PPP项目4项,分别为:香河滨水空间治理项目、中岚国际物流园项目、秀水镇东兰村拆迁改造及配套工程、省道双阳线盂县过境公路及水神山路绿化照明工程。二是盂县储备项目投资额累计达3575.8亿元,较上年同期(3263.4亿元)增加312.4亿元,完成额在全市均排名第1。三是储备2018年项目80项,总投资266.31亿元,2018年计划投资75.54亿元。四是谋划未来五年(2018年—2022年)项目103项,总投资470亿元。五是总投资50亿元的山水林田湖项目进入太行山山水林田湖治理项目库;香河、秀水河治理项目进入"十三五"期间重点流域水环境治理项目库。 （陈燕栋）

【项目审批效率提高】 2017年,盂县发改局进一步压缩审批时限。项目审批当日办结率达95%,对备案项目,只要符合政策,相关资料齐全,马上办理,立等可取。全年审批项目37项,较上年同期增加6项,总投资36.20亿元;核准9项,较上年同期减少1项,总投资13.65亿元;备案247项,较上年同期增加109项,总投资59.56亿元。 （陈燕栋）

【经济运行监测】 2017年,县发改局进一步完善月度经济运行分析报告制度,通过调查研究、收集数据、分析汇总,形成《固定资产投资情况分析报告》6期,《经济运行情况分析报告》8期,并注意把握提出问题的针对性和解决问题的有效性,为县委、县政府决策提供参考。
（陈燕栋）

【价格监察预警】 2017年,盂县发改局开展粮油、肉、禽、蛋、蔬菜等30个主要副食品价格监测以及其他各项应急价格的日常采集和上报工作,指导和审核监测点按时按质上报监测数,准确率和及时率达100%。全年以《情况简报》形式上报价格信息共30期。依法开展涉案财物价格鉴证服务,全年共接收涉财认定案件105起。其中刑事涉财案件39起,认定金额85.66万元;行政治安案件60起,认定金额16.01万元。不予受理鉴定案件(不具备鉴

定条件）346 起。　　　　　　　　（陈燕栋）

【重点民生工程】 2017 年，孟县发改局积极推进重点民生工程。

采煤沉陷区国家先进技术光伏发电（领跑者计划）示范基地项目：总装机容量 500 兆瓦，涉及 6 家企业、6 个乡镇，总用地面积 1293.33 公顷（1.94 万亩），已流转 1226.67 公顷（1.84 万亩）；场区打孔完成 474.1 兆瓦，支架安装完成 451.5 兆瓦，组件安装完成 445.3 兆瓦，截至年底，漳泽电力、常州天合、中节能、国电投、新疆特变电工、协鑫 6 个项目全部并网发电。

采煤沉陷区治理：孟县采煤沉陷区搬迁安置工作涉及 2 个镇、2 个村，两个项目均开工建设。

"清洁取暖"煤改气工程：2017 年，全县共安排煤改气 58 个村、16368 户。截至年底，煤改气完成管网入户 15329 户，集中供热完成改造 4000，任务完成率为 118%。同时，完成全县 164 座、21 万平方米的中小学及幼儿园煤改电工程。　　　　　　　　　　（陈燕栋）

国土资源管理

【概况】 2017 年，孟县国土资源局以服务供给侧改革、城中村改造、城乡一体化发展、保障民生、扶贫攻坚为重点，创新推进党建工作，打造法治国土，强化资源保障服务能力，为全县经济社会发展提供有力保障。年内，孟县国土资源局被国土资源部授予基本农田划定工作先进单位称号。

土地管理　加强部门协作，加强各规划的衔接，及时制订县级土地利用总体规划调整完善工作方案，为城市总体规划、全域旅游规划、特色小镇、美丽乡村建设和各项重点工程持续健康发展打下良好的基础；永久基本农田划定工作完成，共划定全县基本农田面积 2.97 万公顷（44.54 万亩），比原有保护总量 2.87 万公顷（42.93 万亩）超出 1073.33 公顷（1.61 万亩）；全年供地计划为 370.16 公顷（5552.4 亩），实际完成 334.62 公顷（5019.3 亩）；其中划拨供地 2 宗，面积 275.71 公顷（4135.65 亩）；挂牌出让 23 宗，面积 58.91 公顷（883.65 亩），收取出让金 1.8 亿元；适应县域经济发展形势更新基准地价，编制公共服务设施基准地价。

矿产管理　2017 年全面取缔砖瓦黏土企业，相应的县级国土资源局取消任何矿业权设置和采矿权审批职能；保障矿产资源国家所有的权益，加大对煤矿采矿权价款和矿产资源补偿费欠费企业催缴力度，孟县国土资源局于 3 月、11 月先后两次下发催款通知书、并制订追缴欠缴价款工作方案，采取专人包矿负责等方式进行促缴，征收价款 9508.75 万元，追缴补偿费 1471.53 万元；完成孟县庄里铜多金属矿预设探矿权、山西省五台县陈家庄金铜多金属矿预设探矿权和孟县下社—鹤山铌钽矿预设探矿权三个项目范围审查，为新的探矿采矿品种奠定基础。

执法监察　开展动态立体无缝隙巡查，严格查处各类非法违法行为。年内，以 8 个基层中心所为主，在全县范围内全面开展不间断大排查，创新执法手段，建立无人机巡查队伍，配备无人机 5 架，按照月度巡查计划和领导安排对孟县非法采矿重点区域和易发区不定期开展突查、夜查，对孟县的非法违法采矿重点区域进行航拍监控，解决平面监管盲区，初步建立起立体式监管网络。孟县国土资源局共出动巡查 3946 余车次，出动巡查人员 7843 余人次，累计巡查非法坑点 3427 个，累计巡查关闭矿井 806 处次，罚款 25.93 万元，移送司法非法采矿案件 1 件，刑拘 3 人，取保 7 人；查处涉资源行政治安案件 5 件，行政拘留 5 人，非法违法开采非煤资源的行为基本得到有效遏制，矿业秩序明显好转。从严查处非法占地案件，全年立案124件，应收缴罚款45.51万元，实际收缴罚款5.72万元，应拆除非法建筑面积6.16万平方米，实际拆除非法建筑面积3141平方米；应没收非法建筑面积23358平方米。土地卫片执法监督检查工作中全县违法用地59宗，其中立案57宗，非立案处理2宗；下达行政处罚决定书57宗，结案57宗，履职到位率100%，应罚款金额33.09万元，实缴30.65万元，没收违法建筑物面积4.32万平方米；应拆除违法建筑物面积2.89万平方米，申请强制执行46宗；建议纪律处分55人，落实47人；矿产卫片执法监督检查工作中，矿产卫片共计下发18个图斑，其中违规图斑4个、伪变化图斑14个，共计应收缴罚没款24.20万元，已收缴罚款18.74万元，剩余欠缴罚款5.46万元，为云达石材加工厂非法采矿案，已将该案移送盂县人民法院申请强制执行。通过严格执法，依法办事，信访维稳工作逐步好转，全年共受理各类信访件举报电话投诉136件，涉及矿产资源61件、违法占地75件，比上年下降66件，下降率33%，并且全部化解答复，没有发生群众大规模集体上访、非正常上访情况。

（牛海明）

【高标准基本农田建设】 2017年4月12日，盂县国土资源局召开推进苌池镇水岭底村等乡镇村高标准基本农田建设项目协调会。高标准基本农田建设项目涉及苌池镇的上王村、下王村、北连巅村、小连巅村、水岭底村，上社镇的里独头村、外独头村、刘家沟村、下鹤山北村、张城堡村、柳沟村，北下庄乡的后川村。各村具体情况是：上王村田块动用面积56.76公顷（851.42亩）；下王村田块动用面积44.96公顷（674.38亩）；北连巅村田块动用面积9.04公顷（135.59亩）、小连巅村田块动用面积16.26公顷（243.89亩）；水岭底村田块动用面积29.59公顷（443.85亩）；上社镇里独头村田块动用面积2.08公顷（31.16亩）；外独头村田块动用面积16.20公顷（243.05亩）；刘家沟村田块动用面积10.44公顷（156.67亩）；下鹤山北村田块动用面积13.88公顷（208.24亩）；张城堡村田块动用面积12.69公顷（190.36亩）；柳沟村田块动用面积14.74公顷（221.07亩）；北下庄乡后川村田块动用面积38.90公顷（583.44亩）。会议达成了涉及的相关村委会积极支持项目的实施，做好协调工作；要求施工和监理单位要按照项目设计要求严格施工，确保项目保质保量完成。

（牛海明）

【不动产登记】 2017年，盂县不动产登记中心借鉴市国土资源局及兄弟县区的先进操作规程，通过政府支持，大家共同努力，各项工作稳步推进。6月20日率先实现信息平台接入，成功实时数据上报；10月25日在山西省首批不动产登记数据汇交入库工作中成为首家完成不动产登记存量数据整合入库的单位；信息平台建设成效明显，截至年底实现县、市、省、部登记信息实时准确完整接入，部门间信息互通共享稳步推进，"不动产登记便民利民示范窗口"建设顺利开展，所有不动产登记工作合署办公初步实现，不动产服务功能更趋完善；为方便群众，不动产登记业务开展电话预约服务，着手准备互联网+微信登记。全年不动产登记中心共颁发不动产证674本，不动产证明1702本，登簿量完成4001条，其中房屋3858条，土地143条，上报数据364条。（牛海明）

【精准扶贫工作】 盂县国土资源局帮扶村为上社镇下鹤山北村。2017年，盂县国土资源局认真开展党员一对一帮扶活动，积极推进脱贫帮扶工作。在该村实施了两个土地开发项目，建设规模6.51公顷（97.6亩），工程总投资77.7万元，新增耕地5.03公顷（75.44亩），该项目已全部完工，具备耕作条件，该村村民已见收益；协助贫困户2户享受教育扶贫、协助贫困户3户开展兜底扶贫享受并领取了民政部门救助资金、协助贫困户5户开展金融扶贫申请小额贷款21万元,鼓励贫困户调整农业种植结构,与县种子站联系,签订了种植"长杂2号"谷子20公顷(300余亩)的种植产销合同,农民征收后,盂县国土资源局帮助贫困户销售小米1万余斤,农民增收4万元;资助村委会修缮基础设施,筹措资金2万余元,油毡纸30余卷,炭20余吨慰问贫困村、贫困户,用于修缮本村文化基础设施和贫困户购买米面油等,解决了该村贫困户的实际困难;积极响应全国"扶贫日"号召,开展了扶贫日捐款活动,共捐款6750元。同时坚持扶贫扶志的原则,鼓励贫困户要坚定信心,自力更生,找准致富门路早日脱贫、尽快脱贫。 (牛海明)

【呼亚民赴盂县调研打击非法违法采矿工作】2017年8月25日,呼亚民副市长带领市国土资源局王军局长一行5人来盂县调研打击非法违法采矿工作,副县长杨慧文陪同调研。呼副市长一行首先赴东西垴村进行现场检查,随后在县打击非法违法采矿指挥部检查远程监控系统,听取关于盂县打击非法违法采矿工作汇报。呼副市长肯定了盂县取得的成绩,并对下一步工作提出要求:一是防范和打击工作任重道远,一丝一毫都不能松懈;二是要高度重视非法违法洞采行为,紧紧监控用电异常,发现一起,查处一起,不能手软;三是关闭矿井要高度关注,竖井要填实,斜井要持续管控;四是非煤资源监管也要到位,明确重点,注重采石采矿造成的边坡滑坡,消除安全隐患;五是加强对村干部的教育培训,杜绝参与和充当保护伞。呼副市长强调:要把盂县国土、公安联合执法的经验推广全市;要把盂县"四长联动"(县长、局长、乡镇长、村主任)机制推广全市;要把盂县使用无人机和重点区域布设监控探头无线传输实时监控的手段推广全市。 (牛海明)

【基本农田划定工作验收】2017年5月3日,由省国土资源局厅作业单位组成的省级内业检查组检查了盂县永久基本农田划定数据库、图、表、册等纸质或电子资料。5月5日,由省国土资源厅、省农业厅各处室负责相关业务的人员组成的省级外业检查组对盂县永久基本农田划定工作进行省级外业验收。按照阳泉市耕地分布情况,盂县外业需要核查划入地块总面积的50%以上,专家组一行外业分别深入东梁乡、西烟镇、秀水镇和苌池镇等划入地块集中区域实地踏勘了本次划入的基本农田地块,县国土资源局、国土所各级领导配合省级验收专家组到实地介绍划定情况。随后,在阳泉市国土资源局会议室召开阳泉市三县区永久基本农田省级验收会,外业检查组一致认为盂县新划入的永久基本农田地块质量优良,能满足划定要求,内业检查组认为盂县内业资料准备完善,数据库质检合格,满足要求。 (牛海明)

【"问题地图"排查整治】2017年9月20日,盂县政府组织召开全覆盖排查整治"问题地图"专项行动部署会。会后各级各单位在全县范围集中开展全覆盖排查整治"问题地图"专项行动,重点对教育部门、图书馆、文化部门、测绘单位进行检查。10月12日,省检查组深入盂县教育局、盂县文化中心等地对公开出版的教材教辅教具、地球仪、图书以及展馆用图进行检查,发现无审图号出版物10种,其中刊登问题地图刊物4种,问题地球仪1个,对发现的问题督促有关单位限期进行全面整改。通过全面排查整治问题地图专项行动,进一步规范地图市场,使公众更加快捷、广泛的使用正确的地图产品,全社会形成正确的国家版图观,形成自觉维护国家主权,维护国家安全意识。 (牛海明)

【农村集体"两权"地籍调查成果通过验收】2017年10月12日,盂县农村集体"两权"(宅基地使用权和建设用地使用权)地籍调查成果市级验收动员会召开。此次验收,由市农村集

注:1斤≈500克。

体土地确权登记发证领导组盂县农村集体建设用地和宅基地籍调查成果进行检查验收。验收组由市国土资源局地籍科、信息中心、地环中心、市不动产登记中心等单位有关领导和专家共20余人组成，县农委、县财政局及相关单位和县国土资源局有关股室参加了验收工作。通过验收组专业检查后，盂县农村集体"两权"地籍调查成果通过验收。 （牛海明）

工商和质量监督管理

【概况】 盂县工商和质量监督管理局是2017年2月将原盂县工商行政管理局、盂县质量技术监督局整合后新组建的县政府工作部门。原盂县工商行政管理局、盂县质量技术监督局人员的职责从此整合。业务上分别接受阳泉市工商行政管理局、阳泉市质量技术监督局的指导、监督，领导干部实行双重管理，以地方管理为主。局机关办公地址设在盂县县城秀水西街（原质量技术监督局办公楼）。新组建的县工商和质量监督管理局设股（室）13个，基层管理所7个，质量检测所1个。内设股（室）有行政许可股、企业监督管理股、商标广告股、消保合同股、市场经检股、质量监督股、特种设备安全监察股、办公室、人事教育股、财务股、政策法规股、监察室、非公经济组织党建工作股。基层所分布在本县秀水、南娄、路家村、牛村、苌池、西烟、梁家寨7个乡镇驻地，承担着全县14个乡镇的工商行政管理和质量监督管理工作。

盂县工商和质量监督管理局承担着盂县涉及工商行政管理和质量技术监督职能的全部工作。主要包括：贯彻执行国家有关市场监督管理、质量技术监督管理的方针、政策和法律、法规，负责各类市场主体的登记注册并监督管理；依法规范和维护各类市场经营秩序，负责监督管理市场交易行为和网络商品交易及有关服务的行为；承担流通领域商品质量监督管理工作（食品、药品除外），组织开展有关服务领域消费维权工作，保护经营者、消费者合法权益；查处违法直销和传销案件，依法监督管理直销企业和直销员及其直销活动；负责垄断协议、滥用市场支配地位、滥用行政权力排除限制竞争方面的反垄断执法工作，依法查处不正当竞争、商业贿赂、走私贩私等经济违法行为；依法实施合同行政监督管理，负责管理动产抵押登记，组织监督管理拍卖行为，依法查处合同欺诈等违法行为；指导广告业发展，负责广告活动的监督管理；依法保护商标专用权和查处商标侵权行为；负责宏观质量管理；负责产品质量监督；管理和指导标准化工作；管理计量工作；管理认证认可工作；负责特种设备安全监察、监督管理工作；加强节能减排领域的质量技术监督等。

截至2017年底，全县各类市场主体累计19203户（包括内资企业658户、私营企业2618户，个体工商户14563户，农民专业合作社1364户）。其中新增各类市场主体2864户（包括内资企业108户、私营企业545户、农民专业合作社115户、个体工商户2096户）。

全县有效注册商标总量402件。其中，国际注册商标1件、中国驰名商标1件、山西省著名商标9件。新申请商标注册86件，注册31件，推荐山西省著名商标6件。

年内，先后开展反不正当竞争、打击传销规范直销、商标专用权保护、广告监管、查处无照经营和特种设备安全监管、质量计量标准化、行政许可等专项执法行动。全年查办案件62起，共收缴罚没款30万元。其中，工商行政管理执法案件46起、收缴罚没款8.67万元，质量技术监督执法案件16起、收缴罚没款21.33万元。

截至年底，有领导班子成员10名，干部职工210人。局党总支下设7个党支部，共有党员109名（在职党员72名，离退休党员37名）。

（石其铭）

【非法经营成品油专项整治】 2017年，盂县启动打击整顿非法经营成品油专项行动。针对非法经营成品油的现象有所抬头，扰乱成品油市场正常秩序，带来一定安全隐患的实际情况，县政府召开会议，安排部署，依法依规印发全县打击整顿非法经营成品油专项行动方案，明确打击整顿重点目标、责任分工、方法步骤、工作措施。按照县政府"全覆盖、零容忍、严执法、重实效"的总要求，县经信、工商质监、交通、安监、税务、环保、公安司法等多部门和乡镇联合出击，在全县范围内开展打击整顿非法经营成品油专项行动。重点打击整顿非法经营加油站、加油点、流动加油车辆及各类非法经营成品油的不法行为，严肃查处高速公路出入口、国道省道及县、乡（镇）公路沿线非法建设经营的加油站、加油点、流动加油车辆。通过多部门和乡镇集中一个月时间的打击整顿专项行动，建立起促进成品油市场健康发展长效监管机制，彻底根除非法经营成品油的不法行为，维护人民群众的权益和社会稳定，保障全县经济社会稳定有序发展。

（马成喜）

【"五粮液"系列酒类市场专项检查】 2017年3月3日，盂县工商和质量监督管理局执法人员联合中国四川宜宾五粮液股份有限公司打假人员对全县五粮液系列酒类市场进行专项检查。共检查经营门店11户，查处销售侵犯"五粮春""五粮液"白酒注册商标专用权商品案4起，当场查扣假冒五粮液系列酒33瓶，共收缴罚没款4000元。

（石其铭）

【新增两件山西省著名商标】 2017年3月29日，盂县工商和质量监督管理局为盂县凯通商贸有限公司的凯通图形商标和盂县藏山旅游名胜风景区的"藏山"商标分别颁发山西省著名商标牌匾和证书。这是继"西小平""京武""吉天利""欢乐喝彩""昕亮木业""耀森""阳婆婆"之后，盂县又增添的两件山西省著名商标。

（石其铭）

【知识产权宣传周活动】 为加强知识产权宣传普及，提升全社会知识产权意识，2017年4月20日起，盂县开展"2017知识产权宣传周"活动。这次活动由盂县工商和质量监督管理局牵头，县科技局、县经信局、山西晋邦梦科技有限公司等单位参加。4月26日，以"创新改变命运、知识产权竞争未来"为主题的集中宣传活动在盂县人民广场举行。通过现场咨询、资料赠送、图版展示、电子显示屏滚动播放等形式，向社会公众宣传介绍知识产权知识，呼吁人们重视和保护知识产权。同时，还向群众宣传、发放《商标法》《商标法实施条例》等法律法规小册子200余册，宣传资料2000余份，接待群众咨询120余人次。

（石其铭）

【"无传销县"创建工作】 2017年，盂县工商和质量监督管理局制订《开展创建"无传销县"活动方案》，建立打击传销联络员制度，层层签订打击传销工作责任状，深入开展抵制传销、防范传销进校园、进社区活动，宣传传销违法活动对社会的危害，教育引导未成年人远离传销，消除安全隐患。先后组织执法人员100余人次，深入城乡散发"抵制传销、防范传销"宣传资料1万余份，张贴打击传销违法活动挂图500余份，并以12315、110举报电话为平台，促进执法部门与广大群众信息沟通，形成良好防范、打击传销违法活动社会舆论氛围。

（石其铭）

【个体工商户登记制度改革试点工作】 2017年，按照省工商局工作实施方案，盂县积极探索个体工商户登记制度改革。通过改革试点，创新登记理念，降低准入门槛，简化登记流程，提高登记效率，改善营商环境，促进经济持续健康发展。一是放宽登记条件，强化经营者主体责任。即简化申请文书，放宽经营场所登记条件，全面实施信用承诺制度。二是简化登记流程，推行"一次办结"制。申请使用名称的个体工商户，符合规定的当场核准；符合条件的当场登记。三是全面推动个体工商户网上登记、全程电子化登记，推行"同城通办"、银行代办等模式（方式），扩大电子营业执照的应用领域；探索试行个体工商户领照和经营资格许可"证照联办"制度，实现"一窗受理，一表申请，同步审批，一窗发证"。降低其准入制度性成本，使准入登记更加便利化。四是改革管理制度，减少登记限制。探索网点登记条件和登记方式，简化个体工商户变更经营手续，允许"一人多照""一照多址"。五是完善信息系统，提供技术支持。鼓励有条件的企业通过互联网、移动端 App 等方式，建立个体工商户简易登记渠道，切实提高个体工商户登记管理的信息化、智能化、便利化水平。六是探索个体工商户免于登记的范围。 （石其铭）

【"双随机、一公开"工作】 2017年，盂县工商和质量监督管理局在监管过程中，随机抽取检查对象和随机选派执法检查人员，并将抽查检查结果通过国家企业信用信息公示系统向社会公开。截至年底，国家企业信用信息公示系统（山西）已归集公示了全县 31110 户市场主体（含注销、吊销户），公示年报信息 15608 条，行政处罚信息 192 条，动产抵押信息 82 条，股权出资信息 120 条，股权出质登记信息 75 条，经营异常名录信息 10290 条，简易注销公告信息 76 条，吊销信息 152 条，协助司法机关股权冻结信息 15 条。同时，对查办的 49 起一般程序案件公示，做到"案件公示率、及时率、准确率"3 个 100%。7 月 20 日，在全县范围内率先举行"双随机、一公开"抽查工作启动仪式。对 1935 户移出经营异常名录的企业随机摇号抽取，将 55 名执法人员与抽取的 195 户市场主体随机匹配抽查检查，并将结果公示。 （石其铭）

【优化营商环境】 2017年，盂县工商和质量监督管理局优化营商环境，纵深推进"放管服"改革。一是继续深化"多证合一、一照一码"登记制度改革。截至年底，全县共核发"一照一码"营业执照 4682 张，发放个体工商户新版营业执照 5624 张。全县实有各类市场主体 19203 户，注册资本（金）总额 266 亿元，较去年同期分别增长 18.6% 和 20%。二是深入推进"先照后证"改革。保留《工商登记前置审批事项目录》28 项。全年办理涉及前置审批的劳务派遣、保险、快递等市场主体 2 户。三是全面实施企业简易注销登记改革。通过国家企业信用信息公示系统（山西）发布简易注销公告的企业 63 户，37 户企业已办结。四是实行企业名称核准全程电子化登记。共办理企业 530 户、农民专业合作社 94 户。五是放宽住所登记条件，实行企业住所自主申报制度。已办理住所承诺制市场主体 148 户。六是实施干部入企服务。综合施策，集中帮扶，共办理动产抵押 16 件，融资金额 10 亿元；办理股权设立登记 18 件，出质股权 4.6 亿元，被担保债权数额 12.1 亿元。 （石其铭）

【特种设备安全监察】 2017年，盂县工商和质量监督管理局相继开展了特种设备安全大排查、大整治和大检查专项行动，实现了特种设备安全监管平稳有序。一是预警关口前移。建立了特种设备安全警示电子档案。二是执法监管下移。实现了基层所普遍排查与县局特种设备安全监察股全面监管的有机结合。三是强化主体责任。组织特种设备安全负责人和安全管理员进行警示约谈 8 次，学习培训 11 次。四是加大办案力度。全县共有特种设备生产使用单位 190 家，特种设备 1686 台（其中锅炉 82 台、压力容器 826 个、电梯 507 台、起重机械 225 台、场内机动车辆 38 台、大型游乐设施 8 台），气瓶 48799 个，压力管道 542.59 千米。全年查办违反特种设备安全监察法律法规的案件 7 起，共收缴罚没款 18 万元。 （石其铭）

【质量标准化工作】 2017年，盂县工商和质量监督管理局质量标准化工作取得突破。一是推荐盂县4家企业参加"首届阳泉市市长质量奖"评选活动。山西盂县西小坪耐火材料有限公司荣获"首届阳泉市市长质量提名奖"。二是帮助盂县藏山旅游名胜区申报国家级服务业标准化试点项目。三是督促帮助34家企业产品标准自我申明公开。四是对农资化肥抽样11个批次、散煤抽检13个批次、车用尿素抽样5个批次。对19家加油站37个油品进行了抽查。五是查办违反计量法律法规案件9起，收缴罚没款3.53万元。 （石其铭）

【综合执法能力提升】 2017年，工商、质监两部门整合后，面对改革任务重与自身执法能力不相适应的矛盾，县工商和质量监督管理局加强了对全体干部职工的综合培训。由局领导、股（所）长以及业务骨干集中授课，联系工作实际，讲解相关知识。先后组织了全员知识更新培训、党风廉政建设培训、注册登记监管业务培训、标准计量质量业务培训、特种设备安全监察业务知识培训、《反不正当竞争法》知识讲座、团队文化知识讲座等业务知识培训20余次，干部队伍的业务水平、综合执法能力明显提升。 （石其铭）

【中国共产党盂县非公有制企业委员会成立】 2017年12月8日，中国共产党盂县非公有制企业委员会成立暨第一次党员代表大会在县城召开，县非公有制企业和社会组织工作委员会、各乡镇非公有制企业党组织负责人以及所属党员80余人参加。大会选举产生了中国共产党盂县非公有制企业委员会（简称盂县非公企业党委），机构设在盂县工商和质量监督管理局。截至年底，全县非公有制经济组织内已建立党组织207个，中共党员802名。其中，本年度新组建的党组织118个，发展新党员13名，发展培养积极分子51名。 （石其铭）

【省级文明单位创建】 2017年，盂县工商和质量监督管理局以创建省级文明单位为载体，深入开展丰富多彩的主题系列活动。抓干部的基本素质，举办道德大讲堂。组织观看《做人与做事》视频讲座；邀请市、县教育专家讲授《国学智慧与幸福人生》，推广普通话学习运用。开展多种形式的爱国主义系列主题活动，激发干部职工爱党、爱国、爱局热情。开展扶贫济困献爱心送温暖活动。深入帮贫扶困联系点慰问孤寡老人、五保户、特困户，帮助解决实际困，先后向贫困山区捐款10万余元。牢记监管使命，组织和扎实开展十项专项执法行动，查办违法案件，解决消费投诉，维护了市场秩序和消费者权益。帮扶农村经济快速发展。深入推进红盾护农、商标兴农、合同帮农、经纪人活农、经济组织强农等工作，鼓励、引导企业培育自主商标，打造品牌企业。严厉打击销售伪劣农资坑农害农行为。开展形式多样的文体活动。学练广播体操、八段锦。节假日期间，先后组织广播体操、乒乓球、象棋、跳棋、拱猪、拔河比赛，培养干部职工积极健康的情趣。关注老干部生活。召开老干部座谈会3次，九九重阳节组织老干部学习党的十九大精神，到盂县各旅游景点共享全域旅游的成果，还投资1万余元改善老干部活动中心。12月，顺利通过了省文明办对盂县工商和质量监督管理局省级文明单位的检查验收。 （石其铭）

审计管理

【概况】 2017年，盂县审计局严格依法履行审计监督职责，坚持应审尽审、凡审必严、坚持创新审计方式方法、大力推进有重点、有步骤、有深度、有成效的审计全覆盖，充分发挥审计在党和国家监督体系中的重要作用，为服务全面从严治党和促进盂县社会和谐、经济健康平稳发展和三宜一区建设、力争早日跨入全省十强县努力奋斗、发挥审计"免疫系统"功能作用。年内，共审计单位（项目）78个，审计查出主要问题金额11.24亿元、应上缴财政金额7553万元、管理不规范金额4.8亿元、归还原渠道金额2095万元、核减工程投资金额1531万元。向县人大、县政府、县委组织部提交结果报告51份，审计报告88份，审计决定书61份，提出合理化审计建议192条，被县人大、县政府、县委组织部和有关部门采纳审计建议192条，撰写审计简报、审计信息、审计情况反映、审计专报23篇次，被上级审计机关和国家、省、市、县采纳20篇次，获得荣誉1项。截至年底共有在册干部职工61人。其中：在岗41人、离退休20人；高级审计师1人，审计师9人，助理审计师1人，会计师2人，统计师2人，助理工程师1人。（白晓波 杨仁恒）

【财政审计】 2017年，盂县审计局按照盂县人民政府批转的审计项目计划，对县本级财政预算执行情况及其他财政收支进行审计，审计涉及组织预算部门和预算单位5个。审计中，关注预算编制、执行、调整等情况、关注财政收入、支出和分配以及有预算分配权的部门职责履行等情况、关注政府性债务管理营改增等情况。严格执行中央"八项规定"精神和国务院"约法三章"落实情况，加强"三公"经费、会议费使用和楼堂管所建设等方面审计，促进厉行节约和规范管理。审计结果为，一是预算管理不断规范。预算审核逐步由收支平衡向政策拓展转变，做到支出结构更加优化，资金使用更加高效，预算编制更加规范透明。二是积极采取措施，缓解财政支出压力。2016年县财政通过调入预算稳定调节基金、政府性基金和争取上级一般转移支付等资金2.04亿元弥补当年支出缺口。三是积极盘活财政存量资金。2016年盘活财政存量资金6208.16万元，调减部分预算项目9885.4万元，保证了财政收支平衡。四是"三公"经费管理进一步规范。2016年安排全县各单位"三公"经费670万元，比上年940万元减少29%，实现了"三公"经费"只减不增"的目标。盂县审计局已根据相关规定提出规范财政管理、促进经济运行的六点建议促进整改到位。同时，以财政预算管理为基础，对盂县地税局税收征管情况进行审计。审计中，重点以税收计划完成情况、代征规费、基金等非税收入征收划解情况、代扣代征税款情况、税收欠缴情况实施审计。审计结果表明：2016年"营改增"实施后，地税收入规模大幅缩减，各级的收入计划明显减少，但受煤炭价格攀升影响，煤炭形势转好，收入规模逐渐扩大。2016年县地税局共组织地方公共财政收入总额33545万元，占当年收入计划3.36亿元的99.84%，比2015年地方公共财政收入4.82亿元减收1.07亿元。盂县审计局已根据相关规定提出强化税收稽查，加大欠税清缴力度；做好税收监控分析和税收预测审计建议促进整改到位。此外还对共青团盂县委员会、盂县城镇社区办事处、盂县文学艺术界联合会单位财政财务收支情况进行审计。审计中，强化对行政事业单位财政财务收支的监督，从源头上规范预算管理。查出主要问题金额6.3万元，扩大开支范围和提高开支标准列支2.28万元，记账及结算不及时0.9万元，使用不合规票据列报支出1.93万元，差旅费审批程序不规范0.77万元。盂县审计局根据相关规定提出加强收支核算管理、防止虚列收入和结余不真实、强化部门预算"三公经费"的编制工作、建立健全"差旅费会议费培训费"审批制度和理顺审核程序等五点审计建议促进整改到位。

（白晓波 杨仁恒）

【专项审计】 2017年，盂县审计局完成专项资金审计项目3项，分别是：全省新型农村合作医疗机构整体移交人力资源社会保障部门审计；全市农村商业银行股份有限公司2015、2016年度资产负债损益审计；阳泉市住房公积金管理中心盂县管理部2015年、2016年住房公积金审计。配合上级审计机关单独完成审计项目3项，分别是：全省经济社会发展情况审计和审计调查；全省财政资金信息化管理情况审计调查；全市2016年度财政扶贫资金管理使用成效情况检查。在对阳泉市住房公积金管理中心盂县管理部的审计中，发现盂县东红蔬菜种植专业合作社和盂县慧峰工矿用品经销部两家企业涉嫌虚假公积金贷款546万元，移送盂县公安局经济犯罪侦查大队依法处理。在对盂县农村商业银行股份有限公司2015、2016年度资产负债损益情况审计中，发现涉及18名国家公职人员逾期拖欠贷款1061.34万元，移送盂县监察委员会，对违纪行为调查处理。同时，审计发现，盂县农村商业银行股份有限公司违规向内部职工发放个人贷款、抵债资产未在规定时间内处置、小微贷款事业部专用系统未如期运行面临资产损失风险三类行为，移送山西省农村信用社联合阳泉办事处调查处理。同年，抽调两名审计人员配合市审计局农业科对吕梁市临县开展扶贫政策措施落实和扶贫资金分配管理使用情况审计。按照市审计局项目计划安排，派出审计组对郊区2016年城镇保障性安居工程进行了跟踪审计，对上述审计项目依法出具审计报告。（白晓波　杨仁恒）

【政策措施贯彻落实跟踪审计】 2017年，盂县审计局主要跟踪审计了盂县编制委员会办公室简政放权衔接、取消、下发、清理政策落实情况，盂县13710办公室制度、平台、系统建设政策落实情，盂县国家税务局对小微型企业及科技企业孵化器税收优惠政策落实情，盂县地方税务局对小微型企业及科技企业孵化器税收优政策落实情，盂县科学技术局科技孵化器建设、运营政策落实情，盂县人社局高校毕业生就业创业政策措施落情，"互联网+政务服务"工作落实情，财政资金统筹管理政策落实方面情况，房地产去库存政策落实情，民生保障政策落实方面情况。同时对前一阶段审计发现采煤沉陷区项目建设审批手续不完善；盂县城镇生活垃圾卫生填埋场南村中转站建设手续不全；盂县城镇生活垃圾卫生填埋场项目地方政府投资未到位；存量资金未安排使用803万元；"互联网+政务服务"拖欠硬件设备价款48.85万元，应付未付软件技术开发费26万元；民生保障政策落实方面发现光伏扶贫项目管理机制不健全，未制订出台《盂县光伏扶贫工作实施方案》，没有形成全县统一的安装、售后、运维等全面系统的管理机制的问题进行整改审计。并针对政策措施落实情况跟踪审计报告中提出的问题，重点检查了制订或完善相关政策，产生的积极效果和未及时整改或整改暂时困难的问题，明确了责任主体，深入分析原因，提出解决问题的意见和建议，促进政策落地生根发挥积极作用。

（白晓波　杨仁恒）

【固定资产投资审计】 2017年，盂县审计局完成投资审计项目58项，审计资金总额2.01亿元，其中：单纯造价审计项目15项、审计资金2343万元，竣工决算审计项目43项、审计资金1.8亿元。通过审计，查出违规问题2个，涉及资金1983万元；核减工程款1531万元，核减比例7.62%。通过审计，强化了固定资产投资项目的审计监督，确保了建设资金安全，有效控制了工程建设中工程审定价超估算价问题的情况，从体制、机制和管理层面提出了审计建议，进一步规范了建设单位基本建设程序，保证了建设资金真实、合法、有效的使用。

（白晓波　杨仁恒）

【经济责任审计】 2017年，盂县审计局受县委组织部委托，完成11个单位11名主要领导干部离任经济责任履职情况审计。审计中，围绕领导干部任期经济责任履行情况，从领导干部任期内各项经济收入完成情况和财务支出情况，资产家底变动情况，任期内重大事项决策情况，各项专项资金投入使用情况，执行国家财经法规以及个人廉政情况等方面进行审计。

通过审计，查出违规金额495.02万元，管理不规范金额70.87万元。　　（白晓波　杨仁恒）

【巡察工作和扶贫领域专项检查工作】 2017年，盂县审计局发挥审计监督服务职能，配合市、县纪检监察部门开展巡察工作和扶贫领域专项检查工作。抽调1名审计人员配合市委巡察办开展全市专项巡察工作，抽调6名审计人员配合县委巡察办开展全县专项巡察工，抽调1名审计人员配合县纪委开展全县"六项工作"（信访维稳、脱贫攻坚、环境保护、安全生产、重点工程建设、城乡卫生综合整治）督查检查，抽调1名科级领导干部对政府投资的重点工程项目进行跟踪审计和监督检查工作，长期抽调2名科级领导干部配合县改制办进行资产清查工作和预防职务犯罪工作等任务。

（白晓波　杨仁恒）

招商引资

【概况】 2017年，盂县招商局共策划包装招商引资项目86个，总投资1147亿元，完成任务的107.5%；共签约项目25项，签约资金122.02亿元，完成任务的101.7%。其中：21项已落地，落地率达84%；17项已开工建设，开工率达68%；外来资金到位40.74亿元，完成任务的113.2%；其中：当年签约，当年开工，当年到位资金27.1亿元，占全年到位资金的54.5%。全年上报有价值的招商引资信息36条。

（张　涛）

【北京盂县企业商会筹建成立】 2017年9月，盂县招商局与盂县籍驻京企业家取得联系，筹划成立北京盂县企业商会。通过该商会搭建专业平台，强化内联外交，心系家乡建设、服务盂县发展，弘扬仇犹文化，不断整合资源，促进区域经济交流和合作，为家乡的发展贡献力量。在北京盂县企业商会的协助下，成功与北京国创恒电电子科技有限公司、北京鲁辽商贸有限公司、北京东方格瑞特装饰材料有限公司、北京北方昌盛科技有限公司、北京镭创高科光电科技有限公司、北京市天业兴建材科技有限公司等多家公司达成入驻中岚物流园区意向。

（张　涛）

【参加论坛大会　达成合作意向】 2017年9月26日至28日，由县政府领导带队，参加市委、市政府在北京召开的晋商晋才回乡创新创业，泉心泉意共促阳泉发展和新能源、新材料、传统产业转型升级、文化旅游融合发展暨招商引资引智、大数据引领智慧转型创新、现代物流五个论坛大会，在会上共签约四个项目，签约资金额40.3亿元，签约项目和签约资金额均为全市第一。其中：钙产业循环经济项目投资10亿元，新能源汽车分时租赁一体化运营项目投资2.5亿元，盂县永店坡老城棚户区改造及路网工程综合项目投资7亿元，速生林经济全产业链项目投资20亿元。　　（张　涛）

【两亿元投资项目开工落地】 2017年，共有县内外14个项目达成入驻盂县中岚电子信息产业园意向。其中承接京津冀产业转移和东部沿海加工贸易产业转移的电子信息类项目4个，分别是：深圳市馨晋商电子有限公司承建的集成电路封装测试项目、北京镭创高科光电科技有限公司投资承建的激光投影仪产业项目、北京北方昌盛科技有限公司承建的高端信息卡制造项目；深圳星炬云智能科技有限公司承建的智能锁研发组装生产线项目。

深圳馨晋商电子有限公司的集成电路封装测试项目是盂县中岚电子信息产业园的重点招商入园项目。该项目总投资2亿元，占地66亩，可容纳10条生产线。项目建成后，年生产电子产品8亿只。在5至10年内建成山西省最大的半导体研发、封装、测试基地，直接就业500人，间接带动就业2000人。到2017年底，该公司已在盂县注册了阳泉市馨晋商电子有限公司营业执照，厂房施工在中岚物流园内全面展开。1#厂房基础连梁垫层全部浇筑完成，钢结构预制完成，吊装工作已经完成。

北京镭创高科光电科技有限公司位于北京亦庄经济技术开发区，长期致力于激光显示设备的研发。该项目经过近8年研发，在国内技术领先。项目选址为中岚电子信息产业园。该项目初期建设总投资1.5亿元，占地约40亩。因园区暂不具备入驻条件，该项目在盂县吉天利科技实业有限公司原厂区内临时建厂，并于12月11日正式投产，开展生产经营。（张 涛）

信息工作

【《盂县发布》信息推送】 2017年，盂县经济信息中心主动、及时、全面、准确发布政府信息，增进了公众对政府工作的理解和支持。1月1日，《盂县发布》正式开通运行，充分发挥微信平台受众面广、传播速度快的特点，年内共推送信息812条。同时利用新媒体大力发展智慧旅游，促进旅游和互联网深度融合，加大旅游宣传促销力度，全方位立体化宣传盂县旅游，为宣传国庆黄金周制作的《盂县免费旅游直通车》和《遇见盂县》点击率分别达16818次和14544次，宣传盂县的旅游资源、风味小吃和民俗风情，为盂县的旅游事业发展创造良好的宣传环境。（田 常）

【互联网新闻报道】 2017年，盂县经济信息中心把握主旋律，搞好盂县政府网新闻报道工作。一是搞好视频新闻报道工作，全年发布各类专题视频新闻357条，约1300分钟。二是及时更新主打栏目，在网上发布各种文字新闻信息3790条，每日更新的栏目有今日盂县、盂县新闻、热点关注、国际国内动态、省市信息；不定期更新的栏目有视频盂县、领导讲话、党政文件、政策解读等。年内，除更新原有的专题栏目外，重点创建了"十九大专题""贯彻落实习总书记视察山西重要讲话精神"、人大政协"两会""中央环保督查边督边改""创卫工作"等专题栏目，完成了一些重大中心工作的报道任务。（田 常）

【政务信息公开】 2017年，盂县经济信息中心坚持把"盂县政府网"作为政务信息公开工作的第一平台，及时更新处理发布行政权力运行公开、行政处罚信息公开、公共资源配置信息公开、公共服务信息公开、公共监管信息公开等9大领域22个方面的信息公开共计2000余条，其中预算、决算、"三公"经费等信息300余条，建设用地规划信息108条，保障性住房信息1160条，环保信息30条，食品药品安全信息68条，价格收费信息45条，教育类信息158条，城市医疗及公共卫生事件信息120条，城乡低保等社会救助信息25，增强了政府信息公开实效性，更好地发挥了信息公开对建设法治政府、创新政府、廉洁政府的促进作用。

（田 常）

中小企业管理

【概况】 2017年，全县中小企业广大干部职工围绕全年工作目标，狠抓政策落实，激发双创活力，搞好服务引导，强化运行监测，总体呈现出"缓中趋稳，稳中向好，好中有进"的态势。截至年底，全县登记注册的民营（中小微）企业2640个，同比17.53%；全县民营企业从业人员3.95万人，占总数的78.69%。从经济指标看：中小微企业营业收入完成36.45亿元，同比增长3.92%，其中：工业总产值完成27.81亿元，同比1.45%；工业营业收入完成23.68亿元，同比0.49%。从产业行业看：全县民营企业2640家中，第一产业465家，第二产业416家，第三产业1759家，分别占到企业总数的17.61%、15.76%、66.63%。在第一产业中，种植业243个、养殖业222个。在第二产业中，建筑业及传统的耐火、冶金、建材等行业仍占相当比重，其中：铝矾土、耐火材料制品制造业190个；冶金、铸造业25个；建筑材料制造业55个；建筑业53家；农产品加工业68个，其他25个。在第三产业中，民营企业几乎涵盖了第三产业的全部门类，其中：交通运输业306个，商贸服务业863个，电商380个，住宿餐饮业172个，其他38个。从规模看，规模以上民营企业15家。从科技含量看，现有高新技术企业3家；省级民营科技企业26家，全县专业技术人员7500余人。（武秋元）

【政策扶持力度加大】 2017年，盂县中小企业局利用电视、报纸、网络、微信等各种媒体加强对政策的宣传。6月27日，参加市中小企业局主办的"全国首个6·27中小企业宣传日"活动，展示盂县发展中小企业的成果。9月由主要领导带队分别深入各乡镇民营企业对新修订的《中华人民共和国中小企业促进法》开展宣传活动。编辑和印刷《民营经济发展政策汇编》1000余册，由盂县中小企业局下乡服务小组人员深入基层一线免费发到民营企业和个体户手中，让企业充分了解政策、掌握市场信息，运好政策，在全县形成大众创业、万众创新的良好发展环境。（宋　锴）

【企业改制】 2017年，盂县中小企业局积极实施《山西省中小企业规范化改制三年行动计划》和市、县提出的优化改善中小企业发展环境，推进中小企业规范化改制进程。引导鼓励有条件的企业进行企业股份制改制，并积极筹备新三板上市融资。8月组织盂县中小微企业中高层管理人员150余人进行"2017年盂县中小微企业管理人员专题培训班"培训，优选5家企业董事长参加市举办的中小企业改制上市暨现代企业制度管理培训班。7月3日，盂县山西大衆温泉大酒店有限公司在山西股权交易中心"文化旅游版"成功挂牌上市，成为盂县第一家挂牌上市融资企业，实现盂县上市企业零的突破。（宋　锴）

【助保贷业务】 2017年，盂县助保贷办公室针对民营经济发展缓慢、融资难的问题，与中国建设银行盂县分行和盂县农商银行合作开展助保贷业务。5月，获省级财政创新融资模式奖励资金170万元，全年共计获奖励资金520万元。合计助保贷风险补偿金达720万元。两家合作银行扩大十倍资金扶持中小企业，可贷金额共计7200万元。截至年底助保贷已入中小企业40家，发放贷款累计金额6227万元。同时与盂县人社局共同开展中小微企业认证贴息贷款业务，共认定中小微企业5家，贴息贷款总额900万元。（武秋元）

【中小企业获省市资金扶持】 2017年，盂县中小企业局共计获得上级各类奖励资金235万元。其中，盂县凯通商贸公司、盂县藏山风景名胜区两家企业获省级著名商标荣誉称号，共获省级奖励资金10万元；山西海蓝环保科技有限公司获得省市对"小升规"企业的奖励资金30万元；山西西小坪耐火材料有限公司获得"专精特新"称号，奖励资金25万元，获得助保贷奖励资金170万元。（武秋元）

【干部联系民营企业工作】 2017年，为了促进民营企业快速健康发展，盂县县委、县政府出台《全县领导干部联系民营企业工作方案》，全县共有50个企业与省、市、县有关领导和部门结对帮扶。其中省级部门联系企业6家，市级领导和部门联系企业19家，县级领导联系民营企业25家。省、市、县各级部门和领导积极深入到各自联系的民营企业结对调研，了解运行情况，问询存在的困难问题，现场给予答复和解决。领导干部联系民营企业的开展，激发民营企业干事创业的积极性，进一步促进民营企业健康快速发展。（韩永生）

工 业

综合工作

【概况】 2017年，盂县经贸局贯彻落实县委、县政府各项工作部署，推进供给侧等各项改革措施，较好地完成了年初确定的各项目标任务。规模以上工业企业增加值完成65.54亿元，同比增长3.5%。全县非煤产业占比20.6%，比目标任务16%高4.6个百分点。万元GDP综合能耗下降3.2%，完成市定目标。工业固体废物利用率达到71%，完成市定目标。全县社会消费品零售总额完成51.47亿元，同比增长5.79%。全县外贸出口总额完成4840万美元，增长1.5%。

经济运行延续稳中态势。面对错综复杂的国内外环境和经济下行压力加大等挑战，主动适应经济发展新常态，扎实推进各项工作。加强经济运行监测预警，坚持每月召开一次工业经济运行协调会，以专报形式对工业和商业经济运行进行分析研究；同时强化要素协调保障，以搞好煤、电、油、运为抓手，优化电力负荷管理，建立用电预警制度，确保全县经济平稳运行。

重点工作积极推进。服务企业步入常态，电子商务积极推进；"一区三园"建设加快，开展取缔"地条钢"专项行动。

底线工作进一步强化。落实环保各项举措，贯彻县"重污染天气调度令"和"铁腕治污"相关措施，成立大气污染防治领导组，制订《大气污染防治实施方案》，对涉及的各项工作任务进行分解，分别落实到各相关股室和分管领导，并与年终考核挂钩，确定了任务书、时间表；制订《关于应对重污染天气应急预案的相应方案》，明确重污染天气应对措施；对环保供电职责进行分解，对淘汰和关停企业、环境违法企业、高能耗高污染企业采取限停电措施，采暖季及全国"两会"和"一带一路"高峰论坛实行错峰生产，成立局错峰生产监督检查领导组，深入全县14个乡镇督查错峰生产工作；严打违法排污，配合县环保局和各乡镇开展对"土小"和"小散乱污"企业专项整治和取缔。安全监管步入常态化，定期对安全生产进行监督检查，每月召开一次安全工作例会；建立健全安全生产责任制，明确责任，分解到人，形成党政同责、一岗双责、齐抓共管局面。全系统未发生重大安全生产事故，安全监管工作步入常态化、制度化。

重点项目积极推进。晋能鑫磊有限公司2×35万千瓦低热值煤发电新建项目，完成投资4388万元，因手续不健全、资金紧缺及市场等原因，进展缓慢。裕光煤电2×100万千瓦电厂项目，完成投资79085万元，正在进行厂区道路、办公房临建、排洪管、围墙施工，第二批辅机设备完成招标采购。恒耀化工4A沸石分子筛及联化多产项目正在安装设备，因部分手续不健全，计划年底投产。

多次与省经信委、省商务厅、市经信委、市商务粮食局进行沟通联系，积极争取项目资金。推荐山西中盂综合物流园有限责任公司"中岚国际物流项目"申报2017年省级技术改造专项资金，上报至省经信委。推荐盂县凯通商贸有限公司、山西伊涵箱包有限公司、山西红金云网络科技有限公司申报2017年阳泉市电子商务发展专项资金，上报至市

商务粮食局。　　　　　　　　　　（胡达菲）

【电子商务】 2017年，盂县经贸局积极开展电子商务进农村问卷调查，制订出台电子商务实施方案，对全县453个行政村领导开展培训，推进乡镇电商服务站建设。1至10月，全县电子商务销售额达4500余万元。　　（胡达菲）

【"一区三园"建设】 2017年，县经济技术开发区的可行性研究报告编制完成，并经县政府常务会议同意报市政府，规划报告（初稿）编制完成。中岚国际物流园前期手续完成审批，迎宾大道建设稳步推进，于11月底全面竣工。牛村煤电化工业园重点打造裕光煤电2×100万千瓦发电项目及盂县煤炭集散交易中心，工程建设正在紧张进行。鑫磊循环经济产业园分三期建设，一期工程五通一平基础平台雏形；二期在建重点项目是鑫磊2×35万千瓦低热值煤热电联产项目，完成投资5亿元；三期规划建设300万吨综合利用水泥、40万吨/年电石、20万吨/年1.4—丁二醇三个项目和配套污水处理厂项目，投资42.2亿元，于年内启动。

（胡达菲）

【取缔"地条钢"专项行动】 2017年，盂县经贸局深入有关企业进行排查摸底，在县政府网站公布举报电话，召开了由14个乡镇和有关部门参加的取缔"地条钢"专题会议，明确具体职责。各乡镇上交取缔"地条钢"承诺书和摸底表。未发现生产"地条钢"企业。（胡达菲）

煤炭工业

【山西晋盂煤业（集团）有限公司概况】 山西晋盂煤业（集团）有限公司（简称：晋盂煤业集团），总部位于盂县县城藏山北路，注册资本4.67亿元，国有独资有限公司。经过几年发展，已成为一个以煤炭为主导产业，集铝矾土开发、生态种植养殖、贸易物流、旅游观光为辅助产业的多元化企业集团。

2017年，集团公司旗下拥有2个全资、13个控股子公司。其中：全资子公司：东坪煤业、高宸文旅公司；绝对控股子公司：跃进煤业、石店煤业、众诚煤业、清城煤业、坤宁煤业、矿业公司、煤炭运销公司、物资公司、物流公司；相对控股子公司：路家村煤业、辰通煤业、兴发煤业、南湾煤业。15个子公司总注册资本13.226亿元，其中集团公司控股注册资本8.6亿元，综合股比65.2%。

拥有煤田面积86.73平方千米，保有地质储量53192万吨，设计储量33095万吨，可采储量19887万吨；拥有铝矾土资源面积137平方千米，保有储量11651万吨。集团核定煤炭产能为840万吨/年（其中：120万吨/年3座、90万吨/年2座、60万吨/年5座）。2017年末，集团正常生产的矿井5座（东坪、跃进煤业各120万吨，石店煤业90万吨，路家村、辰通煤业60万吨）；新建矿井1座（坤宁煤业120万吨）；停工矿井4座（兴发、众诚、清城煤业各60万吨、南湾煤业90万吨）。

设有董事会、党委会、监事会、经理层、纪律检查委员会、工会委员会等决策管理监督机构，下设生产技术部、安全监察部、经营管理部、财务资产部、人力资源部、党群工作部、法律审计部、工程管理部、行政管理部、调度指挥中心、政策研究室等9部1中心1室，有员工119名。集团党委下设3个二级党委（东坪、跃进、石店），26个支部，党员867名。

2017年，营业收入实现14.17亿元，同比增加6.11亿元。其中，煤炭产业实现12.1亿元，同比增加5.57亿元；非煤产业实现2.07亿元，同比增加5400万元。实现税金2.9亿元，同比增长73.1%；生产原煤323.78万吨，同比增长21.97%；煤炭销量325万吨，同比增长19.61%；平均吨煤售价362元，同比增加111元；实现利润101万元，同比减亏1.85亿元，人均工资30235元，同比增长9.4%。各项主要指标创出近年最好水平，呈现出产量增、效益增、市场赢、收入增的良好状况，整体经济运行保持了稳中有进、进中有好、好中有升的良好态势。

2017年，晋盂煤业集团在努力加快经济发展的同时，先后投入近6亿元用于社会公益事业，履行了一系列社会责任。坚持冬季无偿或低价为全县中小学、敬老院、供热公司供应煤炭工作；开展了慈善捐款、双拥慰问、金秋助学、精准扶贫活动；参与了荒山绿化、通道绿化、县城河道清淤、环境卫生整治工程；实施了高城山森林公园、藏山游园、新城植物园、学府公园的日常维护；成立消防巡防队，坚持24小时不间断值守巡逻；在"11·21"平阳高速交通事故的抢险救援，彰显了国有企业的担当和工人阶级主力军作用。

2017年度，晋盂煤业集团取得了有目共睹的工作成绩，得到了社会的认可和上级部门的充分肯定。6月，被盂县社会治安综合治理委员会评为盂县2016年度社会治安综合治理先进单位。12月，被盂县文明办、盂县团县委评为2017年度志愿服务活动优秀组织奖。

（吴宝文 赵晋微）

【安全管理】 2017年，晋盂煤业集团公司深入开展安全生产大检查及"打非治违""雨季三防""六反六增""班组建设"等活动，提高干部职工安全素养，杜绝各类事故发生。以员工素质保安全，狠抓各级人员培训，全年培训46期1760人次，安全基础支撑力不断增强；以加大投入保安全，安全费用提取9427万元，使用8041万元；以责任落实保安全，狠抓现场管理，强化干部"一岗双责"，跟班带班质量明显提高；以安全生产标准化动态达标保安全，狠抓安全生产标准化考核评定和ABC分级监管评定，矿井安全基础不断夯实；以隐患排查治理保安全，全年组织检查206次，治理隐患1267条，查处"三违"人员253人次，罚款13.38万元，进行物探139次，施工探水钻孔3105个，钻探进尺16.44万米，累计排水量约230.2万立方米；施工瓦斯抽放钻孔354个，钻孔进尺2.72万米，抽放瓦斯量567万立方米，利用发电415万立方米，安全管理的针对性和实效性显著提高；以安全文化建设保安全，通过安全知识竞赛、职工技能比武、"安全生产月"活动等，营造了浓厚的安全氛围；同时，建立专家诊断、干部挂牌包保与群监员监督相结合的隐患排查体系，矿井安全保障能力进一步提升，并连续三年实现了安全"零伤亡"奋斗目标。

（吴宝文 赵晋微）

【重点工程】 2017年，路家村煤业60万吨改扩建项目，完成投资1.43亿元，11月底转为生产矿井；辰通煤业60万吨改扩建项目完成投资2.79亿元，计划2018年2月转为生产矿井；坤宁煤业120万吨项目建设计划总投资14.3亿元，完成投资1.0935亿元，领取开工批复所需办理的21项工作，完成17项，正在进行《环境影响评价报告》审批工作。辰通煤业8×500千瓦瓦斯发电项目，计划投资3500万元，项目于2017年11月开工建设，完成投资1800万元。

（吴宝文 赵晋微）

【转型项目】 2017年，盂县物流集散中心（东）项目，计划总投资2.4亿元，累计完成投资5000余万元，物流中心、铝矾土交易中心主体已全部完工并投入正常使用。配煤中心储煤场正在进行地梁等地基基础工程的施工。梁家寨生态旅游区项目，计划总投资27.32亿元，累计完成投资2100余万元，九大子项目的可行性报告、立项、环评、土地预审、节能批复等均已完成，其中，大㟭古村文化旅游区项目于5月1日开工，完成3000米"游步道"、5千米河道整治，景区大门、游客接待中心、电瓶车中转站正在同步施工中，山顶步道、悬崖酒店建设待设计完成后全面展开，完成投资约1500万元。山西华北奕丰生态园区项目，计划总投资5.99亿元，累计完成投资3.5亿元，正积极推进二期工程的建设施工，一期工程滑草场、钓鱼台、游乐场等投入运营。国庆期间，由晋盂煤业投资举办的"首届忠义文化彩灯美食节"成为全县人民的精神盛宴，吸引省内外观众近20万人次，实现转型发展"精准发力"。

（吴宝文　赵晋微）

【环保工作】 2017年，晋盂集团响应县委、县政府号召，强化环境保护和卫生整治工作。一是推进铁腕治污工作。按照环境保护"五个百分百"要求，落实相关环保措施。东坪、跃进煤业矿井水处理项目进行试运行，有效解决了井下洒水灭尘和景观绿化用水需求；锅炉煤改气工程全部完成；矸石山按环评要求基本建成，具备使用条件；封闭式煤场完成工程量的85%。二是全面开展卫生整治工作。全集团动员全系统干部职工约3600人次，出动挖机、铲车、工程车等各类设备500余台次，对县城主要河道、公园、双阳线等重点区域，进行集中清理，同时抽调110余人对盂县南高速出口的石料加工厂进行集中搬迁，确保县城环境干净整洁。

（吴宝文　赵晋微）

【辅助产业拓展】 2017年，晋盂煤业集团下属的矿业公司完成盂县铝土矿公司股权转让变更手续，并报省国土厅审核；完成上曹区域地质灾害治理土地复垦工作，回填、平整及复垦土地40公顷，消除隐患20余处；完成盂上线公路修复工程，并于国庆节前通车运行；组织实施非法违法卫片图斑恢复治理工作，对牛村镇、仙人乡等5个乡镇14个村庄28个图斑进行恢复治理，治理面积133公顷；对吉天利公司资产进行审计评估和投资风险评估，与阳煤集团达成初步协议，将按照程序开展收购工作；协调推进盂榆线绕城公路采空区治理工作，编制的《实施方案》《监管方案》及《资源回收处置方案》已由市国土局审核；对全县53家非煤矿山企业（加工）和牛村镇耐火企业进行摸底调查，分别出具调查报告和重组实施方案。牛村镇新建牛家村采煤沉陷区村民搬迁安置项目，计划总投资1.05亿元，累计完成投资9200余万元，各项工程全面启动。煤运公司、物流公司、物资公司以煤炭销售为支撑，在物资供应、物流运输上下功夫，确保资金正常流转。

（吴宝文　赵晋微）

【健全和落实企业管理制度】 2017年，晋盂煤业集团认真落实中央八项规定，规范集团各类制度，出台了集团公务接待、通信费月管理办法、食堂原材料定点采购制度等。深化分配制度改革，完善了薪酬管理体制，通过综合考核，对完不成指标的子公司及领导班子，不同程度下浮绩效工资，基本实现薪酬与业绩同步增减。建立资金"十不支付"制度，把有限的资金用在了刀刃上。聘请法律顾问，规范了各类协议、合同签署行为，有效防范了经营风险。加强审计监督管理工作，对每月审计出的问题，通过下发经营审计调查报告反馈意见书和律师出具的法律意见书，促进子公司对各类问题的整改，从而保障了集团公司各项制度的贯彻与落实。

（吴宝文　赵晋微）

【发挥党建突出作用】 2017年，晋盂煤业集团将党建工作总体要求纳入公司章程，规范了党委议事程序和参与重大问题决策的范围；扎实推进"两学一做"学习教育常态化制度化，不断完善党建工作新模式，全面推行"党建6+"（党建+安全、党建+教育、党建+稳定、党建+先锋、党建+创新、党建+关爱）工作机制，促进党建工作与中心工作深度融合；落实"两个责任"，加强廉政建设，深化干部"月谈"制；以县委专项巡察为契机，严肃重点领域、重要环节、重要项目、特殊岗位的监督检查；同时，推进权力和责任清单考核，实现"权力进清单，清单之外无权力"，形成了党风廉政建设长效机制；强化以"危机、使命、担当"为主题的形势任务教育，通过持续开展"我身边优秀共产党员巡回演讲""五一"职工技能比武、设立共产党员先锋岗、责任区、"两学一做"知识竞赛等活动，增强了广大干部职工忠党爱企的担当意识和大局意识，促进了企业和谐稳定。一年间，晋盂集团依法依规，妥善安置分流转岗职工，保证了人心不散，思想稳定，为集团公司改革发展提供了坚强的政治和组织保障。

（吴宝文　赵晋微）

【晋盂煤业集团公司下属企业概况】　山西阳泉盂县东坪煤业有限公司　为晋盂煤业集团公司全资子公司，公司注册资本 37400 万元。核定产能 120 万吨/年，井田面积 16.24 平方千米，保有储量 13423 万吨，设计可采储量 5352 万吨。

山西阳泉盂县跃进煤业有限公司　为晋盂煤业集团公司核心控股子公司，由集团公司与盂县城镇集体工业企业联合社（原县二轻局）共同出资设立，出资比例分别为 51% 和 49%。公司注册资本 15257 万元，核定产能 120 万吨/年，井田面积 4.79 平方千米，保有储量 4417 万吨，设计可采储量 870.4 万吨。

山西阳泉盂县石店煤业有限公司　为集团公司核心控股子公司，由集团公司与盂县城镇集体工业企业联合社（原县二轻局）共同出资设立，出资比例分别为 51% 和 49%。公司注册资本 10451 万元，核定产能 90 万吨/年，井田面积 12.92 平方千米，保有储量 4539 万吨，设计可采储量 681 万吨。

山西阳泉盂县坤宁煤业有限公司（筹）为晋盂煤业集团公司核心控股子公司，由集团公司与山西南娄集团股份有限公司共同出资设立，至 2017 年末，仍在办理开工批复等前置资料和审批手续，尚未注册，拟定出资比例分别为 51% 和 49%。拟定注册资本 20000 万元，核定产能 120 万吨/年，井田面积 7.11 平方千米，保有储量 8000 万吨，设计可采储量 4800 万吨。

山西阳泉盂县清城煤业有限公司　为晋盂煤业集团公司控股子公司，由集团公司与山西清城工业集团有限公司共同出资设立，出资比例分别为 51% 和 49%。公司注册资本 8770 万元，核定产能 60 万吨/年，井田面积 4.49 平方千米，保有储量 1742 万吨，设计可采储量 699.45 万吨。

山西阳泉盂县众诚煤业有限公司　为晋盂煤业集团公司控股子公司，由集团公司与盂县秀水镇南村工业总公司共同出资设立，出资比例分别为 51% 和 49%。公司注册资本 5035 万元，核定产能 60 万吨/年，井田面积 5.61 平方千米，保有储量 4026.4 万吨，设计可采储量 1491 万吨。

山西阳泉盂县路家村煤业有限公司　为晋盂煤业集团公司控股子公司，由集团公司与盂县路家村镇工业总公司、山西阳泉盂县石店煤业有限公司共同出资设立，出资比例分别为 40.02%、37.57%、22.42%。公司注册资本 3841 万元，核定产能 60 万吨/年，井田面积 4.89 平方千米，保有储量 3818 万吨，设计可采储量 1003.38 万吨。

山西阳泉盂县兴发煤业有限公司　为晋盂煤业集团公司控股子公司，由集团公司与胡宏明、逯海军、胡忠明共同出资设立，出资比例分别为 40.01%、38.34%、13.96%、7.69%。公司注册资本 7936 万元，核定产能 60 万吨/年，井田面积 8.23 平方千米，保有储量 3569 万吨，设计可采储量 906 万吨。

山西阳泉盂县南湾煤业有限公司　为晋盂煤业集团公司控股子公司，由集团公司与华通路桥集团有限公司、盂县孙家庄镇人民政府共同出资设立，出资比例分别为 40.06%、39%、20.94%。公司注册资本 568 万元，核定产能 90 万吨/年，井田面积 15.53 平方千米，保有储量 4185 万吨，设计可采储量 1491.9 万吨。

山西阳泉盂县辰通煤业有限公司　为晋盂煤业集团公司控股子公司，由集团公司与盂县孙家庄镇人民政府、盂县孙家庄镇工业有限公司、盂县南娄镇南娄村委会共同出资设立，出资比例分别为45%、23.38%、16.59%、15.04%。公司注册资本3000万元，核定产能60万吨/年，井田面积7.02平方千米，保有储量4877.1万吨，设计可采储量2332.8万吨。

山西晋盂矿业有限公司 为晋盂煤业集团公司核心控股子公司。由集团公司与山西煤炭运销集团阳泉盂县有限公司共同出资设立，出资比例分别为92%、8%。公司注册资本5000万元，主要负责对盂县范围内铝矾土、铁矿、大理石和其他非煤矿产资源进行整合和开发。

山西晋盂煤业集团煤炭运销有限公司 为晋盂煤业集团公司核心控股子公司。由集团公司与盂县东海商贸有限公司共同出资设立，出资比例分别为51%、49%。公司注册资本5000万元，主要对集团内煤炭实施"五统一"管理（即计划、合同、调运、票据、结算统一管理）和全面经销。

山西晋盂物资有限公司 为晋盂煤业集团公司控股子公司。由集团公司与山西晋盂煤业集团煤炭运销有限公司、山西阳泉盂县东坪煤业有限公司、山西阳泉盂县跃进煤业有限公司、山西阳泉盂县石店煤业有限公司共同出资设立，出资比例分别为51%、34%、5%、5%、5%。公司注册资本5000万元，主要负责全集团生产所需大宗物资的采购和供应。

山西晋盂物流有限公司 为晋盂煤业集团公司控股子公司。由集团公司与山西晋盂煤业集团煤炭运销有限公司、山西晋盂矿业有限公司共同出资设立，出资比例分别为51%、34%、15%。公司注册资本5000万元，主要负责全集团的煤炭运输与物质配送。

（吴宝文 赵晋微）

电力工业

【概况】 国网盂县供电公司，隶属于国网山西省电力公司阳泉供电公司，成立于1981年，承担着盂县14个乡（镇）、453个行政村、11.3万余户的工农业生产和人民用电的供应和电网规划建设任务，供电面积2442平方千米。2017年，售电量完成7.62亿千瓦小时，同比提升11.23%，同比增加7696.79万千瓦小时；平均电价完成567.22元/兆瓦时，同比降低22.67元/兆瓦小时；电费回收率100%；营业收入46779.42万元，同比提升6.35%；线损率完成5.60%，同比降低1.16个百分点。全年未发生人身伤亡事故、电网设备事故及电气误操作事故、火灾事故和交通事故、重要用户供电责任事故，未发生信息安全事件，实现安全生产长周期6590天。

县域内电网有220千伏变电站2座，容量66万KVA/4台，110千伏变电站6座，容量56万KVA/12台，35千伏变电站9座，容量13.71万KVA/17台。有220千伏线路6条98.484千米，110千伏线路11条122.92千米，35千伏系统线路20条231.53千米；10千伏线路70条1143.98千米，0.4千伏线路698条1397.2千米；公变配电变压器948台容量18.38万KVA。

（张瑞鹤）

【电网建设】 2017年，电网建设任务高质量完成。10千伏盂北站Ⅰ、Ⅱ回新建工程被国网公司评为国家电网百佳工程。完成8个乡镇96个行政村的新农村电气化建设，获得新农村电气化县称号。洪镇村1#、2#台区改造等5项工程被评为省公司标杆工程。全面完成机井通和村村通动力电工程。完成18个机井、3个行政村、5个台区通电改造，新建及改造10千伏线路24.52千米、低压线路3.45千米，新增及改造变台23台/1590千伏安，代表省公司迎接了山西省发改委、水利厅等部门对两年机井通电工程的总结评价检查，代表市公司迎接了山西省电力公司农网两年攻坚战检查，获得一致好评。（张瑞鹤）

【经营管理】 2017年，国网盂县供电公司实行电费黑名单制度，规范"一户一策"，防范电费回收风险。基本实现月中算费用户电费25日结零，大户电费月末前2天结零，电费回收率保持100%。高危用户安全态势平稳。高度重视煤矿等高危用户的用电管理，坚持每月向政府汇报煤矿手续、电量情况。妥善应对大贤煤矿、石店煤矿专线倒塔事故，积极配合盂县环保局对101家"散乱污"企业断电并持续进行跟踪检查。用电检查班获得省公司的营销安全突出贡献奖。推进台区线损治理。实施达标台区专项奖励、末位淘汰、定点帮扶、协同检查等有效措施，加大窃电及违约用电查处力度，查处窃电及违约用电209户，收取违约电费215.87万元。达标台区占比由年初的57.30%提升至91.61%，综合线损由6.76%下降至5.60%。计量管理全面提升。突破采集瓶颈，公变采集成功率在9月份突破99.8%，达99.91%。专变采集成功率在12月份提升99.91%以上。闭环管理工单稳步提升，达到99.9%。推进星级供电所创建活动，路家村供电所荣获国网公司"中国最美供电所"称号，路家村供电所、苌池供电所、秀水供电所荣获"四星级乡镇供电所"称号和省公司"全能型供电所"称号。（张瑞鹤）

【安全生产】 2017年，国网盂县供电公司通过组建大纠察队，实现对所有现场实行"人盯人全覆盖"。通过现场管控系统、微信群汇报和现场照片上传，实现对所有现场的"作业环境全掌控"。通过现场作业人员"两清楚、两必须"考问，倒逼安全管理制度落实，提升作业人员安全素质。通过安全警示片教育活动全覆盖，有效提升一线人员安全风险意识。深入开展安全大检查活动。认真梳理分析薄弱环节和管理漏洞，列入隐患整改18条，完成整改10个、遗留8个，全部制定整改计划，确保全年安全目标顺利实现。扎实开展设备整治工作。8项大修、1项技改、7个运维项目总投资806.9万元，全部完工并进行决算。对实施项目进行了工程计划内容和现场自查，确保顺利通过审计。努力降低10千伏掉闸率。大力开展5条高掉闸线路专项治理工作，取得显著成效。7—10月，只有佛大线、城北线各掉闸1条次，其余均未再掉闸。10千伏线路掉闸率同比下降10%。不断夯实变电站管理基础。完成路家村、孙家庄变电站一年两站综合治理滚动计划，排查并整改了变电站铭牌缺失、设备腐蚀、屋顶漏雨等管理缺陷10条。（张瑞鹤）

【电力运行与电力市场】 2017年，国网盂县供电公司推广掌上电力、电e宝、支付宝、微信等线上缴费方式。截至12月31日，公司智能交费户数协议签订11.25万户，协议签订率100%，线上缴费比率达39.67%，方便了广大客户电费缴纳。受理投诉47例，申诉成功25例，实际投诉工单22例，投诉量保持全市最低。配合政府重点工程。完成阳大铁路建设、西外环道路建设工程、永店坡棚户区改造、裕光电厂建设等一系列的线路改迁工作，配合政府做好"煤改电"工作。为盂县教育局164所中小学（中学14所、小学118所、幼儿园32所）、盂县民政局所属16家敬老院"煤改电"工程提供可靠电源支撑。完成十九大、国庆黄金周旅游等重大保电工作。服务新能源及报装业务发展。受理分布式电源757户17473.42千瓦（法人170户6129.8千瓦，自然人587户11343.62千瓦），累计完成并网发电413户8377.18千瓦（法人65户1997.8千瓦，自然人348户6379.38千瓦）。累计发电量497.26万千瓦小时，上网电量492.54万千瓦小时，上网电费161.27万元，电费补助253.52万元。加快业扩报装速度，精简报装流程，10千伏、380伏非居民业扩项目平均接电时间分别压缩至60天和30天。

（张瑞鹤）

【科技与信息化】 2017年，国网盂县供电公司加强配网可视化系统、PMS2.0系统应用，采用配网可视化系统何PMS2.0系统进行管理，从数据管控分析着手，直指设备运行要害，以数据指标来考核运维班组，以运维数据来了解各运维班组对设备日常运维实际情况，以数据来指导、督导各运维班组对其辖区设备进行维护，扭转设备运维被动局面。使用配网可视化系统、PMS2.0系统，春节保供电期间发现并解决重过载配变56台、低电压25处、调整三相负荷不平衡配变56台，复核平台数据156条，现场复检35次；迎峰度冬期间发现并处理重过载6台配变，低电压2处；通过配网可视化平台了解每一天辖区配变、线路停电情况，了解停电原因和设备现状，储备整改项目，掌控现场安全情况。通过PMS2.0系统数据复核，发现并修正各运维班组设备设备台账、资料的准确性，确保PMS2.0系统基础数据完整，抽取数据准确。

（张瑞鹤）

轻工业

【盂县城镇集体工业企业联合社完善企业改制工作】 2017年，盂县城镇集体工业联社实施《联社地面工业企业改制方案》成效明显。为完善企业改制后续工作，解决企业改制过程中遗留问题，保障职工权益，与晋盂煤业等有关部门协调，筹措资金321万元，先后补交改制企业养老金欠费270万元，为54名到龄职工办理退休手续，为工伤职工伤残补偿金发放26万元。

（张志杰）

【生态环境保护建设】 2017年，盂县城镇集体工业企业联合社对针织厂宿舍、五五厂、盛旺管业有限公司燃煤锅炉进行拆除改造，于10月完工，保证了冬季正常供暖。同时不断营造人人讲环保、人人为环保做贡献的良好氛围，推进环境保护工作规范化、制度化和长效化。抓好环境保护工作，加大污染企业环境治理，杜绝、防范出现影响生态问题的发生。

（韩忠宝）

农 业

综合工作

【概况】 2017年,盂县粮食总产量1.43亿千克。全县农村常住居民人均可支配收入实现12937元,比上年增长6.2%。农产品加工企业销售收入达12.2亿元,比上年增长8.06%。超计划完成额12亿元1.6%。其中,年销售收入500万元以上的农产品加工企业销售收入11.46亿元,较去年同期增长7.1%,主要销售企业为大寨核桃露、华北奕丰、康泰来、欢乐喝彩、鑫兴肉制品、乌河、汇荣、鑫森、谷味天等。现代农业完成投资13亿元,较上年增长8.33%,与计划完成额持平,主要投资企业为华北奕丰、康泰来、谷味天、忠义园、金玉米、藏山翠谷、雁子崖、蕊晶等。 （程荟）

【农业支持保护补贴资金发放】 为支持全县春耕备耕,充分利用惠农政策调动农民的生产积极性,促进农业生产发展。2017年,县农委及时配合县财政局发放农业支持保护补贴资金2369.16万元,涉及粮田面积2.66万公顷（39.95万亩）,其中,玉米2.18万公顷（32.63万亩）,杂粮0.36万公顷（5.23万亩）,薯类0.14万公顷（2.09万亩）。补贴标准为玉米59元/亩、杂粮79元/亩、薯类49元/亩。 （李贵枝）

【秸秆综合利用试点工作】 2017年,盂县开展秸秆综合利用试点工作,编制了盂县农作物秸秆综合利用试点实施方案,坚持农用化利用为主的原则,推广秸秆直接还田技术和秸秆青（黄）贮饲料化利用技术,提高秸秆有机肥资源化利用,增加土壤有机质含量,实现耕地质量提升目标。同时通过技术培训,扶持培育一批社会化服务组织,建立可持续的秸秆综合利用长效机制。截至年底,全县完成秸秆还田面积1.39万公顷（20.9万亩）,秸秆综合利用共计10.45万吨。其中,秸秆直接还田完成0.63万公顷（9.5万亩）,还田量4.75万吨；饲料化利用完成0.67万公顷（10万亩）,饲料化利用5万吨；能源化利用完成0.09万公顷（1.4万亩）,秸秆利用0.7万吨,完成任务量约95.9%。 （梁新华）

【粮食绿色高产创建项目】 按照省厅《关于2017年山西省粮食绿色高产高效创建的通知》要求,由县农委组织实施,马铃薯原种繁育基地建设项目,地点在秀水镇南村农场11.33公顷（170亩）和县种畜试验中心2公顷（30亩）,共计13.33公顷（200亩）。 （李贵枝）

【农业供给侧结构性改革】 2017年,全县以引导农民调减玉米种植面积,适当扩大杂粮、薯类及中药材等种植面积为方向优化农业供给。今年全县玉米种植面积2.2万公顷（33万亩）,减少0.2万公顷（3万亩）；谷子种植面积0.3万公顷（4.5万亩）,增加0.1万公顷（1.5万亩）；豆类面积0.27万公顷（4万亩）,增加0.07万公顷（1万亩）；薯类0.23万公顷（3.5万亩）,增加0.03万公顷（0.5万亩）。同时以引进辣椒规模种植项目为突破口,推进全县农业产业结构调整,促进农业增效、农民增收。项目由山西盛海源生物科技有限公司提供种苗、肥料配方、技术支撑,财政负担地膜和辣椒种植保险。县农委、县供销合作社作为项目服务方,承接该公司做出的业务安排,全方位与盂县辣椒种植户对接。所产辣椒由该公司按保底价包销。全县高产辣椒示范种植面积137.38公顷（2060.75亩），涉及14个乡镇68个村。

（李贵枝 李建新）

【蔬菜工程建设项目】 2017年，盂县设施蔬菜建设工程项目实施单位盂县蔬菜发展中心、盂县兄弟种植专业合作社、山西华北奕丰生态园有限公司。主要建设内容和建设地点：盂县蔬菜发展中心在温室基地试验、示范、推广"三新"技术，在西潘乡高庄村和南进圭村试验订单辣椒；盂县兄弟种植专业合作社为设施蔬菜标准化基地建设，项目规模为50亩日光温室，项目建设地为西烟镇南社村；山西华北奕丰生态园有限公司建设项目为部省级蔬菜标准园创建项目，项目规模为68亩日光温室，项目建设地为孙家庄镇郭家坪村。项目资金50万元。

截至年底，全县蔬菜播种面积0.17万公顷（2.6万亩），比上年0.15万公顷（2.3万亩）增加13%。其中商品菜面积0.07万公顷（1.1万亩），比2016年增加0.013万公顷（0.2万亩）。大部分蔬菜价格同上年持平，西红柿价格前半年在高位运行，8月底后价格稍有回落，但较上年同期相比，价格依然坚挺，日光温室西红柿种植户较上年亩收益增加35%。

（张 峰）

【食用菌产业】 2017年，盂县食用菌产业以山西康泰来农业生态科技有限公司为龙头企业，3个食用菌种植专业合作社和5个生产农户为主，生产食用菌200万袋，上市100万千克。其中由山西康泰来农业生态科技有限公司已生产香菇菌袋150万袋，已出口美国110万包，韩国10万包，基地栽培30万包。上市食用菌70万千克，由于本年度食用菌价格小幅回升，收益甚好。10月，盂县通过了出口食用菌质量安全示范区建设项目的验收。 （李建新）

【中药材产业】 2017年，盂县中药材崛起工程建设规模100公顷（1500亩），项目资金60万元，由盂县启耀中药材种植专业合作社等8个农民专业合作社承担，各项目实施单位已完成项目建设任务，项目已验收，项目资金已按照项目实施方案全部拨付项目实施单位，项目顺利完成。全年中药材总面积11186公顷（16779亩），其中上年留床耕地面积188.6公顷（2829亩），留床野生抚育面积300公顷（4500亩），新种植中药材面积630公顷（9450亩）。新种植的中药材以连翘为主，面积为450.67公顷（6760亩），桔梗面积为79.33公顷（1190亩），其他草本中药材100公顷（1500亩）。2017年全年耕地中药材采挖面积186.87公顷（2803亩），采挖量582.7吨（干货），总产值1341万元。完成中药材特色产业扶贫任务101公顷（1515亩）。 （韩润峰）

【水果产业】 2017年，全县水果总面积为704.67公顷（10570亩），其中，苹果面积337.4公顷（5061亩），梨面积105.27公顷（1579亩），杏面积197.13公顷（2957亩），桃面积45.2公顷（678亩），葡萄面积7.67公顷（115亩），其他12公顷（180亩）。2017年新种植水果面积24.87公顷（373亩），其中苹果面积12.33公顷（185亩），梨面积3.73公顷（56亩），桃面积2.33公顷（35亩），樱桃面积2.67公顷（40亩），杏面积3.07公顷（46亩），葡萄面积0.73公顷（11亩）。全县果树的管理水平、果品品质、果农的管理积极性都有提高，产量比去年略有增加，果品平均价格达到4元/千克，与上年持平，人均果品收入略有下降，果园平均单产不到1100千克，果园生产水平与管理水平还有待提高。2017年，盂县50公顷（750亩）果业提质增效任务全部完成，其中新种植果树24.87公顷（373亩），旧果园改造385亩，总计完成50.53公顷（758亩）。 （张 峰）

【牧草改良】 截至2017年7月底，盂县肉牛饲养量1.2万头，肉羊饲养量18万只。为满足畜牧业发展的需要，盂县改良牧草333.33公顷（5000亩），粮改饲种植青贮玉米100公顷（1500亩）。

（韩润峰）

【"三品"产品认证及发展"三品"面积】"三品一标"认证是指无公害产品、绿色食品、有机食品和农产品地理标志认证。2017年9月，盂县对梁家寨乡盂县全印核桃种植专业合作社（核桃）、梁家寨乡得心生态农业有限公司（核桃、花椒）共3个产品（两个品种）及770公顷产地认证材料提交市级。农业部对梁家寨乡盂县全印核桃种植专业合作社（核桃）1个产品的认证及400公顷产地认证；梁家寨乡得心生态农业有限公司（核桃、花椒）共2个产品的认证及370公顷的产地认证颁证工作全部完成。年无公害产地认证面积共计770公顷（11550亩）。认证颁证工作完成后，盂县无公害产品认证产品增至4个（2个核桃产品、1个花椒产品、1个红薯产品）；无公害产地认证亩数增至1436.67公顷（21550亩，其中贞祥红薯种植专业合作社红薯产地认证面积666.67公顷）。

（张鉴霞）

【1000亩道地中药材规范化种植项目】2017年盂县承担66.67公顷（1000亩）项目建设任务，通过各方面的努力，截至年底，共在3个贫困村种植中药材74.67公顷（1120亩），其中西潘乡李家庄村种植连翘20公顷（300亩），涉及贫困户31户，贫困人口56人；北下庄乡崔家庄村种植连翘46.67公顷（700亩），涉及贫困户6户，贫困人口8人，西烟镇脉坡村种植桔梗8公顷（120亩），超额完成项目任务。

（韩润峰）

【退耕还林项目】全年盂县承担33.33公顷（500亩）项目建设任务，共完成287.5公顷（4313亩）退耕还林任务，其中仙人乡退耕还林186.67公顷（2800亩），规划出退耕还林地31.33公顷（470亩），具体情况为：石宝村规划3.33公顷（50亩），计划种植品种为苹果；咀子上村规划3.33公顷（50亩），计划种植品种为苹果2公顷（30亩）、玉露香梨1公顷（15亩）、桃0.33公顷（5亩）；烧磁窑村规划24.67公顷（370亩），计划种植品种为苹果11.33公顷（170亩），玉露香梨11.33公顷（170亩），桃1公顷（15亩）、葡萄0.67公顷（10亩）、杏0.33公顷（5亩）。此外西烟镇泉只村落实退耕还水果2.13公顷（32亩），计划种植品种为玉露香梨。全县退耕还水果经济林项目共规划33.47公顷（502亩），各项工作正在有序进行。全县已完成退耕还水果项目22.12公顷（331.85亩），共涉及贫困户15户（烧磁窑村130亩未统计贫困户与面积），面积2.82公顷（42.34亩），其中，咀上村涉及贫困户1户，栽植面积0.34公顷（5.03亩）；石宝村涉及贫困户6户，栽植面积0.835公顷（12.52亩）；垴上村涉及贫困户1户，栽植面积0.34公顷（5.03亩）；刁王崖村涉及贫困户2户，栽植面积0.37公顷（5.54亩）；泉子村涉及贫困户5户，栽植面积0.95公顷（14.22亩）。

（韩润峰）

【休闲农业与乡村旅游】拓展农业多种功能，加快农业现代化建设，结合盂县实际扎实推进农业与休闲旅游、教育文化、健康养生等深度融合，发展观光农业、体验农业、创意农业等新产业新业态。以项目带动全县休闲农业与乡村旅游迈上新台阶，2017年阳泉市设施农业建设工程休闲农业示范项目通过项目筛选组从农产品质量安全、基地经营、财务状况、其他农业项目执行情况、基地资质、违规违纪等方面综合打分、排序，推荐盂县建平优质核桃种植专业合作社为项目承担单位，并按时间节点推进项目建设。

（李贵枝）

【农产品质量安全水平提升】2017年，由农业行政综合执法大队、种子管理站、农技、植保等部门联合执法，对种子、肥料、农药等农资进行市场管理。共集中执法230余次，检查企业33家，重点检查农资经营单位无证经营、种子经营未备案、包装标签不规范、一证多用、套用或冒用证件等违法行为。3月在上社镇、西烟镇、东梁乡查处没收部分高剧毒农药"甲拌磷"以及取缔了1家无证经营农药的门店。全年立案查处2件，一是经营玉米种子未备案，二是经营擅自修改标签内容的农药产品案，按照有关法律法规对其进行了处罚，共计罚没款2381元。

高度重视农业部及省级农产品质量安全例行监测工作，确保抽样工作有序进行，不断提高农产品质量安全合格率水平。扩大监测的品种、范围、数量和检测项目，强化分析会商和综合研判，摸清问题隐患，为专项整治和执法监管提供技术支撑。2017年省、市农产品质量安全检验检测中心在盂县共抽查蔬菜样品64个，各项检测合格率98.4%。 （赵明双）

【改善农村人居环境】 2017年，一是农委牵头制定了《盂县农业面源污染专项整治行动实施方案》，并严格按照行动方案，加大督查力度，推进农业面源污染整治。已整治秸秆乱扔、乱堆、乱放120处，整治农业固体废弃物乱扔、乱堆、乱放110处，收集无害化处理农药、化肥包装物0.3吨，收集、无害化处理废弃农膜0.2吨，整治根茬、育秧盘、谷壳、果壳等废弃物乱丢、乱弃、随意堆放105处，并依托秸秆综合利用项目完成秸秆"四化"利用量18.02万吨。二是制订出台了《盂县改善农村人居环境2017年行动计划》，明确了完善提质工程、农民安居工程、环境整治工程、宜居示范工程等四大工程的全年任务目标，制定了路线图、时间表，各项目牵头单位正按照行动计划稳步推进。 （张 峰）

【农业系统信访工作】 2017年，盂县狠抓了农业系统信访工作。一是开展盂县城乡建设领域稳定风险源头化解工作农业系统专项行动。成立了督导组，督促各乡镇按时间进度化解农业系统信访案件。城乡建设领域涉农的10件信访案件全部结案，结案资料完备。二是涉军信访，妥善解决5名退伍军人安置、待遇问题，化解了矛盾，消除了信访隐患。三是解决日常信访，积极受理土地确权信访案件，共接待因土地确权的来人来访100多人次，涉及全县8个乡镇25个行政村，工作人员及时进行解答，使矛盾及时得到处理和缓解。 （程 荟）

农村经营管理

【农村土地确权颁证】 2017年，全县一是召开专门会议，进行安排部署。为全力推进和全面完成盂县土地确权扫尾完善工作，县委县政府领导高度重视，多次召集各乡镇党委书记、乡镇长，各测绘公司负责人、县确权办相关人员，召开专门会议，进行安排部署，按照时间节点要求倒排工期，层层落实责任，各部门全力以赴，协同配合，确保确权工作顺利完成。县确权办加大督查力度，每周进行汇总通报，推进确权工作顺利进行。截至11月16日，进入合同签约的428个村，占比94.5%；完成合同签订的408个村，占90%；完成入库村数428个，占94.5%；完成扫描村数338个，占74.6%。二是加强业务培训，夯实基础工作。召集各测绘单位及经管人员进行培训，县确权办邀请省专家来盂县集中授课，对测绘人员及乡镇经管员进行业务培训，通过培训，提高各测绘队伍人员业务素质，为顺利完成土地确权精准核实和签约归档工作做好准备。 （张 毅）

【村级财务审计】 对村级财务进行监督管理是农村经营管理部门的一项重要职责。2017年，盂县农村经营管理站认真履行职责，开展了以下工作。一是继续开展农村财务审计工作。截至年底共完成410个行政村的财务审计工作，剩余43个村因纪委查案未审计，审计资金8.7亿元，其中违纪资金总额120.5万元。二是安排部署村干部离任换届经济责任审计及60个建档立卡贫困村专项审计工作。2017年是第十一届村民委员会届满最后一年，按照县委县政府的统一安排部署，完成453个行政村离任审计包含60个贫困村专项审计工作。为顺利完成此项工作，农委及时召开会议，进行安排部署，对相关人员进行业务培训，印制培训资料，进行业务指导和详细讲解。通过培训，明确任务，掌握离任换届审计工作流程，确保了审计工作按时间进度顺利完成。三是配合县财政局完成"一事一议财政奖补"项目工作。一事一议财政奖补涉及14个乡镇108个村的项目工作。

（石建生）

【农民专业合作社示范社规范化建设】 2017年，积极培育和指导农民专业合作社示范社规范化建设，开展国家级示范合作社监测及三级示范合作社专项检查。新增合作社43个，备案的合作社12个，在工商局备案登记的家庭农场55个，经认定的家庭农场45个。对已认定审核合格的家庭农场，及时进行了信息录入。同时对盂县蕊晶果树种植专业合作社等9家国家级示范合作社进行了监测，按照监测各项标准，要求相关合作社进行网上数据填报，逐级进行网上审核。对2010年以来省市县三级示范社进行了专项检查，按照通知要求对合作社进行打分，对检查中发现的问题，及时要求进行整改，对示范合作社停止经营行为的和运行中不符合标准的予以取消，通过检查，促进各合作社加强管理，规范经营。

（石建生）

脱贫攻坚

【工作概况】 2017年，盂县采取多种措施，大力推进脱贫攻坚工作。一是强化组织领导，层层压实责任。县委、县政府坚持把脱贫攻坚作为最大的政治任务、第一民生工程和底线工作来抓，市委副书记、县委书记李云峰，县委副书记、县长孔禄泉自觉履行第一责任，分管副书记、组织部长、分管副县长亲力亲为，领导组成员单位模范带头，自上而下，层层压实主体责任。建立了脱贫攻坚例会制度和县扶贫办工作人员1对1联系乡镇机制，及时发现解决工作中存在的问题和困难。二是构建"村集体+贫困户合作社+农户"，"政府+银行+龙头企业+贫困户"，"公司+供销社+农户"的现代订单农业产业化，搭建"富村帮穷村"产业示范带动平台等四种模式，组织脱贫攻坚。三是把脱贫攻坚与农业结构调整结合起来。按照"一村一品一主体"的发展思路，紧扣贫困村有产业、有带动企业、有合作社、有技术指导员、贫困户有项目、有劳动能力的贫困人口有技能的"六有"目标，按照政府推动、保险兜底、自愿互惠、市场运作、协同推进的原则，由盂县商会推动，引入山西盛海源农业科技公司，在全县范围内示范推广高产辣椒示范种植，由企业和政府联合为种植户提供种苗、地膜、保险3项扶持政策，辣椒产品由公司按保底价收购，确保贫困户受益，有力地推动了全县脱贫攻坚工作。到2017年末，全县共实现减贫人口1295户、2980人。其中：产业脱贫864户、1986人；易地搬迁脱贫50户、161人；教育扶贫14户、52人；生态补偿脱贫95户、227人；社会保障兜底脱贫172户、514人。（李 强）

【"8311"产业扶贫工程建设】 "8311"产业扶贫重大项目是省政府确定的重点工程。山西省人民政府办公厅出台《关于推进"一村一品一主体"产业扶贫的实施意见》，确定省级层面组织实施13项产业扶贫重大项目，简称"8311"。"8"是指八项特色种养业产业扶贫项目。"3"是指三项林业产业扶贫项目。第一个"1"是指旅游产业扶贫项目。第二个"1"是指电商产业扶贫项目。2017年盂县涉及两项"8311"产业扶贫重大项目建设任务。（韩润峰）

【脱贫攻坚"四种组织模式"】 2017年，盂县坚持开展脱贫攻坚工作，积极探索扶贫方式，促进扶贫工作见成效，形成了脱贫攻坚"四种组织模式"。一是"村集体+贫困户合作社+农户"模式。由村集体提供基本设施，发展脱贫产业（包括种植、养殖、光伏产业、农产品加工等），产业收益按照贫困户60%、村集体20%、其他农户20%分配。二是"政府+银行+龙头企业+贫困户"模式。县政府、县农商银行与龙头企业签订产业扶贫合作协议书，合作模式为政府贴息、贫困户贷款入股加入企业，贷款期限3年。企业优先安排有劳动能力贫困户在企业务工或回收贫困户农产品，对无劳动能力的贫困人口，企业在3年贷款期内每年为贫困户提供3000元分红。3年后，由相关企业还清本金，企业继续为贫困户提供脱贫成效巩固资金，每户每年1000元，连续资助两年，确保精准脱贫取得实效。三是"公司+供销社+农户"的现代订单农业产业化模式。把脱贫攻坚与农业结构调整结合起来，按照政府推动、保险兜底、自愿互惠、市场运作、协同推进的原则，由盂县商会推动，引入山西盛海源农业科技公司，在全县范围内示范推广高产辣椒示范种植，由企业和政府联合为种植户提供种苗、地膜、保险3项扶持政策，辣椒产品由公司按保底价收购，确保贫困户受益。涉及贫困村23个、贫困户130户，种植辣椒410亩。四是搭建"富村帮穷村"产业示范带动平台。秀水镇南村与仙人乡烧磁窑村开展结对子活动，帮助烧磁窑村调整产业结构，推销农副产品，实现贫困户增收脱贫。

（李　强）

【农业产业结构调整与脱贫攻坚相结合】农业结构调整是农村经济发展的瓶颈，也是贫困户和广大农村群众期盼解决的难题，为此，2017年，盂县将农业产业结构调整与脱贫攻坚相结合，在调整产业结构方面做了大量工作。

种植业方面，在传统种植的基础上，积极调整产业结构，开展特色种植项目。2017年，全县贫困地区推广种植长杂2号谷子5000亩以上，平均亩产达700斤，每亩地增收达600元。此外，盂县订单辣椒，黑色种植（黑色富硒小米、黑色玉米），景观水稻及中药材项目均达到预期效果，加快了贫困户增收致富步伐；

养殖业方面，继续加大养牛（驴）、养羊、养猪、养鸡等重点项目的支持力度，突出能人大户的示范带动作用，实现贫困户抱团发展，同步致富。养蜂产业扶贫又是我市特色产业扶贫的主要项目之一，根据市农委阳农委财字〔2017〕27号《关于下达2017年第三批精准脱贫专项资金使用计划的通知》精神，盂县涉及4个乡镇、7个行政村，补助资金6.09万元，补助蜂群数203箱；

加工业方面，积极推进小杂粮、核桃油、花椒油、矿泉水、毛尖茶叶等加工项目建设，组建加工企业10余个，实现农副产品二次提质增效。同时，将加工产业同乡村旅游、电商平台紧紧联系起来，网上、网下大力拓宽销售渠道，打通产业脱贫的最后一千米，真正实现贫困户稳定增收，贫困村集体经济全面破零。

（李　强）

【中药材特色产业扶贫】2017年，盂县实施中药材特色产业扶贫100公顷（1500亩）。年初，共在3个贫困村新种植中药材74.67公顷（1120亩）。其中，西潘乡李家庄村种植连翘20公顷（300亩），北下庄乡崔家庄村种植连翘46.67公顷（700亩），西烟镇脉坡村种植桔梗8公顷（120亩）。留床面积26.33公顷（395亩），其中梁家寨乡骆驼道村6公顷（90亩），西烟镇南贝只村13.33公顷（200亩）、山丫掌5033公顷（80亩），上社镇宋家庄村1.67公顷（25亩）。2017年末，全县中药材特色产业扶贫任务共完成101公顷（1515亩）。

（韩润峰）

【生态环境建设与脱贫攻坚相结合】2017年，盂县以发展林业作为生态环境建设的突破口，把生态建设与脱贫攻坚融为一体。实施林业脱贫"五大工程"，在三年脱贫攻坚期内，重点面向贫困村，实施退耕还林工程1.72万亩，荒山造林5.5万亩，实施核桃提质增效1万亩，发展连翘、皂荚、油用牡丹等特色经济林0.32万亩。同时，在退耕还林、生态管护、干果经济林提质增效、林业特色产业发展的基础上，结合盂县实际，组建成立了扶贫攻坚造林专业合作社14家，合作社成员457人，其中建档立卡贫困人口385人。 （李 强）

【财政倾斜、金融创新与脱贫攻坚相结合】 盂县调整资金用途、拓宽发展思路，用"四两拨千斤"方式，撬动规模资金，助力产业发展，推进脱贫攻坚。一是2017年，省、市、县共下达专项扶贫资金2506.06万元，其中：省级财政专项扶贫资金868万元，市级精准脱贫专项资金696.06万元，县级投入专项扶贫资金938万元。二是通过对各乡镇精准扶贫精准脱贫工作开展情况的摸底，全年下达各有关乡镇省级财政专项资金695万元（其中有上年结转资金0.0144万元和101062万元），由乡镇统筹使用，用于全县贫困村和低收入村产业发展、就业培训和整村推进，用于教育扶贫及雨露计划18.5万元；下达市级精准脱贫专项资金300万元，用于60个贫困村的产业发展，下达精准脱贫专项（新增债券）230万元，用于5个市级深度贫困村基础设施建设提升，下达精准脱贫专项资金6.09万元，用于全县7村203箱养蜂补助；下达县级扶贫专项资金300万元，用于全县60个贫困村发展产业扶贫项目，付邮储银行盂县支行、盂县农商银行扶贫贷款风险补偿金及贴息资金共计210万元。至2017年末，共拨付2017年专项资金1758.4694万元，拨付率达到70.28%。三是构建"四位一体"，补齐金融短板。为保证金融扶贫工作有序开展，盂县积极构建"政府支持、银行投放、实施主体使用、贫困户承贷并获益"的四位一体精准扶贫小额信贷工作模式。华北奕丰生态园有限公司、山西康泰来农业生态科技有限公司等带动主体对符合条件的贷款入股贫困户给予每年3000元分红。同时，带动主体企业还优先录用有劳动能力的贫困户进入企业务工，对贫困户农产品及畜禽产品进行订单收购，为贫困户免费提供设施，供贫困户使用并回收产品等等。至2017年末，全县总计发放扶贫小额贷款3988.5万元，惠及建档立卡贫困户816户。
（李 强）

【实施光伏扶贫项目】 2017年，盂县大力发展分布式光伏电站，建立了切实可行的光伏扶贫利益联结机制。至2017年末，全县有36个贫困村和6个低收入村的光伏电站已实现并网发电，规模达1200千瓦以上，月均发电量14万千瓦时，月均效益11万元左右。此外，处于建设中的光伏电站44处，规模1000千瓦，涉及13个贫困村和31个低收入村。（李 强）

【乡村旅游扶贫项目】 2017年，盂县制订了全域旅游发展规划，挖掘和利用盂县厚重的人文历史和丰富的自然生态资源，大力发展乡村旅游项目，促进旅游扶贫，为脱贫攻坚以梁家寨乡"河灯节"这一非物质文化遗产为中心，打造大宋村、大崔家庄村、赵家岔村、猫铺村、骆驼道村等连片的北部旅游区。以长池镇的藏山和藏山翠谷两个景点为中心，打造北中部旅游区。以仙人乡垴上村的"红薯节"、北下庄乡崔家庄村雁子崖自然风景区为辐射点，带动东部乡村旅游业发展。通过发展旅游产业，直接惠及贫困人口发生率较高的当地，带动贫困户增收脱贫。

【电商扶贫】 2017年，充分利用"互联网+"模式，依托美淘村、乐村淘、盂县供销易家等平台，帮助贫困地区销售农副产品，带动贫困户增收致富，全年预计销售额达到500万元，直接和间接惠及贫困户53户、117人，户均增加收入510元。 （李 强）

【贫困人口动态调整】 全县14个乡镇通过动态调整，新识别档外贫困人口16户28人，并完成了"两公示一比对一公告"工作；截至年底，全县12个乡镇最终贫困人口总规模4664户11101人，涉及12个乡镇171村（其中60个建档立卡贫困村建档立卡规模2415户5476人；111个低收入村建档立卡规模2249户5625人）。已脱贫2860户6949人，未脱贫人口规模1804户4152人。　　　　　　（李　强）

【行业扶贫】 2017年，按照全省提出的"八大工程20项行动"要求，结合盂县实际，全县各行业部门聚焦贫困村提升工程，充分发挥行业优势，制订行业扶贫规划和分年度行业扶贫行动计划。县教育局继续开展教育扶贫和雨露计划工作，全年，盂县共资助考入二本B类以上院校的贫困大学生24人，资助金额12万元。同时，教育部门深入开展幼儿及中小学贫困户子女资助工作，全年共资助建档立卡家庭学生323人，资助金额23.8万元，免除学费13.32万元。县民政局继续做好农村最低生活保障制度和扶贫开发政策的有效衔接，突出"兜底线保民生"的职能，全年，全县新纳入建档立卡贫困户低保对象478户、692人。对特困人员、建档立卡户等各类困难人员实施医疗救助992人，临时救助1203人。县卫计局积极开展健康扶贫行动，面向全县11101名建档立卡贫困人口开展"双签约"服务，为贫困群众建立电子健康档案，让贫困人口充分享受基本医疗卫生和健康管理政策，解决群众看病就医、报销等问题。县水务局对全县60个贫困村饮水安全情况进行了全面摸底，2017年32处饮水安全改造工程已全部开工，完工11处，完成投资150万元，11月底前完成工程主体建设任务。县交通局对全县60个贫困村交通现状进行了认真排查摸底，确定需要进行道路改造的贫困村29个，共计101.27千米，县人社局开展了培训就业扶贫行动，对全县建档立卡贫困人口中1903名贫困劳动力进行就业信息采集和职业介绍，培训贫困劳动力309人次，提供公共就业创业服务2300人，实现就业401人。同时，对全县建档立卡贫困人口实行免缴个人医疗保险费用。县住建局重点聚焦贫困村、贫困户住房安全保障问题，全力做好建档立卡贫困户危房改造工作。全年共完成贫困户危房改造194户（其中：2016年104户，2017年90户），县经信局积极开展贫困村网络全覆盖工程。全县60个贫困村实现网络光纤宽带覆盖的42个，剩余18个村将于2018年全部实现网络覆盖（移动11个，联通8个）。县供电公司大力实施贫困村配电网改造工程，全县60个贫困村电网全部达到相关标准和要求。同时，为光伏扶贫电网并网开通绿色通道，全力配合做好贫困村光伏电站并网工作。县残联继续加大农村残疾人扶贫服务力度，把残疾人贫困户作为扶贫重点对象，做好社会救助和精准扶贫政策的有效衔接。此外，县科技、旅游、文化等行业部门，立足自身优势，将科技发展、乡村旅游、文化传播等各项工作同扶贫开发结合起来，全力助推全县脱贫攻坚工作开展。　　（李　强）

【易地扶贫搬迁】 2017年，省、市下达盂县易地扶贫搬迁任务588人（其中搬迁建档立卡贫困户498人，同步搬迁90人）。2017年度盂县共落实易地搬迁人口297户、718人（其中建档立卡贫困人口207户、530人，同步搬迁人口90户、188人），圆满完成上级任务。集中安置项目共有5个，分别是西烟镇洪镇村、下社乡下庄村、西潘乡侯庄村、西潘乡东头村及县城聚景园集中安置项目，共搬迁293户、711人（其中建档立卡贫困户203户、523人，同步搬迁90户、188人）。分散安置4户、7人，涉及西烟、仙人、西潘、下社4个乡镇、4个村。西潘乡侯庄村已竣工并分配到户，东头村主体已竣工；下社乡下庄新村建设2017年底基础工程完成90%以上，主体工程完成60%以上；西烟镇洪镇村地基基础工程已完工；县城聚景园集中安置项目钥匙已分配到户。（李　强）

【驻村帮扶工作】 2017年，制定出台《驻村帮扶"三支队伍"管理办法》，召开全县驻村帮扶工作会议，安排部署帮扶工作。各包带领导、帮扶单位、驻村工作队和"第一书记"重点开展贫困户信息核查、帮扶计划的制定、帮扶措施的落实、脱贫人口相关信息的核实等相关工作，因地制宜、因户施策，切实把"六个精准"落到实处。根据盂县实际，及时制定出台了《关于调整县级驻村帮扶单位的通知》《关于调整农村扶贫工作队队长、指导员的通知》，对低收入村的帮扶单位进行了调整，派驻了帮扶责任人，强化了低收入村帮扶力量。

（张 峰）

养殖业

【概况】 2017年盂县畜禽养殖发展平稳向好。全年盂县畜禽养殖量呈总体上升态势，规模养殖场户数量也有小幅提升，规模养殖量已达到养殖总量的85%以上。全年未发生畜产品安全事件，未发生重大动物疫病，全面保障了畜牧安全发展。同时，积极响应"绿色中国"号召，加强畜禽粪污治理工程建设；响应"精准扶贫"政策，借助畜牧优势技术扶贫、巩固脱贫。

（王国栋 武俊霞）

【畜产品质量监管】 2017年，全县下发了《2017年畜产品质量安全专项整治行动方案》，开展质量安全监管，确保养殖生产过程全方位全面监管到位。全年共开展质量安全宣传22次，发放宣传资料1800余份，专项执法检查10次，出动执法人员90余人次。全年共监督监测饲料产品5类、14个样品共17批次，送交省市饲料兽药监测站进行检测，监测结果全部合格。全县瘦肉精监测开展950余批次，全部监测为阴性。开展全县范围内畜产品质量安全风险评估监测，共监测盂县规模化蛋鸡养殖场15个，频次为2次，监测样本数量占到全县的50%以上，监测结果全部合格。2017年全县屠宰检疫生猪6959余头，检疫产品出厂合格率达到100%，未出现质量追溯事件。2017年全县14个乡镇共申报病死猪无害化处理3939头，未发生区域性重大动物疫病疫情。

（王国栋 武俊霞）

【防疫消毒措施到位】 2017年，全县共调运口蹄疫疫苗O-I型33.23万毫升、O型苗23.18万毫升、禽流感疫苗59.66万毫升、高致病性猪蓝耳疫苗6.7万毫升、猪瘟29.76万头份、鸡新城疫疫苗499.2万羽份、羊小反刍兽疫疫苗16.09万只（头）份、布鲁氏杆菌病苗21.76万头份，全部疫苗按时足额发放，免疫密度达到100%、免疫合格率达到78%。春防和秋防期间，对重点养殖场点进行了消毒，共使用消毒药品1.2吨，消毒面积7.2万平方米，消毒圈舍场点600余个，开展消毒人次2000余次。结合春秋防工作，对全县的畜禽进行了疫病普查，参与普查人次达6000余人次，普查畜禽总数150万头（只、羽）。

在全年H7N9禽流感的严峻形势下，盂县不断强化免疫措施，全年未发生一例禽感染。中心落实布鲁氏菌以免疫为主的各项防控措施，开展布鲁氏菌病基线调查、防控宣传，完成了省下达的畜禽场动物疫病净化，并及时准确的收集疫情信息，完成防控任务。

（王国栋 武俊霞）

【畜禽粪污治理】 根据盂县养殖实际情况，2017年重点对27家规模养殖场粪污处理进行集中整治。根据市农委《关于阳泉规模养殖场粪污处理配套设施建设的指导意见》，中心同各乡镇畜牧兽医中心站协调配合，监督指导27家养殖场户建成粪污处理设施。要求规模养殖企业采取综合利用治理技术，采用雨污分离和干清粪方式，从源头上减少污水产生量，配套建设防漏防渗防溢的粪便堆放场、污水尿液贮存池，粪污经好氧、厌氧发酵处理后还田。2017年全年完成配套设施建设的有26家，剩余一家为北关鸡场，由于不符合环保要求和养殖防疫条件，秀水镇政府已下达关停拆迁令，即日搬迁。中心不定时对其进行检查督导，全年到场户实地指导90余次，严格把好质量关、标准关。据统计，截至年底，共建成堆粪场47个，化粪池92个，预计每年可处理发酵畜禽粪污约314000立方米，可有效降低养殖废弃物对环境的污染。 （王国栋 武俊霞）

【秸秆资源化饲料化利用】 2017年新建5000亩连片多年生牧草基地，同时加大粮改饲推广，全县新购入秸秆收贮机械20台套，加速秸秆集中化、机械化收贮；全县青黄贮总容积3万立方米，其中新建青黄贮池约1.5万立方米，秸秆资源化饲料化利用达到7万吨，粗略估计利用玉米、谷类秸秆面积0.93万2公顷（14万亩），为全县大气污染防治和秸秆综合利用做出了应有的贡献。 （王国栋 武俊霞）

林 业

【概况】 2017年全县重点实施了1235林业工程，共完成各类造林0.2万公顷（3万亩），占任务的124%。完成完善"盂五"高速公路林带、荒山造林及提质增效工程。通过对高速公路和国、省道两侧绿色通道进行补植补造，进行美化提升，打造层次分明、树种多样、色彩丰富的景观林带，着力提高绿化美化水平。完成核桃提质增效工程0.13公顷（2万亩）。按照"稳定规模，谨慎发展，加强管护，提质增效"的思路，在抓好充实面积补植补栽的同时，重点实施低产低效林改造工程，其中国、省工程533.33公顷（8000亩），自主完成800公顷（12000亩）。继续实施三个生态循环圈改善人居环境绿化工程。完成荒山造林0.2万公顷（3万亩），乡村通道绿化70千米，营造"青年林""三八林""职工林""学生林"，组织全民义务植树和四旁植树，完成义务植树90万株，完成其他造林90万株。"5"是实施"五个一批"林业扶贫工程助千人脱贫计划。通过大力开展生态扶贫、森林资源管护、核桃提质增效、林业特色产业、新一轮退耕还林生态脱贫"五个一批"工程，共惠及贫困人员500余人，其中326人当年脱贫。 （武岐山）

【"五个一批"林业扶贫工程】 2017年，生态扶贫"五个一批"共带动5100名贫困人口，实现增收655.7万元，908名贫困人员实现脱贫，完成年度行业扶贫任务（329名）的276%。14个扶贫造林专业合作社，吸纳贫困劳动力385名，共贡献收入446万元，人均收入9832元，惠及951个贫困人口，直接带动835人脱贫。按照就地就近和规模适度原则，公益林和未成林管护安排28名贫困人口就业，共发放管护费24.75万元，人均收入8893元，惠及69个贫困人口。完成新一轮退耕还林287.33公顷（4313亩），贫困户22.27公顷（334亩），在解放贫困户劳动力的同时，可向贫困户贡献奖补收入50.1万元，125个贫医户当年获得现金收入21.71万元，户针头1736.8元。1227户贫困户的166.67公顷（2500亩）核桃全部纳入2017年低产低效林改造范围，通过综合管理，亩均增产60斤，增产率30%以上。166.67公顷（2500亩）区增产150000斤，增收100万元，户均增收1200元。2017年在贫困地区种植连翘、文冠果、油用牡丹等经济作物400公顷（6000亩），为贫困地区持续增收奠定了基础。 （武岐山 贾彩青）

【森林资源安全】 2017年，全县完成了4万亩永久公益林和2个省级森林公园、1个省级湿地公园（诸龙山森林公园、尖山森林公园和梁家寨湿地公园）的划界落地，依法治林迈出重要步伐。根据省厅市局安排，开展"双百双打"专项行动，依法查处各关违法案件11起，行政处罚13人次，处以罚款55.6万元。另外移送刑事处理2起，对涉林犯罪形成有效震慑。

完成了林地"一张图"年度变更调查，严格林地用途管制和定额管理制度，坚持"严管林"的原则，依法办理采伐许可证15份，办理临时林地征占用手续6项。积极服务重点项目，对光伏领跑项目、风电三期、阳大铁路、龙华口水库、乌河水库存、陕西锦府电厂500万千伏输出工程、中石鼎新120万吨氧化钙等重点项目及时跟进，主动对接，在严格资源管理，加快进度依法依规审批，确保项目顺利落地和推进。加强在建重点项目的跟踪管理，确保重点项目有序推进的同时，生态不受破坏，切实守卫好盂县人民绿水青山。依法加强林业有害生物防治，林业有害生物成灾0.6‰，低于上级考核目标。　　　　（朱永红　李世瑞　贾彩青）

【护林防火】　盂县共有灭火队23支，共800人，护林员1900人（兼职1400人，专职500人）。2017年，组建盂县人民政府护林防火指挥部消防大队，分别由原盂县森绿灭火队、盂县森林消防专业队、盂县防火指挥部直属森林消防队、盂县林雨泉灭火队、盂县乌川灭火队组成一至五中队，共有队员190人，通过整合，使队伍更加精炼，更具专业化。全年，全县共发生荒火21起，无较大森林火灾和人员伤亡事故。特别是实现了连续5个清明、4个小年无火情的历史性突破，得到省市肯定。在做好宣传、巡查、定点看护、应急值守、重点人群监控等常规工作的同时，重点在抓扑火队伍建设、抓林缘六清、抓重点区域、抓重点时段上下功夫。
　　　　　　　　　　　　（杨志才　贾彩青）

农业机械

【概况】　2017年，在县委、县政府的正确领导下，在省、市、县农业（农机）部门的大力支持和帮助下，县农机中心坚持以党的十八大精神和十八届三中、四中、五中、六中全会精神为指导，以实施农业机械化示范基地建设为主线，紧紧围绕提高粮食综合生产能力、促进农业发展、农民增收、农村稳定和建设现代农业为中心，认真落实农机购置补贴政策，积极培育发展农机服务组织，着力抓好关键农时、重点作物、主要环节的农机化生产，大力推广先进、适用农业机械，切实加强农机安全生产监管，促进了农机化事业又好又快发展。截至年底，农机总动力达182292千瓦，农机作业量已发展到具体数字。机耕2.13万公顷（32万亩），机播2.13万公顷（32万亩），机收1万公顷（15万亩）。每年的各项农机化业务指标和其他工作任务都能圆满完成。　　　　（郑晓英）

【农机购置补贴】　2017年，全县使用农机国补资金284.711万元，购机总数238台，受益农户157户。在实施的过程中，县农机中心主要抓五项工作：一是加强领导，明确责任。成立了分管副县长任组长、人大、政协副县级领导任副组长，农口单位及乡镇长为成员的盂县农机购置补贴工作领导组，领导组下设办公室，制订了《盂县购机补贴专项工作方案》和《盂县农机购置补贴工作廉政风险防控方案》，召开了全县农机购机补贴专题工作会议。二是广泛宣传、营造氛围。召开了农机工作会议、乡镇召开现场演示会、送机械下乡加大购机补贴政策的宣传。三是规范程序，严把"四关"。严把"补贴资金审批关、申报资料审核关、购机核查关、录入结算关"，实现了购机全过程、全方位的监管。四是强化监督，跟踪回访。根据补贴机具档案，采取上门查访、电话问询等方式，进行跟踪调查回访，并建立调查回访档案，对有质量问题的机具及时维修调换。五是多措并举，强化管理。对县内各经销商的资质条件，执行政策、诚信守诺、规范操作、售后服务等情况进行了综合考评，对合格的经销商颁发了《盂县农机补贴机具销售资格证书》。此外，购机补贴领导小组还不定期组织对购机补贴定点经销网点进行检查，对存在经销商违规操作，套购国家补贴资金等违法违规行为，将取消其补贴机具销售资格并依法严肃处理。督促经销商根据农时季节备足充实的货源，扩大机具销售品种，方便农民购机，确保项目实施公开、公正、公平、准确无误。2017年获得了农机购置补贴绩效考核优秀单位称。

（郑晓英）

【农机安全生产态势平稳】 县农机中心本着"以人为本，安全发展，创建平安农机"的宗旨，紧紧围绕"安全第一，预防为主"的方针，农机安全生产一直保持良好态势。2017年，在全县扎扎实实开展了"两节""两会"和春耕期间农机安全生产大检查、"安全生产月""打非治违"等专项活动。一是做好春季农机安全生产工作。重点做好春耕备耕期间的农机检验、维护、监督检查等各项工作，排查事故隐患，促进安全生产。二是继续开展创建"平安农机示范县（乡镇）"工作。从6月份开始，监理站采取下乡入户的方式，逐个对14个乡镇的大中型拖拉机、手扶拖拉机进行了免费检验，并为农机户办理了检验补贴手续。中心抽调农机监理人员深入乡村，在对农业机械及驾驶人员进行全面排查摸底的基础上，加大力度清理无牌无证、无牌行驶、不参加年度安全技术检验等严重违章行为，与农机户签订安全生产责任书、安全生产承诺书，确保新注册登记拖拉机、联合收割机签订率达到100%。三是积极开展农机"打非治违"专项行动。县农机监理站还会同公安交警、工商、质检等部门开展"打非治违"联合执法行动。

（郑晓英）

【农机推广培训工作】 2017年县农机中心扎实开展农机新机具新技术的推广、培训工作。一是谷子全程机械化技术项目。为突破全县谷子机械化种植、间苗、收获等机械化瓶颈，实现谷子生产全程机械化，盂县农机中心2017年在省市农机部门大力支持下，实施谷子生产全程机械化项目。项目已购买谷子播种机3台，项目实施播种面积达到66.67公顷（1000亩）。5月19日举办了谷子播种机械化现场会，共有5台谷子播种机及2台大型拖拉机作业。农机技术人员对不同机型在进行谷子播种时的开沟深度、排种精度、覆土和镇压效果等参数进行了记录，试验过程中及时对机具完善、改进等提出了建设性意见。二是国家级保护性耕作工程建设项目。我县继续在西烟镇、东梁乡、孙家庄镇、北下庄乡、南娄镇、苌池镇6乡镇18个村建设3万亩保护性耕作工程建设项目。现在项目工程建设接近尾声。项目实施后，可进一步推动全县保护性耕作的发展。三是新建农产品产后处理及初加工装备技术示范点一个。随着人们生活水平的不断提高，对饮食的质量与安全愈发注重，传统的加工设备和简陋的厂房已不能满足老百姓的需求。盂县南社油坊位于西烟镇南社村，2017年计划进行厂房改造、设备更新、生产工艺改进，将原有生产厂房110平方米进行改建，达到食品卫生生产要求，年产油达到10吨，年收入达到5万元。通过引进先进的油料加工设备，为农民提供就近方便快捷的油料加工服务。通过生产加工工艺上的改进和产品质量认证，产品将创立品牌、打开市场，带动本地经济的发展，同时老百姓也可以吃上纯天然无污染的绿色食用油。四是农产品初加工机械数量稳定增长。受国家农机购置补贴政策的拉动，农产品初加工机械数量稳定增长。全年增加农产品加工机械31台，其中享受补贴11台，促进了农产品加工机械的稳定增长。五是认真做好新装备、新技术培训工作。为完成好各项工作，上半年对全县加工坊10人进行了操作培训，通过培训使农民不仅了解了机器的构造和工作原理，同时扩大了农产品加工的影响。

（郑晓英）

水 利

水利工程

【饮水安全巩固提升】 2017年，全县开展解决贫困村饮水安全提升工作。对全县贫困村饮水安全情况进行了摸底调查，根据调查结果确定了2017年解决32个贫困村饮水安全问题，投资291万元，其中，省级债券资金200万元，省级维修养护资金29.8万元，地方自筹61.2万元。解决了32个村、7355口人的饮水困难问题。截至年底，32处工程已全面完工。

（李俊明）

【节水型社会建设】 2017年，全县实施节水型社会建设工程。北下庄乡崔家庄村雨水积蓄利用工程投资40万元，工程规模建设300方蓄水池2座，集流面积4万平方米，工程已全部完成；西烟镇麻地掌村蓄水工程投资10万元，工程规模建设100方蓄水池1座，工程全部完工；盂县一中节水设施改造项目投资20万元，工程全部完工。

（李俊明）

【完成乌河河道治理工程设计】 2017年，县水务局对乌河河道进行了勘测和治理规划设计，工程初步设计计划对乌河下游实施治理，治理起点位于西潘乡高庄村，终点位于规划的乌河水库上游约1500米处，治理段全长14035米。工程主要内容有：河道疏浚14035米，新建堤防2993米，拆除重建堤防1020米，旧堤堤身加固1670米，旧堤维修加高加固1698米，堤脚齿墙防护3245米，支流入河口防护工程737米、铅丝石笼防护765米和新建排水口3处等，工程设计总投资2969.75万元，已上报市局。

（李俊明）

【水库移民后期扶持工程建设】 2017年，全县加快继续完善去年实施的3处水库移民及扶持工程。投资44万元的会里村文化活动中心建设工程已经完成。投资100万元会里村灌溉渠道改造工程已经完成。黄树岩村文化活动中心建设工程投资38万元，上年完成工程基础，8月也全部完工。二是大力推进2处水库移民及扶持工程建设。下庄村青崖沟农田防护工程投资198万元，建设排洪渠1834米，机耕路1834米，堤坝防护42处。会里村文化广场硬化及附属设施建设工程投资25万元，建设130米围墙，硬化广场2600平方米。目前两项工程已经完工。

（李俊明）

【龙华口水电站大坝枢纽工程】 大坝枢纽工程于2008年5月开工，2012年7月主体工程完工，2017年5月工程全部完工。先后完成了库底清理、大坝防冲消能、大坝管理房、导流洞封堵等工程建设；完成了单位工程验收、合同工程完工验收、库底清理验收、下闸蓄水验收；齐备了工程质量评定、大坝安全监测、启闭机调试、蓄水安全鉴定等各项准备工作。完成的主要工程量：土石方开挖39.2万米、砼工程38.53万米、帷幕灌浆1.1万米、基础固结灌浆2.8万米、廊道固结灌浆1800米、排水孔9400米、钢筋制安770吨、金属结构173.39吨、卷扬机7台（套）、坝体内外观测点147个。

（梁启慧 郝娟娟）

【龙华口水库下闸蓄水】 9月17日，龙华口水库工程正式下闸蓄水。龙华口水库工程是山西省政府确定的35项应急水源工程之一，是山西省大水网建筑的重要组成部分，是阳泉市最大的水利工程。龙华口水库蓄水后，可实现年调水及供水量7000万方，解决盂县乃至阳泉市工农业生产和生活用水，同时通过对库区旅游的开发打造，可对周边生态环境改善和农民增收，起到推动作用。（梁启慧 郝娟娟）

水务管理

【河长制工作】 5月26日，全县召开河长制工作推进会，6月26日出台了《盂县全面推进河长制实施方案》，各乡镇在7月中旬出台了乡级河长制实施方案。7月20日，县、乡、村三级河长、河长名单在新盂县报纸、盂县网站、新盂县App上正式公布。设立了县河长制办公室，制订了6项工作制度，并设置了河长制微信公众平台，进一步健全了推进河长制工作的保障机制。根据每条河流的实际情况，还编制了"一河一档"，坚持问题导向，针对不同河流推行"一河一策"。县级河长采取实地查看、明察暗访等方式重点对县级12条跨乡镇河流进行了18次巡查，乡级河长对乡镇管辖大小河流进行了92次巡查，通过巡查对入河排污口、河道垃圾弃渣等问题进行了及时处理，河流生态环境有了明显改善。为有效推进"河长制"工作顺利开展，在滹沱河、温河等重要河道设立"河长制"宣传栏，在全县26条主要河流设立河长公示牌41块，同时在沿河各村散发传单2000余份，广泛宣传实施河长制的重要意义，增强社会各界河流保护的责任意识和参与意识，营造了全社会关心、支持、参与河流保护工作的良好氛围。（李俊明）

【水务企业】 2017年，局属各企业按照年初确定的工作目标，基本完成工作目标任务。县自来水公司继续保持苦干实干的劲头，较好地完成了供水任务，保障和满足了县城居民正常的生产、生活用水需求。实际供水505万吨，实现销售收入1715万元。县污水处理站按照年初确立的各项指标，采取有效措施，从抓好污水处理达标排放、降低经营成本，圆满完成减排任务，处理城市污水592万吨，COD减排量2017吨。夫城口水电站坚持安全第一，预防为主方针，加强安全生产管理，完成发电量726万度，实现销售收入196万元。（李俊明）

商业　贸易

粮食工作

【概况】 2017年,全县社会消费品零售总额实现51.47亿元,同比增长5.8%,较全国10.2%、全省6.8%以及全市6.1%的增速分别低4.4个、1个和0.3个百分点。其中,按区域划分:城镇完成42.99亿元、同比增长6.35%,乡村完成8.48亿元、同比增长3.06%;按行业分:餐饮收入3.67亿元、同比增长13.14%,商品零售47.8亿元,同比增长5.27%。

(梁海瑞)

【盂县粮食局概况】 2017年,盂县辖区现有耕地保有量3.53万公顷(53.02万亩),基本农田保护面积2.97万公顷(44.54万亩),耕地质量等级与上年持平。全年粮食收购3.15万吨,销售粮油7.09万吨,粮食调入3.54万吨。盂县粮食局下属企业有秀水粮站、乌玉粮站、上社粮站、东梁粮站、牛村粮站、盂县粮油批发市场、盂县粮油食品加工厂,企业资产总额6165万元,负债4832万元,所有者权益1333万元,存货2554万元,货币资金532万元,固定资产净值1523万元,银行借款2274万元,实收资本209万元,资本公积1576万元,未分配利润490万元。全年实现盈利4万元。年内,市、县两级储备粮油管理数量真实,质量良好"一符六无"(一符:账实相符;六无:无虫害、无变质、无鼠雀、无事故、无陈化、无污染)和"三专四落实"(三专:专仓/罐存储、专人保管、专账记载;四落实:数量、质量、品种、地点落实)合格率100%;商品周转粮管理"一符六无"合格率96%以上。在粮食安全责任制考核工作中,县粮食局在全市考核中排名第一,评为优秀。

(韩宝明)

【地方粮食储备落实】 2017年,县粮食局辖区内为提升储备能力,投入2000余万元,修建4座7000吨筒式仓,全县在1万吨县级粮食储备计划的基础上,申请报告县政府再增加1万吨储备粮,修建2万吨现代化仓库,已列入县政府重点工程项目,制订和完善《县级储备粮管理办法》,就县级储备粮管理的总则、库存管理、轮换管理、财政专项资金和信贷资金管理、动用管理、法律责任等方面在原有基础上,结合实际补充和完善。储备费用、利息补贴和轮换补贴足额到位,推进危仓老库建设维修改造,对库房防潮层损坏投入5万元进行维修,投入8万元对全县各库区增设安全设施,配备监控设备实行全覆盖。

(梁海瑞)

【种粮积极性保护】 2017年,盂县主要粮食作物主导品种主推技术达100%,综合机械化率达标,粮食种植面积稳定,粮食总产量平稳,组织动员农田水利设施建设工作到位,实行行政首长负责制,逐级签订责任书。建立健全考核机制,农田水利建设持续加大,农业节水等农田水利建设全面完成。严格执行国家补贴政策,按国家规定及时足额发放补贴,在各个不同区域共设立收购网点10个,并与农发行沟通联系做好收购资金不缺失、不断档、足额足数发放,并严格执行国家收购政策,没有出现卖粮难现象。

(梁海瑞)

【粮食执法检查加强】 2017年,县粮食局重点做好节日供应市场监管、收购市场秩序监督检查、收购资格核查、政策性粮油经营检查等工作,在夏、秋两季粮食收购期间,与工商、物价等部门联合检查，组织开展不同时期、不同类型的监督检查。保护种粮农民利益，加大日常监管做到"双随机一公开"（随机抽取检查对象、随机选派执法检查人员、抽查情况及查处结果及时向社会公开），全县未发现违反质价政策，扰乱市场秩序的行为。 （韩宝明）

石油经销

【**中国石化盂县石油分公司概况**】 中国石化销售有限公司山西阳泉盂县石油分公司主要经营柴油、汽油、润滑油和易捷便利店石化日用商品、烟草、粮油等，下辖加油站点24座。2017年，易捷便利店业务发展多元化，由原来单一的基础类销售，增加电费、话费等服务类业务，更加方便广大消费者，为打造"汽车生活的驿站"注入新的内涵。4月，中国石化柴油联名卡在阳泉开始推广和运营。9月，盂县石油分公司中心食堂正式成立，满足周边8座加油站员工用餐，让员工感到最美一餐在食堂，推进"家文化"建设。 （韩建凤）

【**液位仪应用系统全面启用**】 2017年，按照系统工作需求，所有加油站的液位仪应用系统全面启用，加油站所有卸油作业通过液位仪应用系统进行卸油，实时监控油罐液位，做到油品地罐交接、系统集成共享、数据实时比对，打通油品从库到站的信息流，建立新型油品优化体系，形成标准化、规范化业务流程，推进企业精细化管理。 （韩建凤）

【**双层罐改造启动**】 2017年10月，根据国家环保要求，盂县石油分公司加油站进行双层罐改造。双层罐改造主要是为防止加油站内油品外漏，消除传统单层钢制油罐由于长期腐蚀、埋地敷设而容易发生渗漏等缺陷，为地下土壤和水资源加上"双保险"，因此，加油站双层油罐改造是当前环境污染防治的一项重点工作。截至年底，有两座站改造完成。 （韩建凤）

【**油品置换升级工作**】 2017年9月，盂县石油分公司根据国家《京津冀及周边2017年大气污染防治工作方案》和省石油分公司《有序推进普通柴油和车用燃油质量升级工作方案》的要求，全部销售符合国Ⅵ标准车用汽柴油，禁止销售普通柴油，率先完成油品质量升级工作。 （韩建凤）

供销合作商业

【**盂县供销社联合社概况**】 2017年，县供销社联合社牢固树立"以人为本、生命至上、安全发展"的理念，切实把安全生产作为不可触摸的高压红线。以贯彻落实新《安全生产法》为主线，坚持党政同责，强化责任落实，深化隐患治理，努力做好安全生产各项工作，实现全年无安全责任事故，无伤亡人数，全面完成县政府安全生产工作任务。全年，盂县供销社联合社全系统实现商品销售总额2.65亿元，占年计划106.6%，为同期127.9%，完成农业生产资料供应5460万元，占年计划105%，为同期117%，完成农副产品收购3027万元，占年计划100.9%，为同期115.1%，全年实现利润总额13万元。全年累计销售各种化肥1.82万吨，农药415吨，农地膜35吨，籽种1233万元。全年共销售各种盐产品1328吨，其中食用盐销售850吨，畜牧盐11吨，其他工业盐478吨。

县供销社联合社化解历史债务遗留问题，促进企业转型发展，积极争取政府支持，切实解决好财务挂账。全系统银行账务本金共计1469.78万元。到2017年底，转让到阳泉市经营资产管理有限公司149.33万元。 （刘先彦）

【**构建与农民结成利益共同体**】 2017年，盂县基层供销社吸纳农民社员、专业合作社等新型经营主体加入基层社，强化与农民的联结。全系统入社农户达到4000户，社员达到12000人，实现基层社全覆盖。按照上级的有关要求，提高农民组织化程度，县供销社有限公司牵头，久红种植合作社、创元种植合作社、启耀中药材种植专业合作社联合组建成立县级红创耀农民合作社联合社。坚持以农民增收为目标，以强化与农民结成经济利益共同体为出发点，按照政府推动、供销社牵头、农委参与、保险兜底、自愿互惠、市场运作、协同推进的原则，采取"公司+供销合作社+农户"的模式，种植辣椒项目，全县共签订合同399份，面积137.33公顷（2060亩），项目涉及14个乡镇，68个行政村。在全面推进辣椒种植项目的同时，上社供销社因地制宜采取"基地+农户+供销社"的模式，以订单的形式，规模种植高粱60公顷（900亩），签订合作协议320份，实现了种植规模化、农民利益最大化、服务一体化，经济、社会效益双增。 （刘先彦）

【供销社综合服务能力提升】 2017年，盂县供销社联合社遵循"服务三农、改造自我"的宗旨，强化农业社会化服务体系建设，拓宽经营服务领域，西烟供销社建成全省一流的惠农服务中心，该中心建筑面积400平方米，总投资100万元，主要开展农民培训、农机服务、测土配方、统防统治农业社会化服务，农资、农机具、农副产品的购销。此外，提升北下庄供销社、牛村供销社、苌池供销社3个惠农服务站，改造生产资料有限公司，上社供销社2个庄稼医院，开展全方位服务，真正做到农民得实惠，供销社得发展。 （刘先彦）

【农村电子商务】 2017年，盂县供销社联合社以"互联网+"的新理念，新思维，打造"网上供销社"依托总社"供销e家"和省社"农芯乐"电商平台，成立县级农村电子商务服务中心，组建盂县供销易佳电子商务有限公司，购置6辆物流配送车辆，利用村级农家店、便民超市设立134家体验店，其中，贫困村按照"三有标准"（有服务场所、有服务设备、有服务人员）设立29家，真正实现工业品下乡、农产品进城，线上线下融合发展，全年实现交易额1050万元。 （刘先彦）

【供销网点体系建设】 2017年，依托政府城市建设，盂县日用杂品有限公司、土产粮油副食有限公司进行拆迁改造，由山西晋盂建设投资有限公司负责拆迁返还面积，建成以后返还盂县日用杂品有限公司营业面积7100平方米，土产粮油副食有限公司营业面积1400平方米，阵地建设亮面提质升档增值，预计2019年投入运营。 （刘先彦）

烟草专卖

【盂县烟草专卖局概况】 2017年，盂县烟草专卖局（营销部）以"维护国家利益，维护消费者利益"为己任，突出"四要"（节奏要快、标准要高、工作要实、状态要好）作风建设，开展"五好"（好班子、好队伍、好机制、好环境、好业绩）县级局创建活动，抓住精细管理工作主线和提升队伍素质根本，朝着"管理更精、服务更实、素质更优"的目标，全面推进各项工作水平，生产经营发展态势良好。严格落实党内政治生活制度，把规范落实"三会一课"制度作为严肃党内政治生活的突破口，强化认识、规范管理，确保抓在经常、严在平常、融入日常。全年，实现卷烟销售10782.67箱，同比增加16.64箱，销售收入25141.49万元，同比增加1261.90万元，卷烟销售条均价为93.27元，同比增加4.54元。 （裴俊红）

【卷烟营销】 2017年，盂县烟草专卖局推进网络建设，夯实网建基础，建成现代终端"示范店"5户，其中旗舰版1户，标准版3户，专业版1户；建立阳泉北站室外吸烟点2处；组建价格自律互助小组9个，共88名小组成员。 （裴俊红）

【卷烟市场监管】 2017年，盂县烟草专卖局充分利用好信息情报平台下发的情报线索，全面布控重点物流寄递企业的分拣中心，对可疑包裹的包装、重量、单面信息进行详细筛查，从而实现对违法行为的精准打击和违法线索的深入经营。采取主动出击的方式联合公安、邮管、交通部门对辖区所有货运物流、快递企业进行集中整治，针对性地采取监管措施，提高涉烟违法行为的监管成效。全年共计查获案件161起，同比增加88起，查扣卷烟数量20.36万支，涉案金额17.36万元。其中，物流寄递领域涉烟违法案件94起，查扣卷烟数量5.72万支，涉案金额11.03万元，取得突破性成果。

（裴俊红）

【"五好"建设】 2017年5月，盂县烟草专卖局接到市局（公司）"五好"创建文件，立即成立"五好"县级局创建工作领导小组，制定《盂县局（营销部）"五好"县级局创建实施计划》，明确目标任务，细化责任分工。以项目管理的方式，制定"五好"县级局创建任务推进表，每月召开推进会，对上月工作进行总结，查找不足，制定措施，扎实推进县级局基础工作提升。制定县局领导班子学习制度，从开始的每季度学习一次到后期每周都要围绕一个主题进行学习，进一步提升班子成员管理能力和业务素养，为各项工作的扎实开展提供保障。为了发挥工会的纽带作用，加大工会建设力度，开展多次文体、竞赛活动，退休、困难职工的慰问活动，有效激发县局活力，提高队伍的凝聚力。结合县局实际，对县局制度及工作流程进行重新梳理，形成县局的制度汇编，共41项制度，使各项工作能够有章可依，提高工作成效。

（裴俊红）

交通 邮电

交 通

铁 路

【概况】 截至2017年年底,盂县境内共有铁路3条,一是货运线神黄铁路,为陕西神木到河北黄骅港的复线铁路,于1996年10月开工,2000年5月18日正式通车,横穿盂县北部地区的4个乡镇,在滴流磴设有货运站1处,县境全长25千米;二是客运专线石太高速铁路太原至山东青岛客运专线路段,于2005年6月11日开工建设,2009年4月1日通车,县境内全长52千米;三是客货共线铁路阳大铁路阳泉北站至昔阳县大寨村的路段,于2015年5月28日开工建设,至2017年底,主体工程基本完成。 （马成喜）

【"盂县号"高铁冠名专列首发】 2月26日上午,盂县高铁冠名列车"盂县号"首发仪式在阳泉北站举行。"盂县号"高铁专列是山西省首列以县冠名的高铁。列车运营车次为G606次（太原南—北京西）和G1954（太原南—上海虹桥）。专列途经太原南、石家庄、邢台东、郑州东、南京南、无锡东、上海虹桥等共计23个站点。运行路线覆盖北京、山西、河北、河南、安徽、江苏、上海等2市5省,年客流总量高达233万人次。"盂县号"专列冠名是盂县进一步借力高铁,扩大旅游品牌影响力的宣传举措。盂县紧抓高铁时代和大众旅游时代到来的新机遇,充分利用"高铁冠名"这一宣传营销平台,进一步拓展以省会太原、京津冀、京沪、大西高铁沿线城市为主的客源市场,更好地扩大品牌辐射区域,提高品牌影响力。 （马成喜）

【阳大铁路杏村隧道单边贯通】 4月18日凌晨4点,由中铁二十五局集团承建的阳泉至大寨铁路第二标段杏村隧道进口方向顺利贯通。杏村隧道全长1120米,是阳大铁路重要的控制性工程,隧道左侧进口方向总长570米。2017年春季复工后,项目部按照施工计划,克服隧道进口段易出现地层滑坡、坍塌、道路通行困难、混凝土保温难以恒定等施工难点,确保进口方向顺利贯通。 （马成喜）

公 路

【概况】 2017年,全县交通运输系统认真贯彻执行县委、县政府决策部署,各项工作都取得新进展。交通基础建设取得新发展、交通扶贫攻坚迈出新步伐、"四好农村路"（建好、管好、护好、运营好）建设实现新突破、行业服务水平再上新台阶、法治政府部门建设和安全生产管理得到新提升、文明创建与信息宣传工作取得新成果、全面从严治党取得新加强,交通运输事业实现新进步。2月,盂县交通运输局获阳泉交通系统"2016年度目标责任考核优秀单位"称号。4月,被盂县社会治安综合治理委员会授予"2016年度盂县社会治安综合治理（平安建设）工作先进单位"称号。7月获"2016年度史志年鉴编纂工作优秀单位"称号;12月8日,获"2017志愿服务优秀组织"奖。

截至2017年年底,县境内拥有高速公路3条,总计120.95千米,6个收费站。其中,太阳高速公路盂县境内全长47.5千米,2个出口（盂县南和盂县西）;阳五高速公路盂县境内全长61.4千米，3个出口（元吉、上社、梁家寨）；阳泉西环高速公路盂县境内全长12.05千米，1个出口（南娄）。有国道3条，共计208.75千米，其中，G207线（十八盘至张庄）78.93千米，G239线（芦城口至李家庄）100.32千米，G338线（闫家庄至芦城口）29.5千米。有省道3条共计107.74千米，其中，S214石阳线（李家庄至五渡）3.12千米，S216盂榆线（盂县至西南庄）18.02千米，S314双阳线（双山至东蒋）86.6千米。国省道合计316.49千米。全县农村公路总里程1971.7千米，其中，县道22条共333.71千米，乡道46条共357.48千米，村道1500条共1280.51千米。全县有桥梁267座（大桥9座、中桥44座、小桥219座），隧道1处（枣园隧道），涵洞472道。全县共开通农村客运线路29条，投入农村营运车66辆，乡镇通班车率100%，行政村通客车率94.54%，县城公交线路8条，投入公交车69辆，出租公司1家，拥有出租车202辆。（马成喜）

【扶贫工作成效大】 2017年，县交通运输局认真履行交通工作责任，完成29个贫困村102千米的道路项目初步设计工作，60个贫困村已基本实现通路，41个村开通客运班车。为做到真扶贫，于年初制订交通扶贫计划，多次深入西烟镇盆子掌贫困村，对接走访贫困户，制定脱贫措施，开展多项扶贫活动。与镇政府、村支两委座谈研究，决定扶持该村2户贫困户建设30千伏光伏发电扶贫项目。10月23日，县交通运输局协调多部门投资25.5万元扶持西烟镇盆子掌村建设30千伏光伏发电项目建成并网。项目并网运营后，日均发电量为150千瓦时，年收入约4万元，贫困户每年可增收1500余元。落实贫困村政策性资金，支持村加强交通、水利基础设施建设，改善群众生产生活条件。投资5000余元，修复5千米水毁农田道路，改善贫困村的农业生产条件。依托当地得天独厚农业优势，帮助村民打造"一村一品、一户一业"绿色农业产业，增加贫困村民收入。

（马成喜）

【文明创建与信息宣传工作】 2017年，以"迎接十九大，做合格党员，讲交通故事"为主题，开展党员先锋岗、党员佩戴党徽、创优服务环境、爱心送考等一系列争先创优活动，县交通运输局保持"阳泉市文明单位"建设成果，运管所、客运办打击非法营运受到县政府肯定，组织县汽车站、城市公交公司、出租车公司等单位，利用LED显示屏上滚动播放"迎接十九大""创卫"等创建宣传标语，更新50余个公交站台橱窗宣传内容，出租车"爱心车队"，出租车司机"见义勇为"事迹多次通报表扬，通达出租公司党支部再次荣获"全省先进基层党组织"称号。不断加大行业宣传力度，全年在市级以上媒体发稿50篇，阳泉交通信息上稿50篇，部、省交通政务信息网上稿16篇，并出版《盂县交通年鉴（2017）》。（马成喜）

【环境卫生整治行动】 1月16日，县交通运输局按照全县城乡环境卫生综合整治动员大会精神，迅速在全行业范围内开展为期10天的"迎老乡、庆新春"交通环境卫生整治攻坚行动。行动之前，县交通运输局结合春运工作的开展，召开专题会议进行安排部署，制定实施方案。一是对县城周边和主要县公路七良线、大敖线、盂上线、夫东线、交孙线、土芝线、肖宋线、柏管线及大众旅游公路等9条公路168.7千米，开展清除公路边沟杂草、杂物等各类堆积物，疏通淤塞涵洞等环境整治工作，累计出动人员605人次，机械车辆7台（辆），清扫路面89.69万平方米，清理边沟、路面、土方各种杂物垃圾3275立方米，整平路基280立方米，人工挖运路面土方170立方米。二是依法清理公路沿线乱修乱建、乱停乱放、占道经营、乱设公路标语、牌匾等行为，严厉整治超限超载和抛洒车辆，累计出动执法人员115人次，巡查公路15条，检查车辆24883辆，纠正未遮盖货物运输车辆5辆，清除乱设公路标牌1处。三是对县城40个公交站牌进行清洗，清除各类违法小广告120张，并对运营的69辆城市公交车和202辆出租汽车车容车貌进行卫生清洁；整治乱停乱靠、绕闯红灯、拼客抢客出租车辆70辆，查处非法营运车辆1辆。四是局属企事业单位分别对办公楼（室）环境卫生进行治理，清除各类杂物、垃圾、堆放物以及墙体张贴物等，累计清理乱扔乱推杂物450立方米，清除污染乱贴乱画纸张46处。（马成喜）

【交通基础设施建设】 2017年，县交通运输局全面推进5大交通重点项目建设，全年完成投资5.8亿元，其中，国省干线公路2.08亿元，农村公路3.7亿元。省道双阳线元吉至东蒋、县道上曹至西南关改扩建工程竣工通车，水神山路、天然气西至藏山游园公路主体工程完成；省道盂榆线盂县绕城公路（西南外环）改建工程完成过半，超额完成年度计划，东外环（乌玉至牛村）公路工程顺利推进；省道双阳线盂县过境（西北外环）公路工程已举行开工典礼；太行山1号国家观光旅游公路、G239线盂县过境东宋至滴水崖段公路改建工程规划研究工作全面启动。 （马成喜）

【"四好农村路"建设】 2017年，县交通运输局创建"四好农村路"示范线110千米，完成县乡公路大中修工程19.6千米，完成农村公路新改建工程35千米，完成撤并建制村通硬化路工程12项31千米，完成安全生命防护工程13项56.3千米。省级"四好农村路"创建工作顺利通过省交通运输厅考核验收。（马成喜）

【行业服务水平提升】 2017年，县交通运输局行业管理进一步加强。重点公路工程监督抽检合格率达93.5%，关键指标合格率达96.6%。农村公路优良、中等路率分别达86%、76.4%。公路控制区划定工作有序推进，深入开展打击"黑车"非法营运专项行动，查处非法营运车辆125辆次、违规营运车辆179辆次，维护运输市场秩序和经营业户合法权益。城市公交稳步发展，全年新增新能源公交客车10辆、新开通公交线路2条、新建停靠站15个，在火车站设立公交、出租车专用通道，规范乘车秩序，提升火车站窗口形象；开通三条农村客运线路，新增通班车行政村45个，满足群众便捷出行需求。 （马成喜）

【安全生产管理】 2017年，县交通运输局坚持依法治安、管理强安、科技兴安，进一步落实安全生产"两个责任"，对全县115个道路水路运输企业、5个在建重点项目、1个汽车站以及3128辆"两客一危"（即校车、旅游车和危险化学品运输车）重点营运车辆实行挂牌监管。全年共整治各类安全隐患86项，整改率达100%。编制完善各类应急预案4部，开展各类应急演练2次。切实加强治超工作，全县非法超限率始终控制在0.2%以内，继续位于全省领先地位。深化社会治安综合治理，行业保持安全稳定。全年实现安全生产"零事故"和质量责任事故"零发生"目标。 （马成喜）

【公路建设"挂图作战"】 2017年，县交通运输局对全县所有公路建设工程实行"挂图作战"，精细化管理，全过程跟踪，局领导挂帅责任部门包保。项目进展实行日对标、周报告、月调度、季总结。每周五下午召开"作战"会议。用制度倒逼干部比拼赶，确保公路建设工程项目按时序进度推进，做到早落地、早开工、早建设、早完工、早见效。盂县迎宾大道工程建设，全长4.21千米，总投资2.78亿元，省道盂榆线盂县绕城公路项目，全长6.87千米，总投资1.5亿元，货运专线绕城外环路52千米，农村旅游公路、县乡公路改造工程、撤并建制村通硬化路工程、农村公路安全生命防护工程等农村公路建设任务，全部实行"挂图作战"，严格按照时间节点将公路建设项目做实做好。

（马成喜）

【全县首条PPP公路开工建设】 11月28日，盂县首条PPP公路项目省道双阳线盂县过境（西北外环）公路改建工程开工建设。该项目是盂县确定的十八项重点项目之一，也是山西省"十三五"交通建设规划项目。项目起点位于仙人乡交口村附近，与314省道平交，途经仙人乡、北下庄乡、孙家庄镇、苌池镇、秀水镇、南娄镇6个乡镇30个行政村，终点位于南娄镇西小坪村接314省道，与在建的省道盂榆线盂县绕城公路相接。全长38.18千米，其中主线长32.06千米，支线长6.12千米，按二级公路标准建设，路基宽度12米，双向2车道，设计时速为60千米/小时，概算投资约4亿元。主要建设内容包括道路、桥涵、排水、交通设施工程。项目为PPP模式建设，合作期12年，其中，建设期1.5年，运营期10.5年。（马成喜）

【科技治超实现道路完好率达九成以上】 2008年至2017年底，盂县先后投入1000万余元，运用科技手段治理车辆超限超载，取得显著成效。全县超限超载率由0.4%下降至0.2%，并杜绝车货总重55吨以上非法超限、超载车辆上路行驶。国、省公路完好率由81.4%上升至92%，县、乡公路完好率由89.78%上升至90%，且全县未发生由超限、超载引发的交通事故。全县公路通车总里程2477千米，有14个出省、出县口，农村货运车达5000余辆，每日过境车达4000余辆，2009年，全县煤矿和大型水泥、耐火企业逐步推广使用源头治超管理系统，将车辆装载地、车辆轴数等资料信息录入车辆IC卡，达到重点企业重点管理、重点路段重点监控、重点车辆重点查处目的。有效杜绝假冒证件，保证执法公开透明。先后在乌玉、活川口、沙井公路超限治超检测站安装不停车检测系统，实现车辆检测自动抓拍和实时动态预警管理，检测车辆超限超载的时间由6分钟缩短到10秒，每班工作人员由15名减少到7名。（马成喜）

【运输管理】 2017年，全县共有各类经营户823个，其中，货运经营户750户，客运经营户3户，维修经营户66户（包括一类维修企业1户、二类维修经营业户12户、三类维修经营业户53户）、驾校3所、二级汽车站1个。全县共有运营车辆8033辆，其中，货运车辆7966辆、总吨位129684.67吨。截至年底，共开通农村客运线路32条、投入农村营运客车54辆，乡镇通班车率100%，行政村通车率94.54%。县公交公司开通公交路线8条、投入公交车69辆，其中，电动车61辆、天然气车8辆。县内班线31条，候车亭135个，招呼站牌254个。出租汽车202辆。（马成喜）

【《盂县交通年鉴（2017）》编纂出版】 2017年，《盂县交通年鉴（2017）》完成编纂出版。《盂县交通年鉴（2017）》是盂县交通运输系统逐年记事体系列丛书，2017年版为本年鉴系列丛书第11卷，由盂县交通运输局史志办公室组织编纂，收载文稿涵盖全县交通运输各单位、各部门建设、改革与发展情况，时限为2016年1月1日至12月31日。本版年鉴承接上年体例，设栏目、类目、条目三个层次。其中，栏目分为特载、专文、大事记、交通运输局工作业绩、局属单位工作业绩等22个栏目，各栏目下又分若干类目和条目，全面、完整地记述和反映全县交通运输系统各单位工作情况，突出展示全县交通运输系统各条战线、各行各业骄人业绩，重点突出，结构合理，体例得当，是一部资料翔实、开卷有益的工具书。全书约30万字。在县交通运输局领导高度重视和大力支持下，盂县交通年鉴工作编纂质量不断提高，内容丰富多彩，载录单位齐全，形式不断创新，做到当年编辑，当年出版，多次受到省、市交通运输史志办公室表彰，并连续十年获省、市史志年鉴编撰工作优秀单位，其经验和做法在

注：PPP，政府和社会资本合作模式。

全省借鉴推广。　　　　　　　　（马成喜）

【通用机场项目对接会】 2017年3月21日，盂县召开通用机场项目对接会。中国建筑股份有限公司基础设施事业部市场四部总经理京津冀，工作组组长郭晓旸、山西飞宇平安通用航空有限公司董事长陆兴武、副县长高尚明以及县发改、公安、国土、规划、旅游、交通等部门负责人参加对接会。通航机场位于盂县东梁乡西梁村和秀水镇大横沟村，其中东梁乡西梁村建设一个占地46.67公顷（700亩）的通航一类机场，秀水镇建设一个占地13.33公顷（200亩）的直升机起降点。机场建设与运营基础投资预计2.6亿元，其中建设工程总费用1.35亿元，该项目由飞宇平安通用航空有限公司牵头，中国建筑股份有限公司投资建设。

（马成喜）

【旅游直通车惠民活动】 2017年"五一"小长假期间，盂县开展旅游直通车惠民活动，为推进全域旅游，展示盂县旅游成果，进一步打造"仇犹故里、忠义藏山、清凉盂县"文化旅游品牌，盂县依托深厚的历史文化、丰富的旅游资源和便捷的交通优势，体现"绿色、环保、文明、安全"旅游消费理念。活动期间，盂县投入20辆电动旅游客车直通辖区主要景区，游客可免费乘坐。推出直通藏山、大宋温泉、忠义文化园、藏山翠谷、水神山（报国寺）、奕丰生态园等景区的旅游直通车，游客可在盂县东高速口或阳泉北站乘坐旅游直通车前往旅游目的地。　　　　　　　　（马成喜）

【盂县公路管理段概况】 2017年，盂县公路管理段严格按照《公路养护技术规范》及《日常养护质量评定标准》有关要求，以城乡道路环境卫生治理为契机加强规范化日常养护，增加日常养护机械投入，提高路容路貌保洁、整修成效。坚持"绿色、环保、自然、和谐"的理念，抓好季节性养护，因地制宜修建景点，利用边坡、挡墙制作特色标语、文化墙，提高所辖公路的观赏度。制订三年养护提升计划，实行基层班组路基养护包干制度，内部独立核算，提高工程精品度，公路保洁逐步由传统人工清扫向高效机械清扫转变。文明路建设总投资269.52余万元。养管公路的优良路率从2016年的68%提升至70%，MQI（公路技术状况指数）达83.39。按照"三色管理考核图"要求，采取中队驻道班和定人、定线路、定目标的管理模式，有效推进路政管理成效。截至年底，共计发生路政赔偿案件17起，发现率、查处率、结案率均为100%，收取赔偿费共26.19万元。（薛志强）

【整章建制工作】 2017年，盂县公路管理段以"对标一流"的精神状态，抓实管理提升年活动，制订管理提升三年规划和年度实施方案，开展夯实基础整章建制工作，规范单位内部运行机制，为各项工作开展创造良好基础。采用挂图作战推进、重点工作督办推进、工作完成月报推进等办法，落实段长办公会、段务会工作安排。推行预算管理制度，杜绝无预算支出和超预算支出；做到及时整改，奖惩兑现，有效提升工作效能。　　　　　　　（薛志强）

【安全生产基础加强】 2017年，县公路段加强日常安全检查，按照"四不两直"（不发通知、不打招呼、不听汇报、不用陪同接待，直奔基层、直插现场）要求检查90余次，发现一般隐患31处、重大隐患1处，其中，30处隐患已整改完成，1处一般隐患已报交警大队处理。对存在的安全隐患建立户口式台账，制订"一点一"预案，将隐患情况、防范措施以"告知书"形式发给各道班，建设阳泉分局北区应急指挥中心、应急物资库、应急机械库，形成由指挥中心、大中小三级应急库、应急机械组成的应急体系，提高应对突发事件能力。组织路基淘空、山体塌方两次应急演练，并制作应急演练微电影，受到上级领导好评。（薛志强）

【机械设备管理工作】 2017年，县公路段加大对机械设备的管理工作，多次联系机械生产厂家派机械技师到单位开展机械操作人员"一对一"培训，10月，单位派出12名机械操作手到机械生产厂家进行操作技师培训。为保证机械完好，投资4.1万元，对18台（件）机械设备进行三保及维修工作和自检工作，机械完好率100%，利用率67.6%；车辆完好率100%，利用率92.75%；红旗设备率23%；机械设备年检合格率100%，操作人员年审合格率100%。

（薛志强）

【应急抢险能力提升】 2017年内，县公路段建设阳泉北区应急物资储备库和应急指挥中心、应急机械库。指挥中心对盂县境内易发生水毁、塌方路段、大交通流量路段和公路隧道运营情况进行24小时实时监控，安装养护路政巡查"智慧公路"系统、交通量观测终端、公路信息发布平台等软件，制作应急指挥沙盘，实现远程指挥，提升公路段的应急抢险指挥能力。

（薛志强）

【公路养护】 2017年，县公路段采取泡沫冷再生及SMC薄层罩面技术处治路面病害，采用路面贴缝带进行预防性养护，引进沥青再生设备，利用铣刨废旧沥青料热再生填补路面坑槽降低养护成本，利用路况检测数据通过路面、桥梁管理系统对路桥病害对策分析提升养护精准度。积极参与"五小"活动，制作坡度尺、压缝滚、泄水孔（伸缩缝）清理铲等实用小型养护工具；对新购铣刨机液压管路裸露缺少防护易磨损的问题进行技术攻关，在液压管下方用焊铆铁皮方式隔离机器，提高油路管道的使用寿命。

（薛志强）

【"三基"建设】 2017年，县公路段在面向基层、强化基层、服务基层活动中，出台领导班子包道班推进"八比八看"方案。为许家沟道班更换门窗、粉刷房屋，安装集中采暖设备；路面养护中心、许家沟道班厨房实行"煤改气"；清城道班更换采暖锅炉；继续开展"流动书箱"活动；路家峪口道班美化班容班貌，建设"停车港湾"，提高公路服务水平；下庄道班加强内部环境建设，完善中型应急物资库、公共厕所、路况监控室建设，道班院内外种植各种小灌木、花草进行绿化美化，添置部分图书和活动器材，满足道班员工日常精神需求，基本具备养护、应急、服务综合功能；组织开展夏送清凉活动，对基层班组、项目部发放防暑用品；为驻道班的路政人员配齐相关生活设施，购买新的制服鞋帽，提高绩效工资考核基数。

强化基层工作中，县公路段在路面养护中心新建机械库828.96平方米，投资33余万元为养护中心拌合场进行环评扩容，更换除尘设备1套，新增设料棚787.2平方米，保证拌和设备在环保严管严控条件下正常生产；改造研制划线机用于日常标线补打，保证干线公路标线清晰醒目，降低标线划设费用。抓好精准扶贫工作，在"两节"期间开展慰问送温暖工作，购买秸秆还田设备，共建干果林，体现社会责任和单位担当。

（薛志强）

【职工教育培训】 2017年初，县公路段开展职工教育培训活动，通过宣讲安全法律、条例，观看警示影片，提高一线工作人员的安全意识和防护能力。财务工作人员、工会工作人员以及工程技术人员均参加了省局、分局组织的各项专项培训，18名安全员参加县安监局组织的安全员"C"证培训并取得相关证书。（薛志强）

【阳泉公路分局北区应急指挥中心成立】 2017年，阳泉公路分局北区应急指挥中心成立，位于双阳线54K+300处盂县段机关五楼。指挥中心整合盂县及周边公路地理信息、业务数据信息、路网固定/移动式监控信息等公路动、静态信息的基础上，积极采用"互联网+"技术，通过数据专线对路网动态数据加以分析，对路网重要节点、主要干线服务水平做出快速评估。为社会公众了解路网交通实时路况以及公路管

理部门进行路网管理提供参考，重点对公路突出事件和险情做出快速反应，为上级管理部门应急指挥调度提供决策支持。（薛志强）

【盂县东公路段概况】 2017年，盂县东公路段应用公路养护、路政智能管理系统，建立十八盘便民服务微信公众号，加强应急体系建设，适时开展防汛、消防、应对地质灾害应急演练，在公路服务信息化建设、服务能力建设上进行突破，提升公路服务的科技含量，使干线公路的综合服务能力得到增强。牢固树立总体安全观，强化底线思维和红线意识，将安全问责、教育培训、隐患治理、信访维稳、应急保畅等工作牢牢抓在手上，以"从零开始向零奋斗"的压力感，完成各级安全工作、安排部署，坚持每月召开一次安全例会，聘请专业人士举办安全知识讲座，加大安全投入，增加检查频次，深入一线排查矛盾纠纷，重要时段加强应急值守，夯实安全工作基础，确保各项安全指标全部达标。培育和践行社会主义核心价值观，加强理想信念教育，开展精神文明和公路文化建设。全年开展道德讲堂、志愿服务、扶贫助困、访贫问寒、夏送清凉慰问、经典诵读比赛、纪念建党96周年等活动10余次，达到在活动中提振精神、对标实践，做到各项工作齐头并进。注重十八盘道班文明建设，致力于十八盘古道文化挖掘，完成古道探寻，收回旧道班管理权，举办首届职工摄影展，将十八盘及十八盘道班推向公众视野，十八盘道班工会小组被省总工会授予"模范职工小家"称号。（王 蓉）

【养护管理水平提升】 2017年，盂县东公路管理段养护管理工作围绕养护规范化提升工作要求，重点突破养护基础差、技术力量薄弱、资金短缺的困难，开展养护管理"八比八看"活动，在抓日常、治薄弱、补短板、创特色、增效益、促转型上主动谋划，对标一流。全年，完成计划内投资400万元，完成计划外投资近5000万元；年底，管养路线优、良路里程为51.62千米，优、良路率为92%。（王 蓉）

【路况质量提升】 2017年，盂县东段开展路基标准化养护，将连接线整修为路基标准化养护示范路段；引用SBR沥青碎石同步封层、SMC薄层罩面、GS沥青路面灌缝液等新技术、新材料、新工艺对路面病害处治精准施策、分类施治；重点解决桥涵"肠梗阻"问题，完成省道双阳线山北桥、东会里桥两座三类桥维修加固，提升为二类桥。2017年底，路面使用性能指数PQI值达87.36，比2016年提高1.66。
（王 蓉）

【公路通行环境整治】 2017年，盂县东段严格按照《公路养护技术规范》《日常养护质量评定标准》有关要求，以城乡道路环境卫生治理为契机加强规范化日常养护，增加日常养护机械投入，提高路容路貌保洁、整修成效；坚持"绿色、环保、自然、和谐"的理念，抓好季节性养护，因地制宜修建景点，利用边坡、挡墙制作特色标语、文化墙，提高所辖公路观赏度。（王 蓉）

【路政管理工作】 2017年，盂县东段路政管理工作推进"三基三化"建设，积极搭建路地联动"四共"机制平台，制作"路政管理三色图考核三色表"，紧抓盂县创建卫生城市的大好机遇，破解管辖沿线违章建筑拆除管理瓶颈，执法人员整风肃纪，规范执法、用心尽责，收取路产赔（补）偿费36.2万元，平交道口增设行政许可实现零突破。管养结合、强强联手使管辖路段路域环境质量明显提高。（王 蓉）

【工作管理效能提升】 2017年，盂县东段以"两学一做"学习教育为引领、以"管理提升年活动"和"面向基层、强化基层、服务基层"活动为抓手，在机关积极推进"一线工作法"，制定《2017年管理考核工作评比办法》，坚持对机关股室、道班进行一月一巡查、一评比、一考核，调动工作人员工作主动性，班子成员及中层环节干部与一线紧密结合，促进工作任

务的落实。 （王 蓉）

【创新发展】 2017年，大道班建设加快资源整合、硬件设施配套、机械配置、服务功能完善等工作进程，积极推动养护转型向前迈进；大力开展"五小"竞赛活动，创造革新成果共6项，两项获省局评比三等奖，路面旧材料回收率及循环利用率均达85%以上，助力养护生产提质增效；拓宽选人用人渠道，优先引进专业技术人才，在十八盘道班试行第一班长管理办法，优化道班人员素质结构，推进养护管理创新。 （王 蓉）

【保障煤矿生产安全】 2017年，山西煤炭运销集团阳泉盂县有限公司始终把安全生产作为重中之重，坚持"党政同责、一岗双责、齐抓共管"的总要求，狠抓"责任、制度、工作"三落实，不触红线，坚守底线，切实提高煤矿安全管理水平。所属矿井在安全质量标准化建设上取得较好成绩，常顺煤业、皇后煤业达到一级质量标准化水平。

在瓦斯治理和防治水方面，以治理瓦斯和水患为重点，坚持"只有打不到的钻孔，没有抽不出的瓦斯"的理念，健全队伍，提升素质，提高打钻效率和抽采效果，在瓦斯治理工作上取得明显成效；坚持"有掘必探、先探后掘"的原则，充分发挥"物探先行、钻探跟进、化探验证"的技术措施，探明各采区水害因素，保证采掘工作顺利进行。

在隐患排查方面，着力抓好隐患排查治理，健全隐患排查档案，严格落实隐患整改"五定"（定人员、定时间、定责任、定标准、定措施）措施，履行隐患整改销号制度，并对三违人员进行安全再教育，提升全员安全防范意识，推动企业安全目标实现。

（戴文忠 韩广元 李 洁）

【煤矿建设推进】 2017年，集团公司对常顺煤业12#、15#煤层二水平延伸接替项目进行批复，单层煤先12#后15#开采《安全设施设计》已经阳泉市煤监分局专家组评审通过，行人斜井工程开工建设。为延长皇后煤业服务年限，对路家村镇刘家村整体搬迁，2017年刘家村已聘请山西天丰资产评估事务所对全村进行实地勘测。（戴文忠 韩广元 李 洁）

【多元产业化推进】 2017年，山西煤炭运销集团阳泉盂县有限公司所属多元产业，内强管理，外拓业务，实行独立核算、自主经营，实现主业发展有劲，多元齐头并进的格局。

恒泰成品油经销有限公司与中石化签订长期供油协议，在同质、同价的前提下，将公司各煤矿、各单位用油全部由其供应，同时，油品质量和服务能力进一步提升。

恒泰印刷有限公司在上级公司帮助下，不断拓展业务空间，增加对外印刷业务，对用户实行跟踪服务，提升服务质量和水平，扩大市场范围，进一步提升盈利能力。

鸿达矿山设备制造有限公司着力服务于煤矿建设，积极做好常顺、皇后煤业矿车维修业务，拓展菱形网、经纬网、钢筋绑带等其他设施、材料的供应和维修服务，满足内部实际需求。

欢乐喝彩食品有限公司在内部成本控制上做文章，强化内部管理，节能降耗，拓展销售渠道，扩大市场占有率，"欢乐喝彩"品牌效应进一步提升。

阳升洁煤运销有限公司采取"走出去"的方式，准确掌握煤炭价格市场定位。针对市场价格变化，进行逐户对接，实行一户一价，不掺杂，不使假，用优质煤炭赢得市场和用户认可。2017年9月与寿阳久鑫有限公司签订每年10万吨矸石制砖合同，每年可节约100余万元排矸费用。2017年9月开始进行尝试煤炭贸易。

（戴文忠 韩广元 李 洁）

【企业管控力强化】 2017年，公司以风险内控为抓手，重点抓实抓好机构管控、财务管控、依法治企、监督考核等管理工作。一是强化财务管控。对内挖潜清欠盘活,对外融资续贷付息,保证企业资金链安全。积极争取上级公司支持,大力调整贷款结构,完成按时倒贷和利息支付;严格落实集团资金管控"十条措施"和"十条禁令"及提质增效"十六条措施",做到严禁违规支付资金,严禁对外出借资金,严禁新增逾期应收款项等,压减费用,严控成本。二是强化依法治企。建立健全法律风险防控体系,严格合同管理,加强风险防控,完善审批手续,抓好事前、事中、事后全过程管理,重点审查审核煤矿基建、煤炭贸易等经济合同,积极应对法律纠纷,妥善解决诉讼事宜,确保公司日常经营在法务监管之下。三是强化监督考核。根据年初制订的任务分解计划,对各单位、各部门按时进行严格考核,实行奖惩兑现。同时加强纪检监察和审计监督力度,完善考核体系,发挥考核的导向和激励作用,调动广大干部员工增收节支、提质增效的主动性和创造性。

（戴文忠 韩广元 李 洁）

邮 电

邮 政

【**中国邮政集团公司山西省盂县分公司概况**】中国邮政集团公司山西省盂县分公司作为全民所有制公用事业性企业,以践行"人民邮政为人民"为服务宗旨,以追求"迅速、准确、安全、方便"为服务方针,以提升服务品质,铸就一流品牌为出发点,全力打造业务发展多元化,专业发展多样化,人员发展专业化的企业形象。在普惠金融、服务"三农"、精准扶贫、便民服务等方面努力塑造政府认可、客户信赖、社会满意的单位信誉。2017年8月盂县分公司按照省、市分公司关于机构调整实施方案文件相关要求,对本单位设立的职能部门进行改革调整,优化职能分工,实现专业整合。配备总经理1名、副总经理1名,设立综合办公室（兼安全保卫部）、市场营销部两个职能管理部门,下设5个经营支撑部门和20个邮政支局（6个城市网点,14个农村网点）,全部从业人员共计179人。2017年全局员工团结一致,通过提升服务水平,紧抓业务发展,积极开展各类特色活动,践行亲民、近民、为民的企业宗旨,助力经济发展,实现邮政企业经济平稳向好的发展态势,全年实现业务总收入2146.41万元。

（张 宇）

【**基础建设**】盂县分公司为适应市场需求和业务发展,2017年8月在省市分公司的政策引领下,进行机构调整改革,通过专业整合,实现职能部门的优化管理,在市场营销部的统一管理下,成立金融业务、渠道平台业务、集邮与文化传媒业务、包裹快递业务4个中心部门,撤销市场经营部、发投中心、司押中心（成立押运组,划分综合办公室管理）。通过有效的专业职能划分,进一步促进业务整体发展。逐年分批对各单位职工小家进行修缮和设施配备。更新邮政储蓄业务服务设备复印机8台,电子监控4套,自助填单机3台,新配三轮投递摩托8辆,投递汽车3辆。修缮邮件分拣封发场地1处,进一步保证邮件安全储存,新增邮件封发扫描枪5把,邮件PDA投递扫描枪24把,缩短邮件分拣时间,提高投递服务质量,促进业务高效发展。

（张 宇）

【**"三供一业"建设**】2017年9月,盂县分公司通过对邮政职工宿舍楼实施"三供一业"（供水、供电、供热和物业管理）改造计划,对员工宿舍供电、供暖进行集中改造,实现与县区社区统一集中管理。在改造计划实施前,通过公告、听取职工意见、与供热公司和供电企业积极接洽、与市分公司申请批复,在2个月时间内改造工程全面竣工,保证职工在冬季来临之前,全面实现集中供暖。

（张 宇）

【传统业务稳步推进】 2017年，盂县分公司在金融业务、集邮业务、函件业务、寄递业务、电子商务、分销业务、报刊业务等多项业务上取得进步，通过专业联合、产品打包等多元化营销推广模式，积极契合市场需求，细分市场定位，紧抓发展渠道，实现全年业务收入2146.41万元，有效推动社会经济发展。随着互联网业务的快速发展，盂县分公司传统寄递业务面临极大的市场冲击，面对困势，以积极发展寄递大客户为导向，创建快递自提点，创新发展模式，争夺市场份额，提高服务质量，实现寄递业务快速发展，截至2017年底，签订协议大客户78户，快递自提点建设72个。

（张　宇）

电　信

【中国移动盂县分公司概况】 2017年，中国移动通信集团山西有限公司盂县分公司（简称盂县移动）坚持业务创新，建立最完善的移动网络平台，为企业提供全业务一揽子解决方案；坚持服务创新，建立完善以客户为中心的营销服务体系，面向企业、集团、个人客户实行标准化服务；坚持服务社会，公司始终热心公益事业，勇于承担社会责任，全力建设农村基础通信网络，加速全县信息化推广和应用，多次快速提供应急通信服务，为县域经济发展做出突出贡献。截至2017年底，中国移动盂县分公司覆盖8镇6乡，服务区域面积2442平方千米，盂县移动服务客户17.8万户、宽带用户2.8万余户。公司内设综合办、市场部、集团中心、网络部、营业部；下设西关、金龙东街、金龙西街三个自办厅；下辖南娄、牛村、西烟、上社、城区五个区域营销中心、13家卖场、30家专营店、61家合作店、引商入柜3家。三家运营商整体渠道占比51%。共有基站569个，其中，宏站406个，微蜂窝163个，主杆光纤皮长3676.99千米，二杆传输干线58.6千米，传输杆路1009千米，管道长度27.73千米，数据集团用户278户，互联网专线758条。截至2017年底，电话用户总数17.2万户，有2G基站569个，3G基站145个，4G基站475个。

（杨云峰）

【中国联合网络通信有限公司盂县分公司概况】 2017年，中国联合网络通信有限公司盂县分公司移动业务收入稳步增长，截至年底移网用户累计约7万户，其中4G用户占比达到57%。随着网络的飞速发展，2G网络的弱化和下步的退网，本年度主要以2G转4G来引导用户进行业务转化，逐步提升客户感知和公司品牌。固网业务用户累计达到4万户，其中高带宽用户占比达到41%（50M以上，含50M用户），2017年发展用户全部为光纤到户模式进行覆盖，为下一步整体高速宽带的发展奠定良好基础。2017年累计回归客户固网1300余户、移网3000余户。

（张　汇）

【服务提升】 2017年，盂县分公司结合市场客户需求环境和趋势，建立多做线上平台，为客户提供多触点渠道，方便客户业务办理，如中台线上受理、网上营业厅、手机营业厅、微信公众等；整合专业机构，完善专一大客户维护队伍，做到客户所急、客户所想；完善客户申诉渠道，转变客户服务维护客户经理心态，做到上门服务全程规范，同时由专业部门进行客户回访，了解服务与客户差异，实现服务闭环管理，使客户感知得到实质性的提高。

（张　汇）

【移动网络】 2017年，盂县分公司主要以4G网络建设为主，以无缝隙覆盖（宏站、拉远战、室分等方式相结合）、以城镇、乡镇、大村、风景区等逐步递进的建设原则依次进行，截至年底4G站点总计建设216个，其中，2017年新建58个站点，覆盖楼宇58幢、行政村89个。继续完善3G网络优化工作，以本地北部、西部、东部区域为主完成U900网络结构整合和优化，总计优化站点37个、新增站点8个，实现48个行政村全覆盖；2G网络方面，针对无覆盖（偏远自然村）区域的需求，根据网络资源现状合理调配，依此完成仙人乡又道沟和水占的网络覆盖。在网络覆盖建设的同时，加大2G/3G/4G传输网络成环工作，截至年底，形成北部区域2个、东部区域1个、西部区域1个环路保护网，提升网络运行稳定性和安全性。
（张　汇）

【固网网络】 2017年，盂县分公司继续实施全光网入户改造工作，总计完成32个小区，124幢楼宇改造，累计转化用户3700余户。在光改同时，根据小区、居委、属地政府相关要求，完成相关小区线路整改和美化工作，总计完成线路迁改、整修17.5皮长千米。针对新建楼宇的覆盖和客户需求，提前与物业、开发商进行良好沟通，为新建小区进行工作做好前期准备工作，总计完成13个小区的宽带网络覆盖、47幢楼宇户线敷设，总计建设端口4200余个，累计端口达到77个。为改善宽带网络现状，更替和新增三层网络节点设备总体7个网点。
（张　汇）

【"高速宽带"全光网络建设】 为响应国家号召，实现"宽带中国"的战略目标，根据上级公司的总体要求（盂县作为全省首批5个县全光网建设之一），2012年，公司开始全面布局，经过网络架构、资源优化、接入工程（含：新建、改建、扩建）分阶段进行，逐步实施"高速宽带"全光网络的建设。截至2017年底，公司累计投资2500万元以上，总计建设全光网络端口7.5万余个，全光用户达到3.9万余户，且平均速率由4M/10M/20M提升至50M/100M/200M，累计架设光缆1950皮长千米。在全光网络的基础上为客户开发并推出网络电视业务，客户累计达到2.1万户。完成全县14个乡镇、403个行政村网络覆盖，使宽带网络向各个经济领域渗透，使宽带网络成为提高劳动生产率、促进传统产业转型升级的生产要素和扩大信息消费的基础平台。
（张　汇）

【中国电信股份有限公司盂县分公司概况】 2017年，中国电信股份有限公司盂县分公司紧紧围绕集团"聚焦三化，打造五圈，提升能力，强化执行"的战略部署，完成公司下达的各项量收指标。截至年底，移动业务新增1.44万户，网上用户数达2.48万户，宽带业务新增2900户，网上用户数达1.16万户，天翼高清业务新增3100户。全年新建代办渠道11家，其中专营店10家。完成公司春耕计划渠道建设任务。翼支付商户建设上半年完成商户125家，完成公司计划的70%，其中活跃商户63%。光宽建设主要对支局范围进行覆盖，对网格进行补充，覆盖4个村、3个小区共3600户。（武　政）

建设　环保

城乡建设

综合工作

【概况】 2017年，县城规划控制区面积扩大到423平方千米，县城区面积达187平方千米；县城居住人口达11万人，城镇化率达41.93%。县城市政公用设施建设完成投资30470万元。其中道路及排水工程完成投资14170万元，占总投资的46.5%；集中供热完成投资16300万元，占总投资的53.5%。截至年底，盂县城市道路长度达69千米，城市道路面积达150万平方米，人均拥有城市道路面积8.5平方米。城市排水管道长度达120千米，排水管道密度达4000千米/平方千米。全县路灯盏数达11000盏。全县新增集中供热面积70万平方米（全部为住宅面积），集中供热面积达到420万平方米（其中，住宅270万平方米），集中供热普及率达到92%。全县城市供水管道达165.86千米，城市年供水总量500余万吨。全县用气人口达7万人，燃气供气总量4000万立方米，全县居民用气普及率达80%。全县建成区绿化覆盖面积达到845公顷（12675亩），建成区绿化覆盖率38.4%，人均公共绿地面积达到8.25平方米。　　　　　　（梁海帆）

【棚户区改造】 2017年，阳泉市下达盂县保障性安居工程建设任务为城中村改造3994套，其中货币化安置2397套，完成投资2亿元。盂县城中村改造项目由山西盂县晋盂建设投资有限公司具体负责实施，计划投资18.72亿元，全部采用货币化安置。2017年3月，山西晋盂建设投资有限公司开始对涉及棚改的住房入户评估，截至11月中旬，共签订拆迁安置协议3994户，完成率100%，并录入山西省住房保障监管平台。全年棚改拆迁安置房完成投资1.74亿元，完成保障性安居工程投资12.59亿元，完成率629%。　　　　　　（梁海帆）

【"去库存"工作】 2017年，住建局全面落实中央、省、市经济工作会议精神，通过政策带动、部门联动、金融助推等方式，推动盂县去库存工作的全面开展，存量商品房去化周期严格控制在15个月以内。

制定出台《关于印发盂县化解房地产库存2017年行动计划的通知》，采取措施加大房地产去库存力度，促进县房地产市场平稳发展；加快培育和发展住房租赁市场，《实施细则》征求意见稿已出，在广泛征求社会各界意见后实施；加强房地产市场宏观调控，严控审批商品房开发建设项目。2017年全年未新增商品房开发项目。

"五一"小长假期间，举办"盂县旅游+房展推介会"活动，15家商品房开发单位借力旅游快车，推出一系列优惠政策和优质楼盘，向省内外不同群体的购房消费者展示盂县优质房源，多种渠道向外界推广盂县楼盘。国庆节期间，在文化中心广场举办"国庆旅游+房屋推介会"，5家开发商参加房展会。

打通去库存与棚改、城中村改造逼道，采用政府购买商品房作为回迁安置房的方式拉动去库存。2015年至2017年，全县棚改任务共5325户，其中政府购买912套、11.34万平方米商品房作为回迁安置房，2017年3994户棚改户全部采用货币化安置。打通去库存与地质灾害治理和采煤沉陷区治理通道，采用购买存量商品房作为地质灾害治理和采煤沉陷区治理搬迁安置房，拉动去库存工作。

2017年初，盂县五证齐全的商品房库存42.8万平方米、3444套，2017年共计销售190515.44万平方米、1639套，库存下降到23.75万平方米、1805套。

（梁海帆）

【信访源头化解】 2017年，县住建局信访维稳工作紧紧围绕盂县信访改革的安排和部署，按照"预防为主，防控结合"和"源头化解、稳控预防"原则，突出城乡建设领域信访问题、涉军信访和常态接访三大重点，坚持信访源头化解和驻地单位稳控相结合，加强组织协调，层层压实责任，严格落实"谁主管、谁负责"和"属地化解、驻地稳控"工作机制，督促相关单位和责任乡镇做好省市交办的信访案件的化解稳控工作，全年省、市交办"城乡建设领域信访问题源头化解""房地产领域信访问题专项治理"和"城乡建设领域信访问题大整治活动"三个信访整治活动及常态化省市转办的102件信访案件全部得到化解稳控；县涉军信访办交县住建局的6件涉军信访案件全部得到妥善解决；日常接访事项全部得到有效调处，为盂县住建事业发展、全县经济社会进步和十九大胜利召开提供良好稳定的安全环境。

为加强盂县城乡建设领域信访突出问题的化解工作，县住建局成立"盂县城乡建设领域信访问题源头化解专项行动领导组"，统筹领导城乡建设领域信访问题源头化解、房地产领域信访问题专项治理和城乡建设领域信访问题大整治活动以及涉军信访和传统信访工作。年内，对系统各类案件的化解和调处，坚持机构不撤、力度不减、要求不变；坚持属地管理、分级负责、谁主管谁负责、高位拉动、源头化解。在各类案件化解阶段，分别制订各阶段实施方案，对涉及的乡镇、单位和部门分别进行任务分解，落实案件分类牵头督办单位并下达任务清单，建立工作台账，每案明确县、乡、村三级和单位、部门包案领导、责任单位及具体承办人，建立日报周报制度，启用城乡建设领域信访系统，促进全年各类住建领域信访案件的责任落实和案件化解。

在案件调处和化解过程中，一直坚持并严格落实"四定"（定领导、定责任、定措施、定时间）"五包"（包接待、包协调、包处理、包息访、包稳控）责任制和"三到位一处理"（诉求合理的解决到位、诉求无理的思想教育到位、生活困难的帮扶救助到位、行为违法的依法处理）工作法，县大整治领导组及其办公室多次召开案件化解推进会、专题协调会，县长及县包案领导多次接访、下访、对接等，县住建局、国土局、信访局及有关乡镇和相关部门多次统筹协调，采取专业接访、源头解决、调处化解、司法移交、教育稳控等措施，有效推进结案和化解、稳控工作。

（梁海帆）

城市建设

【文化中心广场路建成通车】 文化中心广场路工程于2017年2月复工，局工程管理人员科学施工，综合协调各项工程有序推进，5月25日完成主路建设，5月底完成路灯安装和人行道铺装，6月中旬完成沥青路面铺装并达到通车条件，共计完成投资2008万余元，7月1日建成通车。道路全长530米，宽度30米，其中主车道宽22米，为沥青路面，两侧各4米花岗岩人行道。

（梁海帆）

【书香广场绿化工程】 书香广场绿化工程于2017年5月20日开工建设，10月完工。工程分基建和绿化两部分内容，占地面积13200平方米，其中绿地面积9538平方米，景观面积3662平方米。工程概算投资485万余元，园林绿化部分概算投资150万元，栽植乔木473株、花灌木1210株、灌木绿篱2300平方米、地被类花卉 1300 平方米、铺草坪 1000 余平方米；土方、土建及配套附属设施概算投资 335 万元。

（梁海帆）

【秀水河生态治理项目签订战略合作框架协议】 2017 年，受县委、县政府委托，住建局与北京首创集团旗下首创资本多次接触，洽谈改善人居环境 PPP 项目合作事宜。通过多轮商谈，最终达成并于 8 月 22 日签订战略合作框架协议。

（梁海帆）

【集中供热扩容和环保提标改造工程】 2016 年城南热源厂 2 台 30 吨锅炉入网面积近 50 万平方米，属超负荷运行，为解决城南区域热源供需矛盾和社会矛盾，2017 年新增一台 120 吨锅炉，在改善原有供热效果同时，为城南区域富春园二区、富康园小区、东园村金龙凯旋城等新建成住宅小区提供 100 万平方米的热源，也为中岚物流园和棚户区改造新增供热需求提供保障。

根据国家环保形势和省市县对环保工作的要求，特别是 2016 年 7 月 1 日新《锅炉大气污染物排放标准》的实施，原有环保设施已不能满足新的排放指标要求，被省环保督查组通报，当年对城西热源厂锅炉进行提标改造，2017 年对其余 7 台锅炉进行提标改造。

对上述两项重点民生工程，县委、县政府高度重视，两项重点项目于 8 月份开工建设。通过精心组织、严格管理、科学施工、倒排工期、挂图作战，两项重点工程基本完成，完成投资 1.63 亿元。投入运行以来，整体效果良好。

（梁海帆）

【环卫保洁工作】 2017 年，县环卫处加大县城主要街道机扫覆盖面积和洒水降尘频次，228 万平方米道路路面清扫保洁率达 100%，机扫覆盖率达 80% 以上，洒水降尘率达 40% 以上。生活垃圾日产日清，环卫处合理调配车辆和垃圾转运站时间，全年共清运生活垃圾 9.5 万余吨，建筑垃圾 10.2 万余吨。加强对辖区 5 座公厕以及中转站日常管理，按标准对公厕、中转站进行清洗消毒，确保卫生达标、设施完善。垃圾填埋场运行良好，垃圾处理工作安全、正常、规范运行，全年安全生产无事故。生活垃圾无害化处理率达 100%。

（梁海帆）

【园林绿化管护】 2017 年，县住建局加强园林管护和提质工程，完成金龙东街原有绿地提质改造，实验二小至盂县南出口绿化提升改造，金龙西街广场、藏山南路行道树补植，双阳线与水神山路交叉口人工岛绿化和城武村段沿路绿化，盂县东出口至藏山北路西出口路绿带及行道树修剪、整形、清洁等工程，完成投资约 200 万元。

（梁海帆）

【路灯管护】 2017 年，路灯所完成文化中心广场路灯安装工程，安装路灯 28 基、路灯专用变压器 2 台；完成高城山南路路灯安装工程，共安装路灯 106 基、路灯专用变压器 2 台；完成路家村镇"十里一条街"路灯改造项目，安装路灯 253 基、路灯专用变压器 5 台；完成李宾山路路灯安装工程，安装路灯 53 基。加强原有路灯改造、维护工程，全年共拆除南村、北村、秀水村等影响李宾山路建设工程的路灯 78 盏、金龙大街路灯 2 基，更换高压钠灯泡 278 支，电子触发器 320 支，镇流器 123 块，更换 LED 路灯、电源主板 38 块，路灯油开关 13 台，路灯智能控制仪 18 块。

（梁海帆）

【市政建管】 2017 年，县住建局投资 243 万元完成锦绣路、城隍庙街、职中路 3 条街巷改造。投资 30 万元完成红楼巷石坝维修工程。投资 29 万元完成站前街污水管网铺设工程。投资 260 余万元完成秀水东街、金龙东街、水神山路等路面补修 5200 平方米，新修钟镇街沥青道路约 2000 平方米，人行道铺装补修 2200 平方米，站前广场大理石地砖 800 平方米，铺设市政道路雨污水管网 450 米，修补砌筑以及清淤排水渠约 3500 米，加固维护县城防汛排涝设施 12 处，路面沥青灌缝养护 15000 米，疏通维修污水管网13处180米，清挖雨污水井940座，清挖涵洞70米，更换维修县城雨污水井箅230套，制作安装和平路、二楼坡路段螺纹钢雨水节流井箅90平方米，整修拆除道路栏杆130余米。

（梁海帆）

施工建设

【安全监管】 2017年，县住建局突出"安全生产"这个重点，围绕"安全发展"这条主线，以安全生产为施工企业的主旋律，以建立和谐工地为目标，全面贯彻落实《安全生产法》《建设工程安全生产管理条例》，全局系统建立各级领导安全生产责任制，企业建立工程项目安全管理组织机构，落实企业安全生产主体责任，全面排查治理建筑行业事故隐患和薄弱环节，加强应急预案演练，有效防范和遏制重特大安全事故发生，先后开展暑期防高温施工安全大检查、建筑施工起重机械专项检查等活动。共检查在建工程14项，下发安全隐患整改通知书54份，提出整改意见318条，共整改完成299条，整改率达94%，确保监管区域内建筑工地的安全生产，全年建筑领域无重特大事故发生。

（梁海帆）

【质量监管】 2017年，住建局严格贯彻落实《建筑法》《建设工程质量管理条例》《建设工程安全生产管理条例》等法律法规，加强建设工程质量安全监督管理，从工程监督、注册、申报、现场质量安全管理、各阶段性分部分项验收、竣工验收等各方面严格执行相关法律法规和强制性标准的规定，规范各责任主体的质量行为，形成以建设工程质量安全为核心的建筑市场管理长效机制，促进全县建设工程质量安全管理工作稳步健康发展。全年监督工程36项，其中新办理质量监督注册手续14项，监督覆盖率达95%。监督竣工验收工程8项，通过竣工验收的合格率100%。办理竣工备案手续7项，下发《质量监督整改通知书》20份并全部整改完成，整改率100%。

（梁海帆）

【扬尘整治】 2017年复工后，县住建局成立扬尘污染整治工作领导小组，并与各建设、施工单位签订扬尘污染治理责任书。整治期间，各施工单位设置围挡9400余米，新增施工道路、场地硬化4800余平方米，冲洗设备4台，覆盖裸露场地8.3万余平方米，尤其加强对工程渣土运输车辆的监管。下达停工通知5份、整改通知14份，建筑施工现场扬尘污染在一定程度上得到有效治理。制定出台《盂县城市建筑垃圾和工程渣土管理办法》，工程渣土管理站经县编办批准成立，人员组建工作在进行中。

（梁海帆）

【规范两个市场】 2017年，县住建局以年初制定的《2017年规范建筑市场秩序十条规定》为总体指导，进一步强化市场行为，严格施工许可、招投标及工程发包、分包等行业行为规范，对欧意商务中心商务楼、德胜华苑等4家违法建设项目采取停水停电措施，并责令其尽快完善施工手续；对孙家庄镇欧洲城二期香槟国际工程的建设单位、施工单位分别下达停止违法行为通知书，并责令其在规定时间内接受处理；对南关村德胜华苑违法建设项目建设单位、施工单位分别下达停止违法行为通知书等。全年依法对违反建筑法律法规的建设、施工单位共处罚款100.7万元；办理施工许可8项；制定出台《盂县商品房预（销）售专项整治工作方案》，对全县房地产开发项目进行重点抽查，共计检查18个建设项目，重点清理整顿商品房销售行为，进一步规范房地产市场主体行为，切实维护购房人合法权益。进一步优化营商环境，对县住建局的行政审批项目和内容进行重新整理，取消物业服务业企业资质核准和园林绿化企业资质核准两项许可内容。

（梁海帆）

村镇建设

【农村危房改造】 2017年，盂县危房改造任务295户，按照任务要求，住建局全面开展以建档立卡贫困户、低保、五保、贫困残疾人"四类"对象为重点的农村危房改造工作。全年乡镇完成村级任务分解和村委民主评议认定295户，占年度任务的100%，开工295户，其中，123户"四类"重点对象全部分解到户并开工，信息录入同步推进，完成竣工验收273户。年内，盂县农村危房改造以脱贫攻坚确定的7个重点乡镇和60个建档立卡贫困村为主战场，政策、资金、危房改造任务指标集中向60个贫困村倾斜，集中有效资源，集聚全部力量，实施贫困村困难家庭危房改造，分解认定90户。（梁海帆）

【乡村清洁工作】 2017年，按照乡村清洁五年规划和《盂县乡村清洁工程实施方案》，住建局全面开展农村生活垃圾综合治理，省市县三级配套资金全部落实，省补资金342万元全部到位并按要求用于保洁人员工资补助。市级配套资金362万元到位并用于设备购置、设施建设等方面，购置三轮车108辆、果皮箱100个、垃圾桶900个、小型铲车20台、保洁车15辆。县级配套资金345万元到位并用于设施设备运行。南村中转站竣工并移交环卫处投入试运行，北庄中转站完工，进行工程结算和验收，西崖底中转站完成工程总量的98%。开展农村非正规垃圾堆放点信息采集工作，完成46处非正规垃圾堆放点信息采集并上报。推进城乡环境卫生综合治理工作，全年共清理垃圾、规整"四堆"25585处（点）、110479吨。（梁海帆）

【传统村落保护】 2017年，县住建局做好县城传统古村落的挖掘和开发保护工作，抓住全国第五批也是最后一批"中国传统村落"申报机会，鼓励指导有条件的村庄申报，通过实地调研和深入挖掘，确定33个具有重要保护价值的传统村落，并聘请住建部传统村落评审组副组长薛林平博士团队制作申报资料，上报住建部评审。梁家寨乡政府作为大崟传统村落保护工作的实施主体，完成资金拨付、实施方案制定、工程量清单编制、施工图预算、招投标等工作，保护工作于5月正式开工，预计2018年完工。孙家庄镇乌玉村作为乌玉传统村落保护的实施主体，中央资金300万元到位，制定完成《乌玉传统村落保护实施方案》和工程量清单编制、施工图及预算，正在组织工程招投标，预计2018年完工。（梁海帆）

【绿色村庄、特色小镇创建】 2017年，盂县绿色村庄创建任务为95个，按照《山西省绿色村庄申报与评定办法》和《山西省创建绿色村庄评定标准》要求，将绿色村庄创建作为改善农村人居环境的工作重点，科学规划、精心实施、扎实有效推进绿色村庄创建工作。截至年底，完成86个村的纸质申报资料和视频影像资料，8月底已上报省住建厅。

科学"转型定位"，全面培育产业特色小镇。按照县委、县政府提出"以产业为核心，融合文化、旅游和社区功能为一体"的特色小镇培育思路，县住建局科学谋划培育西烟镇农副产品深加工、南娄镇清洁能源基地、孙家庄镇与县城同城化开发等6个各具特色、主题鲜明的特色小镇。同时，将继续抓住"十三五"期间全国培育1000个"特色小镇"的契机，借鉴先进地区在特色小镇创建的经验，全面贯彻国家创建特色小镇工作的总体部署，科学评估盂县镇域经济，创新转型理念，准确定位产业，统筹科学规划，加大培建力度，并积极主动与省、市住建部门搞好沟通对接。2017年盂县特色景观名镇名村申报任务1个，梁家寨乡骆驼道村于10月底将纸质申报资料和视频影像资料上报省住建厅审批。（梁海帆）

【农村生活垃圾治理示范县建设项目】 2017

年，农村生活垃圾治理示范县建设项目含新建10个生活垃圾转运站、3个卫生填埋场，改造县城卫生填埋场。项目核发选址意见书，可研、环评获批。完成土地勘测定界、地形测绘、地勘、图纸设计。土地正在调规，调规之后进行土地预审、报批并办理"一书两证"（建设项目选址意见书、建设用地规划许可证和建设工程规划许可证）。　（梁海帆）

房地产业

【保障性住房分配】 2017年，根据《盂县城镇保障性住房分配实施办法》规定，县住建局开展第三批保障性住房申请受理工作，经初审筛查后，共正式受理申请1200份，经初审汇总、户籍、收入、财产、住房等方面的专项审查后，完成并确定住房保障家庭预分配名单。

11月15日上午，盂县公共租赁住房摇号分配大会在县住建局四楼会议室召开。公租房摇号分配过程公开进行，由公证机关全过程公证，并邀请相关部门、分配对象代表及新闻媒体等实时监督，确定659户公租房入住对象，完成公租房的分配入住工作。　（梁海帆）

城市管理

【盂县城镇管理监察执法大队概况】 2017年，盂县城镇管理监察执法大队在县委、县政府的正确领导下，在相关部门的配合和支持下，重点开展占道经营、店外经营、户外广告、违章建筑方面的专项整治工作。同时完成省级卫生城市迎检工作，完成国庆黄金周各个景区的市容环境秩序保障工作，完成"星耀摩旅清凉盂县"2017年第五届摩托人阳泉盛典暨摩旅文化的市容保障工作，11月，高城山路通过省级容貌示范街的申报和验收工作。（韩宏伟 崔瑞红）

【拆违拆临】 2017年2月至11月间，盂县城镇管理监察执法大队通过开展部门联合执法，完成县城中心城区以及214、314省道盂县段和周边4个乡镇的拆违拆临工作任务。全年累计拆除违建128处268间，约11322平方米。
　　　　　　　　　　　（韩宏伟 崔瑞红）

【"门前三包"落实】 2017年，城管执法大队对主干街道1034户商铺下达创卫告知书，并签订门前三包责任书，拆除沿街店铺违规灯箱、大型广告牌364个，基本实现一店一牌，有效助推创卫工作进程。（韩宏伟 崔瑞红）

【便民市场设立】 2017年，城管执法大队为做好流动摊位的治理工作，经过实地考察研究，在县城新广场东北角、金振平台和水泉公园旁初步设置2处便民早市和2处季节性农产品销售点，共计安置170余户自产自销农户，有效解决流动经营现象，缓解城市管理压力。
　　　　　　　　　　　（韩宏伟 崔瑞红）

【户外广告整治】 2017年，针对盂县县城主干街道乱贴乱画、乱喷乱涂小广告和乱挂条幅广告的违规行为，城管执法大队通过加大清理力度和源头治理力度，有效遏制户外广告的滋生空间。共计清理宣传条幅220余条，清理店铺橱窗广告570余处，清理台阶广告415处，铲除乱粘贴墙体小广告21200余处，喷涂6500余处，查处粘贴小广告行为人26人，移交公安机关依法处置3人。（韩宏伟 崔瑞红）

【餐饮业油烟排放治理】 2017年，为加强县城区重污染天气应急管理工作，启动并落实到位，按照县政府安排部署，城管执法大队联合环保、公安对县城中心城区8条主干街道的98家餐饮店进行集中整改。通过下发整改通知和现场督促的方式，除停业转租和无灶台的22家外，其余76家已全部安装油烟净化设施。

　　　　　　　　　　　（韩宏伟 崔瑞红）

【站前广场营运秩序治理】 2017年2月，为集中整治站前广场的市容环境秩序，按照县政府安排，县城管执法大队联合县巡防队、客运办、出租公司成立站前综合管理办公室，进一步加大对站前广场市容环境秩序的检查与执法力度。全年累计查扣黑出租42辆次，依法处罚出租车站外揽客车辆29辆次，移交公安机关依法处置7人，保障站前广场交通畅通、营运有序。

（韩宏伟　崔瑞红）

重点工程

【**高城山路改造工程**】　高城山路（金龙大街—省道双阳线）段，位于盂县县城中部偏北侧，规划定位为县城南北向交通干线。高城山路作为阳泉北站与县城的第二条交通纽带（现状纽带为水神山路），它的贯通可进一步促进阳泉北站与县城的联系，同步完善县城内道路路网，改善周边居民出行环境，为棚户区的改造提供便利条件。

高城山路南起金龙大街，北至省道双阳线，道路全长1.9千米，路宽40米。现状部分道路已形成（二期），长约1.3千米，横断面为三块板，路面为沥青混凝土路面。三期工程建设长600米，2017年3月开工建设，6月10日建成并试通车，7月1日正式通车。工程建设内容包括道路、路灯、绿化、供水、供热、雨污管网铺设及高城山路二期道路整修等。全线横断面设计为三块板，中间机动车道路面宽23米，两侧非机动车道宽3米，人行道宽2.5米，绿化分隔带3米。项目完成投资8600万元，其中，三期道路建设完成投资3800万元，绿化、亮化等工程项目完成投资4800万元。（罗鹏云）

【**永店坡老城棚户区综改项目（李宾山路）**】　盂县永店坡老城棚户区综合改造项目李宾山路，南起214省道（阳石线）与秀水河交界处（原电厂秀水河沿线），北接阳泉北火车站站前西街，全长约4.2千米。途径电厂秀水河沿线、永店坡老城棚户区（东关北村、东关南村、秀水村）、金龙大街、南坪村、北庄村。其中，道路南段途径电厂秀水河至人寿保险公司，全长约1千米，永店坡老城棚户区路段全长约1千米，贯穿金龙街途径南坪村、北庄村到阳泉北火车站站前西街路段全长约2.2千米。均为双线六车道，路宽40米。项目预计投资约3.54亿元。李宾山路中段（金龙大街至秀水东街）于2017年12月中旬通车。李宾山路南段、北段拆迁评估工作正在进行。（罗鹏云）

【**盂县龙华口水电站工程**】　盂县龙华口水电站工程于2007年11月批复立项，大坝为碾压混凝土坝，最大坝高63.2米，坝顶高程575米，正常蓄水位为571.6米，总库容3001万立方米（属中型水库）。总投资4.86亿元，累计完成投资4.05亿元。大坝枢纽工程于2008年5月开工建设，2017年5月工程全部完工，7月5日，山西省移民办组织通过盂县龙华口水库库底清理验收，9月17日下闸蓄水。（罗鹏云）

【**盂县电厂2×100万千瓦发电项目**】　盂县电厂2×100万千瓦发电项目于2016年10月27日取得山西省发改委核准批复，总投资72.6亿元，累计完成投资8.8亿元，项目建设2台100万千瓦国产超超临界燃煤间接空冷发电机组，同步安装除尘、脱硫、脱硝装置，污染物排放按照超低排放标准设计，氮氧化物、二氧化硫、粉尘排放浓度低于50毫克/标准立方米、35毫克/标准立方米、5毫克/标准立方米。项目于2017年11月底开工。

2014年9月25日，项目取得国家能源局路条《关于山西省2014年度火电建设规划实施方案的复函》，2016年2月1日，项目配套送出工程取得国家发改委核准批复，2016年10月27日，项目取得山西省发改委《关于山西盂县电厂2×100万千瓦发电项目核准的批复》，2017年8月25日，取得环保部批复。至2017年底，建筑工程施工许可证核发、建设工程消防设计审核两项手续在办理中，厂区用地范围内的用地补偿款和附着物补偿款补偿到位，厂区围墙基本砌筑完成；1、2号锅炉桩基，1号机组间冷塔桩基，业主、总包办公临建完成；1、2号机组循环水管道、2号锅炉基础、施工用电箱变基础、厂区环形道路、业主职工食堂还在施工。

（罗鹏云）

【新建中医院建设项目】 新建中医院综合大楼建设项目是盂县县委、县政府的重点民生工程。该工程位于新开发的县城东区孙家庄镇西崖底村大井湾地段，双阳线与金龙大街延伸线交汇处，交通便利。建设用地4公顷（60亩），建筑面积19093平方米（其中，门诊楼8327平方米、住院楼5466平方米、后勤楼4300平方米、附属用房1000平方米）。设计床位200张，预计总投资9819万元。于2013年3月8日开工建设，2017年11月底基本完工。

新建中医院附属楼工程（包括县卫生监督所业务用房），主体和室内外装修于2017年6月30日完工。2017年底，门诊楼、住院楼主体建筑屋面铺瓦、飞檐彩绘、外墙真石漆、门窗安装等完成；后续完善工程的地下车库、设备用房、供氧机房完成主体工程，循环道路完成；空调、消防、电梯、手术室洁净工程、门房、警务室、围墙等地面建筑、院外土方回填工程等基本完成。

（罗鹏云）

【水神山路工程】 盂县水神山路项目由迎宾大道、金运路互通、水神山南路组成，全长4.2千米，其中，迎宾大道工程1200米、金运路互通工程1768.98米、水神山南路工程1244.89米。起于秀水镇东兰村与216省道相接，途径东兰、小横沟、下南庄、贺村、刘村、姜村、秦村，终点位于东坪村水神山路与214省道相交。该项目为城市主干路，依据《城市道路工程设计规范》（CJJ37-2012）标准设计，设计速度40千米/小时。道路红线宽度60米双向八车道，工程总投资2.78亿元。2013年6月19日工程开工后，路基主体工程全部完工，累计完成4.2千米；路面工程完成2.6千米，铺设水稳4.2千米全部完工，累计铺筑沥青混凝土路面4.2千米。2017年12月底，完成主体工程。

（罗鹏云）

【盂县文化中心建设工程】 县文化中心建设工程位于盂县水神山路与双阳线交汇处，占地面积10.67公顷（160亩），建筑面积2万平方米，总投资2.69亿元。该建筑物坐北朝南（呈扇形），由西向东逐渐升高（地面二层到四层、地下一层），为五个独立体的连体建筑。其中A座：档案馆（2050平方米），B座：广播电视台、报社（3267平方米），C座：文化馆、博物馆（5667平方米），D座：图书馆、文联（4352平方米），E座：剧场4000平方米，丁香园（约40亩），容积率0.25，绿化率为40%，停车位400个。项目于2013年6月29日开工建设。2017年7月1日主体工程完工并举行剪彩仪式，9月底附属配套设施全部完工。

（罗鹏云）

【省道双阳线元吉至东蒋路面改造工程】 省道双阳线元吉至东蒋路面改造工程，起点位于双阳线与阳盂高速口相交处，途经前元吉、孙家庄、南白水、小坪梁、石佛、管头、阳坪望、河底、辛庄、东梁，终点至盂县与阳曲交界东蒋，沥青砼路面工程708890平方米，全长46.5千米。K43+000—+200、K59+950—K79+500、K79+500—K89+500段共计29.75千米采用二级公路技术标准，设计速度40千米/小时、80千米/小时，路基宽度为12米；K43+200—K59+950段16.75千米采用一级公路技术标准，设计速度80千米/小时，路基宽度为18米—28米，桥涵汽车荷载等级为公路—Ⅰ级。双阳线路面改造工程项目总体质量目标为优良工程，根据山西省公路局晋公计发《省道双阳线元吉至东蒋路面改造工程可行性研究报告的批复》，由阳泉公路分局对省道双阳线元吉至东蒋段实施路面改造。该项目批准预算20838万元，于2017年4月1日开工建设，9月底竣工通车。

（罗鹏云）

【省道双阳线盂县过境（交口至西小坪）公路改建工程】 省道双阳线盂县过境（交口至西小坪）公路改建工程路线全长38.175千米。项目起点为仙人乡交口村附近，与314省道K30+650处（207国道K903+210处）相接，终点位于南娄镇西小坪村接314省道K57+900处，与在建的省道盂榆线盂县绕城公路相接。项目采用交通部颁布的《公路工程技术标准》（JTG B01-2014）中的二级公路技术标准设计，设计速度60千米/小时，路基宽度12米。路基土石方266.8万立方米、大中桥681.19米/13座、涵洞125道及附属工程。工程概算41380万元。占地利用原有公路16.85公顷（252.69亩），新改建81.21公顷（1218.08亩）（其中耕地681.51亩、荒地422.91亩、临时用地113.66亩）。2017年11月28日开工奠基，至年底，勘测设计、工程可研、项目立项、招标、土地预审、工程环评等前期工作基本完成。

（罗鹏云）

【省道盂榆线盂县绕城公路（西南外环）项目】 省道盂榆线盂县绕城公路（西南外环）全长6.89千米，项目起点位于西小坪加油站东侧与省道双阳线相交处，途径南娄镇西小坪、南小坪、下曹、漩坪、香河，秀水镇西兰、中兰村，终点与216省道南娄运煤专线相接，全线按二级公路标准建设，路基宽度12米，设计速度为60千米/小时。路基宽12米、沥青混凝土路面76521平方米、涵洞409.37米/14道；中桥99.94米/2座、大桥153.74米/2座及附属工程。

项目占地面积29.47公顷（442.1亩）（其中耕地255.4亩、林地53.8亩、其他农用地33.6亩、建设用地1.8亩、未利用地97.5亩），工程总投资1.66亿元。于2016年9月5日开工建设，截至2017年年末完成涵洞12道（共14道），除涉煤区1.5千米外，路基基本完成，4座桥桥梁吊装完成，进行边坡治理、防护设施等。

（罗鹏云）

【盂县香河滨水空间环境综合治理工程】 盂县香河滨水空间环境综合治理工程是按照"宜居、宜业、宜游"的城市总体发展思路，以打造集防洪排涝、生态修复、旅游休闲为一体的综合型河流为目的进行规划。该项目包括直堤段和自然段两部分，西起盂县明鑫集团小区桥段，东至香河与秀水河交汇处，呈东西向分布，全长7.9千米，规划总面积为122.6公顷（1839亩），规划净面积为85.7公顷（1285.5亩），项目总投资6.8亿元。工程于2017年4月开工建设，截至年底，完成工程量清单约1.39亿元，其中，道路雨污管网、强电弱电管线、给水管道等全部铺设完毕，并具备通车条件，预计2018年开春后完善道路面层工程。实验二小桥到西关桥河道工程全部完成，剩余支护工程、箱涵主体工程预计于2018年4月全部完成。破拆明鑫小区桥；破拆漫水桥；破拆2#桥。

自然段位于金龙桥下游100米处至香河与秀水河交汇处，包含河道水体面积约37.9公顷，景观绿化面积60.3公顷。本段设计理念为修复生态环境，打造自然人文景观，通过种植植被达到净化水质的作用。

直堤段为明鑫集团小区桥段至金龙桥下游100米处，包含蓄水面积约6.9公顷（103.5亩），景观绿化面积7.5公顷（112.5亩），主要建设内容为：

桥梁、廊桥古建工程：主要包括9座廊桥一座板桥。其中，彰显盂县文化的门户桥，双层复式的香苑小区桥，以文化为底配合现代化道路的西关桥等，均采用复古与现代相结合的形式，既体现盂县的忠义文化，又不失现代文化气息。

水利、堤防景观工程：主要分为污水涵工程、蓄水工程和栈桥工程。其中，3.5千米的污水涵于河道下埋深2.5米，保障沿线居民小区正常的污水排放和初期雨水排放；蓄水工程主要包括8个蓄水段合计3.2千米的蓄水长度；栈桥工程位于大王庙对岸，采用仿古廊亭与大王庙交相呼应。完成后的河道即为河道下污水、雨水有序排放，河道上蓄水确保"河畅、水清、岸绿、景美"。

道路改造（防洪应急通道）工程：主要包括3.7千米的河边快速路改造道路工程，道路涵盖县城的综合管网，包括雨污水管道、热力管道、自来水管道、电力电缆、通讯光缆、照明电缆、燃气管道等；道路上部结构为沥青混凝土道路，两侧为人行道和绿化带。

景观绿化工程：沿香河两岸设凤鸣、凤舞、明德、儿童等四座主题公园，与香河碧水相呼应，成功将香河打造成一条生态、休闲、文化和谐共生的都市绿轴。

项目工程进展：项目采取PPP模式，至2017年末，道路工程、热力管网铺设完毕，河道箱涵工程已完成总工程量的50%。预计2018年底前河道、桥梁主体工程完工。（罗鹏云）

【盂县中岚电子信息产业园】 盂县境内有3条铁路：石太高铁、朔黄铁路和正在建设的阳大铁路；3条高速：太阳、阳五、阳泉西环高速，并设有六个高速出入口；有2条国道、3条省道、3条出省公路。是晋东重要的交通枢纽，交通区位优势明显。盂县经济技术开发区和中岚电子信息产业园正好位于石太高铁和3条高速交会区域。

2017年，县委、县政府完成对东兰村的拆迁安置工作，使作为园区主干道、全长4.2千米，预算总投资2.7亿元的水神山路大道贯穿中岚电子信息产业园南北全境，并且连通盂县南高速出口和阳泉北高铁站，形成南北通畅的交通大动脉，为园区建设打下坚实的基础。

中岚电子信息产业园是盂县经济技术开发区的起步区和核心区，是县委县政府重点打造的非煤产业项目落地平台。规划范围2.50平方千米。一期占地58.5公顷（877.5亩）。总投资15.22亿元。该产业园采用政府和社会资本合作（PPP）模式开展基础设施建设。8月1日，山西省工业设备安装集团有限公司入驻工地，开展基础设施建设和落地项目厂房建设工作。一期工程用地面积约合500亩平整土地全部完成，路面工程已于10月底前完成，地下管网开挖完成，雨水、污水管、电网等铺设工程接近完工。10月20日项目审核通过，正式录入项目库。为推进园区建设进度，在抓紧PPP项目入库和社会资本方招标的同时，县政府与山西省工业设备安装集团有限公司签订了PPP模式战略合作协议。

2017年末，中岚电子信息产业园项目前期手续（备案立项、可行性研究报告、土地预审、选址意见书、环境影响评估报告、节能评估报告等）全部完成审批。（罗鹏云）

【盂县永店坡老城棚户区综合改造项目安置房】 盂县永店坡老城棚户区综合改造项目位于盂县县城老城中心区域秀水镇（东关南村、东关北村、秀水村、北关村）境内，项目总投资15亿元，包括永店坡、北关2个片区和南北通道（含永店坡路）、高城山路三期2条城市配套道路工程，项目占地28.39公顷（425.83亩），安置棚户居民3500户。

北村新建小区位于金龙大街以北（原北村旧砖窑），地上住宅面积46814.66平方米，投资11764万元，占地30.17亩，安置房492套。共有三栋住宅楼，其中1#、2#楼为22层，建筑高度为63.8米；3#楼为21层，建筑高度为60.9米。

北关片区安置房预计投资20236万元，其中，续建安置房四栋楼十八层，共计316套，住宅面积4.3万平方米，新建208套，三栋楼十八层，住宅面积2万平方米。东关南村安置房预计总投资19500万元，地上住宅面积70400平方米，其中，1#楼26层，2#、3#楼24层，占地1.52公顷（22.80亩），安置房596

套。秀水新建小区秀水村境内，地上住宅面积21985.5平方米，预计投资4845万元，占地28.72亩1.91公顷，安置房228套，其中1#楼22层，2#楼3层。（罗鹏云）

【东外环绕城公路（乌玉—牛村—石店）建设项目】 东外环绕城公路（乌玉—牛村—石店）全长12.32千米。其中，乌玉至牛村公路起点位于牛村东与314省道相交，向西南途径牛村、磁窑坡、桑园、河东、温池、贾家沟、胡家沟、乌玉、东杜村，终点位于东杜村与原运煤专线相接，全长8.37千米，路基宽度12米，按二级公路标准设计，需征地13.8公顷（207亩），预算总金额为8498.8万元，建安费为6846.31万元。

牛村至石店起点位于牛村东与314省道相交，向西北途径牛村、牛家村、后元吉、洪塘、降香坪、神头村，终点位于神头村与县道孙交线相接，全长4千米，路基宽度10米，按二级公路标准设计，需征地9.87公顷（148亩），预算总金额为3464.52万元，建安费为2448.9万元。（罗鹏云）

【秀水河滨河地区综合整治建设项目】 秀水河滨河地区综合整治建设项目西起阳石桥上游400米，东至双阳线县污水厂，全程5.37千米。预计投资约10.5亿元。根据河道特点，以河道公路为线，分为五大部分：以原旧电厂区域为商业综合体区、南村高端住宅别墅洋房开发区域；桃园路至旧钢厂2千米的仿古商业步行街，主要设计为旅游商品及餐饮区，主要面向旅游人群；桃园中路对面为湖心岛市民休闲区、以忠义广场（赵氏孤儿主体雕塑）、山西古建筑、书法碑林、绿化游园为主题；原旧钢厂改造文化街区、利用钢厂建筑开发创意个性产业，以特色酒吧、餐饮、宾馆、办公场所、美术工作室、电影院等为主；水神山南路至南城污水净化站的湿地公园区，设置成保持一种原生态的湿地公园。所有的滨河道路分段设置观赏区，以展览艺术品及游览观赏景观为主要功能。共构筑12个具有中国传统文化韵味的景点，江帆塔影、画廊品石、烟霞映日、临阁览胜、兰亭雅韵、曲径松风、柳岸观瀑、碧波飞虹、修竹幽居、山林拥翠、曲院泉音、雪香云蔚。

2017年底，北方工程设计研究院有限公司重庆分院对项目策划方案、项目建议书及可研报告进行编制。（罗鹏云）

环境保护

综合工作

【概况】 2017年是盂县落实大气污染防治行动计划终考年、水污染防治行动计划关键之年。县环保局认真落实《京津冀大气污染防治强化措施》《京津冀及周边地区2017年—2018年秋冬季大气污染综合治理攻坚行动方案》等，牢固树立"绿水青山就是金山银山"的强烈意识，以中央环保督察和环保部大气污染防治强化督查、巡查为契机，坚持污染防治、生态保护并重，严格环境执法，严厉打击各种环境违法行为，下达行政处罚决定份数和罚款额度大幅增长，查封扣押、停产限产、移送拘留等成为遏制环境违法行为的重要手段和有力武器。年内，下达行政处罚决定书183份（2013年—2016年总计106份），行政处罚1112余万元（2013—2016年总计693余万元）；对30余家企业实施停、限产整改；淘汰取缔21家28台燃煤锅炉；对6家企业环境违法设施实施查封扣押；取缔"散乱污"企业101家、整改6家；行政拘留5案6人。同时，强化环境管理，解决群众关注的热点难点环境问题，综合施策，精准发力，打好蓝天保卫战和环境保护攻坚战，提升人民群众的获得感和对环境质量的满意度。为全面推进2017年盂县环境污染防治工作取得实效，确保省、市下达的各项环境污染防治工作目标任务全部完成，县环保局起草并报请县委、县政府先后制发《盂县配合保障中央环境保护督察工作方案》《盂县城乡污水专项整治行动实施方案》《盂县大气污染防治2017年行动实施方案》《盂县进一步控制燃煤污染改善空气质量工作方案》等27个文件，方案均明确工作目标、重点任务，责任单位等，并对每一项工作任务进行细化分解，确保工作任务件件有人抓、事事有人问、桩桩有落实。（杨晓晗）

【行政审批】 2017年，县环保局共受理办结各类环评审批事项99件，其中出具建设项目初审意见2件、建设项目环境影响报告书7件、建设项目环境影响报告表48件、建设项目环境影响登记表42件；建设项目试生产批复32件，完成建设项目竣工环保验收62件，行政审批受理办结率100%。办理90家企业排污许可证核发、41家企业排污许可证延续、4家企业排污许可证变更工作。对77个建设项目申请的污染物排放总量控制指标给予批复。

（杨晓晗）

【环保治理资金投入】 2017年，县环保局申请上级环保专项资金1339万元（中央大气污染专项资金300万元、省级大气污染专项资金300万元、省级水污染防治专项资金359万元、市级污染治理专项资金380万元），分别对山西建科天然气科技股份有限公司新建气化农村一期工程项目（300万元中央）、盂县城西热源厂锅炉烟气除尘及脱硫设备改造项目（200万元省级）、山西煤炭运销集团盂县恒泰常顺煤业有限公司燃煤锅炉配套烟气脱硫除尘项目（100万元省级）、盂县东坪煤业有限公司25000立方米/天矿井水处理工程项目（359万元省级）、盂县中医院污水处理工程项目（130万元市级）、盂县牛村镇后元吉村50立方米/天生活污水处理项目（100万元市级）、盂县苌池镇南苌池村志诚石料厂新建15万吨/年（7.5万吨/年）烧制石灰生产线项目除尘设施技改工程项目（55万元市级）、盂县污水处理厂提标改造及再生水回用工程项目（60万元市级）、盂县藏山第一水厂饮用水水源地保护工程项目（35万元市级）给予资金补助。（杨晓晗）

【环境税税源调查】 2017年，按照省、市相关要求，县环保局和县财政局、县地税局联合开展环保税税源调查工作，共调研工业企业74户，调研内容含行业分布情况、排污单位排污费及污水处理费缴纳情况、排污费征收管理现状、排污单位管理情况及征收建议等，涉及耐火陶瓷制品及其他耐火材料制造、煤炭开采和洗选业、砖瓦石材等建筑材料制造等27个行业。

（杨晓晗）

【中高考期间禁噪工作】 为强化中高考期间环境噪声管理，保证广大考生有良好的复习、考试和休息环境，2017年6月1日起，县环保局联合县公安局、县教育局认真开展中高考禁噪执法行动。除坚持24小时值班制度，确保噪声污染投诉及时处理外，还对建成区噪声敏感点进行昼夜不间断巡查，现场制止夜间噪声扰民行为1起。（杨晓晗）

【中央环保督察组交办盂县群众反映问题办结情况】 2017年，中央第二环保督察组督查山西省期间，共交办盂县群众反映问题26批38件。按重要性分，重点问题19件、占比50%，一般问题19件、占比50%；按污染类型分，大气4件、扬尘16件、水2件、噪声3件、生态5件、垃圾7件、其他1件；按乡镇分，秀水镇9件、孙家庄镇4件、路家村镇6件、南娄镇6件、牛村镇4件、仙人乡1件、北下庄乡1件、梁家寨乡2件、西烟镇1件、西潘乡4件；按举报次数分，一次举报的33件，占比87%，重复举报的5件、占比13%。

截至6月8日，应办理的26批38件全部按时办结并上报，确认属实23件、部分属实12件、不属实3件，办结率100%。其中，关停取缔5家、责令整改50家、立案处罚50家、罚款199.2万元，行政拘留2人，问责处理6人次。

（杨晓晗）

【环保部强化督查组交办盂县现场督查发现问题办结情况】 2017年，环保部强化督查组进驻阳泉市后，全年共交办盂县现场检查发现问题542件，其中，路家村镇84件、牛村镇65件、秀水镇73件、孙家庄镇65件、南娄镇143件、苌池镇64件、西烟镇8件、仙人乡11件、梁家寨乡5件、下社乡1件、东梁乡7件、西潘乡4件、上社镇4件、北下庄乡8件。盂县全部按时办结上报，其中，关停取缔181件、责令整改269件、立案处罚59件、罚款448.1万元。

（杨晓晗）

环境质量

【大气环境质量】 2017年，县城环境空气质量综合指数5.63，同比下降6.01%，在全市排名第一；县城二级以上优良天数291天，优良天数比例为80.17%，同比增加34天，在全市排名第一。各污染物监测浓度分别为：二氧化硫（SO_2）55微克/立方米，同比下降36.78%；二氧化氮（NO_2）30微克/立方米，同比上升30.43%；可吸入颗粒物（PM10）94微克/立方米，同比下降12.96%；细颗粒物（PM2.5）49微克/立方米，同比持平；臭氧（O_3）115微克/立方米，同比上升32.18%；一氧化碳（CO）2.0毫克/立方米，同比持平。 （杨晓晗）

【水环境质量】 盂县境内河流均属海河流域滹沱河水系，主要河流有滹沱河、乌河、龙华河、石塘河、南北河、黑砚河、秀水河、香河、招山河、阴山河、磊石沟河、温河等12条河流，有国、省控断面4个，分别为滹沱河闫家庄大桥断面、盂县乌河和滹沱河汇合处枣园断面、盂县秀水河出界温池村温河断面、龙华河会里村断面。其中龙华河会里村断面为新增省控断面。2017年，据省、市环境监测中心站监测数据表明，滹沱河闫家庄大桥、乌河枣园断面、龙华河会里村断面水质均达到Ⅱ类标准，温池村温河断面（五架山）水质由原来的劣Ⅴ类改善到Ⅳ类，符合国家标准要求。路家村镇集中供水水源地水质保持稳定，西烟镇、孙家庄镇、上社镇、南娄镇、梁家寨乡、牛村镇、西潘乡、下社乡、东梁乡9个乡镇供水水源地水质均达到Ⅲ类标准。

（杨晓晗）

环境治理

【污染减排】 2017年，为进一步推进治污减排，确保主要污染物总量减排任务完成，县环保局对担负当年减排任务的相关企业和单位加大督查力度。在工程减排方面：盂县中信焦化有限公司通过焦炉尾气脱硫环保技改项目实现二氧化硫减排11.88吨，山西建科天然气科技股份有限公司通过新建气化农村一期工程项目实现二氧化硫减排436.61吨、氮氧化物减排53.48吨，南娄水泥有限公司通过2500吨/天熟料生产线烟气脱硝工程项目实施、实现氮氧化物减排230吨/年。在结构减排方面：对盂县凤凰工程材料有限公司年产2万吨铝酸钙粉生产线项目实施关停，实现二氧化硫减排6.9吨。在管理减排方面：加大对重点减排项目的督查力度，建立减排协调共管机制，对山西盂县正阳污水净化有限公司实行每季度监测一次，每月现场检查一次，确保提标改造工程项目环保设施正常运转，实现化学需氧量减排2016.8吨、氨氮减排145.44吨。市下达的减排指标全面按期完成。 （杨晓晗）

【专项整治】 2017年，为贯彻落实省、市、县有关文件和会议精神，确保盂县大气、水环境质量改善目标任务完成，县环保局起草并申请县政府制发《盂县开展环保六项专项整治工作方案》，开展"环保六项专项整治"，扭转盂县环保工作被动局面，以改善环境质量为核心，以落实历年来环境保护部、省委省政府、市委市政府和上级环保部门提出的问题和要求为引领，抓好持证企业环境安全大排查专项整治，"小散乱污"企业专项整治，工业煤场、料场、堆场（含建筑施工工程）清理取缔专项整治，煤炭及煤炭加工企业工业广场、煤场等达到规范化、标准化要求专项整治，生活污水、矿井水直排治理专项整治，地质灾害、建筑施工工地、道路扬尘治理专项整治"环保六项专项整治"工作，补齐短板，切实改善全县环境质量，推动全县环境保护工作向纵深发展。（杨晓晗）

【违法"散乱污"企业取缔】 2017年，县环保局起草并报请县政府先后制发了《"散乱污"企业取缔工作实施方案》《责令县域内违法排污企业立即停产整改的紧急通知》《彻底整改取缔县域内"散乱污"企业的紧急通知》《关于强化大气污染防治，加快处置"散乱污"企业的紧急通知》等，督促指导各乡镇、部门开展"散乱污"企业取缔整改工作，登记造册的107家"散乱污"企业全部按期完成取缔整改任务。（杨晓晗）

【县城建成区燃煤锅炉淘汰取缔】 2017年，县环保局起草并报请县政府制发《盂县燃煤锅炉拆除改造工作方案》，方案明确工作目标、主要任务、拆改标准、工作保障及要求等。成立以分管环保副县长任组长的盂县燃煤锅炉拆除改造工作领导组，负责全县燃煤锅炉拆除改造的组织协调和业务指导工作。为确保燃煤锅炉拆改工作按期完成，县环保局专门成立燃煤锅炉拆改工作队，全覆盖无缝隙对燃煤锅炉所涉单位进行督促检查。为进一步明确燃煤锅炉拆改时限，报请县政府在电视台发布燃煤锅炉拆除改造的公告，明确10月底前，县城建成区10蒸吨/小时及以下燃煤锅炉全面"清零"。从10月1日起，全县保留燃煤锅炉（含生物质锅炉）全面执行大气污染物特别排放限值。随后县环保局按期淘汰取缔摸底排查的21家28台燃煤锅炉。（杨晓晗）

【应急减排措施落实】 2017年，县环保局委托阳泉市环境科学研究所修订完成《盂县重污染天气应急预案》，主要修改部分有预警分级标准以小时计算；预警级别调整条件更加严苛，工业减排措施鼓励在采暖季实施轮流错峰生产；明确对企业的考核问责机制；工业减排比例总体要求有所调整；应急减排措施项目清单以污染源排放清单为基础，更有针对性和可操作性。全年，县环保局报请县政府共启动重污染天气应急强化措施13次，对各有关单位、企业制定下发了《盂县人民政府关于启动重污染天气应急强化措施的紧急通知》《应对重污染天气调度令》《关于应对重污染天气主动履职的紧急通知》等，最大限度降低重污染天气对公众健康和生态环境造成的不利影响。（杨晓晗）

【挥发性有机物（VOCs）综合治理】 2017年，盂县辖区内依法保留的储煤场有27家。县环保局督促其严格管理完善扬尘污染防治措施，完成全封闭治理储煤场22家。年内，列入重点行业挥发性有机物（VOCs）综合治理企业有10家，县环保局对其治理要求、治理范围、治理进度、治理标准等进行全面安排部署，并按时审核上报市环保局。（杨晓晗）

【矿山生态恢复治理试点示范工程】 2017年，根据市政府《阳泉市矿山生态环境恢复治理试点示范工程建设实施方案的通知》要求，盂县涉及首批确立的试点示范工程项目为阳泉市上社煤炭有限责任公司、阳泉市上社二景煤炭有限责任公司矸石场治理。县环保局认真督促其开展工作。阳泉市上社煤炭有限责任公司完成初步设计和施工图设计编制工作，其中清水池、拦矸坝护挡、矸石道路工程设计进入扫尾阶段，其他工程经造价公司编制工程预算标底和拦标价。阳泉市上社二景煤炭有限责任公司已完成地形测绘、工程设计、岩土工程勘察工作，项

目招标于12月18日完成。　　　（杨晓晗）

【工业污染源全面达标排放计划实施】 2017年，县环保局制发《盂县工业污染源全面达标排放计划实施方案》，成立盂县工业污染源达标排放计划领导组。根据前期排查结果上报企业名单31家，涉及企业类型有焦化2家、煤炭27家、水泥1家、污水处理厂1家。截至年底，编制完成并上报企业21家，未编制企业10家（均为长期停产或未建设）。　　（杨晓晗）

【水环境保护工作】 2017年，山西阳泉盂县跃进煤业有限公司矿井水处理10000吨/日项目、山西阳泉盂县东坪煤业有限公司矿井水处理25000吨/日项目已建设完成投入试运行；境内15家民营加油站完成地下油罐更新改造；2015年启动实施的农村生活污水治理项目全部完工。　　　　　　　　　　　（杨晓晗）

【污染源监控系统平台建成投运】 污染源监控系统平台设在县环境监测站，于2017年2月建成投运。可对企业废水和废气排放情况进行同时监测，废水方面主要监测化学需氧量、氨氮浓度和总体废水排污量等项目；废气方面主要监测烟尘、二氧化硫和总体废气排污量等。与盂县正阳污水、山西太钢鑫磊资源有限公司、盂县供热公司、盂县梁家寨污水处理有限公司、山西南娄集团水泥有限公司、盂县中信焦化有限公司、山西晋玉焦化有限公司、山西阳泉盂县东坪煤业有限公司、山西阳泉盂县跃进煤业有限公司9家排污单位实现在线联网监测监控，一旦企业出现超标排污或有排污设施不用等现象，可通过监控平台立即发现，及时查处企业环境违法问题。　　（杨晓晗）

环境执法

【环境违法行为查处】 2017年5月6日，针对山西晋玉煤焦化有限公司、盂县中信焦化有限公司多次现场检查均发现环境违法行为，县环保局对其实施限产治理。针对山西南娄集团水泥有限公司在线监控设施建设进度严重滞后，未实现在线联网等环境违法行为，县环保局对其实施停产治理。5月，针对阳泉市上社二景煤炭有限责任公司、盂县金刚玉石油压裂支撑剂有限公司燃煤锅炉未安装污染防治设施，县环保局对其燃煤锅炉实施查封。针对山西晋玉煤焦化有限公司地面除尘站运行不正常，涉嫌逃避监管违法排污，适用行政拘留处罚，县环保局向公安部门进行案件移送，依法行政拘留当事人1人；针对南娄镇坡头村东西垴工区有关人员拒绝执法检查一事，县公安局行政拘留当事人2人；针对王彦平矾石加工点、付宝国矾石加工点未使用脱硫除尘设施，竖窑直接使用原煤进行烧制，涉嫌逃避监管违法排污，适用行政拘留处罚，县环保局向公安部门进行了案件移送，依法行政拘留当事人2人。针对南娄镇王子台村荣翠花土法烧制矾石环境违法行为，县公安局行政拘留当事人1人。全年，县环保局共立案环境违法行为183起，行政处罚1112余万元。　　　　　　（杨晓晗）

【环境监察执法】 2017年，环境监察人员共出动5235余人（次），检查企业1286家（次），零点行动7次，突击检查48次。下达日常现场检查记录461份，打击环境违法行为，保障环境安全和群众健康。　　（杨晓晗）

【环境监测工作】 2017年，环境监测人员在保证完成常规监测任务的前提下，紧紧围绕全县环境保护工作的重点任务，以污染源总量监测为重点，以地表水和饮用水常规监测为基础，紧密配合建设项目环评与环保设施竣工验收工作，积极做好环境污染应急监测，不断加强监测能力建设，在提供技术支持、技术服务与技术监督上做大量工作。编制环境监测报告171册，开展各类监测3224次，报出有效监测数据4467组。　　　　　　　　　（杨晓晗）

财税金融

财 政

【概况】 2017年，盂县财政面对全县煤炭资源主导、产业结构单一的地方经济特点，收入增长依然乏力的状况和严峻的支出形势，通过及时分解落实财政收入计划，加大税收考核力度，开展综合治税调研工作，强化非税收入收缴管理制度，加大上级资金的争取力度，全力保障应收尽收，有效缓解财政紧张局面。年内，盂县财政局抓好预算管理这个关键，及早完成2017年部门预算编制及批复，扎实推进预算全面公开，强化预算执行的刚性约束，加大规范清理结转结余资金力度，调整优化支出结构，始终把"保工资、保运转、保民生"作为财政支出的优先方向，确保财政保障良性运行。

盂县财政局内设办公室、预算股、国库股、行财股、社保股、经建股、基金股、农财股、企财股、综合股、会管股、监督股、工会等股室，下属事业单位有行政事业单位会计核算中心、国有资产管理中心、政府采购中心、会计电算化培训中心和山西会计函授学校盂县站共五个事业单位。 （闫 婕）

【财政收支】 2017年，财政收入全县财政总收入累计完成13.71亿元，为年计划的121.62%，同比增长33.42%，增收3.43亿元。一般公共预算收入累计完成5.69亿元，为年计划的104.54%，同比增长6.61%，增收3533万元。

财政支出 全县一般公共预算支出19.16亿元，为年度预算的99.59%，同比增长8.11%，增支1.44亿元，确保了民生、社保、农林水等刚性支出需求。 （闫 婕）

【扶贫资金下拨】 2017年，盂县财政共下拨扶贫资金2616.76万元，其中财政扶贫发展专项资金468万元，精准脱贫专项资金共四批、总计936.09万元，县级支出低收入村扶贫互助金460万元，贫困村精准脱贫配套资金278万元，扶贫贷款风险补偿100万元，扶贫贷款贴息100万元，农村饮水安全工程债券资金200万元，新一轮退耕还林省级补助资金64.7万元。同时，财政支农支出达1.07亿元，占预算总支出的5.58%。 （闫 婕）

【民生支出】 2017年，全县民生支出达15.07亿元，占总支出的78.68%。其中教育、社会保障与就业、医疗卫生、环保支出分别达到4.03亿元、2.90亿元、2.32亿元、3762万元。同时切实保障农林水、城乡社区事务等支出需求，全县交通、供热、供水、供气、供电、园林绿化等公共设施建设获得较大改善。
（闫 婕）

【"三基建设"投入】 2017年，盂县财政局深入贯彻落实省、市、县关于"三基建设"要求，全年"三基建设"支出6079万元，其中：新增乡镇工作补贴395万元，乡镇干部周转房资金260万元，村级运转经费补助资金4077万元，社区事务补助资金84万元，乡镇机关食堂补助资金128万元，非公经济组织和社会组织中党组织经费补助10万元，大学生村官工作生活补助资金75万元，其他保障资金1050万元。 （闫 婕）

【政府采购】 2017年，盂县财政局进一步完善政府采购程序、采购目录、采购预算等，不断扩大政府采购范围，政府采购的公正性、公开性和透明度明显提高。全年采购业务101笔，资金量3501万元，节约资金278万元，节约率7.36%。

（闫　婕）

【政府购买融资规范整治】 2017年，盂县财政局根据财政部、省财政厅《关于开展规范地方政府举债行为专项督查的通知》的有关要求，对全县融资担保举债行为、政府购买服务项目、地方政府性债务资金的使用情况进行排查，对有融资担保行为6个项目均提出具体整改措施，与金融部门、项目实施主体对接到位，特别是对由企业为主体实施的3个项目实行专户管理，减轻财政负担1.62亿元。

（闫　婕）

【预算绩效管理】 2017年，盂县财政局按照"先易后难、由点及面、稳步实施"的原则，重点围绕部分社会关注度高、影响力大、事关民生方面的转移支付和专项资金支出等15个项目，共1654.81万元资金进行绩效评价，为优化财政资源配置、提升公共产品质量和公共服务水平提供资料。

（闫　婕）

【票据电子化改革】 2017年，盂县财政局进一步加强政府非税收入征收管理，建立健全"以票控费、以票促收"的票据管理机制，按照《盂县财政票据电子化改革实施方案》的要求，从4月1日起，全县财政票据电子化管理已覆盖221个行政事业单位，确保非税收入应收尽收。

（闫　婕）

【国库管理制度改革】 2017年，盂县财政局实现所有预决算单位系统软件升级改造；开展权责发生制政府综合财务报告编制工作，进一步核实财政专户的存量情况；规范和提高单位会计核算信息质量，推进全县单位财务核算信息集中监管改革。

（闫　婕）

【社会资本投入引导】 2017年，盂县财政局为进一步减轻政府资金压力，加大盂县基础设施建设，积极配合落实PPP项目，中岚国际物流园、秀水镇东兰村整体拆迁改造及配套设施、省道双阳线盂县过境公路改造及水神山南路绿化照明、香河滨水空间环境综合治理四个工程项目录入财政部PPP平台并审核通过，利用社会资本规模达28.6亿元。同时，与秀水河改造、大㮈龙湖风景区建设、盂县新建大学三项目一并参加山西省首届PPP项目推介会。（闫　婕）

税　务

国家税务

【概况】 2017年，盂县国税局各项工作保持良好发展势头，获得阳泉市国税系统绩效考评"第一段"的好成绩；盂县国税局被省国税局授予"全省国税系统营改增工作优秀公务员集体三等功"称号；5月，在全国基层税务局长座谈会上，盂县国税局以"1+4+1"举措推动两学一做常态化制度化的做法得到税务总局的肯定。盂县国税局共管辖各类纳税人6208户，经济税源结构呈现为典型的能源原材料型结构，国税收入主要分布在煤炭、耐火、商业、运输、电力、非金属矿物制品、金融业等七个行业。全年盂县国税局累计完成全口径税收收入8.70亿元，其中煤炭行业累计入库税收5.12亿元，税收贡献率达58.78%；耐火、商业、运输、电力、非金属矿物制品等行业税收规模偏小，税收贡献率分别为商业9.86%、运输2.03%、耐火0.91%、非金属矿物制品9.70%、电力2.76%、金融业8.52%，其他行业7.44%。盂县国税局共有干部职工104人，其中：男66人，女38人。干部职工平均年龄为49岁，大专以上学历干部占95.2%。离退休干部25人。

（降　伟）

【组织收入】 2017年，盂县国税局采取抓收入质量考核、抓重点税源监控、抓欠税清理，抓纳税评估等各项措施，全年累计完成全口径税收收入8.70亿元，占山西省国税局下达任务134%，同比增长86.29%，增收4.03亿元，通过突出主观努力各项措施完成收入1.47亿元，占总体税收收入的16.88%。全年累计清理旧欠7191万元，清理新欠6467万元，有效压缩欠税余额；组织煤炭、烟草、金融、房地产行业专项评估，入库税款1039.29万元，有力堵塞征管漏洞，促进整体收入提升。（降 伟）

【征收管理】 2017年，盂县国税局采取了一系列"组合拳"，税源管理进一步夯实，对堵漏增收、震慑税收违法行为起到关键作用。对建筑业、房地产业开展税收基础调查，掌握建筑业建设项目、投资额和施工进度，建立监控台账，监控税收实现情况；成立房地产评估团队，对房地产业开展专项评估，评估入库税款114万元。与盂县地税局联合制订并实施《税收协同共治方案》和《建筑业房地产业税收管理办法》；建设国、地税联合办税服务厅，实现涉税事项一人通办；落实34项基本合作事项和9项创新合作事项，建设国、地税合作示范区。（降 伟）

【依法治税】 2017年，盂县国税局全面落实税收政策，规范执法行为，推进法治税务建设，取得显著成绩。在成功创建全省法治税务示范基地的基础上，制订印发《盂县国家税务局开展法治创建示范点建设工作任务清单》，分部门明确32项创建任务，重点在健全领导体制机制、行政决策规范合法、权责清单编制实施、依法行使行政权力、落实党务政务公开、税收共治格局建立、税收法治文化建设等方面着力，创建工作取得良好成效；树立"不落实优惠政策就是收过头税"的理念，全面落实六项减税政策，全年共计有116户小微企业享受所得税优惠，减免税额22万元；农产品增值税率简并政策惠及纳税人34户，减税3.1万元；金融机构农户小额贷款利息收入免征增值税政策延期减税11.07万元。（降 伟）

【纳税服务】 2017年，盂县国税局采取多项措施进一步优化纳税服务，全面落实山西省国税局《全省税务系统优化税收营商环境服务经济转型发展实施意见》，落实"放管服"各项要求，为盂县创造一流营商环境做出贡献。扎实开展国、地税联合办税准备工作，7月开始试运行；扎实推送税收政策，开展万名税干入企调研活动，对37户重点税源企业上门辅导调研，问需问计于纳税人，收集纳税人意见建议10余条；举办建筑业、房地产业营改增政策培训会和福利企业税收培训，共培训纳税人600余户次；通过微信群、QQ群、12366短信平台等载体，定期发布涉税通知、温馨提示等内容，方便纳税人随时查询相关涉税事项并进行涉税咨询。（降 伟）

【基层建设】 2017年，盂县国税局认真落实总局基层工作会议精神和上级关于"三基建设"的安排部署，全面加强基层建设。盂县国税局党组自觉履行职责义务，党组成员互相监督、互相提醒，坚决做到认真学习、靠前指挥、履职尽责；由盂县国税局纪检组、监察室组织牵头，通过纪律检查、业绩抽查、批评教育等方式具体开展"不作为"大整治、作风纪律大整顿，全年开展不定期纪律检查12次，通报批评39人次；围绕重点工作开展大反思，按月通过绩效讲评会检点工作中存在的不足，通过督察督办促整改、抓落实；开展岗位大练兵、课题大培训、执法大督察，抓好"四个规范"落实；围绕岗位大练兵、青年干部"1+5"考试、执法资格考试，盂县国税局组织各类培训20余次，有效提升了干部职工业务能力素质；坚持做好"四大规范"落实，按月开展检查，及时查找解决工作中存在的问题困难，确保落实成效。（降 伟）

地方税务

【概况】 盂县地方税务局担负着全县14个乡镇的地方税收征管任务，下设两室（办公室、监察室）五股（计财股、征管股、税政股、信息股、人教股），三个分局（稽查局、一分局、二分局），十个税务所（其中一所、二所、秀水所、南娄所、路家村所5个为副科级税务所；孙家庄所、仙人所、西烟所、上社所、梁家寨所为股级税务所）。

盂县地方税务局辖区有管户5430户，其中私营以上2678户。2017年盂县地税系统各项收入完成5.2亿元。各项税收完成4.4亿元。各项规费完成8291万元。其中，煤炭资源税完成2.08亿元。1月，盂县地方税务局梁家寨税务所所长崔新平同志被山西省人力资源和社会保障厅与山西省地方税务局联合授予"山西省地税系统先进工作者"称号。3月，孙家庄税务所被山西省青年文明号组委会授予2016年度"山西省青年文明号"荣誉称号。截至2017年底共有正式干部职工105人。在岗正式职工中，女性职工40名，占38%。全局干部职工的平均年龄是46岁。大学专科及以上学历的有95名，占90%。党员86名，占职工总数的81%。

（王晓芳）

【企业简易注销登记改革】 2017年3月1日起，盂县地税局全面实行企业简易注销登记改革，始终坚持"便捷高效、公开透明、控制风险"的基本原则；通过召开联席会议、建立微信工作群等加强沟通交流和部门协作；严格按简易注销流程规范操作，由专人负责网上平台的信息推送。

（付永东 王晓芳）

【税收宣传】 2017年4月，盂县地方税务局联合盂县国税局以"深化税收改革、助力企业发展"为主题，深入人口密集的商场、超市、小区，摆设咨询台，发放宣传资料，解答涉税疑难，启动税收宣传月活动。同时，开展专题辅导活动，以纳税人学堂为载体，举办企业所得税汇算清缴、营改增四大行业涉税业务解读、建筑房地产行业税负上升业务处理三个方面的专题培训班，释放税收改革红利。

（高晋华 王晓芳）

【"一人通办"窗口开通】 2017年7月3日，盂县国税、地税联合办税大厅一人通办窗口开出第一张发票，真正实现了一人两业务、一机两系统、一屏两界面的国税、地税联合办税新模式，缩短了办税时间，提高了办税效率。

（高晋华 王晓芳）

【创优营商环境】 2017年，盂县地税局与盂县国税局共同召开联席会议，成立盂县国地税创优营商环境、服务全县经济转型发展领导组及办公室，制订了工作方案，明确了工作职责，细化了操作流程，形成了有效贯彻落实的联动机制。组织税务干部学习晋地税发〔2017〕118号文件精神，同时分赴纳税户宣传山西省地税局的新举措、新政策，并围绕28条优化税收营商环境措施的落地进行调查摸底。通过调研摸底，掌握了月销售额不超3万元的个体工商户、房产税计税原值扣除、煤炭生产企业井下职工岗位津贴等方面落实政策基数。

（高晋华 王晓芳）

【水资源税开征】 2017年11月30日，盂县地税局联合盂县水利局、盂县自来水公司共同在盂县自来水公司二水厂发起水资源税改革零点行动，于12月1日0时，对水厂水表即时数据进行现场采集，随后又对山西阳泉盂县东坪煤业有限公司水表数据进行现场记录，水资源税改革在盂县正式实施。

（田有金 王晓芳）

【入企服务】 2017年12月，盂县地税局开展万名税干入企服务专项行动活动，为辖区内的企业提供优质高效的纳税服务，悉心了解企业的困难，送政策、送温暖、送关怀，并安排专人常驻帮扶，对企业提出的问题做耐心细致的解答，并将问题汇总进行集中研讨商榷，更有针对性的帮助企业；实现了点对点、面对面的长效帮扶机制。

（陈 斌 王晓芳）

金 融

银行业

【中国人民银行盂县支行概况】 2017年，中国人民银行盂县支行履行基层央行金融宏观调控职能，稳健中性的货币政策得到有效执行，支持县域实体经济发展，引导金融机构加强对县域薄弱领域和重点环节支持力度，加强金融风险监测，注重风险防控，县域金融体系实现平稳运行，提高金融管理服务能力，支行全面建设水平进一步提升。年内，支行先后获2016—2017年度山西省级文明单位、2015—2017年度中国人民银行天津分行级文明单位、盂县社会治安综合治理"先进单位"等称号。（赵 耀）

【支持县域经济发展】 2017年，中国人民银行盂县支行指导金融支持服务实体经济。协助县政府召开创优普惠金融服务建设社会信用体系动员大会，优化县域金融生态环境，全力支持"三农"经济发展。推动银企合作，解决资金供求矛盾，协同县政府召开盂县政银企对接会，18个项目共签订贷款合作意向12.5亿元。每季组织金融机构召开经济金融运行分析会，指导金融机构通过综合施策切实加大对实体经济稳增长的融资支持。引导金融机构为煤炭企业、中广核风电、建科天然气及盂县棚户区改造工程、藏山旅游开发等提供贷款支持，提升对实体经济的金融服务水平。发挥信贷政策在稳增长、调结构、转方式、惠民生中的积极作用，保证金融对县域实体经济支持的持续性。截至年底，全县银行业金融机构各项贷款较年初增加2.8亿元，增长2.3%。落实"定向降准"措施，对符合规定的县域银行业法人机构准备金率执行低于同类机构1个百分点，增加信贷资金1.2亿元。做好再贷款限额申请和调整工作，全年为盂县农村商业银行和汇民村镇银行发放支农再贷款1.94亿元，为盂县农商行发放支小再贷款2亿元，支持146个农户、30家企业、14家小微企业融资。（赵 耀）

【金融扶贫工作】 2017年，中国人民银行盂县支行贯彻金融扶贫政策措施，组织召开3次金融机构金融扶贫工作推进会，开展金融扶贫工作调研5次。配合县政府制订了《关于推进"五位一体"金融扶贫工作的实施方案》《盂县扶贫小额信贷风险补偿金管理办法》，落实扶贫风险补偿基金500万元，盂县农商银行、农业银行盂县支行、邮储银行盂县支行与县政府签订风险补偿金使用合作协议。督促县域保险机构按照县政府五位一体扶贫小额信贷方案，出台盂县扶贫小额贷款政府、银行、保险三方协议框架。指导金融机构推出林业扶贫贷款、富民贷等扶贫信贷产品，以政府风险补偿金+贷款对象和政府+银行+承贷主体+贫困户的模式，分散和缓释"三农"信贷风险，有效支持农村实体经济和扶贫产业的发展。至年底，完成县政府全年精准扶贫贷款发放考核任务的118.74%。（赵 耀）

【金融领域风险防控工作】 2017年，中国人民银行盂县支行召开全县做好金融工作，对县域经济金融形势进行分析和研判，讨论县域经济金融运行中的新情况、新问题，并提出风险防控重点和风险防控措施，做好金融领域风险防控，严格落实金融机构重大事项报告制度，做到不忽视一个风险，不放过一个隐患。着力抓好县域金融稳定状况评估和金融风险专项整治，分析和研究县域金融风险，探索金融稳定评估方式，建立县域银行业法人机构风险监测平台动态评估体系。与盂县公安局建立支付结算重大案件通报和协查机制，安排部署辖区金融机构加强支付结算管理防范电信网络新型违法犯罪工作，采取宣传、督办方式，落实个人账户分类管理、账户实名制管理、网络支付身份认证、个人账户转账业务限制措施，防范支付安全风险。与县政府办公室、金融办及相关部门进行沟通协调，明确职责和责任，参与县政府组织的各项金融活动，密切关注辖区金融动态，坚守不发生区域性风险底线。（赵 耀）

【金融管理和服务水平提升】 2017年，中国人民银行盂县支行推进农村信用体系建设。组织县域金融机构开展了征信日主题宣传活动，协助出台《盂县创优普惠金融生态环境建设社会信用工程体系实施方案》，指导和推进农村信用工程建设。组织金融机构加快农村信用档案电子化建设，在原有纸质档案的基础上，将农户信用信息录入信贷管理系统，突出农户信用等级评定效应，调动农户提高自身信用的积极性。办理个人信用信息查询5006份，企业信用信息查询125份，新发、补发机构信用代码证1621份。改善农村支付环境，指导盂县农商银行建成小盂儿金服驿站3个，便利金融服务覆盖周边12个村，惠及3100余人。农商行开通县城公交车银行卡刷卡付费业务，方便民众出行。全县金融机构建成农村综合服务站274个，设立银行卡助农取款服务点192个，农村综合服务站和助农服务点有效运行。

（赵 耀）

【金融知识普及工作】 2017年，中国人民银行盂县支行组织开展盂县金融与诚信知识主题教育活动。与县教育局多次召开工作座谈会，研究商讨金融与诚信知识进校园工作，制订盂县金融与诚信知识主题教育活动2017—2018年实施方案，向全县建制学校、3577名五年级学生、107个五年级班级共发放金融与诚信读本3744册，向41个学校发放了金融与诚信辅导教师电子资料，各银行机构与各学校密切联系对接，适时开展教学活动，金融与诚信教育纳入国民教育体系的长效机制逐步形成。此外人行盂县支行组织全辖银行业金融机构累计开展六次大规模的金融消费维权和各类金融知识普及集中宣传教育活动，利用出租车、城乡广告墙、城市宣传屏和通过进学校、进市场、进企业、进社区、进乡村、进机关等，用群众喜闻乐见的方式，送金融知识到村、到户、到人。各类宣传活动增强了公众的金融知识，增强了金融消费者的自我保护意识和风险责任意识，强化了金融机构的社会责任，优化了金融消费环境。

（赵 耀）

【阳泉银监分局盂县监管办事处概况】 2017年，阳泉银监分局盂县监管办事处围绕五大工作任务，着力防范重点风险守住风险底线，确保辖内银行业金融机构安全稳健运行。

盂县监管办贯彻落实国家去产能、去库存、去杠杆、降成本、补短板等各项政策，通过监管谈话、召开座谈会、调研等方式方法，引导银行业机构加强对国家经济政策和辖区经济、金融运行情况的分析，正确处理经济下行与银行稳健发展的关系，加强信贷结构调整，积极支持供给侧结构性改革，通过支持省、市重点领域、重点项目建设，促进地方经济企业稳回升和信贷业务稳健发展。截至2017年12月末，辖内各项存款余额217.7亿元，较年初减少1.72亿元，下降0.78%；各项贷款余额126.81亿元，较年初增加3.83亿元，增长2.43%；实现利润总额2.22亿元。其中：农发行新增贷款2.56亿元，主要投向棚户区改造以及采煤沉陷区安置等工程。

（李晓丽）

【小微企业金融服务暨银税互动督导】 2017年，盂县监管办对辖内银行业金融机构支持小微企业情况开展督导工作，要求各机构要改变工作方法，在关注总量的同时，更加注重服务质效和服务覆盖面；在模式上，要求辖内法人机构继续与税务部门配合沟通，推广银税互动新服务模式，完善政银担保合作机制；在服务上，要求各机构发展绿色金融、科技金融，努力在适用客户范围上实现更多突破；在工作方法上，要实施部门联动，以国家专项建设基金、市级高新技术投资发展基金、中小企业发展基金、综合产业扶持基金作为撬动信贷资金投入的支点，提升支持小微企业效率，力争完成三个不低于目标。截至2017年12月末，全县小微贷款余额47.67亿元，较年初增加1.15亿元，增长2.47%，高于全县各项贷款增速0.64个百分点；贷款户数932户，较年初增加201户；申贷获得率80.65%，低于年初11.02个百分点。未实现"三个不低于"目标。　　（李晓丽）

【基础金融服务】 2017年，盂县监管办组织、引导辖内各银行业金融机构推动基础金融服务"村村通"暨扶贫攻坚工作，实现扶贫小额贷款覆盖建档立卡贫困户的30%，基础金融服务行政村覆盖率提高5个百分点。盂县监管办统筹安排进度，加强监管引领，积极推进"村村通"暨扶贫攻坚工作，重点督促涉农银行业金融机构积极推广农村金融服务新渠道、新方式，充分利用互联网和移动通信技术，打通人力、网点无法到达的"最后一千米"。将"村村通"工作纳入日常监管，定期通报进展情况。同时，积极与盂县扶贫办联系，及时掌握盂县贫困户的基本情况，将有关情况及时传达到各银行业机构，引导各银行业金融机构要履行扶贫开发社会责任，有效发挥金融加速脱贫功效，着重加大建档立卡贫困人口的扶贫小额信贷投放，促进贫困人口增收。截至2017年12月末，盂县有行政村453个，金融覆盖行政村447个，较年初增加了37个村，覆盖率达98.68%，较年初上升了8.18个百分点。建档立卡的贫困户4664户，发放精准扶贫贷款1.68亿元，其中：盂县农商行发放1.56亿元，工行100万元，农行388万元，邮储银行700万元，汇民村镇银行75万元。　　（李晓丽）

【减费让利落实】 2017年，盂县监管办督促各机构继续严格执行七不准、四公开规定，严禁违规额外收费，梳理、清理、简化收费清单，严禁在规定收费清单外巧立名目、借用科目、乱加条件收取任何费用；要求各机构规范银信等各类合作业务，缩短企业融资链条，减少非必要成本；加强贷款定价管理，提高风险管理技术，与实体企业共渡难关。截至2017年12月末，辖内各机构共为企业减费让利1491.36万元，继续督促、指导盂县农商银行充分发挥债权人委员会作用，按照一企一策的原则集体研究确定增贷、稳贷、减贷、重组等处置措施，杜绝一刀切式的断贷、抽贷、压贷。（李晓丽）

【银行风险防范化解】 2017年，盂县监管办履行监管职责、突出监管重点，强化风险管控，着力防范化解银行风险。一是突出监管重点，加大监测力度，处置信用风险。截至2017年12月末，辖内银行业金融机构共处置不良贷款1.27亿元，其中：现金清收0.46亿元，转化0.63亿元、核销0.17亿元。二是继续督促盂县农商银行采取有效措施，清理借名贷款，截至2017年12月末，盂县农商银行共清理借名贷款9笔，金额0.18亿元，但仍有借名贷款23户，23笔，金额0.48亿元，涉及用款企业9户。三是严控票据业务风险。按照人民银行、银监会下发的银发〔2016〕126号通知要求，要求2家法人机构强化票据业务内控管理，完善制度，规范操作；严格贸易背景真实性审查，严禁资金空转；要将票据承兑、贴现纳入对法人客户的统一授信，加强对出票人资信状况及付款能力审查，防止套取银行资金。保证金账户应独立设置，不得与银行其他资金合并存放，保证金管理应通过系统控制，不得挪用或随意支取。截至2017年12月末，辖内银行业机构签发银行承兑汇票金额2.55亿元，较年初减少21.11亿元，其中农商行较年初减少12.88亿元。

　　（李晓丽）

【中国工商银行盂县支行概况】 中国工商银行股份有限公司盂县支行成立于1984年，拥有领先的市场地位，优质的客户基础，多元的业务结构，强劲的创新能力和市场竞争力，以及卓越的品牌价值。下设2个营业网点，2个离行式自助银行。截至2017年底，各项存款余额达18.82亿元，各项贷款余额达20亿元，实现利润总额5012万元。2017年被中国工商银行授予"五星级服务网点"称号。全行共有在职正式员工63人，其中正科级干部1人，副科级干部2人。

（刘伯峥）

【金融扶贫工作】 2017年，是打好脱贫攻坚战关键性的一年，盂县工行充分发挥地方政府、银行、实施主体、贫困户"四位一体"在助推脱贫攻坚中的作用，按照上级行统一部署，在县扶贫办具体指导下，深化扶贫开发和惠民行动工作，注重办实事、讲实效，多次深入贫困村，与贫困户交流，宣讲国家扶贫政策，宣传扶贫信贷的特点，使贫困户打消顾虑，对脱离贫困充满信心。全年为20户贫困户发放了小额扶贫贷款100万元。

（刘伯峥）

【"工银融安e信"】 "工银融安e信"是中国工商银行联合公安部共同研发的防电信诈骗安全平台，通过手机下载并登录中国工商银行"融e联"手机App即可使用。该平台以公安机关查获的电信诈骗账号等信息为基础，为社会公众在办理转账汇款前提供收款账号安全性查验，直接提升业务安全级别。截至2017年底，工行盂县支行"工银融安e信"注册客户达2万余户。

（刘伯峥）

【工行盂县支行获"中国工商银行五星级服务网点"称号】 2017年，工行盂县支行深入贯彻落实总、省行"服务口碑新变化，喜迎党的十九大"主题活动精神，深入推进全行服务工作，以提升服务效率、优化经营环境、加强服务创新为抓手，着力提升客户服务水平。首先从"形象工程"建设入手，加快网点升级改造步伐，以"方便客户、整齐定位、洁净舒适、美观庄重"为原则，做到"五个统一"即：区域标识统一、员工着装统一、业务办理统一、服务行为统一、营销质量统一；"三个规范"即：规范营业大厅客户服务场所的办公用品和机具的摆放，规范业务操作的机具、物品摆放，规范营业网点柜面物品摆放。其次发挥党员在客户服务过程中的先锋模范作用，围绕服务意识提升、服务模式创新及服务体验优化等课题组织员工开展讨论，培养全行员工以客为尊、全身心为民服务的宗旨意识，提高全行员工的服务热情和服务能力，逐步实现"客户满意银行"的目标。2017年，工行盂县支行被中国工商银行授予"五星级服务网点"的荣誉称号。

（刘伯峥）

【中国农业银行盂县支行概况】 2017年，中国农业银行盂县支行下设7个营业网点，4个离行式自助银行，在全县400余个行政村布放转账电话500余部，建成符合人行标准的综合金融服务站355个。截至年末，全行各项存款余额为30.32亿元，较年初增长1.71亿元，各项贷款余额为13.00亿元，贷存比达到42.9%。2月，农行盂县支行被山西省分行评为"2014—2015年度三农业务先进集体"。

（王雪娇）

【精准扶贫小额贷款】 2017年3月24日，农行盂县支行发放全市农行系统首笔政府风险补偿金+贷款对象模式精准扶贫小额贷款。这一产品是为支持精准扶贫工作面向建档立卡贫困户推出农户扶贫小额贷款，由政府风险补偿金提供风险分担机制，金额5万元以下、3年期限以内，免抵押、免担保、基准利率发放，财政贴息，有效解决了建档立卡贫困户贷款担保不足的难题，拓宽金融精准扶贫的渠道。年内，先后扶持了西潘乡均才村、羊泉村、沟掌村、侯庄村等12户、58万元贫困户养羊、养鸡等养殖项目和矿泉水厂等村集体经济，在全县范围内累计投放扶贫贷款78笔、388万元。通过精准产业帮扶，探索出一条政银合作、风险共担的金融扶贫新路子。

（王雪娇）

【采煤沉陷区拆迁补偿资金发放】 2017年3月，农业银行盂县支行与路家村镇政府、苗家庄村委会及山西圣天宝地清城煤矿有限公司沟通对接，成功发放路家村镇采煤沉陷区苗家庄村拆迁补偿资金。该笔资金涉及该镇1个村195户499人，共计2300万元。在政府、企业和拆迁户的信任和支持下，农行盂县支行在网点设立拆迁业务专柜，提供专属贵宾服务，加快拆迁补偿款发放进程，通过优质、便捷、高效的金融服务将款项及时足额发放到拆迁农户手中。

（王雪娇）

【住房公积金委托贷款实现零突破】 2017年3月，农业银行盂县支行发放1笔33万元的个人住房公积金委托贷款，实现委托公积金贷款业务零的突破。农行盂县支行为适应业务发展需求，全面提高综合竞争力，在做好自营个贷业务的基础上，与县住房公积金管理中心协调沟通，成功于2月营销县住房公积金中心账户，为发展委托公积金贷款业务奠定良好基础。在账户营销成功后，及时做好与公积金中心、房地产楼盘开发商和客户的对接服务工作，着力解决在运营操作等环节的疑难问题，优化业务处理流程，提高业务办结效率，增强客户服务体验。

（王雪娇）

【郭婧嵘荣膺中国农业银行"五一劳动奖章"】 2017年4月，农行盂县支行青年员工郭婧嵘荣获中国农业银行"五一劳动奖章"。郭婧嵘多年扎根基层一线，先后从事过综合柜员、理财顾问、客户经理、综合文秘、部门经理、网点主任等多个岗位，并于2014年通过省、市分行选拔入选总行县域青年英才工程人才库。2013年以来，她累计营销理财6.2亿元、贵金属4750克、国债1200万元、存款5400万元、贷记卡402张、POS商户36户、转账电话92台。

（王雪娇）

【城乡医保代收费工作】 2017年11月，农行盂县支行与县医保中心、县政府共同推进2018年城乡居民医疗保险的代收费工作顺利完成。盂县农行成立代收医保工作领导组，按照代收方案，对全县14个乡镇、11个社区、453个行政村分片包干，全面负责包点乡镇的转账电话配备、操作指导、技术保障工作。全行共征集总行版无线转账电话150部，并安排专人、专车分赴各代收点，配合医保中心工作人员开展缴费工作，9月、10月累计新增发放惠农卡286张，为缴费工作的顺利开展奠定基础，进一步推动服务"三农"工作的纵深开展。截至12月末，代收费工作全部顺利完成。（王雪娇）

【中国银行股份有限公司盂县支行概况】 2017年，中行盂县支行坚持以效益为中心，以创新发展、优化结构为主线，以党的建设、合规经营、精细管理为保障，抓创新、增收入、防风险、强内控、优服务、改作风、严管理、优发展，扎实推进各项工作。在电子银行平台增设中银E贷网络贷款产品、一证通信用卡专向分期产品，全年发放创新型贷款600余万元。获得省级青年文明号先进单位、守合同重信用单位、省分行基层优秀党组织称号，取得全市综合绩效考核第二名的优异成绩，市分行综合考核优秀单位、团市委优秀志愿者团队等多种光荣称号，同时获得县级综合治理先进单位称号。

截至12月末，中行盂县支行各项存款（不含金融机构存款）余额为11.67亿元，较年初净减少1948万元，其中：公司存款余额为1.08亿元，较年初减少2176万元；储蓄存款：余额10.58亿元，较年初净增249万元。中行盂县支行贷款余额为1.81亿元，其中，公司贷款余额为1.09亿元；零售贷款余额为7164万元，较年初净增2420万元（个人住房贷款实际投放3050万元）。手机银行累计开户4450户；个人有效客户新增2752户；通过智能柜台联动场景营销，有效提升了理财开户数，前三季度理财账户新增253户；累计销售理财6260万元；ETC新增发卡1310张；升级二维码商户6户；贵金属销售81.2万元；开立中银国际三方存管239户；实现卡户分期83.6万元；销售重点新发基金656.9万元；发放易达钱、中银E贷创新型个人贷款187万元；公司基本账户新开45户；新增公司有效账户14户；公司网银新增79户；单位结算卡11张；公司理财账户新增6户。实现当期利润总额923万元，比上年同期增收286万元，增幅为44.91%。

（杨海俊）

【盂县裕光煤电贷款项目】 2017年，山西国际能源盂县裕光煤电2×100千瓦发电项目是盂县重点工程，该项目在办理手续阶段，中行盂县支行积极介入，成功营销基本账户。为支持该项目早日投产，盂县支行及上级行领导、客户经理多次拜访盂县裕光煤电高层，经过充分调研，于12月为其成功审批12亿元项目贷款，为盂县地方经济的发展做出贡献。 （杨海俊）

【智能柜台上线】 2017年6月，中行盂县支行举行智能柜台开机仪式，智能柜台作为中国银行网点智能化建设的重要项目，智能柜台按照客户为本、体验为王的理念，通过客户自助办理+关键节点银行审核的创新服务模式，推动网点由交易处理向服务营销的快速转变。客户无须再排长队、不再手工填写单据，便可以轻松办理21项非现金业务，以亲民友好的界面、方便快捷的操作，大幅提高业务办理速度，切实提升客户体验。 （杨海俊）

【中国建设银行股份有限公司盂县支行概况】 2017年，建行盂县支行坚持"献身建设，共享成就，服务社会，繁荣国家"的社会服务理念，坚持支持地方经济建设和转型发展，累计向大中小企业发放贷款22亿元，并为盂县多个企业核销贷款1.5亿元，为推动县域经济发展做出积极贡献。全行下设1个营业网点，2个离行式自助银行，在全县400余个行政村布放助农电话POS 172个，建成符合人行标准的综合金融服务站30个，是盂县四大国有控股商业银行之一。建行盂县支行2016年开始开办ETC业务，截至2017年底，累计办理871户。持有建行ETC卡的所有客户，在开车通过国内所有高速路收费站的时候，均可不用排队从ETC自动收费口直接通过，为驾车外出提高了省时便捷的服务。截至2017年底，全口径存款余额为15.39亿元，其中企业存款余额为2.36亿元，个人存款余额13.03亿元，各项贷款余额2.10亿元。全行共有在职正式员工38人，其中正科级干部2人，副科级干部2人。

（王建军）

【社会保障卡制卡发卡业务】 2017年，建行盂县支行累计制发社会保障卡19.8万余张，其中社保账户累计激活18.7万余张，银行账户累计激活应用11.5万余张，实现了社会保障卡查询、取卡、激活、存款、扣划的一条龙服务，为城乡居民缴存养老金、医疗保险、住院治疗、药费报销和所有银行功能的运用提供了新的用卡平台，是全县社会保障卡制卡发卡的唯一银行。

（王建军）

【阳泉市商业银行盂县支行概况】 阳泉市商业银行盂县支行成立于2009年10月16日，其前身为阳泉市城市信用社，共1个营业网点，两台自助银行设备。截至2017年底，阳泉市商业银行盂县支行各项存款余额为3.05亿元；储蓄存款余额为2.96亿元，其中储蓄定期余额为2.86亿元，对公存款余额为900万元。储蓄存款占比97.05%。12月，阳泉市商业银行盂县支行被盂县文明办评为了2017年度县级文明单位。

（李晓婷）

【盂县农商银行概况】 盂县农商银行前身是盂县农村信用合作联社，2011年12月召开创立大会，2012年5月18日正式挂牌开业，是阳泉市第一家、全省第九家完成股份制改革的农村金融机构。全行注册资本6.28亿元，内设18个职能部室，5个直属中心，1个专业办公室，基层下辖54个营业网点，遍布全县14个乡镇，其中包括：1个营业部，22个支行，25个二级分理处，6个储蓄所，全行共有员工

677人。截至2017年末，全行各项存款余额121.92亿元，较年初净增6.31亿元；各项贷款余额77.68亿元，存贷比例为63.71%；实现各项收入10.87亿元，同比增加2.21亿元，增幅为25.52%；实现账面利润2.42亿元，经营利润4.29亿元。4月27日，盂县农商银行由阳泉市劳动竞赛委员会授予"五一劳动奖状"。7月8日，盂县农商银行在"农信银杯第七届中国农村金融品牌价值榜"活动中被中华合作时报、中国金融杂志社、中央财经大学金融品牌研究所联合授予全国农村金融十佳绩效管理银行荣誉。

（李嘉莹）

【移动营销平台建设启动会】 2017年5月6日，盂县农商银行召开移动营销平台建设启动会。移动营销平台利用互联网与移动通信技术，建设全面、前瞻、领先的盂县农商银行企业级移动营销平台，可有效突破传统服务模式的限制，通过建立大平台、小场景的营销模式，实现大系统装入口袋，带入老百姓家里的惠民服务。

（李嘉莹）

【金融新品发布暨产业精准扶贫款发放大会】 2017年5月18日，盂县农商银行召开普惠三农建设、金融新品发布暨产业精准扶贫款发放大会。县委县政府、人民银行阳泉中心支行、省联社阳泉办事处等各界领导、晋盂煤业矿工代表、客户代表、信用户代表、贫困户代表及盂县农商银行员工代表共计1000余人参加会议。市委常委、县委书记李云峰、省联社阳泉办事处主任郝伟忠、县委常委、常务副县长王建华、人民银行阳泉中心支行副行长张勇、盂县农商银行董事长耿立涛共同启动小盂儿金服驿站。市、县领导为20位贫困户代表发放产业精准扶贫款，为20名信用户代表颁发信用证书和信用贷款，为易通卡上线揭牌。上海复为品牌研究院陈云勇博士和盂县农商银行行长刘怀兵共同发布山西盂县农商银行企业文化品牌。会上，盂县农商银行成立"学雷锋"志愿者服务大队。

（李嘉莹）

【"小盂儿"金服驿站正式营业】 2017年9月16日，东兴道村、上鹤山村、南头村三家小盂儿金服驿站正式营业，打通了互联网＋农村＋金融便民服务链。走进驿站，可以看到整洁合理的分区，有农产品专栏、金融产品宣传栏、快递收发区、自助服务区。

（李嘉莹）

【中国邮政储蓄银行股份有限公司盂县支行概况】 2017年，邮储银行盂县支行从基础管理、业务拓展、能力提升等多方面开展工作。截至年底，邮储银行盂县支行业务收入完成年计划的81.13%，较上年减少4.26%，其中保险、消费贷款收入增幅明显，分别达到23.61%和168.78%；利润完成年计划的44.04%，较上年减少57.06%。贷款方面小额、个商及消费贷款分别完成年计划的439.86%、183.77%、36.6%；贷款结余同比大幅提升，增幅分别达到226%、86.6%和56.7%。公司业务时点余额负2676万。个金业务总销量完成年计划的133%，其中储蓄减少3633万、理财业务各项指标均提前完成全年计划。2017年获邮储银行阳泉分行的"邮储银行案防工作优胜"单位。邮储银行盂县支行位于盂县秀水镇金龙西街46号，有员工61名，内设综合管理部、公司业务部、三农金融事业部三个部门，下辖营业部、金龙东街支行、新建路支行三个营业网点。

（崔 冰）

【全市首笔E捷贷贷款业务发放】 2017年，邮储银行盂县支行成功落地首笔E捷贷业务。E捷贷业务是邮储银行省行、市行重点推广的信贷业务，是顺应"互联网＋"的发展趋势，向小额贷款、个人商务贷款存量客户推出的新业务，客户可在约定条件内通过我行电子银行以自助方式进行贷款支用、支付与还款。"E捷贷"业务的成功开通，能够简化贷款支用流程，缩短贷款办理时间，改善客户体验。

"E捷贷"业务具有以下优点：一是节约

客户时间。通过"E捷贷"支用方式，客户直接借助手机银行、网上银行实现贷款的支用和自主还款，办理速度明显加快，对于熟练操作的客户可实现即时支用、即时还款，节约大量客户排队等候时间。二是降低成本。"E捷贷"支用与贷款的融合，有效解决贷款客户分散、维护成本高的问题，有效节约银行放贷成本，为客户让渡更多利率空间。三是手续更加便捷。通过互联网自主操作，实现电子化签约，无纸化办公，促进贷款手续更加便捷。（武世杰）

【三农金融事业部挂牌成立】 2017年8月23日，邮储银行盂县支行三农金融事业部盂营业部正式成立。邮储银行三农金融事业部盂营业部专注于三农金融领域服务，持续拓展支农、助农、惠农的深度和广度，充分发挥邮储银行的优势和特色，丰富涉农金融业务产品体系，提升服务三农的专业化能力和水平。承担金融支农和金融扶贫的责任，进一步做大做强、做专做精"三农"金融业务，2017年共计发放扶贫贷款万元，为促进盂县农业农村经济全面、协调、可持续发展发挥应有的作用。（武世杰）

保险业

【人保财险盂县支公司概况】 2017年，中国人民财产保险股份有限公司盂县支公司业务受异地营业性货车管控限制，公司保费大幅度下降。从3月8日至12月底，公司异地营业性货车存量342辆，保费收入415.12万元。其间，公司只续回7辆，保费收入6.32万元。公司异地业务408.08万元的存量需逐步消化。公司加大与本地业务的合作力度，提高新保和竞回业务产能。截至2017年底，人保财险盂县支公司累计完成各项保费收入2932.78万元，盂县支公司被人保财险阳泉市分公司评为2017年度攻坚战役优胜单位。（逯彩云）

【接受人行盂县支行执法检查】 2017年7月28日至8月25日，中国人民银行盂县支行对人保财险盂县支公司进行为期一个月的执法检查。从反洗钱内控制度、组织机构设置、反洗钱宣传培训、反洗钱内部审计、检查记录、客户身份识别、客户身份资料及交易记录保存情况等方面对公司车险、非车险等业务进行检查。经执法检查后，出具《中国人民银行盂县支行执法检查事实认定书》，盂县支公司将执法检查事实认定书中所反映的问题向全体工作人员进行通报，并要求公司全体工作人员学习公司相关政策文件的精神，并结合公司实际情况进行整改。全公司以此次检查为契机，继续强化合规风险防范，严格合规管控，持续提升反洗钱工作水平贯彻执行人民银行的金融监管政策，强化协作与沟通，持续提高制度执行力，践行"人民保险服务于民"的服务宗旨，做人民满意的保险公司，为全县金融稳定做出应有的贡献。（逯彩云）

【人寿保险盂县支公司概况】 2017年，中国人寿保险股份有限公司盂县支公司把握主动、明确目标、扎实措施、合力攻坚、强势奋进，保持业务持续、稳定、健康发展。围绕攻坚克难、稳中求进、奋力拓展的总基调，以队伍建设为重点，以精细化管理为手段，以风险管控为保证，扎实推进改革，加快业务发展，确保各项管理再上新台阶。全年共实现新单保费收入2265.66万元，同比上年增长了60%。中国人寿保险股份有限公司山西省分公司授予人寿保险盂县支公司"二〇一七年度个险渠道'三对标、双领先'先进支公司"和"2017年度县级先进单位"。中国人寿阳泉分公司委员会授予盂县支公司"2017年度'发展强、党建强'先进党支部"光荣称号和"2017年个险渠道开门红业务对标先进单位""2017年度经营管理先进单位""2017年度新单创费优胜单位"。（刘文丽）

【建档立卡贫困人员保险办理】 2017年，为进一步落实国家"精准扶贫、精准脱贫"战略的落地实施,人寿保险盂县支公司积极参与政府相关活动,由盂县农业委员会牵头,经盂县人民政府、盂县扶贫攻坚小组同意,为全县14313名建档立卡贫困人员,办理大病医疗保险及意外伤害保险,并为60周岁以上老年人及低收入家庭成员的全部统保。（刘文丽）

【新市场保险业务开拓】 2017年,人寿保险盂县支公司贯彻阳泉市公司"大短险"的发展战略,扎实推进"3+1"突破,积极开展工作,获得两次A+级,一次A级,一次B+级的优异成绩。其中,公安干警保险业务经过大力开拓,由上年部分承保实现全部统保,承保人数1069人,保费收入21.4万元,同比增长218.93%；信贷险保费收入61.13万元,同比增长33.79%；计生保险业务实现保费收入21.97万元,同比增长70.31%。学平险保费收入320.87万元,达成全年学生险预算目标的105.2%,同比增长0.79%。同时,人寿保险盂县支公司对医护人员、教职员工等小型法人客户开拓。截至年底,团体法人业务客户数达44个,同比增长100%；团体法人业务保费收入190.08万元,同比增长180.64%。（刘文丽）

教育 科技

教 育

综合工作

【概况】 2017年，全县教育系统围绕"公平"和"质量"两大主题，整体布局教育均衡发展体系，不断优化教育资源。

截至年底，全县中小学校共计153所（公办152所、民办1所）。在校学生3.59万人，全县共有教职工3200人，其中在编教职工2877人，比上年减少37人。75所学校配备校警，共有校警175名。全县幼儿园共计149所，比上年减少7所。在园幼儿6168人，比上年增加100人。幼儿教师429人，比上年减少46人。全年投入教育经费4.25亿元，较上年4.17亿元同比增长1.84%。其中，财政性教育经费4.14亿元，较去年3.98亿元同比增长4.08%，教育事业费3.86亿元，较上年3.74亿元同比增长3.26%，教育费附加1800万元，较上年1540万元同比增长16.7%，政府性基金投入88万元，较上年72万元同比增长22.6%。 （王孝章）

【思政工作】 2017年，盂县教育局组织落实中小学德育教育工作以及安全生产、安全大检查工作。全年共组织召开政教例会14次，其中现场会3次。组织召开校车安全、消防安全等联席会4次，开展专项行动4次，各类安全督查检查52次。心理健康教育工作会11次，心理健康教师培训5次，全年开展心理健康教育活动87次覆盖全县中小学，班主任培训1次。同时，盂县教育局思政办共组织参与各类主题活动20次，全县师生参与率达90%以上，发放各类宣传资料30余万份，各类征文3000余份，共评选出县级三好学生313名，市级三好学生64名，市级优秀学生干部27名，市级美德少年95名，县级优秀班主任133名，市级先进班主任32名。全年参与卫生交通环境综合整治自愿活动20次，参与人数达400余人。

（王孝章）

【心理健康教育】 2017年，盂县教育系统心理健康学会骨干成员有13名，学会会员109名，其中国家二级心理咨询师40人，全县各中小学校均配备专兼职心理健康教师，全部建立心理咨询室，并将心理健康教育纳入常规课程。全县学校心理健康教育形成由学会骨干成员引领，专业教师示范，班主任参与的良好局面。年内，聘请国家级心理专家对109名学会成员进行为期六天的培训，心理健康教育示基层示范课共开展了31场，心理健康教育微课共讲授22次，中高考考前心理辅导共在8所试点学校进行了11场团体辅导，家庭教育以学校为载体，以家长沙龙为形式，以学生突出问题为导向，共开展讲座23场。 （王孝章）

【宣传教育】 2017年，盂县教育局编辑出版《盂县教育》杂志4期，调查并解答阳泉随手拍网友反映的与教育相关的帖子三则，采集教育动态图像资料50G。 （王孝章）

【体卫艺工作】 2017年7月，盂县教育局选派盂县第二实验小学和苌池中学校园足球队参加阳泉日报杯阳泉市中小学足球联赛。在26个参赛队中，盂县第二实验小学夺得小学组季军，苌池中学夺得中学组亚军；10月26日，举行主题为足奔跑心飞扬2017年盂县中小学生文艺汇演。共有来自全县14所学校的节目参加

演出，节目内容丰富，形式多样，精彩纷呈，全面展示盂县中小学艺术教育成果，彰显盂县素质教育均衡发展新局面。（王孝章）

【特色校园文化创建】 2017年，盂县教育局按照整体规划，分步实施，全面启动，示范引导的要求，围绕建项目、创特色、树品牌的阶段目标，有计划、有步骤地推进学校一校一品、一校一特、一生一技创建工作，深入挖掘隐含在学校内外的文化元素，丰富和锻造鲜活的文化教育力。推进楹联文化进校园、书法进课堂活动，极大地丰富了学校的文化生活。盂县第二中学校的人本班级文化，苌池中学大课间文化，刘家村小学的名人书法文化，上社中学的墙体育人文化，逸夫小学的经典诵读文化，梁家寨中学的校本乡土文化，清城中学的红色基地文化等等，反映出全县校园文化建设的规模和品位。（王孝章）

【青少年活动中心校外活动资源拓展】 2017年，盂县青少年活动中心按照《中小学综合实践活动课程指导纲要》文件精神，整合教育资源，探索校外教育新模式，拓展校外活动领域，在县教育局的安排部署下，开拓盂县青少年活动中心综合实践基地和盂县校外科普教育基地，并组织中小学生去两所校外教育基地进行科学实践活动体验和素质拓展5次，受益学生达300人次，均得到学校和社会的一致好评。（王孝章）

【教育脱贫】 2017年，盂县完成西烟镇北刘咀村、下东坡村、赵家梁村、腰道湾村、麻地掌村、黑石窑村、前河东村，梁家寨乡对王只村、长一铺村、吉古堂村、双枣铺村、骆驼道村、青家岔村，上社镇里独头村、外独头村、刘家沟村、宋家庄村、中庄村，西潘乡羊泉村、李家庄村、沟掌村共计4乡镇21个贫困村的基础教育提升规划任务，保证了404名学生（其中幼儿91名、小学生210名、初中生103名）全部入学接受教育，落实学前教育资助和"两免一补"资助政策，确保无一人因贫辍学。（王孝章）

【暖心煤发放】 2017年，盂县区域内各大煤矿先后共计将8000吨暖心煤划拨至教育系统，并于11月向各学校发放，为全县200余所中小学、幼儿园，4万余名师生在温暖的环境中度过寒冬提供保障。（王孝章）

学前教育

【概况】 2017年，盂县共有各级各类幼儿园149所，比2016年减少7所。在园幼儿6168人，比2016年增加100人。幼儿教师429人，比2016年减少46人。（王孝章）

【新改扩建幼儿园】 2017年，全县新改扩建4所乡村幼儿园，分别是东梁乡东梁幼儿园、梁家寨乡北峪口幼儿园、西烟镇西邢幼儿园、仙人乡东会里幼儿园。东梁乡东梁幼儿园改建建筑面积为400平方米，总投资30万元，设计规模为3个班，可容纳90余名幼儿；梁家寨乡北峪口幼儿园新建建筑面积为295平方米，总投资均为57万元，设计规模均为3个班，可容纳90余名幼儿；仙人乡东汇里幼儿园、西烟镇西邢幼儿园新建建筑面积均为295平方米，总投资74万元，设计规模均为3个班，可容纳90余名幼儿。（王孝章）

【普惠性民办幼儿园】 2017年，依据《盂县普惠性民办幼儿园认定及管理办法（试行）》认定标准，盂县教育局成立普惠性民办幼儿园认定工作领导小组，根据辖区内普惠性民办幼儿园布局规划要求，11月7日、14日对申报的民办幼儿园进行审核、实地考察和评审，认定新蕾幼儿园、金子塔幼儿园2所幼儿园为盂县普惠性民办幼儿园。（王孝章）

【逸夫幼儿园"十三五"课题申报成功】 2017年，根据《关于做好山西省教育科学"十三五"规划2016年度课题组申报工作的通知》，经省幼教中心组织评审，报省教育科学规划领导小组办公室批准，盂县逸夫幼儿园《城乡接合部幼儿园有效开展体育活动的实践研究》被列为山西省教育科学十三五规划2016年度立项课题。10月16日，逸夫幼儿园举行课题开题仪式，并邀请省、市学前教育专家来园指导。

（王孝章）

基础教育

【概况】 2017年，全县学校总数155所。其中高中3所（普通高中2所：盂县一中、盂县三中；职业高中1所：盂县职业高中）；初中18所（县直2所；乡镇16所；小学133所/个，其中94所小学，39个教学点）。全县学生总数35640人，其中高中6643人，初中8184人，小学20813人。 （王孝章）

【义务教育优质均衡发展】 2017年，印发了《盂县2017—2018学年义务教育阶段中小学班级编制规划》《盂县义务教育优质均衡发展中小学校长教师专业成长规划（2017—2020）》《盂县义务教育阶段教育教学工作优质均衡发展督导评估方案》《盂县强化校园文化建设促进优质均衡发展实施方案》《盂县义务教育阶段教学工作优质均衡发展实施方案》等文件，扎实推进盂县义务教育优质均衡发展。县域内按年度规划义务教育阶段中小学差异系数小学为0.534，初中综合差异系数为0.415；小学适龄儿童入学率达100%，巩固率达100%；初中适龄少年入学率达100%，巩固率达99%以上；落实残疾儿童一人一案、送教帮扶、捐助及发放学习补贴，三类残疾儿童入学率达到百分之百，优质高中分配到农村各学校的招生名额比例由原来的50%提高到70%。 （王孝章）

【招生考试】 2017年，全县高考报考人数为2364人，本科二批（不含二本C类）以上达线人数共计737人。全县中考报名人数为2733人，共有1720人分别被市、县高中录取。全县参加成人考试的报名人数为329人，录取率为85%。上半年全县参加自学考试的报名人数为16人，科目共44科，通过率为65%，下半年参加成自学考试的报名人数为14人，科目共37科，通过率为62%。

（王孝章）

【学生资助】 2017年，盂县教育局进一步加强学生资助工作，资助各级各类学生12749人次，资助金额3034.84万元。其中，资助在园幼儿1842人次，资助金额为92.1万元；资助义务教育寄宿生2960人次，发放生活费补助174.76万元；资助普通高中学生3094人次，免学费和发放国家助学金271.24万元；资助职业中学学生1005人次，免学费和发放国家助学金120.25万元；资助高校新生82人，资助金额5.4万元；申请助学贷款人数为3766人，由国家开发银行发放助学贷款2371.09万元。各项资助，对建档立卡学生做到全覆盖，资助建档立卡学生1026人次，资助金额62.34万元。

（王孝章）

【盂县第一中学概况】 盂县第一中学校始建于1926年，是山西省普通高中示范校。建有教学楼、行政楼、实验楼、图书馆、体育场馆、艺术会堂、学生公寓、学生食堂浴室等。截至年底，在编教职工347名，全校在职专任教师331名，研究生10人，本科326人。其中享受国务院特殊津贴2人，省、市级学科带头人、骨干教师51人。拥有高级职称的教师82人，中级一级职称教师117人，中级二级职称教师132人，教师学历合格率100%。 （余春甲）

【阳泉市高中阶段公开课举行】 2017年4月13日，盂县第一中学开展了"青年教师市级公开课"活动。为使公开课收到实效，达到预期目的，学校教研室统一安排听课顺序、听课时间。在活动中，每位教师精心备课，运用多种教学方式以及多媒体，将新课程理念渗透到教学环节中，注重教学情境的创设和课堂探究。

教师教学思路清晰，多媒体运用娴熟，展示实际教学水平，取得了很好的教学效果。师生之间互动效果明显，学生积极性高，课堂气氛活跃。校长罗建国带领培训校长深入课堂，并在教学环节的设定、教学方法以及教学手段等各个方面给予及时点评和精心指导。听完课后集中时间进行说课、评课，互相交流沟通，每位教师再结合此次活动进行教学反思。此次活动共有9名青年教师参加，活动的开展为教师们搭建了一个实践教学理念、锻炼自己、展示才干、交流学习的平台，在教学方面得到了磨炼、提升，对提高教师的教育教学水平起到很大的促进作用。　　　　　　　　　（余春甲）

【盂县一中图书馆获评省一级图书馆】 2017年11月30日，省装备处图书科、市装备科相关人员一行对盂县一中图书馆进行单项认定。通过听取汇报、实地察看、查阅资料、师生座谈等形式，检查了盂县第一中学校图书馆的建设情况，对学校图书馆建设情况给予肯定。并指出，学校领导班子团结奋进，关爱师生，高度重视图书馆建设，成立领导组，研究部署图书馆管理工作，将图书馆工作列入学校常规工作；图书馆材料详尽，馆长业务熟练，学校自查到位。图书馆藏书丰富，设备先进，功能多样，配备齐全，符合省一级图书馆的标准，评定盂县第一中学图书馆为山西省一级图书馆。同时，建议学校不间断地充实图书，保证图书馆专项投入。　　　　　　　　　　　（余春甲）

职业教育

【盂县职业中学概况】 盂县职业中学先后被验收为省级合格职业学校、省级文明校，获省农村劳动力转移培训先进单位、教育系统先进集体等荣誉。学校占地130亩，主要建筑有教学办公综合大楼、学生公寓、实训楼和学生餐厅，建筑面积15539平方米。校内铺设有塑胶篮球、塑胶网球、塑胶乒乓球等体育活动场地。汽车运用与维修、木工工艺、电子电工、钳工、焊接技术、财会等专业都有专门的实习实训设施设备，所有教室都全部安装了多媒体教学设备。校长侯宪文是省、市教育系统先进工作者，有丰富的职业教育经验和创新改革精神，学校领导班子团结协作，战斗力强，内部机构设置合理。学校还利用周会、月会、周评、月评等多种形式组织教职工开展政治理论学习，全面培养教师队伍的竞争意识、服务意识。每周组织教师进行集体备课、教学演练、公开课和示范课教学、心得交流等教学研究活动，鼓励教师进行教学改革和教学创新，涌现出一大批师德标兵和教学模范。至年底，全校共有教职工82人，其中专任教师77人，专业课教师30人，本科以上学历的67人，高级职称教师14人，占专任教师的19%，双师型教师22人，占专任教师总数的29%。有8名教师参加国家组织的专业骨干教师培训，22名教师参加省职教处组织的专业骨干教师培训，还有27名教师参加省级专业基础课与德育课以及新大纲、新教材培训，为学校带回先进的教学方法和理念，使学校基础课和专业课教师的教学能力、教学经验、教学水平都得到加强。（王孝章）

【教师教学水平和教学能力全面提高】 2017年，盂县职业中学努力提高教师业务能力和教学水平、提升教师内在素质，鼓励教师参加各种业务技能培训。先后派出6名骨干教师参加全国中职学校教学质量诊断与改革培训和2017年教育部关于网络空间人人通专题培训；上半年派4名计算机专业教师到太原进行重点专业建设实地考察与学习，暑假组织9名教师完成《课堂引进游戏推进中职生课堂教学模式的探索与实践》和《基于"传承剪纸艺术，优化教学模式，培养新型中职人才"的探索与实践》两大课题研究成果的申报工作，通过一系列的培训、学习和实践，学校教师学到了先进的教学方法和理念，教师的教学能力、教学经验、教学水平得到加强。同时，学校还从教师内在素质入手，全面加强师德师风的建设。鼓励教师进行教学改革和教学创新，有效应用现代信息技术进行教育教学。

（张艳红）

【养成教育活动】 2017年，盂县职业中学创新德育工作方法，重视学生养成教育。利用国旗下的演讲、黑板报的展览和评比、校园广播、重大节日组织活动等德育工作阵地，全方位、多层次地弘扬中华传统美德、养成良好道德风尚，促进学生健康成长；开展学生文明行为"十必须""十不准"的学生演讲比赛；清明时节小手牵大手文明祭祖活动；组织《新中学生守则》的识记背诵活动；举办我心中的好老师硬笔书法大赛；利用职业教育活动周，带领学生进校园、进广场、进社区大力宣传职业教育；组织"剪纸艺术进校园、传统文化润心田"活动；承担由团县委、县妇联、县科协共同举办的"2017年国庆黄金周旅游直通车"活动的全程服务。此外，学校将七五普法列入德育工作重点来抓，提高学生法治意识，使学生远离犯罪，珍惜自由的青春年华。

（肖秀峰）

【专业设置】 2017年，盂县职业中学从专业设置和课堂教学入手，进行了一系列的改革，以培养学生具有一技之长以及实践活动必备的文化基础和理论知识为最低教学目标开展专业改革和课程改革。学校的专业设置贴近实际，文化课程体现基础性、应用性和发展性，专业课程改革以提高学生综合职业能力和服务终身发展为目标，构建以能力为本位、以职业活动课程为主体的课程体系。截至年底，学校计算机省级重点专业建设项目基本完成。此外，围绕县委、县政府打造全域旅游的总体规划，新开设景区服务与管理专业，正在宣传和预建设中。教师教学能力的全面提升和课堂教学的改革促进了学校升学成绩的提高，全年有12名同学升入本科院校。

（张艳红 李学青）

【学生实践能力提高】 2017年，为尽快让学生适应企业生产氛围，提高学生实践操作能力，组织学生赴联办企业参加顶岗实习和工学交替。年内，与中铁衡水铁路电气化学校达成联合办学协议；4月，考察山西大宋温泉酒店有限公司、盂县平阳大药房、盂县恒耀化工、盂县吉通汽贸等企业，签订校企合作协议，并安排38名学生到大宋温泉定岗实习；10月，与中远集团海辰船务有限公司签订合作办学协议，为学生创造广阔的学习就业空间。

（田难鸣）

【农村富余劳动力转移培训】 2017年，盂县职业中学围绕职业教育以及当地经济发展的趋势，不断创新发展思路，改革发展模式，实现职业教育办学形式的多样化，开展了。采取"分段式、重实训、参与式"培育模式，根据不同对象，按"一班一案"，分期分段安排课程，选择通俗易懂、实践操作性强的适合农民特点的培训教材，分别开展了计算机、核桃树、玉米、小杂粮等新型职业农民培育数次，组织参培农民去邻城等外地农业园去参观学习；同时，配合县农委共同完成各级各类农业培训。

（韩向红）

【盂县教师进修学校概况】 盂县教师进修学校是一所成人中专学校，隶属盂县教育局。2017年有教职员工23人，下设教务处、总务处、培训处、办公室4个部门。年内，主要做以下培训工作：开展新教师岗前培训工作，做好省级名师送教下乡，接受信息技术应用能力提升项目评估，广泛开展普通话普及调查、继续做好忻州师院大学生支教工作，全面完成暑期教师培训任务，做好山西省中小学学科带头人和骨干教师评审及续聘考核工作。

（张天龙）

【新教师岗前培训】 2017年2月25日至28日，在盂县职业中学对新招聘的盂县中小学、幼儿园教师共86人进行了角色转变、师德修养与教师理念、教师课堂指导的专业入职培训，本次培训邀请全国模范教师李凤英、张昀以及省骨干教师任晓丽等名师授课。全体学员认真参训，经考核，全部结业上岗。

（张天龙 王建明 武计林）

【信息技术应用能力提升项目评估】 2017年4月21日，以武富荣为组长的山西省2016年国培计划和信息技术应用能力提升项目总结评估工作小组一行4人深入盂县上社联校（基地校），对全县信息技术应用能力提升项目进行现场评估，工作组采取查阅资料、听取汇报、发放调查问卷、召开教师代表座谈会、现场抽查实践操作等方式，对该项目的实施进行了考核评估。对全县工作给予了充分肯定。

（张天龙 王建明）

民办教育

【概况】 2017年，盂县教育系统严格审批制度，着力构建民办教育科学发展格局，进一步完善民办教育管理办法，加强监管力度，规范民办教育办学行为，营造有利于民办教育自主自律、健康发展的良好环境。至年底，全县共有各级各类民办学校11所，其中民办幼儿园10所，民办学校1所，培训机构1所。在校学生1728人，其中幼儿770人，荣昌学校908人，各种培训学生50人。教职工共计155人，其中专职教师142人，后勤工作13人，全县民办教育固定资产总值1700万元，占地面积38.5亩，建筑面积26660平方米。民办教育的发展，是公办教育必要的有益补充，又促进了公办教育的发展。一是民办学校机制灵活、讲究实效的办学机制，不但促进了民办学校自身的快速发展，客观上也把公办学校推上了竞争的平台，尤其是对公办幼儿园带来了新的挑战。二是满足了社会对多样化的需求，有效地解决流动人口子女和农村儿童上学难的问题，缓解了教育资源不足的压力，维护社会和谐稳定。三是减轻政府财政支出的负担，弥补了县教育经费不足，增加教育经费和设施投入，促进教育资源均衡发展，为政府承担部分教育的责任。四是增加了教育岗位，为一批有志于从事教育的各类人才提供了岗位，同时涌现了一批优秀的教师人才，在一定程度上优化了全县师资队伍。

（王孝章）

教学教研

【概况】 2017年，盂县教研室着力推进素质教育，提高教学质量，牢牢把握立德树人的核心理念，推动义务教育城乡一体化建设。建立教育工作监管新机制，实行每月一评的常规管理制度。每月对中小学校长进课堂、教师作业批改、教师参加教研活动、教师问导网的点击记录和参与网上备课的教案逐月考核和抽样评价。履行服务、研究、引导、评价的教研工作职能，围绕教学管理、课堂教学改革、新课程评价、网络教研、综合实践活动等环节，推进有效教学系列活动。按照年度工作要点，突出抓好教师四有意识、中国学生发展核心素养两大要务，探索1+2+2新的教研模式，实现全县教研教学工作的新思路、新战略、新发展、新飞跃。

（王孝章）

【"1+2+2"教研模式】 "1+2+2"教研模式，是盂县教研室在新课程改革理念之下，提出的一种新型教研模式，即，周一研究学习，周二、周三下基层学校开展教研工作，周四、周五反馈问题，总结提高。方向、落实、反思是这一模式的核心词。方向即部署并明确一周工作目标和方向；落实即在总方向、总目标的引领下，将方法、措施落实于具体的环节中；反思就是通过过程的实施，发现工作中存在的问题和不足，及时补救或寻找更行之有效的方法，让工作真正落地生根，提质增效。

（王孝章）

【"联合体"教研模式】 2017年，盂县教育局为实现调整区域结构，重组教育教学联合体，实现教研教学一体化。初中部分为西部、东部、北部三个共同体；小学分为西部、东部、北部、中部四个共同体。这一创新教研模式，最大化实现区域间各教师资源共享、信息互通，为实现城乡一体化建设铺路架桥。

（王孝章）

【中小学考试工作】 2017年，盂县教育局试题命制围绕山西中考命题的六个维度，展现山西中考命题改革新思路，体现考改促课改、课改推考改的工作思路。复习和检测试题命制按照逐月跟踪的整体工作思路进行。年内，对初一、初二进行抽样检测考试，小学对二、三、四、五年级进行抽样检测考试。初三年级第一次、第三次、第五次由教育局提供题样，各校自行印制，全县统一时间组织考试，考试形式为手工阅卷题卡分离。第二次、第四次参加全省同一时间的适应性训练和百校联考，考试采用机读网上阅卷。教研室人员在考试过程中严格制定和监督考试纪律，严肃考纪、端正考风，坚决制止漏题、泄题行为，确保考试数据真实有效。中小学考试之后，县教研室对抽查年级（中小学）特优生学生和优秀教师进行表彰。

（王孝章）

【省级名师送教下乡】 2017年3月22日至24日，由山西省教科院牵头，组织2013级山西省中小学教学名师12人来盂县送教下乡。全县16所初中数学、物理、化学、政治的学科教师通过录播教学平台，收看了5位名师的做课；全县14个乡镇联校、6所县直小学的音乐、语文学科教师在盂县第三实验小学集中观摩聆听参与了3位名师的做课、讲座、诊断性教研活动。盂县三中的物理、政治学科全体教师全程参与4位名师的送教活动，并进行广泛深入的互动交流。 （张天龙 王建明 武计林）

教师队伍

【教师队伍建设】 2017年，盂县教育局对新招聘的中小学、幼儿园教师共计86人进行岗前培训，并全部充实到农村山区学校，进一步夯实乡村学校的师资力量；组织全县中小学教师参加山西省2017年中小学幼儿园教师全员培训。做好忻州师院大学生支教工作；共计180名大学生奔赴全县14个乡镇53所农村中小学开展支教工作，并充分利用大学生普通话优势开展山区学校、农村学校普通话普及推广工作；开展城乡教师交流工作，教师交流人数合计243人，为促进城镇教育反哺农村教育、城乡师资均衡化发展提供可靠保障。（王孝章）

【开展普通话普及调查】 2017年5月24日至6月12日，盂县语委办在全县14个乡镇、党政机关、企事业单位、群团组织、社区居民、个体工商业者随机采访1500余人，进行县域居民普通话普及情况调查，收到有效音频采访资料1000余份，其中的高质量450份，较好地体现出全县普通话普及情况。

（张天龙 武计林）

【暑期教师培训】 盂县教师进修学校暑期培训分为三个部分。第一部分是2017年7月21日至7月23日在盂县第三实验小学、盂县第二中学校对小学、初中起始年级所涉学科全部教师共850人进行部编教材县级培训。第二部分是2017年8月18日至8月20日在盂县第二实验小学、盂县第二中学校对中小学在编在岗的各年级各学科骨干教师共920人进行教材通解县级培训。第三部分是2017年8月24日至8月28日在各联校、各中学对各联校、中学、县直各学校在编在岗的各年级各学科全体任课教师共2300人进行暑期各校校本培训。

（张天龙 王建明 武计林）

【中小学学科带头人和骨干教师评审及续聘考核工作】 2017年，盂县教育局为加强全县中小学骨干教师队伍建设，在全县开展山西省中小学学科带头人和骨干教师申报评审及任期届满省学科带头人和骨干教师续聘考核工作。首先组织任期届满的省级骨干教师、学科带头人到县第三中学、西烟中学、梁家寨小学、北下庄小学、仙人交口中心小学等学校送教20余人次。深入课堂进行示范观摩教学，听课，参加学教研活动，受到学校师生的好评。其次，严格条件，严格程序，严格把关，对新申报教师的教育教学能力、教学水平、课堂教学效果、师德表现进行考察。经过下乡听评课，层层选拔，最后确定2名教师为省级学科带头人候选人和12名教师为省级骨干教师候选人。

（张天龙　武计林）

【"国培"送教下乡活动】 2017年11月27日至12月6日，盂县教师进修学校下乡调研乡村教师的实际需求并做了前期的协调工作；2017年12月7日至2018年3月30日，全面完成送教下乡活动。其中包括中小学4次，幼儿园3次，涉及12个科目共196学时。此次活动送来了新理念、新方法、新技能，开阔了教师的视野，改进了课堂的教学方法，为农村教师提供了转变教学观念、更新教学理念、改变教学方法的平台。 （张天龙　王建明）

【骨干教师赴济南参加高效学习研讨会】 2017年3月24日至26日，盂县第一中学骨干老师一行十六人赴山东济南参加《快速提高学生学习成绩的专题策略研讨会》。参加研讨会的有来自全国各地的初高中教师100余人。研讨会采用沙龙式的分组围坐，参会者之间、主讲者和参会者之间皆可充分互动的模式进行研讨。在两天研讨中，与会的老师就如何调动学生学习积极性、如何提高课堂教学有效性、如何改变学生做题粗心大意的习惯、如何有效提高考试成绩等问题进行了沟通、交流。 （余春甲）

成人教育

【盂县农广校概况】 2017年，盂县农广校以发挥职能作用为主线，加大体系建设力度，加强全县农科教管理，多角度给全县农科教注入活力，全方位为农民提供智力支持，开展学历教育、农民实用技术培训和新型职业农民培育等工作。农业广播电视教育工作有了较大起色，全县农科教迈向正规化。 （崔海青）

【学历教育】 2017年，县农广校开辟的东北农业大学、西北农业大学等十几所成人网络学历教育通道，免费为20名学员服务，同时通过网络学历教育通道让他们学到了书本和田野里学不到的农业科技知识。根据省校与山西农业大学联合办学的招生指示，盂县农广校与教育部门沟通，设置报名点和专门接待人员。同时，县农广校校还与山西省农业机械化学校签订联合办学协议，利用原土塔乡政府旧办公楼开办了三年全日制中专学校，全年共招生50余名学生，开设了计算机、机械维修等四个专业，为全县初中毕业的孩子特别是贫困地区的孩子们就近上到好学创造条件。 （崔海青）

【田间学校建设】 2017年，按照中央农广校的要求，盂县农广校将空中课堂前移田间，发展田间学校，实现与农民零距离接触。在全县范围内按区域、按产业确立苹果、玉米、养牛、养兔、核桃、蔬菜、旅游等十几个基地作为田间学校。田间学校不求规模大小只求实训条件，实行挂牌授课，被农民称为"家门口"的学校。全年确定的田间学校承担了各种实训2000余人次，极大地提高了农民素质。 （崔海青）

【实用技术培训】 2017年，盂县农广校在实用技术培训上下功夫。在没有专门经费的情况下，借助乡镇设立农广校的体系优势，组织了五个乡镇1000余人的实用技术培训，培训专业涉及玉米种植、小杂粮种植、核桃种植管理等。同时结合劳动力转移就业，为农民提供了众多的外出务工基础知识、道德素养培训。

（崔海青）

【新型职业农民培育】 2017年，根据阳泉市新型职业农民培育工作安排，盂县农广校的任务是220人，其中新型经营主体带头人170人，专业技能型50人。具体完成新型经营主体带头人：梁家寨乡乡村旅游班60人，孙家庄镇苹果栽培班62人，仙人乡乡村旅游班48人；专业技能型：苌池镇玉米种植班50人，共计4个班。学员首先在本地参加理论课集中学习，然后外出参观学习。农广校先后组织学员到陕西省榆林市山地苹果基地、河北省平山县配肥厂等地进行实地参观学习。

（崔海青）

【师资库建设】 2017年，盂县农广校按照中央、省、市农广校要求，抓紧师资库建设工作。通过调查摸底从全县农业、水利、农机、畜牧等单位筛查108人，最后确定37人入选农广校系统师资库，其中副高以上职称8人，中级以上职称31人，涉及工程、农艺、畜牧、植保、兽医等类别。同时组织人员到各乡镇了解并挖掘各种农业技术乡土人才，通过筛选确定60名"土专家""田秀才"入选农广校系统师资库，包括养牛、养羊、养猪、养鱼、养鸡、玉米种植、蔬菜种植、核桃种植、药材种植、苹果种植、花椒种植等类别。师资库建设为农广校系统搞好农科教工作奠定人力资源基础，同时也为培养新型农业经营主体带头人储存了后备资源。

（崔海青）

科学技术

综合工作

【概况】 2017年，盂县科技局围绕县委、县政府打造"三宜一区"战略发展目标，坚持科技面向经济社会发展导向，聚焦深化科技体制改革、实施创新驱动发展战略两轮驱动，抓好科技孵化体系建设、高新技术产业发展、科技示范基地建设、知识产权保护、科技项目管理、科技宣传培训等重点工作，深入推进"大众创业、万众创新"，进一步优化创新创业环境，加快推动创新型盂县建设步伐，各项工作取得长足发展。

全县全年申请发明专利13件，较2016年增加8件，新增有效发明专利2件达到16件；新增市级科技示范基地4家，市级扶贫产业科技示范基地2家；新增省级高新技术企业1家，省级民营科技企业2家；组织420家企业进行山西省企业科技需求调查网上填报工作；申报和承担各类科技发展计划项目共55项；组织科技宣传、科技培训，发放科技宣传及实用技术培训资料共计3000余份；会同相关部门举办了盂县青年创新创业大赛；科技孵化器被山西省科技厅认定为"省级科技孵化器"。

（郗宝明）

【科技孵化体系建设】 2017年，盂县科技企业孵化器，积极打造全新的创新创业服务平台，为创业者创业提供必需的各项服务，营造浓厚创业氛围。截至年底，入驻企业及团队达25家；组织3家企业参加全县青年创新创业大赛，其中晋邦梦网络科技有限公司获奖并推荐参加阳泉市青年创业大赛；组织8家企业申报省、市、县各类科技计划项目，其中盂县缘梦种植专业合作社被市科技局确定为市级科技示范基地，盂县新瑞利邦农业开发有限公司规模化肉牛养殖项目获阳泉市科技局5万元专项资金扶持；协助盂县永恒工艺厂申报专利7件。哈德托普华亨耐磨铸件有限公司申请专利2件。年内，组织参加山西省科技厅组织的省级科技孵化器认定，成功通过专家组评审，成为"省级科技企业孵化器"。

（姜周元）

【高新技术产业发展】 2017年，通过高新技术企业申报、国内国际科技合作、科技型企业培育等，加快推动全县高新技术产业发展。主要包括以下方面内容：一是高新技术企业申报。山西鑫磊资源有限公司通过山西省科技厅组织的高新技术企业评审、认定，成为盂县第4家省级高新技术企业。二是民营科技企业申报认定。山西红金云网络有限公司和盂县启耀种植专业合作社2家企业通过山西省科技厅民营科技企业认定，全县"省级民营科技企业"达26家。三是国际科技合作。盂县华亨铸件有限公司与德国哈德托普公司合作，致力于双金属铸造技术的应用开发，同时合作成立哈德托普华亨（山西）耐磨铸业有限公司（中外合资企业）。四是国内产学研合作。山西西小坪耐火材料有限公司同中科院、中北大学合作进行隧道窑自动化控制技术研究和耐材制备装备及检测技术研究，盂县晶辉机械制造有限公司与北京华陆惠杰环保科技有限公司合作进行电磁感应热力锅炉的研发。五是部门对接和合作。盂县科技局积极主动与山西大学大数据学院李茹教授对接，针对建设盂县农业大数据平台，进行多次咨询及会谈。同时，盂县科技局同山西大学环境和资源学院副院长李华教授就水洗肥在盂县的推广和应用达成合作意向。

（贾东亮）

【农业科技示范基地建设】 2017年，盂县科技局突出和加强科技示范基地建设，充分发挥科技创新引领示范带动作用，为现代农业产业发展和乡村脱贫提供强有力的科技支撑。组织推荐11家企业参加阳泉市科技局科技示范基地和科技扶贫产业示范基地认定，通过组织实地考察和会议评审，最终确定：山西谷味天农业开发有限公司、盂县启耀中药材种植专业合作社、盂县缘梦种植专业合作社、盂县蕊晶果树种植专业合作社4家企业为市级科技示范基地；盂县乌河农业开发有限公司、盂县得心生态农业有限公司2家企业为科技扶贫产业示范基地。同时，盂县科技局积极同乡镇合作，建立农业科技示范基地：一是同东梁乡政府合作，经广泛采集医药专家、种植户意见和建议，就保护、挖掘和推广盂县知名、特色中药材品牌"盂桔梗"，在东梁乡开展500亩中药材盂桔梗科技示范；二是同西潘乡政府合作，利用优质乌河水源优势，开展400亩水稻种植示范；三是同上社镇政府合作，引进山西省农科院谷子研究所主持选育出的第一个中晚熟谷子杂交品种"长杂2号"，开展1000亩优质谷子种植示范；四是同下社乡政府合作，在北部乡镇开展花椒种植、产品提升工程。同时拿出专项资金给予每个示范基地5万—10万元的扶持。

（贾东亮）

知识产权

【知识产权保护】 2017年，盂县科技局邀请阳泉市科技局专利办和专利事务所工作人员，深入企业开展专利挖掘及专利申请指导服务，从企业实际研发和生产中将自己的革新、创新、经验和方法整理、挖掘、转换为专利技术，从而加以保护、利用，形成企业自主知识产权。全县全年申请专利45件，其中：发明专利13件，较2016年增加8件；有效发明专利新增2件，达16件。同时拿出专项资金给予申报、受理的发明专利每件3000元的补助。特别是对专利发明人田新明的发明专利沙漠治理的方法（专利号CN201110370311.3）的申请、转化给予扶持，激发人民群众开展发明创造的积极性。通过激励创新、加强保护，进一步提升知识产权创造运用能力，推动知识产权转移转化，营造良好的创新发展环境。

（王　虹）

科技管理

【科技管理水平】 2017年，盂县科技局以科技项目为抓手，在项目培育、申报、扶持、结题、跟踪、创新、需求上取得新突破，进一步加强和规范科技发展计划项目管理，推动科技管理整体水平提升。

一是申报和承担各类科技计划项目共55项，其中，申报山西省农村技术承包项目11项，申报市级各类科技发展计划项目34项；承担市级科技发展计划项目10项，争取补助资金71万元；二是组织推荐全县蔬菜、农技、种子、中药材、农村电子商务，农村产业带头人等方面12名技术人员，申报阳泉市科技特派员，并选派到有需求的企业和乡镇、村开展技术服务；三是落实省委、省政府，山西省科技厅安排的山西省企业科技创新需求调查网上填报工作，全县完成企业调查420家；四是配合阳泉市科技局完成2013—2015年度全县承担的121项市级科技发展计划项目结题验收工作。

（赵　炯）

【科技宣传培训】　2017年，盂县科技局以开展科技宣传、培训为重点，大力弘扬科技强国理念，普及科技知识，助推科技扶贫，利用科技活动周、科技三下乡、科技工作者日等活动，组织开展多种形式的宣传培训活动。一是4月16日，邀请山西农大园艺学院副院长侯雷平教授和山西农大农学院退休教师王玉庆教授，组织无公害蔬菜栽培技术培训和中药材人工种植施肥技术推广培训。二是5月20日至27日科技活动周期间，省级科普基地盂县图书馆和盂县气象局免费向社会开放，发放科技宣传书画2000余份。三是5月30日同盂县科协举行科技工作者座谈会，邀请23位基层科技工作者参加座谈。同时，针对盂县种植企业、大户、部分贫困乡村农民进行专题培训。其间发放培训教材160余本，培训光盘160余张。四是11月4日，邀请盂县阳光百姓药房在下社乡庄里村开展精准扶贫送医送药送科技活动，为村民免费义诊、测血压、测血糖、心电图和B超检查，并免费赠送5000余元常用药品。现场发放蔬菜种植、中药材种植等实用技术培训资料300余份，培训光盘300余张。

（杨秀平）

地　震

【概况】　2017年，盂县地震局坚持"以防为主，防抗救相结合"的防震减灾工作方针，履行市政府防震减灾目标责任状，监测预报、震害防御、应急救援、"三网一员"基层基础、地震科普宣传等各方面工作有力有序推进。

（闫建军）

【监测预报】　2017年，盂县地震局继续加强监测预报：一是强化对西潘乡均才村电磁波监测仪（此设备安装于2012年，全市农业县区率先安装，省地震台网统一处理数据）运行情况的检查，使其保持运行正常。二是配合国家重点工程省地震局国家地震烈度速报与预警工程项目勘选工作，责成专人负责联络与地方协调工作，已完成盂县选址工作。三是对应急通信设备、视频会议设备、电台等预警设备进行不间断维护保养和检修，以应对可能发生的震害。

（闫建军）

【抗震设防管理】　2017年，盂县地震局开展《第五代地震动参数规划图》的宣传和实施工作，组织全局干部职工参加阳泉市地震局组织的两次专题培训会，5月10日组织开展市、县地震系统联动应急模拟演练。同时，注重学校医院等人口密集型场所的建筑审批工作。依法对盂县西潘乡中心小学项目一期改扩建项目、新建盂县牛村镇联合学校牛村幼儿园项目、新建盂县仙人乡东会里村幼儿园项目、新建盂县南娄镇联合学校东宋村幼儿园项目、新建盂县孙家庄镇联合学校大吉村幼儿园项目、新建盂县西烟镇联合学校西邢村中心幼儿园项目、山西晋东旭能天然气有限公司东梁LNG加气站项目等六所中小学和加气站建设项目进行审批。重视防震减灾科普示范社区和示范学校的创建工作，与盂县教育局和盂县第二中学、第四中学、第二实验小学联合申报省级科普示范学校，盂县第二中学、第四中学成为新命名的防震减灾省级科普示范学校。

（闫建军）

【震害救援】　2017年，盂县地震局完善盂县地震应急救援资源数据库的建设力度，涵盖盂县各类应急救援资源，主要包括：基础设施（包括道路桥涵、通信设施、文化设施、重大民生设施）；救援力量（包括三大矿应急救援队伍、盂县人武部应急救援队、公安、消防应急救援队、武警盂县中队等）；专业救援机构和人员（包括县乡各级医疗机构、从业人员、床位、县防疫站专业人员情况）；救援物资储备（包括盂县民政局、盂县供销社、盂县经贸局、各大商场超市的生活用水、方便食品、粮油、衣被等储备情况），此项工作工作量大，覆盖面广，为全县的防震减灾、风险评估、应急救援提供较为翔实的资料信息。　　（闫建军）

【"三网一员"建设管理】 2017年4月12日，盂县地震局召开全县"三网一员"培训会，对"三网一员"个人信息重新进行核准登记，给每位宏观观测员（共计14名）配备了一台应急电话，确保震情信息和宏观观测信息畅通，学习培训农村建房抗震标准、怎样观测动植物宏观异常、"三网一员"职责及工作方法、怎样合理应对地震谣言和舆情分析等内容。改善宏观观测点办公条件，为梁家寨、下社、西潘、南娄4家宏观观察站配备了文件柜、办公桌椅。
　　　　　　　　　　　　　　　（闫建军）

【地震科普宣传】 2017年5月12日，盂县地震局在防灾减灾期间，协调组织民政、气象、科协、土地等部门，以"减轻社区灾害风险，提升基层减灾能力"为主题，在县城人民广场进行主题宣传，共发放各类防灾减灾宣传法律法规、图画册等资料共2000余份，接受市民咨询150余人次。在县城醒目位置悬挂大型防震减灾公益条幅5条，摆设大型展板10块，重点宣传新实施的《第五代地震动参数规划图》《山西省建设工程抗震设防条例》等内容。7月28日，举办主题为全面加强防震减灾工作，提高防震减灾综合能力宣传活动。县四套班子分管领导参与县城人民广场宣传，组织20余名地震志愿者参与宣传，摆放新制作的宣传图版32块，广场大屏滚动播放地震基础知识，发放各类宣传品1000余件，在县城文化中心、交警队、中岗、煤运公司等路段悬挂大型标语5幅，在移动、联通群发内容为"今天是唐山大地震41周年纪念日，盂县地震局温馨提示广大市民：积极行动起来，强化防震减灾风险意识，掌握防震减灾基础知识，提高自救互救能力，为把盂县建设成为宜居宜业宜游、服务阳泉发展的首善之区保驾护航！"　　（闫建军）

气　象

【气象设施】 2017年，盂县气象局狠抓气象设施现代化建设，服务设施再上新台阶。一是建立县级气象综合业务平台，集约、一体化的业务平台在气象灾害监测预警方面取得明显成效。二是地面观测业务现代化建设取得新进展。建成一套新型自动站，形成双套自动站的运行模式；升级改造17套区域自动站，其中含3套骨干站。观测设备运行稳定性得到加强，数据可用性明显提高。三是业务服务领域进一步拓展。一批特种观测项目应运而生，土壤水分站、大气电场仪、GPS/MET等一批新型特种观测业务有序开展。四是一批业务软件平台的开发与推广应用。山西省地震局推广的县级综合业务平台、农业服务平台、精细化监测预警系统、国家突发事件预警信息发布平台、Micaps预报系统、Swan短时临近预报预警系统、"名商通"信息发布平台、盂县微信公众号等在业务上得到了很好的应用，提高了基层气象服务的效益和水平。
　　　　　　　　　　　　　　　（侯　洋）

【春季气象服务】 2017年，在春季气象服务工作中，盂县气象局成立春季气象服务领导组，全面负责气象服务工作，做好春播期的天气预报和土壤墒情、温情、雨情等情报服务工作。在春耕春播气象服务工作中，把中、长期天气预报和有关农业气象信息，及时送发到有关部门和领导手中，共发送天气预报4期、春耕春播气象服务专报5期、春播期农用天气预报4期、重要气象信息1期、天气快报2期、森林防火气象服务1期、专题气象8期，共1200余份，并在阳泉农联网、盂县气象局网站上及时发布。春节降雪期间，通过短信平台向县委、县政府及有关部门，尤其是交警队及所属中队及时发布道路结冰黄色预警信号5期，达8600余人次。向县委、县政府及有关部门，报送春节专题预报1期、重要天气信息3期。（侯 洋）

【高考期间气象服务】 2017年，盂县气象局领导高度重视高考期间的气象服务工作，提前向县委、县政府、教育局报送了高考期间的天气预报，并及时更新网站天气资讯。高考期间正处于主汛期，天气复杂多变。局领导及业务人员24小时坚守岗位，密切关注天气演变，为广大考生提供最新的气象讯息。 （侯 洋）

【农业气象服务队伍建设】 为了加快全县农业气象服务体系和农村气象灾害防御体系建设，提升气象信息员的专业素质，增加气象信息员的气象知识，提高气象信息员队伍在气象防灾减灾工作中的处置能力，提高农村气象灾害防御能力。5月，盂县气象局开展气象信息员培训，培训内容主要包括气象基础知识、气象灾害预警信号及防御知识、气象灾害应急知识、气象灾情收集上报、气象信息员岗位职责与义务等，并发放了《农村气象防灾减灾手册》《农村气象信息员培训教材》等相关知识手册。通过培训，加深了气象信息员对气象工作的认知了解，进一步明确了自己的职责和任务，增强了责任感和使命感，对提高气象为农服务能力和气象灾害防御能力具有重要意义。而且对于气象信息员做好传播气象预警信息、普及气象科普知识、收集上报气象灾情将起到积极的推动作用。 （侯 洋）

【汛期气象服务】 2017年3月25日到30日，对17个乡镇的自动雨量站和土壤水分站进行全面检查和维护。对太阳能板、雨量筒、箱体进行认真清洗，并对传感器、通信系统和供电设备进行了检查、隐患排查，最后对雨量传感器进行了校准，区域自动站正常稳定运行，数据及时、准确上传上，为做好汛期气象服务工作提供有力的保障。进入汛期后，制订汛期气象服务应急预案，汛期预报工作安全实施措施，汛期技术装备保障应急预案，行政领导带班制度等系列规章制度，坚持每日参加省、市天气会商，二十四小时有人值班，每次天气过程过后，由专人及时按照国家、省、市气象局《气象灾情收集上报调查评估试行规定的通知》精神，以政府有关职能部门的气象灾害收集作为重要信息来源，并与当地民政、防汛、农业等单位合作，主动通过电话问询和深入基层实地调查，利用各乡镇的信息员为气象灾害情报员，建立灾情热线电话，将汛期的灾情，及时收集整理上报，灾害名称、内容、评估等事项在第一时间内通过NOTES网络上报国家、省、市气象局的有关部门，同时及时上报阳泉市气象局的旬、月汇总和逐月的灾情报告。汛期期间，盂县气象局及时向县委、县政府及有关部门、各行业以及大众提供准确、及时的汛期气象服务。共发送天气预报16期，432余份，发布天气快报3期、专题气象3期、重要天气报告卡10期、雨情简报45期，利用省、市、县一体化预警平台发布雷电黄色预警信号56次、暴雨蓝色预警信号2次、高温黄色预警2次、高温橙色预警7次、各类地质灾害预警5次、接收达78000余人次。 （侯 洋）

【决策气象服务网络建设】 2017年，盂县气象局制订决策气象服务方案，方案涵盖汛期服务任务，与省、市级决策气象服务中心沟通渠道畅通，并且能够及时接收到省、市级决策气象服务产品。按照农业气象服务周年方案要求，开展2017年春耕传播气象服务工作，与农业部门联合开展"直通式"气象服务，对盂县重点养种植大户进行气象短信预警服务。完成县级国家突发事件预警信息发布系统升级任务，业务人员能够基本掌握 Micaps 预报预警、精细化预报预警、农业气象服务、县级综合气象业务等平台的使用。公众气象服务方面：能够通过电视、报纸、电话、短信、盂县气象局微信公众平台、网页等手段对预警信息、重要天气过程等进行发布，网站主要有农廉网、盂县气象局微信公众平台、12379 网站，覆盖面基本能够达到全县范围。汛前，组织业务人员对气象灾情上报及灾情直报系统进行了系统再学习、再熟悉。制订灾情上报制度和管理办法。出现灾害性天气及时与灾害性天气发生地联系，收集灾情，并立即通过灾情直报系统上报上级单位。农村气象灾害防御体系建设情况：实现对县、乡（镇）、村三级决策指挥人员的手机信息覆盖，其中包括乡镇、村的地质灾害人员，以及全县信息员；电子显示屏与有关单位及 12 个乡镇签订协议，及时发布预报预警信息。

（侯洋）

【"星耀摩旅清凉盂县"摩旅文化节气象服务】 2017 年 7 月，"星耀摩旅清凉盂县"摩旅文化节在山西省盂县顺利举行。由于活动在主汛期举行，天气气候复杂多变，为做好气象保障服务确保活动有序、顺利、安全举行，促进盂县旅游体育事业发展，盂县气象局及早准备，详细制订气象保障工作方案，细化应急预案，加强市县天气会商。7 月 6 日开始，发布"三天预报、次日精报、随时预警"到承办组委会，从前期的服务，到活动期间的预警预报，再到实况告知，盂县气象台密切监视天气变化，滚动发布专题预报材料。通过电子邮箱、微信为主办方和各地骑手们提供专题预报 3 期，通过活动举办场所——文化广场大屏发送高温黄色预警 2 期、高温橙色预警 2 期、雷电黄色预警 1 期等。

（侯洋）

【人工增雨防雹】 从 2016 年冬天，盂县持续降水偏少，干旱严重，森林火险气象等级居高不下，影响 2017 年春耕生产的正常进行。2017 年 2 月 21 日和 5 月 22 日，盂县均迎来降雨天气过程，盂县气象局工作人员立即进入人工增雨待命状态，严密注意天气形势发展，适时开展两次人工增雨作业，耗弹 13 发，有效地改善了土壤墒情，对春耕生产十分有利，同时净化了空气，为森林防火工作减轻压力。3 月 1 日，山西省人工降雨办公室带领陕西省中天技术人员到盂县气象局对 WR-98 型人工增雨火箭发射架进行年检，技术人员对火箭架电阻、发射控制器、发射架的性能、功能等进行了全面的测试、检查，以确定火箭作业系统的完好性，发现问题及时维修，使火箭作业系统做到作业及时、安全可靠。5 月 23 日至 24 日，中国兵器集团西北工业 7323 厂技术人员一行对盂县的高炮进行年检，并就高炮的日常维护和安全操作进行详细指导。7 月 5 日，盂县气象局邀请作业设备生产厂家专业讲师对全局人影作业人员进行实际操作培训，参训人员进一步掌握了人工增雨作业的工作原理、车载式增雨火箭发射系统的特点、基本操作规程及常见故障的排除方法。通过培训，继续提高了日常火箭发射系统的保养维护水平，强化了安全第一的理念，为人影作业的安全有效开展提供理论基础和设备保障。全年盂县各炮点共作业 24 次，耗弹 206 发。

（侯洋）

【科普宣传】 2017 年 3 月 23 日，盂县气象局气象科普工作者走进裕欣苑小区以及小区幼儿园开展以观云识天为主题的世界气象日科普宣传活动。在活动现场，气象科普工作者向社区居民和幼儿园老师及小朋友发放《气象知识 60 问》《气象灾害预警明白卡》《社区气象灾害避险指南》《防雷避险手册》《防雷避险常识》挂图以及《中国气象报》等科普宣传材料 1300 余册，同时对气象灾害避险、防雷安全等科普知识进行了详细讲解。同时还对盂县气象局官方微信公众平台进行宣传,向居民、师生、家长介绍微信公众平台的功能、内容。5月12日是中国第九个防灾减灾日,为深入普及气象防灾减灾科普知识和避灾自救互救技能,增强社会公众防灾减灾意识,盂县气象局围绕"减少灾害风险建设安全城市"的主题,积极参加县政府组织的"5.12防灾减灾"宣传活动,向社会公众普及了气象防灾减灾知识。活动中,共发放《社区气象灾害避险指南》《气象灾害预警明白卡》以及《中国气象报》等科普宣传材料800余册,并对过往群众提出的问题进行耐心细致地讲解,同时倡导公众关注身边的各类灾害天气,增强防范和应对灾害天气的意识和能力。通过这次宣传活动,进一步提高社会各界防范和应对极端天气的能力,使社会公众更加了解气象防灾减灾常识,提高了气象灾害防御意识。 （侯　洋）

文化 体育

文 化

综合工作

【概况】 2017年,在盂县县委、县政府的领导下,县文化系统紧紧围绕"建设宜居宜业宜游、服务阳泉发展首善之区"的目标,深入贯彻落实党的十九大和习总书记视察山西重要讲话精神,不忘初心、牢记使命,砥砺奋进,攻坚克难,各项工作取得明显成绩。

设施建设不断完善。文化中心作为盂县文化建设的标志性工程,"三馆一院"建设走在全市前列。梁家寨乡、牛村镇文化站被评为阳泉市仅有的"省一级乡镇文化站"、东梁乡文化站被评为"省二级乡镇文化站"。文化馆、图书馆总分馆制试点工作积极推进,梁家寨乡、牛村镇、路家村镇、北下庄乡、东梁乡5个试点乡镇和40个试点村工作取得阶段性进展。

文化品牌亮点纷呈。晋剧《木兰从军》在山西省首届文化艺术节上获"优秀剧目展演奖"和个人"杏花奖",秀水镇南坪村的《舞龙》和南白水村的《牛斗虎》参加首届文化艺术节街头首场演出。组织举办"三节"群众文化活动、"群星风采"流动舞台文化惠民演出、五一和国庆黄金周文化惠民演出。

文化服务深入人心。依托基层文化馆、图书馆、文化站室、农家书屋等平台,组织举办文化惠民演出、书写笔会、写生画展、全民阅读、年俗文化展、书香农家读书活动、共享工程"资源服务宝"下乡、走进乡村庙会群众文化服务等活动。完成送电影下乡5546场,送戏下乡演出622场(包括免费送戏下乡),安全演出率100%。举办《公共文化服务保障法》、特色广场舞、美术写生创作班10余次,培训骨干530余人。小品《陪伴》获"歌舞中国"2017民族中秋文艺晚会优秀节目奖。

非物质文化遗产保护有序推进。举办第13个"中国文化遗产日"系列宣传活动及《非遗法》《非遗条例》进乡村、进社区活动。《桃仁月饼》申报为省级"非遗"传承项目,同时建立《盂县牛斗虎》《盂县武术社火》两个省级"非遗"项目传承基地。积极推进"乡村文化记忆工程",建立2个试点的实物收集整理基本完成,正在完善登记录入工作。组织举办河道灯光秀、宋皇祈福放灯仪式,民俗表演、大型演艺四大板块的大乑温泉清明节河灯会,举办藏山赶老会、武术社火、牛斗虎等民俗活动。出版《盂县民俗》、编制《赵氏孤儿传说》分布区域地图。

文化市场繁荣稳定。简化文化市场办事服务流程,按照"审批最少、流程最优、体制最顺、机制最活、效率最高、服务最好"的目标,实行一站式便捷服务。对文化市场进行ABC分级监管评定,对文化市场经营场所进行A、B、C登记评定,按登记进行分级管理。组织实施"清源""固边""护苗""净网"专项治理行动,举办"绿书签"进校园、"扫黄打非"等系列宣传活动。

(刘保国)

【"三节"群众文化活动】 2017年,在元旦、春节和元宵节期间,盂县举办了各式各样的活动庆祝节日。一是元旦活动。元旦期间,在盂县文化馆第一、第二展厅举办"走进西潘"迎新年写生画展,共有来自全县30名作者的100

幅作品参展，展期10天，参观展览人数1200人次。1月，组织、排练小品《结伴》赴阳泉市参加第二届曲艺大赛，并获得二等奖。二是春节期间活动。1月21日和22日，在东坪煤业俱乐部举行《盂斯为盛》春节联欢文艺汇演，盂县文化馆共组织、创作、排导节目16个，参演演员275人，参演单位11个，服务现场观众1600人次，电视观众10万人次。三是元宵节活动。正月初八至十八在文化馆旧馆第一、第二展厅展出"三节"群众文化活动——迎春书画展，共展出作品110件，作者近百人，展期10天，接待观众2800人次；正月十四至十六，组织秀水镇、水务局、东坪煤业、石店煤业等9个单位，乡镇、村的600余人参加表演，共表演节目16个，观众达到1.5万人次；正月十五上午，在县城人民广场组织每年一度的"乡村文艺汇演"，共组织、创作、编排节目28个，参演人员360余人，观众达到4000人次；正月十二至十六在县红旗影剧院举办3场专场文艺晚会，由石店煤业、南关村、红舞鞋舞蹈中心参演，演出节目58个，服务观众1600人次。

（郭秋彦）

【文化惠民工程】 2017年4月30日至5月3日，在县文化局的统一安排下，县文化馆策划、设计、编导"五一"假期的旅游直通车惠民演出活动。在火车站广场、盂县东出口两个场地演出5天，共演出节目30个，服务游客6000人次。7月1日至7月5日，在县文化中心文化广场组织5场惠民演出，共演出节目81个，参演演员120人次，服务观众1.2万人次。9月6日至9月29日，奔赴全县14个乡镇，先后演出节目230个，服务农村观众2.3万人次。10月1日至7日，由县文化局主办、其他有关单位承办的"喜迎十九大共筑中国梦"国庆黄金周惠民演出、民俗社火、"非遗"展演、百姓广场舞展演、健身舞蹈、武术、太极表演、群众文艺演出等在文化中心文化广场举行，现场观众累计达到1万人次；同时，由文化局主办、文化馆承办的"国庆黄金周旅游直通车"惠民演出在阳泉北站和盂县东高速口连续举办7天，现场观众达6000人次。

（郭秋彦）

【文化遗产日宣传】 2017年6月10日，"盂县2017年中国文化遗产日宣传活动"在盂县人民广场举办，由盂县文化局、文化馆组织开展文物保护和"非遗"图片展、"非遗"主题文艺节目演出、文化遗产知识问答、发放宣传资料、播放专题片、播放《非遗法》录音、现场表演《牛斗虎》、颁发传承基地牌匾等宣传活动，并颁发第一批"非遗"传承基地牌匾，为群众营造保护文化遗产的良好氛围，参与文化遗产保护。

（郭秋彦）

【盂县文化中心落成】 2017年7月1日，盂县举行文化中心落成启用仪式。县文化中心项目是盂县县委、县政府确定的为民办实事重点工程，是盂县的一座地标性文化建筑，是集公共文化服务、室外广场文化活动、演艺演出、游园健身为一体的公共文化园区。位于盂县水神山路与双阳线交汇处，总投资2.69亿元，占地面积10公顷（150余亩），建筑面积2万平方米，是集文化馆、图书馆、博物馆、档案馆、广播电视台、报社、文联、演艺中心为一体的多功能公共文化设施。建筑选取盂县悠久的历史文化背景、攫取忠义文化之藏孤救孤史实，采用"古洞升龙"的元素，坐北向南呈扇形，由西向东逐渐升高，寓意为盂县"蓬勃向上、腾飞起航"的理念，设A、B、C、D、E五个独立体的连体建筑。A座为档案馆，建筑面积2050平方米；B座为广电台、报社，建筑面积3267平方米；C座为文化馆、博物馆，建筑面积5667平方米；D座为图书馆、文联，建筑面积4352平方米；E座为演艺中心，建筑面积4000平方米。文化中心园区前建有文化广场，面积1.3万平方米，正面建有中心大道和书香广场，文化中心园区后面新建丁香园，面积2万平方米，园区共设停车位400个，绿化率达50%。

（郭秋彦）

【《盂县桃仁月饼》入选省级"非遗"项目】10月9日，山西省人民政府发文公布第五批省级非物质文化遗产名录，《盂县桃仁月饼》入选，成为盂县第六个省级名录项目。桃仁月饼分两种类型：油皮月饼、酥皮月饼，两种月饼馅儿一样，不同之处在于油皮月饼为老式月饼，皮软而匀薄；酥皮月饼则入口酥松十分适口。传承人张大虎家做月饼的历史能追溯到民国时期，至今已有100余年。年近五旬的张大虎是盂县核桃仁月饼工艺的第六代传承人。

（郭秋彦）

【"非遗"项目展示展演】2017年，县文化馆整理盂县国家级、省级、市级、县级项目40多项，编辑成图片、文字、图版7块，在新馆展厅展出"非遗"图文展。组织"牛斗虎""舞龙"两个民俗、非遗节目，参加在太原美术馆、山西大剧院广场举行的表演，共有45人参演，现场观众4000余人。《牛斗虎》还赴阳泉桃林沟景区参加桃花节表演。

（郭秋彦）

【电影事业】2017年，盂县电影公司筹措资金2万余元，购置数字电影放映机，成立3个放映队。同时管理15个乡镇放映队，放映公益电影5546场，全面按计划完成公益性电影放映工作。

（牛　鑫）

【全民阅读活动】2017年，盂县全民阅读活动领导小组在全县范围内开展了一系列以"书香山晋　文化盂县"为主题的全民阅读活动。

1月18日，县文化局、县图书馆在孙家庄镇郭家坪村开展"迎新年"农家书屋读书活动，为该村赠送种养殖、生活类、少儿类等群众实用性强的图书100册。

3月28日，县文化局利用农村传统庙会在高庄村开展"送文化进农村"全民阅读活动，精心选择舞蹈、晋剧、小品和歌曲等15个节目进行表演。除了在该村"农家书屋"组织阅读活动，还在庙会现场发放农村实用的农业科普、养殖、种植等图书200余册以及"书香三晋　文化盂县"的宣传资料200余份。

4月23日，在盂县人民广场开展"4·23"世界读书日启动仪式，同时盂县"扫黄打非"办公室举办"扫黄打非"进基层系列宣传活动，向市民发放宣传资料，参与活动的市民在条幅上签字并观看宣传展板。26日，盂县举行"扫黄打非·护苗2017""绿书签"走进校园活动。跨世纪书社为盂县第三实验小学捐赠图书5000册，价值约10万元。

7月10日，秀水镇妇女代表在秀水镇综合文化站举办"秀水镇'最美家庭'讲讲我们自己的故事"家风、家教、家训分享会。

8月1日，在盂县人武部举行庆祝建军90周年暨"中国梦·强军梦"庆八一红色经典诗歌朗诵会。活动由盂县人武部主办，县播音朗诵会协办。

11月19日，在盂县全民阅读领导小组倡导下，由县文化局组织县图书馆、县作家协会在盂县牛村镇后元吉村，举行"全民阅读"征文颁奖暨文化下乡活动。

（李先堂）

【展览活动】2017年，盂县举办"走进西潘"迎新年写生画展、迎春书画展、县妇联文化艺术展览、盂县"非遗"项目展、"非遗"图文展、"喜迎十九大翰墨颂中华"美术书法作品展、新馆落成书画佳作展、文化中心图片展、国庆摄影展、重阳节老年书画展10个展览。参与创作作者1100人，观众4.5万人次。

（郭秋彦）

【文化培训工作】2017年，盂县文化馆举办各种文化培训。一是山西特色广场舞推广、培训。按照省、市文件安排，县文化馆选派专业人员赴省馆参加山西特色广场舞培训班。5月上旬，举办"盂县2017山西特色广场舞培训班"，共培训学员28名，培训6天，学员及时学到了8套山西特色广场舞。已推广到全县城乡的8个公园、广场、社区、文化室等场所，受训队员

420人。二是美术写生创作班。全年共举办公益美术人物写生创作班16次，培训作者骨干150人次，创作作品140件。三是《中华人民共和国公共文化服务保障法》学习培训。5月中旬，在县文化局的安排下，集中全县14个乡镇文化员学习《中华人民共和国公共文化服务保障法》，提高文化员在当今公共文化事业条件下对工作方向和任务的认识。四是乡镇文化员培训。5月，对14个乡镇文化员进行业务培训，重点培训乡村文化记忆普查、文化站、室效能考评等业务工作，培训期1天。

（郭秋彦）

【农家书屋出版物配送】 2017年，盂县文化局为全县453个农家书屋补充更新出版物62种，共28086册，共计投入54.72万元。其中包含"党的十九大文件及学习辅导读物"1812册，每个行政村4册。

（李先堂）

【孙映曙获"全国优秀农家书屋管理员"称号】 12月13日，在2017年农家书屋全面建设十周年先进集体和先进个人表扬会上。盂县东梁乡东梁村农家书屋管理员孙映曙，被国家新闻出版广电总局授予"全国优秀农家书屋管理员"称号。

（李先堂）

【乌河文化研讨会】 2017年5月5日，由盂县县委宣传部主办，盂县三晋文化研究会和西烟镇承办的乌河文化研讨会在盂县西烟镇举行。参会的有阳泉市三晋文化研究会、阳曲县乌河文史研究专家、县三晋文化研究会会员、文化局、旅游局、乌河流经地区西烟镇、东梁乡、西潘乡乡镇领导和文史爱好者，共50余人，对乌河学术文化进行交流和探讨。专家们从历史文化、忠义文化、士族文化、理学源流、农耕文化、商贸文化、文物考古、民俗文化等不同角度对乌河文化进行研讨和交流，并提出乌河文化和仇犹文化的关系、乌河文化的当代承续、乌河文化研究和当下全域旅游的密切联系、乌河文化研究的历史价值和人文价值等有待继续研究的新课题。这次研讨会对进一步挖掘盂县历史文化特别是乌河文化，打造盂县西部地区文化品牌，助力全域旅游的大局。（李彦青）

【盂县乌河民俗文化研讨会】 2017年6月14日，盂县三晋文化研究会在西烟镇乌耳庄村召开乌河民俗文化研讨会。县委宣传部副部长刘峰，西烟镇、东梁乡和西潘乡有关领导，县三晋文化研究会会员，乌耳庄村支"两委"，乌河流域民俗文化研究者共30余人参加，会长李晶明主持研讨会。由于地理位置、资源禀赋等因素，乌河流域形成独具特色的民俗文化，丰富乌河文化的内涵。与会人员对如何更好地保护和传承乌河民俗文化，对如何利用文化做好品牌，建言献策，各抒己见。

（李彦青）

文学艺术

文　学

【冀玉泰诗作入选《中华诗词》】 2017年，冀玉泰的诗作"看中国歼-20首秀珠海航展"在《中华诗词》2017第二期发表，受到专家好评。《中华诗词》2017第四期刊登了当代诗词评论家雷海基对这首诗的点评。这是盂县诗词界唯一受到专家点评的诗作。

（李彦青）

【阳泉市第五届文学艺术创作奖】 2017年，盂县参加阳泉市第五届文学艺术创作奖，获奖情况如下：

文学：戴志贞的长篇小说《梅花误》、贾采青（指尖）的报告文学《树世界》、杨志忠的小说集《光棍三条半》获银奖。

美术：王定锁的《中华飞天梦》、潘荣本的《家乡短信》、尹贤真的《疆域馕正香》获银奖。

根雕：高建国的《雄狮闹春》获银奖。

摄影：李晶明的图文作品集《光影仇犹》

获银奖；同时他的《藏山滴水崖》获铜奖。

书法：（成人类）吕玉文、许俊平、郑玉春获银奖。（少儿类）韩裕铭、李燕等获银奖；王佳、韩文涛等获铜奖。

（李彦青）

书法　美术

【书法作品参展】 2017年5月，在"圆国梦兴三晋喜迎十九大——联咏太行精神、吕梁精神、右玉精神"千联千人书法作品展中，郑玉春获奖，刘永生、张志华、崔强、石秀山书法作品入展。

6月，山西省妇女联合会、山西省文学艺术界联合会举办山西省妇女儿童书法展，王露、田锐宏、李琳、李晓阳、张宇翔作品获优秀作品奖（最高奖），许俊平、梁益丹、李利华作品被评为入展作品。

8月，甘肃省文学艺术家联合会、甘肃省书法家协会举办"中国梦·丝路情"全国青少年书法大赛，田沚欣、张宇翔作品获三等奖，李晓阳、田佳绿、王子豪、韩文涛作品被评为入展作品。

10月，上海市书法家协会、上海市奉贤区人民政府举办第四届上海奉贤"言子杯"国际学生书法大赛作品展，张宇翔作品获提名奖，田佳绿作品被评为入展作品，吕玉文获优秀指导教师奖。

12月，山西省书法家协会举办山西省第六届群众书法篆刻作品展，程小琴、郭伟玲、王改英作品入展，石秀山作品入选。

（李彦青）

【篆刻作品获奖】 2017年8月，孙永兵篆刻作品入展"中山王杯"全国篆刻艺术大奖赛，同时入选山西省第三届"晋阳杯"篆刻艺术大赛暨晋阳印社·苍文篆会——中日篆刻交流展。9月，其篆刻作品入藏万印楼当代国际篆刻精英收藏工程，并获精英奖；李华铭作品入选。

（李彦青）

【美术作品获奖展出】 2017年，王定锁的中国画《祈祷》参加敦煌研究院、中国画学会举办的传承与创造——2017敦煌美术作品邀请展；《醉仙图》参加北京观复美术院当代中国画六十家扇画学术研究展。潘荣本的中国画《玉羽双翎图》入选山西省第五届花鸟画展。尹贤真的国画《河东女汉子》入展由中国文化管理协会主办，浙商画院承办的文化中国"浙商杯"全国优秀中国画作品展，并获优秀奖；国画《啊，牡丹》入展由中国作协主办的中国作家首届书画展；国画《雁南飞》入展由中国画学会、中国花鸟画研究会、中国花鸟画联谊会、四川美协主办第十届全国当代花鸟画家优秀作品展；工笔画《塞北情》入选山西省花鸟画展。

8月，荣跃峰的国画《无声》入展在太原美术馆展出的迎接党的十九大召开暨庆祝中国人民解放军建军90周年山西省第三届中国画人物画展；12月，国画《踏雪》入展在山西省文联大厦展出的山西省第四届青年美术作品展。

10月，王定锁的中国画《打铁的汉子》《秋思》和潘荣本的中国画《希望的田野》《华苑春曙》入选山西省"圆国梦兴三晋，喜迎十九大"山西省中国画作品展。王定锁的中国画《呼伦贝尔之冬》和潘荣本的《八路军将领图》入选山西省第三届人物画展。郭保明的油画《姐妹》入选在太原美术馆展出的传承与创新——山西油画年展。

12月，刘林娥的油画《阳坡照在圪梁梁上》入选在成都展出的中国油画写生展；油画《天际》入展太原美术馆展出的传承与发展山西油画年展；水彩画《2017第一场雪》入展在太原美术馆展出的山西省第十八届水彩画展；水粉画《大吉图》入展在山西美术馆展出的第四届山西省青年美展。

（李彦青）

音乐　曲艺　戏剧

【音乐作品获奖】 2017年，盂县音乐家协会副主席郭俊福获山西省第十三届中国文艺展示优秀指导教师奖。音协主席孙二将创作各种题材歌曲作品20余首，其中为"报国寺"创作佛教音乐作品4首；同时他作曲的《生死相依》，报送参加山西省"五个一工程"歌曲征歌申报比赛。

8月13日，在由中国大众音乐协会举办的"唱响中国——2017第二届大型音乐活动"中，由盂县音协主席孙二将谱曲，李严作词的歌曲作品《点赞黄河》被授予"中国歌曲创作金牌作曲"称号，孙二将被授予"中国大众文艺振兴先进个人"称号。

（李彦青）

【歌曲演唱获奖】 2017年，盂县音协副主席马丽萍在中央电视台综艺频道（CCTV-3）《黄金100秒》"五一"特别节目，演唱的3首歌曲《春天的芭蕾》《九儿》和《最美是你》获黄金奖。在晋陕蒙民歌大赛中，她演唱的《赶牲灵》和《亲圪蛋下河洗衣裳》直接晋级临汾决赛区。盂县民歌《大山里的歌》获阳泉市迎春颁奖晚会金奖。

盂县黄河少儿艺术团学员梁永琪演唱的歌曲《离别的草原》在山西省桃李杯全国搜星才艺大赛中获二等奖。

（李彦青）

【曲艺表演】 2017年5月，由盂县曲艺家协会主席张春燕与其师父——著名的二人台表演艺术家池银寿、山西韵宝楼二人台艺术团的演员师国翠共同组成的山西团队，在中央电视台戏曲频道（CCTV-11）表演节目《路遇》和《南瓜情》，包揽了最佳编剧奖、最佳导演奖、最佳优秀节目奖、最佳演员奖、团队金奖5项大奖。6月，歌舞中国"情系中秋·大美中国"民族中秋文艺晚会上，张春燕原创作品《陪伴》在此活动中获得最佳优秀节目奖、最佳团队奖、最佳节目编导奖、最佳节目原创奖，参与节目演出的演员均获得最佳演员奖。9月15日，首届"寻找乡村名嘴"大型主题活动总决赛在北京落下帷幕，张春燕代表山西出战，获银奖。

（李彦青）

【"免费送戏下乡"】 2017年，盂县晋剧团根据山西省政府《关于印发"免费送戏下乡一万场"通知精神》和市、县两级文化局安排2017年"免费送戏下乡"100场的任务，在正常营业性演出期间，穿插进行文化惠民、送戏下乡演出，完成100场演出任务的同时，还超额完成32场。把党和政府的关怀送到老百姓当中，受到老百姓的欢迎和好评，为盂县戏曲事业的传承和发展做出贡献。

（赵俊宝）

【晋剧《木兰从军》获优秀剧目展演奖】 2017年8月21日至22日，盂县晋剧团代表阳泉市参加首届山西艺术节和阳泉文化艺术周的活动，并参加山西省第十五届戏剧"杏花奖"评选，新编大型古装晋剧《木兰从军》在艺术节活动中获优秀剧目展演奖，演员李静获第十五届戏剧"杏花奖"表演奖。不但提升盂县晋剧团在省城文艺界和观众中的影响，而且也为剧团的今后发展打开了新局面。

（李永生）

民间艺术

【根艺作品获奖】 2017年6月，高建国的关公系列根雕获首届太原市"情系关公"系列艺术作品展非遗作品征展三等奖和优秀奖；作品《笑口常开》获由山西省总工会、山西省城镇集体工业联社举办的"首届全省职工手工艺品展评活动"优秀奖。9月，高建国根雕艺术馆成立，他被山西省工艺美术协会聘为首席评委，并颁发"终生奉献奖"。12月，被山西省民间工艺美术家协会授予"山西省传统工艺美术大师"称号。

（李彦青）

【剪纸作品获奖】 2017年6月，谢变良剪纸作品《清明上河图》和《以家为和，平安幸福》在由山西省总工会、山西省城镇集体工业联社举办的"首届全省职工手工艺品展评活动"中分别获二等奖和优秀奖。

（李彦青）

【面塑作品展】 2017年9月12日，山西省盂县面塑艺人刘会平在自己的家乡盂县牛村镇石圪塘村举办面塑系列作品展。作品有西游记、水浒、戏曲、卡通等人物和大闹天宫、孙悟空等故事场景的面塑作品近千件，通过作品为青少年讲名著故事，传承中华优秀文化。"面塑"也称捏面，是国家首批"非物质文化遗产"，流传已有3000余年历史，以白面、糯米为主料，通过和面、醒面、蒸面、调色、配色、造型、整形、风干等16道工序捏制而成，作品多以家畜家禽、飞禽走兽、历史人物等作为创作主题，色彩艳丽、造型逼真，是一门观赏性较强的传统民间艺术。

（郝丽花）

群众文化

【"百花迎春"群众文艺汇演】 2017年3月，盂县文化馆选送的节目小品《咱爹咱妈》、歌组合《天之大》、少儿舞蹈《我要飞》参加阳泉市"百花迎春"文艺汇演颁奖晚会演出。小品《咱爹咱妈》、少儿舞蹈《我要飞》获得金奖，音诗舞画《逐梦前行，盂斯为盛》、歌组合《天之大》《晋剧联唱》获银奖，音诗舞画《逐梦前行，盂斯为盛》、小品《咱爹咱妈》获优秀创作奖。

（郭秋彦）

【"群星风采"广场文化活动】 2017年，在县文化局的统一安排下，"群星风采"夏季广场文化活动由县城开始，将重心转移到乡镇农村，9月21日和23日在县文化中心举行了两场"群星风采"夏季广场文化活动，由和谐艺术团和秀水镇南关村承演，共演出节目35个，服务观众6500人次。

（郭秋彦）

图 书

【概况】 2017年，盂县新华书店认真学习习近平总书记系列讲话精神和党的十九大精神，按照集团转型发展总要求，以推进供给侧结构性改革为主线，以体制改革和机制创新为动力，以深化服务和资源整合为抓手，以新项目、新技术、新产品为重点，以传统业务与新型业务发展并重为策略，努力打造"二基地二平台六中心"，二基地：全省教育服务基地、全省教育装备与研学体验基地；二平台：全省各级教育服务体验平台、全省教育服务信息平台；六中心：集团幼教服务中心、集团中小学教材服务中心、集团中小学教辅服务中心、集团中小学数字教育服务中心、集团大中专教材供应服务中心、全省教育产品配送中心。

书店以全民阅读月为契机，举办全民读书月活动，倡导全民阅读。开展"4·23全民阅读月活动""七进活动"和"手拉手活动"。先后参加全市、全县组织的"三下乡"活动，向偏远山区和贫困乡村无偿捐赠农业、养殖类图书进行文化扶贫，共捐赠各类图书累计600余册，价值8000余元。同时积极投入农家书屋配送工程，完成全县453个村庄的农家书屋图书补充工作。

2017年，书店被国家新闻出版广电总局授予全国新华书店系统"先进集体"；被山西新华书店集团授予"美丽书店"、全省新华书店系统"先进单位""晋版图书发行先进单位"。

（王金鑫）

【节日活动】 春节期间，为丰富全县人民的文化生活和寒假期间中小学生的阅读需求，图书音像超市进行假期阅读特惠活动、文教图书大联展、春节期间全场图书9折销售、水墨丹青专柜特色销售等活动。销售额达4625元，比上年同期增长1077元。同时为中小学生提供重点阅读书目，并成立专柜，方便小读者阅读图书。

"六一"活动期间，店内少儿读物实行全场九折优惠活动；超市门前进行特价书展销活动，满足全县人民的阅读需求。对盂县职工幼儿园进行图书捐赠3000元。

（冯 芳）

【举办"七进"活动】 2017年，书店举办"七进"活动，刘家村开展全民阅读月书香进庙会、盂县跃进煤矿开展全民阅读月书香进厂矿、藏山风景区书香进景区旅游助扶贫、新广场书香进社区文化惠居民、东苌池村走进文化名村感受国学经典、文化中心"手拉手传爱心——关爱农村留守儿童图书捐赠公益活动"和文学照亮生活——全民公益大讲坛暨优秀文学作品诵读会等10余次优秀图书展销活动，丰富全县人民的阅读生活，提供更多更好的服务，为营造书香社会、建设文化强县做出了贡献。活动期间共实现销售500余册、价值1.8万元。

（冯 芳）

【政治读物发行】 2017年，书店设立十九大读物展台，并先后深入所有机关单位、厂矿、乡镇进行宣传，做到第一时间送书到基层，确保完成政治任务。在上级下达的政治读物任务面前，全店职工不分工种不分职务，全力投入到发行工作中，共发行《十九大报告》单行本6700余册、《中国共产党章程》12000余册、《中国共产党第十九次全国代表大会文件汇编》1500册、《十九大报告辅导读本》2000余册，发行数量均大幅超过预期。各种十九大读物共实现码洋40余万元。

（冯 芳）

【青年志愿者活动】 2017年，书店组建城乡环境综合整治新华书店青年志愿队，不定期对县城人民广场的地面环境卫生和墙上的小广告进行全面清理打扫，并对车辆乱停乱放行为进行劝导，发挥共青团青年文明号的作用，为盂县早日建设成为"宜居宜业宜游、服务阳泉发展的首善之区"做出贡献，并对建设盂县美丽书店和精神文明工作的开展起到良好的推动作用。

（赵喜花）

【开设校园书店】 2017年，书店为配合学校图书馆验收工程，大力开展阅读活动，丰富图书品种、为学生提供良好的阅读环境，在盂县一中开设了校园书店。"教师节"期间，为学校表彰优秀教师赞助价值5000元的优质图书。校园书店的开设，方便了学子阅读。（冯 芳）

档 案

【概况】 2017年，盂县档案局以习近平总书记系列重要讲话精神为指引，认真贯彻落实盂县县委、县政府各项决策部署及中办、国办《关于加强和改进新形势下档案工作的意见》和山西省、阳泉市两办《关于加强和改进新形势下档案工作的实施意见》，紧紧围绕全县工作大局，档案事业取得显著成绩。

盂县县委办、政府办联合下发《关于加强和改进新形势下档案工作的实施意见》，并转发《阳泉市重大活动档案管理实施细则》文件，使档案法规制度体系不断完善。档案馆搬迁至文化中心并投入使用，实体档案的安全保管条件得到改善，档案库房防火、防盗报警、动态视频监控等实现集中统一管理，物防、技防相结合的档案库房安全防护体系日趋完善。全县基层业务建设逐步规范，档案资源和利用体系建设持续推进，接收进馆119卷1200件150册，馆藏档案达102892卷（册）；接待利用710余人次，调阅案卷1428卷次，提供复制件1237页。 （王 丽）

【"6·9"国际档案日宣传活动】 6月9日为国际档案日，县档案行政管理部门在县城人民广场举办了为期3天的"档案——我们共同的记忆"老照片主题展览活动，并通过设立咨询台、悬挂宣传横幅、竖立宣传展板、发放宣传资料及开通微信公众号、举办书画笔会等多种

形式，开展档案法律法规知识及档案文化与价值的传播。全场发放宣传资料2300余份，参观咨询6000余人次。（王 丽）

【新建档案馆搬迁】 2017年7月，位于盂县文化中心A座的盂县新建档案馆建成，建筑面积2960平方米。为完成馆藏档案的安全整体搬迁，县档案局（馆）做到搬迁程序、纪律、监督三方面从严，确保档案搬迁工作绝对安全。10月底，完成10万余卷馆藏档案资料和设施设备整体搬迁任务，实现"安全、有序、规范"的搬迁工作目标。
（王 丽）

【档案行政执法检查】 2017年，县档案局按照山西省档案局档案执法检查三年全覆盖要求，对所辖区域的党政机关、企事业单位及其他组织进行摸底梳理，确立专项督查单位30个，并全部进行档案执法检查，合格率达到80%。从检查情况来看，各单位档案意识、保管条件、档案资源、管理水平都有所提高。6月12日，组织全体干部职工参加由阳泉市档案局举办的档案法律法规知识培训班，提高档案行政执法水平。
（王 丽）

【档案主题展览】 2017年，县档案局努力找准档案工作切入点和着力点，围绕中心、服务大局，全力开展档案文化建设。利用新馆落成的契机，精心推出"见证盂县——档案的记忆"图文展、"档案与你同行——传承我们共同的记忆"漫画和书画展、"撸起袖子加油干"盂县建设成就图片展以及"档案的发展历程"户外展四大档案主题展览，有近万名社会公众参观展览。同时完成新馆走廊的文化墙建设，展示盂县历史特色、提升县城文化品位、加强爱国主义教育，提供全新的平台和载体。（王 丽）

【档案微信公众平台开通】 2017年，县档案局把满足广大人民群众的根本利益和对档案工作的利用需求作为工作的出发点和落脚点，积极拓展档案工作服务领域，有效提升档案服务行政效率。3月，档案微信公众号开通。6月，正式发布运行。截至年底，发布36期，涉及历史、业务、法律、学术等文化交流，内容丰富，信息广泛，引起社会广泛关注，社会影响力和文化传播能力得到提升。（王 丽）

新闻 报纸

【大㭠入选全省五年成就篇】 2017年9月19日上午10点，中央电视台新闻频道（CCTV-1）播出：喜迎十九大特别节目《还看今朝》山西篇（省级成就篇）——山西如此多娇。盂县大㭠村以全省3000余处古村保护及变化的代表入选并播出，时长达1分35秒。（封欣志）

【中央电视台新闻直播西潘乡东头村高山景观水稻】 2017年10月15日上午10点、下午3点，中央电视台新闻频道（CCTV-13）分两次直播盂县西潘乡东头村高山景观水稻丰收场面——《喜看稻菽千重浪》，这是阳泉市首次在中央电视台新闻直播。21日，山西新闻联播、晚间新闻分别报道了盂县西潘乡东头村村民以饱满的热情寄语十九大，以及东头村景观水稻场面。27日，阳泉广电新媒体直播西潘乡东头村景观水稻收割场面。（封欣志）

【对外宣传活动】 2017年，盂县组织5次集中对外宣传活动，邀请国家、省、市媒体记者在年初、"五一""七一"和"星耀摩旅"文化节、国庆旅游黄金周及喜迎十九大进行集中报道，取得对外宣传的多项突破和在传统主流媒体发稿的历史记录。国家级媒体发稿30条（含网络）；省级媒体刊发92条，其中《山西日报》25条，山西新闻联播10条；市报289条，其中头版头条26件。（封欣志）

【《新盂县》改版】 《新盂县》编辑部落实盂县县委、县政府部署，于2017年1月1日对《新盂县》实施改版，改为《阳泉日报·新盂县》，改版后为彩印对开四版周一刊，每星期四出版。

《阳泉日报·新盂县》由阳泉日报社印刷，在全市范围内发行，新盂县编辑部负责采稿编辑组版。全年出版52期，刊登稿件2000余条，报纸发行遍及全市，达1.7万余份；新盂县手机客户端有效阅读量达100万人次，圆满完成各项宣传任务。

在阳泉市第二十一届新闻作品评选中，有5件作品分别获得一、二、三等阳泉新闻奖；在晋冀鲁豫地方新媒体高峰论坛会上，《新盂县》获晋冀鲁豫优秀版面设计质量评比金牌奖；同时，新盂县编辑部被山西省县市报协会授予先进单位称号。

（赵海青）

【新盂县手机客户端开通上线】 2017年1月1日，新盂县手机客户端开通上线，这是新盂县编辑部加快传统媒体与新兴媒体融合发展实施的一项新举措。新盂县手机客户端通过简约、亲和的版面设计，利用新闻讯息、民生问政、生活服务、互动共享"四个板块"，突出原创、突出乡土、突出高效，成为全县人民"互联网＋本土"的贴心助手，成为一个共享、互动、合作双赢的发展平台。

（赵海青）

【"两提一创"大讨论活动】 2017年，按照上级的统一部署，新盂县编辑部扎实开展"提高标准、提升能力、争创一流"大讨论活动。通过大讨论的开展，各项工作有了新的进展，机关效能明显提升，呈现出抓起步开局，思想引领到位；抓学习讨论，组织实施到位；抓问题剖析，查找差距到位；抓"三走"调研，对表对标到位；抓任务落实，创一流业绩到位的"五抓五到位"良好局面。活动期间，新盂县编辑部撰写调研报告18余篇，编发各类简报15期，全体干部职工都提交了学习心得体会。通过学习讨论、提高认识，对表对标、寻找差距等一系列进行，新盂县编辑部形成完整的系统性流程和确立新的工作标准，明确工作方向，建立完整的台账、制度方案，促进了全体干部职工思想作风的提升、业务本领的提升和工作业绩的提升。

（赵海青）

广播 电视

【概况】 盂县广播电视台以党的十九大精神和习近平总书记系列重要讲话精神为指导，紧紧围绕盂县县委确定的中心工作，坚持目标导向，狠抓工作落实，唱响新闻宣传主旋律，打好舆论引导主动仗，努力把盂县建设成宜居宜业宜游、服务阳泉发展的首善之区营造浓厚的舆论氛围。2017年，开办广播节目和电视节目各1套，节目除转播中央、省、市电视台、电台新闻节目外，广播节目主要有《盂县新闻》《健康有约》《廉政经纬》《欢乐正前方》《戏曲大舞台》《行游天下》《生活七巧板》《音乐896》《我读》等；电视自办节目主要有《盂县新闻》《一周要闻回顾》《健康有约》《廉政经纬》等。

全年全台对内宣传完成自办节目1668期，自采稿件3008条。其中电视台《盂县新闻》播出314期1583条，《一周要闻回顾》播出52期，《廉政经纬》播出52期，《健康有约》播出52期，电台《盂县新闻》《我读》等九档自办节目，全年共计播出1144期，全年播音5856小时，自办节目播音3843小时，占总播音时长的66%。对外宣传：《盂县新闻》在阳泉电视台《县区新闻》栏目播出104期，播出稿件528条。新闻部在《阳泉新闻》掐出主题报道重头新闻33条。

（武永建）

【《我读》栏目】 2017年5月15日，盂县人民广播电台（FM89.6）推出首档文化情感类栏目《我读》。截至年底，共计播出1144期，播音5856小时，自办节目播音3843小时，占总播音时长的66%。《我读》栏目通过邀请朗读爱好者走进节目朗读文字，分享感悟的形式，与听众一起赏读名著名篇、网络热文，并鼓励原创发声。征集并播出的朗读作品来源广泛，朗读者涵盖教师、学生、工人、干部、自由职业

者等多个领域。　　　　　　　　（武永建）

【"星耀摩旅清凉盂县"跟踪报道】 2017年7月6日至9日，"星耀摩旅清凉盂县"第五届摩托人阳泉盛典暨摩旅文化节在盂县文化中心举办，电视台进行全方位的跟踪报道，并且通过新华网对摩旅文化节盂县全境摩旅自驾游、机车英雄争霸赛、环球飞车表演、摩托特技表演、摩托车弯道赛、摩旅英雄趣味赛、机车大巡游、俱乐部检阅入场、车友交流、特色民俗文化展演等系列活动进行全程网上直播。　　　　　　　　　　　（武永建）

【"安全生产大家谈"栏目】 2017年9月至10月，电视台开设"安全生产大家谈"栏目，对72名安全生产监管部门和企业负责人进行安全生产专访，营造人人讲安全、处处抓安全的良好氛围。　　　　　　（武永建）

【更换新台标】 2017年12月，盂县广播电视台新台标正式启用，是电视台成立后的第三次更换台标。新台标LOGO标志以凸显忠义文化为主要设计元素，采用黄色为主调，构图简明，蕴意深刻。该标志创意来源于"忠义之乡"的理念。因此摄取了"义"的象形特征。并巧妙地将汉语拼音"YX"融入"义"字中去，彰显鲜明的地域特色。

　　　　　　　　　　　　　　（武永建）

【广播电视台完成新址搬迁】 2017年12月2日，按照盂县县委、县政府的统一部署，广播电视台全体工作人员及广播电视节目制作、播出设备完成整体搬迁，迁至县文化中心办公。为确保迁址后各项工作顺利开展，从6月开始，电视台认真制定新址搬迁计划、实施方案以及应急保障预案，合理配置骨干力量，着力加强人员培训及管理，通过采取分期分批分次的方式，确保整个搬迁工作有序进行，广播电视顺利播出。

　　新台址位于盂县文化中心B座一层、二层，建筑面积约2300平方米，其主要功能分布为技术区和办公区，其中技术区实用面积1075平方米，有演播室、导播室、播出机房、制作机房、录音机房、审片室、影像资料室等；办公区实用面积为598平方米。演播室共3个，其中1号演播室实用面积268平方米，主要用于富有地方特色的歌舞、戏曲、综艺活动、谈话类等地方文艺节目的录制，尚未投用；2号演播室实用面积85平方米，其功能为真三维虚拟演播系统，将计算机制作的不同虚拟三维场景与电视摄像机现场拍摄的人物活动图像进行数字化的实时合成，以获得完美的合成画面，它的投用，提升电视台节目后期制作水平，同时也告别了真正意义上无三维虚拟演播的历史，其功能主要用于新闻、专题类节目的录制；3号演播室实用面积85平方米，尚未使用，未来可设定1个实景类演播室，主要用于科技、卫生、文化、少儿等社教类节目的录制。播出机房主要承担着盂县89.6兆赫调频广播和盂县电视节目的播出任务，搬迁过程中，鉴于设备的老化和功能的缺失，重点对整个播出系统设备进行全新更换。截至年底，电视节目已由原来的模拟、标清信号转变成数字高清信号，广播节目也提升为数字播出，提高播出质量和收视、收听效果。　　　　　　（武永建）

【第十六届"阳泉新闻奖"评选】 2017年，盂县广播电视台承办第二十一届"阳泉新闻奖（广电类）"评选工作，评选参评单位共有6家，参评新闻作品42件，盂县台选送的2件电视新闻《旅游直通车带领游客畅游盂县山水》《柿子醉深秋美丽乡村游我县首届柿子文化节拉开序幕》获一等奖，另外4件广播电视新闻作品分别获得二、三等奖。　　　　（武永建）

【"全域旅游"系列宣传】 2017年，盂县广播电视台围绕实施"全域旅游"工程工作重点，对盂县"五一""十一"免费旅游直通车惠民活动进行全程报道；同时加大旅游展示片的县内宣传频率，并积极策划自办栏目中融入"美丽盂县"视频元素；结合正在开展的城乡卫生整治、环境污染治理工作，组织深入跟进宣传，开设曝光监督台，充分发挥新闻媒体正面引导和监督曝光的双重作用。

（武永建）

【高城山转播台设备升级】 2017年，盂县广播电视台按照山西省广播电视台要求，在完成十二套中央无线电视数字信号节目发射的同时，通过信源备份设备采购项目的招投标，完善了省、市、县台节目的无线发射。年底，高城山电视发射台共计发射十五套无线数字信号和中1、中7两套无线模拟信号。机房监控监测设备和电视信号监视大屏也正常投入运行。

（武永建）

体 育

【概况】 2017年，盂县体育工作围绕国务院颁布的《全民健身计划纲要》和全民健身"国家战略"这个中心，全面落实科学发展观，解放思想，创新机制，群众体育、竞技体育、体育产业、公共体育场地设施建设等全面推进，农村、乡镇、社区体育基础设施建设大为改善，群众性体育活动空前活跃，竞技水平有了明显提高，体育工作呈现出蓬勃发展的可喜局面。据不完全统计，2017年由各协会、各有关部门、各乡镇、农村、机关、厂矿、学校、企业单位等，举办各种大、中、小型体育比赛达750余次。台球协会连续组织四届台球比赛，篮球协会每年都要组织3至5次比赛，羽毛球协会每年组织3次以上比赛，乒乓球协会每年组织5次以上比赛，毽球协会、太极拳协会、钓鱼协会、武术协会等也都要组织1至2次单项比赛。参加各种项目比赛的运动员达到12800余人（次）。乡镇和农村组织的不同项目的大、中、小型运动竞赛每年达470余（次）。 （孙小保）

【群众体育】 2017年，县少体校先后选派两名同志赴山西大学参加山西省体育局组织的"一级社会体育指导员培训"和赴阳泉市参加阳泉市体育局、市老年人体育协会组织的"健身秧歌"的培训。发展活动站点的骨干分子100余名。11月底，在县体育场进行为期两天的"健身秧歌、广场舞"的培训。选拔5名三级社会体育指导员参加市体育局组织的二级指导员培训，分别传授五禽戏、八段锦、易筋经、六字诀、太极拳、柔力球等功法和活动项目的培训。推广科学的健身活动方法。帮助、扶持发展群众体育协会1个、体育单项协会13个，建立和完善14个乡镇体育组织机构和453个村级体育机构。

全县农村传统的庙会正在逐步向文化集、体育集转化，部分乡镇形成固定的文化体育大集。农历七月十五牛村镇的文化体育艺术节、农历六月十四西潘乡的石材节、农历四月十八南娄镇的文体艺术节。南娄镇明鑫公司还组织两次全国性的赛事，在参加市"双拥杯"比赛中，盂县代表队分别获篮球第二名、乒乓球团体第四名、羽毛球团体第五名、拔河第二名和优秀组织奖的好成绩。全县各协会都分别举办不同类型、不同规模的运动竞赛。8月8日，在县文化中心广场举办"全国全民健身日"拳、剑、操、舞、武术的表演比赛，共有14支代表队1000余人的展演活动。东梁乡、西烟镇、上社镇等在健身日活动中都举办了具有地方特色的广场舞、健身操的表演，根据自身条件，组织具有区域特色的农民体育比赛，有推车、爬山、举重、背篓等趣味比赛。全县健身周活动普及率达100%。

（孙小保）

【全民健身工程建设】 2017年，县少体校积极向山西省体育局申请，争取南娄镇的全民健身广场项目资金50万元，为红楼、花园、裕新苑3个社区配套了健身器材。同时，积极申报2018年体育场改造、尖山风景区自行车摩托车赛道示范项目、小武公社健身步道示范单位等项目。并对全县的14个乡镇453个行政村的体育器材进行排查,据排查统计,全县60%的场地面层和3600余件器材有2400余件均有不同程度的损坏。

(孙小保)

【体育产业】 2017年,全县共设有棋牌室73个,体育彩票站点2个,台球厅4个,健身俱乐部1个,体育器材、服装专营店15个,安置就业人员416人。全年体育彩票销售总额为280余万元。

(孙小保)

卫生 计生

卫 生

综合工作

【概况】 2017年，在盂县县委、县政府和阳泉市卫计委的正确领导下，盂县卫生和计划生育局按照年初确定的工作思路，进一步深化医药卫生体制改革为中心，大力推进人才强卫、科技兴卫、基础立卫"三大战略"的实施，深入学习贯彻党的十九大精神，卫生计生各项工作取得一定成效。全县共有县级医疗机构3个：县人民医院、县中医医院、县妇女儿童医院；公共卫生机构3个：县疾病预防控制中心、县妇幼保健和计划生育服务中心、县卫生局卫生监督所；卫生学校1个；乡镇卫生院21个：其中中心卫生院5个、一般卫生院9个、分院7个；村卫生所430个。 （刘志芳）

【医药卫生体制改革】 2017年，盂县人民医院被山西省人民医院成功托管以来，取得了医疗体制改革的新突破，与省人民医院建立紧密型医疗联合体，实现与省人民医院专家平稳对接，让全县百姓足不出户就能享受到更优质医疗服务。一是在门诊处大厅设立一站式导诊台；二是扩大门诊患者候诊区域，增加就诊诊室；三是实行省级专家定期坐诊服务；四是规范收费行为，专门成立"漏费督查小组"，杜绝漏费现象；五是规范合理用药，严格控制药占比；六是推进信息化建设，投入291万元的软硬件开始运行，建设"数字化医院"的速度提升，通过融资租赁方式为县人民医院采购1590万元的彩超、乳腺机、腹腔镜、支气管镜、全自动生化分析仪等医疗设备16台（套）；七是加强质量控制，在医院推行电子签名，电子病历，管理水平、技术水平、服务水平明显提升，社会形象明显改善，医疗纠纷显著减少。通过门诊患者满意度调查，满意度达95％。 （刘志芳）

【"人才强卫"战略实施】 2017年，盂县实施"人才强卫"战略，提高医疗卫生技术服务水平。一是为盂县人民医院公开招聘大学本科以上学历医技人员23名，解决县医院年轻医生短缺、年龄结构不合理等制约医疗卫生技术服务水平提高的问题。二是根据盂县14个乡镇卫生服务的工作实际，对乡镇卫生院编制进行调整，分三批次为仙人乡卫生院等7个乡镇卫生院补充安置11名农村订单免费医科大学生，优化乡镇卫生机构的人员结构，充实乡镇医疗卫生服务力量。 （刘志芳）

【医疗联合体筹建】 2017年，盂县先后制订《盂县二级以上医疗卫生机构对口支援乡镇卫生院项目实施方案》《关于推进优质资源下沉的通知》《关于进一步落实二级医疗机构对口支援项目的通知》等文件，同时认真落实"万名医生支援农村卫生工程"，建立市帮县、县帮乡、乡帮村上下联动、对口帮扶的长效机制，有效地提升基层医疗机构的服务水平，进一步解决患者就近就医、一般常见病不出乡的问题。

4月，县人民医院院长亲自带领内科、妇科、儿科、外科医生到西烟镇中心卫生院、西潘乡卫生院进行多次对口帮扶，确定工作思路，明确帮扶对象，准备用三年时间帮助两所卫生院增设特色科室，方便群众就医。

同时，根据上级卫生行政部门要求，结合盂县实际，制订《关于组建"盂县综合医疗服务联合体"的实施方案》《关于组建"孟县中医医疗服务联合体"的实施方案》等文件，确立由县人民医院、县中医医院分别与全县离县城相对较远的9个乡镇卫生院4个分院签订服务协议，组成医疗联合体，县人民医院免费接收下社乡卫生院和西潘乡卫生院进修生各1名，与区域内医院实行了多例双向转诊，接收区域内卫生院68人，下转乡镇卫生院7人，进一步扩大医联体范围，实现医联体内"资源共享、双向转诊、预约诊疗、技术扶持、中医康复治疗"等工作，定期开展义诊活动，开展对基层医务人员的中西医适宜技术培训。县中医院与太原市中心医院成立网络会诊平台、与阳煤集团总院成立医疗联合体、与山西省中医院建立分级诊疗双向转诊关系、与12个乡镇卫生院组成医疗联合体。县级两所医院"医疗联合体"的建设，与对口帮扶、优质资源下沉、巡回医疗等工作有机结合，有力推动医疗资源的纵向流动，提升医疗服务体系整体运行效率。

（刘志芳）

【分级诊疗运行情况】 2017年，根据《关于印发孟县新农合住院病种分级诊疗工作实施方案的通知》，孟县积极实行分级负责、双向转诊，完善医联体内急救转诊流程，建立双向转诊绿色通道，打造医疗绿色通道。在原来急诊"绿色通道"，抢救危重症病人做到"三先一后"，即先检查、先诊断、先抢救治疗，后办入院手续及交费，为危重、急症患者提供高效、便捷、优质的一条龙服务的基础上，成立双向转诊办，与省人民医院转诊办签订转诊协议，凡转入省人民医院的病人，做到"三优一减"优先床位、优先检查、优先治疗，减免挂号费。

专家坐诊以来，已有数十名患者享受到绿色通道，危、重病患者得到及时有效治疗，省级专家门诊出诊363人次，接诊患者5201人次，参与院内会诊28次，手术164人次。新农合上转病人4517人，其中转入省人民医院505人，下转79人；城镇居民、职工医保上转病人1358人，其中转入省人民医院222人。

（刘志芳）

医疗服务管理

【"平安医院"创建】 2017年，孟县卫计局下发《关于调整"孟县医疗纠纷人民调解委员会"成员的通知》，完善健全委员会工作职责。各医疗机构均成立矛盾纠纷排查领导组，建立相关制度，认真落实信访工作领导责任制，坚持以人为本，把依法维护人民群众看病就医合法权益作为根本任务，依法解决医患矛盾纠纷作为基本需求，遵循"源头抓风险评估，过程抓排查预警，末端抓调解稳控"的工作思路，制定应急预案，安排专门人员将未解决或已解决但仍存在隐患的医患纠纷等问题建立台账，并对可能导致上访和引发大规模集体上访及群体性事件的不稳定因素进行重点排查，把维稳工作的各项措施落到实处，着力排查化解医患关系矛盾纠纷，力求将矛盾化解在第一线，解决在萌芽状态。坚持调解优先、依法化解，把调解工作作为解决矛盾纠纷的首选方法，完善调解制度，规范调解行为，依法化解矛盾纠纷，推进各项工作正常有序开展，确保不发生任何医患纠纷。

（刘玉军）

【孟县人民医院】 2017年，孟县人民医院全年业务总收入9337.8万元，比去年同期增长1248.3万元，增长15.4%；药占比呈下降趋势，下降13%；医疗收入消耗的卫生材料支出比去年同期增加2.5%；医疗服务收入与去年同期相比增长0.6%；门（急）诊133769人次，比去年增加45838人次，增长52.13%；住院10945人次，比去年增加163人次，增长1.51%；手术1576人次，比去年增加45人次，增长2.94%；病床使用率97.1%，比去年同期增加5%，增长5.43%。药品销售额4256.6万元，让利患者638.5万元，真正让老百姓得到实惠。

（刘志芳）

【基层医疗卫生机构建设】 2017年，县卫计局按照办群众满意的卫生事业的要求，全面推进"三好一满意"活动在基层医疗卫生机构扎实开展，坚持提高基层医疗卫生机构的基本医疗和基本公共卫生服务能力。截至年底，有4个乡镇卫生院和48个村卫生所通过省、市卫生行政部门的创建验收并挂牌服务。秀水镇卫生院、南娄镇卫生院、苌池镇卫生院、西烟镇中心卫生院申报创建省级群众满意的基层医疗卫生机构，牛村中心卫生院、路家村镇卫生院申报创建国家级群众满意的基层医疗卫生机构。4家创建省级群众满意的医疗机构已于6月12至13日接受市卫计委组织的复核督导检查。通过"建设群众满意的基层医疗卫生机构"创建活动，端正基层医疗卫生机构医务人员的医德医风，改善服务态度，提升医护人员服务质量，提升群众对就医环境的满意度，从根本上改变群众"看病难、看病贵"的问题，营造全县基层医疗卫生机构"创先争优"的氛围。

（刘玉军）

【家庭医生签约服务】 2017年，盂县根据省、市开展家庭医生签约服务的工作要求，按照县委、县政府脱贫攻坚的总目标，坚持系统工作与扶贫重点工作相结合，整体安排，突出重点，家庭医生签约服务工作积极推进。

制方案，为开展工作确立政策依据，提供工作措施。根据《阳泉市深化医药卫生体制改革领导小组办公室关于印发家庭医生签约服务实施方案（试行）的通知》的有关要求，结合盂县实际，完善基本公共卫生均等化服务中家庭医生签约的有关方案，制定《关于印发开展家庭医生签约服务"六个一"活动领导组的通知》《关于下发开展家庭医生签约服务"六个一"活动实施方案的通知》《盂县推进家庭医生签约服务实施方案（试行）》等文件，同时编制并印刷17种健康教育处方42.27万份，印刷家庭医生签约服务协议书18.2万份，为盂县家庭医生签约服务工作提供了有力保障。

组建服务团队，加强人员培训，为开展工作做好人员和技术准备。多次召开"盂县家庭医生签约服务工作会"，对具体的工作要求作安排，将统一格式的家庭医生签约服务协议书下发至各医疗卫生机构，统一标准化家庭医生签约服务内容、形式及双方的权利与义务等，要求以满足城乡居民就近就医及多样化健康服务需求为工作目标，充分发挥家庭医生的健康守门人作用，努力树立家庭医生的专业形象。截至年底，参与健康扶贫"双签约"活动服务的政府人员共682人，包括包村干部189人、驻村帮扶干部238人、第一书记66人、村干部189人；参与健康扶贫"双签约"服务活动的医疗服务人员399人，包括县卫计局12组23人，县级医疗队9组130人，乡镇卫生院医务人员88人，村医158人。

创新模式，扎实工作，积极推进家庭医生签约服务"家庭化"。各医疗机构通过印制发放宣传页、媒体宣传、健康教育等多种形式的宣传，提高家庭医生签约服务模式的知晓度和利用率，提高医疗健康服务可及性。截至年底，签约10919人，实现能签尽签。其中因病致贫因病返贫人员共1092人，已签约1092人。为10858名建档立卡贫困人口建立了电子健康档案。自开展"双签约"服务以来，县、乡医务人员为建档立卡的贫困人口进行上门随访累计5155人次，制定健康评估方案份数348份，开展健康咨询7246人次，免费体检人数3355人，转诊17人次、帮助落实就医报销1人、开展健康扶贫政策宣传732人次、争取社会力量医疗帮助11人。

（刘玉军）

卫生监督

【公共场所卫生监督】 2017年，盂县卫生监督所按照《公共场所卫生管理条例》《公共场卫生管理条例实施细则》及相关卫生标准，对各类公共场所开展卫生监督检查，重点检查公共场所卫生许可证持证亮证情况、卫生管理制度建立落实情况、从业人员健康证持证情况、消毒设施设备使用情况、消毒产品索证情况、公共用品消毒及保洁情况等。共出动监督人员460人次，车辆120余台次，监督检查各类公共场所187户，其中对应当实行量化分级管理的175户公共场所进行量化分组管理，对40户公共场所进行抽检检测，量化分级管理率、抽检合格率均达到100%。对检查中发现的问题全部下达卫生监督意见书，责令限期整改，共下达意见书190余份，提出整改意见380余条。

（姚建军）

【学校卫生监督管理】 2017年，盂县卫生监督所加强学校卫生监督管理，继续深入推进健康校园创建活动，重点加强对学校卫生档案管理、组织机构、管理制度、学校传染病防控、生活饮用水卫生、中小学校（含职业技校）教室照明规范化建设等情况的监督检查，进一步规范全县中小学校和托幼机构卫生管理，建立健全学校卫生工作的组织领导和工作体系，防范群体性传染病等事件的发生，提高学生的健康素质，促进学生健康成长。截至年底，共监督检查学校（含教学点）159所，日常监督覆盖率达100%；各中小学校教室照明情况监督检查率达100%；开展学校卫生综合评价学校数37所，评价率为31.90%；开展"健康校园"监督检查学校37所，覆盖率31.90%；监督检查幼儿园48所，覆盖率30.8%。共出动卫生监督人员180余人次，卫生监督协管员160余人次，卫生监督车辆42台次，下达卫生监督意见书207份，提出整改意见600余条。

（姚建军）

【传染病防治卫生监督】 2017年，为有效落实市卫生计生委部署要求，县卫计局根据《阳泉市传染病防治法等法律法规落实情况监督检查工作实施方案》制定《盂县传染病防治法等法律法规落实情况监督检查工作实施方案》，积极开展传染病防治卫生监督检查工作。全年传染病防治监督检查户数达529户，出动监督人员1040人次，对监督检查中发现的问题监督人员现场下达整改意见书，责令整改，给予警告、罚款等行政处罚8户，累计罚款1.65万元。

（姚建军）

【打击无证行医和依法执业专项工作】 2017年，盂县卫计局按照国家、省、市卫生计委的安排部署和要求，组织开展医疗机构依法执业集中整治、整治"两非"、打击非法行医等系列专项行动，重点打击并取缔无证行医行为和查处违法违规行为。共出动卫生监督人员1000余人次，监督检查医疗卫生机构529户。立案查处案件5起，取缔无证行医3户，查处聘用非卫技人员从事诊疗活动1起，查处护士未变更执业地点开展护理活动1起，累计罚款5000元。

（姚建军）

疾病控制

【基本公共卫生】 2017年，为确保基本公共卫生服务项目各项工作的顺利实施，提高资金使用效率，盂县成立了项目工作领导组，加强组织管理，健全工作机制，出台《盂县2017年基本公共卫生均等化服务实施方案》《关于进一步明确盂县基本公共卫生服务项目责任分工的通知》《关于进一步界定居民基本公共卫生服务范围的通知》，进一步加强项目管理，完善服务模式。利用各种形式加大基本公共卫生服务宣传力度，通过发放宣传资料、设置宣传栏、举办健康知识讲座、开展健康咨询活动、开展个体化健康教育等,向居民宣传健康知识及健康基本技能,全县设置健康教育宣传栏476个,更新1400余次,举办健康知识讲座及咨询活动共计2400余次,发放健康教育资料14.9万余份,为27269位65岁以上老年人进行免费体检服务和健康指导等。（付晓峰）

【建档服务】 截至2017年底,盂县为27269位65岁以上老年人进行了免费体检服务和健康指导等。累计建档258799份,建档率81%,电子建档238033份,电子建档率75%;管理高血压患者28224人,规范管理25679人,规范管理率90%,管理糖尿病患者5939人,规范管理5476人,规范管理率92%;登记在册的确诊严重精神障碍患者1079人,规范管理重性精神病患者1044人,规范管理率96%;各类疫苗接种率均达到99.5%以上;传染病和突发公共卫生事件的报告率、及时率均达到100%;0至6岁儿童健康管理13212人,健康管理率88.7%,活产1379人,新生儿访视1254人,新生儿访视率91%;孕早期建册1234人,建册率90%,产后访视1310人,产后访视率95%;进一步规范各项档案、制度和"巡查""信息"报告等工作,收集"巡查表"2215份,"信息报告"53份;为18368名65岁以上老年人开展中医体质辨识,为3416名0至3岁儿童提供中医调养服务,中医药健康管理服务率达55%以上;发现报告的结核病患者管理109人,管理率100%。（付晓峰）

【疾控经常性工作监测】 2017年,盂县继续开展经常性疾病预防控制,提升疾病预防控制水平。一是传染病管理,根据全县疫情报告统计,全年共发生法定传染病14种787例,总发病率为231.86/10万,较去年同期下降0.2%;二是冷链运转、调拨和使用生物制品情况,冷链运转4次,共调拨和使用生物制品21种18747支;三是结核病控制,门诊登记病人117例,筛查发现并管理结核病人117例;四是重性精神病网上审核工作,全年共管理审核1074例,网络直报率为3.4‰。（王瑞平）

妇幼保健

【"两癌"筛查】 截至2017年年底,盂县完成宫颈癌筛查人数4000例（TCT3000例、HPV1000例）,完成目标任务的100%,其中为建档立卡的农村贫困妇女免费宫颈癌筛查934人;乳腺癌任务数为1000例,已完成乳腺癌筛查人数2200例,超额完成指标任务,其中为建档立卡的农村贫困妇女免费乳腺癌筛查1043人。（杨尚斌）

【艾滋病、梅毒、乙肝母婴传播项目检测】 2017年,盂县接受初次产前保健服务的孕妇有2259人,其中接受乙肝表面抗原检测的有2204人,检测率为97.6%;接受艾滋病检测的有2196人,检测率为97.2%;接受梅毒检测的有2182人,检测率为96.6%,有住院分娩产妇数1841人,艾滋病检测产妇数1841人,梅毒检测人数1841人,乙肝检测1841人,检测率100%,梅毒感染产妇8人,梅毒感染孕产妇治疗率89%。（杨尚斌）

【农村孕产妇住院分娩补助】 农村孕产妇住院分娩补助项目于7月19日正式结束,盂县享受补助的农村产妇1021人,补助金额30.63万元,以确保孕产妇及时享受政策补助。（杨尚斌）

【孕产妇增补叶酸预防神经管缺陷项目情况】 全县任务数为2200人（城镇200人,农村2000人）,截至2017年底,全县围产儿出生2268人（城镇502人,农村1766人）,出生缺陷发生率为88.2/万。（杨尚斌）

【新生儿疾病筛查情况】 截至2017年年底,盂县为2418名新生儿做疾病筛查,为596名新生儿做听力筛查,通过对新生儿疾病的筛查工作,为降低盂县出生缺陷的发生率做出了很

好的铺垫。　　　　　　　　　　（杨尚斌）

【产前筛查情况】 2017年，山西省政府将"为全省城乡怀孕妇女提供免费产前筛查与诊断服务"列为六件民生实事之一。全县任务数为2100名，截至年底，为1806名孕妇做产前筛查，共查出146例异常，其中神经管缺陷畸形16例、21-3体综合征119例、18-3体综合征11例。　　　　　　　　　　　（杨尚斌）

【免费孕前优生健康检查进展情况】 全年孕前优生健康检查任务数为1500对，共完成1534对，电脑录入1534对，录入率达100%，全面完成检查任务。　　　　　　（杨尚斌）

【孕产妇保健】 全县孕产妇总数为1537人，其中早孕建册1365人，建册率为89%，孕产妇系统管理1288人，孕产妇系统管理率84%，产后访视1463人，访视率95%。孕产妇死亡0人，孕产妇保健覆盖率86%。　（杨尚斌）

【7岁以下儿童保健】 全县7岁以下应管理儿童14684人，实际管理13239人，健康管理率为90.1%，系统管理12805人，系统管理率为87.2%，新生儿访视人数1391人，新生儿访视率90.5%。　　　　　　　　　　（杨尚斌）

【健康扶贫工作】 盂县卫计局认真落实盂县县委、县政府精准扶贫的工作安排，下发《关于印发〈盂县医疗健康扶贫工程五年规划（2016—2020年）〉》和《〈盂县2016年医疗健康精准扶贫行动计划〉的通知》，在全县各级医疗机构建立医疗扶贫"绿色通道"，凡是扶贫对象入院优先挂号、住院和手术，县、乡医疗机构对建档立卡贫困人口全部实行"先诊疗后付费"制度，全年共为建档立卡贫困人口开展"先诊疗后付费"97人次；"一站式"结算服务790人次；共为866人次免除普通门诊挂号费，累计减免费用1758.58元，共为8名建档立卡贫困孕产妇免费住院分娩，免除费用12044.04元。　　　　　　　　（粟　夏）

应急抢救

【卫生应急和控制工作】 2017年，为进一步加强应对突发公共卫生事件的能力，盂县根据工作实际完善《盂县突发公共卫生事件应急预案》《群体不明原因疾病应急处置预案》《盂县突发中毒事件卫生应急预案》等应急性文件。一是做好卫生应急和控制工作，早期发现疫情，及时采取措施，防止疫情蔓延，保护人民健康和社会稳定，进一步明确职责，各司其职，由专人负责网络报告和管理，每月进行一次网络报告和分析预测，有监测分析报告；及时率、网络直报率、报告完整率均达100%；有适量的卫生应急物资储备。二是开展SARS、人禽流感、不明原因肺炎、埃博拉出血热、疟疾相关知识培训，通过培训增强医务人员对应急工作重要性的认识，提高应对突发公共卫生事件的能力。同时强化医疗卫生人员的专业技能培训，对县乡医疗机构和疾控中心共122名业务人员进行应急能力培训，并组织相关人员在盂县人民医院会议室进行疟疾应急处置桌面推演。三是加大应急物资的储备，根据应急需要，配备10万元的装备器材和应急调查处理的相关设备，购置消杀器械与药品，做到有备无患。四是组建应急队伍。由县、乡医疗机构抽调专业人员组成25个应急小分队，每队3至5人，一旦发生突发公共卫生事件，立即进入服务状态。

（王瑞平）

食品药品管理

【概况】 2017年，盂县食品药品监督管理局深入贯彻山西省、阳泉市和盂县县委、县政府的各项安排部署，遵循"四个最严"，强化"四有两责"，坚持"稳中求进"，严格执法，强化监管，开拓创新，确保安全，全县食品药品安全形势总体平稳。以"省级食品安全示范县"创建验收和创建国家卫生县城为载体,以食品药品领域风险安全隐患排查整治和"两随机一公开"为手段,深入开展各项监督检查。

创建"省级食品安全示范县"工作开展以来,取得明显成效,食品药品监管体制改革顺利完成,基层监管基础进一步夯实、食品源头治理有效,食品监管能力进一步提升,应急管理高效有序,社会共治格局进一步形成。在认真履行食品安全综合协调的同时,承担创建工作的主要任务,力求在抓好常规工作的同时,着力在长效机制上下功夫、求突破。在餐饮服务单位推行"明厨亮灶"工程、初步建成使用"智慧食安"信息监管平台、食品配送过程中实施"五证四统一"、农村集体聚餐申报备案核查落实到位、破解"三小"难题、亮出印象盂县新名片,企业监管、农产品批发市场建立快检实验室等方面,均起到示范效应。3月29日至30日,山西省食安委验收组对创建工作进行验收。5月23日,作为正在创建全省食品安全示范县区的7个代表之一,参加《全省食品安全城市创建标准(讨论稿)》的修订会,创建经验和亮点工作受到与会人员的肯定。11月,被省食安委命名为"山西省食品安全示范县",参加在运城市召开的全省食品安全"双安双创"现场会,受到山西省省政府的授牌表彰,就创建工作中的经验做法在大会上进行交流。

盂县食品药品监督管理局被评为2017年度全省食品药品监督管理工作先进单位。

(王 峰)

【盂县获"山西省食品安全示范县"称号】 2017年11月,盂县被山西省食安办命名为"山西省食品安全示范县",成为全省首批命名的13个县(市、区)之一,也是阳泉市唯一获此殊荣的县(区)。自2015年启动创建省级食品安全示范县以来,全县各级各部门围绕"保障舌尖上的安全"战略,以食品安全"三网"建设为抓手,不断强化"地方政府负总责、职能部门各负其责、企业履行主体责任"食品安全责任体系,认真落实主体职责,强化市场监管,提高监管效力,健全长效机制。通过扎实开展创建活动,食品安全监管体系日益完善,食品安全检验检测、应急能力明显提升,食品安全主体责任和监管责任意识逐步增强,食品安全违法违规案件查处力度进一步加大,社会共治格局基层形成,切实保障全县人民群众的饮食安全。

(王 峰)

【食药安全风险隐患排查整治】 2017年,县食药局始终将食药安全风险隐患排查整治工作作为全局工作的重要内容,制定出台一系列排查整治方案,并在年初工作会上做安排。全年以"食药领域安全风险隐患百日大排查大整治"为主线,先后开展食品药品安全风险隐患排查整治专项行动,学校食堂及校园周边开学专项检查,食品、保健食品欺诈和虚假宣传专项整治,流通领域重点食品专项检查,药店诊所药品质量安全集中整治工作,美容美发机构经营使用化妆品专项整治六大项专项整治。出动执法人员10757人次,检查食品药品生产经营单位5127家次,排查风险隐患276条,提出整改意见276条,立案调查115起,罚没款28.3万元,严厉打击食品药品违法违规经营行为,净化全县食品药品市场。

(王 峰)

【"双随机一公开"监管工作】 2017年,为进一步规范全县食品药品市场执法行为,提高监管效能,盂县食药局全面推行"双随机一公开"监管工作,出台工作实施方案,制订随机抽查事项清单、市场主体名录库和执法人员名录库、随机抽查工作细则,充实并合理调配执法检查力量,不断提高监管水平,把随机抽查监管工作落到实处。分别于5月、9月和10月开展"双随机一公开"工作3次,出动执法人员436人次,随机检查食品药品生产经营企业218家,下达责令改正85份，随机抽取的检查企业名单、执法人员名单、检查结果、处理结果全部予以公示，进一步增强监管科学性和执法公正性，提升监管的公平性、规范性和有效性。

（王　峰）

【食品安全保障工作】　2017年，盂县食药局集中开展食品安全隐患大排查，对与群众日常生活密切相关和节日期间消费较大的肉及肉制品、蛋、奶、米、面、食用油、水产品等重点食品和节日特色食品，重点单位，开展重点检查，同时全面排查食品安全隐患，督促整改存在问题，对违法违规经营行为予以严厉打击，全年所有节假日未发生食品安全事件。

在盂县县委全委会暨全县经济工作会议、县人大、政协两会会议期间，执法人员深入会议各接待单位，对各单位各项食品安全制度和各环节执行情况进行检查，确保会议期间的食品安全工作。

为深入落实全县城乡卫生综合整治行动动员会议精神，配合盂县县委、县政府坚决打赢"迎老乡、庆新春、城乡环境卫生整治攻坚战"，县食药局对全县食品经营企业进行"全覆盖"监督检查，重点检查县城严管街的经营企业和临街店铺、"年夜饭"等集体聚餐承办单位、县城周边及旅游景区食品经营企业，现场检查的同时积极宣传普及食品安全知识，营造人人关注食品安全的氛围。在"五一"和"国庆"惠民旅游活动、摩旅文化节、"绿动太行"越野赛、"一山一柿"柿子文化旅游节、报国寺诵经活动、首届忠义文化彩灯美食节期间，多次召开会议，及时安排部署活动期间的食品安全保障工作，严格落实领导带班和24小时值班制度，"12331"食品药品投诉举报电话专人值守，监管人员深入各景区食品经营企业进行监督检查，严防严控食品安全风险隐患，有效保障活动期间的食品安全，完成各项活动期间的保障任务。

（王　峰）

【环境卫生集中整治】　2017年，开展城乡环境卫生集中整治，创建国家卫生城市是盂县县委、县政府的重大举措，根据盂县县委、县政府要求，县食药局制订《盂县食品药品监督管理局创建国家卫生县城工作方案》及《盂县食药局创建国家卫生县城任务分解表》，明确局长为第一责任人，确定分管领导及各部门职责、工作任务及目标。学校食堂、大型餐饮、超市、菜市场开展"场所环境整治年"活动；小型餐饮、食品流通企业开展"场所卫生整治年"活动；全县开展食品安全"六进"宣传活动。加大对"三小"企业等重点场所卫生整治工作，率先对"三小"企业较多的藏山北路和步行街所有食品生产经营企业进行专项监督检查，监督企业亮证经营，严格落实餐具清洗消毒、食品进货查验、食品留样及人员健康等制度，不得销售"三无"及变质、腐败等不符合要求的食品。通过专项检查，大部分食品生产经营企业能够合法经营，达到了量化分级管理的标准。同时，针对创建卫生县城及省爱卫办暗访存在的问题，立即召开专题会议，安排部署整改工作，同时举一反多，对全县"三小"食品生产经营企业进行"全覆盖"监督检查，督促企业对发现的问题进行整改。

（王　峰）

【执法人员学习培训】　2017年，执法人员的能力与业务水平直接关系到食品药品监管工作的效率。县食药局始终将执法人员的培训工作抓在手上，采取多种形式培训执法人员业务水平，提高执法人员监管能力。一是外出学习培训。县局先后派出20名监管人员参加国家总局高研院、中国酒类流通协会，省、市食药局组织的18次培训，带回先进的监管理念和经验。二是兄弟县区交流学习。利用省、市局组织的飞行检查和培训，加强与兄弟县区执法人员的沟通、交流、学习，借鉴、学习先进执法办案经验，提高自身执法水平。三是举办专题培训。县局先后举办执法人员培训2期，邀请阳泉市食药局执法一线领导对执法过程中的法律运用、证据采集、药品监管主要内容、医疗器械监管注意事项等进行专题辅导，进一步提升监管人员的执法办案水平和专业技术水平。四是针对市场上假冒名牌食品屡打不绝的顽疾，先后邀请洋河白酒、泸州老窖、五粮液、宁化府食醋等生产企业打假工作人员配合，对食品的外包装、标识标签、防伪标志等进行鉴定，提高问题食品产出的靶向性和精准性。 （王 峰）

【食品药品宣传活动】 2017年，县食药局先后举办了"12331"投诉举报主题宣传，"食品安全周"主题宣传，"安全用药宣传月"主题宣传，"治理虚假宣传，维护健康权益"食品，保健食品欺诈和虚假宣传专项整治主题宣传等大型宣传活动，组织开展食品药品"六进"科普宣传，参加"3·15"食品药品打假联合宣传、"安全生产月"宣传等活动，在各类宣传活动中，共出动宣传人员340余人次，宣传车30余辆次，接受咨询420余人次，展出宣传图版60块次，主要街道悬挂宣传横幅40余条。同时针对自媒体时代的特点，注重网络、微信、App等新媒体的宣传工作，先后在盂县食品药品监督管理局官方微信平台、新盂县App、盂县发布、盂县广播电视台、盂县政府网、盂县在线等媒体发布食药安全知识和工作动态1000余条，及时发布预警提示400余条，进一步普及食品药品安全知识，增强群众的自我保护意识和维权意识，社会各界参与食品药品安全的良好氛围。 （王 峰）

【食品安全监督抽检】 为进一步落实国家总局提出的"四有两责"要求，提高食品药品监管效能。盂县食药局2017年共开展食用农产品抽检240批次，抽检合格率99.6%。日常监督抽检88批次，合格率94.3%，对检测不合格的产品全部立案调查，有效提高食品药品监管的精确性和靶向性。同时，为保证食用农产品入市前安全，保障全县人民"舌尖上的安全"，县食药局在县城西关、南村两大批发市场和各乡镇监管站设置快检室，将食品安全监管关口前移，提高食品安全科学监管效能，及时发现苗头性和系统性食品安全风险，防止不合格食品流入市场、流向餐桌，从而保障人民群众食品安全。全年各项快速检测工作平稳有序开展，全县共完成650批次的食品快速检测。
（王 峰）

【药械不良反应（事件）监测】 2017年，全县药械不良反应（事件）监测稳步进行，共有30家医疗机构入网报告，入网率100%，36家药品经营企业入网报告，入网率100%，实现县城范围内监测全覆盖。全县各医疗机构、药品经营企业设立专、兼职信息报告员66名，进一步完善信息报告制度，县食药局定期依法督促各单位及时报告本单位的药品不良反应信息。全年药品不良反应报告215例（其中严重不良反应4例、新的不良反应18例、其余193例均为一般不良反应），有效发挥监测"哨点"作用。
（王 峰）

【投诉举报系统中心】 投诉举报中心作为食品药品监督管理部门的重要窗口，承担着解决群众诉求的重要作用，县食药局始终高度重视此项工作，10月开始，县（区）食品药品投诉举报系统将正式投入使用，投诉举报信息接收与流转工作由市局调整到县局，为规范全县食品药品投诉举报信息接收与流转程序，全面提升人员工作技能，县局选派2名素质高责任心强的工作人员到市食品药品投诉举报中心进行短期培训，专职负责投诉举报工作，完善配套的设施设备，为工作开展提供基础性保障，使投诉举报热线的功能充分发挥。全年共受理投诉举报72起，回复率100%，做到投诉举报有报必查、有案必果、有诉必馈。 （王 峰）

人口和计划生育

【人口和计划生育指标完成情况】 2016年10月至2017年10月,盂县总人口321720人,全县共出生2579人,出生率8.03‰,其中计划内一孩1201人,计划内二孩1241人,计划内三孩43人,计划外一孩4人,计划外多孩87人,符合政策生育率96.36%,自增人数1262人,自然增长率3.93‰,死亡人数1317人,死亡率4.10‰,本期领取独生子女证人数670人,领证率43.79%,综合避孕率87.71%,采取各种节育措施71例,宫内节育器68例,出生性别比104。 （李姝芬）

【计生家庭"4+2"奖励扶助对象】 2017年,计生家庭"4+2"（省级奖励扶助4项、国家级2项内容）奖励扶助对象全部落实到位,全县奖扶对象分别为独生子女父母奖励对象17691人、金额1032.79万元,退二孩指标69户、金额26.9万元,双女绝育1户、金额5000元,独生子女死亡或伤病残一次性补助6户、金额3万元,国家奖扶对象1539人、金额147.74万元,国家特扶对象38人、金额20.04万元,奖扶资金共计12309740万元。 （赵丽）

【计划生育目标责任管理】 2017年,盂县卫生和计划生育局按照《关于在党政领导干部选拔任用中做好计划生育审核工作的意见》,严格按程序审核干部任用人选102名,其他各类审查590人,开具各类计划生育证明审查139人。 （李姝芬）

社会生活

人民生活

【概况】 2017年，盂县居民可支配收入18849元，同比增长6.8%。其中城镇居民人均可支配收入29431元，同比增长6.2%，低于全国、全省0.3%，低于全市0.2%，排全市第四；农村居民人均可支配收入12937元，同比增长6.3%，分别低于全国、全省、全市1%、0.7%、0.2%，排全市第三。 （郝丽花）

【城镇居民生活】 2017年，盂县县委、县政府大力促进居民就业，完善各项社会保障制度，努力提高居民收入水平，推动全县居民收入水平逐步提高。

城乡居民收入增长趋缓。盂县城镇居民人均可支配收入29431元，同比增长6.2%。分类别看：人均工资性收入17601元，同比增长6.1%；人均经营性收入3704元，同比增长4.2%；人均财产性收入3156元，同比增长5.4%；人均转移性收入4970元，同比增长8.7%。

城乡居民生活消费支出呈上升趋势。盂县城镇常住居民人均现金消费支出13544元，同比增长28%。 （郝丽花）

2017年盂县城镇常住居民家庭消费支出情况表

表12　　　　　　　　　　　单位：元、%

指标	绝对值	比上年增长	消费结构
消费支出	13544	28	100.00
食品烟酒	3216	8.7	23.74

续表

指标	绝对值	比上年增长	消费结构
衣着	1366	15.2	10.09
居住	1903	61.3	14.05
生活用品及服务支出	883	32.6	6.52
交通通信	2208	16.1	16.30
教育文化娱乐	1712	9	12.64
医疗保健	2038	119.4	15.05
其他用品和服务	218	14.1	1.61

【农民生活】 2017年，盂县县委、县政府关注"三农"问题，大力发展现代农业，推进农村二、三产业发展。落实精准扶贫、惠农补贴、煤炭补贴等政策，助力农村居民经营净收入增长。农村居民人均可支配收入12937元，同比增长6.3%；人均工资性收入7263元，比上年增长6.2%；经营净收入2681元，比上年增长4.4%；财产性收入679元，比上年增长5.1%；转移性收入1954元，比上年增长6.9%。全年共实现减贫人口1295户、2980人，整村脱贫贫困村个。其中：产业脱贫864户、1986人；易地搬迁脱贫50户、161人；教育扶贫14户、52人；生态补偿脱贫95户、227人；社会保障兜底脱贫172户、514人，农村低保标准3696元，高于同期扶贫标准496元。发放农村低保金3811.47万元，支持保护种补贴资金共2369.16万元。 （郝丽花）

社会保障

社会保险

【城镇职工基本养老保险】 2017年，盂县坚持落实社保政策，强抓扩面征缴，改善服务民生，促进社会和谐稳定。城镇职工基本养老保险企业参保人数23123人，完成任务数的101.6%。其中，企业职工缴费人数15715人，完成任务数的100%，企业基本养老保险基金征缴收入19088万元，完成任务数的187.1%。盂县城镇职工养老保险中心供养的离退休人员及遗属人员共8461人。其中离退休7408人，遗属1053人。企业新增退休567人，退休职工死亡147人。共为企业离退休人员支付养老合计26300万元。企业养老保险基金累计结余3.23亿元。企业养老保险基金累计结余够一年支出，养老保险基金支撑能力尚未减弱。在扩大城镇职工基本养老保险企业参保人数的同时，开展企业离退休及抚恤人员养老金资格认证和清理欠缴养老保险费工作。盂县城镇职工养老保险中心共验证企业离退休及抚恤人员8150人，认证率96%。其中，通过手机视频验证282人，微信验证137人。清理回欠缴养老保险费1788万元，涉及单位37家，涉及退伍军人673人。（张瑞霞）

【医疗生育保险】 2017年，盂县人社局在医疗生育保险方面做了大量工作。一是多项指标超额完成。全县城镇职工参保人数34053人，完成全年任务数的119%；城乡居民参保人数242235人，完成全年任务数的104.1%；城镇职工医疗保险基金征收8048万元，完成全年任务数的117%；职工生育保险参保人数28060人，完成全年任务数的100.1%；职工生育保险基金征收389万元，完成全年任务数的194.5%；城乡居民征收基金4448.4万，完成全年任务数的127.5%。二是城乡居民医保实现市级统筹全覆盖。主要采取以下措施：县政府召开2018年度参保缴费工作动员会，与有关单位签订责任状；完成特殊人群信息导入。将建档立卡贫困人员、低保等五类特殊人群共36049人作为第一批参保对象导入医保系统；完成参保缴费设备安装。在全县14个乡镇453个行政村10个居委会安装流动设备，确保参保人正常缴费；做好全县在校学生参保缴费工作。全县共有中小学生3.2万余人，工作人员将联系电话公布在各乡镇、各村、各学校、各社区，建立参保缴费群，随时解答操作人员遇到的各种问题。三是全面开展县乡医疗一体化建设、医保基金打包付费工作。县政府召开医疗集团打包付费推进会，工作人员将医疗集团三年数据进行汇总，并与医保系统进行比对，按时完成工作任务。四是加大创卫工作力度，确保创卫工作实效。2017年度新型农村合作医疗参合率99.8%，高于全省平均水平，达到了创建国家卫生县城标准。（武中平）

【失业保险】 2017年，盂县有22515人参加失业保险，完成市局任务的100%。征收失业保险费1061万元，完成市局任务的177%。私营企业新增参保人员146人。加强对参保单位的稽核检查，实地稽核参保单位61户，下达稽核情况通知书、社会保险费催缴通知书55份，进一步规范企业参保缴费行为，避免参保单位少报、漏报参保人员，以及少缴、漏缴失业保险费。加大失业保险费清欠力度，加大催缴力度，强化基金征缴，清理历年欠费555万元。盂县领取失业保险金失业人员267人，共为3195人次发放失业保险金473.3万元，代缴医疗保险金71.5万元。失业人员都按时足额领取了失业保险金。（赵向东）

【工伤保险】 2017年，盂县工伤保险累计参保人数51313人，完成年度目标任务数的106%；基金收缴1690万元，完成年度目标任务数的137%；待遇支出1495万元。对标

社会生活

全市各县区，盂县工伤保险参保人数完成情况位列全市第一。基金征缴收入完成绝对数全市县区排名第一。继续完善工伤事故备案制度。加强工伤职工住院情况和工伤医疗费用的稽核，共受理事故备案 165 起，各项业务稽核 87 次，接访用人单位和工伤职工及其家属业务咨询 400 人次，受理各项工伤保险待遇申报 250 人次，审核支付 1495 万元。

（赵 华）

【城乡居民基本养老保险（农保）】 2017 年，盂县城乡居民养老保险涉及全县 14 个乡（镇）及城镇办事处 453 个行政村 10 个社区，收缴保费工作基本完成，全县城乡居保实现参保 144160 人，完成市下达任务数的 100%。城乡居保征缴保费 1780.94 万元，完成任务指标数的 114%。城乡居民基本养老保险 60 周岁以上领取养老金人数 44378 人，共发放养老金 4767 万元，均按时足额发放，发放率 100%。在开展城乡居民基本养老保险（农保）工作中，全面实行社保卡代扣代缴。至年末，参保人员社保卡激活与保费充缴工作基本完成，实现资金和社保卡信息的现代化管理。盂县全民参保人员共导出 312667 人，成功登记导入 283408 人，其中核对数据导入成功 258956 人，入户数据登记成功 30565 人，入户率达 96%。 （赵福生）

【机关事业养老保险】 2017 年，盂县参保单位和应参保人数 100% 完成。养老金目标任务 2.8 亿元，完成 2.9 亿元，超额完成 3%。机关事业单位人员参保工作完善提速。 （刘贵清）

【"源头化解"专项行动】 2017 年，按照省人社厅、市人社局、县委和县政府的安排部署，县人社局开展重点问题"源头化解"专项工作。涉军人员"源头化解"专项行动分两个阶段开展。第一阶段是 3 月初到 4 月底前，主要针对企业军转干部、企业志愿兵（士官）欠薪欠保和再就业帮扶开展工作。第二阶段是 5 月 8 日至 5 月底，对所有军队退役人员欠薪欠保清零、落实再就业帮扶。全县共涉及欠薪 247 人，欠保 739 人，总计清理欠薪 458.85 万元，欠保 1879.71 万元，圆满完成省、市、县交办的工作任务。 （陈晋成 郭莉达）

劳动就业

【劳动就业与劳务输出】 2017 年，盂县人社局狠抓劳动就业与劳务输出工作。全县实现城镇新增就业 4026 人，创业带动就业 1004 人，失业人员实现再就业 2105 人，就业困难人员实现就业 352 人，农村剩余劳动力转移 4194 人，城镇登记失业率 3.47%，劳动合同签订率 98.5%，劳动用工备案率 95.2%。一是发挥人力资源市场作用，开展各种专项招聘活动，为下岗失业人员、就业困难人员、大中专毕业生和农民工提供就业服务。共举办规模不等的招聘会 9 场，有 69 家县内外用人单位前来招聘，搜集整理用工信息 450 条，通过活动达成就业意向 400 余人，开展职业介绍 2600 余人、进行职业指导 1600 余人、办理求职登记 1600 人、失业登记 182 人、代办退休代缴社会保险 1500 人、就业失业登记证发放 1432 本，其中就业 579 人，失业 182 人，求职 869 人，城镇就业再就业人数 543 人，农村富余劳动力就地就近和向外转移共计 3901 人，完成城乡就业总人数 4444 人，农村贫困劳动力 5244 人，实现就业 1133 人。二是发挥职业培训的主渠道作用，开办职业技能资格鉴定培训班。开办技能培训 12 个班，共 727 人。开办创业培训 7 个班，共 210 人。299 名学员参加了职业技能鉴定。三是抓好盂县创业孵化基地和创业园区建设。建成创业园区 3 个，创业孵化基地 2 个，创业带动就业 960 人，创业带动就业取得明显成效。四是实行小额担保贴息贷款促创业。县失业保险中心利用有限的担保基金，在做好手续齐全的基础上，侧重对（方）担保人严格把关，做到每贷一笔资金后,上门跟踪服务,了解资金运行情况,累计发放小额贷款1695万元,带动146人就业,促进了县域经济快速发展。

(聂为颖 侯彩云)

信访仲裁

【劳动监察与劳动仲裁工作】 2017年,盂县人社局信访调解仲裁股、劳动保障监察执法队依据《中华人民共和国劳动法》和《劳动保障监察条例》等法律法规,以构建和谐稳定劳动关系为主线,以维护劳动者合法权益为重点,协调各类社会群体的利益关系,促进劳动关系和谐稳定。一是开展清理和规范人力资源市场秩序专项执法检查活动。二是确保农民工能够足额领到工资。三是开展劳动保障监察年审工作。四是加强劳动保障日常巡查、上门送政策等服务工作。信访接待投诉50起,投诉转办案件22起,立案28起,涉及人数609名,涉及金额480.274万元,结案率100%,劳动仲裁立案52起,涉及人数395名,涉及金额1456万元。

(赵福平 韩建青)

救助救济

【城乡社会救助工作】 2017年,城乡低保再次提标,城市低保标准为每人每月487元、农村低保标准为每人每月308元。农村低保年标准达到3696元,超出了2017年扶贫标准3200元。

城乡低保金按月发放,并改变以往分发乡镇农商银行代发的方式,7月开始由县财政社保专户统一社会化发放。至年底,农村低保保障对象9472户15085人,累计发放低保金3811.47万元;城镇低保对象3206户6691人,累计发放2380.59万元。

农村五保供养工作按季审核,供养金按季发放,按照分散供养每人每年3400元、集中供养每人每年6400元的标准,发放2797人全年五保供养金1048.8万元,其中集中供养327人,分散供养2470人。发放丧补费171人61.4万元。11月份执行上级提标政策,分散供养标准为5400元/人/年,集中供养标准为7900元/人/年。发放提标补助530.83万元。

做好农村低保等社会救助政策与扶贫政策有效衔接,将符合条件的困难群众纳入救助范围。截至年底,建档立卡贫困户同时享受低保的1224户1908人,月救助金额42.78万元,全年共486.06万元。其中2017年新增低保199户352人。2017年以来建档立卡贫困户享受临时救助297人,24.20万元;享受医疗救助46人,21.11万元;享受五保供养待遇的54人。

(王 伟)

社会福利

【发展农村养老服务事业】 2017年,盂县继续开展农村老年人日间照料中心建设,按照市下指标、乡镇申报、实地察看,3月盂县筛选确定了南娄镇西南关村等20个新建项目,并于4月部署开工建设。涉及10个乡镇,总计建筑面积4573平方米,总投资296万元,其中上级补助200万元。民政局积极做好初期部署和培训,以及建设期间的检查指导,确保建设规范开展,具备应有农村老年人养老服务功能。11月底全部完成建设任务。到年底,盂县共建成125个农村老年人日间照料中心。(王 伟)

【公积金归集】 2017年,公积金归集率进一步提高。截至年底,全县累计参加住房公积金职工19187人。2017年的全年归集住房公积金1.01亿元,支取住房公积金2629万元,发放公积金贷款2930万元,累计归集7.602亿元。

(韩晓瑞)

文物　旅游

文　物

【概述】 2017年，盂县文物旅游局按照"保护为主、抢救第一、合理利用、加强管理"的要求，开展一系列文物保护工作。一是做好不可移动文物的维修保护。二是地下文物考古发掘抢救工作有新进展。三是配合有关部门做好涉及文物保护的相关工作。四是加强流散文物管理，做好文物征集工作。截至年底，全县文物古迹有368处，其中县级以上重点文物保护单位58处，大王庙、府君庙、坡头泰山庙、藏山祠4处为国家重点文物保护单位；水神山烈女祠、宋钟、西盂北泰山庙和三圣寺4处为省重点文物保护单位；大宋和乌玉为中国传统古村落。

（王会忠　王　杰）

【不可移动文物维修保护】 2017年，盂县文物旅游局推进不可移动文物的维修保护工作。一是争取省级重点文物保护单位三圣寺的立项、方案审批和项目经费80万元，聘请省市文物专家对工程进行论证，工程于9月开工维修，至年底完成总进度的60%：西墙垒砌完成，梁架校正，柱子墩接，墙体挖补和望砖铺砌完成，护板灰、清灰被完工，格扇、门窗装修工程收尾。二是争取上级资金，国保单位坡头泰山庙、府君庙、大王庙及省保单位西盂北泰山庙的后续维修养护工程。三是完成坡头泰山庙护坡抢险工程，指导和资助完成铜炉村文殊寺戏台、鹿峪村观音阁、皇后村泰山庙的抢救性维修工程。

（王会忠　王　杰）

【地下文物考古发掘抢救工作】 2017年，盂县文物旅游局开展地下文物考古发掘抢救工作。一是配合山西省考古研究所对山西国际能源裕光煤电盂县电厂2×100万千瓦发电项目工地进行考古发掘。发现明清墓葬300余处，截至年底清理发掘283处。二是完成上曹村金代墓葬及佛像窖藏发掘的前期准备工作。三是配合有关部门做好涉及文物保护相关工作。四是配合国土部门对各类矿产资源采矿权登记和采矿证延期的文物核查保护工作，并出具核查意见。五是配合省市文物部门对县境内长城遗址进行全面核查调研，确定长城保护员，并发放保护员补助。

（王会忠　王　杰）

【文物捐赠】 2017年8月28日，盂县文物旅游局举行"高飞先生贺盂县博物馆落成藏品捐赠仪式"。此次共捐献藏品38套53件。藏品时代跨度大，涵盖新石器时代到明代。藏品类别包括壶、盘、瓶、钵、灶、炉、仓、陶俑等，质地有瓷、陶、玉、青铜器等。高飞，盂县籍人士，爱好收藏20余年，曾于2015年捐赠山西省博物院藏品30余件，并受到嘉奖。此次义捐充实了盂县馆藏文物，丰富了文物藏品内涵，同时为盂县未来博物馆开馆布展奠定了基础。

（王会忠　王　杰）

旅　游

【概述】 2017年，盂县文物旅游管理局围绕"推进创建全域旅游，建设宜居宜业宜游盂县"的工作目标和"一年搞规划、二年打基础、三年见成效、五年大变样"的发展思路，把做大做强旅游产业作为调结构促转型的战略性支柱产业来培育和扶持。以"仇犹故里、忠义藏山、清凉盂县"为宣传主题，开展县域旅游形象宣传推广；以创建晋东地区和全省全域旅游示范县为统领，做好资源调查和全域旅游规划编制；以北部四乡镇率先发展为牵引，加快旅游公共服务和基础设施建设，全县旅游事业步入良性发展轨道。2月26日上午，由太原铁路局和盂县县委、县政府主办，太原盂县商会、北京高和传媒公司和县旅游局承办的"盂县号"高铁冠名列车首发仪式在阳泉北站举行。通过高铁全方位、多形式（包括海报、广播、LED显示屏、列车电视、车门贴、小桌贴、头枕巾）的有机组合，开展品牌形象和产品推广，实现城市形象、旅游品牌、线路传播的联动行销，打造强势的旅游销售专业平台，扩大盂县旅游的知名度和影响力。截至年底，盂县有开放和在建的景区景点11处，国家AAA级以上景区3处，国家、省级休闲农业和乡村旅游示范点9处。盂县先后被评为全省"休闲农业和乡村旅游示范县""旅游综合改革试点县"，跻身"全省旅游重点县"行列。全县游客接待量、旅游经济总收入年均增长25%以上。全县旅游对外开放树立新形象，一年搞规划、二年打基础的工作目标初见成效，旅游景区景点的规模效益明显提高。

（孙支军　王　杰）

【全域旅游规划编制完成】2017年7月，《盂县全域旅游发展规划》《盂县北部四乡镇连片旅游专项规划》的编制工作完成规划评审稿。先后通过阳泉市旅发委主持的专家评审，经盂县县政府常务会议研究通过，再次听取"两代表一委员"、各乡镇、相关部门、景区景点、社会人士的意见建议，待通过后续相关程序后实施。《盂县全域旅游规划》提出发展全域旅游的"盂县模式"，打造"人文山水度假生活目的地"的总体定位；提出近期中期远期"发展目标"，保障规划落地实施"五大措施"，指出着力打造"一脉络一核心两片四区"的发展空间布局和功能区域划分。（孙支军　王　杰）

【旅游公共设施建设】2017年，盂县文物旅游局积极争取上级基础公共设施建设资金，扶持旅游公共服务和基础建设。一是扶持旅游公共服务和基础建设，在争取国家产业发展基金上求突破。先后向国家农发行争取到第一批、第二批旅游产业发展基金2400万元和6900万元，分别用于水神山二期项目、梁家寨生态旅游区项目配套基础设施建设。二是在争取上级旅游专项资金上求突破。争取到省级乡村旅游文化扶持资金、旅游厕所扶持资金200余万元，用于全县13个旅游景区和乡村旅游点的旅游文化设施、旅游厕所建设。三是在县财力旅游基础投入上求突破。专项用于新闻媒体宣传、高铁动车宣传、旅游推介活动、旅游假日促销及基础建设等旅游宣传推广投入就达600万元。四是激励旅游景区景点加大旅游公共和基础建设配套投入。梁家寨生态旅游区项目完成游客服务中心规划、用地审批等前期工作，温泉提升改造、游客服务中心、大汖古村开发等基础已投入2000余万元。藏山景区投入400余万元用于旅游厕所新改建、停车场规范整治及莲花寺区域修缮；水神山景区投入2000万元用于游客服务中心、旅游厕所、月亮湖、道路绿化、塔院、经院修建；奕丰生态园投入约3000万元用于旅游厕所、停车场和园区道路建设，引进四川自贡非遗文化彩灯展、台湾美食餐饮和马戏表演，新建滑草场、植物迷宫、骑马、钓鱼岛等项目；藏山翠谷投入800余万元用于游客服务中心、生态停车场及农庄旅游厕所、游乐设施、VR体验、高科技游乐项目及引进采摘新品种等；雁子崖景区投入400余万元用于旅游厕所、停车场、休闲广场、观景平台、农家乐等建设；尖山景点投入60余万元用于游步道、休憩亭、绿化工程建设。

（孙支军　王　杰）

【县域综改和景区机制创新工作】2017年，盂县文物旅游局按照县委、县政府和上级旅游部门旅游改革创新要求，着力抓好景区机制创新和县域综改工作。一是抓综改试点。按照山西省政府对11个试点县区旅游综合改革试点要求，明确提出从财政、投资、土地、金融等方面对旅游开发经营予以重点倾斜的政策，并逐步实施；启动旅游管理机构改革和综合执法队伍建设前期工作；将县旅游资源向社会开放，动员和激励国有企业、民营经济和社会资本转型投资旅游业。县晋盂煤业集团设立奕丰旅游开发公司，控股梁家寨生态旅游区项目，以温泉为核心，对9个子项目实施整体规划，逐次开发，2017年大夗古村完成一期建设，首次对外开放迎客。坚持"规范化经营、市场化运作、企业化开发"原则，推行"公司加基地加农户"的科学模式，向大夗温泉、藏山翠谷、雁子崖、忠义园等景区景点引进民营企业进行开发，实现两权分离，激活景区活力。二是抓机制创新。加快推进3家A级景区机制完善和创新提升，上半年基本完成机制创新工作任务，通过省市验收。AAA级景区奕丰生态园通过推进机制创新，积极寻求团队合作和宣传营销创新，与县外3家企业合作，开展游乐项目引进、梦幻灯光秀展示和举办花灯节庆活动。

（孙支军　王　杰）

【首届"忠义文化彩灯美食节"】 2017年9月30日晚，首届"忠义文化彩灯美食节"在华北奕丰生态园开幕。彩灯美食节以"绿海花都，多彩奕丰"为主题，国家级非物质文化遗产——"自贡彩灯"全国巡展首次在此展出。灯展共设8个展区，由40组大型彩灯和6万余平方米的满天星灯光组成。奕丰生态园被装扮成灯的海洋，用灯光技术打造的"千纸鹤""梦幻树""花团锦簇""永恒"等造型各异的主题彩灯在园区内精心布置，形成璀璨的灯光景观，为广大游客带来别样的视觉盛宴。游客除了在华北奕丰生态园欣赏灯展外，还能品尝特色美食，观看马戏团表演，体验休闲垂钓、骑马滑草等。活动吸引大量市民和县外游客，八日共接待游客11.92万人次，收入530多万元。在10月5日山西省旅发委黄金周信息通报中，奕丰生态园花灯展作为国庆新亮点上榜。

（孙支军　王　杰）

【文化创意节庆活动】 2017年，盂县首次将春节、清明节、端午节、重阳节假日等作为旅游假日打造和运作，举办多项旅游促销活动。重点景区景点每个节假日都要推出主题活动和优惠措施。五一假日期间，在6个景区景点、8个乡镇分别举办各具特色的旅游文化活动，实现游客接待量12.5万人次，同比增长50%以上。举办藏山景区文化创意嘉年华、"5·19中国旅游日"主题活动，吸引大量县内外游客。国庆黄金周，举办"旅游文化周惠民活动"，实现游客接待量大幅增加，达到21.57万人次，同比增长113.6%。

（孙支军　王　杰）

【"旅游+""+旅游"模式助力盂县旅游】 2017年，盂县通过"旅游+体育"，参与承办"星耀摩旅清凉盂县"首届摩旅文化节，来自省内外1000余名摩托运动骑手走进盂县，体验盂县，新华网前期进行宣传并全程直播节日盛况，点击率达到百万人次；参与承办仙人乡里山南村"仙人指路、绿动太行"越野跑邀请赛旅游活动；指导尖山景点加快自行车赛道、登山步道、自驾游营地规划设计和前期建设。通过"旅游+农业"，参与承办梁家寨乡柿子文化旅游节、仙人乡垴上红薯节、秀水镇首届荞麦花旅游节、孙家庄镇"魅力孙家庄、美丽王炭咀"等活动，注重包装建设9家国家和省级休闲农业和乡村旅游示范点，奕丰生态园、藏山翠谷、王炭咀、垴上等示范点一期建成对外开放。通过"旅游+文化"，参与承办水神山旅游文化节、梁家寨乡大崔家庄河灯节、水彩中国行走进梁家寨艺术节、仙人物资交流文化活动、上社镇首届"趣味垂钓/行摄乡村/品味绿色"旅游文化节、下社乡垂钓美食旅游文化节。通过"旅游+扶贫",围绕北下庄乡崔家庄村等5个国家旅游产业扶贫村(含3个贫困村、两个低收入村)开展工作,争取到上级产业扶贫资金,扶持旅游产业项目基础建设,帮助贫困村和贫困群众通过乡村旅游再就业;通过宣传推广、招商引资和协助乡村举办文化创意节庆活动,带动贫困村农特产品销售,带动贫困人口实现脱贫增收,崔家庄村等通过旅游产业带动已实现稳定脱贫。通过"旅游+互联网",在大崰温泉、藏山等重点景区率先实现免费wifi等网络功能全覆盖。通过"旅游+产品开发",加快旅游商品纪念品开发和包装推广力度,上社镇"谷味天"、梁家寨乡"晋农之窗"旅游产品加工展销基地建成投用,北下庄乡尖山毛尖茶加工企业建成试生产。

(孙支军 王 杰)

【旅游市场秩序综合监管】 2017年,盂县文物旅游局强化旅游市场秩序综合监管,进一步优化旅游发展环境。一是立足普法教育,学习宣传《旅游法》及相关法律法规,营造旅游产业发展的法治环境。共计开展专项宣传活动10余次,发放宣传资料2万余份。二是依法规范旅游市场秩序,倡导文明旅游。探索建立健全旅游市场联合监管机制、旅游投诉受理机制。平均每月至少3次到旅游企业进行市场秩序检查,发现违规经营行为及时处理。在旅行社用车规范、A级景区漂流项目、景区景点环境整治、标准化提升等方面进行定期不定期的联合检查。三是严格安全生产督查监管。落实盂县政府安全生产目标责任制和上级部门行业要求,将工作任务分解细化到基层和项目单位,推行旅游项目乡镇"属地管理"机制,确保安全责任落到实处。建立起旅游与安监、工商质监、消防、食监、林业等部门协调配合机制,做好安全隐患排查治理,维护行业和谐稳定局面。突出抓好旅游假日安全工作,建立景区游客最大承载量上报和旅游旺季景区游客流量监管公示制度,重点搞好旅游方面的护林防火、消防、游乐设施、人员聚集地段安全和景区内重点文物单位防火、防盗、防破坏的安全措施,年内未发生任何旅游安全事故。

(孙支军 王 杰)

乡镇、社区简况

秀水镇

【概况】 秀水镇地处盂县县城,是县政府驻地和盂县政治、经济、文化、商业、交通中心。总面积48.25平方千米,全镇辖30个行政村。截至2017年底,农业人口35196人,常住人口10万余人,耕地面积1364.4公顷(20466亩),林地面积1600公顷(24000亩)。全镇财政收入7322万元,完成年度预算任务104.75%;一般预算收入2501.02万元,完成年度预算任务103.95%,固定资产项目投资累计完成9.7亿元,规模以上工业增加值完成7200万元。

(马 锐)

【东兰村整体拆迁改造项目】 2017年,盂县县委、县政府决定对秀水镇东兰村进行整体改造建设,由盂县人民政府组织实施,采用PPP模式,引入社会资本进行合作,按照规定程序和相关标准,拆迁村民住宅和建设安置房。安置房建设由PPP中标单位山西二建负责实施。项目7月准入财政部PPP项目库,前期项目立项文件、可研报告、项目实施方案、物有所值论证报告、财政承受能力论证报告、政府批复文件、项目框架合同、项目公司股东协议、招标文件已全部准备就绪。年内拆迁323户,146个院落。拆迁面积23398.17平方米,直接拆迁费3580万元。项目框架合同正式签订。东兰村整体拆迁及配套设施PPP项目,政府跨年度财政支出责任纳入县政府中期财政规划的审核意见。所需建设用地资料准备就绪,正在报批。项目规划设计方案已准备就绪,提交县政府规划委员会审批。

(马 锐)

【乡村旅游初步规划】 2017年,秀水镇发展乡村旅游,全方位挖掘创优全镇乡村旅游品牌。一是依托盂县历史底蕴,打好文化牌,走好"旅游+文化"之路。非物质文化遗产牛斗虎、二鬼摔跤等,还有乡村特有的庙会、集市以及手工制作、民俗体育等,都充分展示秀水镇的历史文化和民俗文化。开发乡村旅游,对这些特殊文化加以充分利用,让游客感受秀水特有的文化风情。二是依托蒙古民族风情园,打好民俗牌,走好"旅游+民俗"之路。东白水村作为全省唯一一个蒙古族聚居村,拥有独有的风俗、民俗。秀水镇把东白水蒙古族风情园建设作为2017年发展旅游的重要举措来抓,将风情园打造成为集民族特色餐饮、娱乐、休闲为一体的旅游景点。三是依托地理区位优势,打好农业牌,走好"旅游+农业"之路。把乡村旅游和农业发展相结合、与农村合作社种植养殖相结合,打造一批集观光、采摘、餐饮、娱乐、休闲为一体的"开心农场"项目和以现场采摘、现场制作、当场体验为内容,培育壮大"自家人""自由乐"项目;围绕水神山植物园和高城山森林公园,以城郊观赏的模式引申乡村旅游发展。

(马 锐)

【经济发展】 2017年,秀水镇经济发展取得实效。在农业上,以苗圃、核桃、蔬果、畜禽四大产业建设为突破口,培育壮大核桃业、林果业、养殖业三大主导特色农业,发展有机无公害绿色蔬果、花卉苗圃和竹柳种植等新兴产业。立足农业资源优势,紧紧围绕秀水特色农产品,加快特色化、规模化、产业化建设步伐,鼓励引导各村按各自资源优势发展农业,初步形成西城武村新布衣蔬菜采摘园、姜村华安生态园、北庄水果采摘园和南村生猪养殖基地、泥河一道沟药材和竹柳种植基地的"三园两基地"产业格局。在工业上，着力培育主导产业，对哈德托普华亨铸件有限公司等明星企业旗帜鲜明地加以引导，积极利用全省上下促进民营企业发展的各项有利政策，强化科技创新能力，树立产品品牌，促进企业做大做强，推动产业升级，力争将"磁材＋铸造"打造成秀水镇具有较强影响力和竞争力的工业产业链。在第三产业上，坚持市场化、产业化、专业化取向发展，"两街两区"的建设基本完成，形成产业效益。西关步行街特色鲜明，更新改造之后，效益更加明显；站前街市场已开始对外营业。建材市场的从业人员达到1600人，年营业额达亿元；蔬菜批发市场从业人员达到550余人。

（马　锐）

【安全管理】 2017年，秀水镇开展春季打非治违专项行动及安全生产大排查大整治专项行动，排查各类企业、场所200余处，发现并消除各类隐患140余处，保证了全镇生产安全。构建防控体系，对重要节点和重要地段全方位监控，无重大事故发生，保障人民群众生命财产安全。开展安全稳定风险隐患大排查大整治专项行动，对全镇的风险隐患进行大排查大整治，共排查出各类风险隐患矛盾10项，并完成整改。深入推进新一轮平安创建及"六安联创"活动，延伸平安建设触角，拓宽平安建设的覆盖面，为全镇经济社会的快速发展创造安全稳定的社会环境和人民满意的服务环境。

（马　锐）

【信访维稳工作】 2017年，秀水镇相继开展涉纪领域源头风险稳定化解专项行动、城乡建设领域信访问题源头化解专项行动，完善相关台账，对涉及的重点人员采取措施进行源头稳控，全镇信访维稳大局保持平稳态势。共涉及30个信访案件（不包括重复件和大排查大整治风险隐患矛盾），年内办结29件，正在办理的1件。在全国两会、"一带一路"峰会、十九大期间以及涉军人员的稳控工作中，镇村两级针对有可能造成不稳定因素的人员实行专人跟进，随时掌握其思想动态，未发生大规模的群体上访事件，稳控率达到100%。

（马　锐）

【"两个责任"落实】 2017年，秀水镇党委和镇纪委通过"四个抓手（抓党员干部日常教育、抓制度管理、抓案件查办、抓案例分析）"，提高全镇干部职工党风廉政建设责任意识，严肃制止个别村在"三资（农村集体经济中的资金、资产、资源）"管理、"六议两公开（村级重大事务采取由村民小组提议、村党支部初议、村'两委'商议、驻村干部参议、村'两个代表议事会'评议、村民大会决议，议事过程公开、议事结果公开）"等方面的不规范操作。年内共受理涉纪信访案件总数26件（其中重复件数19件），1件立案了结、3件谈话函询、2件直接了结，1件初核；镇纪委落实党内监督制度和问责，函询3人，给予党政处分6人，责令书面检查1人。切实保证工作纪律，着力解决了一些工作人员"可以为"但"不作为"的问题，懒政怠政的现象得到根治。

（马　锐）

【环境整治】 2017年，秀水镇开展"铁腕治污行动"，认真做好重污染天气应对，制定重污染天气应急预案，严格按规定及时启动预案，及时传达调度指令，及时落实错峰生产。对全镇范围内"小散乱污"企业进行集中取缔。截至年底，涉及全镇小散乱污企业21家，全部取缔关停；县城建成区内4家燃煤锅炉全部拆除；秀水镇15个村的煤改气工作，户内安装完成8村，共计1600余户。

（马　锐）

【党建工作】 2017年，秀水镇党委始终将"两学一做"学习教育作为深化党员干部教育、提升党员干部思想政治素质的重要工程、核心工作来抓。一是认真学习十九大精神、习近平总书记系列重要讲话精神，学习领会省、市、县关于推进"两学一做"学习教育常态化制度化和维护核心见诸行动主题教育精神实质,把握深刻内涵、指导实践推动工作,每周四安排镇机关全体党员干部参与集中学习,学习中做到有计划、有笔记、有体会。全年组织党员干部参加集中学习研讨1371人次,开展"党员先锋行"主题实践活动1371人次,开展主题党日活动1371人次,党组织书记"七一"讲党课35人次,取得良好的学习效果。二是增强"四个自信"和"四个意识",特别是核心意识和看齐意识,坚决维护核心、拥护核心,始终在政治上、思想上、行动上与中央和省、市、县委保持高度一致。三是认真践行社会主义核心价值观,在党员干部中开展"一个带头三个榜样"主题活动,在全镇倡导"四好三光荣",进一步激发党员干部和人民群众干事创业的精气神。积极开展多次领头雁培训,以专题讲座、辅导报告、座谈交流、集中学习等培训方式,加强对村支两委主干富民惠民政策、农业科技、法律法规及基层工作方法等培训,进一步提高领导农村工作的能力和水平。同时加强对村级后备党员干部的培养和管理,不断提高思想政治素质和实际工作能力,为农村干部队伍持续发展奠定基础。各村后备人才69人,其中党员40人;开展基层党组织书记培训书记培训156人次,新党员培训42人次,党员创业就业技能85人次。

(马 锐)

孙家庄镇

【概况】 孙家庄镇位于盂县城东部延伸段,总面积84平方千米。下辖31个行政村,总户数8372户,总人口27567人,耕地面积2196.73公顷(32951亩)。其中农业人口20336人,非农业人口7231人。2017年,全镇财政收入完成2046.56万元,完成年计划的113.96%;一般预算收入完成854.13万元,完成年计划的132.63%。

(赵欣欣)

【党的建设】 孙家庄镇党委下设37个基层党组织,其中农村党支部31个、机关支部6个,截至2017年年底,共有党员1017名,其中农村党员827名、机关党员200名。按性别结构划分:男888名、占86%,女139名、占14%。按年龄结构划分:35岁以下122人、占12%;36—60岁459人、占45%;61岁以上446人、占43%。按文化程度划分:高中及以上387人、占38%;初中文化590人、占57%;小学及以下50人、占5%。

年内,镇党委以落实全面从严治党要求为主线,深入学习党的十九大精神、引申"两学一做"、推进"三基建设"、推进"两委"换届,选配"两委"班子、遵循党章党规,加强制度建设,严格执纪问责,着力全面从严治党。全镇基层党组织共组织集中学习518次,书记带头领学十九大精神和党课74次,开展专题大讨论74次,组织典型学习座谈37次,观看各类影视教育片101次,举办《党章》考试37次,机关党员人均撰写心得体会2篇。(张 欣)

【现代农业发展】 2017年,孙家庄镇在稳定传统农业的同时,积极发展现代种植业,拓宽农民增收渠道。全镇粮食产量达到1.1万吨,核桃种植面积533.33公顷(8000余亩),年产量达到23万千克。辰厚种植专业合作社完成试种油牡丹6.67公顷(100亩)、白芍23.33公顷(350亩)、苹果树8公顷(120亩)。王炭咀胜源慧芳养殖专业合作社出栏肥猪1100余头。同时,以三大"产业"带动经济。一是加大对盂北苹果的支持力度,打造一个特色品牌。完成盂北里南山入园道路1500米的绿化工程以及花卉种植,共计种植苹果33.33公顷(500余亩),年产量达10万千克,西盂北村被农业部授予"全国一村一品示范村"。二是建成一个小杂粮加工基地,带动特色产业发展。位于东坪村的山西佳珍粮业有限公司小杂粮加工基地,占地面积3970平方米,总投资约1750万元,是一个集休闲观光、乡村旅游、餐饮娱乐、趣味体验、精品加工为一体的基地。截至年底,总体规划设计、厂房主体建设已完成,车间设备正在安装。建成之后将采取龙头企业带动示范,镇村组织参与,合作社具体实施的"企业＋基地＋农户"的产供销一体化模式。

(石建忠)

【重点工程建设】 2017年,孙家庄镇抓紧建设各项重点工程项目,以新的姿态、新的面貌实现全镇转型跨越发展。一是金龙大街东延伸线全面通车,道路全长911米,宽度40米,等级为城市二级路,总投资约2000万元,道路两侧绿化也已完工,路灯等配套设施已安装完成。二是全面完成阳大铁路涉及古咀村的拆迁工作,共计拆迁16户。三是积极助力盂县文化中心建设及道路绿化,配合完成高家庄迁坟任务,迁坟90余座。四是全部拆除镇域内双阳线沿线违章建筑物,共计拆除7200余平方米。五是积极配合盂县招商引资重点项目钙产业循环园区的前期工作,坟墓迁移、土地征用均已完成。六是积极参与"光伏领跑者"计划,涉及10村,总占地面积168公顷(2520亩)。七是西崖底、石店采煤沉陷区治理项目按进度推进。

(赵欣欣)

【环境卫生综合整治】 2017年,全镇围绕建设"和谐、文明、生态"乡镇的目标,以"清洁化、秩序化、优美化、标准化"的人居环境打造为标准,"清欠账、打基础、定长效、做特色"为工作思路,积极实施乡村清洁工程,对环境卫生多次进行整治,建立"合理区划、网格管理、定人定责、层层监督"的整治模式,研究出台"一督二看三查(察)"的办法对各村环境卫生综合整治成效进行考核评分,全镇农村人居环境得到改善。各村配备清洁人员和垃圾清运设备,截至年底,有保洁员62名,共发放工资28.8万元。有手推车59辆、三轮车18辆、箱式自卸车11辆、车厢式自卸车垃圾桶49个、装载机8台、塑料垃圾桶130个。中央配套资金在孙家庄镇新建垃圾中转站1处,投入资金10余万元,主体于年底落成。新建高标准垃圾填埋场6处,年底完成验收。先后出动大型机械800余台次,清理整治河道、转运垃圾2万余吨,通过改善农村人居环境,全镇环境面貌实现整体换挡升级。

(韩利民)

【民生工程】 2017年,孙家庄镇全力推进"农作物秸秆综合利用"惠民政策落实,完成21个村共计866.67公顷(1.3万亩)秸秆还田任务,有效遏制火情发生。完成发放涉及孙家庄镇27个村、1580公顷(2.37万余亩)、140.7万元的农业支持保护补贴资金。完成8个村"一事一议"财政奖补项目。完成降香坪、石门子2个村老年日间照料中心建设。完成10户农村危房改造。167万元暖心煤补贴款全部发放到位。全面完成全镇流动人口管理、再生人口审批、孕前优生健康检查等工作。农村医疗保险参保人数达到2.2万人,参保金额达到339.87万元,参保率达98%。农村养老保险参保人数达到8159人,参保金额达到126.9万元。全镇31个村,除2个城中村外,29个村已全部完成土地确权签约。

(石建忠)

【安全生产】 2017年,孙家庄镇持续开展对重点领域的安全生产大检查,加强各类安全生产隐患的排查与防范,坚决杜绝重特大事故,减少一般性事故,防止意外事故。排查各类企业、场所60余处,发现并消除隐患30余处,无重大安全事故和影响稳定的较大事件发生。环保工作方面,出台《孙家庄镇六项环保专项整治工作方案》,并对其实施网格化监管。配合县环保部门完成土塔、王炭咀、洪庄、沟西4村6座无证矾石竖窑的取缔,完成7家"小散乱污"企业的取缔,24家燃煤锅炉的拆除,积极推进涉及孙家庄镇11个村的煤改气工作,取得较好的社会效益。对食品安全进行专项整治,共检查274家经营主体,发现问题53条,整改 53 条，最大限度保障人民群众舌尖上的安全。调动一切积极因素防火防汛，至年底未发生一起事故。重视信访工作，任务分解到人，及时化解矛盾纠纷，对全镇涉军重点人员、两参人员、一般信访人员进行信访研判，针对性采取措施，保障了重要时间节点零非访。

（刘玉泉）

【全域旅游发展】 2017 年，孙家庄镇发挥旅游资源优势，打造"全域旅游"的大格局，强化配套设施建设，依托水神山风景区、报国寺、高城山森林公园、生态植物园、华北奕丰生态园等旅游资源，以及阳泉北站、盂县文化中心、盂县中医院坐落孙家庄镇，毗邻阳五高速盂县东出口、214 省道穿镇而过形成的交通区位优势，引导周边具备条件的村发展农家乐、民俗体验、特色采摘、土特农产品、手工艺品加工等。"五一"小长假，在水神山成功举办为期 3 天的"水神山旅游文化节"；9 月，在王炭咀村举办"魅力孙家庄·美丽王炭咀"旅游文化形象推介活动；10 月，在盂北苹果园举办第二届"盂北苹果采摘节"活动。 （石建忠）

【美丽乡村王炭咀】 王炭咀村围绕现代农业，发展资源优势，推进土地流转，大力发展特色农业与乡村旅游，把村庄建设成为"宜居、宜业、宜游、宜商"的蓬勃发展的美丽乡村。2017 年人均收入 1.2 万元。先后被阳泉市、盂县评为先进单位、先进集体、"先进基层党组织""卫生先进村""基础设施建设先进单位""生态文明村""红旗村""新农村建设先进村"等荣誉称号。

年内，村集体先后投资 60 万元安装路灯 50 余盏、复古灯笼 400 余盏；投资 25 万元购置松柏等绿化苗木 3000 余棵、草坪 5000 平方米，完成村主干道路和村庄的绿化，绿化率达 70%；投资 5 万元安装垃圾箱，配备 3 名保洁员，定期清扫村内卫生；出资 58 万元，在村内开展环境大整治活动，共出动大型车辆 12 台套，人工 420 多次，搬离四堆 400 多个，清除违章建筑 8 处，清理垃圾 3000 余立方米。同时，从提升村民生活环境与品质入手，新建农民公园 1 座，休闲场所 3 处，整修活动室 350 平方米，重新硬化道路 3.5 千米，整个村庄焕然一新。

村集体依靠特色种植，大力发展乡村旅游。投资 800 余万元建成盂县王炭咀休闲旅游观光园，是一个集住宿、餐饮、会议、休闲、娱乐为一体的休闲园区。9 月，举办"魅力孙家庄·美丽王炭咀"旅游文化形象推介活动，以采摘青皮核桃与欣赏美丽花海作为主打品牌，在活动以及国庆中秋两节期间，共接待游客 10 万人次，为村集体经济带来 45 万余元的收入。

（郭俊青）

路家村镇

【概况】 路家村镇位于县城东南部，东部、南部与阳泉市郊区相接壤，是盂县的南大门，北靠牛村镇和孙家庄镇，西部与南娄镇为邻。总面积 93 平方千米，辖 34 个行政村。2017 年，辖区内总户数为 9273 户、总人口为 22523 人，有耕地资源 1690.8 公顷（25362 亩），粮田 1545.8 公顷（23187 亩）、林地 5782.6 公顷（86739 亩）、森林 2511.73 公顷（37676 亩）。基层党组织 59 个，其中党委 1 个、党总支 2 个、党支部 56 个（34 个农村支部、10 个机关事业支部、12 个企业支部）。党员 1214 名，其中女党员 155 名，大专以上学历 192 名。全年规模以上工业总产值 33.02 亿元，固定资产投资完成 4.2 亿元，财政总收入实际完成 12101.16 万元，占预算任务的 168.68%；财政一般预算收入实际完成 3988.84 万元，占预算任务的 170.17%。截至年底，全镇农村养老保险受保农户 8476 人，受保非农户 93 人；缴纳农村养老保险 8654 人，其中农户 8512 人，缴费 187.72 万元，城镇医疗保险参合人数 422 人，农村合作医疗参合 7303 户，17446 人。在注重基础设施建设的同时，路家村镇开展文化兴镇、文化繁荣工程，实现健身广场、文化活动室、农家书屋全覆盖，农家书屋藏书达到 6.55 万册。

（王光明　王艳萍）

【全域旅游】　2017 年，路家村镇全力发展乡村旅游。4 月，中农金牛生态农业开发公司与高家沟村达成意向，利用该村荒山荒坡进行养殖（猪、羊、鸡），恢复山上植被的同时，打造生态旅游景点，项目预计投资 2 亿元，其中一期投资 4000 万元，该项目与正大集团达成共识，在规划、养殖方面采用正大科技规划、养殖，并定向回购，项目已报县发改局申请立项，建成后可以供游客度假、采摘、观光，解决当地 200 多人的就业问题。合理利用搬迁后原村庄的土地资源，引资和合资打造文笔生态文化旅游项目，总投资 1500 万元，一期投资 300 万元的小河流水系娱乐园、鸡乐园、飞禽园已完工。二期工程投资 50 万元已启动。

（王光明　王艳萍）

【十里一条街提质改造】　2017 年 7 月 25 日，路家村镇成立"十里一条街"提质改造工程项目指挥部。路家村镇十里一条街提质改造项目，总投资 4500 万元。在完成前期的备案及申报过程后，于 9 月 15 日正式开工建设，工程建设采取全额垫资大包模式。共涉及沿线 8 个村，9000 余人，全长共计 6.7 千米。截至年底全线路灯共 245 盏已架设完毕，灯杆全部置换，完成光缆铺设，具备照明条件；沿线的污水、给水、消防、弱电、强电管网和监控管网已完成 90% 的铺设；路东侧的混凝土垫层与路缘石全部完工；火烧板完成 80% 的铺设。三通一平的基础工程全部完工。

（王光明　王艳萍）

【清洁美丽工程】　2017 年，路家村镇开展"清洁美丽"工程。对镇所在地、镇村结合处、公路沿线、公共场所、河道及入村口等地段，进行环境整治。共出动人力 1.26 万余人次，各种机械 2300 余台次，发放各类宣传品 2 万余份，书写各类标语 340 条；完成整理街道约 80 千米、清理河道 32 千米，铺设污水管网 1 千米；拆除临建违建 1 万平方米左右；整治四堆八乱 2.5 万平方米，清理各类垃圾 3 万余吨；整治残垣断壁 80 余处，对墙体立面进行整修、粉刷、美化，粉刷墙体近 50 万平方米；完善档案资料 370 册。

（王光明　王艳萍）

【安全生产】　2017 年，路家村镇对全镇各行业进行安全隐患大排查、大整治。持续高压打击私挖滥采，对全镇原私挖滥采坑点进行不间断不定期巡查，防止死灰复燃，真正做到零容忍、不手软，早发现、早制止、早处理。在打击非法采矿方面，继续保持严厉打击私挖滥采的高压态势，建立 24 小时动态巡查制度和领导包片、干部包村、村干部具体负责制度，镇、村两级签订责任状，层层落实。同时完善护林防火工作机制，确保有火早发现，无火早预防。深化对企业、交通、学校、地质灾害、食品药品、消防等安全监管，实行"地毯式"排查，切实推动各项安全措施有效落实。制定"三监管"（行业主管部门直接监管、安全监管部门综合监管、地方政府属地监管）、"三必管"（管行业必须管安全、管业务必须管安全、管生产经营必须管安全）安全管理方案，签订"一岗双责"责任书，做到责任到人，有效控制事故的发生，年内没有发生任何安全责任事故。

（王光明　王艳萍）

【重点项目建设】　2017 年，路家村镇加大重点项目建设。北京扬德公司圣天宝地煤矿 500 万元的煤层气发电项目工程，手续已全部完善，完成基础设施建设；安装完成恒泰皇后煤矿 5 兆瓦瓦斯发电项目；盂县鼎恒建材有限公司水泥发泡保温板二期项目已经完工，前景看好，订单饱和；阳泉晋丰钢结构公司完成投资 500 万元的彩钢项目，运行正常；山西压缩天然气集团晋东有限公司 LNG 加气站项目已建设完毕，并投入运营；山西吉运通物流有限公司新建综合物流项目完成投资800万元，正在筹备运营中；山西泰力新能源有限公司天然气加气站项目已办理立项审批手续。

（王光明　王艳萍）

【采煤沉陷区治理】 2017年，路家村镇党委出台各种措施，提出合理思路，成立采煤沉陷区指挥部，严格执行相关政策法规，有效推动治理工作的开展。高家沟、营房沟、红涧沟、杨家峪4村采煤沉陷区治理工作全部完成。苗家庄村采煤沉陷区治理工作进入补偿安置阶段，制定统一的补偿实施细则、搬迁安置实施办法、旧房评估实施方案等，在总体可研的基础上采取企业总承包的方式，进行货币安置，并与村民全部签订搬迁安置协议，完成旧房补偿、货币安置、整村搬迁等各项工作。截至年底，村矿签订185余户搬迁协议，补偿款项发放到位。460套安置房建成并交付使用；96套小户型安置房完工。小区配套的幼儿园、中小学具备使用条件；道路硬化、人行道铺设、庭院绿化、配套管网、路灯安装全部完工；锅炉房开始供热；污水处理站完工，可日处理污水500吨；小区集中供水配建的2000立方米蓄水池完工；配套的商业服务设施完成装饰装修。西沟村采煤沉陷区开始摸底建档及宣传。

（王光明　王艳萍）

【光伏太阳能示范区建设】 2017年，赵家垴、付家垴等村光伏太阳能示范区建设项目开工建设。项目占地面积46.67公顷（700亩），设计容量10兆瓦，总投资9000万元，截至年底，完成4兆瓦的建设进度。 （王光明　王艳萍）

【天然气入户工程】 2017年，路家村镇会同盂县天然气公司年初投资230万元将总管道通向十里一条街沿线18个村庄，实现"气化路家村镇"主管道全覆盖。闫家沟村投资120万元的天然气入户工程已经完成，路家村、观沟等8村入户工程完工，刘家村的天然气入户工程正在进行图纸设计、勘察地形、工程预算、征求村民意愿、筹措资金等前期工作。同时响应省市县"煤改气"工作部署，推进全镇煤改气工作进度。13村3416户任务，全部完成管道铺设任务，入户任务完成90%，壁挂炉安装完成75%。

（王光明　王艳萍）

【获批省级特色小镇】 2017年，路家村镇积极申报山西省特色小镇。特邀广州博厦建筑设计研究院有限公司、山西省社会科学研究院经济研究所、山西财经大学的专业人士就十里一条街规划、招山河治理、镇域规划、旅游布局等进行多次座谈，并征求各方面意见，拿出发展意向，着力打造集养老产业、现代农业、旅游观光、人文采摘、特色农家餐饮等为一体的特色产业，年内被山西省住建厅批准为省级特色小镇。

（王光明　王艳萍）

南娄镇

【概况】 南娄镇位于盂县县城南部6千米处，交通便利，盂太路、榆盂路、盂寿路、运煤专线四条主要干道横贯全镇，已通车运行的太阳高速、阳泉西环高速两条高速公路都在镇境内留有出口，盂榆线绕城公路正在建设当中。2017年，辖区总面积168平方千米，辖44个行政村，12892户，在册总人口31675人，驻地企业职工和东宋、西宋小区住宅户不在册人口2万余人，耕地面积1837.47公顷（27562亩）。全镇设党委1个、总支2个、共有52个基层党支部，党员1089名。有初级中学3所，中心小学8所，村办小学13所，中小学教职工235名，在校学生2532人。卫生院有医生、护士人员41名。全镇财政收入累计完成16158.56万元，占年度预算127.92%，增加3152.86万元。规模以上企业工业总产值完成24.29亿元，工业增加值完成9亿元，各项经济指标实现平稳增长。 （刘明元　路二红）

【生态建设】 2017年，南娄镇成立全县首家乡镇环保监测站，对"散乱污"企业取缔、督查错峰生产、环保整改等工作任务进一步细化分解。配合县环保、公安对郭村、马举、王子台、秋子峪、东南关、西南关、观音堂一带的死灰复燃"焖钵子"土小炉窑进行打击清理；对整改不到位的"散、乱、污"企业进行督促取缔，共取缔"散乱污"企业27家；持续推进"铁腕治污行动"，对发现的32项问题建档立卡，并下发整改通知；取缔铁桶烧制矾石窑和黏土砖企业10家，并对辖区内的环境污染违法行为进行全面清理整顿。完善力宇煤层气有限公司上社煤矿瓦斯发电项目环评手续。同时，对河道和建筑场地进行清理苫盖，全镇生态环境更加宜居。 （刘明元 路二红）

【城乡环境卫生综合整治】 2017年，南娄镇开展"迎老乡、庆新春、搞卫生"全镇卫生清扫活动，45个村共出动1100余人次，各类车辆280余台次，清理各种生活垃圾、河道垃圾1800余立方米；加强舆论宣传力度，强化群众清洁意识，推动全民参与和常态保持，建立环境卫生《村规民约》将卫生责任区落实到村干部、到户、到人，实行"网格化"管理。对影响镇容镇貌的"十字街"周边的乱搭乱建、乱堆乱倒、乱贴乱画、乱停乱占、沿街违建、沿路广告牌、"牛皮癣"小广告、户外违规宣传、倚门经营等违法行为进行重点整治，在镇"中心十字街"符合施划条件的路段共施划公共停车位、出租车停车位、公交车停车位40个，对十字街一带的出租车乱停乱放现象进行了集中整治。对属地河道和建筑场地进行清理苫盖，整治各种生活垃圾、河道垃圾，"四堆、八乱"的治理整顿实现常态化。 （刘明元 路二红）

【全域旅游发展】 2017年，南娄镇坚持"规划+投资+文化+旅游"的改革发展观念，编制全域旅游整体发展规划和详规设计，着力打造"宜游南娄"。依托恒耀化工、西小坪耐火工业园区，现代化农场和诸龙山旅游资源得到进一步释放；依托下曹工业公司，"小武田园综合体"项目、西南关红色旅游与避暑山庄等旅游资源得到进一步挖掘；依托南娄集团，李宾山、双鹤山旅游资源得到进一步开发，全力打造"李宾山"品牌，旅游事业步入良性发展轨道。
（刘明元 路二红）

【土地承包经营权确权颁证】 2017年，南娄镇全面推进土地确权，先后完成郭村、秋子峪、园子沟、王家湾、纸匠、旋坪、马举、西南关、东南关、王子台、观音堂、东小坪、白道、路家峪口、门贤岭、石佛、香河、西小坪、下曹、西宋、杨家沟、大沟、武家庄、漆树、管头、陈家沟、许家沟、秀寨、鹿峪、小坪梁、大贤、南小坪签约村32个，拦掌、北上社、涧沟、北娄、南娄、南上社、坡头正在签约村7个。
（刘明元 路二红）

【城镇建设】 2017年，省道盂榆线绕城公路建设有力推进，征地拆迁、青苗补偿、耕地面积确认、建筑物评估等工作全部完成，并全部签订协议。光伏发电项目建设全面开工，上曹、东南关、西南关、王子台、纸匠、马举、武家庄、观音堂、路家峪口、南小坪10个行政村全部签订用地租赁协议，部分村已并网发电。"煤改气"工程建设立体推进，14个村新装1856户，改造669户已签订合同，并全面开工建设。建成全县首家标准化综治服务中心，全面推广"综治中心+"新农村管理模式，对镇域内防火、防汛、资源私挖乱采、安全等全部纳入综治中心网格化，实行有效的挂图作战。完成镇"十字街"东段拓宽改造、路灯安装等工程，实施亮化工程。南娄至漆树段公路全面开工建设。
（刘明元 路二红）

【工业经济转型发展】 2017年，山西南娄集团水泥有限公司配套建设2500吨/天熟料生产线纯低温余热供暖工程项目，建成投产一条2500吨/天熟料新型干法水泥生产线，该公司为充分利用2500吨/天水泥熟料生产线窑头、窑尾的余热，计划烧成系统布置余热锅炉，以承载全镇镇区机关、各企事业单位、学校、医院、社会团体及居民集中供暖约15万平方米的采暖季供暖任务；下曹工业公司坚持新发展理念，把产业投资更多地投向电力、旅游、物流、大数据等转型项目以及城市建设管理、环境整治等领域；盂县小武公社田园综合体项目是南娄镇下曹工业公司因地制宜、改革转型的可行性项目，该项目是集休闲、娱乐、购物、美食、农事体验于一体的乡村田园与文化创意综合体。位于南娄镇香河村，占地46.67公顷（700亩），计划投资7600万元，主要在废弃耐火厂旧址上，将废弃的烟囱、窑窟、厂房改造成冒险区、体验区、娱乐场，结合城郊区位优势，开发出一些田园特色的亲子农耕园、果蔬采摘园、禽畜认养园等。 （刘明元 路二红）

【现代农业建设】 2017年，南娄镇以"互联网+"、电子商务为切入点，以"第一书记"牵头，抓好大沟、纸匠、西小坪电子商务试点工作，加快现代信息技术应用，探索开启电商进村模式，培训有文化的农民开设网店，推销产品，增加收入。此外狠抓规模养殖、种植发展，支持和帮助坡头、观音堂等村中小规模的养殖企业发展壮大。鼓励引导村集体和群众发展农村专业合作社，引进现代农业高科技，加快培育大型农场、专业大户、农科大户等新型农业主体和多种形式的农业经营性服务组织，鼓励通过土地入股、土地流转、代耕代种、联耕联种等多种形式开展适度规模经营，走好农业产业化路子。 （刘明元 路二红）

【社会管理创新】 2017年，南娄镇重视社会矛盾化解，有效防范各种风险隐患。进一步完善立体化社会治安防控体系，深入推进"天眼"工程建设。创新网上信访体制，完善县、乡、村三级矛盾纠纷多元调解机制，做好征地拆迁、企地矛盾、医患纠纷、交通事故、环境保护等重点领域的矛盾纠纷化解工作和社会风险评估机制，妥善处理各类事件，把矛盾化解在基层、化解在萌芽状态。深化平安南娄建设，依法严厉打击各类违法犯罪活动，着力维护社会和谐稳定。一是以南娄镇司法所制定的村规民约《指导意见（试行）》为参考，在北上社、东垴、鹿峪、上曹试点的基础上，全镇各村要制定村规民约及利益分配方案，依法管理和规范社会组织、社会事务，化解社会矛盾，维护社会公正、社会秩序和社会稳定。二是完善立体化社会治安防控体系，以镇综治中心和北上社、南娄村综治中心标准化建设为引领，全镇44个村推行网格化管理与三农服务网格进行叠加管理新模式，实行立体化防控，各村要在入村路口、主要街道、人员密集地等区域安装视频监控探头，打造村级综治服务平台。

（刘明元 路二红）

【光伏发电项目】 2017年，南娄光伏发电项目建设全面开工。截至年底，上曹、东南关、西南关、王子台、纸匠、马举、武家庄、观音堂、路家峪口、南小坪10个行政村全部签订用地租赁协议，部分村已并网发电。

（刘明元 路二红）

牛村镇

【概况】 牛村镇位于县城东部，距县城10千米，辖区面积70平方千米，其中耕地面积2702.07公顷（40531亩）。全镇辖33个行政村，9204户，21022人。党委下辖38个党支部，党员796名（其中妇女党员94名，新中国成立前入党的老党员8名）。政府机关、企业、中学、联校、卫生院各有党支部1个（政府机关党员70人，企业、中学、联校、卫生院共有党员45人）。农村党支部33个，农村党员681名。2017年，全镇财政总收入完成1552.3万元，完成年计划的170.02%；一般预算收入完成597万元，完成年计划的177.15%。

（张庆飞　胡家瑞）

【环保工作】　2017年，牛村镇按照"绿水青山就是金山银山"的生态理念，严守环保底线不动摇，环保工作取得新进展。一是用制度管人管事。下发《牛村镇环境保护网格化管理制度》《关于加强耐火产业集聚区环境卫生管理工作的通知》，督促各企业完善错峰生产实施方案和应对重污染天气应急预案，明确标准，严格执行。强力推行河长制，明确各河段河长，层层压实责任。二是加强日常巡查管理。累计出动巡查人员1853人次、巡查车辆817辆次；各施工企业动用洒水车9辆，对阳大铁路工地全线、鲁中耐火园区、裕光电厂以及公路沿线不间断洒水抑尘；共设置围挡12000余米，苫盖46000平方米。三是积极配合督导检查。接受中央环保督察组8次督查、环保部强化督察组26次督查。按照要求，共停产整改企业35个，取缔"散乱污"企业2个。后元吉、河东、温池、石崖4村完成"煤改气"工作。镇政府、联校、中学完成"煤改电"工作。

（张庆飞　胡家瑞）

【信访稳定】　2017年，牛村镇结合县信访综合改革，强化各项措施的落实，信访稳定工作取得新突破。一是加强信访整治工作，建立镇村信访预警机制、调处机制和应急机制；坚决切断信访利益链；着力化解历史积案，竭力遏制信访增量，合力打击非正常上访。二是强化社会治安综合治理，充分发挥基层组织战斗堡垒作用和治安信息员、乡村和事佬、民间组织等的特殊作用，就地化解各类矛盾，解决各类纠纷；做到小事不出村、大事不出镇。各村就地化解矛盾43起，镇政府调解矛盾19起。接待河下、石崖、牛家村等村的信访群众共计80余人次，上级交转和初次到镇的信访事项共计23件均已解决或已进入流程；白土坡等村的遗留信访问题逐步缓和。在全国两会、省两会、"一带一路"和十九大期间，镇政府抽调精干力量80余人次驻站、驻京维稳，圆满完成各项工作任务。

（张庆飞　胡家瑞）

【安全生产】　2017年，牛村镇突出重点环节、关键部位、重要节点、季节特点，加强道路交通、建筑施工、护林防火、人员密集场所等重点行业领域开展隐患排查处置。深入各村、各企业开展安全生产宣传，广泛宣传安全生产法律法规和常识，增强广大干部群众和企业负责人的安全意识，切实保障人民群众的生命财产安全。全年累计集中宣传4次，检查9个行业57个单位，发现安全隐患31条，严令各隐患单位限期进行整改，并且不定期进行"回头看"，确保整改措施到位。继续以零容忍态度打击私挖滥采，发挥好巡查发现报告职能，与国土、公安、晋盂矿业等部门形成合力、协同作战、打早打小打了。对参与私挖滥采的党员干部严查重处，切实做到守土有责、守土尽责。共出动巡查人员900余人次、巡查车400余辆次，打击私挖滥采行为3起，扣押车辆6辆。扎实做好汛期地质灾害治理工作，井沟、牛村、河下、温池、桑园、石崖等村疏浚河道500余米，对7处积水坑和地质灾害隐患点都设置了警示标志。

（张庆飞　胡家瑞）

【环境卫生整治】　2017年，牛村镇重视环境卫生整治，结合美丽乡村建设，多措并举，各村村容村貌焕然一新。一是建章立制。先后出台《牛村镇城乡卫生综合整治工作实施方案》《牛村镇环境卫生综合整治考核办法》《牛村镇关于开展"六个一"创建活动、扎实推进环境卫生整治的实施方案》等指导性文件。二是督查奖惩。实行周督查、月通报、年考核制度，奖优罚劣。成立专项督查组，坚持对各村环境卫生整治情况进行督查排队，宣传先进、鞭策后进，全镇环境卫生整治氛围极大提高。三是示范引领。充分发挥先进村和党员干部示范带头作用。组织各村到牛村镇河东村、路家村镇闫家沟村等先进示范村观摩学习。在环境卫生整治中，各村累计出动2万余人次，三轮车1360辆次，铲车、挖机、工程车800余辆次，修建垃圾池45个，共计清理垃圾5万余立方米，清理顽固垃圾堆、垃圾死角900余处，清理垃圾杂物乱堆乱放500余堆，清理河道1000余米，美化墙面9万余平方米，硬化街道3255米，绘制环境整治宣传标语300余条。共计投入资金400余万元。

（张庆飞　胡家瑞）

【重点项目】　2017年，牛村镇实行领导包保、限时办结和保姆式服务，各项重点工程均进展顺利。一是山西国际能源裕光煤电2×100万千瓦发电项目。前期扫障工作全部完成，厂区围墙、临建工棚、厂区道路和地下管网全部建成。42项前置手续全部办妥，项目进入实际施工阶段。二是"光伏领跑者计划"项目。牛村镇支持漳泽电力公司井沟、西山头光伏项目，该项目共投资2亿元，占地50公顷（750亩），9月底并网发电。三是积极推进阳大铁路建设。各项扫障工作已全部完成：杏村隧道等6处控制性工程已完工；路基和护坡施工顺利进行；各村改移路正在积极推进。四是抓好牛村耐材产业集聚区建设。东山18家耐火企业于5月25日成立盂县鲁中耐火材料集团公司。五是配合晋盂煤业集团建设配煤中心、铝矾土交易中心和物流中心。投资4200万元的铝矾土交易中心和物流中心于8月投入运营，截至年底，实现销售收入8亿元，上缴利税1000余万元。六是阳煤盂县化工引进碳素技改项目替代尿素生产项目已立项，正在积极推进复产工作。

（张庆飞　胡家瑞）

【三农工作】　2017年，牛村镇坚持农业基础地位不动摇，不断推进农业可持续发展。一是巩固好设施农业。温池"瑞盛"蔬菜种植园区和南下庄村蔬菜大棚发展良好。二是扶持现代农业。推进后元吉农民工返乡农业创业园建设，农产品加工区已建成。三是支持和帮助合作社发展壮大，永源等5家养殖合作社共存栏鸡21000只、猪2000头。四是开展土地复垦工作。牛村镇温池、教场、南流、杏村、沟东等村先后开展复垦造地，共计100公顷（1500余亩）。五是推进秸秆综合利用。各村大力推进秸秆还田和秸秆饲料化利用，群众得到实惠，农业面源污染也得到控制。

（张庆飞　胡家瑞）

【民生工作】　2017年，牛村镇坚持贯彻落实党的各项惠民政策，倾心关注民计民生，确保各项民生工程落到实处。一是做好社会保障工作低保、五保工作。制定严格的准入和退出机制。按程序审批低保395户、624人，新增16户、24人，退出11户、13人。按程序审批五保169户、169人，新增9户、9人，退出15户、15人。二是抓好采煤沉陷区治理。牛家村采煤沉陷区治理工作顺利推进，各项基础设施正在完善。三是搞好生态环境恢复。对教场、杏村等村的矿产卫片进行恢复，恢复面积共33.33公顷（500余亩）。牛村、井沟、河东等村进行村庄绿化，栽植景观树1500余株。全镇完成荒山荒坡绿化53.33公顷（800亩）。四是开展"一事一议"奖补项目。后元吉、井沟、河东等村进行村容美化；西山头、大洼沟、小岩沟等村建设护坝；教场、杏村等村进行村内道路硬化。各项目累计投资195万元。

（张庆飞　胡家瑞）

【党建工作】　2017年，牛村镇认真履行抓党建主体责任，高度重视政治建设，累计召开民主生活会5次、集体约谈会3次、学习研讨会11次。全年累计设置宣传图板30块、发送微信70余条，组织集体观看教育纪录片20余次。镇党委以"两学一做"学习教育为主要抓手，学经典、学讲话、学党规以及党的十九大和省、市、县党代会精神，累计集体学习52次，每位党员至少撰写6篇学习心得。同时要求各支部每月至少集中学习2次、自学3次，发放学习资料20余份，教学光盘5套，宣传条幅3条。

先后组织召开推进"两学一做"学习教育常态化制度化和开展维护核心、见诸行动主题教育动员会和建党96周年主题党日活动，组织全镇党员干部参观镇党委举办的党风廉政漫画展和县文化中心举办的"党在我心中，喜迎十九大"主题展览，参加人数达700余人次。国庆前夕，全镇各主要路口等区域共悬挂国旗300余面，宣传标语200余条。11月28日，县委十九大精神宣讲团在牛村镇举行宣讲会，全体镇村干部共计120余人参加学习。各支部也因地制宜开展专题活动，共悬挂条幅100余条、设置宣传栏40余个。镇党委认真履行主体责任，始终把纪律和规矩挺在前面，扎实推进党风廉政建设和反腐败工作。9次召开专题会议，层层传导压力，层层压实责任。同时，不断完善廉政谈话提醒制度，共诫勉谈话12人，谈话函询5人，批评教育13人。对严重违纪的党员干部严肃处理，绝不留情。共查办案件11件，处分党员干部8人，其中开除党籍5人，严重警告1人，警告2人。　　（张庆飞　胡家瑞）

苌池镇

【概况】苌池镇位于盂县县城以北，辖区面积231平方千米，共39个建制村。全镇产业以农业为主，南部分布有少量的石子、石灰、黏土砖等建材企业。全镇宜林面积5666.67公顷（8.5万亩），森林覆盖率40%。有小学1所，在校学生932人，教师92名，中学1所，在校学生635人，教师66名。镇卫生院1所，医务人员17人；村卫生所34所，医务人员34人。2017年，全镇财政收入完成2446.76万元，完成年计划的115.41%，比2016年增长53.95%；一般预算收入完成876.3万元，完成年计划的104.07%，增长7.06%。　　（王振林）

【全域旅游发展】2017年，苌池镇提出发挥旅游资源优势，创新发展思路，积极打造苌池特色风景区，尽早融入全县"全域旅游"大格局的思路。以藏山风景区为龙头，积极推进藏山翠谷、大围忠义文化园等以忠义文化为核心的旅游观光带建设，全面提升旅游消费环境，做大做强旅游产业。完善藏山风景区专用路两侧的基础设施，提升旅游区服务功能；藏山翠谷完成投资600余万元，建成亲子乐园、休闲餐饮、观光采摘为一体的休闲景区，特色民宿民居正式对游客开放；大围忠义文化园完成投资500万元，完善景区基础设施，种植20公顷（150亩）花卉、中药材等；金玉米农庄完成投资2000万元，建成户外拓展训练基地，成功举办"重温长征路活动"。5月19日，"中国旅游日"主题活动启动仪式在苌池镇藏山风景区举行，镇文化站全力配合景区做好文化庙会嘉年华活动，让更多的游客了解苌池镇特有文化。国庆黄金周期间，每个景区由1名副职负责协调景区安全、防火、卫生等工作，由志愿者负责对游客引导、服务、咨询。　　（王振林）

【农业发展】2017年，苌池镇继续把发展种养殖放在重要位置，积极探索现代农业与乡村旅游业的跨界组合和产业融合，推广特色农业种植，取得较好效果。一是继续抓好苌池万亩机械化保护耕作和省级丰产试验区的增产增收，通过大户示范带动，促进农业生产向产业化、规模化、标准化发展。二是鼓励部分村走特色农业的路子，促进农民持续增收。山西国新能源投资700万元建成红崖底村23.33公顷（350亩）中药材种植基地，带动全镇中药材种植业良性发展。三是培育壮大农民专业合作社、专业大户等新型经营主体，实施产业化经营。彦果养殖专业合实现肉牛存栏520头，梅花鹿存栏209只。在王村沟及兴道村附近连片大力发展养殖肉牛、生猪、肉兔、肉羊等项目，达到肉牛存栏220头、生猪存栏2680头、肉兔存栏15000只、肉羊存栏1655只的规模，形成5个规模超百头的养殖合作社。四是落实粮食直补、良种补贴、农机具购置补贴等各项强农惠农政策，抓好良种推广、科技培训、农技服务、农业种植保险和林地保险等工作，夯实农业基础。五是全面完成农业普查工作。六是成立核实粮食直补、"三项补贴"工作领导组，全镇抽取10村100户进行自查。　　（王振林）

【民生政策落实】 2017年，苌池镇调查复核7户五保户危房改造工作；全镇五保户260户267人；对农村低保户按"应保尽保、应退尽退"的原则进行全面复核，共1423户253人；全镇医疗救助55人、23.53万元，临时救助76人，16.16万元；优抚对象122人；90岁以上老人45人，4.07万元；农业支持保护补贴全部发放到位。镇区天然气主管道铺设3千米；苌池镇申报10个绿色村庄、4个古村落；组织退伍军人、优抚对象、"两参人员"体检；和安、段家山日间照料中心检查验收；对县城西北外环路苌池范围内的拆迁征地进行摸底，召开西北外环公路专题协调会，积极宣传动员西北外环公路建设的重要意义和做好前期准备工作，为公路顺利开工建设提供便利条件；镇里成立五保、低保复核工作领导组，对全镇随机抽取100户五保、低保进行复核。　（王振林）

【环境卫生综合整治】 2017年，苌池镇按照《盂县城乡环境集中整治行动实施意见》有关安排，开展全镇乡村环境卫生整治行动。多次召开环境卫生整治会议，加大对环境卫生整治工作的宣传和整治力度，制定《苌池镇农村环境集中整治意见》和《苌池镇农村环境集中整治实施方案》，全力推进乡村卫生环境整治与提升，开展农村环境集中整治调查摸底工作。全年共出动铲车、汽车、挖机、三轮车200多台次，共清理"四堆"413处295吨，清理村内乱堆乱倒垃圾152处102吨，整治乱贴乱画、小广告231处，清理村庄周围垃圾101处60吨，清理公路垃圾38处、35吨，清理河道建筑垃圾、生活垃圾8000多立方米。　　（王振林）

【安全生产】 2017年，苌池镇履职尽责，狠抓落实，确保全镇的安全生产形势根本好转。一是在护林防火、防疫工作上，早安排、早动手，配备专业人员及固定车辆，并完善各项制度和突发事件应急响应预案，强化各项措施的落实，防止灾情的发生。二是结合全县"打非治违"专项行动和盂县安全生产大排查大整治专项行动，全镇共组织开展各类安全大检查6次，累计出动执法检查人员40余人次，检查石场、超市、学校等企业单位28处，没有发生一起安全生产事故。三是对社会不稳定因素排查，深入基层进行调研，实施网格化管理，发现苗头性、倾向性问题及早处理，防止小事演变成大事，及时化解各类矛盾，确保社会稳定。四是制定苌池镇夏季消防检查实施方案，并进行动员部署；开展成品油非法经营排查；制定苌池镇居民区电动车火灾防范专项整治工作方案和苌池镇物流仓储场所消防安全专项整治工作方案，并进行了动员部署。五是加强防汛工作，对苌池镇汛期隐患进行排查，尤其是危房和河道。按照"清河专项行动"实施方案，对辖区内河道垃圾、河道违建进行摸排。六是加强食品安全工作，积极宣传食品安全知识，对辖区内的超市、饭店、药店进行安全大检查，对婚丧嫁娶、饭店、食堂进行检测。七是地质灾害治理卓有成效，制定《苌池镇2017年度地质灾害防治方案》，就地质灾害治理防治方案的相关工作进行再安排部署，完成占地补偿资金兑付，加大拆除房屋的工作力度，落实拆迁事宜，完成20户的签订合同工作，柏石村地质灾害治理完成拆迁前的所有事前工作。八是按照上级错峰生产的相关通知要求，在空气质量保障期间对辖区内所有企业下达停产通知。九是确定各村安全劝导员和消防网格员。

　　　　　　　　　　　　　　　（王振林）

【环境保护综合整治】 2017年，苌池镇制定《苌池镇环境保护综合整治实施方案》，做好各项整改任务。全力抓好农作物秸秆禁烧工作；严厉打击各项扬尘污染行为；全力抓好燃煤整治工作；制定《苌池镇关于实施环境保护网格化管理实施方案》，创新环境监管体制机制，实现环境监管全方位、全覆盖、无缝隙管理；制定《苌池镇"小散乱污"企业取缔工作实施方案》，建立"小散乱污"企业台账，对辖区内的25家"散乱污"企业进行取缔；对证件不全、环保设施不达标和无环保设施的相关行业配合相关部门采取断电措施；对环保部大气污染防治强化督查发现的问题企业已全部采取断电措施；同时取缔清理煤场1个，叫停整顿石料厂7个，取缔砖厂10个；启动重污染天气应急预案，渣土车全部覆盖，石材厂、采石场全部停产。对辖区内已取缔和正整改的"小散乱污"企业进行督查，防止死灰复燃；要求各村禁止焚烧秸秆；按上级要求做好应对重污染天气工作。

（王振林）

【交通工作】 2017年，苌池镇召开下罗至陈家崖撤并建制村村通硬化路现场协调会；推进下罗至陈家崖撤并建制村村通硬化路工作；准备撤并建制村下罗——陈家崖段公路计量验收前资料汇总工作。同时完成39个村公路普查工作。检查验收石阳线到西掌、石阳线到藏山共5.4千米公路。

（王振林）

【武装工作】 2017年，全镇兵役登记227人，其中18周岁兵役登记率达到99%，应征报名41人，大学生2人，高中生22人，初中以下17人。对应征青年初审初检，确定25名初检人员，并对应征体检合格青年进行家访。预定新兵在忠义拓展实践教育基地进行为期3天的役前训练。镇政府对全镇510户现役军人、退伍军人、烈士子女进行了走访，发放光荣牌510户。

（王振林）

上社镇

【概况】 上社镇位于盂县县城北部，距县城30千米，镇域面积367平方千米，是阳泉市面积最大的乡镇。农民收入主要靠粮食、核桃、畜牧、蔬菜等产业，是一个典型的农业乡镇。全镇共有46个行政村，18个自然村，7716户15996人。有50个党支部（1个党总支），998名党员，其中农村党员757名。2017年，全镇财政总收入累计完成517.07万元，占年度预算411万元的125.81%，同比增长11.56%，同比增额为53.6万元。一般预算累计完成155.12万元，占年度预算130万元的119.32%，超额完成了目标任务。

（崔昶华）

【环保专项检查】 2017年，上社镇加强节能减排和大气污染治理，开展环保六项专项检查，对农作物秸秆进行综合治理，特别是秸秆禁烧，加强道路扬尘治理，对"小散乱污"企业依法依规开展专项取缔行动，全镇沙厂、企业等组织错峰生产，坚决关停不符合环保要求的企业。全年累计出动巡查人员1920人次，巡查车辆640辆次。

（崔昶华）

【信访稳定工作】 2017年，上社镇严格县信访综合改革要求，建立镇村信访预警机制、调处机制和应急机制，强化社会治安综合治理，充分发挥基层组织战斗堡垒作用和治安信息员作用，采取措施，责任到人，就地化解各类矛盾，做到小事不出村、大事不出镇。在全镇范围内共排查矛盾纠纷30起，调处28起，调处率达93.3%，同时，全镇无一例进京赴省人员，信访秩序良好。

（崔昶华）

【安全生产】 2017年，上社镇按照"党政同责、一岗双责、企业（单位）主责、失职追责"等要求，压实安全生产责任，坚定不移地抓好安全生产工作。一是持续开展对重点领域的安全生产大检查，加强各类安全生产隐患的排查与防范，共组织开展各类安全大检查24次，累计出动执法检查人员300余人次，检查矿山、沙厂、超市、学校等企业和单位110处，排查隐患40条，整改隐患40条，全年没有发生安全生产事故。二是狠抓私挖滥采打击。镇政府与各村全部签订目标保证书，形成常态化管理的工作态势，共出动35次170人次在全镇范围内进行大排查，未发现一起私挖滥采现象。

（崔昶华）

【首届休闲垂钓旅游摄影文化节】 2017年8月26日至8月27日，上社镇举办以"趣味垂钓 行摄乡村 品位绿色"为主题的首届休闲垂钓旅游摄影文化节，推介上社镇的乡村旅游和特色旅游，加快镇文化旅游产业发展壮大，推动文化、旅游等相关产业的融合发展，摄影爱好者、垂钓爱好者等共计千余人参加。

首届休闲垂钓旅游摄影文化节分四大版块进行，第一版块上社镇首届休闲垂钓旅游摄影文化节开闭幕式，邀请各界嘉宾、媒体记者以及垂钓参赛运动员、裁判员、旅游摄影者参加开幕仪式。第二版块上社镇首届趣味休闲垂钓公开赛。第三版块上社镇"乡村记忆"摄影采风，组织省内外各级摄影学会、摄影家和摄影爱好者开展旅游摄影采风创作活动，前往上社镇莲花掌旅游风景区、上社镇大西里旅游风景区、盂县各旅游景区景点、重点工程，举办全域旅游为主题的摄影展，进一步提升盂县知名度和美誉度，推介上社镇的乡村旅游。第四版块上社镇"品味生活、共享丰收"农产品展销，精选上社镇有机小米、绿豆、黄豆、黑豆、绿皮核桃、青毛豆、"藏山梦"纯净水等农产品进行展示。

（崔昶华）

【环境卫生综合整治】 2017年，上社镇采取宣传标语、大喇叭的形式加强环境卫生综合整治宣传，提高全镇广大村民的环境卫生意识，形成全民参与乡村清洁工程的新局面，营造出人人创造优美环境、人人珍惜优美环境、人人享受优美环境的浓厚氛围。开展村街道环境卫生专项整治。对各村的墙面进行重新粉刷，书写标语，对乱堆乱放现象进行整治，清除积存垃圾，对墙面小广告进行清除。拆除紧邻公路影响村容村貌、路容路貌的破旧废弃房屋、厕所、圈舍等，清除草垛及其他堆积物。清理占道经营，取缔马路摊点，规范广告牌匾，拆除占路违建，加大绿化覆盖面。加大对河道及河道周边的清理整治力度。全镇先后组织大小型挖掘机20台次，铲车10台次，三轮车等其他工程车辆153台次，对镇域河道集中进行清理整治，共计清理垃圾约4150立方米。加大乡村环境卫生整治力度。全镇各村共计出动40台铲车、150余辆三轮车，500余人次，清理垃圾约6170立方米。

（崔昶华）

【民生工程】 2017年，上社镇落实各项强农惠农富农政策，着力解决人民群众关心的医疗、养老、教育、问题，让人民群众过上安稳舒心的日子。一是9村的一事一议财政奖补项目全部竣工，通过验收。二是全镇低收入农户200元煤炭货币化补贴全部发放到位。三是2017年全镇到龄人员待遇发放到位，城乡居民医疗保险征缴工作全部结束，养老保险征缴工作逐步展开。四是全镇城镇低保户88户158人、农村低保户961户1174人、五保204户230人，做到应保尽保。五是确定农村危房改造户59户，全部组织验收完毕。六是上社中学的中考达线人数再创历史新高，达71人，升学率72.4%，合格率、升学率位名列全县乡镇中学第一。七是成功开展元宵节街头文艺汇演、"建行杯"首届广场舞表演赛等文化活动。八是加大食品药品监管力度，全年未发生一起食品药品的安全事故。

（崔昶华）

【土地复垦工程】 2017年，张城堡村复垦地14.6公顷（220亩），修复基耕路3千米；里独头村复垦地3公顷（45亩）；外独头村新增和复垫地15.33公顷（230亩）；下北村新增和复垫地18公顷（270亩）；刘家沟复垫地10.4公顷（156亩）；共计61.34公顷（920余亩），增加土层厚度，增强土地肥力，提高粮食产量，每亩增收400余元，增加了贫困户收入。

（崔昶华）

【基础设施建设】 2017年，外独头村投资32万元，修建一座长36米，宽5.6米的3孔石拱桥，彻底解决老百姓跨河出行的安全问题，促进当地物流业的发展；大西里等村投资2万余元，修建12条约16千米的农机耕作道路，方便老百姓上地耕作和农机具使用，促进了当地农业稳定发展、农民持续增收。 （崔昶华）

【水利设施建设】 2017年，外独头村投资20万，修复护村坝500米，投资10万元打造150米深井一眼；魏家沟村投资26.7万打200米深井一眼，铺设输水管路1千米；刘家沟村打65米深井一眼；里独头村投资18万元，修建截潜流工程1处；中庄村投资30万元，修建蓄水池1座；青崖只投资2万元，修复饮水工程；熊坪村投资3万元修建120米护村坝，熊坪自然村马圈投资2万元修复饮水工程，投资3万元修复护村坝110米；上鹤山投资1.5万元维修蓄水池；下南投资1万元维修深井。并在熊坪、青崖只两村组织防汛演练。水利建设工程不仅解决贫困户及全村人畜饮水困难的问题，也为发展蔬菜、水果等种植业打下坚实基础。

（崔昶华）

【养殖业发展】 2017年，上社镇因地制宜，努力发展养殖业，全镇肉牛、肉羊、生猪、鸡饲养数量不断攀升，分别达到283头、14500只、1300头、8200只。养殖规模户数，猪5户、牛7户、羊24户、鸡1户。外独头村积极发展肉牛养殖业，投资70万元，修建占地3000多平方米的养牛场，购买肉牛50头；魏家沟村积极发展养殖业，投资10万余元，修建羊圈，共养羊197只，贫困户人均2只，养鸡1100只，贫困户每户30只；下北村大力发展养羊业，共养羊1430只；秋林村投资4万元修建60多平方米的猪场，并购买猪仔16头。 （崔昶华）

【昶生万养殖专业合作社】 昶生万养殖专业合作社位于窄门只村冉家沟，2010年开始筹资25万元，占地面积3亩，羊圈5间。截至2017年年底，累计投资200万元，建成占地面积1公顷（15亩），羊舍70间，配套设施12间，总出栏1200只的全封闭式山羊养殖场规模。

（崔昶华）

【种植业推广】 2017年，各贫困村、低收入村根据当地气候条件、地理特点，大力发展种植业，其中里独头、宋家庄、大西里、下北等村共种植辣椒8.67公顷（130亩），里独头、外独头、刘家沟、下北、上庄、秋林等村共种植长杂二号谷子86.67公顷（1300余亩），刘家沟种植"玉露香梨"3300株，3.33公顷（50余亩），杏树嫁接3000余条，柳沟种植苹果树8公顷（120亩），下北、柳沟等村共种植核桃树11.33公顷（170余亩），大西里种植了1000株苹果树、300株梨树、500株桃树，各种苗木成活率高，长势良好，为稳定脱贫提供重要保障。

（崔昶华）

【脱贫攻坚】 上社镇共有9个贫困村，6个低收入村，经过对全镇建档立卡贫困人员进行动态调整后，截至2017年底，贫困人口规模为743户1932人。通过发展生产、易地搬迁、生态补偿、发展教育、社会保障兜底"五个一批"的路径，5个贫困村2个低收入村共计脱贫253户701人。共有9户32人进行易地搬迁集中安置；享受教育扶贫的贫困户共有3户13人；成立两个贫困户造林专业合作社，带动14户41人的贫困人口实现生态补偿脱贫；全镇社会兜底共290户。 （崔昶华）

【金融扶贫】 2017年，全镇共有104户贫困户享受小额贷款，其中县农商银行78户、农业银行12户、盂县村镇银行14户，合计贷款

519万元。其中：63户315万元入股盂县华北奕丰生态园、2户10万元入股山西佳珍粮业有限公司、10户50万元入股辰厚种植专业合作社、14户70万元入股盂县鑫森农业生态开发有限公司、15户74万元分别在全镇不同的产业项目内，每个贫困户每年享受3000至4000元的分红。

（崔昶华）

【屋顶分布式光伏发电项目】 全镇47个行政村积极发展光伏发电项目，2017年发展屋顶分布式光伏发电项目有21个村并网发电。贫困村光伏发展情况：车箱村集体30千瓦，魏家沟村集体30千瓦、个人30千瓦，刘家沟村集体30千瓦、个人30千瓦，大西里村集体30千瓦，里独头村集体80千瓦，外独头村集体50千瓦，中庄只村集体30千瓦，宋家庄村集体50千瓦、个人40千瓦，上庄村集体20千瓦、个人40千瓦。低收入村光伏发展情况：下北村个人40千瓦，上社村个人325千瓦，秋林村个人7千瓦。其他村情况：上鹤山个人20千瓦，中南个人157千瓦，车轮个人33千瓦，大峪个人20千瓦，磨盘个人100千瓦，大水头个人30千瓦，肖家汇个人100千瓦，下南个人20千瓦，白藏个人80千瓦。共计集体发展350千瓦、个人发展1072千瓦。

（崔昶华）

【佛堂村亨通水业有限公司】 2017年，建成总投资500余万元，拥有年产170万桶桶装水和年产1800万瓶瓶装水两条生产线，设立有30多个营销网点的佛堂村亨通水业有限公司，成功开发了富硒水生产项目，顺利打开阳泉市场并辐射周边区域，得到广大消费者的认可。

（崔昶华）

【山西谷味天农业开发公司】 山西谷味天农业开发公司位于上社镇上社村，是一家集有机粮种植生产，有机小杂粮生产加工，有机轻餐营养粉生产加工，有机亚麻籽油、有机菜籽油生产加工于一体的有机循环农业开发公司。2017年与娃哈哈旗下的杭州宗盛智能科技有限公司联合在全国推出无人自动售货机销售模式对"谷味天"产品进行销售，特别是五谷杂粮轻餐营养粉系列产品销售良好，公司在大力发展特色农业产业项目的同时，积极承担社会责任，抓住产业和就业两个关键，引导贫困户优化调整种植结构，提高贫困户收入，发挥龙头带动作用。

（崔昶华）

西烟镇

【概况】 西烟镇地处盂县西部，镇政府所在地距县城45千米。全镇辖47个行政村，75个自然村，全镇总人口8368户、20628人。镇区面积1.8平方千米，镇区常住人口7500人。2017年，全镇财政总收入完成2545.73万元，占年度预算3845万元的66.21%。一般预算收入完成824.74万元，占年度预算1591万元的51.84%。

（史金萍 柴宝林）

【重点工程建设】 2017年，西烟镇全面实施以镇区四村小城镇建设为主体、加快推进东部现代农业园区和西部循环经济产业园区建设的"一体两翼"发展战略，各项重点工程稳步推进。10月，完成东太国防路改线（镇外环路）工程，全长4.9千米。镇区供水系统改造提升（一期）工程进入可行性研究审批阶段，计划2018年4月开工建设。规模以上工业企业山西太钢鑫磊资源有限公司共生产56.09万吨冶金灰，产值达25813万元。积极推进鑫磊2×35万千瓦低热值煤发电项目建设项目。康泰来香菇畅销国内国外市场，生产各类菌包180万包，出口140万包，香菇、平菇45万斤，菇类产品销售收入666万元人民币，出口菌包82万美元。鑫源伟业肉羊项目建成繁育，肉羊存栏6600只，产值达285万元。启耀中药材加大桔梗种植力度，积极推进"盂桔梗"品牌建设。

（史金萍 柴宝林）

【脱贫攻坚工作】 2017年，西烟镇精准施策推进"五个一批"任务落实，退出9村372户824人。易地搬迁方面，确定洪镇村71户144人其中贫困户26户46人易地集中搬迁，新村建设全面开工。生态补偿扶贫方面，7个扶贫攻坚造林合作社吸纳贫困户144户，覆盖442人，446.67公顷（6700亩）鱼鳞坑全部平整，种树393.33公顷（5900亩），预计增收173万余元；12村实施退耕还林，其中有贫困村7个，低收入村4个，退耕面积16.9公顷（253.62亩），涉及贫困户40户，100人，面积5.71公顷（85.67亩）。教育扶贫方面，资助8名贫困户学生享受教育扶贫资助，全面落实雨露计划。贫困户做到应保尽保、应助尽助。全面落实金融教育扶贫相关政策，完成小额贷款237户，1182万元，落实孝亲敬老奖补政策177人。全面完成966户2282人健康扶贫双签约工作。积极统筹社会扶贫力量，网络成功销售土鸡蛋、小杂粮、藜麦等特色农副产品，促成阳泉华龙超市、西烟丰润农场农超对接，推动网络销售、电商、农超对接等新型社会扶贫形式落地生根。新核定扶贫对象动态管理和贫困人口退出出列4人，自然增加1人，补充纳入7人，自然减少92人。安全饮水、道路硬化、危房改造等一大批贫困村基础设施建设项目顺利实施。

（史金萍 柴宝林）

【扶贫产业项目发展】 2017年，西烟镇扎实推进光伏扶贫项目，21村新建光伏发电项目427.5千瓦，19村并网发电。鼓励扶持种植养殖项目，扶持麻地掌、杏树坡9村231户每户种植脱毒马铃薯1亩，补助7.67万元；扶持黄龙凹、岭南、上东坡等村小米、小杂粮加工项目19.5万元；扶持南贝子、杏树坡种植加工资金9万元；扶持侯党村农机服务资金2万元；扶持黄龙凹、前河东等村发展养殖资金31.5万元；分别扶持深度贫困村峡掌村、上文村资金46万元。小杂粮、薯类、中药材种植补贴、养殖特惠补贴、省级专项扶贫资金、扶贫互助金等专项扶贫资金，按照资金使用的管理要求及时拨付到位。农作物种植调整初见成效，28村调减玉米348公顷（5220亩），增加谷子196.67公顷（2950亩）、马铃薯37.67公顷（565亩）、小杂粮38.33公顷（575亩）、青储玉米8.67公顷（130亩）、藜麦66.67公顷（1000亩）、糯玉米53.33公顷（800亩），全年增收275万元。养殖项目发展初具规模，前河东、尚家沟、麻地掌等村积极发展肉牛、肉羊养殖，贫困人口收入大幅增加，同时积极扩大侯党、黑石窑等村家庭养鸡规模。

（史金萍 柴宝林）

【"三农"工作】 2017年，全镇粮食总产量达到5580余万斤，比2016年增长15%。南头、山河等5村种植桔梗面积70公顷（1050亩），调整杂粮、薯类等作物种植面积800公顷（1.2万余亩）。兑付2016年秸秆还田综合利用补助款18.47万元。秸秆还田完成2013.33公顷（3.02万亩），秸秆饲料化9500多吨。全镇农业机械化率达到90%以上。谷子、薯类渗水地膜覆盖、玉米丰产方、间作套种、生物化学防治病虫害等农业实用技术推广面积达4666.67公顷（7万余亩）。全面落实农业支持保护补贴、产粮大县玉米补贴和各类农机具补贴政策，全镇5489户农户享受补贴589万元。农业保险缴纳工作全部完成，玉米3730.82公顷（55962.4亩），杂粮31.66公顷（474.9亩），薯类88.95公顷（1334.21亩），共计22.65万元。全面完成第三次全国农业普查工作。与县农广校、县人社局联合对农村剩余劳动力进行技能培训，共计培训500余人。土地确权工作进入收尾阶段，除薛梨沟村外其余46村土地确权工作基本结束，进入资料整理归档阶段。及时处置双斑萤叶甲虫害，加大虫害防治培训力度，免费发放农药300余箱，积极开展群防群治工作。全面推行乌河、小南河等9条河流分层级河长制，积极推进治水常态化长效化。

（史金萍 柴宝林）

【环境综合整治】 2017年,西烟镇实施城乡环境卫生整治攻坚战,河道清淤除障、乡村"四堆八乱"治理、垃圾清运等卫生清洁行动有效开展,推行环境卫生模范村创建,开展"流动红旗"评选活动,每月对环境卫生工作表现突出的前五名村授予"流动红旗"。镇区内主大街"乱搭乱建""临建违建"占地经营设施全部拆除,露天烧烤摊点全部归店经营。镇区车辆乱停乱放的现象得到有效改善。继南社建成国家首批绿色村庄后,乌耳庄、白家庄等10村加快推进绿色村庄的申报工作。

(史金萍 柴宝林)

【生态环保工作】 2017年,西烟镇深入开展"铁腕治污行动""六项专项整治"专项行动和环境卫生集中整治行动。10吨以上燃煤锅炉全部进行摸底排查,镇政府带头进行燃煤锅炉改造,全镇机关事业单位取暖设备全部改造升级。全面摸排各村散煤使用情况,落实环保政策。"小散乱污"取缔工作全面完成。鑫磊园区入驻企业存在的环保问题全部整改。及时办结环保督察组交办的群众反映后河东村村民私自开垦林地为耕地的问题。加强重污染天气环保调度工作力度,多措并举狠抓秸秆禁烧工作,加大力度打击违法露天焚烧秸秆行为,处置露天焚烧秸秆8起,拘留1人,罚款2人,秸秆禁烧和秸秆综合利用工作成效明显。

(史金萍 柴宝林)

【安全生产】 2017年,西烟镇严格推行安全生产"一岗双责"和"三管三必管",坚持安全生产大检查和专项整治活动,立足事故防范,着力隐患整改,狠抓打非治违。危险化学品、建筑施工、非煤矿山、道路安全、森林防火、地质灾害等重点领域连续多年实现"零事故""零死亡"。开展安全生产宣传月活动,组织干部职工集中进行"6·16"安全生产宣传咨询日活动。查处非法经营流动加油行为1起。持续保持打击私挖滥采高压态势,对杏树坡、黑石窑等村已关停的土小石灰窑进行重点盯防。加大农耕秋收机械安全操作宣传工作力度,确保春耕春播安全生产。不断强化日常护林防火工作力度,特别是在元旦、春节、清明节及防火警戒期间组织林业站、护林防火队分区域展开拉网式排查,确保全镇森林防火安全。开展汛期险情排查,密切关注气象动态,对50余处各村麻河、桥梁、路段等危险区域和易发地质灾害隐患点设置安全警示标志。重点加大对学校食堂、农村集体用餐、食品经营场所等关键领域开展定期或不定期的常检和抽检力度,有效确保食品安全。开展畜禽养殖粪便污染专项整治,强化禽流感疫情监控。

(史金萍 柴宝林)

【社会事业发展】 2017年,西烟镇全面完成农村低保复核工作,农村低保835户1412人、五保325户332人,基本实现应保尽保。全年累计发放优抚补助111万元,医疗救助63.2万元,低保金123万元,五保金187万元,受灾群众生活补助20万元,临时救助14万元。新型农村合作医疗参合率、养老保险参保率稳定在95%以上。计生奖励扶助政策全面落实。39户危险土窑洞排查搬迁。61户农村危房改造项目稳步推进。农村文化体育生活丰富多彩,组织南社、东村等多次送戏、送影视作品下乡文艺演出。广播电视实现全覆盖。225名青年进行适龄青年兵役登记。完成对24名现役军人,345名退役军人,15名军、烈属走访慰问,发放光荣牌匾384块。北刘嘴村引水工程全线贯通。东村惠民饮水工程、北刘嘴村引水工程等重点水利建设项目全面启动,共投资100.7万元。完成2017年度"一事一议"财政奖补项目验收工作。

(史金萍 柴宝林)

【"两委"换届工作】 2017年11月1日,西烟镇进行两委换届选举。全镇44个(其中山河村与石灰掌村成立联村支部)农村支部按照"两推一选"的办法选举产生新的一届支部班子。在党支部的领导组织下，严格按照《村民委员会组织法》选举产生了45个第十一届村委班子。其中，新当选村支部书记44名，村主任45名，支部委员145名，村委会委员144名，班子平均年龄由上届的58岁降低为55岁，文化程度同比有较大提高，村"两委"主干高中以上文化程度达到22名，初中文化程度60人，妇女干部配备比例达到100%，在新当选的村主干中有女支书1名、女村主任1名、女副主任1名、村委女委员44名。

（史金萍 柴宝林）

【"三基建设"推进】 2017年，按照省市县"三基建设"的有关要求，西烟镇稳步推进软弱涣散党支部整顿、"五小建设"、村级活动场所等建设事宜，盆子掌、石灰掌、杏树坡、北刘嘴4村软弱涣散整顿工作全面完成。"五小建设"顺利推进，新建小澡堂，对小食堂、小图书室、小厕所、小文体活动室在原址上进行改造升级，保证正常使用。全面提高干部职工住宿条件，保证办公住宿分离。加强对下派挂职锻炼干部日常考核管理工作。按照县委集中推进非公企业和社会组织党的组织和工作"两个全覆盖"工作安排，63家非公企业已组建3个联合党支部。积极创新党组织设置，成立山河、石灰掌联村党支部。进一步规范农村党支部建设，严格"三会一课"制度，全面推行"六议两公开"工作法。实施村级集体经济"破零攻坚"工程，因村施策、发挥优势，打好无集体经济收入村经济"破零"攻坚战，41个村完成集体经济破零任务，建立完善了村级集体经济稳步增长的长效机制。

（史金萍 柴宝林）

【主题教育活动】 2017年，西烟镇以"我是党员我带头，树三个榜样"活动为抓手，通过强化舆论引导、党员先锋引领、党员志愿服务、微视频征集等活动，充分展示党员践行"两学一做"的精神风貌，引导广大党员干部时时处处树立带头意识。全镇700余户农村党员户全部挂牌做承诺，主动联系服务群众，接受群众监督。共粉刷宣传标语60余条，发放宣传资料2000余份。机关党支部53名党员干部加强自我"体检"，做出承诺，并将承诺书公开上墙。自城乡卫生清洁活动开展以来，累计组织300余名党员干部、团员青年、社会志愿者开展卫生清洁志愿服务行动，对镇区沿线街道垃圾进行清理，并对一些不文明行为进行劝导。4月25日，组织党员干部在七星山进行义务植树活动，植树500余株。联合盂县红十字会、盂县村镇银行、团县委、壹基金等单位对残疾儿童、困难群众、留守儿童等特殊服务群体开展关爱他人志愿服务行动和心理辅导，受惠人数达500余人。

（史金萍 柴宝林）

【群团工作】 2017年，西烟镇工会、妇联、共青团、统战等群团组织展开丰富多彩的工作。镇团委积极融入脱贫攻坚中心工作，先后组织农业知识技能培训、走访慰问贫困户等活动。5月18日，镇团委组织3名创业青年参加团县委举办的创新创业大赛，盂县启耀中药材合作社成功晋级，并获得二等奖。8月8日，镇团员青年深入侯党村开展扶贫慰问活动，为贫困户、老年人提供现场就诊、理发、照相等服务。8月15日，在南社村开展种植技术培训，在打造青年电商、提供创新创业指导等方面进行现场培训。镇工会国庆期间组织会员赴西柏坡开展"传承红色基因"主题教育活动；"三八"节组织女职工观看电影等。 （史金萍 柴宝林）

【武装工作】 2017年，西烟镇积极响应上级"廉洁征兵""优中选优"等政策规定，鼓励大学生报名应征入伍，严把应征入伍青年的学历关、思想品德关、身体素质关，顺利完成年度征兵工作。兵役登记人数达到273人，登记率达100%，颁发兵役登记证194本，完成兵役登记工作。4月，组织专人悬挂山西省人民政府颁发的光荣牌374个。其中，颁发现役军人的"光荣军属牌"20个、退役军人的"光荣之家牌"339个、军烈属的"烈属光荣牌"15个。

（史金萍　柴宝林）

仙人乡

【概况】 仙人乡位于盂县东部，距县城22千米，境内以土石山区为主，东与河北省井陉县、平山县毗邻，南与阳泉市郊区、平定县接壤。全乡面积207平方千米，辖32个行政村（79个自然村），共有6253户，13198人，耕地面积2352.33公顷（35285亩），主要种植玉米、谷子、薯类等农作物，属纯农业乡。全乡有初中1所，教师44名，在校学生230人；联校共有小学7所（包括教学点1个），在校学生460人，教师71名。乡中心卫生院1所，村卫生所32所，医务人员54人。2017年，全乡财政总收入完成842.72万元，占年度任务602万元的139.99%，一般预算完成259.67万元，占年度计划194万元的133.85%。

（李忠勇　崔俊伟）

【党建工作】 2017年，仙人乡党委制定党建工作清单，党委班子成员建立党建工作联系点，带头抓重点、抓难点、抓亮点；完成乡村两级班子民主生活会和党员评议工作，乡党委班子以上率下，带头抓党建，每周例会均安排班子成员讲党课，谈体会，促落实。对793名党员进行查找登记，完善党员基本信息，做到"一人一档"；按照"坚持标准、保证质量、改善结构、慎重发展"的方针，加大在农村优秀青年中发展党员力度，共确定入党积极分子10名，进升预备党员积极分子12名，预备党员转正10名。不断巩固和完善基层"两学一做"常态化制度化建设和党建"八大平台"建设，以此为抓手，解决好党建工作"怎么抓""抓什么"、如何促进经济社会全面发展的问题。结合仙人乡农特产品丰富的情况，打造仙人乡农产品电商销售平台。按照"地域相邻、产业相连、功能相近、资源相融、发展互促"原则，仙人乡计划于2018年3月筹建东庄头片区联村党支部，4、5月正式运转，着力推行"组织共建、班子联强、队伍共管、党建联抓、阵地共建、资源联享、制度共建、服务联优"的"四共四联、互促双赢"的运行机制，以强带弱，实现组织扩覆延伸。

（李忠勇　崔俊伟）

【换届工作】 2017年在换届选举中，仙人乡严格坚持"两推一选"的方法，努力把政治素质好、服务意识强、能力突出的优秀党员选拔到书记岗位上来，10月31日至11月11日，集中力量对32个村支委班子进行换届，支部书记连选连任27名，新任5名；回归人才3名（其中1名女性）。12月5日至12月14日，按照一次直选的方式，32个村全部完成村委换届工作，村委主任连选连任13名，新任19名；"一肩挑"人员6名。整个换届工作既保持了村级支部班子的整体稳定，又吸收选拔了年轻有为，干事创业的新同志，为村级支部班子建设注入了新的活力。

（李忠勇　崔俊伟）

【脱贫攻坚工作】 2017年，仙人乡多渠道推进脱贫工作，全年共实现脱贫247户，543人。大力发展脱贫产业，增加贫困户收入。继续推广发挥好"仙人红薯""阳婆婆"小杂粮、有机肥糯玉米、油葵等特色种植；全乡共有22个村146户328名贫困人口参与发展特色种植业29.48公顷（441.2亩），其中种植薯类10.38公顷（155.7亩），油葵3.09公顷（46.3亩）、糯玉米2.27公顷（34亩）、小杂粮13.25公顷（198.7亩）、辣椒6.5亩。以能人带头，吸纳贫困户参与，组建扶贫合作社，大力发展各类养殖业，全乡有21个村发展各类养殖，共有31户发展养猪47头，239户参与养羊963只，68户发展养鸡4761只；七里峪、山北村组建贫困户农机服务合作社；石谷梁、东会里、石窑沟村还发展光伏发电，第一批发电规模达60千瓦，多渠道带动贫困户增收。加强劳务输出，提供各类就业信息，帮助激励有劳动能力的年轻人外出闯市场，实现就业脱贫。10月19日，市县劳动部门在仙人乡组织扶贫就业对接专场招聘会，共69家用工单位前来招聘，提供200余个工作岗位，当天达成用工意向的有300多人；全乡共有169户373名贫困人口通过发展种植养殖产业和外出就业打工增收脱贫。实施易地搬迁扶贫，改善生存环境。全乡共有5户22人，通过实施易地搬迁，到县城附近居住，改善生存环境，方便就业务工，实现脱贫。发挥生态效益，促进生态脱贫。结合新一轮退耕还林还草工作、荒山造林、森林资源保护、核桃树提质增效和林业特色产业五大生态工程积极推进生态脱贫工作。全乡共完成新一轮退耕还林153.33公顷（2300亩），有8村38户64名贫困人口参与新一轮退耕还林项目，实现退耕面积9.38公顷（140.7亩），每亩可实现退耕补偿金1500元；结合护林防火工作，各村聘用有能力的贫困户担任护林员和生态林管护员，外山南有2户3人担任护林员，每户每年可增收8000元；核桃树提质工程全面开展，经济效益初步显现；全乡共有12户28人通过林业生态建设实现脱贫。落实教育扶贫政策，实施雨露计划，帮助教育脱贫。建档立卡贫困子女中有8名学生考取二本B类以上的普通本科院校，享受每生给予一次性5000元教育扶贫雨露计划资助；凡考入中职院校的除免除学杂费外每人还可以享受2000元的补贴；秋季共有16名建档立卡贫困户初中寄宿生享受每生625元的补助，8名幼儿享受每学期500元的补助；共有3户11名贫困家庭通过教育帮扶减轻家庭负担，实现脱贫。严格评议程序，实现应保尽保，社会保障兜底无劳动能力的贫困户。对自身发展能力低下，深度贫困的贫困户，由乡民政所牵头，各村严格按照评议程序纳入低保兜底，共有50户81名贫困人口实现社保兜底脱贫。加强金融扶贫，促进发展增收。严格按照县扶贫办的要求，加大金融扶贫的宣传推介力度，鼓励贫困户参与小额贷款，全乡开展金融扶贫贷款业务82户，发放贷款396万元，使参与贫困户年增收3000元；在石谷梁贫困村大力宣传县扶贫孝老爱亲奖励政策，共有4户家庭积极孝敬长辈，享受每户500元的奖励。

（李忠勇　崔俊伟）

【土地承包经营权确权颁证】 2017年，仙人乡各村加强与乡经管站、测绘公司的沟通联系，细化工作，认真负责组织好勾图、填表、二轮、三轮公示和精准核实等工作。全乡土地确权共涉及33个行政村，土地确权农户3968户，耕地面积3123.47公顷（46852亩），调查地块56990块。全乡33个行政村全部完成勾图测绘、二轮公示、精准核实合同打印、数据扫描汇集等工作，全面开展合同签约。（李忠勇　崔俊伟）

【里山南全国越野跑邀请赛】 2017年6月18日，由仙人乡里山南村主办，阳泉异业联盟、北京智存海纳电子商务有限公司承办的首届"哈佛杯"绿动太行、仙人指路全国越野跑邀请赛在仙人乡里山南村举办。来自德国、北京、上海等国内外越野跑运动员和本地越野跑爱好者300余人参加了5千米、10千米、21千米三个级别的比赛。此次体育比赛，对促进全县城乡体育事业发展，宣传展示本地良好自然环境和生态旅游资源，促进经济转型发展有积极促进作用。

（李忠勇　崔俊伟）

【民生工程】 2017年，仙人乡继续加大民生投入，努力改善人居环境。11个村发挥好财政奖补一事一议工程的杠杆作用，广泛开展群众拥护的建设项目。乡集中供水工程建设顺利完工，工程总投资550万元，铺设主管道10600米，新修建蓄水池3个，配套全自动机电设备，有效解决镇区机关、学校及沿线6村6863人的饮水困难。314省道水毁工程修复建设项目顺利推进。里山南、东阳坡、东庄头村日间照料中心建设顺利完成。山北村、东庄头村中心幼儿园正式投入使用。对群众关注度最高，争议较大的低保户评定、农村危房改造等严格程序标准，民主评议，公开公示，广泛听取群众意见，顺利推进。

（李忠勇　崔俊伟）

【安全生产】 2017年，仙人乡持续开展对重点行业领域的安全生产大检查，建立隐患排查整改台账，每周排查汇总。明确专人负责，及时发现隐患，及时采取有效措施，及时化解消除，确保全乡不发生任何安全生产生活事故。密切关注汛期天气变化，深刻汲取2016年"7·19"特大洪灾经验教训，对危险区域、危险河段、低洼区域、山根崖底、山庄窝铺、农村危房住户等防汛和地质灾害隐患进行全面排查整治。对受地质灾害威胁的重点村邀请国土部门进行实地勘测，启动地质灾害隐患整治搬迁避让工作。同时努力做好重点行业领域，交通安全、食品安全、人员密集场所消防安全等工作。在打击私挖滥采上，始终保持高压态势，每日组织国土所、派出所、安监站工作人员全面巡查。涉矿各村守土有责，强化巡查看守，及时发现各类私挖滥采苗头迹象，及时制止上报，严厉打击处置，全乡打击私挖滥采工作态势平稳。

（李忠勇　崔俊伟）

【信访工作】 2017年，仙人乡充分发挥各村综治网格员、网格长的作用，及时发现各类矛盾纠纷，及时化解消除，上报信息，确保社会和谐稳定。对各信访案件进一步加强调处力度，认真研究政策，了解吃透案情，充分听取信访人的诉求意见，在法律政策的范围内积极帮助解决，疏导思想情绪，协助司法渠道解决纠纷。北坡村信访案件已经步入司法渠道，进行了一审判决。全乡信访秩序良好，在所有关键时间节点，未发生任何人员越级上访事件。

（李忠勇　崔俊伟）

【环保工作】 2017年，仙人乡继续改善生态环境，保护仙人乡良好的环境资源。春季广泛开展植树造林，绿化荒山荒坡133.33公顷（2000余亩），完成外山南至里山南、石谷梁通道绿化6千米。石窑沟、西峪、岭底、东庄头、又道沟等村开展村庄绿化和通道绿化。乡政府和各村组织开展义务植树，共栽植树木3万余株。结合新一轮退耕还林，全乡共完成退耕还林153.33公顷（2300余亩）。各村对全村范围内所有可能的污染源进行全面细致摸底排查，做好日常监控和信息上报工作。确保已经关停取缔的土小竖窑不发生死灰复燃，证照不齐全的企业不偷产偷排。有证企业要严格按照设计批复要求加强现场管理组织生产。生产企业和所有建筑工地必须做到围挡、苫盖、喷淋、硬化、冲洗5个全覆盖。同时要做好各村生活垃圾处置和生活污水排放管控工作，认真落实好县、乡《开展环境保护六项专项整治工作方案》的要求，确保全乡范围内不发生任何大气和水体污染事件。认真落实错峰生产要求，全部工业企业错峰停产。对中央环保督察组交办仙人乡的D685号群众反映案件，乡党委政府高度重视，召开领导班子会议专题研究，积极组织整改。北坡村矾石厂组织人员机械设备对矾石厂全部予以拆除取缔，动用铲车、工程车对残存垃圾进行集中清理，对料堆重新进行了规整严密苫盖处理。养猪场存在的环境问题进行整改，养殖场对猪尿池进行三防密封处理，对猪粪池重新垒砌，池顶进行密封。5月17日，县畜牧中心对该养猪场进行整改验收，达到畜牧部门要求，存在的环境问题得到有效解决改善。

（李忠勇　崔俊伟）

【环境卫生改善】 2017年，仙人乡切实加强城乡环境综合整治，努力营造更加和谐优美的人居环境，有针对性地对东会里、交口等人员密集、垃圾产生量大，清运保洁工作困难的村加强督查整治。东会里村投资18余万元，对多年积存的垃圾进行集中清运，高标准修建密封式垃圾池6个，环境面貌得到根本性改变；交口村在县执法局帮助下，对镇区临街店铺广告牌匾、违章建筑、店外经营等进行集中整治。其他各村进一步加强环境基础设施建设，加大日常清理管护力度，努力改变环境脏乱差的面貌。各村通过整治违法乱搭乱建乱占，提升城乡环境质量。发挥清洁工程的作用，用好清洁设备和保洁人员，及时清运各类垃圾，集中力量整治垃圾乱堆乱放，提升居住环境质量。以整治生活污水无序排放和偷排污水为重点，整治污水废水乱排乱流，及时清理河道内垃圾杂物，确保河道干净，行洪通畅，实现水体环境好转。在发展畜禽养殖的同时，综合考虑畜禽粪便清理，实施秸秆综合利用和农业生产固体废弃物整治，有效整治农业面源污染，提升生态环境质量。同时要加强制度建设，形成长效机制，确保乡村环境面貌整体持续好转。

（李忠勇　崔俊伟）

【护林防火工作】 2017年，仙人乡加大投入，科学组织人力物力，严防死守，为护林防火打牢基础工作，减轻防火压力。春季护林防火特险期，全体乡村干部充分认识仙人乡护林防火工作的严峻形势，牢记历史经验教训，不分节假日，全员上岗严格落实各项防火措施，尽最大努力做好护林防火工作，护林防火期间，无1起火灾发生。

（李忠勇　崔俊伟）

北下庄乡

【概况】 北下庄乡位于盂县县城东部，是阴山河发源地，居山西与河北交界处，扼守山西东大门，207国道横贯全境，是晋煤外运的重要出口之一。全乡总面积126平方千米，耕地面积3010.73公顷（45161亩），林地约5933.33公顷（89000亩），森林覆盖率46.84%。全乡辖22个行政村，4963户，11000余人。2017年，全年财政总收入完成969万元，占任务的150%；一般预算收入完成324万元，占任务的156%。

（刘　宁　谢一炜）

【脱贫攻坚】 2017年，北下庄乡落实党委主体责任，集中力量，推进脱贫攻坚工作；落实纪委监督责任，加强扶贫领域监督执纪问责，保障脱贫攻坚工作。积极争取上级扶贫资金支持。上级共拨付北下庄乡扶贫专项资金91万元。第一书记及帮扶单位充分发挥各自作用，筹集帮扶资金，发展脱贫产业，促进贫困户增收。大力发展产业扶贫。按照全县产业扶贫"614"模式，根据实际情况，因地制宜，因村制宜，推进各项产业发展。推进金融扶贫。盂县农商银行提供信贷支持，企业发挥龙头作用，贫困户得到红利帮扶，打造扶贫新模式，北下庄支行对64户贫困户提供314.5万元贷款，超额完成北下庄乡金融扶贫任务。截至年底，全乡实有建档立卡贫困户218户491人。实现脱贫29户87人，剩余未脱贫人口48户84人。

（刘　宁　谢一炜）

【全域旅游景区建设】 2017年，北下庄乡按照盂县县委、县政府提出的北国风光雁子崖尖山和打造体育休闲小镇的目标，推进两个景区的建设。雁子崖景区完成景区停车场、公厕、观景平台、一线天、步道延伸等部分基础设施建设工程，并与佛光山旅游开发有限公司、太化集团等进行对接。尖山景区完成旅游公路可行性研究报告，正式上报省市交通部门，景区新建健身步道700米，尖山毛尖茶开发项目9月27日投产，为盂县新增1个旅游纪念品；山地自行车赛道进行勘察，形成部分道路雏形，并正式上报省市体育部门。　（刘　宁　谢一炜）

【光伏领跑者项目】 "光伏领跑者项目"由山西漳泽电力盂县光伏发电有限公司、国电投、（常州天合）盂县天晟光伏发电有限公司、协鑫能源4家中标单位承建，2017年开工建设，6月30日并网发电，为市、县重点项目工程。北下庄乡加强组织协调、矛盾化解，全力做好项目占地、补偿、争议和纠纷化解，共为4家企业协调项目用地454.8公顷（6822亩）。光伏布局230兆瓦已建成200兆瓦。光伏领跑者项目的落地和建设并网，惠及北下庄乡13个行政村，促进了全乡产业结构调整、村集体经济破零、农村实现就业、财税实现增收。

（刘　宁　谢一炜）

【乱石泉应急抗旱水源水毁修复工程】　乱石泉抗旱应急调水工程是由省、市、县批准的一项惠民工程，2015年12月10日项目主体工程完工。2016年7月，北下庄乡遭受暴雨袭击，乱石泉应急抗旱水源工程部分路段遭到损毁。修复工程于2017年2月25日开工，9月20日竣工完成，并经专业验收。总投资109.92万元，资金来源为财政资金。主要任务是对前期建成的乱石泉抗旱应急调水工程被洪水冲毁后的修复。该修复工程的完成可持续解决全乡4000人的生活饮用水问题。　（刘　宁　谢一炜）

【环境卫生综合整治】　2017年，北下庄乡把环境卫生整治工作作为打造宜居宜业宜游乡镇的一项重要内容来抓，全力推进环境卫生整治取得新突破。投资60余万元完成24.5千米阴山河进行了清理整治。投资25万元，绿化10千米道路，面积达2.47公顷（37亩），种植侧柏、油松等5000余株；种植北京杨2000株。各村集中整治村容村貌，清扫街道，清除积存垃圾，清理"四堆"40处，倾倒垃圾20吨；清理村内乱堆乱倒垃圾49处，约28吨；清理乱贴乱画29处；整饰美化临路临街墙体立面19处；清理村庄周围垃圾29处；各村悬挂粉刷标语38条，各村都设立了垃圾倾倒点。

（刘　宁　谢一炜）

【山洪灾害防御演练】　2017年7月7日，为强化防汛安全意识，提升各部门和各村干部群众的协同能力和逃生自救能力，乡武装部在后川村进行山洪灾害防御演练，参与人员300余人。演练在现场指挥长宣布后开始，广播预警之后，抢险转移工作全面开始，全村人员迅速撤离至安全区。后勤保障组为群众发放方便面、矿泉水等生活保障物资。经过约3个小时的观察，同时经与县防汛指挥部请示，乡山洪灾害防御指挥部指挥长发布解除警报命令，全体参与人员有序返回，演练圆满成功。（刘　宁　谢一炜）

【万兴茶叶公司开业】　2017年9月23日，生产毛尖山茶和花草茶的盂县万兴茶业公司正式投入运行，公司位于北下庄乡西麻河驿村，占地面积1000平方米左右，总投资120余万元，职工10余名。尖山，海拔1700多米，土层深厚，土壤疏松湿润，土质是酸性或微酸性，内含大量的铁质和磷酸盐，特殊的自然条件不仅适宜茶源的生长，而且也形成西麻河驿村毛尖山茶具有良好的延年益寿、抗老强身的作用。尖山毛尖茶的开发生产添补盂县旅游产品的一个空白，在旅游产业发展和富民强村中发挥了积极的作用。同时为北下庄乡推进产业脱贫又增加一个重要项目，安排该村最后6户贫困户6人就业，实现了全村全部脱贫目标。

（刘　宁　谢一炜）

【阴山河文化广场免费开放】　2017年，北下庄乡免费开放阴山河文化广场，积极进行各种群众文化活动。正月十六，组织各村文艺演出队伍，在阴山河文化广场进行文艺汇演，节目13个、参演人员130余人，观众达600余人。9月21日，由盂县文化局、县文化馆主办文化惠民演出，共上演节目21个，观众达900余人。这些文化惠民活动的开展，丰富了人民群众的文化生活，又为北下庄乡实施精神文明建设提供了支持。　　　　　（刘　宁　谢一炜）

【社会治安综合治理】　2017年，北下庄乡通过扎实工作，治安形势明显好转，取得预期成效。一是加大矛盾排查力度，创建"大调解"格局。建立健全矛盾排查调处工作机制，有效化解矛盾纠纷。乡村两级共排查出矛盾和苗头隐患48件，其中已达成协议调解15件、口头协议调解33件。二是扎实开展安全稳定风险隐患大排查大整治专项行动。共开展27次大型排查，出动宣传车3辆，悬挂横幅11条，张贴标语90余条。三是构建"大宣传"格局，营造良好的法治环境。打造以阴山河法治文化广场为中心，辐射北下庄、后川等13个行政村的法治文化宣传圈。积极开展"综治宣传月"宣传活动，"4·15"全民国家安全教育日宣传活动，反邪教集中整治活动。共出动宣传车2台，悬挂横幅8条，张贴标语80余条。四是全力推进乡、村两级综治中心规范化建设工作。综治中心建立首问负责制、工作例会制、考核评价制等8项制度和6项职责，全乡通过信息平台受理各类事件1856件，有效处置上报事件1824件，有效处置率为98.27%。五是深入推进"雪亮工程"建设。分布推进、逐步完善覆盖全乡的"雪亮工程"，新增视频监控探头116个，入资金468260元。六是提高全乡平安建设人防、技防、物防水平。继续推进农村"一村一警""一村一法律顾问"工作和农村警务室规范化建设，组建22支71人的乡村兼职巡防队伍，初步实现人防技防相结合的立体治安防控体系。组织志愿者队伍开展群防防治工作18次，化解各类纠纷13起，消除治安隐患2个。

（刘　宁　谢一炜）

【三基建设】 2017年，北下庄乡按照三基建设要求，在基层建设、服务意识、重点工作等方面都取得明显进步。一是"活"字抓学习，营造浓厚氛围。利用盂县党建和盂县发布公众号、北下庄党员微信群、远程教育平台等"微方式"大力宣传党的十九大精神，在全乡营造良好的学习教育氛围。二是"常"字抓强化，健全长效机制。对于村党支部坚持以基层党组织规范化建设为抓手，以党员主题党日为基本平台，充分调动基层党组织积极性、主动性、创造性。针对机关党员干部，引导广大党员干部自觉践行"四讲四有"标准，用有效的制度机制促进学习教育和"三基建设"成果巩固、升华。三是"干"字抓落实，做到知行合一。积极探索党建新模式，通过"党支部+合作社+贫困户"模式，积极开展"支部示范引领、党员结对帮扶"活动，壮大村级集体经济，发挥党支部在脱贫攻坚中的骨干作用，已有20个村集体经济实现破零。在上级支持下，投资28万元，完成食堂、澡堂、图书阅览室、文体室、厕所等五小工程建设，五小场所面积达到462平方米，有效改善乡镇机关的生活条件。投资10万元，完成西关头村危旧狭小村级组织活动场所的改扩建任务。配备兼职组织干事1名、专职纪检干事1名、专职人大秘书1名、乡镇妇联兼职副主席4名，市县还为北下庄乡配备挂职年轻干部7人。推进并村简干提薪招才建制。撤并人口低于100人的行政村下榆林铺村，与上榆林铺村合并，新设立榆林铺新村，全乡行政村由23个减少为22个；全部完成村支两委换届工作。

（刘　宁　谢一炜）

【李俊凤获"山西十大孝星"称号】 2017年3月，在山西省首届"寻找山西孝星"活动中，石旧都村的李俊凤被评为"山西十大孝星"之一，也是阳泉市唯一的入选者。活动评审委员会给予李俊凤的颁奖词这样写道："柔弱的双手帮助养父照料和送走了5位亲人，她当作是一种报恩；奔走在两个家之间，全力赡养高龄的养父和未成年的侄儿，她认为是一种责任。把养父母视同亲父母，几十年节衣缩食、夙兴夜寐的付出，诠释了什么是中华孝道。"

（刘　宁　谢一炜）

下社乡

【概况】 下社乡地处盂县北部山区，距县城40千米，乡域面积128平方千米。全境山脉连绵，水资源丰富，是滹沱河、龙华河、乌河三河交汇之地。辖20个行政村，总人口8899人。下社乡党委下辖26个党支部（其中农村党支部20个），党员551名，其中大专以上学历86名。

全乡20个行政村"两委"班子健全,村支两委主干共36人。各村村务监督委员会配置齐全。2017年,全乡财政总收入累计完成217.47万元,占年度任务的195.92%;一般预算收入累计完成91.36万元,占年度任务的234.25%。

(高 伟)

【移民搬迁安置】 2017年,盂县龙华口水库工程引入盂县东海商贸有限公司进行垫资承接施工,加快移民新村建设进度。一是完成下庄新村段1.071千米的公路平移工程,并于9月交付使用。二是安置房建设情况,县城安置112户安置房完成房款结算95套。三是移民新村建设,基础碾压基本完成。新村边坡防护工程完成90%;排洪渠道完成80%;小学、幼儿园竣工验收;房建开工47排206户,其中,完成房建主体封顶21排92户、砖砌主体7排28户、正在砖砌基础8排36户、已开基槽11排40户。

(任建明)

【脱贫攻坚】 2017年年初,有未脱贫人口238户587人,涉及1个贫困村和10个低收入村。截至年底,已实现脱贫人口97户235人。产业扶贫。按照"一村一品一主体"的发展思路,全乡紧扣'五有目标',积极构建产业扶贫新模式。一是大力发展特色养殖业,发展贵妃鸡、德州驴、肉鹅、肉牛、黑山羊养殖,区域性发展养蜂和水产渔业;二是大力发展特色种植业,积极推广辣椒、花椒、核桃、樱桃、中药材、水果玉米等种植项目;三是大力发展光伏产业,全乡有3个贫困村和13个低收入村新建和续建光伏电站,建设规模610千瓦以上。此外,还通过乡村旅游、大棚蔬菜、干果经济、电商扶贫等产业多途径促进贫困户增收,集体经济破零。易地扶贫。2017和2018两年的易地扶贫搬迁任务为137户345人。截至年底,已完成集中安置房工程量的65%教育扶贫。享受"雨露"计划3户11人。生态扶贫。16户16人参与生态扶贫工程。社保兜底。低保15户39人。金融扶贫。共有127户参与金融扶贫,累计贷款604万元。

(陈 赟)

【全域旅游】 2017年,下社乡配合龙华口水电站工程建设指挥部完成"盂县龙华口水库旅游开发总体规划"。参与"旅游节"文化活动,在藏山进行文艺节目表演。配合做好"盂县摩旅文化节"活动,设立接待点,接待摩旅人员20余名。依托泽泊旧村、桃峪沟、天桥山、汇龙山庄,组织完成"助力全域旅游,共建美丽乡村"乡村旅游文化摄影节,更好的宣传下社的旅游资源,同时,抓好汇龙山庄休闲垂钓景点建设,举办"汇龙杯"垂钓比赛活动。

(韩新文)

【环境卫生整治】 2017年,下社乡制订出台《下社乡乡村环境卫生综合整治工作实施方案》《下社乡清洁保洁管理办法》和《下社乡垃圾清运管理办法》等规章制度,切实形成环境卫生整治的长效机制;突出抓好"六堆""八乱"治理,集中整治卫生顽疾,规范"四堆"400余处,清理积存垃圾800余立方米;加强基础设施建设,完成高标准沿路挡墙建设860余米,新建垃圾池42个、粉刷墙壁3.6万平方米、整治残垣断壁1200平方米。

(韩新文)

【村支两委换届】 2017年,下社乡按照县委选优配强班子总体要求,完成村支两委换届。截至11月3日,20个行政村村党支部换届选举全部完成,换届率100%。村党支部按期换届一次性成功率均达到100%,党员参选率达到90%,共选举产生63名村党支部成员,其中达到"双高双强(政治素质高、群众威信高、带头致富能力强、带领群众致富能力强)"标准的村党支部成员20人,占到总成员数的32%;平均年龄52岁,支部书记年龄48岁,其中50岁以下19人,占30%;高中或中专以上文化程度16人,占25.4%;妇女成员4名,其中,书记1名。换届后,村党支部书记新任的村达到10个,占总村数的50%。截至12月

4日，20个行政村村民委员会全部举行了换届选举大会，其中18个村产生新一届村委班子，2个村产生部分职务，班子未配齐，择期另选。共选举产生60名村委会成员，从文化结构来看，小学学历6人，占比9%，初中学历49人，占比82%，高中学历4人，占比7%，大专学历1人，占比2%；从年龄结构来看，35岁以下7人，36至45岁11人，46至55岁25人，56至65岁15人，65岁以上2人。（李小军）

【基层党建工作】 2017年，下社乡党委真抓实干、开拓创新，党建工作卓见成效。一是党风廉政建设情况。下社乡认真履行党风廉政党委主体责任和"第一责任人"职责，牵头完善党风廉政建设各项制度。将党风廉政建设工作细化成条块，明确主管领导、责任部门和参与对象，确保党风廉政建设各个环节有人抓、有人管。与各村签订党风廉政建设责任状，明确各自的责任义务，形成互相负责、相互监督的党风廉政建设责任制网络。二是"两学一做"学习教育情况。积极开展"两学一做"学习教育常态化制度化和维护核心见诸行动主题教育。认真学习党章党规、准则条例和系列讲话精神，自觉增强四种意识。建设下社村、庄里村两个示范点，真正将"两学一做"学习教育常态化制度化深入基层各支部。三是全面贯彻学习党的十九大精神，把学习宣传贯彻十九大精神作为当前和今后一段时期的首要政治任务，党委书记带头学习贯彻落实党的十九大精神，用实际行动争当学习的表率，并坚持深入基层开展宣讲，帮助全乡广大党员干部加深对党的十九大精神的理解。同时将学习党的十九大精神与进一步加强领导班子思想政治建设相结合，着力建设一支坚定贯彻党的路线方针政策、善于领导科学发展的坚强领导班子。四是抓村级集体经济实现零突破以精准扶贫产业发展为契机，各村大力发展光伏、养殖、大棚种植产业，在促进脱贫攻坚的同时，实现各村集体经济零突破。（高 伟）

梁家寨乡

【概况】 梁家寨乡位于盂县最北部的滹沱河畔，全境总面积239平方千米，辖30个行政村、47个自然村。有4702户10505口人。全乡共有耕地1000公顷（15000余亩），其中水浇地26.67公顷（4000余亩）。2017年，全乡财政收入完成335.61万元，完成年计划的95.89%，同比减少56.02%；一般预算收入完成121.67万元，完成年计划的95.8%，同比减少44.86%。

（王雪梅 郭景超）

【首届河灯民俗文化节】 2017年2月25日至27日，梁家寨乡举办"放河灯祈福赏大汖美景"首届河灯民俗文化节。文化节活动共分为大型放河灯仪式、盂县河灯节文化研讨会、释迦寺诵经祈福、大美盂县摄影展、惜福惜缘放生活动、民间社火展演、舞台文艺演出、特色美食品尝推广、地方土特产品展示八大板块。文化节为期3天，周边人流量30000余人次，各界媒体人200余人次，高速出口比平时增加车次2000余辆（不含大巴，大巴3天共计20余辆），大汖温泉及周边宾馆、民宿入住房间600余间，接待游客2000余人。通过民俗与非遗相结合、文化与旅游相融合、表演与群众参与互动的方式，挖掘本地传统文化资源，打造文化品牌，助推全城旅游，促进经济发展。（郭倩娜）

【"七彩纸鸢燃灯艾泉"清明大型河灯会】 2017年4月3日，大汖温泉景区举办"七彩纸鸢燃灯艾泉"清明大型河灯会。文化节活动有威风锣鼓表演、风筝展览、非遗手工精品展演、民间社火表演、杂技绝活表演、美食汇、晋剧清唱、宋皇放灯祈福仪式、烟花秀、大型歌舞表演等；吸引众多省内外宾客前来，掀起清明小长假出游小高潮，共接待游客10000余人次。

（郭倩娜）

【大㒪古村旅游开发建设】 2017年5月，由山西圣天越投资集团有限公司投资对大㒪古村进行修复性的旅游开发建设。工程分两期开发建设，一期工程为景区大门和电瓶车中转站至古村段；二期工程为景区入口至电瓶车中转站。截至年底，景区的前期建设规划和设计已完成，部分景点和设施基本完善，投入资金3000余万元，预计2018年8月全面建成对外开放。

（李 慧）

【晋农之窗博览园建成运营】 2017年5月1日，猫铺村集体企业盂县得心生态农业有限公司子项目农副产品加工厂、晋农之窗博览园正式建成投产并运营，这是梁家寨乡第一家正规的农产品产销一体化企业，线上和线下销售同时开启，本土品牌"老正经"系列产品核桃、花椒远销全国各地。农副产品加工厂占地面积3600平方米，加工包装核桃、花椒、花椒面、柿子、黑枣等农副产品；晋农之窗博览园占地面积4600平方米，包括农副产品商行、当地土饭美食苑、祈福河灯区、激情漂流区、采摘园区、蛐蛐园等多个功能区，满足前来进行乡村旅游游客"吃住行游娱购"的需求。 （郭倩娜）

【"树清廉家风·建最美家庭"主题演讲比赛】 2017年5月25日，梁家寨乡举办"树清廉家风·建最美家庭"主题演讲比赛。共有参赛代表队13支，选手15名；决出一等奖1名、二等奖2名、三等奖3名。选送到盂县的选手郭倩娜在县级比赛中获一等奖、在市级比赛中获三等奖。

（刘 波）

【水彩画写生基地】 2017年6月中旬，"水彩中国行"活动中，来自全国25个省市的150余名水彩艺术家们走进盂县梁家寨乡大㒪、骆驼道、檀山沟古村，古村的美景和古建的独特使众位艺术家创作了大量艺术精品。7月14日，在骆驼道村举行阳泉市盂县梁家寨乡古村落水彩画写生基地授牌揭牌仪式，"水彩中国行"联合写生活动组委会及山西省美术家协会水彩画艺委会为3个村子挂牌为"水彩画写生基地"。

（郭倩娜）

【党性教育基地挂牌】 2017年，为传承红色基因，做好红色教育，梁家寨乡将全乡重要红色遗址景点进行收集整理，在乡武装部强军兴武大讲堂内，打造出一条图文并茂的红色长廊。长廊由难忘历史、英勇抗战、革命先辈、英模烈士、革命遗址、造福民生、继往开来7个部分组成。讲解员生动的讲解，为受教育者讲述了一堂重温红色历史、提高党性修养的鲜活教育课。7月1日，县委组织部为基地挂牌"党性教育基地"。

（郭倩娜）

【大型真人秀节目《全民冲刺》在大㒪古村开机拍摄】 2017年7月2日，山西大型真人秀节目《全民冲刺》第一期《欢乐大㒪村》在大㒪古村开机拍摄。该栏目是一档大型集体力、智力、娱乐、旅游为一体的真人秀，采用当前热播的体力+智力双重结合元素，让参与者可以有机会挑战极限，超越自我，充分激发团队的各种拓展技能，同时也提升了大㒪古村的旅游知名度。

（郭倩娜）

【环境卫生综合整治】 2017年，梁家寨乡全力推进环境卫生整治。一是攻坚克难、推动环境卫生治理向纵深发展。各村集中组织村干部、保洁员及各户义务出工，对道路两旁违规的建筑场所进行严肃处理，对村内"四堆八乱"进行全面整顿，对全乡河道、水面、水源垃圾进行清理，对各村多处积存垃圾进行集中整治。全年共拆除违建2000多平方米，投入资金62万元；先后投入人力1.5万人次，使用机械500台次，共清理"四堆"1251处868吨，清理乱堆乱倒垃圾586处791吨，清理公路沿线垃圾810吨，清理河道、水面、水渠、水源处垃圾948.3吨，整治乱贴乱画220处，苫盖各类堆场、煤堆、料堆等130处，并完成景观路绿化工程，共栽种刺槐等14个品种，7万株树苗，共投入资金145万元。二是美化、亮化、绿化，扮靓乡村。重点对猫铺、鳌头、沙湖滩、张家坪等10村进行彩绘、美化，切实改进乡村环境卫生环境。猫铺村彩绘面积达1.4万平方米，成为乡村旅游的一道靓丽风景。全乡整饰、美化临路、临街墙体立面10村5.2万平方米，并完成景观路绿化工程，共栽种刺槐等14个品种，7万多株树苗。　　　　　（李宝富）

【山水梁家寨女子民兵班宣讲"十九大"】2017年，梁家寨乡武装部带领女子民兵班进村入户、进企入校，进行国防教育宣传，宣讲党的十九大精神。11月，乡武装部部长郭倩娜被阳泉军分区选聘为"十九大精神理论宣讲员"，这一做法被《解放军报》《中国国防报》《中国民兵》杂志、《阳泉日报》报道。（郭倩娜）

【第二届柿子文化旅游节】2017年11月10日，中国·盂县"一山一柿"柿子文化旅游节第二届《又见白鹅寨》开幕。梁家寨乡有百年老柿树5000余棵。作为全乡三宝之一的柿子，以其口感甜糯吸引众多"柿"迷。文化旅游节以柿为媒、以节会友，除了让大家摘柿子、赏柿子、吃柿子、购柿子，还包括柿王争霸赛、一生一世爱情宣言盛典、征选最美柿妹、大美盂县摄影展、量山"柿"好汉登山活动、民俗文艺展演、美"柿"每刻美食汇、农副产品展"柿"、直播"柿"界等多个活动板块。对提升梁家寨知名度，扩大对外吸引力，形成集农业开发、休闲旅游、招商引资为一体的"柿子经济"，打造梁家寨特色小镇、美丽乡村起到宣传推介作用。　　　　　（郭倩娜）

【社会治安综合治理】2017年，梁家寨乡围绕"平安梁家寨"建设目标和要求，坚持领导干部包片包村负责社会治安综合治理制度，乡党政一把手负总责，10位班子成员包5片、30位乡干部包30村、56位村干部包38个网格长，形成乡、村、网格三级都有人负责综治工作的责任体系。全乡总投资18余万元建成部分重点村、重点单位、重点部门、重点街道的"天网工程"。截至年底，乡政府、派出所、信用社、供销社、阳煤集团疗养院、学校、乡文化站、19个商业网点、21个村委会以及部分主要干线、主要街道路口安装了视频监控系统和摄像头214个。共排查出各类风险隐患11起，已整治9起，剩余2起正在整治当中。其中政治安全类隐患1起（3名"全能神"人员）、矛盾纠纷类隐患7起、公共安全类3起。全乡辖区发生刑事案件5起，其中立案3起、移交2起，均未破；发生治安案件22起，调解17起、待查5起、移交1起。　　　（张贵如）

【民生领域】2017年，梁家寨乡多措实施，扎实做好民生工作。一是低保工作情况。截至年底，有低保户1045户1296人，共计发放资金3547454元。依据农村低保实行动态管理的规定，对低保户进行动态调整，取消37户52人情况好转的低保家庭户，重新确定新的低保家庭户；通过动态管理，避免"一保定终身"和"养懒汉"现象的发生。二是五保工作情况。全乡五保户233户240人，共计发放资金1508074元；所发资金包括当年丧葬补助费，所有资金全部发放到位。三是救灾救济工作。发放冬春生活救助款511户1153人，共计发放资金152000元，临时救助发放159人175950元，医疗救助发放45人245700元，优抚金发放74人589941元。四是老年日间照料中心工作。新建檀山沟、黄树岩、猫铺3个老年日间照料中心，共发放补助资金30万元，所有资金全部发放到位。五是危房改造工作。全乡共完成危房改造35户，户均补助资金1.4万元，共计补助资金49万元。六是冬季取暖补助。全乡4093户，发放补助资金818600元。七是粮食种植补贴。补助面积832.55公顷（12488.22亩）2863户，共计发放补助资金744983元。八是一事一议工程。工程涉及北峪口、滴流磴、御枣口、蔡家坪、鳌头、王只、闫家庄、张家坪、黄树岩、活川口、沙湖滩11

村，投资总额为223.2万元，受益人数5041人，财政奖补资金74.4万元。　　　　　（郭倩娜）

【脱贫攻坚】 2017年，梁家寨乡实有建档立卡贫困户372户764人，实现脱贫141户320人。针对全乡的实际情况，因地制宜制定产业发展方向。一是光伏产业发展。针对贫困人口中60岁以上的人口和重病、残疾人口占比大，劳动能力和劳动技能弱，生产型产业项目发展比较困难的情况，在全部贫困村实现光伏产业全覆盖，实现稳定增收。二是合理进行农业产业结构调整。结合本地区的自然条件，合理选择调产项目，并且保证发展的项目产品能和公司、超市等进行对接，保障生产的产品能有销路、有效益，主要发展双孢菇种植、辣椒种植、天目香薯种植、中药材种植等。三是加大养殖业发展规模。在发展牛、羊等普通养殖业的同时，发展蜜蜂、肉驴等特色养殖业。四是发展旅游农副产品加工厂。加工的产品和北京、石家庄、太原等地的旅游产品销售市场已经接轨，同时还发展休闲旅游项目采摘园、农家乐、鱼塘等项目。同时，严格按照"一村一品一主体"的发展思路，紧扣贫困村有产业、有带动企业、有合作社、贫困户有项目、有劳动能力的贫困人口有技能的"五有"目标。截至年底，全乡13个贫困村全部达到标准。　　（胡慧军）

西潘乡

【概况】 西潘乡位于盂县县城西部，乡政府驻地西潘村，距县城约45千米。全乡总面积244平方千米，耕地面积1641公顷（24608亩），林地约18014公顷（270207亩），森林覆盖率40%。全乡辖25个行政村，33个自然村，有家庭3517户，总人口8846人。下设28个基层党支部，党员463名。2017年，全年财政总收入完成286.88万元，占任务的108.26%。一般预算收入完成149.12万元，占任务的126.37%。
　　　　　　　　　　　　　（孟　婷）

【现代农业提质增效】 2017年，西潘乡依托本乡自然资源优势，以创建"高标准现代农业示范乡"为目标，以三农发展为主攻方向，因村施策，积极引导农民因地制宜调整农业结构。种养殖结构调整初具规模，现代农业提质增效，形成"25422111"种植结构、"352111"养殖结构和"341"加工业结构。"25722111"种植业结构：即1333.33公顷（2万亩）核桃种植基地、333.33公顷（5000亩）小杂粮种植基地、46.67公顷（700亩）景观水稻种植基地、13.33公顷（200亩）王小帮自然农法种植基地、13.33公顷中药材种植基地、6.67公顷（100亩）辣椒种植基地、6.67公顷黑色农产品（黑小米、黑玉米、黑小豆、黑土豆）种植基地和6.67公顷农作物新品种示范基地。"352111"养殖业结构：即3万只鸡、5000只羊、2000头猪、1000箱蜜蜂、100头牛、100只梅花鹿。"341"加工业结构：即3个核桃加工基地、4个小杂粮加工基地和1个菜籽油加工坊。盂县富达康现代农业发展有限公司在侯庄村新建的核桃深加工基地和小杂粮加工基地，盂县乌河农业开发有限公司小杂粮加工基地，李庄核桃初加工基地、小杂粮加工基地和菜籽油加工坊（盂县富永粮油加工专业合作社），中庄核桃初加工基地和小杂粮加工基地。（韩国宝）

【党建工作】 2017年，西潘乡党委认真履行抓党建主体责任，深入推进"两学一做"学习教育常态化制度化和维护核心、见诸行动主题教育活动，全面学习宣传党的十九大精神，认真落实《准则》《条例》，严格执行各项制度规定，增强党内政治生活的政治性、时代性、原则性、战斗性。集中整顿高庄、西潘2个村软弱涣散党组织建设。25个村集体经济全部实现"破零"目标，其中5万元以上3个村，1至5万元11个村，1万元以下11个村。截至11月13日，全乡25个村党组织换届工作全部完成,共选举产生党组织班子成员89名,其中党支部书记25名,妇女2名,第一书记3名,高中11名,大专8名,35岁以下6名,委员平均年龄45岁,连任支部书记的22名、新任的3名。截至12月13日,全乡25个村村委换届选举圆满完成,共选举产生村委会班子成员87名,其中主任25名,副主任26名,委员36名,大专及以上4人,妇女成员26名(其中村主任1名),主任连任的9名,新任的16名,交叉任职的12名,一肩挑的3名。 (孟 婷)

【惠民工程(项目)建设】 2017年,西潘乡主要抓了十大惠民工程(项目)。一是配合盂县县政府做好4项工程(项目):乌河水库新建工程、乌河沿线村庄166.67公顷(2500亩)土地整理项目、乌河流域水土保持项目和2条4.18千米村通公路硬化工程。二是积极实施6项乡村重点工程(项目):新建沟掌山泉水厂项目、侯庄核桃深加工项目、小杂粮深加工项目、东头"特色田园综合体"景观水稻种植项目、尧子坪村地质灾害治理工程和15个村"一事一议"财政奖补项目。 (韩国宝)

【信访矛盾化解】 2017年,西潘乡共有14个信访案件,涉及10个村17个信访人员,全部进行"五包一",并全部有效化解结案。其中城乡建设领域源头化解信访案件5个已全部化解并结案,涉纪领域"事了"稳控案件1个已得到稳控。大排查大走访大摸底全乡退伍军人133人,其中参战参试人员6人。全乡23个重点人员(17个信访人员、6个两参人员)都在乡党委、政府可控范围之内,其中12名重点人员录入公安部门"人脸识别系统"。认真做好"一带一路"高峰论坛期间和十九大期间安保工作,避免越级上访、群体性事件、民转刑案件发生。26个村37名网格长累计上报信息1808件并全部处置完毕。安全稳定大排查大整治活动共排查出风险隐患17件已全部整治完毕。乡村综治中心正在进行标准化建设。25个村全部安装视频监控系统,实现"全覆盖",有效维护平安建设和社会安全稳定。6月,西潘乡被盂县综治委授予"2016年度平安建设先进乡镇"荣誉称号。 (韩国宝)

【产业转型项目】 2017年,西潘乡积极创优发展环境,产业转型步伐加快。一是大力招商引资公司企业,投资产业转型项目。引进山西晋婆婆农业开发有限公司、山西晋山晋水旅游开发有限公司、王小帮自然农耕种植基地、山西万青源农牧科技有限公司、盂县华辰养殖场、盂县富达康现代农业发展有限公司6家公司企业投资全乡产业转型项目,实现集体经济破零和农户稳定增收脱贫目标。二是因地制宜提出"一圈两带三区"现代农业产业发展思路。一圈两带三区即:全域旅游循环圈;乌河沿线万亩核桃经济带、特色种植经济带;生态畜禽养殖区、核桃加工专业区、休闲垂钓服务区,为建设宜居宜业宜游平安幸福西潘绘就发展蓝图,走出一条产业与生态融合互进的发展道路。三是积极创优发展环境,助推产业转型项目持久发展。乡村两级支持招商引资项目在西潘乡落户,与本地创业转型项目一样对待,对境内所有的公司企业,为他们排忧解难创优环境。盂县东淼农业开发有限公司在东头村种植原生态景观水稻46.67公顷(700余亩)、小杂粮20公顷(300亩),打造"特色田园综合体";王小帮自然农耕种植基地在铜炉村种植小米豆类旱地小麦13.33公顷(200亩);山西晋婆婆农业开发有限公司在李家庄村种植原生态黑小米黑玉米黑小豆6.67公顷(100亩);山西晋山晋水旅游开发有限公司在沟掌村新建山泉水厂;盂县富达康现代农业发展有限公司在侯庄村新建核桃深加工项目和小杂粮加工项目;山西万青源农牧渔科技开发有限公司在进圭村种植英超红4号辣椒6.67公顷(100亩);盂县乌河农业开发有限公司种植小杂粮166.67公顷

（2500余亩）；盂县小山间养殖专业合作社在李庄和李家庄村发展黑猪肉驴养殖项目；盂县华辰养殖场在羊泉村发展2万只规模蛋鸡养殖项目；盂县有万养殖专业合作社在侯庄村新建北京油鸡项目；盂县兴村富民专业合作社在羊泉村发展"茅台1号"高粱新品种试验基地1公顷（15亩）等。 （韩国宝）

【脱贫攻坚】 2017年，西潘乡脱贫攻坚取得新成效。一是优化特色扶贫产业，发展脱贫主体企业。按照"一村一品一主体"和"村有特色产业、户有增收项目"的发展思路，紧扣贫困村"五有"目标，通过支部搭桥、产业铺路，积极构建"四大组织模式"。即"支部＋公司＋合作社＋贫困户""政府＋银行＋龙头企业＋贫困户""公司＋供销社＋农户""好村领差村、富村帮穷村、强村带弱村"四种模式，将公司企业、合作社、贫困户结成命运共同体，确保所有村特别是贫困村都建立一个或几个特色产业扶贫项目，真正成为带动贫困村（户）实现稳定脱贫的主体企业。大力招商引资公司企业，投资精准扶贫产业项目，充分利用西潘乡5大种植公司、5大养殖专业合作社等龙头企业和合作社，都与贫困村（户）对接，实现25个村集体经济"破零"和贫困户稳定增收脱贫目标。二是优化利益联结机制，实现稳定脱贫目标。在推进精准扶贫产业项目过程中，积极构建多种利益联结机制，让贫困村（户）在产业项目中打工、分红、增收、见效益，实现稳定脱贫。沟掌村建立"支部＋公司建厂＋集体资源入股＋专项资金投资利益分成＋银行扶贫信贷分红＋贫困村（户）脱贫"的利益联结机制，并签订脱贫协议，确保贫困村（户）实现长效稳定脱贫目标。三是优化产业结构调整，促进农民增收致富。年初召开全乡优化产业结构调整座谈会，改变传统种植，促进农民增收。全乡种植高品质高产谷子233.33公顷（3500余亩），豆类53.33公顷（800余亩），辣椒6.67公顷（100余亩），优质景观水稻46.67公顷（700余亩），黑小米、黑玉米、黑小豆、黑土豆6.67公顷（100亩），全程机械化脱毒马铃薯3.33公顷（50亩），王小帮自然农耕小米、豆子、旱地小麦13.33公顷（200亩），"茅台1号"高粱新品种试验基地1公顷（15亩），连翘13.33公顷等，从农民收入测算超过了传统种植玉米的收入。四是优化乡村基础环境，打造美丽乡村建设。围绕脱贫攻坚全乡25个村基础设施建设、环境卫生整治、生态环保建设等，进一步优化发展环境，增强群众环保卫生意识，达到村容村貌和生态环境美化优化的目的。全乡以东头、上卜头、桥耳村为典型，推动建成一批美丽村庄。五是优化"两委"干部建设，为脱贫攻坚提供保障。通过开展农村"两委"换届选举工作，优化用人导向，把干事的人真正选进"两委"班子。严格资格审查和换届纪律，截至12月13日，完成25个村党组织和村委会换届工作。 （韩国宝）

【"第一书记"工作开展】 2017年，西潘乡积极引导第一书记充分发挥中坚主导、带头示范、联络协调和桥梁纽带四大作用，以"信息同享、联合扶贫、联手脱贫、共同进步"为核心，以"同"为基点，又充分发挥"特"的亮点，达到"竞相发展、各具特色"的效果。利用"党建＋电商＋'第一书记'＋贫困户"和"投资阳泉"微信群，引导群众参与电商，为农户销售农特产品。侯庄引进北京油鸡，李家庄引进黑色农产品，车谷村的蜂蜜第一次走进超市。沟掌村的山泉水、核桃小米豆类，羊泉村的鸡蛋等扶贫产业项目农产品分任务联合销售。铜炉村"第一书记"创建"铜炉古村扶贫工作营"，联系知名人士王小帮为铜炉村献计献策，通过发展乡村旅游带动贫困村（户）发展。他们把各自的特色农产品统一做成一个品牌，捆绑进城，与阳泉市北国商城开展合作，设立西潘乡特色农副产品销售专柜，经济效益与社会效益俱佳。羊泉村第一书记李枢评在全县、全市精准扶贫推进会上做典型发言，获全市"优秀第一书记"荣誉称号；铜炉村第一书记邢旭宁在全县精准扶贫推进会上做典型发言，获全省"优秀第一书记"荣誉称号。全乡7个"第一书记"所在的贫困村整体工作各具特色成效明显。

（孟婷）

【稻香田园综合体项目】 2017年10月15日，西潘乡东头村党支部引领盂县东淼农业开发有限公司发展的46.67公顷（700亩）水稻种植"特色田园综合体"扶贫产业项目在中央电视台CCTV13新闻频道喜迎十九大特别节目《金秋中国》中一天两次直播，省市县各级电视台等新闻媒体先后多次报道。该项目以北方少见的水稻种植为特色，以重现"消失40年的高山稻区"为文化，以"稻田景观""稻田混养""亲子体验""山美水美"为吸引核、以"自然生态""时鲜保健""和谐共生"为理念，综合打造发展集循环农业、景观农业、创意农业、农事体验于一体的"吃住行游娱购"型田园综合体，不仅带来经济效益、社会效益和景观效益，而且不断壮大村集体经济，切实增加农民收入特别是贫困户收入。这是西潘乡抓党建促脱贫的一个亮点缩影，也是全乡调整产业结构发展现代农业的成功典范，更是特色产业项目精准脱贫主体企业带动村集体实现集体经济"破零"和贫困户实现稳定脱贫的一大创新举措。

（韩国宝）

【"三晋臻水"山泉水厂落成投产】 2017年8月21日，"三晋臻水"山泉水厂竣工落成并投产。水厂位于西潘乡沟掌村，地处太行山东麓深山革命老区，距县城8千米，森林覆盖率达45%以上，是典型的乡村旅游好去处，有"鸟类王国""世外桃源""天然氧吧"之美誉。水厂总投资100余万元，占地面积1500平方米，建筑面积300平方米，有桶装水生产车间、灌装车间、洗漱车间、化验室、更衣室、观看室等。采用世界领先的纳滤超滤、全封闭无菌灌装技术生产线、全自动清洗杀菌系统。同时，配备空气过滤器、风淋室、化验检测等附属设施。实现每批号产品自行检验和一条龙产业链的生产模式，保证产品及中间环节的质量问题，使产品更加卫生安全，拥有完善的销售网络和比较完善的物流车队。企业共有员工12人，有劳动能力的贫困户全部可以进入企业打工挣钱，年产桶装水15万桶，年销售额约100余万元。（韩国宝）

东梁乡

【概况】 东梁乡位于盂县县城西部，距县城33千米，辖12个行政村，4514户，1.02万口人。全乡耕地面积约2733.33公顷（4.1万亩），以农业、畜牧业为主，主要种植谷子、豆类、山药、玉米等，随着农业结构调整，开始种植反季节西瓜、旱地蔬菜、仁用杏、小杂粮等。全乡有初中1所，小学7所，教学点3个，在校学生683人，教师107名。乡中心卫生院1所，村卫生所11所，医务人员22人。2017年，全乡财政总收入完成282.71万元，占计划200万元的141.36%；一般预算收入完成140.79万元，占计划89万元的158.19%。粮食产量为21244.5吨。规模以上工业总产值完成（中广核盂县东梁风电厂）12948万元。

（张建强 任丽鹏）

【现代农业发展】 2017年，全乡实施以"特色高效农业为主体、壮大林牧为两翼"的农业发展战略。在稳定粮食生产的基础上，推进"一乡一业，一村一品"规模化产业化发展，辣椒种植面积突破6.67公顷（100亩）；加强渗水地膜谷子穴播技术示范基地建设，推广种植面积17.33公顷（260余亩）；中药材桔梗种植基地初见规模，种植面积达6.67公顷（100亩）。在做精做强仁用杏经济林项目上，全乡开垦荒地栽植仁用杏经济林200公顷（3000余亩），已初具规模，重点打造小湖村仁用杏基地。仁用杏基地的建成，既绿化荒山荒坡，又增加农民收入，是一项集生态效益、社会效益、经济效益于一体的民心工程。在畜牧基地建设上，积极发展以肉牛、羊、猪、鸡等特色养殖业。全乡养殖肉牛1986头（奶牛4头），羊6289只，鸡12469只，猪1907头（母猪215头）。形成产业规模的有温家山、南蒋、东梁和寺家坪4村的肉牛养殖，西梁、北蒋和小湖的生猪养殖，西梁和小湖的蛋鸡养殖。 （张建强 任丽鹏）

【基础设施改善】 2017年10月1日，314省道路面改造工程完工并顺利通车。15日，东梁村北外环公路全部完工，并顺利通车，北外环公路的建设为东梁主街道的交通压力和交通安全起到一定的缓解作用。对乡政府驻地东梁村主街道进行集中整治，实现路面平整，街景特点显著，沿街商铺整齐，环境卫生优化，打造盂县大气、美观、富有特色的西大门；寺家坪村村内道（314省道寺家坪村口至吴家沟黑虎庙）、岑峰村和石窖村村内道路（314省道入岑峰村口至石窖村）和石窖至大峪自然村道路全面建设完工，道路的建设有效解决村民出行问题。 （张建强 任丽鹏）

【环境卫生综合整治】 2017年，东梁乡围绕建设"和谐、文明、生态"乡的目标，以"清洁化、秩序化、优美化、标准化"的人居环境打造为标准，按照"清欠账、打基础、定长效、做特色"的工作思路，深入推进乡村环境卫生综合整治工作。一是改善乡村人居环境。实现村内村组垃圾定点倾倒、定人及时处理、村外定点填埋处理；完善村规民约，加大宣传力度，引导村民增强维护环境清洁的意识。二是开展农村环境卫生两个专项集中整治行动。全面做好各村村内环境卫生整治和314省道沿线两侧各村环境卫生整治工作，形成以南蒋、北蒋、河底、阳坪望和寺家坪为特色的环境卫生整治样板村，全面带动各村环境卫生整治推向新的高潮。三是严格落实环境卫生月评比工作。乡环境卫生领导组每月对各村环境卫生进行评比，对整治工作优秀的村发放流动小红旗，确保各村环境卫生整治工作的积极性。

（张建强 任丽鹏）

【文化事业发展】 2017年，全乡12个村组织各种文化活动，丰富农村文化生活，西梁村举办"维护核心见诸行动唱响主旋律共庆党生日"歌咏比赛；小湖村成功举办农民文化会演比赛；东梁村举办首届农民艺术节文艺汇演和"群星风采"文化惠民表演；北蒋村举办农民文化会演比赛，全乡文化事业蓬勃发展。

（张建强 任丽鹏）

【民生工程】 2017年，全乡新型农村合作医疗参保人数9234人；新型农村社会养老保险目前完成参保3126人；全乡享受城镇最低生活保障对象45户76人，农村最低生活保障对象474户675人，五保对象212户220人，基本实现应保尽保，农村危房改造完成28户，完成新型职业农民培训150人，落实农业保险，全乡共有2000公顷（3万亩）玉米投保。

（张建强 任丽鹏）

【安全生产】 2017年，东梁乡推行安全生产"一岗双责"和"三管三必管"，坚持安全生产大检查和专项整治活动，立足事故防范，着力隐患整改，狠抓打非治违。危险化学品、建筑施工、非煤矿山、道路安全、森林防火、地质灾害等重点领域连续多年实现"零事故""零死亡"。持续保持打击私挖滥采高压态势，对阳坪望、寺家坪、岑峰和石窖等村已关停的土小窑进行重点盯防。加大农耕机械安全操作宣传工作力度，有效确保春耕春播安全生产。不断强化日常护林防火工作力度，特别是在元旦、春节、清明节及防火警戒期间组织林业站、护林防火队分区域展开拉网式排查，确保全乡森林防火安全。开展汛期险情排查，密切关注气象动态,对各村麻河、桥梁、危房等危险区域和易发地质灾害隐患点12处设置安全警示标志。重点加大对学校食堂、农村集体用餐、食品经营场所等关键领域开展定期或不定期的常检和抽检力度,有效确保食品安全。

(张建强 任丽鹏)

【社会管理】 2017年,东梁乡围绕"平安东梁"建设目标和要求,成立东梁乡社会管理服务中心,12个村分别设立便民服务站、调解室、调解员,及时调处群众诉求。补充完善部分重点村、单位、部门的"天网工程",实现乡村全覆盖。深入开展"打黑除恶""预防青少年违法犯罪教育""反邪教""禁毒"等活动,开展"七五"普法,有力维护社会稳定。不断创新综治管理方式方法,及时处置网格员信息直报平台信息,做到及时防控,各村网格员全部入驻"阳泉随手拍"网络平台。

(张建强 任丽鹏)

【脱贫攻坚工作】 2017年,全乡贫困村和贫困户全部实现脱贫。一是切实落实脱贫攻坚责任。传达贯彻省、市、县脱贫攻坚工作会议精神,进一步统一干部思想,增强大家敢于啃硬骨头、勇于攻坚克难的信心,细化全年工作任务;强化干部管理,严格考核奖惩,定期督查通报,及时汇总解决问题,完善约谈和激励保障制度,以帮扶工作的精准度提升群众的满意度,以干部帮扶责任感换取群众的获得感。二是精准施策,巩固脱贫成效。在2016年全乡18户40人和两个贫困村全部脱贫的基础上,2017年进入巩固提高阶段。三是持续强化项目实施。东梁乡集中送水工程既是乡重点工程,也是一项民生工程,解决阳坪望、寺家坪两个贫困村的人畜饮水,是落实扶贫政策、解决民生问题的重大举措;截至年底,集中送水工程完工并试运营,实时试水量为15吨/小时。寺家坪村整村扶贫推进项目100.8千瓦光伏电站,采用1602块非晶硅薄膜组件(光伏电池板)进行光伏发电,电站使用寿命为25年;6月30日,实现并网发电,年收益约为10万元左右,为寺家坪村集体经济和脱贫户带来持续、可观的收入,同时可以转移部分劳动力,实现多赢。阳坪望村光伏项目一期项目选址在村委会楼顶安装光伏电池板,容量为20.14千瓦;6月15日,项目并网发电,年收益约为2万元左右;二期项目35千瓦安装完成,正积极沟通并网发电,项目实施将增加村集体经济收入,同时对脱贫户的巩固提高提供保障。四是全面完成脱贫攻坚动态调整工作。乡党委、政府组织村支"两委"、驻村工作队、第一书记召开座谈会,各村制定工作方案,通过村支"两委"会议、村民代表民主评议会议和公示,确定建档立卡贫困人口动态调整结果,全乡423户1117人。

(张建强 任丽鹏)

盂县城镇社区办事处

【概况】 2017年,盂县城镇社区办事处认真学习宣传贯彻党的十九大精神及习近平新时代中国特色社会主义思想,大力开展"两学一做"学习教育活动,不断加强"三基建设",结合办事处实际,根据年初工作要点和重点目标工作任务,牢牢把握创新发展的主题,努力把社区建成坚强的基层阵地、优质的民生服务平台、创新的社会管理载体,以解决民生问题为社区工作的出发点,以维护稳定为社区工作的基本前提,较好地完成年初目标任务,社区发展取得成效。

(崔永新)

【庆"三八"活动】 从2017年3月6日开始,各社区精心组织安排一系列各具特色的庆"三八"活动。锦隆社区邀请盂县疾控中心在职党员赵琴主任开展以"关爱女性健康"为主题的知识讲座;裕新苑社区举办以"艳丽三月天,幸福女人节"为主题的法律知识宣传活动;香苑社区开展以"共建和谐社区,齐展巾帼风采"为主题的文艺演出活动；桃园社区联合盂县中医院和社区志愿者，共同为社区育龄妇女举办健康知识讲座；富春园社区组织辖区妇女开展"同游水神山徒步踏青"活动；桥沟社区和红楼社区组织辖区妇女、居民代表开展以"妇女维权"为主题的法律知识讲座；金龙社区在新广场开展以"情系女性健康维护妇女权益"主题的法律援助活动；花园社区开展以"绿色环保徒步前行"为主题的游藏山踏青活动；阳光社区开展形式多样的趣味游戏活动。

（崔永新）

【"两学一做"学习教育知识竞赛活动】 2017年5月27日上午，为扎实开展"学党章党规、学系列讲话精神、做合格党员"为主要内容的学习教育活动，盂县城镇社区办事处党工委组织全体社区工作人员，在社区文体活动中心开展"两学一做"知识竞赛。竞赛分个人必答题、小组必答题、抢答题、风险题、附加题5个部分，参赛人员准备充分，回答准确。此次知识竞赛内容涵盖《党章》《准则》《条例》以及习近平总书记系列重要讲话精神等相关知识，目的是以赛促学、以学促做，激励全体工作人员不断提高自身党性修养和廉洁自律意识，不断拓展和深化学习教育成果。 （崔永新）

【"领头雁"延伸培训班】 2017年6月22日，盂县城镇社区办事处举办2017年度"领头雁"延伸培训班，邀请盂县县委党校史智宇老师就《党章》《条例》的内容进行讲解。通过对社区两委成员进行培训，对增强党员党性修养，扎实推进"两学一做"学习教育常态化制度化和开展维护核心、见诸行动主题教育起到了促进作用。 （崔永新）

【任红梅到社区调研】 2017年9月21日上午，阳泉市十九大代表、矿区段南沟社区党支部书记、主任任红梅到城镇社区办事处进行会前调研。调研组成员先后到办事处阳光社区和花园社区进行实地走访，随后召开座谈会，与10个社区的书记、主任就社区工作开展情况进行交流。任红梅表示，她一定把基层社区工作者的心声传达到中央，希望大家扎实开展社区工作、全力服务居民群众，真正做到权为民所用、情为民所系、利为民所谋。 （崔永新）

【"迎国庆庆中秋"活动】 2017年9月26日，各社区从实际出发，结合自身特点，精心组织安排文艺汇演、走访慰问、义诊、健步行、骑行宣传、卫生清理等一系列各具特色、精彩纷呈的庆祝活动。不仅营造出热烈、喜庆的节日氛围，充分展示社区居民群众的良好精神风貌和文艺风采，而且表达居民群众强烈的爱国情怀，抒发了广大居民群众喜迎十九大的热切心情和良好心愿。 （崔永新）

【省民政厅领导到社区调研】 2017年11月6日，山西省民政厅基层政权和社区建设处处长张丽霞、副处长王文广到富春园社区和红楼社区新建办公服务用房所在地进行调研，就社区"三基建设"情况进行现场指导，阳泉市民政局副调研员郗小芬、市民政局基政科科长王文瑾及盂县城镇社区办事处党工委书记、主任崔丽芬陪同。调研组一行首先听取崔丽芬关于社区"三基建设"工作情况的汇报，实地察看社区新建办公服务用房建设情况，对办公用房的整体规划给予点评指导。视察组一行还就如何开展当前社区建设工作，推进"三基建设"工作进行交流与探讨。 （崔永新）

【社区"两委"换届】 2017年11月4日，社区党组织换届选举，本次选举产生的新一届社区支部班子成员30名，其中，女性支部书记9名，连任人数7名，女性支部委员19名，支部班子成员中有1名大学生当选，大专及本科学历18名，35周岁以下13名，回归人才2名。10个社区全部一次性选举成功。11月24日，社区居委会换届选举，共有选民28179人，推选居民代表621人，通过确定候选人选举的方式，共产生新一届居委会班子成员50名,其中,居委会主任女性10名,女性委员37名,居委会委员中有10名大学生当选,大专及本科学历34名,35周岁以下31名,一肩挑1名,"两委"交叉任职18名,班子成员中共有2名主任取得社工证书。10个社区全部一次性选举成功。

（崔永新）

【精准扶贫工作】 2017年,办事处继续把精准扶贫当作重大政治任务和民生工程来抓,积极推动精准扶贫工作。1月10日,开展节前走访扶慰问活动,为结对帮扶贫困户活动送上米、面、油等慰问品；5月26日,开展送科技下乡活动,为村民们送去《核桃病虫防治新技术》《无公害中药材安全生产手册》等农业科技书籍；7月28日,深入结对帮扶村下社乡孙家口村进行走访慰问,邀请县林业局核桃技术员为贫困户提供核桃后期管理技术培训,组织阳泉爱心公益志愿者协会为贫困户开展扶贫义诊活动,慰问3户贫困户,送去米、面、油等慰问品,捐赠大量衣物,宣传农业银行关于农户扶贫小额贷款的相关优惠政策。走访结束后,办事处结对帮扶工作队与乡镇包片负责人、村干部及村民代表进行座谈,认真研究扶贫工作具体措施,共商发展大计,力求找到脱贫增收的路子；10月17日,组织全体干部职工开展"扶贫日"捐款活动,共募集善款2000元；10月20日,走访慰问13户贫困户,送去棉被和2万元产业扶助资金；12月28日,深入孙家口村开展脱贫攻坚冬季会战行动,使贫困群众切实感受到党的温暖。截至年底,全村建档立卡贫困户人均收入超过国家脱贫最低标准,实现整村脱贫。

（崔永新）

人 物

人物传略

王元寿 （1945.10—2017.2）山西盂县北下庄村人。高中学历。曾任盂县县委常委、县纪委书记、县人民政府副县长。

1970年12月加入中国共产党，1971年10月参加工作，任盂县东梁公社干事。1974年1月任盂县西潘公社党委书记。1983年1月任盂县西烟镇党委书记。1987年5月任盂县县委常委、纪检委书记。1990年6月任盂县县委常委、副县长。1992年9月任平定县委副书记、县长。1995年11月任平定县委书记。2000年7月任阳泉市人民检察院代理检察长，2001年3月任检察长。2002年3月任阳泉市人大常委会副主任。2006年3月退休。因病于2017年2月26日逝世。

王元寿一生以事业为重，工作至上。25岁担任北下庄公社北下庄村党支部书记后，团结带领班子成员大搞农田水利建设和科学种田，新造和平整复垫河滩地10余公顷。努力发展多种经营，扩大编织业，组建产矿队，新建猪场、粉条厂、醋坊等小型企业，壮大集体经济，增加农民收入。在担任盂县西潘公社和西烟镇党委书记期间，十三年如一日，与基层干部群众同吃同住同劳动，同当地群众结下深厚感情。在西潘公社提出"山水林田路综合治理，农林牧副渔全面发展"的工作思路，带领900余名工人，历经3年打通340米隧洞，修筑750米长的拦河大坝，完成槐树岩乌河截弯取直工程，建造了万亩良田。在西烟镇工作期间，正值中共十二大召开不久，他在全镇范围开展整党工作，基本实现党中央提出的"统一思想、整顿作风、加强纪律、纯洁组织"的要求。同时，抢抓机遇，大胆尝试，积极开办乡镇企业，先后建起1800千伏硅铁炉2座和年产7万吨小煤矿，建成的土豆加工粉条厂、葵花加工厂、油料加工厂、南村碳素厂、南头水泥厂、西村龙窑砖厂等乡镇企业成为西烟镇经济重要支柱。1987年担任盂县纪委书记后，认真开展党风廉政建设和预防腐败工作，为全县改革开放发挥了保驾护航作用。1990年担任常务副县长后，分管经委、计委、体改办等工作，通过努力学习，不断钻研，自身工业经济知识得到显著提升。

1992年，王元寿担任平定县委书记、县长后，结合平定县实际，强班子，带队伍，提出"团结拼搏，开拓创新，抢抓机遇，勇争一流"的平定精神，取得一系列重大进展。在贯彻上级精神方面，中共十五大召开后，全党深入开展"讲学习、讲政治、讲正气"教育工作，平定县作为全省开展"三讲"教育试点县，率先开展工作并收到良好效果，"三讲"教育经验在全省进行推广。在深化农村经济体制改革、推进乡镇企业改制工作中，他大刀阔斧，勇于变革，截至1996年底，全县股份制企业发展到495个，乡镇企业总产值50.77亿元，同比增长34.3%，继续保持在全省乡镇企业十强县（市、区）行列。同时，加大扶持引导和政策支持力度，1997年全县个体户和私营企业总产值、总收入分别占到全县乡镇企业总产值、总收入的

56%、61%，成为平定县经济快速增长重要增长点。在基础设施建设方面，先后完成娘子关提水二期工程、阳泉二电厂4×30万千瓦机组配套供水工程。开展了声势浩大的"五路"（平定路平定段、东大街东段、碾沟路、城里街、南大街）工程建设，为提高人民生活质量，改善城市道路状况奠定了坚实基础。1993年至1996年，连续4年获"全省义务修路先进县"，1997年被省政府授予"实现公路三通县"和"村村通公路县"称号。此外，在生态环境、社会事业等方面工作也取到良好发展。

2000年6月，王元寿调任市检察院检察长，他坚持"公正执法、加强监督、依法办案、从严治检、服务大局"的工作方针，严厉打击严重刑事犯罪，加大查办和预防职务犯罪工作力度。在强化诉讼监督方面加大立案监督、侦查监督和刑事审判监督，特别是强化刑法执行监督，共立案侦查监管干警职务犯罪4件4人，办理被监管人员又犯罪安监8件9人；针对发现的违法减刑、假释、保外就医等各种监管问题提出建议113次，纠正超期羁押29人，为维护司法公正和法治统一发挥了积极作用。

2002年3月，王元寿调任阳泉市人大常委会副主任后，坚持履行好监督职责，提高监督水平，虚心学习，不断加大深入基层调研工作力度，牵头起草《关于进一步引深执法责任制和"两错"责任追究制的实施意见》，经市委同意并印发全市贯彻执行。其间，他牵头依法监督各类疑难案件，做到不失职、不越权，分管工作取得一定成绩。

2006年退休后，王元寿被聘请担任市司法鉴定人协会会长，连续8年工作在司法鉴定一线，积极贯彻全国人大常委会《关于司法鉴定管理问题的决定》，实践司法鉴定统一管理，为促进司法公正，维护社会稳定做出贡献。

从一名农村干部成长为市级领导，王元寿在36年从政生涯中，始终做到坚持原则，克己奉公，宽人律己，作风民主。他注重家庭教育，尊老敬老，是远近闻名的孝子，备受邻里称颂。因忙于工作，照料老人、抚育子女的家庭责任全压在妻子肩上；女儿重病未能及时医治，英年早逝。由于夜以继日工作，他的健康受到严重影响，长期椎管重症，病得弯不下腰。王元寿一生思想上信念坚定，一心为民；工作中恪尽职守，真抓实干；作风上廉洁自律，严守底线。在不同工作岗位上，始终坚持立党为公，勤政为民，忠实履行党和人民赋予的权力和职责，出色完成了党和人民交给的各项任务。

（路　洋　杨柳青　崔俊林）

韩文平（1954.10—2017.8）女，下社乡乔家庄村人，中共党员。大专文化程度。曾任盂县人民政府副县长、县政协副主席。

1972年12月，任下社公社业教辅导员，后任下社公社团委书记。1980年至1993年，在县妇联会工作，先后任盂县妇联干事、办公室主任、副主席。1993年3月，任北下庄乡党委副书记、乡长。1996年12月，任土塔乡党委副书记、乡长。1996年12月，任盂县人民政府党组成员、副县长。2003年4月，任县政协党组副书记、副主席。2010年3月，根据组织安排离岗。从领导岗位退下来后，当选为盂县扶贫协会会长。2017年8月7日因病去世。

韩文平出身农村，性格开朗，作风泼辣，勇于担当。自学校毕业后在村里劳动，担水、劈柴、种地、开拖拉机，样样能干，被村里人称为"铁姑娘"。

在下社公社工作期间，作为公社业教辅导员，组织全公社队队办夜校，使500多文盲脱盲，受到县教育局表彰；任下社公社团委书记时,带领青年突击队修渠引水,植树造林,受到晋中团地委表彰。

在县妇联担任办公室主任、副主席期间,积极开展"双学双比""巾帼建功""维权"评选"五好家庭"等妇女工作,为保障妇女儿童权益奔走呼号。1989年被市教委评为培养四有新人先进个人,1990年被市妇联评为优秀妇联干部,1991年被市妇联评为"三八"红旗手,1992年被山西省"双学双比"协调领导组授予"双学双比"科技兴农最佳服务奖,被省妇联评为维权工作模范个人。还获得"全省模范先进妇女干部"、省妇联"维权优秀工作者"、省科委"先进经济管理工作者"、市妇联"模范妇女干部"、盂县"模范共产党员"等荣誉称号。

1993年调乡镇工作后,先后在北下庄乡和土塔乡任乡长。期间,她经常深入企业、学校、农户和田间地头掌握情况,帮助解决问题。通过狠抓乡镇企业改制、科学种田、水利工程、修路工程、新盖教学楼等,使北下庄乡和土塔乡的各项工作都走在全县前列,受到了上级有关部门的表彰。1996年,获山西省优秀青年乡镇管理工作者称号。

1996年,当选盂县人民政府副县长后,协助县长分管农业、环保、旅游、文教、卫生、计生、科技和乡镇企业改制等工作。期间,在她的全力主抓和推动下,使120个企业完成了企业股份制改制,受到市政府的表扬。在分管计生工作中,4年征收超生费4000多万元,计生率达85%以上,受到省、市政府表彰,本人获市政府授予的计生工作先进个人称号。在分管教育工作中,改造中小学危房200多所,新建了盂县三中,极大地改善和提高了全县教育环境,受到市政府的表彰。她时刻为全县人民着想,为全县的大局着想,为我县教育医疗文体各项事业长足发展,做出了有目共睹的贡献。2000年,被市委、市政府授予环境保护工作先进个人称号。2001年,被市委、市政府授予计划生育先进个人称号。

2003年,转任县政协党组副书记、副主席后,分管政协提案和信息工作。期间,她广泛联系各界人士,积极建言献策,参政议政。分管的社情民意信息工作连续三年信息获全省一等奖,并在全省大会上介绍信息工作经验,使盂县的信息工作走在全省前列。

2010年3月,根据组织安排,她离开工作岗位,享受正县级待遇。从领导岗位退下来后,又担任了盂县扶贫协会会长,继续为贫困乡村人民群众的脱贫致富,积极奔走,出谋划策,发挥余热,做出了力所能及的贡献。

韩文平胸襟开阔,待人宽厚。对领导谦恭有礼,虚心学习;对同事诚恳相待,融洽相处;对家庭相濡以沫,关心备至,特别是对待身边工作人员,宽仁厚泽,关爱有加。在大是大非问题上,她能够坚持原则,不退半步。在小事情上,弃而不论,从来不放在心上。只念人好,不记人非,不论在工作上还是家庭里,都做了大量理顺情绪、化解矛盾的工作,领导、同志和亲朋好友都有目共睹,给予充分肯定。

(张书平)

人物简介

李文元 1965年4月出生,盂县路家村镇闫家沟村人。中共党员,大专学历,1985年10月参加工作。先后任盂县路家村派出所和盂县公安局合同制民警,公安局刑侦大队二中队副中队长,公安局刑侦大队副大队长兼二中队中队长,公安局刑侦大队副大队长兼二中队中队长(副科侦察员),公安局刑侦大队副大队长兼二中队中队长(一级警员)。2014年5月至今,任盂县公安局监管大队大队长兼看守所副所长（主持工作）。2017年，被公安部授予"全国优秀人民警察"的荣誉称号。

2011年4月，李文元因为患脑瘤做手术。在家疗养期间，不顾家人劝阻，回到工作一线。使一直在逃的盗窃主犯秦某、故意损害公私财物的犯罪嫌疑人袁某终于投案自首；在逃多年的部督网上在逃人员李某和周某相继落网。"清网行动"中，他共抓获6名逃犯，规劝4名逃犯投案自首。在他所办案件中逃犯清零。超负荷无规律的生活和工作，使李文元旧疾复发。2012年12月5日，他再次病倒在工作岗位上，第二次被推上了手术台。在北京实施了开颅手术。2013年5月初，还在家中养病的李文元，从前来看望他的同事口中得知近期又案件频发，他获悉后又主动请缨，放弃疗养返回单位，一举破获了夏某诈骗多人的案件。紧接着又带领民警先后辗转河北、河南、山东、江苏、安徽、重庆等七省30余个县破获了范某某拒不支付劳动报酬案，为418名农民工追回欠薪1940万元。2014年4月，他调任盂县看守所，任盂县监管大队长兼看守所副所长后，迅速进入角色，深入了解监管工作现状，大胆探索并潜心研究看守所的管理机制和管理模式，实行全新的管理理念，积极探索，适应新形势、新要求的监管工作机制。一是体现人文关怀，二是保障健康权益，三是通过设立驻所医疗室和对公安监管病房监管设施进行了改造更新，四是完善和落实了出入管理、值班巡视安全检查和对牢头狱霸的打击处理机制等监管制度。制定了《看守所民警绩效考核制度》，有效保证了监管秩序稳定与安全。

参加工作以来，不论是当民警还是副所长、副中队长、中队长、副大队长，不论何时何地，只要工作需要，他总是义无反顾，把全部精力投入到工作中去。从警30年来，他累计破获各类案件1000余起，抓获犯罪嫌疑人300余人。正是对工作的执着与拼劲儿，使他多次立功受奖。2008年，李文元被荣记三等功一次；2011年，被授予"阳光警察"称号。2012年;被阳泉市委授予全市"十佳政法干警"荣誉称号；2012年5月和2013年5月，分别被市劳动竞赛委员会授予"五一劳动奖章"；2015年被省公安厅授予"优秀人民警察"荣誉称号；2016年，被山西省授予"全省优秀共产党员"荣誉称号，还多次被县公安局评为"十佳标兵"。2017年，他被公安部授予"全国优秀人民警察"的荣誉称号。

（武　丹）

岳昱辉　1967年8月生，山西平定人，1990年12月参加工作，2003年10月加入中国共产党，哈尔滨建筑工程学院毕业，本科学历。2001年5月任阳泉市国家税务局办公室副主任，2004年5月任平定县国税局副局长（挂职），2005年12月任阳泉市国税局机关党委办公室副主任，2008年5月任阳泉市国税局机关党委办公室主任，2010年7月任阳泉市国税局办公室主任，2016年2月任盂县国税局党组副书记、副局长，2017年2月任盂县国税局党组副书记、局长，2017年5月任盂县国税局党组书记、局长。

2016年3月至年底，轰轰烈烈的"营改增"税制改革在全国全面推开。岳昱辉作为盂县国税局局长，是这场改革的亲身经历者和基层营改增工作的"指挥官"。他坚持以学为先，学理论、学业务，强化党性锻炼，在工作中不断提升指挥能力；坚持以做为本，明确工作思路，把握工作方向，亲临基层一线，靠前指挥督导，亲力亲为推动任务落地。在岳昱辉同志和盂县国税局全体干部职工的共同努力下，"营改增"攻坚战各项工作任务在兢兢业业的接力中得到了圆满完成，新的税制在盂县圆满落地。2017

年7月，岳昱辉被总局授予"营改增工作个人嘉奖"荣誉称号。

（降　伟）

胡金毛　1952年2月出生，初中文化，中共党员，现任盂县秀水镇东关南村党总支书记。2017年，被山西省劳动竞赛委员会授予"山西省五一劳动奖章"荣誉称号。

1984年12月，胡金毛任盂县秀水镇东关南村村委主任。1994年12月担任村党支部书记，团结村支两委，带领群众求真务实、开拓进取，在推进新农村建设中取得了突出的成绩。2014年至2016年，实现村集体经济组织收益1268万元、1288万元、1328万元，同比增长1.8%、1.6%、3.1%；农业收入205万元、211万元、216万元，同比增长4.6%、2.9%、2.4%；村民年人均收入5798元、5846元、5912元，同比增长1.2%、0.8%、1.1%。

一是强农活商，壮大经济实力。始终把农业生产作为稳定集体经济的基础，依靠农业机械，改变种植结构，在单位面积土地上增效收到好的效益。村里先后购置大中型机械设备20多台件，引进优质品种、先进农业技术，增加粮食亩产。2014年以来，粮食生产年平均每亩达700千克，多种经济作物年平均收入达20万元。投入80多万元，改良了60多亩土地的土壤结构。依托区位优势，大力发展商贸服务，先后建成南村商贸市场、装饰材料市场、机动车检测维修、装饰，引入商户800多户，增加集体收入700多万元。

二是突出重点，推进城中村改造。在城中村改造拆迁中，亲自入户了解民情，广泛征求群众意见，科学制定拆迁方案，妥善安置拆迁户。三年来，顺利完成拆迁户350余户，拆迁面积4700余平方米。建起了明都、富春园小区两处，使全村270余户村民迁入新居，全村人居环境和生产生活条件得到极大改善。

三是强基固本，提高班子战斗力。农村稳不稳，最终要看"两委"班子强不强，作风硬不硬，群众服不服。多年来，注重从村级班子建设入手，在大力推进"四议两公开"的基础上，建立健全干部管理、民主议事、民主生活会以及财务、村务、党务公开制度，坚持做到用制度规范干部行为。凡涉及重大决策和群众关心的热点、难点问题，都要广泛征求群众的意见和建议，坚持做到办事公正，处事公平，大事公开，有力地提高了"两委"班子的凝聚力和战斗力。

胡金毛出色的工作，得到了上级党委、政府的充分肯定。2014年被中共阳泉市委、阳泉市人民政府授予"阳泉市劳动模范"荣誉称号；2015年被中共盂县县委、盂县人民政府授予"劳模标兵"荣誉称号；2017年被山西省劳动竞赛委员会授予"山西省五一劳动奖章"荣誉称号。

（张东晓）

郭婧嵘　女，1986年4月出生，中共党员，秀水镇中兰村人，本科学历，现任中国农业银行盂县支行综合管理部副经理。2017年4月，获中国农业银行"五一劳动奖章"。

2009年，入职山西阳泉中国农业银行盂县支行后。从事过综合柜员、理财经理、客户经理、综合文秘等多个岗位的工作。作为一名80后县域基层员工，她勤于钻研，甘于奉献，勇于创新，把自己的一颗忠心、一腔热血、一份真情、一片汗水献给了她所钟爱的金融事业，以忘我的工作精神、高度的责任意识、精湛的业务技能、优质的服务水平、出色的工作业绩博得了全行上下和广大客户对她的信赖和好评。她刻苦勤奋、脚踏实地的工作作风，耐心细致、热情周到的服务态度，惠农助农、一心为农的责任担当，助人为乐、不计得失的奉献精神，深深打动着身边每一个员工，她迸发出的正能量感染着周围同事，影响并带动着青年员工投入到"学业务、讲奉献、比贡献"的热潮中。在她身上，我们看到了80后员工崭新的精神风貌，看到了新一代农行人执着高涨的工作热情，看到了农业银行对县域青年英才的精心培育，更看到了农业银行未来发展的中坚力量。2013年以来，她累计营销理财6.2亿元、贵金属4750克、国债1200万元、存款1200元、贷记卡402张、POS商户36户、转账电话92台，做出了骄人的业绩。2014年郭婧嵘荣获中央金融团工委"全国金融青年服务明星"称号，被农总行授予"优秀共青团员"称号；被阳泉市总工会授予"五一巾帼标兵"荣誉称号。2015年5月，被中国农业银行总行授予"中国农业银行'十大杰出青年'"荣誉称号。2017年4月，获中国农业银行"五一劳动奖章"。（王雪娇）

获厅级部门奖励和获博士学位人物简况

张磊 中共党员，1967年8月出生，山西省盂县秀水镇南关村人。大学学历，现任盂县法律援助中心律师。2017年被山西省人社厅和山西省司法厅授予全省司法行政系统先进个人称号。

李俊凤 女，1969年生，盂县北下庄乡西关头村村人。2017年3月底，在首届"寻找山西孝星"活动中，被评为"十大孝星"之一。

康荣道 1970年出生，路家村镇清城村人。现任盂县苗圃主任。2017年，荣获"全省林业工作先进工作者"称号，受到省人社厅和林业厅的联合表彰。

崔新平 中共党员，1971年12月出生，盂县梁家寨乡北峪口村人。大专学历，1992年参加工作。2017年1月被山西省人力资源和社会保障厅与山西省地方税务局联合授予"山西省地税系统先进工作者"称号。

孙逊 女，1973年7月出生，群众，山东省即墨人，本科学历，1990年5月参加工作，现任盂县人民法院审判员。2017年被山西省高级人民法院授予个人三等功。

贾华亮 中共党员，1982年4月出生。山西省平定人，本科学历，2005年8月参加工作，现任盂县人民法院执行员。2017年被山西省高级人民法院授予个人嘉奖。

崔新敏 女，1990年6月出生，梁家寨乡檀山坪村人，2017年7月获取博士学位，现在中国科学院山西煤炭化学研究所工作。

人物名表

2017年度盂县副县以上领导人名表

（以姓氏笔画为序）

表13

姓名	性别	出生年月	籍贯	政治面貌	文化程度	毕业院校	参加工作时间	在盂县任职时间及职务
万学武	男	1964.07	盂县	中共党员	本科	中央党校函授学院	1984.07	县政协副主席、党组成员（2016.08至今）
马淑英	女	1968.01	盂县	非党	本科	中央党校函授学院	1989.08	县政协副主席（2016.08至今）
王浩	男	1978.07	阳泉	中共党员	本科	山西师范大学	1998.07	县委常委、宣传部部长（2016.04至今）
王会平	男	1962.05	平定县	中共党员	本科	中央党校函授学院	1982.08	县委常委、县纪委书记（2016.03至今）
王红雁	女	1968.1	盂县	非党	大专	省委党校函授学院	1989.07	县政协副主席（2013.04至今）
王建华	男	1963.12	盂县	中共党员	本科	中央党校函授学院	1984.07	县人民政府副县长、党组成员（2011.06—2016.04）县委常委、常务副县长 县政府党组成员（2016.04至今）
王建明	男	1966.07	昔阳县	中共党员	本科	中央党校函授学院	1986.12	龙华口水库筹建处主任 县政府党组成员（2013.04至今）
亢晓英	女	1963.01	原平	中共党员	本科	中央党校函授学院	1980.12	县政府副县长、党组成员（2016.08至今）
孔禄泉	男	1965.04	昔阳县	中共党员	本科	中央党校函授学院	1984.08	县委副书记、县长、县政府党组书记（2016.08至今）
石文斌	男	1979.04	平定县	民建会员	本科	河南理工大学	2001.08	县政府副县长（2016.08至今）
刘计平	男	1972.01	阳泉郊区	中共党员	本科	石家庄机械化步兵学院	1992.03	县人武部政委（2012.04—2015.12）县委常委、县人武部政委（2015.08至今）
刘志军	男	1971.04	平定县	中共党员	研究生	中央党校研究生院	1992.11	县委常委、县委组织部长（2016.03至今）
刘淑英	女	1964.07	盂县	中共党员	本科	省委党校	1984.09	县委常委、县委统战部部长（2011.05—2016.04）县委常委、县委政法委书记（2016.04至今）
闫庶民	男	1962.1	盂县	中共党员	大专	省委党校	1982.07	县人民政府副县长、党组成员（2006.6至今）县人大常委会副主任、党组成员（2011.5—2012.12）县委常委、政法委书记（2013.01—2015.06）县委常委、政法委书记、县政协主席党组书记（2015.06—2016.04）县政协主席、党组书记（2016.04至今）

续表

姓名	性别	出生年月	籍贯	政治面貌	文化程度	毕业院校	参加工作时间	在孟县任职时间及职务
李云峰	男	1969.07	洪洞县	中共党员	在职研究生、硕士	中央党校研究生院、山西财经大学	1994.07	阳泉市委常委、孟县县委书记（2016.07—2017.6） 阳泉市委副书记、孟县县委书记（2017.6—2017.12）
李宏革	男	1969.09	怀仁县	中共党员	研究生	中央党校研究生院	1990.08	县委副书记、县委党校校长（2016.04至今）
李俊林	男	1961.05	孟县	中共党员	本科	山西农大	1983.07	龙华口水库筹建处主任（2009.11—2013.05） 县人大常委会副主任、党组成员（2013.04—2016.08） 县人大常委会副主任、党组副书记（2016.08至今）
张其光	男	1977.07	河北平泉	中共党员	博士研究生	清华大学	2004.04	阳泉市委常委、孟县县委书记（2017.12至今）
张铭德	男	1962.08	孟县	中共党员	本科	中央党校函授学院	1982.07	孟县梁家寨温泉疗养院院长（2013.05至今） 县政协副主席、党组副书记（2016.08至今）
张燕萍	女	1958.11	孟县	非党员	大学	山西农大	1982.08	县政协副主席（1998.06—2011.06） 县人大常委会副主任（2011.06至今）
武绍晋	男	1964.11	阳泉	中共党员	本科	中央党校函授学院	1983.09	县人民法院院长、党组书记、审判委员会委员 县委政法委员会委员（2015.06至今）
武润珍	男	1960.08	孟县	中共党员	本科	中央党校函授学院	1976.12	县人民政府副县长、党组成员（2003.04—2006.06） 县委常委、县政府副县长、党组成员（2006.06—2007.04） 县委常委、县政府常务副县长、党组成员（2007.04—2011.05） 县委常委、政法委书记（2011.05—2012.07） 县委副书记、县委党校校长（2012.07—2015.06） 县委副书记、县委党校校长 县人大常委会主任、党组书记（2015.06—2016.04） 县人大常委会主任、党组书记（2016.04至今）
杨慧文	男	1966.08	阳泉郊区	中共党员	本科	中国人民公安大学	1985.08	县政府副县长、党组成员 县公安局局长、党委书记 县委政法委员会委员（2016.08至今）
姚建强	男	1968.02	吕梁市交城县	中共党员	本科	北京科技大学	1990.07	县人民检察院检察长、党组书记 检察委员会委员 县委政法委员会委员（2017.12至今）
贾建胜	男	1963.05	石家庄	中共党员	本科	中央党校空军指挥分院	1981.10	县人民检察院检察长、党组书记 检察委员会委员 县委政法委员会委员（2016.04—2017.12）

续表

姓名	性别	出生年月	籍贯	政治面貌	文化程度	毕业院校	参加工作时间	在盂县任职时间及职务
高尚明	男	1970.01	盂县	中共党员	大专	太原师专	1991.09	县政府副县长、党组成员（2016.08至今）
郭方恺	男	1971.02	盂县	中共党员	本科	山西农大	1995.10	县政府副县长、党组成员（2016.08至今）
崔学跃	男	1964.04	盂县	中共党员	本科	中央党校函授学院	1982.09	县人大常委会副主任、党组成员（2016.08至今）
韩忠义	男	1963.08	盂县	中共党员	本科	中央党校函授学院	1982.07	县人大常委会副主任、党组成员（2016.08至今）
靳海龙	男	1976.6	侯马市	中共党员	本科	石家庄陆军学院	1998.7	盂县人武部部长（2017.06）

2017年度盂县籍晋升副厅、副师职级以上领导干部名表

表14

姓名	性别	出生年月	籍贯	政治面貌	文化程度	毕业院校	任职时间及职务
郝耀平	男	1956.08	下社乡樊家汇村	中共党员	研究生		2017年5月任山西省住建厅巡视员
牛建明	男	1957.05	牛村镇牛家村	中共党员	本科		2017年5月任山西省煤炭厅巡视员
韩珍堂	男	1965.08	苌池镇东苌池村	中共党员	研究生		2017年5月任山西省国资委副主任
张羽	男	1973.02	孙家庄镇盂北村	中共党员	研究生	南开大学	2017年7月任山西省省委宣传部副部长兼省外宣办主任
崔元斌	男	1970.09	上社镇上鹤山村	中共党员	研究生	中国人民大学（本科）山西财经大学（研究生）	2017年6月任山西省经信委副巡视员；7月任运城市副市长

2017年度盂县晋升高级职称人士名表

表15

姓名	性别	工作单位	专业	任职资格职务	评审通过时间
王林贵	男	跃进煤业有限公司	矿山工程	高级工程师	2017.10.29
张昀	女	盂县第四中学校	数学	中小学正高级教师	2017.3.12
杨文元	男	盂县第二实验小学	教学管理	中小学高级教师	2017.4.17
张月英	女	盂县第三中学	英语	中小学高级教师	2017.4.17
孙云伟	男	盂县第三中学	物理	中小学高级教师	2017.4.17
刘常运	男	盂县第一中学	物理	中小学高级教师	2017.4.17
张国贤	男	盂县第一中学	物理	中小学高级教师	2017.4.17

续表

姓名	性别	工作单位	专业	任职资格职务	评审通过时间
岳志义	男	盂县第一中学	数学	中小学高级教师	2017.4.17
李国伟	男	盂县第一中学	物理	中小学高级教师	2017.4.17
崔新海	男	盂县南娄镇中学校	化学	中小学高级教师	2017.4.17
李鲜果	女	盂县西烟镇中学校	英语	中小学高级教师	2017.4.17
姚倩	女	盂县逸夫实验小学	数学	中小学高级教师	2017.4.17
张俊兰	女	盂县职业中学	英语	高级讲师	2017.12.26
王静	女	盂县职业中学	德育	高级讲师	2017.12.26
张芳	女	盂县职业中学	化学	高级讲师	2017.12.26
崔俊芳	女	盂县职业中学	化学	高级讲师	2017.12.26
韩建龙	男	水利技术推广服务站	农田水利	高级工程师	2017.11.30
牛学聪	男	县委党校	经济学	高级讲师	2017.12.24
赵明双	男	农业行政综合执法大队	土肥	正高级农艺师	2017.12.11
张毅	男	农村经济经营管理站	农经	高级农经师	2017.12.11

大事记

盂县2017年大事记

1月

3日 市委书记陈永奇深入包点扶贫村——北下庄乡崔家庄村,看望慰问贫困群众,查看产业扶贫情况。

4日 市长董一兵到盂县,就部分乡镇脱贫村和低收入村,脱贫攻坚工作进行督查。

12日 市委常委、市委组织部部长任建华带领市委组织部党员干部,到梁家寨乡赵家岔村扶贫点,走访慰问挂钩帮扶的贫困户。

20日 盂县县委常委班子召开专题民主生活会。市委副书记、市长董一兵参加并讲话。

22日 市委书记陈永奇到盂县看望路家村镇中心敬老院老人及路家村镇闫家沟村优抚对象闫新成、梁家寨乡长一铺村困难老党员郑兰英、困难劳模王伦才、困难职工郝彦红、新中国成立前老党员张拖弟,给他们送去慰问金、慰问品,致以新春祝福。

2月

13日 中共盂县第十三届二次全会(扩大)暨全县经济工作会议召开,会议总结过去一年工作,分析研判当前形势,安排部署今年工作,通过《盂县十三届县委全会工作规则》。市委常委、县委书记李云峰出席会议并讲话,县委副书记、县长孔禄泉主持会议。

同日 中共盂县十三届纪委举行第二次全体会议,回顾总结2016年纪律检查工作,部署2017年任务。市委常委、县委书记李云峰出席全会并作讲话。县委常委、县纪委书记王会平主持会议,并做工作报告。

15日至17日 政协盂县第九届委员会第二次会议在县城红旗影剧院举行,参加大会委员应到165名,实到153名,符合法定人数,会议由大会执行主席闫庶民主持。县政协九届委员会副主席张铭德向大会做工作报告,大会以举手表决的方式,审议通过了政协盂县第九届委员会第二次会议政治决议、政协盂县第九届委员会第二次会议关于常务委员会工作报告的决议、政协盂县第九届委员会第二次会议关于九届一次会议以来提案工作情况报告的决议。

16日至18日 盂县第十六届人民代表大会第二次会议在县城红旗影剧院举行,参加大会的代表应到162名,实到155名,符合法定人数,会议由大会执行主席武润珍主持,县长孔禄泉作《政府工作报告》,会议以无记名投票的方式,选举王会平为盂县监察委员会主任;选举盂县出席阳泉市第十五届人民代表大会代表。以举手表决方式通过《关于盂县人民政府工作报告的决议》《关于盂县2016年国民经济和社会发展计划执行情况与2017年国民经济和社会发展计划的决议》《关于盂县2016年总预算及县本级预算执行情况和2017年总预算及县本级预算的决议》《关于盂县人民代表大会常务委员会工作报告的决议》《关于盂县人民法院工作报告的决议》《关于盂县人民检察院工作报告的决议》。

18日 盂县召开重点工程项目"挂图作战"推进会,新建盂县中医院、县文化中心、中岚国际物流园等项目负责人做汇报。

同日 盂县十六届人大二次会议选举产生了盂县监察委员会主任，县十六届人大常委会第五次会议通过了盂县监察委员会副主任、委员的任命，盂县监察委员会正式成立。

19日 新成立的盂县监察委员会召开第一次干部大会。市委常委、县委书记、县深化监察体制改革试点工作小组组长李云峰出席会议并讲话，市纪委常委李贵亮，县委副书记李宏革，县检察院检察长贾建胜出席会议，县委常委、县纪委书记、县监察委员会主任、县深化监察体制改革试点工作小组副组长兼办公室主任王会平主持会议。

24日 由市委宣传部主办的阳泉市2017年文化科技卫生"三下乡"活动启动仪式在盂县路家村镇闫家沟村举行。

25日 以"放河灯祈福赏大崇美景"为主题的梁家寨乡首届河灯民俗文化节在大崔家庄村举行。

26日 盂县高铁冠名列车"盂县号"首发仪式在阳泉北站举行。

是月 盂县人武部在省军区组织的2016年度部团建设和党委班子考评中，被评为"达标部团""先进人民武装部"和"新闻宣传工作先进单位"。在省军区组织的"新气象·正能量·促实干"先进典型事迹汇报会上，县人武部作为全省遴选的8个先进单位之一介绍了经验，并被表彰为"先进典型单位"，县委常委、人武部政委被省军区评为先进党务工作者，荣立个人三等功一次。

3月

1日 由省经信委产业政策处处长乔丽刚带队的省民营企业走访调研工作组到盂县，就民营企业基本情况进行调研。

2日 由省发改委总经济师魏茹生带队的调研组到盂县，就盂县民营经济发展、产业转型、全域旅游发展情况进行调研。

12日 市森林火灾应急演练在盂县仙人乡山北村举行。

17日 省农业厅党组成员、副厅长吴志宏带领省城乡建设领域信访问题专项行动督查组到盂县督查并召开座谈会。

20日 盂县2017年农村（社区）"领头雁"培训班开班，市委常委、县委书记李云峰出席开班仪式并讲话，县委常委、组织部长刘志军主持开班仪式并授课。

26日 省考核组在忻州师院历史系书记杜明思的带领下，对盂县2016年度易地扶贫搬迁工作推进情况进行考核验收。

29日 由省食药监局综合协调处处长王飞带队的省级食品安全县验收组一行四人到盂县，就盂县省级食品安全县创建工作进行考核验收。

30日 山西省工业设备安装有限公司董事长耿鹏鹏带领考察团到盂县，就部分PPP项目进行考察对接。

梁家寨生态旅游区大崇古村文化旅游项目举行开工奠基仪式，县长孔禄泉宣布项目正式开工。

4月

21日 省煤监局局长卜昌森到盂县调研煤矿安全生产工作。

25日 由中国光华科技基金会和团市委组织的"书海工程、悦读未来"关爱留守儿童图书捐赠活动到盂县，为北下庄乡及周边农村留守儿童捐赠图书。

28日 盂县召开全县脱贫攻坚暨重点工作推进会议，对2016年度脱贫攻坚和土地确权工作进行总结，并对2017年脱贫攻坚、土地确权、农村基层相关工作做安排部署。

5月

3日 省委改革办副主任梁若皓带领省委全面深化改革第三督察调研组一行到盂县，就全面深化改革工作开展情况进行督察指导。

12日 盂县召开大会，贯彻省委市委部署，对全县推进"两学一做"学习教育常态化制度化、开展维护核心见诸行动主题教育进行动员部署。市委常委、县委书记李云峰出席会议并讲话，县长孔禄泉主持会议，县委常委、组织部长刘志军安排工作。

25日 市委书记陈永奇到盂县孙家庄镇王炭咀村、牛村镇后元吉村、北下庄乡崔家庄村驻村扶贫并调研"三农"工作。

6月

6日 市委第一巡察组巡察盂县工作动员会议在盂县召开，对盂县县委巡察"回头看"。市委副书记、县委书记李云峰主持会议并做表态发言，市委巡察办主任邵满存、市委第一巡察组组长高锦孝对做好巡察工作提出要求。

9日 市政协主席杨永生带领市环保局等相关部门负责人到盂县，对包点督办的中央环保督察组交办问题进行现场督察。

12日 省政府安全生产第九督查组突击检查盂县安全生产大排查大整治专项行动开展情况。

16日 省委脱贫攻坚第五督导组到盂县，就精准扶贫工作进行督导。

19日 市委书记陈永奇就阳大铁路建设进行专题调研，并现场办公解决问题。

7月

1日 盂县举行盂县文化中心落成启用仪式暨"党在我心中喜迎十九大"系列活动。

9日 "星耀摩旅清凉盂县"2017第五届摩托人阳泉盛典暨盂县摩旅文化节在盂县文化中心举行盛典仪式。

17日 为贯彻全国人大常委会推进县乡人大工作和建设经验交流精神，由省人大常委会委员、民宗侨外工委主任李东福带队的省人大常委会第四调研组到盂县督查调研贯彻落实情况。

18日 省交通厅党组成员、省公路局党委书记雷天才，省公路局局长惠高峰到盂县，就省道双阳线元吉至东蒋路面改造工程、省道盂榆线盂县绕城公路工程进行实地查看，督查工程进展情况。

29日 市政府召开全市城乡环境集中整治行动盂县现场推进会，市长董一兵出席会议并讲话。

是月 县委、县政府践行企业投资项目承诺制，无审批管理，双创基地和集成电路封装测试两个超亿元大项目落户盂县开发区中岚国际物流园并开工建设。

8月

3日 由省人大常委会副主任周然带队的省人大调研组一行到盂县，就《山西省食品小作坊小经营店小摊点管理条例（草案）》、公共文化服务体系建设情况进行立法调研和专题调研。

同日 省委改革办第四督察组组长、省委改革办专职副主任刘东光一行到盂县就深化改革工作开展情况进行检查指导。

8日 省司法厅厅长薛永辉一行到盂县调研公证体制改革和基层司法行政工作。

10日 市委常委、市委秘书长巩成带领相关部门负责人，到包点扶贫村——上社镇外独头村，就脱贫攻坚工作进行调研。

14日 市长董一兵以"河长"身份到盂县实地督导滹沱河河长制工作，强调要加强巡查检查，建立长效机制，坚决遏制沿河倾倒垃圾行为，确保河道生态环境有效改善。

21日 中华台晋交流协会理事长陈旻沁、台北市商业总会副理事长吴发添等一行22人到盂县考察投资环境与项目合作。

25日 副市长呼亚民带领相关部门负责人对盂县打击非法违法采矿工作进行突击检查。

11月

4日 省环保厅厅长郭长青到盂县调研督察环保工作，期间，市委书记陈永奇与郭长青就打好环保攻坚战，完成中央、省环保工作目标任务交换了意见。

17日 盂县县政府与山西传媒学院和山西工程技术学院签订战略合作协议，市委副书记、县委书记李云峰出席签约仪式。

21日 按照省委十一届五次全会精神和全省万名干部大调研工作要求，市长董一兵就贯彻落实党的十九大精神、推进重点转型项目建设到盂县调研。

同日 按照省委"万名干部"大调研及省总工会"走进新时代，当好主力军"大调研安排要求，省总工会副主席辛旭光一行到盂县调研指导工会工作。

29日 学习贯彻十九大精神市委宣讲团首场报告会在盂县举行，市委宣讲团成员、市委宣传部常务副部长史玉宝做宣讲报告。市委副书记、县委书记李云峰主持报告会。

12月

4日 盂县举行国家宪法日暨全国法治宣传日宣传活动，主题是"学习贯彻党的十九大精神，维护宪法权威"。

7日 盂县召开学习宣传贯彻十九大精神暨《中国共产党盂县历史》出版发行座谈会。县委副书记李宏革、县政协副主席万学武出席座谈会。

10日 盂县召开脱贫攻坚推进暨驻村帮扶工作会议。县长孔禄泉，县委常委、组织部长刘志军，副县长郭方恺出席会议，孔禄泉主持会议。

是月 盂县被省食安办命名为"山西省食品安全示范县"，成为全省首批命名的13个县（市、区）之一，也是阳泉市唯一获此殊荣的县（区）。

附 录

重要地方文件目录

中共盂县委员会

表16

文号	文件标题	发文日期
盂发〔2017〕1号	中共盂县县委二〇一六年工作总结	2017年1月1日
盂发〔2017〕2号	关于印发《十三届县委全会工作规则》的通知	2017年2月20日
盂发〔2017〕3号	关于建立一系列落实机制的通知	2017年2月20日
盂发〔2017〕4号	关于盂县第十六届人民代表大会第二次会议选举情况的报告	2017年2月20日
盂发〔2017〕5号	关于印发《盂县深化监察体制改革试点实施方案》的通知	2017年3月23日
盂发〔2017〕6号	关于调整县委全面深化改革领导小组及专项小组的通知	2017年2月22日
盂发〔2017〕7号	关于印发《盂县贯彻落实省委省政府环境保护督察组督察反馈意见整改方案》的通知	2017年5月19日
盂发〔2017〕8号	印发《关于在推进"两学一做"学习教育常态化制度化中加强"三基建设"的实施方案》的通知	2017年7月17日
盂发〔2017〕9号	关于表彰教育先进集体、先进教育工作者和模范教师的决定	2017年9月4日
盂发〔2017〕10号	印发《关于进一步贯彻落实中央八项规定精神的实施细则》的通知	2017年10月20日
盂发〔2017〕11号	关于认真学习宣传贯彻党的十九大精神的实施意见	2017年11月13日
盂发〔2017〕12号	印发《全面落实纪委监委向县一级党和国家机关派驻纪检监察机构的工作方案》的通知	2017年12月26日
盂发〔2017〕13号	印发《盂县开展乡镇监察试点工作方案》的通知	2017年12月26日
盂发〔2017〕14号	关于命名2017年度文明单位、村、社区的决定	2017年12月29日
盂发〔2017〕15号	印发《关于进一步贯彻落实中央八项规定精神的实施细则》的通知	2017年12月28日
盂发〔2017〕16号	关于印发盂县贯彻落实省委省政府《关于印发〈贯彻落实国务院关于支持山西省进一步深化改革促进资源型经济转型发展意见行动计划〉》的行动方案的通知	2017年12月23日
盂办发〔2017〕1号	中共盂县县委办公室2016年工作总结	2017年1月1日
盂办发〔2017〕2号	关于盂县2016年脱贫攻坚工作情况的自查报告	2017年1月22日
盂办发〔2017〕3号	关于党员领导干部带头文明祭祀的通知	2017年1月23日
盂办发〔2017〕4号	关于加强两节期间护林防火工作领导干部包乡镇的通知	2017年1月24日
盂办发〔2017〕5号	关于印发《县四套班子领导包乡镇、包信访、包企业、包重点工程项目和旅游项目、包扶贫村一览表》的通知	2017年2月20日

续表

文 号	文件标题	发文日期
盂办发〔2017〕6号	关于调整县民族宗教工作协调领导组的通知	2017年2月10日
	关于调整盂县防范和处理邪教问题领导组组成人员的通知	
盂办发〔2017〕7号	关于切实抓好春季植树造林工作的通知	2017年3月15日
盂办发〔2017〕8号	关于加强清明、五一期间护林防火工作领导干部包乡镇的通知	2017年3月29日
盂办发〔2017〕9号	关于印发盂县脱贫攻坚2017年行动计划的通知	2017年4月7日
盂办发〔2017〕10号	关于印发《盂县配合保障中央环境保护督察工作方案》的通知	2017年4月28日
盂办发〔2017〕11号	关于加强六项专项整治行动领导干部包乡镇的通知	2017年4月28日
盂办发〔2017〕12号	关于调整中共盂县县委对台工作领导小组组成人员的通知	2017年5月15日
	关于调整盂县机构编制委员会成员的通知	
盂办发〔2017〕13号	印发《关于推进"两学一做"学习教育常态化制度化和开展维护核心、见诸行动主题教育的实施方案》的通知	2017年6月6日
盂办发〔2017〕14号	关于调整盂县精神文明建设指导委员会组成人员的通知	2017年6月9日
盂办发〔2017〕15号	关于调整盂县社会治安综合治理委员会组成人员的通知	2017年6月16日
盂办发〔2017〕16号	关于印发《党委(党组)意识形态工作责任制实施方案》的通知	2017年6月7日
盂办发〔2017〕17号	关于调整县"扫黄打非"工作领导组组成人员的通知	2017年6月7日
盂办发〔2017〕18号	关于调整文化市场管理工作领导小组组成人员的通知	2017年6月7日
盂办发〔2017〕19号	关于印发《盂县全面推行河长制实施方案》的通知	2017年6月26日
盂办发〔2017〕20号	关于对开展安全生产大排查大整治专项行动情况进行督查的通知	2017年6月20日
盂办发〔2017〕21号	盂县巡视整改自行"回头看"三个清单	2017年6月28日
盂办发〔2017〕22号	关于印发盂县创建国家卫生县城实施方案的通知	2017年6月10日
盂办发〔2017〕23号	关于印发《关于推行法律顾问制度和公职律师公司律师制度的意见》的通知	2017年7月10日
盂办发〔2017〕24号	关于印发《关于实行国家机关"谁执法谁普法"普法责任制的意见》的通知	2017年7月10日
盂办发〔2017〕25号	关于成立盂县县乡医疗机构一体化改革领导组的通知	2017年7月21日
盂办发〔2017〕26号	关于印发《盂县组建县人民医院医疗集团的实施方案》的通知	2017年7月21日
盂办发〔2017〕27号	印发《关于进一步加强和改进新形势下档案工作的实施意见》的通知	2017年6月11日
盂办发〔2017〕28号	关于调整盂县规划委员会组成人员的通知	2017年8月1日
盂办发〔2017〕29号	关于印发《盂县坚持和完善人口和计划生育工作目标管理责任制的实施办法》的通知	2017年8月8日
盂办发〔2017〕30号	印发《关于进一步深入开展"重点信访问题源头化解"暨"信访突出问题大整治"活动的实施方案》的通知	2017年8月8日
盂办发〔2017〕31号	关于调整盂县脱贫攻坚领导组组成人员的通知	2017年8月18日
	关于调整盂县县委老干部工作领导组组成人员的通知	
盂办发〔2017〕32号	印发《关于在全县县以上党组织开展巡视整改自行"回头看"的安排意见》的通知	2017年5月28日

续表

文　号	文件标题	发文日期
盂办发〔2017〕33号	关于成立盂县巡视整改自行"回头看"工作领导组的通知	2017年5月28日
盂办发〔2017〕34号	关于印发《全县县以上党组织开展巡视整改自行"回头看"督查方案》的通知	2017年6月15日
盂办发〔2017〕35号	关于印发《关于对信访维稳、脱贫攻坚、环境保护、安全生产、重点工程建设、城乡卫生综合整治六项工作开展监督检查的工作方案》的通知	2017年9月13日
盂办发〔2017〕36号	关于成立"十九大"盂县安保维稳工作领导组的通知	2017年10月12日
盂办发〔2017〕37号	关于县四套班子领导包乡镇和行业安全工作的通知	2017年10月16日
盂办发〔2017〕38号	关于转发《市委第一巡察组关于对盂县县委巡察情况的反馈意见》和下发巡察反馈"三个清单"的通知	2017年10月23日
盂办发〔2017〕39号	关于成立盂县村（社区）"两委"换届选举工作领导小组的通知	2017年10月23日
盂办发〔2017〕40号	关于认真做好第十一届村民委员会换届选举工作的意见	2017年10月23日
盂办发〔2017〕41号	关于成立盂县巡察整改工作领导小组的通知	2017年10月15日
盂办发〔2017〕42号	关于印发盂县优化营商环境专项行动实施方案的通知	2017年6月20日
盂办发〔2017〕43号	关于印发《盂县2017—2018年秋冬季大气污染综合治理"双百日攻坚"行动方案》等四个方案的通知	2017年9月30日
盂办发〔2017〕44号	关于印发《盂县贯彻落实中央第二环境保护督察组反馈意见整改方案》的通知	2017年10月26日
盂办发〔2017〕45号	关于印发《盂县开展扶贫领域不正之风和腐败问题专项治理工作方案》的通知	2017年11月6日
盂办发〔2017〕46号	印发《关于在全县开展大调研工作的方案》的通知	2017年11月16日
盂办发〔2017〕47号	关于调整打击非法违法采矿指挥部的通知	2017年11月6日
盂办发〔2017〕48号	关于印发《盂县生态文明建设目标评价考核办法》的通知	2017年10月10日
盂办发〔2017〕49号	关于在全县开展"送温暖、献爱心"社会捐助活动的通知	2017年11月30日
盂办发〔2017〕50号	关于印发《各乡镇、县直各单位和驻盂单位2017年度目标责任考核指标》的通知	2017年11月30日
盂办发〔2017〕51号	关于转发《中共阳泉市委办公厅、阳泉市人民政府办公厅关于印发〈阳泉市重大活动档案管理实施细则〉的通知》的通知	2017年12月6日
盂办发〔2017〕52号	关于印发《盂县总工会改革实施方案》的通知	2017年11月20日
盂办发〔2017〕53号	关于做好2018年全县元旦春节期间有关工作的通知	2017年12月29日

盂县人大常委会

表17

文　号	文件标题	发文日期
盂人发〔2017〕1号	盂县人大常委会关于盂县出席阳泉市十五届人大代表初步候选人的报告	2017年1月12日
盂人发〔2017〕2号	关于推荐付新文等6人连任市人大代表的意见	2017年2月10日
盂人发〔2017〕3号	盂县人大常委会2017年度工作要点	2017年2月10日

续表

文 号	文件标题	发文日期
盂人发〔2017〕4号	盂县人大常委会任命名单	2017年2月10日
盂人发〔2017〕5号	盂县人大常委会任命名单	2017年2月18日
盂人发〔2017〕6号	盂县人大常委会任命名单	2017年2月18日
盂人发〔2017〕7号	盂县人大常委会关于盂县第十六届人民代表大会第二次会议选举结果的报告	2017年2月18日
盂人发〔2017〕8号	盂县人大常委会关于盂县出席阳泉市第十五届人民代表大会代表选举结果的报告	2017年2月21日
盂人发〔2017〕9号	盂县人大常委会关于完善人大代表联系人民群众制度的实施办法	2017年5月19日
盂人发〔2017〕10号	关于召开乡镇人大例会的请示	2017年6月20日
盂人发〔2017〕11号	关于《盂县人民政府关于2016年环境状况和环境保护目标完成情况报告》的审议意见	2017年7月4日
盂人发〔2017〕12号	盂县人大常委会任命名单	2017年7月31日
盂人发〔2017〕13号	盂县人大常委会任命名单	2017年7月31日
盂人发〔2017〕14号	盂县人大常委会任命名单	2017年7月31日
盂人发〔2017〕15号	盂县人大常委会免职名单	2017年7月31日
盂人发〔2017〕16号	关于对县人大机构设置和人员编制进行变更调整的报告	2017年9月27日
盂人发〔2017〕17号	关于成立县人大常委会信息中心的报告	2017年9月27日
盂人发〔2017〕18号	关于配备乡镇人大专职工作人员的报告	2017年9月27日
盂人发〔2017〕19号	关于配备城镇办事处（社区）人大工委主任和专职人大工作人员的报告	2017年9月27日
盂人发〔2017〕20号	盂县人大常委会关于批准2016年县本级财政决算的决议	2017年12月8日
盂人发〔2017〕21号	盂县人大常委会关于批准盂县2017年财政预算调整的决定	2017年12月28日
盂人发〔2017〕22号	盂县人大常委会任命名单	2017年12月28日
盂人发〔2017〕23号	盂县人大常委会关于接受贾建胜同志辞去盂县人民检察院检察长、检察委员会委员职务请求的决定	2017年12月28日
盂人发〔2017〕24号	盂县人大常委会关于姚建强同志代理盂县人民检察院检察长的决定	2017年12月28日
盂人办发〔2017〕1号	关于召开盂县第十六届人民代表大会第二次会议的通知	2017年2月10日
盂人办发〔2017〕2号	关于列席盂县第十六届人民代表大会第二次会议的通知	2017年2月10日
盂人办发〔2017〕3号	关于成立县人大巡视整改自行"回头看"工作领导组的通知	2017年6月8日
盂人办发〔2017〕4号	盂县人大常委会办公室关于印发《盂县人大常委会贯彻落实中央八项规定精神实施细则》的通知	2017年6月8日
盂人办发〔2017〕5号	盂县人大常委会办公室关于印发《县政府向县人大常委会定期通报重要工作情况制度》的通知	2017年9月28日
盂人办发〔2017〕6号	关于印发《盂县人大代表年度履职考评办法（试行）》的通知	2017年9月30日
盂人办发〔2017〕7号	盂县人大常委会办公室关于印发《盂县人大系统网站管理办法》的通知	2017年9月30日

续表

文　号	文件标题	发文日期
盂人办发〔2017〕8号	关于对县人大代表进行年度履职考评的通知	2017年11月27日
盂人办发〔2017〕9号	盂县人大常委会办公室关于做好2018年度"一报一刊"征订发行工作的通知	2017年12月1日
盂人办发〔2017〕10号	关于推行县"两包三联系"工作制度的通知	2017年12月15日

盂县人民政府

表18

文号	文件标题	发文日期
盂政发〔2017〕1号	关于做好2017年安全生产工作的通知	2017年2月14日
盂政发〔2017〕4号	关于任侯奴等同志任免职务的通知	2017年1月4日
盂政发〔2017〕6号	关于落实和衔接省、市政府取消和下放一批行政职权事项的通知	2017年1月18日
盂政发〔2017〕9号	关于对《盂县城市集中供热专项规划（2016—2020年）》的批复	2017年1月25日
盂政发〔2017〕10号	关于对《山西省阳泉市盂县孙家庄镇乌玉村传统村落保护规划》的批复	2017年1月25日
盂政发〔2017〕16号	关于进一步加快盂县集中供热建设的通知	2017年7月3日
盂政发〔2017〕18号	关于潘彦芳等同志免职的通知	2017年2月20日
盂政发〔2017〕29号	关于开展新一轮退耕还林工作的通知	2017年3月13日
盂政发〔2017〕31号	关于开展拖欠农民工工资问题专项整治工作的实施意见	2017年3月17日
盂政发〔2017〕33号	关于印发山西国际能源裕光煤电有限责任公司盂县电厂2×100万千瓦发电项目区域污染物削减方案的通知	2017年3月3日
盂政发〔2017〕45号	关于落实省政府、市政府取消行政许可等事项的通知	2017年5月27日
盂政发〔2017〕46号	关于落实省政府晋政发〔2017〕13号第三批清理规范国务院部门行政审批中介服务事项的通知	2017年5月27日
盂政发〔2017〕47号	关于印发2017年《政府工作报告》任务分解的通知	2017年5月27日
盂政发〔2017〕49号	关于王斌杰等同志任免职务的通知	2017年6月8日
盂政发〔2017〕54号	关于成立盂县政府性债务管理领导组的通知	2017年6月15日
盂政发〔2017〕63号	关于龚贵东等同志职务任免的通知	2017年8月12日
盂政发〔2017〕71号	关于修编盂县城市总体规划的请示	2017年9月1日
盂政发〔2017〕73号	关于印发盂县2017—2019年冬季清洁工作实施方案的通知	2017年9月6日
盂政发〔2017〕76号	关于转发阳泉市2018年度城乡居民基本医疗保险参保缴费工作实施方案的通知	2017年9月13日
盂政发〔2017〕78号	关于同意《盂县"四好农村路"建设专项规划（2017—2020）》的批复	2017年9月5日
盂政发〔2017〕79号	关于贯彻落实"十三五"国家食品和药品安全规划的实施意见	2017年9月25日
盂政发〔2017〕81号	关于印发盂县禁止燃放烟花爆竹管理规定的通知	2017年9月29日

续表

文号	文件标题	发文日期
盂政发〔2017〕82号	关于印发盂县秋冬季大气污染天气机动车交通管理限行规定的通知	2017年9月29日
盂政发〔2017〕87号	关于免去周云霞同志职务的通知	2017年10月19日
盂政发〔2017〕88号	关于山西太钢鑫磊资源有限公司采暖季照常生产的请示	2017年10月26日
盂政发〔2017〕89号	关于山西阳泉盂县万和兴煤业有限公司已实施关闭的报告	2017年10月30日
盂政发〔2017〕92号	关于做好全县区域经济转型升级考评工作的通知	2017年10月24日
盂政发〔2017〕96号	关于审核《盂县土地利用总体规划（2006—2020）年调整方案》的请示	2017年11月16日
盂政发〔2017〕99号	关于批转县民政局关于路家村镇等乡镇撤并行政村试点工作报告的通知	2017年11月16日
盂政发〔2017〕100号	关于上报《盂县绿色矿业发展示范区建设方案》的请示	2017年11月21日
盂政发〔2017〕101号	关于部门权责清单动态调整的通知	2017年11月15日
盂政发〔2017〕102号	关于落实和承接省政府、市政府取消和下放一批行政职权事项的通知	2017年11月15日
盂政发〔2017〕104号	关于2017年度人口与计划生育目标管理责任完成情况的报告	2017年10月31日
盂政发〔2017〕105号	关于盂县永久性生态公益林落界的公告	2017年11月13日
盂政发〔2017〕107号	关于第三批县级食品安全检验检测资源整合试点项目的申请	2017年12月19日
盂政发〔2017〕109号	关于田月梅等同志职务任免的通知	2017年12月26日

政协盂县委员会

表19

文号	文件标题	发文日期
盂协党发〔2017〕1号	盂县政协机关关于深化"两学一做"学习教育常态化制度化，深入推进"党员先锋行"主题实践系列活动实施方案	2017年5月10日
盂协党发〔2017〕2号	政协盂县委员会党组关于推进"两学一做"学习教育常态化制度化和开展维护核心、见诸行动主题教育的实施方案	2017年6月9日
盂协党发〔2017〕3号	政协盂县委员会党组关于成立巡视整改自行"回头看"工作领导组的通知	2017年6月9日
盂协党发〔2017〕4号	政协盂县委员会党组关于开展巡视整改自行"回头看"工作的实施意见	2017年6月9日
盂协党发〔2017〕5号	政协盂县委员会党组贯彻落实中央八项规定精神实施细则	2017年6月20日
盂协党发〔2017〕6号	政协盂县委员会党组关于在推进"两学一做"学习教育常态化制度化中加强"三基建设"的实施方案	2017年7月26日
盂协党发〔2017〕7号	政协盂县委员会党组关于对市委第一巡察组巡察反馈意见的整改落实方案	2017年10月25日
盂协党发〔2017〕8号	政协盂县委员会党组关于做好学习宣传贯彻落实党的十九大精神有关工作的通知	2017年11月20日
盂协发〔2017〕1号	政协盂县委员会关于贯彻落实县委全委会精神、"三个文件"学习情况及今年工作要点和工作实事	2017年3月9日

续表

文 号	文件标题	发文日期
盂协发〔2017〕2号	关于赵剑韬等同志职务任免的决定	2017年5月20日
盂协发〔2017〕3号	政协盂县委员会关于全县重点工程项目的视察调研报告	2017年5月26日
盂协发〔2017〕4号	政协盂县委员会关于围绕脱贫攻坚工作开展民主监督性视察调研的实施方案	2017年6月19日
盂协发〔2017〕5号	政协盂县委员会关于加强和改进人民政协民主监督工作的实施意见	2017年6月28日
盂协发〔2017〕6号	政协盂县委员会关于撤销胡波政协委员资格的决定	2017年7月24日
盂协发〔2017〕7号	政协盂县委员会关于民主监督性视察调研脱贫攻坚情况报告	2017年8月18日
盂协发〔2017〕8号	政协盂县委员会关于加强和改进专题调查研究工作的实施意见	2017年9月18日
盂协发〔2017〕9号	政协盂县委员会关于我县"散乱污"企业治理情况视察调研报告	2017年9月22日
盂协办发〔2017〕1号	关于印发《政协盂县委员会反映社情民意信息工作考评表彰方案》的通知	2017年2月21日
盂协办发〔2017〕2号	关于印发《中共政协盂县委员会党组关于贯彻落实"三重一大"事项集体决策制度的实施办法》的通知	2017年3月23日
盂协办发〔2017〕3号	关于印发《县政协机关AB岗工作制度》的通知	2017年9月18日

2017年度盂县专利申请一览表（45项）

表20

序号	申请号	申请日期	申请人地址	专利类型	申请人类型
1	2017100055972	20170104	山西省阳泉市盂县秀水镇西白水村	发明	企业
2	2017200072776	20170104	山西省阳泉市盂县秀水镇西白水村	实用新型	企业
3	2017202161350	20170307	山西省阳泉市阳泉盂县西烟镇脉坡村	实用新型	企业
4	201720216151X	20170307	山西省阳泉市阳泉盂县西烟镇脉坡村	实用新型	企业
5	2017202161524	20170307	山西省阳泉市阳泉盂县西烟镇脉坡村	实用新型	企业
6	2017202158502	20170307	山西省阳泉市阳泉盂县西烟镇脉坡村	实用新型	企业
7	2017202166104	20170307	山西省阳泉市阳泉盂县西烟镇脉坡村	实用新型	企业
8	2017202166119	20170307	山西省阳泉市阳泉盂县西烟镇脉坡村	实用新型	企业
9	2017202166123	20170307	山西省阳泉市阳泉盂县西烟镇脉坡村	实用新型	企业
10	2017202166138	20170307	山西省阳泉市阳泉盂县西烟镇脉坡村	实用新型	企业
11	201720168533X	20170224	山西省阳泉市盂县秀水镇菜窖宿舍4-4-8	实用新型	个人
12	2017201685344	20170224	山西省阳泉市盂县秀水镇菜窖宿舍4-4-8	实用新型	个人
13	2017203089675	20170328	山西省阳泉市阳泉盂县西烟镇脉坡村	实用新型	企业
14	2017203087576	20170328	山西省阳泉市阳泉盂县西烟镇脉坡村	实用新型	企业
15	2017103611848	20170522	山西省阳泉市盂县南娄镇北娄村	发明	企业

续表

序号	申请号	申请日期	申请人地址	专利类型	申请人类型
16	2017205674160	20170522	山西省阳泉市盂县南娄镇北娄村	实用新型	企业
17	2017205674175	20170522	山西省阳泉市盂县南娄镇北娄村	实用新型	企业
18	201720567418X	20170522	山西省阳泉市盂县南娄镇北娄村	实用新型	企业
19	2017205674194	20170522	山西省阳泉市盂县南娄镇北娄村	实用新型	企业
20	2017302354363	20170610	山西省阳泉市盂县南娄镇北娄村	外观设计	企业
21	2017302354378	20170610	山西省阳泉市盂县南娄镇北娄村	外观设计	企业
22	2017105067143	20170620	山西省阳泉市盂县苌池镇河口村	发明	个人
23	2017105067139	20170620	山西省阳泉市盂县苌池镇河口村	发明	个人
24	2017207692498	20170628	山西省阳泉市盂县牛村镇骆驼岩村033号	实用新型	个人
25	2017211123339	20170901	山西省阳泉市阳泉盂县西烟镇脉坡村	实用新型	企业
26	2017211123860	20170901	山西省阳泉市阳泉盂县西烟镇脉坡村	实用新型	企业
27	2017210000000	20171009	山西省阳泉市盂县西烟镇脉坡村	实用新型	企业
28	2017210000000	20171009	山西省阳泉市盂县西烟镇脉坡村	实用新型	企业
29	2017210000000	20171009	山西省阳泉市盂县西烟镇脉坡村	实用新型	企业
30	2017210000000	20171009	山西省阳泉市盂县西烟镇脉坡村	实用新型	企业
31	2017210000000	20171009	山西省阳泉市盂县西烟镇脉坡村	实用新型	企业
32	2017210000000	20171018	山西省阳泉市盂县秀水镇交电宿舍2-1	实用新型	个人
33	2020000000000	20170913	山西省阳泉市盂县孙家庄镇南河南村	发明	个人
34	2020000000000	20170913	山西省阳泉市盂县孙家庄镇南河南村	发明	个人
35	2020000000000	20171030	山西省阳泉市盂县孙家庄镇乌玉村10003	发明	个人
36	2017112160378	20171128	山西省阳泉市盂县南娄镇东宋村1号永恒工艺厂（银隆小区旁）	发明	企业
37	2017112176380	20171128	山西省阳泉市盂县南娄镇东宋村1号永恒工艺厂（银隆小区旁）	发明	企业
38	2017112176408	20171128	山西省阳泉市盂县南娄镇东宋村1号永恒工艺厂（银隆小区旁）	发明	企业
39	2017112301499	20171129	山西省阳泉市盂县西小坪村156号	发明	企业
40	2017112267356	20171129	山西省阳泉市盂县西小坪村156号	发明	企业
41	2017112267430	20171129	山西省阳泉市盂县西小坪村156号	发明	企业
42	2017305952161	20171128	山西省阳泉市盂县南娄镇东宋村1号永恒工艺厂（银隆小区旁）	外观设计	企业
43	2017305952176	20171128	山西省阳泉市盂县南娄镇东宋村1号永恒工艺厂（银隆小区旁）	外观设计	企业
44	2017305947144	20171128	山西省阳泉市盂县南娄镇东宋村1号永恒工艺厂（银隆小区旁）	外观设计	企业

续表

序号	申请号	申请日期	申请人地址	专利类型	申请人类型
45	2017305947159	20171128	山西省阳泉市盂县南娄镇东宋村1号永恒工艺厂（银隆小区旁）	外观设计	企业

2017年度盂县授权专利一览表（16项）

表21

序号	申请号	授权入库日	申请日	发明名称	专利权人名称	专利权人地址	专利类型	专利权人类型
1	2017205674175	20171229	20170522	一种方便安装准确定位的滚道窑炉安装底座	山西南娄泉杰建材有限公司	山西省阳泉市盂县南娄镇北娄村	实用新型	企业
2	201720567418X	20171229	20170522	一种隧道窑炉用保温装置	山西南娄泉杰建材有限公司	山西省阳泉市盂县南娄镇北娄村	实用新型	企业
3	2017205674194	20171208	20170522	一种隧道窑炉建造时防塌方支撑装置	山西南娄泉杰建材有限公司	山西省阳泉市盂县南娄镇北娄村	实用新型	企业
4	2017205674160	20171229	20170522	一种节能隧道窑炉	山西南娄泉杰建材有限公司	山西省阳泉市盂县南娄镇北娄村	实用新型	企业
5	2017302354378	20171205	20170610	扇形蓄水砖	山西南娄泉杰建材有限公司	山西省阳泉市盂县南娄镇北娄村	外观设计	企业
6	2015105286654	20170322	20150825	六自由度姿态调整装置	山西南娄新瑞科技有限公司	山西省阳泉市盂县南娄镇南娄村	发明	企业
7	2017200072776	20170804	20170104	耐磨铸钢件双循环淬火槽	哈德托普华亨（山西）耐磨铸业有限公司	山西省阳泉市盂县秀水镇西白水村	实用新型	企业
8	2015101552244	20170905	20150403	废旧铅酸电池高效分选回收利用工艺	阳煤集团山西吉天利科技有限公司	山西省阳泉市盂县苌池镇芝角村	发明	企业
9	2017202166119	20170926	20170307	一种溜井	山西太钢鑫磊资源有限公司	山西省阳泉市阳泉盂县西烟镇脉坡村	实用新型	企业
10	2017202166138	20171003	20170307	一种回转窑转运溜槽缓冲仓重力卸料装置	山西太钢鑫磊资源有限公司	山西省阳泉市阳泉盂县西烟镇脉坡村	实用新型	企业
11	2017202161524	20171013	20170307	一种大弧角犁式卸料器	山西太钢鑫磊资源有限公司	山西省阳泉市阳泉盂县西烟镇脉坡村	实用新型	企业
12	201720216151X	20171003	20170307	一种回转窑溜槽热电偶系统	山西太钢鑫磊资源有限公司	山西省阳泉市阳泉盂县西烟镇脉坡村	实用新型	企业

续表

序号	申请号	授权入库日	申请日	发明名称	专利权人名称	专利权人地址	专利类型	专利权人类型
13	2017202166104	20171003	20170307	一种活性石灰石回转窑烧成系统	山西太钢鑫磊资源有限公司	山西省阳泉市阳泉盂县西烟镇脉坡村	实用新型	企业
14	2017202158502	20171003	20170307	一种回转窑成品装车系统	山西太钢鑫磊资源有限公司	山西省阳泉市阳泉盂县西烟镇脉坡村	实用新型	企业
15	2017302354363	20171128	20170610	方形蓄水砖	山西南娄泉杰建材有限公司	山西省阳泉市盂县南娄镇北娄村	外观设计	企业
16	2014101569999	20170208	20140418	一种煤仓水力自动清堵装置及其清堵方法	李长龙	山西省阳泉市盂县南娄镇香河新街明鑫集团	发明	个人

2017年度盂县部分著述存目

表22

书 名	责任者	出版社	出版时间
云曾诗词集	张云曾 著	中国诗词楹联出版社	2017年1月
也说盂县城	张兴文 著	崇文书局长江出版传媒	2017年1月
最后的照相簿	贾采青 著	北岳文艺出版社	2017年4月
神奇仙人	主编：崔亮云	北岳文艺出版社	2017年10月
中国共产党盂县历史（1931—2012）	主编：崔石头 张德荣	中共党史出版社	2017年12月